Fontes Christiani

AMBROSIUS
ÜBER DIE JUNGFRAUEN

FONTES CHRISTIANI

Zweisprachige Neuausgabe christlicher Quellentexte
aus Altertum und Mittelalter

Im Auftrag der Görres-Gesellschaft

herausgegeben von
Marc-Aeilko Aris, Siegmar Döpp,
Franz Dünzl, Wilhelm Geerlings (†),
Rainer Ilgner, Roland Kany,
Rudolf Schieffer

Band 81

AMBROSIUS
ÜBER DIE JUNGFRAUEN

LATEINISCH
DEUTSCH

TURNHOUT
BREPOLS PUBLISHERS
2009

AMBROSIUS
DE VIRGINIBUS
ÜBER DIE JUNGFRAUEN

ÜBERSETZT UND EINGELEITET
VON
PETER DÜCKERS

TURNHOUT
BREPOLS ✠ PUBLISHERS
2009

Redaktion Fontes Christiani:
Philipp Kamphausen, Silke Köster,
Isabel Krämer, Horst Schneider, Barbara Szlagor

Bibliografische Information der Deutschen Bibliothek

Die Deutsche Bibliothek verzeichnet diese Publikation in der
Deutschen Nationalbibliografie; detaillierte bibliografische Daten
sind im Internet unter <http:/dnb.ddb.de> abrufbar

Umschlagbild: Marmorplatte,
Ravenna, S. Apollinare Nuovo, 6. Jh.

Alle Rechte vorbehalten – Gedruckt in Belgien
© Brepols Publishers, Turnhout, 2009
Satz: Redaktion Fontes Christiani, Bochum
Herstellung: Grafikon – Ter Roye, Oostkamp, 2009
D/2009/0095/41
ISBN 978-2-503-52157-2 gebunden
ISBN 978-2-503-52158-9 kartoniert

INHALTSVERZEICHNIS

Einleitung

I. Das Jungfräulichkeitsideal bei Ambrosius 20
   1. Die Übernatürlichkeit der
      Jungfräulichkeit 24
   2. Christus als Urbild der Jungfräulichkeit 25
   3. Das „engelgleiche Leben" 28
   4. Die Jungfrau als „Braut Christi". 32
   5. Die Jungfrau als „Tempel Gottes" 40
   6. Jungfräulichkeit und Martyrium 43
   7. Die Fesseln der Ehe und die Freiheit
      der Jungfrauen. 48
   8. Die „Fruchtbarkeit" der Jungfräulichkeit 54
   9. Die Jungfräulichkeit der
      Gottesmutter Maria. 58

II. Die Schrift „De virginibus" 71
   1. Datierung 71
   2. Aufbau 76
   3. Text 82
   4. Hinweise zur Übersetzung und
      zum Kommentar 89

Text und Übersetzung

Erstes Buch 96
Zweites Buch 210
Drittes Buch 272

Anhang

Abkürzungen 336
    Werkabkürzungen 336
    Allgemeine Abkürzungen 345
    Bibliographische Abkürzungen 346

Bibliographie 353
    Quellen 353
    Literatur 387

Register 420
    Bibelstellen 420
    Personen 425
    Sachen 437
    Lateinische Begriffe 439

EINLEITUNG*

Die Förderung des Virginitätsideals war für Ambrosius von Mailand ein zentrales Anliegen seiner pastoralen Tätigkeit und ein bevorzugtes Thema seiner Verkündigung. Im Laufe seines Episkopates entstanden mehrere Abhandlungen über Jungfräulichkeit und Witwenschaft. Sie nehmen eine zentrale Stellung im umfangreichen literarischen Werk des Mailänder Bischofs ein und haben sein Bild in den folgenden Jahrhunderten maßgeblich geprägt. Dies liegt zunächst in der weniger spekulativ-theologisch als vielmehr pastoral-praktisch orientierten Amtsauffassung des Ambrosius begründet, die in der Jungfräulichkeit einen bevorzugten Gegenstand der Mahnung zu asketischem Leben sah. Zudem fiel die Verkündigung des Ambrosius, der selbst zölibatär lebte, in eine Zeit, in der das Christentum eine starke Anziehungskraft besaß und viele Menschen, zumal Frauen, zur Jungfräulichkeit als radikalem Ausdruck eines christlichen Lebens drängten.

---

* Der vorliegende Band ist die gekürzte Fassung einer Dissertation, die im November 2002 an der Katholisch-Theologischen Fakultät der Ruhr-Universität Bochum eingereicht wurde. Später erschienene Literatur konnte nur vereinzelt berücksichtigt werden.

Ambrosius[1] wurde wahrscheinlich 333/334[2] in Trier[3] geboren und entstammte einer seit Generationen christli-

---

[1] Über sein Leben und Werk informieren einige umfangreiche Biographien. Genannt seien die grundlegenden Arbeiten von LABRIOLLE, *Saint Ambroise;* DUDDEN, *Life 1–2;* PAREDI, *S. Ambrogio;* vgl. auch DASSMANN, *Ambrosius*. In den patristischen Handbüchern und Literaturgeschichten sowie in den theologischen, kirchenhistorischen und hagiographischen Lexika und Sammelwerken finden sich zum Teil ausführliche Artikel. Der folgende kurze Abriß der Ambrosius-Vita, der die Zeit bis zur Abfassung von *virg.* im Blick hat, folgt, soweit nicht anders vermerkt, DASSMANN, *Ambrosius: TRE* 362–372, bzw. DROBNER, *Lehrbuch* 257–267, sowie DASSMANN, *Ambrosius* 11–41.
[2] Eine Entscheidung zwischen den beiden diskutierten Datierungen — 333/334 und 339/440 — ist schwierig (vgl. ZELZER, *Ambrosius, Epistulae* XXX) und hängt davon ab, ob man in den Barbareneinfällen und Kriegswirren, von denen Ambrosius, *epist.* 49(59), 1–4 (CSEL 82/2, 54f), spricht, einem Brief, den er im Alter von 53 Jahren schrieb, die Angriffe unter MAXIMUS (387) oder unter EUGENIUS (392) angesprochen sieht. Die Notiz bei PAULINUS VON MAILAND, *vita Ambr.* 3,1 (56 BASTIAENSEN): *posito in administratione praefectura Galliarum patre eius Ambrosio natus est Ambrosius,* gibt keinen eindeutigen Hinweis, wird doch nicht klar, ob der Vater bei der Geburt des Ambrosius bereits Prätorialpräfekt war (dann wäre 339/340 das einzig mögliche Geburtsdatum, da vor 337 und nach 340 andere Amtsinhaber bezeugt sind) oder lediglich ein hohes Amt in der Präfektur innehatte (dann wäre die Frühdatierung 333/334 wahrscheinlich). Die Hinweise auf sein hohes Alter in späten Schriften (zum Beispiel *hex.* 4,5,20 [CSEL 32/1, 127]; *epist.* 28(50), 16 [CSEL 82/1, 194]; 32(48), 7 [CSEL 82/1, 229]; 34(45), 1 [CSEL 82/1, 232]; 37(47),2 [CSEL 82/2, 20]) sprechen eher für eine Frühdatierung (vgl. RAUSCHEN, *Jahrbücher* 273 Anm. 7, dagegen PALANQUE, *Saint Ambroise* 481f), ebenso wie die Angabe bei PAULINUS VON MAILAND, *vita Ambr.* 4 (58–60 BASTIAENSEN), Ambrosius sei bei der Jungfrauenweihe seiner Schwester *adulescens* gewesen (vgl. MARKSCHIES, *Trinitätstheologie* 44). Andererseits will der ebenda erwähnte Wunsch des Ambrosius, ihm mögen wie den bischöflichen Gästen der Familie die Hände geküßt werden — was von PAULINUS als Vorzeichen seiner künftigen Amtswürde gedeutet wird — eher zu einem 14- als zu einem 20-jährigen passen. Ob er hingegen im Alter von 34 oder 40 Jahren Bischof von Mailand wurde, gibt keinen Hinweis auf das Jahr seiner Geburt (anders PAREDI, *S. Ambrogio* 18). Für DASSMANN, *Ambrosius* 11, ist die Unsicherheit über das Geburtsjahr „zu verschmerzen, denn die Differenz von sechs Jahren zwischen den beiden Daten spielt für die Beurteilung

chen Familie vielleicht stadtrömischen Adels[4], die mit Stolz auf zahlreiche hohe Staatsbeamte und sogar die Jungfrau und Märtyrerin Soteris unter ihren Vorfahren verweisen konnte. Er wurde jedoch, entsprechend der damaligen Gepflogenheit, nicht als Kind getauft, sondern blieb bis in Erwachsenenalter hinein Katechumene. Sein Vater, Aurelius Ambrosius, war praefectus praetorio Galliarum, das heißt der höchste und mit richterlicher Vollmacht ausgestattete kaiserliche Beamte Galliens[5]. Nach dem frühen Tod des

---

der bischöflichen Wirksamkeit des Ambrosius keine Rolle. In beiden Fällen trat ein erwachsener Mann das verantwortungsvolle Amt eines Bischofs von Mailand an".

[3] Zweifel daran sucht FISCHER, *Trier,* zu entkräften.

[4] Über die genaue Herkunft der Familie läßt sich kaum etwas sagen; weder kennen wir das *nomen gentile* der Familie noch das *cognomen* des Ambrosius. Die *gens* könnte höchstens aus der *exc. Sat.* 1,32 (CSEL 73,227) bezeugten Verwandtschaft mit Q. AURELIUS SYMMACHUS (EUSEBIUS) erschlossen werden. Die immer wieder erwogene oder gar als sicher behauptete Zugehörigkeit des Ambrosius zur *gens Aurelia* verdankt sich vermutlich erst der frühmittelalterlichen Hagiographie. Doch selbst wenn Ambrosius ihr zugehörte, besagt dies nicht viel, gehörte doch Aurelius zu den häufigsten Gentilnamen überhaupt. Die griechischen Namen zweier Kinder, Ἀμβρόσιος (der Unsterbliche) und Σάτυρος, müssen nicht auf eine ursprünglich östliche Herkunft der Familie hinweisen, sondern können auch Ausdruck ihres Bildungsstandes sein. Vgl. MARKSCHIES, *Trinitätstheologie* 42; derselbe, *Ambrosius: LACL* 19; derselbe, *Bischof* 132.

[5] MAZZARINO, *Storia* 11.75–82, sieht in den Barbareneinfällen, die Ambrosius, *epist.* 49(59), 1–4 (CSEL 82/2, 54 f), erwähnt, die Gotengefahr unter ALARICH 391 angesprochen — entsprechend datiert er die Geburt des Ambrosius auf 338/339 — und identifiziert aufgrund der Tatsache, daß SATYRUS, der ältere Bruder des Ambrosius, den Gentilnamen URANIUS trägt, den Vater der beiden, das heißt den Prätorialpräfekten, mit einem hohen Magistrat namens URANIUS, an den am 3. Februar 339 ein kaiserlicher Steuererlaß (*Cod. Theod.* 11,1,5 [572 MEYER/MOMMSEN]) erging. Allerdings kann, wie PASINI, *Ambrogio* 19 Anm. 5, und MOORHEAD, *Ambrose* 21 Anm. 17 zu Recht bemerken, diese Vermutung kaum überzeugen.

Vaters⁶ kehrte die Mutter mit ihren Kindern — neben Ambrosius sind uns seine älteren Geschwister Marcellina und Uranius Satyrus näher bekannt — nach Rom zurück, wo der Jüngste, nach ersten Unterweisungen in Trier⁷, eine sorgfältige philosophische, rhetorische und literarische Ausbildung erhielt, die ihm auch eine gründliche Kenntnis der griechischen Sprache vermittelte⁸. Der Familientradition entsprechend trat er in den Staatsdienst, wo sich ihm aufgrund seiner Herkunft und Fähigkeit eine schnelle Beamtenkarriere eröffnete. Nach kurzer Tätigkeit als advocatus am Gerichtshof der Präfektur in Sirmium (dem heutigen Sremska Mitrovica am Ufer der Save) wurde er Berater

---

⁶ Vielleicht steht dieser Tod im Zusammenhang mit der Niederlage des gallischen Augustus CONSTANTINUS II. im Frühjahr 340. Der älteste Sohn KONSTANTINS DES GROSSEN war gegen seinen jüngeren Bruder CONSTANS nach Italien gezogen, geriet jedoch beim Versuch, die Julischen Alpen zu überqueren, in einen Hinterhalt und wurde getötet; sein Leichnam wurde bei Aquileia in einen Fluß geworfen. Zur Auseinandersetzung der kaiserlichen Brüder vgl. DEMANDT, *Spätantike* 82. Der Vater des Ambrosius „dürfte dieses schmähliche Ende seines Dienstherren weder politisch noch persönlich überlebt haben" (MARKSCHIES, *Trinitätstheologie* 43).
⁷ Vorausgesetzt, Ambrosius wurde 333/334 geboren und die Familie zog 340 von Trier weg. Sollte seine Geburt auf 339/340 zu datieren sein, fand entweder die Rückkehr in die Hauptstadt des Reiches später statt oder die Schulzeit begann erst in Rom.
⁸ ZELZER, *Erbe* 203f, meint: „Vor den juristischen Studien, teilweise wohl auch daneben, war er in den *artes liberales* ausgebildet worden: nach dem Studienplan des Grammatik- und Rhetorikunterrichtes war er bestens vertraut mit Vergil, Cicero, Terenz und Sallust, daneben kannte er sicher noch andere klassische Werke, hatte hervorragend Griechisch gelernt und eine gute Bildung in den übrigen Fächern erhalten, wie seine naturwissenschaftlichen und musikalischen Kenntnisse zeigen und seine Vertrautheit mit den philosophischen Strömungen seiner Zeit. Im Gegensatz zu Augustinus und Hieronymus macht Ambrosius selbst keine Angaben über seine Schulbildung und seine Lehrer, seinen Werken sind überhaupt nur wenige biographische Daten zu entnehmen; man muß jedoch in Adelskreisen Roms um die Mitte des 4. Jh. auf eine umfassende Bildung großen Wert gelegt haben". Zu den römischen Jahren ausführlich DASSMANN, *Rom* 76–83.

des dortigen Präfekten für Illyrien, Sextus Claudius Petronius Probus, und bereits um 370[9] konsularischer Statthalter der Provinz Aemilia Liguria mit Sitz in der westlichen Kaiserresidenz Mailand. Als solchem oblag ihm auch die Aufrechterhaltung der öffentlichen Ordnung, die anläßlich der Bischofswahl nach dem Tod des Auxentius (355–374) gefährdet war. Unter diesem hatte sich Mailand zu einem Zentrum der lateinischen Homoier entwickelt, während die Nizäner in der Stadt eine Minderheit bildeten. Eine Einigung auf einen gemeinsamen Kandidaten für das Bischofsamt stellte sich unter diesen Umständen als schwierig dar. Ambrosius eilte nach dem Zeugnis seines Sekretärs und späteren Biographen Paulinus persönlich in die Kathedrale, um den Aufruhr unter den zerstrittenen Parteien zu schlichten. Dabei soll plötzlich ein Kind gerufen haben: *Ambrosius episcopus!* Wie durch ein Wunder hätten sich daraufhin alle Anwesenden spontan und eindeutig auf ihn als neuen Bischof der Stadt geeinigt. Ambrosius habe sich zunächst der Wahl zu entziehen gesucht, sich schließlich jedoch, nachdem Kaiser Valentinian I. zugestimmt hatte, nicht länger verweigert und zum Bischof weihen lassen. Sieht man von den spezifischen literarischen,

---

[9] MARKSCHIES, *Trinitätstheologie* 58 Anm. 79, scheint „die übliche Datierung auf 370, die von Dudden übernommen wird … mindestens ein, wahrscheinlich sogar drei Jahre zu früh angesetzt zu sein" und gibt „für die Ausübung des Amtes, da die Bischofsweihe im Dezember [374] liegt, die Jahre 372–374 bzw. 373–374" an; vgl. MARKSCHIES, *Ambrosius: LACL* 20; ferner MCLYNN, *Ambrose* 42 („in about 372/3"). DUDDEN, *Life I* 61 Anm. 3, hingegen führt für die Datierung um 370 an: „This date, though conjectural, seems to be more probable than that usually given (A.D. 372–3), inasmuch as it allows reasonable time (which the later date does not) for the growth of Ambrose's popularity in Milan before his unexpected election to the bishopric". Diese Annahme, die schon PALANQUE, *Saint Ambroise* 14.483f.577, vertrat, ist in der Tat die maßgebliche geworden. PASINI, *Ambrogio* 23f, setzt den Aufenthalt in Sirmium für die Jahre 365–370, den Beginn seiner Tätigkeit als Berater des Präfekten für 368 oder etwas später an (vgl. *Ambrogio* 245).

teils kirchenpolitisch motivierten Ausschmückungen und Übertreibungen einmal ab, dürfte dieser Bericht in seinen Grundzügen wohl die historische Wirklichkeit treffen. Die verfeindeten Homoier und Nicaener werden im geachteten, fähigen und konzilianten Konsular einen geeigneten Kompromißkandidaten gesehen haben, der zwar nicaenisch gesonnen, aber als Katechumene noch nicht gebunden und kirchenpolitisch festgelegt war und somit einen integrativen Episkopat verhieß. Das Zögern des Ambrosius war jedoch ebenfalls nicht unbegründet. Er hatte das Bischofsamt nicht erstrebt, war nicht theologisch ausgebildet, besaß zwar politische, aber keine pastorale Erfahrung. Zum Gefühl der eigenen Unwürdigkeit traten Bedenken kirchenrechtlicher Natur, hatte er doch noch nicht einmal die Taufe empfangen. Zudem war unsicher, ob die (spontane) Akklamation des Volkes auch eine dauerhafte Akzeptanz garantieren würde. Und schließlich galt es, die Meinung des auf eine neutrale Religionspolitik bedachten Kaisers zu erkunden. Als die Zustimmung Valentinians eingetroffen war, empfing Ambrosius die Taufe, auf seinen ausdrücklichen Wunsch von einem nicaenischen Bischof, und wurde am 7. Dezember 374[10] zum Bischof geweiht[11].

---

[10] Datierung nach FALLER, *Data,* der das seit DE TILLEMONT, *Mémoires* 732–733, allgemein angenommene Datum als historisch zuverlässig herausstellt: „Quindi è storicamente certo che S. Ambrogio … fu consacrato vescovo di Milano nel 374 d. C. Quindi anche la tradizione liturgica, che assegna al 7 dicembre il giorno della consacrazione, si è provata fedele". Andere Autoren (PALANQUE, *Saint Ambroise* 19.484–487.577; DUDDEN, *Life 1* 68f Anm. 5; *Life 2* 711; HERRMANN, *Trinitätstheologe* 1; DASSMANN, *Ambrosius: TRE* 363; anders derselbe, *Ambrosius* 34; TESTARD, *Saint Ambroise* 372; DROBNER, *Lehrbuch* 258) nennen das Jahr 373 oder ein abweichendes Tagesdatum (zum Beispiel neben PALANQUE und DUDDEN auch BIERMANN, *Leichenreden* 11; MARKSCHIES, *Ambrosius: LACL* 20; dagegen FALLER, *Ambrosius, De excessu fratris* 83*); vgl. auch PELLEGRINO, *Paulinus von Mailand* 63 Anm. 6; MARKSCHIES, *Trinitätstheologie* 58 Anm. 79.67f, besonders Anm. 126; RAMSEY, *Ambrose* 16.219 Anm. 2.

In der Folgezeit erhielt er, der nach eigenen Worten lehren mußte, bevor er selbst gelernt hatte[12], theologischen Unterricht bei dem Mailänder Presbyter Simplicianus, der nach seinem Tod auch sein Nachfolger werden sollte. Sofort widmete sich Ambrosius den seelsorglichen Aufgaben seiner Gemeinde und verfolgte zielstrebig einen neunicaenischen Kurs kappadokischer Prägung, wobei er allerdings den Klerus seines Vorgängers im Amt beließ. So gelang es ihm bald, die Gegensätze in der Gemeinde zu überbrücken und Klerus und Volk geschlossen hinter sich zu bringen.

Als Bischof trug er die Verantwortung für die Liturgie, die ganz auf seine Mitwirkung ausgerichtet war. Neben der täglichen Eucharistiefeier hielt er regelmäßig über den Tag verteilt Stundengebetsgottesdienste mit Gesängen und Lesungen. Als vornehmste Pflicht betrachtete er seine Predigttätigkeit, die ihn an allen Sonn- und Festtagen, täglich während der Vorbereitungszeit der Taufbewerber und regelmäßig nach der Taufspendung forderte und die Nieder-

---

[11] Die sich auf PAULINUS VON MAILAND, *vita Ambr.* 9 (64 BASTIAENSEN), stützende Meinung, Ambrosius habe nach seiner Taufe innerhalb einer Woche nacheinander alle anderen kirchlichen Weihen empfangen, widerspricht altkirchlicher Weihepraxis und ist daher als unzutreffend anzusehen, zumal PAULINUS dies nur vom Hörensagen weiß (*fertur omnia ecclesiastica officia implesse*); vgl. FISCHER, *Weihen*.
[12] *Off.* 1,1,4 (CCL 15,2).

schlag in seinen Schriften gefunden hat[13]. Obwohl er seine Ansprachen schlicht, ohne Stimmaufwand und rhetorische Kunstgriffe hielt[14], müssen sie so beeindruckend gewesen sein, daß sie sogar den kritischen Augustinus überzeugt haben[15]. Hinzu kamen die Betreuung der Katechumenen und Neophyten, die Sorge für Buße, Rekonziliation und christliche Eheschließung sowie eine immer umfangreicher werdende caritative Tätigkeit in der Armen- und Krankenfürsorge. Seitdem auch Bischöfe die Gerichtsbarkeit in

---

[13] Der größte Teil der Werke des Ambrosius ist aus Ansprachen oder Predigten entstanden, die für den Vortrag bestimmt waren und für die Veröffentlichung mehr oder weniger stark überarbeitet wurden. BIERMANN, *Leichenreden* 15f, weist auf das unterschiedliche Ausmaß der Bearbeitungen hin, betont jedoch, „daß der größte Teil der Schriften des Ambrosius ursprünglich für den mündlichen Vortrag in der Kirche entstanden ist. Ambrosius tritt uns also hier weniger als Schriftsteller für Leser sondern vielmehr als Redner vor Zuhörern entgegen" (*Leichenreden* 16). Das hat selbstverständlich Auswirkungen auf seine „Rhetorik": Seine „Haltung zur Aufgabe der Predigt ist von Sendungsbewußtsein und Verantwortungsgefühl im Dienste der Verkündigung göttlicher Offenbarung bestimmt. Der Nutzen seiner Tätigkeit soll, seinen Worten zufolge, ganz auf seiten seiner Zuhörer liegen ... Der Prediger muß sich an den Bedürfnissen und dem Verständnishorizont seiner Gemeinde orientieren. Es ist sein oberstes Anliegen, verstanden zu werden; entsprechend sind Klarheit und Einfachheit bis hin zur Aussprache gemäß den theoretischen Aussagen des Ambrosius die wichtigsten sprachlichen Kriterien von Predigten" (*Leichenreden* 19f). Eine genaue Abgrenzung der mündlichen Vorlagen ist allerdings in der Regel nicht möglich, was für ZELZER, *Chronologie* 87, der literarischen Eigenart des Ambrosius zuzuschreiben ist, denn „nicht nur aus den Briefen, sondern auch aus den Predigten strich Ambrosius bei der Bearbeitung für die Publikation alles Persönliche und politisch Aktuelle ... Ambrosius bediente sich somit offensichtlich der alten literarischen Tradition, um zeitlose Dokumente zu hinterlassen. Deswegen ist auch für die meisten Schriften eine genaue Datierung nicht möglich, ebenso wenig auch die Frage zu lösen, wieweit sie auf Predigten zurückgehen".
[14] Vgl. *off.* 1,22,101 (CCL 15,38): *oratio pura, simplex, dilucida atque manifesta, plena gravitatis et ponderis, non adfectata elegantia sed non intermissa gratia*. Vielleicht hinderte auch eine Stimmschwäche den Bischof, zu laut zu sprechen; siehe *virg.* 1,1,1, unten 98 Anm. 4.
[15] Vgl. AUGUSTINUS, *conf.* 5,13,23 (CCL 27,70f).

EINLEITUNG 15

Zivilprozessen besaßen, war die Ausübung der öffentlichen Rechtsprechung, die Sorge um den Rechtsschutz für die Hilflosen und die Pflicht, für Gefangene und zum Tode Verurteilte einzutreten, zu einer wichtigen, allerdings auch zeitraubenden Aufgabe des Bischofs geworden[16].

Ambrosius war ein überzeugter Römer, der sich trotz seiner Freundlichkeit und Güte stets eine aristokratische Würde, gepaart mit Energie und Durchsetzungsvermögen, zu bewahren wußte[17]. Jedoch war er persönlich äußerst an-

---

[16] AUGUSTINUS, *conf.* 6,3,3 (CCL 27,75), berichtet vom Andrang der Leute, für deren Probleme sich Ambrosius bis zur Erschöpfung zur Verfügung hielt. Niemand wurde abgewiesen und Besucher mußten sich nicht anmelden.

[17] Vgl. MARKSCHIES, *Ambrosius: LACL* 21, mit Verweis auf Ambrosius, *in psalm.* 36,19 (CSEL 64,85): *hereditas maiorum fides vera est,* und AUGUSTINUS, *conf.* 5,13,23f (CCL 27,70f); ähnlich MARKSCHIES, *Bischof* 132. Recht einseitig gerät das Bild, das DEN BOEFT, *Ambrosius* 582 — mit Verweis auf MCLYNN, *Ambrose,* und WILLIAMS, *End* —, zeichnet, wenn er meint, Ambrosius habe „sein Amt mit Einsatz, Ehrgeiz und einer großartigen Begabung als Manager ausgübt. Schattenseite dieser Begabung" sei jedoch seine „gezielte Manipulation seiner Person und seiner (kirchlichen) Politik". Kritisch und anerkennend zugleich — und damit wohl eher zutreffend — charakterisiert ihn CAMPENHAUSEN, *Lateinische Kirchenväter* 79: „Überlegen, klug, energisch, ein geborener Diplomat und gegebenenfalls ein äußerst gewandter Taktiker, scheint er in seinem eigentlichen Wollen und in seinen religiösen und sittlichen Überzeugungen niemals geschwankt zu haben. Er wirkt durch und durch echt in dem, was er fordert, und ist bei aller Härte seines Handelns niemals starr, unmenschlich oder gewissenlos. Man mag seine Ziele und die Art seines Vorgehens verabscheuen, der Mann selbst bleibt achtunggebietend, wie ihm schon zu Lebzeiten auch seine Feinde Achtung und Anerkennung nicht versagen konnten. Die gleiche Klarheit und Lauterkeit zeichnet Ambrosius als theologischen Lehrer aus ... Seine Rede zielt immer auf das Wesentliche und auf das praktisch Entscheidende. Sie ist unkompliziert, eher handfest als raffiniert; aber sie faßt den Hörer als ganzen Menschen ins Auge, ihr Ernst trifft ins Gewissen und zeigt trotz eines begründeten und mit den Jahren wachsenden Selbstbewußtseins keine Spur persönlicher Gefallsucht und Eitelkeit".

spruchslos, wachte und fastete oft und arbeitete viel[18]. Ohne Mönch zu sein, lebte er monastische Askese, die selbstverständlich die jungfräuliche Lebensweise einschloß. Es fällt auf, daß auch seine beiden Geschwister zeitlebens unverheiratet blieben und sich das ehelose Leben in seiner Familie offensichtlich hoher Wertschätzung erfreute[19].

Marcellina wurde um 330 geboren[20] und empfing, wahrscheinlich an einem der Weihnachtsfeste 352–354[21], durch den römischen Bischof Liberius die Jungfrauenweihe. In der vorliegenden, ihr gewidmeten Schrift *De virginibus*

---

[18] Vgl. PAULINUS VON MAILAND, *vita Ambr.* 38,1 (100–102 BASTIAENSEN).
[19] Neben MARCELLINA lebten nach PAULINUS VON MAILAND, *vita Ambr.* 4 (58 BASTIAENSEN), auch eine Jungfrau namens CANDIDA und deren Schwester im mütterlichen Haus in Rom, sowie zeitweise, während der Abwesenheit des Ambrosius, eine gewisse INDICIA, die später in Verona Aufsehen erregte (vgl. *epist.* 56[5],21 [CSEL 82/2,96]). Ferner gehörten, wie BIRAGHI, *Leben* 28, es ausdrückt, „einige fromme Dienerinnen zur Genossenschaft, welche die gewöhnlichen Arbeiten versorgten". Auch PASINI, *Ambrogio* 21, meint, die Entscheidung MARCELLINAS zur Jungfräulichkeit sei „maturata nel profondo clima religioso che si respirava in famiglia". Vgl. auch SATTERLEE, *Method* 34f; DASSMANN, *Ambrosius* 41: „Im elterlichen Haus in Rom dürften Virginität und Askese Dauerthema gewesen sein."
[20] Über ihr Leben informieren die Biographien VIGGIANI, *Santa Marcellina*, und BIRAGHI, *Leben*. Vgl. ferner TAMBORINI, *Santi* 179–184; RIMOLDI, *Marcellina: BSS* 646–648; JONES/MARTINDALE/MORRIS, *Prosopography 1* 544; MARA, *Ambrogio: DPAC* 2087; PETERSEN-SZEMERÉDY, *Weltstadt* 238 (mit zum Teil falschen Angaben); PASINI, *S. Marcellina: Dizionario dei santi;* LETSCH-BRUNNER, *Marcella* 58–63; FRANZ, *Marcellina*.
[21] Vgl. die Diskussion *virg.* 3,1,1, unten 272f Anm. 403f.

lobt Ambrosius ihre vorbildliche asketische Lebensweise[22] und gestaltet die Predigt nach, die Liberius bei dieser Gelegenheit gehalten haben soll. Marcellina lebte später in Mailand, nahm aber auch zuvor Anteil am Geschick ihrer Brüder[23]. Drei Briefe des Ambrosius sind an sie gerichtet und behandeln bedeutsame Ereignisse aus dem Leben der Mailänder Gemeinde[24]. Der frühen *vita* zufolge[25] starb sie während des Episkopates des Simplicianus (397–401).

Satyrus wurde zwischen Marcellina und Ambrosius geboren[26], schlug wie sein Bruder eine Beamtenlaufbahn ein

---

[22] BIRAGHI, *Leben* 31, vermutet, daß gerade MARCELLINA maßgeblich zur Entwicklung der beiden jüngeren Brüder beigetragen hat: „Sie erzog also die zwei Brüder in der Unschuld und im Glauben, und obgleich sie erst Katechumenen waren, ... hatte sie dieselben doch angeleitet zur Ausübung der höchsten Tugenden, ihnen eine besondere Liebe zur Jungfräulichkeit eingepflanzt". Auch für PASINI, *Ambrogio* 22, zeigen die Äußerungen des Ambrosius zur Jungfräulichkeit „senza ombra di dubbio quanto sia stato profondo l'influsso che le parole e l'esempio della sorella ebbero su Ambrogio e sul suo insegnamento"; vgl. ferner derselbe, *S. Marcellina* 85f.
[23] In *exc. Sat.* 1,33 (CSEL 73,228) beschreibt Ambrosius ihren Schmerz beim Tod des SATYRUS; vgl. auch *exc. Sat.* 1,16 (CSEL 73,218); 1,76 (CSEL 73,248f). Daß MARCELLINA irgendwann Rom verlassen hat und nach Mailand gezogen ist, hält DASSMANN, *Ambrosius* 18, für wenig wahrscheinlich.
[24] *Epist.* 76(20) (CSEL 82/3,108–125) informiert über den Kirchenstreit 386, *epist.* 67(22) (CSEL 82/3,126–140) über die Auffindung der Gebeine der Märtyrer GERVASIUS und PROTASIUS, und *epist. extra coll.* 1(41) (CSEL 82/3,145–161) über die Auseinandersetzung mit Kaiser THEODOSIUS I.
[25] Vgl. *Biblioteca hagiographica Latina* 5223; *Acta Marcellina* (234–238 SOLLERIUS); erwähnt wird MARCELLINA auch *Martyrol. Hier.* (380 DE ROSSI/DUCHESNE); *Martyrologium Romanum* (293 DELEHAYE). Zum Datum ihres Gedenktages PASINI, *Ambrogio* 73.
[26] Vgl. *exc. Sat.* 1,54 (CSEL 73,238): *inter fratres duos, alteram virginem, alterum sacerdotem, aetate medium.* Zum Leben des SATYRUS vgl. die Biographie PALESTRA/PEROGALLI, *San Satiro;* ferner TAMBORINI, *Santi* 228–232; RIMOLDI, *Satiro: BSS;* JONES/MARTINDALE/MORRIS, *Prosopography 1* 809; PALESTRA, *Note* 36–41; MARA, *Satiro;* LUMPE, *Satyrus;* FRANZ, *Satyrus;* PASINI, *San Satiro;* DASSMANN, *Ambrosius* 53–60.

und war eine Zeitlang im Staatsdienst tätig[27]. Als Ambrosius Bischof wurde, folgte ihm Satyrus, der ihm zum Verwechseln ähnlich sah[28], nach Mailand und übernahm die Verwaltung des großen Familienbesitzes[29]. In Ausübung dieser Aufgabe reiste er im Herbst 377 nach Afrika, um die Schulden eines gewissen Prosper einzutreiben[30]. Bei der Rückreise — oder während einer Fahrt einige Zeit zuvor — geriet er in Seenot und erbat, obwohl noch Katechumene, von christlichen Mitreisenden die Eucharistie als Phylakterion[31]. Aus dem Schiffbruch gerettet, ließ er sich taufen, nachdem er sich eigens der Rechtgläubigkeit des betreffenden Bischofs versichert hatte[32]. Die Strapazen während des Unglücks auf der Rückfahrt von Afrika führten zu einer schweren Erkrankung und bald nach seiner Ankunft in Mailand starb er Anfang 378 an Entkräftung[33]. Ambrosius

---

[27] In *exc. Sat.* 1,49 (CSEL 73,236) spricht Ambrosius von seinem Wirken als Jurist an der Präfektur in Sirmium; in *exc. Sat.* 1,58 (CSEL 73,239f) von der Leitung einer nicht näher genannten Provinz; vgl. auch 1,25 (CSEL 73,223).
[28] Vgl. *exc. Sat.* 1,38 (CSEL 73,230).
[29] Vgl. *exc. Sat.* 1,20 (CSEL 73,220f); 1,40 (CSEL 73,231); 1,62 (CSEL 73,241).
[30] Vgl. *exc. Sat.* 1,24 (CSEL 73,222f).
[31] Vgl. *exc. Sat.* 26f.43(CSEL 73,223f.232f); zur Eucharistie als Reiseschutz DÖLGER, *Eucharistie*, besonders 245–247.
[32] Vgl. *exc. Sat.* 1,47 (CSEL 73,235).
[33] Vgl. *exc. Sat.* 1,27 (CSEL 73,224). BANTERLE, *Ambrosius, De excessu fratris* (sc. *Satyris*) 10f, zu *exc. Sat.* 1,42 53 Anm. 67, betont, daß der Ablauf der Ereignisse nicht ganz klar ist, und vermutet, wie schon zum Beispiel FALLER, *Situation* 89–91 (100–102: ein Lebenslauf; vgl. auch derselbe, *Ambrosius, De excessu fratris* 81*–89*), dem SATYRUS seien zwei Schiffbrüche widerfahren, jener *exc. Sat.* 43–50 erwähnte, der in der Taufe mündete, und ein zweiter, *exc. Sat.* 1,17.26f angesprochen, bei seiner Rückfahrt aus Afrika, der zur tödlichen Erkrankung führte. In der Tat spricht Ambrosius, *exc. Sat.* 1,48 (CSEL 73,236), und 1,52 (CSEL 73, 237) davon, daß sein Bruder die empfangene Taufgnade treu bewahrt hat, was für die kurze Zeit von einigen Wochen kaum ein Lob darstellen dürfte, und weiß *exc. Sat.* 1,50 (CSEL 73,236) zu erwähnen, er habe nach dem Schiffbruch die Meere durchfahren und die entlegensten Länder besucht.

widmete ihm zwei kunstvolle, an klassischen Vorbildern orientierte Trauerreden, die am Begräbnistag und eine Woche später gehalten wurden und die einzige Quelle über sein Leben darstellen[34].

---

[34] Dazu ausführlich BIERMANN, *Leichenreden* 22–44.51–81.121–133, der ebenfalls meint: „Die einzelnen Informationen aus den Reden sind wohl nicht in einen zu rekonstruierenden Lebenslauf einzuordnen" (*Leichenreden* 57 Anm. 27). Zur Datierung bzw. zum Todesjahr des SATYRUS IHM, *Studia ambrosiana* 36–38; FALLER, *Situation;* TAMBORINI, *Santi* 231; DÖLGER, *Eucharistie* 232; MONACHINO, *Cura* 276 Anm. 36; PALESTRA, *Note* 32.37–40; MARA, *Ambrogio: Patrologia* 163; ALTANER/STUIBER, *Patrologie* 378.384; PAREDI, *S. Ambrogio* 232.244.540; PALESTRA/PEROGALLI, *San Satiro* 71–74; BANTERLE, *Ambrosius, De excessu fratris (sc. Satyris)* 10f; STORONI MAZZOLANI, *Ambrogio* 49f; TESTARD, *Saint Ambroise* 369; MCLYNN, *Ambrose* 378; FREDE, *Kirchenschriftsteller* 107; PASINI, *Ambrogio* 65–68.246; CRIVELLI, *Aurelio Ambrogio* 77; SAVON, *Ambroise* 66–68. 342; PAOLI, *Remarques* 126; PIZZOLATO, *Retorica* 235f; MOORHEAD, *Ambrose* 36 Anm. 45; VIGGIANI, *Santa Marcellina* 105–109; DASSMANN, *Ambrosius* 53, die für 378 votieren; vgl. ferner BARDENHEWER, *Geschichte 3* 538 (377 oder 378); HERRMANN, *Trinitätstheologe* 50f (378, Endredaktion der Schrift noch später). Auf 375 datieren RAUSCHEN, *Jahrbücher* 475f; PALANQUE, *Saint Ambroise* 34. 488–493.577; DUDDEN, *Life 1* 176f Anm. 2; CALLU, *Symmachus* 228 Anm. 3; DASSMANN, *Ambrosius: TRE* 363; PICARD, *Souvenir* 37 (anders 605); TESTARD, *Saint Ambroise* 373; PRICOCO, *Prototipo* 477 (vgl. auch JONES/MARTINDALE/MORRIS, *Prosopography 1* 809; MARKSCHIES, *Trinitätstheologie* 102), doch paßt dies schwerlich zum in *exc. Sat.* 1, 20 (CSEL 73, 220f) ausgesprochenen Lob, das eine längere Tätigkeit als bischöflicher Vermögensverwalter vermuten läßt. ZELZER, *Corpus* 510 Anm. 2, meint: „Die wenigen historischen Hinweise lassen beide Datierungen zu". Bei aller rhetorischen Ausgestaltung dieser Reden dürfte die Trauer des Ambrosius beim Begräbnis seines Bruders echt sein und seiner Dankbarkeit für dessen Gefährtenschaft und gewissenhaft verrichteten Verwaltungsdienste entspringen; den Tod des SATYRUS als „godsend" zu bezeichnen, „giving Ambrose a privileged platform from which to address his people", wie MCLYNN, *Ambrose* 76, es tut, greift doch wohl zu kurz. In *Biblioteca hagiographica Latina* 7509f wird neben *exc. Sat.* die *Vita Satyris* (505–507 STILTING) angeführt; erwähnt wird SATYRUS auch in *Martyrol. Hier.* (516 DELEHAYE/QUENTIN); *Martyrologium Romanum* (403 DELEHAYE); ferner SYMMACHUS, *epist.* 1, 63 (MGH.AA 6/1, 29). Zur Feier seines Gedenktages AMBROSIONI, *Contributo;* PASINI, *Ambrogio* 66f.

I. Das Jungfräulichkeitsideal bei Ambrosius

Die gottgeweihten Jungfrauen blieben im seinerzeitigen Mailand in der Regel im elterlichen Hause wohnen. Zahlreiche an sie gerichtete Ermahnungen des Bischofs lassen jedenfalls einen familiären Zusammenhang erkennen. Um Eltern zu bewegen, ihre Töchter für das jungfräuliche Leben herzugeben, verweist Ambrosius darauf, daß sie sich weiterhin deren Anwesenheit und Unterstützung erfreuen können und zudem die Mitgift sparen. Auch müssen sie keinen ungeliebten und habgierigen Schwiegersohn ertragen[35]. Den Eltern, insbesondere den Müttern, obliegt es, die Keuschheit der Jungfrauen zu schützen und schlechte Einflüsse von ihnen fernzuhalten[36].

Doch muß es auch Formen gemeinschaftlichen Lebens gegeben haben. Die Jungfrauen, die eigens nach Mailand kamen, um von Ambrosius den Schleier zu empfangen, haben, so steht zu vermuten, irgendwo gemeinsam Unterkunft gefunden[37]. Die Tatsache, daß Ambrosius seine Schwester Marcellina als *magistra* für die jüngere Generation anspricht[38], muß jedoch nicht auf eine Art Jungfrauenkommunität schließen lassen[39], Marcellina mag lediglich eine Vorbildfunktion für ihren Stand gehabt haben. Immerhin haben wir aus den Schriften des Ambrosius Kenntnis von klöster-

---

[35] Vgl. *virg.* 1,7,32f, unten 154–157.
[36] Vgl. *exhort. virg.* 10,71 (256 GORI): *Nullus sit tuus sine matre processus, quae sit anxia custos pudoris*. Von MARIA, dem Vorbild für die Jungfrauen, heißt es in *virg.* 2,2,9, unten 220f, sie habe das Haus lediglich zum Kirchgang verlassen, und auch das nur in Begleitung ihrer Eltern und Verwandten.
[37] Vgl. *virg.* 1,10,57, unten 196f. DOSSETTI, *Concetto* 4443, meint, sie seien nicht nur von der Persönlichkeit des Ambrosius angezogen gewesen, „ma anche dall'attrattiva di una qualche comunità organizzata, nella quale esse restassero dopo così lungo viaggio". Vgl. auch JENAL, *Italia 1* 18f.
[38] Vgl. *virg.* 3,4,16, unten 296f.
[39] Anders GORI, *Ambrosius, De virginibus* 41.

ähnlichen Gemeinschaften in Bologna[40], Vercelli[41] und Verona[42].

Auch in Mailand wird man mit solchen organisierten Formen asketischen Lebens rechnen dürfen. Dafür spricht schon die Tatsache, daß die frühen Zeugnisse für die genannten Städte von Ambrosius stammen und dessen spezielles Interesse an der Entstehung und der Ausbreitung solcher Lebens- und Organisationsformen offenbaren. Allerdings finden sich die ältesten Zeugnisse über die Mailänder Gegebenheiten nicht bei ihm, sondern bei Augustinus[43]. Dieser berichtet im Zusammenhang mit einem Aufenthalt in Mailand (384–387) von einem *monasterium* für Männer außerhalb der Stadtmauer, das unter der Obhut des Ambro-

---

[40] Dort bewohnten, wie es in *virg.* 1, 10, 60, unten 198–201, heißt, an die zwanzig Jungfrauen ein *sacrarium virginitatis*. Neben dem ausdrücklichen Hinweis, daß diese Jungfrauen nicht mehr im Elternhaus lebten, findet sich die Mitteilung, daß sie geistliche Gesänge pflegten und sich der Handarbeit widmeten, letzteres nicht nur für den eigenen Unterhalt, sondern auch um Mittel als Almosen für die Armen zu erwirtschaften. Vgl. JENAL, *Italia 1* 23f; ferner VOGÜÉ, *Histoire 1* 144–150.
[41] Ambrosius, *epist. extra coll.* 14(63) (CSEL 82/3, 235–295), erwähnt mehrfach eine nach monastischen Maximen lebende Klerikergemeinschaft, die von Bischof EUSEBIUS (circa 344–371) vermutlich im 2. Drittel des 4. Jahrhunderts gegründet worden war. Vgl. JENAL, *Italia 1* 12–15; ferner KÖNIG, *Amt* 124–131.
[42] Ebenfalls für etwa die gleiche Zeit ist die erste Frauengemeinschaft Italiens belegt. Sie geht wohl auf Bischof ZENO (circa 362–371) zurück. Ambrosius, *epist.* 56(5), 19 (CSEL 82/2, 95), erwähnt das *monasterium*, läßt aber keine Einzelheiten über seine Organisation oder das in ihm geführte asketische Leben erkennen. Allerdings spricht er im selben Brief (*epist.* 56[5], 1 [CSEL 82/2, 84]) von der gottgeweihten Jungfrau INDICIA, die offensichtlich im elterlichen Haus lebte. In Verona gab es also bereits zwei Formen asketischen Lebens nebeneinander. Beide unterstanden nicht nur der Obhut des Bischofs, sondern können auch auf dessen Initiative zurückgeführt werden. Vgl. JENAL, *Italia 1* 15f.
[43] Dazu JENAL, *Italia 1* 17.

sius stand[44]. An anderer Stelle erwähnt er das Haus einer Gemeinschaft (*diversorium*), das sich — anders als bei den Anachoreten des Ostens — innerhalb der Stadtmauern befunden habe. Es sei von einem tugendhaften und gelehrten Presbyter geleitet worden, seine Mitglieder hätten von ihrer Handarbeit gelebt und eine außergewöhnlich strenge Nahrungsaskese betrieben[45]. Für die Zeit des Ambrosius darf man also von zwei Männergemeinschaften in Mailand ausgehen. Eine lebte innerhalb der Stadtmauern und stand unter der Leitung eines Presbyters, war allerdings wohl keine Klerikergemeinschaft[46]. Die andere, ein *monasterium*, lag außerhalb der Stadt und wurde von Ambrosius unterhalten[47].

---

[44] Vgl. AUGUSTINUS, *conf.* 8,6,15 (CCL 27,122). Die Formulierung *sub Ambrosio nutritore* läßt erkennen, daß Ambrosius für den Unterhalt des *monasterium* sorgte; ob er darüber hinaus auch sein Gründer war, bleibt offen.

[45] Vgl. AUGUSTINUS, *mor.* 1,33,70 (CSEL 90,74f). Der diesen Bemerkungen folgende Hinweis auf die mit dem Leben *orientis more* verbundene strenge Fastenpraxis — die selbstverständliche Sexualaskese wird nicht eigens erwähnt — bezieht sich wohl nicht nur auf die Kommunitäten in Rom, sondern auch auf das *diversarium* in Mailand. AUGUSTINUS erwähnt auch Frauengemeinschaften mit Witwen und Jungfrauen, die mit Wolle und Stoff ihren Lebensunterhalt verdienen und von würdigen und erfahrenen Frauen geleitet werden, sagt aber nicht, wo er sie gesehen hat (CSEL 90,75).

[46] Dagegen spricht der Hinweis AUGUSTINS, man habe sich dort *orientis more* seinen Lebensunterhalt mit Handarbeit verdient.

[47] Ambrosius, *epist. extra coll.* 14(63),7–9 (CSEL 82/3,238f), deutet darauf hin, daß die späteren Mönchhäretiker BARBANTIUS und SARMATIO aus diesem Kloster stammten und Ambrosius versucht hat, auf sie einzuwirken. Wahrscheinlich mit dem von ihm unterhaltenen Kloster identisch ist jenes bei PAULINUS VON MAILAND, *vita Ambr.* 49 (116 BASTIAENSEN), erwähnte.

Insgesamt kann man von einer gewissen Blüte des asketischen Lebens unter dem Episkopat des Ambrosius ausgehen. Jedenfalls sprechen die erwähnten Nachrichten aus seiner Feder ebenso dafür wie seine zahlreichen Äußerungen zu asketischen Problemen und zur asketischen Praxis in seinem gesamten Werk, besonders natürlich in seinen Virginitätstraktaten.

Fragt man nach den Motiven, die Ambrosius zu seinem häufig enthusiastischen Lob der Jungfräulichkeit geführt haben, wird man sich kaum mit monokausalen Erklärungen zufriedengeben können[48]. Man wird dem Bischof von Mailand schwerlich gerecht, wenn man die Propagierung des Jungfräulichkeitsideal einseitig einer vermeintlichen Abwertung der Geschlechtlichkeit zuschreibt — sei es im Gewand plotinischer Leibfeindlichkeit, stoischer Sexualverdrossenheit oder paulinischer Geschlechterfurcht, sei es aufgrund der Erwartung des Weltuntergangs oder aus Gleichgültigkeit gegenüber biologischer Fortpflanzung. Auch politische Gründe werden kaum den Ausschlag gegeben haben — etwa das Bestreben, den Besitz reicher Witwen oder unverheirateter Töchter den kirchlichen Kassen zuzuführen, und einen eventuellen Widerstand der Oberschicht gegen die damit verbundene Stärkung der Kirche im Keime zu ersticken[49].

Als Bischof und verantwortlicher Seelsorger einer wachsenden Gemeinde, in die es manchen eher aus Opportunitätsgründen denn aus innerer religiöser Überzeugung drängte, ist er auf der Suche nach Menschen, die ihren christlichen Glauben vorbehaltlos leben und ihre ganze

---

[48] Vgl. DASSMANN, *Anliegen* 193f, dessen im Folgenden zugrunde gelegte Einschätzung den Intentionen des Ambrosius eher entsprechen dürfte als jede vereinseitigende Polemik.
[49] BROWN, *Keuschheit* 351–353, etwa stellt die finanziellen Motive — „die Umleitung von Teilen des Reichtums großer Familien auf fromme Zwecke" — und damit die Stärkung der politischen Position der Kirche in den Mittelpunkt.

Existenz Christus weihen. Die Kirche muß eine heilige Kirche sein, nicht nur in der theologischen Theorie, sondern auch in ihrer konkreten Gestalt und Wirklichkeit. Deshalb sind die Jungfrauen so wichtig. In den asketisch-jungfräulich lebenden Gliedern der Gemeinde zeigt sich die bräutliche Verbundenheit der Kirche mit ihrem Herrn. Sie garantieren, daß die Kirche glaubwürdig ist und heilig bleibt, eine Braut ohne Flecken und Falten, wie Christus sie sich erwählt hat[50]. Im lieblichen Garten der Kirche herrschen Unversehrtheit, Keuschheit, Frömmigkeit, Schweigsamkeit, der Glanz der Engel; hier gedeihen die Lilien der Jungfrauen[51].

Der entscheidende Beitrag des Ambrosius liegt weniger in Anweisungen zur konkreten Lebensführung der *virgines* als in einer konzeptionellen Weiterführung und theologischen Vertiefung des Jungfräulichkeitsideals[52].

1. Die Übernatürlichkeit der Jungfräulichkeit

Grundlegend ist bei Ambrosius die Überzeugung, das jungfräuliche Leben übersteige die natürlichen Bedingtheiten des menschlichen Lebens, die veränderliche und vergängliche, von Geburt und Sterben begrenzte, den Gesetz-

---

[50] Vgl. die Zitate von Eph 5,27 *in Luc* 1,17 (CCL 14,15); 2,7 (CCL 14,33); 3,23 (CCL 14,88).
[51] Vgl. *in Luc.* 7,128 (CCL 14,257f); *exc. Sat.* (CSEL 73,342).
[52] Der folgende Überblick orientiert sich an der Darstellung von GORI, *Ambrosius, De virginibus* 41–62. Die meisten Herausgeber und Übersetzer der Virginitätsschriften des Ambrosius bringen eine entsprechende Einführung, neben GORI am ausführlichsten RAMOS-LISSÓN, *Ambrosius, De virginibus* 24–31.

mäßigkeiten und Gepflogenheiten der Welt verpflichtete Existenz des Menschen[53], es komme als Geschenk Gottes vom Himmel[54].

Der Überbringer dieser übernatürlichen Lebensweise ist Christus. Mit der Inkarnation wurde die der Natur enthobene, von aller unreinen Vermischung und Verderbnis befreite Jungfräulichkeit auf der Erde bekannt und fand Verbreitung[55]. Christus wurde in einer übernatürlichen Art und Weise empfangen und geboren; in ihm verband sich die Göttlichkeit mit einer von keiner Sünde befleckten Menschlichkeit. Sein makelloser Leib ist der erste und vollkommene Ausdruck des hingebungsvollen Dienstes, den die Jungfrauen auf Erden leisten. In ihm ist die Fülle des jungfräulichen Lebens sichtbar erschienen[56]. Die wahre Natur der Jungfrauen ist folglich identisch mit der makellosen menschlichen Natur Christi. Sie ist mehr himmlisch als irdisch und begründet ein anderes *genus* der Jungfrauen[57].

2. Christus als Urbild der Jungfräulichkeit

Christus ist der Urheber und das Urbild jeder Jungfräulichkeit, da sein Leib nicht befleckt war durch eine der Natur entsprechende Geburt. Zur Stützung dieser Ansicht zitiert Ambrosius Ps 16,10 („du läßt deinen Heiligen keine Verderbnis schauen"[58]), bezieht ihn aber nicht ausdrücklich,

---

[53] Der Gedanke, daß die jungfräuliche Lebensweise übernatürlich ist, begegnet häufiger, zum Beispiel *virg.* 1,2,5, unten 106f; 1,2,8, unten 112f; 1,3,11, unten 114f; 1,5,23, unten 140f; *virginit.* 13,83 (39 CAZZANIGA); vgl. auch *epist. extra coll.* 14(63),35 (CSEL 82/3,253); und, bezüglich der Witwenschaft, *vid.* 7,37 (278 GORI).
[54] Vgl. *virg.* 1,3,11, unten 114f; 1,7,32, unten 154f.
[55] Vgl. *virg.* 1,3,13, unten 120–133.
[56] Vgl. *virg.* 1,3,13, unten 122f.
[57] Vgl. *virg.* 1,3,13, unten 122f.
[58] Ps 15,10 Vg.: *nec dabis sanctum tuum videre corruptionem.*

wie im Anschluß an Apg 2,27.31 und 13,35 an anderen Stellen[59], auf die Auferstehung, sondern auf die Geburt Christi[60]. So bringt er einerseits die jungfräuliche Geburt mit der Auferstehung, andererseits die Verderbtheit der natürlichen Geburt mit dem Tod bzw. der Verwesung des Körpers nach dem Tode in Zusammenhang. Christus, der *immaculatus dei filius,* ist das Fundament und der Garant des jungfräulichen Lebens. Seine Empfängnis und Geburt aus der Jungfrau stehen den natürlichen Abläufen geschlechtlicher Fortpflanzung, durch die jeder Mensch befleckt auf die Welt kommt, gegenüber[61]. Unbefleckt war Christi Geburt[62], unbefleckt, das heißt von jeder Sünde frei, war sein Leben[63]. Ihm, in dem Gottheit und Menschheit makellos, rein und unvermischt miteinander verbunden waren, dienten nach dem Zeugnis der Heiligen Schrift die Engel auf Erden (vgl. Mt 4,11; Mk 1,13) — und bildeten dabei den Dienst der christlichen Jungfrauen voraus, die dem Herrn ihren unbefleckten Körper hingeben[64].

Dabei steht die Jungfräulichkeit in einem doppelten Zusammenhang mit dem jungfräulichen Herrn. Zum einen ging Christus aus der Jungfräulichkeit hervor; seine Makellosigkeit stammt aus der Makellosigkeit der Jungfrau Ma-

---

[59] Vgl. *in Luc.* 6,32 (CCL 14,185); 6,106 (CCL 14,213); ferner *hex.* 5,23,79 (CSEL 32/1,197); *in psalm.* 118 1,19 (CSEL 62,18f); *fid.* 3,3,21 (CSEL 78,116); 5,8,111 (CSEL 78,257); *incarn.* 5,42 (CSEL 79,245); *Noe* 3,7 (CSEL 32/1,417); *paen.* 2,7,58 (CSEL 73,187); *virginit.* 11,62 (29 CAZZANIGA); 19,129 (61 CAZZANIGA).
[60] Vgl. *virg.* 1,5,21, unten 134f.
[61] Vgl. *apol. Dav.* 11,56 (CSEL 32/2,337f). Zur Verwendung des Begriffs *immaculatus* bei Ambrosius vgl. NEUMANN, Virgin 118–120. 160–162.
[62] Vgl. *in Luc.* 2,56 (CCL 14,55).
[63] Vgl. *in psalm.* 36,64 (CSEL 64,122f).
[64] Vgl. *virg.* 1,3,13, unten 122f.

ria, die ihn geboren hat⁶⁵. Zum anderen geht alle Jungfräulichkeit auf ihn zurück; er selbst ist die Unversehrtheit, denn er kam makellos in die Welt⁶⁶. Christus ist der *auctor virginitatis,* und zwar sowohl was die einzelne Jungfrau, als auch was die Kirche als jungfräuliche Braut und Mutter der Christen angeht⁶⁷.

Während der Mensch dem Fleisch verhaftet ist und gar nicht anders als sündig sein kann, ist Christus als *templum verbi* und *aula divinae plenitudinis* seit Anbeginn von jeder Sünde frei⁶⁸. Sein Leib ist kein Mittel zur Sünde, sondern Ort der göttlichen Gegenwart. Das von Ambrosius häufig aufgegriffene Bild von der Jungfrau als *templum dei*⁶⁹ ist also ebenfalls christologisch geprägt. Wie in Christus die göttliche und die menschliche Natur eine untrennbare Einheit gefunden haben, so übernimmt die Jungfrau die Makellosigkeit des Logos in ihrem irdischen Leben. Sie schwingt sich auf zum Himmel, findet das Wort Gottes im Schoß des

---

⁶⁵ Vgl. *inst. virg.* 16, 98 (178 GORI). Zum Ausdruck *inusitato ... novoque incarnationis mysterium* vgl. auch *incarn.* 9, 104 (CSEL 79, 275); *epist. extra coll.* 15(42), 4 (CSEL 82/3, 304 f); zur Übernatürlichkeit der Empfängnis bzw. zum Fehlen des männlichen Samens *in Luc.* 2, 56 (CCL 14, 55); *hymni* 5, 9–11 (273 FONTAINE); *myst.* 9, 53 (CSEL 73, 112).
⁶⁶ Vgl. *exhort. virg.* 7, 44 (234 GORI). Der Zusammenhang von Jungfräulichkeit und Inkarnation ist für Ambrosius grundlegend, doch ist nach *inst. virg.* 1, 3 (110 GORI) das jungfräuliche Leben als Opfer auch mit dem Kreuzestod Jesu verbunden und vom Heiligen Geist beflügelt.
⁶⁷ Vgl. *virg.* 1, 3, 11, unten 116 f; 1, 3, 12, unten 120 f; 1, 5, 21, unten 134–137; 1, 5, 22, unten 136 f.
⁶⁸ Vgl. *in psalm. 118* 2, 8 (CSEL 62, 23 f); Ambrosius erwähnt dort, daß JOHANNES beim Letzten Abendmahl an der Brust des Herrn gelegen hat. Die übrigen Apostel seien verwundert gewesen, *quod servus se supra dominum reclinaret, quod caro illa peccatrix supra templum verbi recumberet, quod anima illa carnis vinculis innexa aulam divinae plenitudinis scrutaretur.*
⁶⁹ Vgl. Einleitung, unten 41 f. 67 f.

Vaters und nimmt Christus mit ganzem Herzen als ihren Bräutigam auf[70].

Insofern die Inkarnation für Ambrosius ein *sacramentum*[71] ist, kann er, da die christlichen Jungfrauen das reine und unbefleckte Leben des Herrn nachahmen, auch vom *sacramentum virginitatis* sprechen. Die Jungfräulichkeit befreit von den wertlosen Elementen der materiellen Natur[72] und schenkt ein unkörperliches, himmlisches Leben nach dem Beispiel des in Christus geoffenbarten Mysteriums von angeborener Gottheit und angenommener Menschheit[73].

3. Das „engelgleiche Leben"

Auf der Grundlage der dargelegten christologischen Fundierung führt Ambrosius die ihm aus der Tradition bekannte Auffassung vom engelgleichen Leben der Jungfrauen weiter und gibt ihr ein spezifisches Profil. Dabei dient ihm Mt 22,30 („in der Auferstehung heiraten die Menschen nicht, noch lassen sie sich heiraten, sondern sie sind wie die Engel im Himmel") zur Stützung der Ansicht, die Jungfrauen hätten die aus dem Himmel hervorströmende Lebensweise der Engel übernommen. Sie können mit den Engeln verglichen werden, da sie mit Christus, dem Herrn der Engel, verbunden werden[74]. Dabei werden die Aspekte des Ursprungs (die Jungfräulichkeit stammt vom Himmel und ist mit der Inkarnation in die Welt gekommen) und der Vorwegnahme eschatologischer Vollendung (die Jungfrauen werden in der Auferstehung wie die Engel im Himmel sein) miteinander verknüpft.

---

[70] Vgl. *virg.* 1,3,11, unten 114f.
[71] Vgl. *virg.* 1,8,46, unten 178f — dazu unten 180 Anm. 200.
[72] Vgl. *virg.* 3,1,1, unten 274f.
[73] Vgl. *virg.* 1,8,46, unten 178f. Zur Jungfräulichkeit als *sacramentum* GROSSI, *Verginità* 146f.
[74] Vgl. *virg.* 1,3,11, unten 116f.

Es muß betont werden, daß dieser Gedanke, wiewohl er schon früh entwickelt wurde, der Heiligen Schrift selbst fremd ist[75]. In Mt 22,30 geht es um die künftige Auferstehung, nicht um das Wesen der Jungfräulichkeit oder um Anweisungen zum asketischen Leben auf der Erde[76]. Spricht der Text davon, daß man nach der Auferstehung nicht mehr heiratet und wie die Engel leben wird, so meint Ambrosius, daß die unverheirateten Jungfrauen schon auf Erden das Leben von Engeln führen[77] und so das Leben nach der Auferstehung vorwegnehmen[78]. Die Jungfrauen gewinnen das Reich Gottes, und das Himmelreich führt das Leben der Engel vor Augen[79], das diese bereits auf der Erde sichtbar machen. Sie stammen von der Welt, aber sie leben

---

[75] Vgl. IZARNY, *Virginitè* 38; zur Wirkungsgeschichte von Mt 22,30 LUZ, *Evangelium 3* 267f; vgl. auch (zu Lk 20,34–36) BEATRICE, *Continenza* 14f.
[76] Die gleiche Anwendung des Verses auf das irdische Leben der Jungfrauen begegnet *virginit.* 6,27 (13 CAZZANIGA); vgl. ferner die in *virg.* 1,3,11, unten 117 Anm. 49, angeführten Stellen. In *virg.* 1,8,52, unten 186–189, wird das Zitat korrekt auf das künftige Leben der Jungfrauen bezogen, jedoch von der Aussage umrahmt, daß sie die eschatologisch für alle verheißenen und von allen ersehnten Auszeichnungen bereits besitzen.
[77] Vgl. *virg.* 1,8,48, unten 182f; ferner *virg.* 1,8,51, unten 186f; 2,2,17, unten 230f; *virginit.* 14,87 (41 CAZZANIGA).
[78] Nach FRANK, Ἀγγελικὸς βίος 174, kreist die *vita-angelica*-Vorstellung von *virg.* um das in den zitierten Schriftstellen gegebene *tertium comparationis*. Der Vergleich von Jungfräulichkeit und Engelleben „ist nicht nur Bild; die Keuschheit macht die Keuschen zu Engeln". Die Jungfrauen „gehören gar nicht mehr zu dieser Welt, sie sind schon hinübergegangen zum Himmel und sind dort an die Stelle der gefallenen Engel getreten. Der Wiederherstellungsgedanke verbindet sich mit dem der Vorwegnahme. Die Jungfräulichkeit bedeutet vollzogene Auferstehung, die hier schon schenkt, was allen für die jenseitige Ordnung verheißen" ist.
[79] Vgl. *exhort. virg.* 4,19 (214 GORI).

nicht mehr in der Welt; die Welt durfte sie haben, aber sie konnte sie nicht behalten[80].

Wie die Engel im Himmel Gott zur Seite stehen und Jesus auf Erden dienten, so erweisen die Jungfrauen dem Herrn durch Hingabe ihres unbefleckten Körpers einen himmlischen Kriegsdienst[81] bzw. den Kriegsdienst der Keuschheit[82].

Waren einige Engel aufgrund ihrer sexuellen Beziehung zu Frauen aus dem Himmel verstoßen worden, so siedeln die christlichen Jungfrauen wegen ihrer Keuschheit in umgekehrter Richtung von der Welt in den Himmel über. Körperliche Reize verführen sie nicht, sinnliche Freuden stürzen sie nicht ins Verderben[83]. In ihrem Leben wird man auf Erden jenes Lebens ansichtig, das die gefallenen Engel durch ihre Verfehlung eingebüßt haben[84]. Das aus der Tradition bekannte Motiv des engelgleichen Lebens wird durch Ambrosius mit der Aussage fortgeführt, die Keuschheit habe sogar Engel hervorgebracht; wer sie bewahrt habe, sei ein Engel, wer sie verloren habe, ein Teufel[85]. Der Verbindung von Engeln und Jungfräulichkeit entspricht es, daß die Ver-

---

[80] Vgl. *virg.* 1,8,52, unten 186–189. Bezeichnend ist das „Zitat" aus *exhort. virg.* 4,19 (214 GORI): *quae non nubunt et qui uxores non ducunt, sicut angelis in terris;* das biblische *in caelis* wird also durch *in terris* ersetzt. Die Jungfrauen führen das engelgleiche Leben eben schon auf der Erde.

[81] Vgl. *virg.* 1,3,13, unten 122f.

[82] Das Motiv der *militia castitatis* begegnet in den Virginitätsschriften des Ambrosius mehrfach; vgl. *virg.* 1,10,60, unten 200f; 1,11,63, unten 202f; 2,4,23, unten 238f; 2,4,28, unten 246f; 2,4,29, unten 248f; 3,4,16, unten 296f; 3,4,20, unten 304f; *inst. virg.* 5,35 (136 GORI); 16,97 (176 GORI); *virginit.* 6,28 (13 CAZZANIGA).

[83] Vgl. *virg.* 1,8,53, unten 188f; zur Auslegung von Gen 6,2 in der jüdischen wie christlichen Literatur vor Ambrosius siehe unten 188f Anm. 219.

[84] Vgl. *inst. virg.* 17,104 (184–186 GORI).

[85] *Virg.* 1,8,52, unten 186f.

kündigung an Maria durch einen Engel, ja sogar durch Gabriel, den Fürsten der Engel, erfolgt ist[86].

In seinem Brief an die Gemeinde von Vercelli gelangt Ambrosius zu einem gegenüber den Virginitätsschriften erweiterten Verständnis der *vita angelica,* indem er das klösterliche Leben, insbesondere das ununterbrochene Gotteslob, mit der Aufgabe der Engel identifiziert[87]. Die Schüler des verstorbenen Bischofs Eusebius, die ein gemeinsames Leben nach monastischer Art führten, leisten nach seinen Worten die *militia angelorum,* und das nicht nur wegen ihrer Jungfräulichkeit. Vielmehr begründet er diese Ehrenbezeichnung mit dem ständigen Gebet der Mönche, mit ihrer Schriftlesung und ihrer Arbeit, mit ihrem gemeinsamen Leben, ihrer Sorge füreinander und ihrer umfassenden asketischen Weltentsagung[88].

Der Gegenüberstellung engelgleich-himmlisch und natürlich-irdisch entspricht — vom paulinischen Motiv eines nicht vom Fleisch, sondern vom Geist bestimmten Lebens (Röm 8,9) geprägt —, daß die jungfräulich lebenden Menschen wie die Engel frei von den Sorgen und Nöten körperlicher Genüsse sind und ein Leben aus dem Geist heraus führen[89].

Da die Jungfrauen das Leben nach der Auferstehung vorwegnehmen, lehnt, wer das jungfräuliche Leben ablehnt, auch dessen eschatologische Vollendung ab. Es verurteilt das Streben aller nach der Auferstehung, wer ihre Antizipation auf der Erde tadelt[90]. Der Zusammenhang von Jungfräulichkeit und Auferstehung wird mit der Duft-Meta-

---

[86] Vgl. *vid.* 1,3 (246 GORI).
[87] Vgl. FRANK, Ἀγγελικὸς βίος 174f.
[88] Vgl. *epist. extra coll.* 14(63),82 (CSEL 82/3,278f).
[89] Vgl. *in psalm. 118* 4,8 (CSEL 62,71); *inst. virg.* 16,97 (178 GORI).
[90] Vgl. *virginit.* 6,27 (13 CAZZANIGA).

pher aus dem Hohenlied unterstrichen: Der Körper der Jungfrau verströmt den Duft der Auferstehung[91].

4. Die Jungfrau als „Braut Christi"

Beginnend mit Origenes im Osten und Tertullian im Westen wurde die Jungfräulichkeit in zunehmendem Maße mit hochzeitlichen Bildern beschrieben, die Jungfrauen selbst als „Bräute Christi" bezeichnet. Die Hochzeitssymbolik, die schon im Alten Testament zur Charakterisierung des Bundes zwischen Gott und seinem Volk herangezogen wird und ein zentrales Motiv der paulinischen Ekklesiologie darstellt, war besonders geeignet, die Jungfräulichkeit als eine die Natur übersteigende Verbindung mit Christus herauszustellen. So verwendet Ambrosius nicht von ungefähr in seinen Virginitätsschriften ausgiebig die Brautmetaphorik insbesondere des Hohenliedes und setzt die christlichen Jungfrauen mehrfach mit der von Paulus als Braut Christi beschriebenen Kirche in Verbindung[92].

Schon in *De virginibus* bezieht sich Ambrosius einige Male auf das Hohelied und setzt im Anschluß an Athanasius die christlichen Jungfrauen mit der dort genannten Braut gleich[93]. Die sehnsuchtsvollen und bewundernden Worte, die der Bräutigam des Hohenliedes zu seiner Braut spricht, gelten der Jungfrau in besonderer Weise[94]. Sie ist Christus Tag und Nacht mit ungeteiltem Herzen verbunden[95]; ihre

---

[91] Vgl. *virginit.* 12,73 (34 CAZZANIGA); 9,49f (23f CAZZANIGA); 11,62 (29 CAZZANIGA); ferner *virg.* 1,3,11, unten 114–117; zur Verwendung von Hld 3,1 siehe unten 116 Anm. 47; MELONI, *Profumo* 221–266, besonders 223–232.
[92] Vgl. SIMON, *Sponsa 1* 84, besonders 147–154; IZARNY, *Virginité 1* 12–29; DASSMANN, *Frömmigkeit* 252–254; MARCELIĆ, *Ecclesia sponsa* 89–99; NAVONI, *Ambrogio* 87–102.
[93] Vgl. zum Beispiel ATHANASIUS, *epistula ad virgines* (LEFORT).
[94] Vgl. *virg.* 1,7,38f, unten 162–167; 2,6,42, unten 268f; *exhort. virg.* 5,28 (220 GORI); *inst. virg.* 1,3 (110 GORI); 17,107 (186–188 GORI).
[95] Vgl. *exhort. virg.* 7,50 (238 GORI).

Fontes Christiani

AMBROSIUS
ÜBER DIE JUNGFRAUEN

Sehnsucht nach ihm ist nicht durch das Verlangen nach einem irdischen Bräutigam beeinträchtigt[96]. Sie hat in Christus einen besseren Bräutigam, der alle anderen an Reichtum, Adel und Macht übertrifft[97]. Er ist nicht wertlosen Dingen verpflichtet oder stolz auf vergänglichen Reichtum, sondern sein Thron steht in Ewigkeit[98]. Von Christus her überbringt der Heilige Geist der Jungfrau die Fülle der göttlichen Gaben: Königsmacht (denn sie ist die Braut des ewigen Königs und herrscht über die Verlockungen sinnlicher Freuden), Gold (denn sie wird durch das Feuer des göttlichen Geistes geläutert bzw. geheiligt und dadurch immer schöner) und Schönheit (denn sie ist vom König geliebt und anerkannt, ihre bräutliche Liebe hört niemals auf, ihre Keuschheit wird nie verletzt)[99]. Die materielle Unterstützung durch ihre Eltern, das ihr zustehende väterliche Erbe und die Vorteile der Aussteuer bedeuten ihr nichts mehr angesichts des Reichtums Christi[100]. Sie klagt nicht über den Verlust irdischer Güter, sondern freut sich, Christus gewonnen zu haben[101]. Sie ist das verschlossene Tor (Ez 44,2), der verschlossene Garten und der versiegelte Quell (Hld 4,12), der fruchtbare Garten, der den Wohlgeruch des Weinstocks und den Duft des Ölzweigs (als Zeichen der Frömmigkeit und des Friedens) verströmt, in dem die Schönheit der Rose (als Zeichen der Keuschheit) erblüht,

---

[96] Vgl. *virg.* 1,2,9, unten 112f, wo die Jungfrau und Märtyrerin AGNES meint: *Et haec sponsi iniuria est expectare placituram. Qui me sibi prior elegit accipiet;* 1,11,65, unten 206f, wo die von ihren Verwandten zur Heirat gedrängte Jungfrau sagt: *Quid agitis vos, propinqui? Quid exquirendis adhuc nuptiis sollicitatis animum? Iamdudum provisas habeo. Sponsum offertis? Meliorem repperi; exhort. virg.* 6,40 (230 GORI).
[97] Vgl. *virg.* 1,11,65, unten 206f, wo die Jungfrau fortfährt: *habeo eum cui nemo se comparet, divitem mundo, potentem imperio, nobilem caelo.*
[98] Vgl. *virg.* 1,7,36, unten 160f.
[99] Vgl. *virg.* 1,7,37, unten 162f.
[100] Vgl. *virg.* 1,11,62–64, unten 202–205.
[101] Vgl. *exhort. virg.* 6,41 (232 GORI).

denn sie lebt uneingeschränkt für Christus, ihren Bräutigam[102].

Aber nicht nur die einzelne Jungfrau, auch die Kirche wird als Braut Christi bezeichnet. Sie, die Christus vermählt ist, hat die Gläubigen in ihrem Schoß getragen, sie geboren und genährt. Ihre lebenspendende Kraft hat die Kirche jedoch nicht aus sich heraus. Der dreifaltige Gott selbst ist die Quelle des unaufhörlich in ihr strömenden Wassers. Von Christus kommen ihr Brüste zu, die nicht versiegen, vom Vater stammt ihr Glanz, vom Geist der Fluß des Wassers[103].

Mit der Brautmetaphorik hängen weitere von Ambrosius zur Charakterisierung des jungfräulichen Lebens herangezogene Bilder zusammen, so das vom „Brautschleier" (*flammeum*)[104], vom „himmlischen Brautgemach" (*caelestis thalamus*)[105], vom „himmlischen Brautlager" (*caelestis torus*)[106] oder vom „Schlafzimmer Gottes" (*cubiculum dei*)[107]. Ferner spricht Ambrosius vom „Joch des Herrn" (*dominicum iugum*)[108], vom „Nachwuchs des Glaubens und der Frömmigkeit" (*fidei partus et pietatis*)[109], und vom „Tag der Hochzeiten" (*dies sponsalium*)[110]. So wird auch verständ-

---

[102] Vgl. *virg.* 1,8,45f, unten 172–181; *inst. virg.* 9,58–62 (156–158 GORI); 17,111 (190 GORI). Die Auffassung von der Jungfrau als *sponsa* findet sich ferner — ausdrücklich oder implizit — *virg.* 1,2,8, unten 110f; 1,10,58, unten 196f; 2,2,16, unten 228f; 2,6,40, unten 264–267; 3,7,34, unten 328f; *virginit.* 3,11 (6f CAZZANIGA); 5,26 (12 CAZZANIGA).
[103] Vgl. *virg.* 1,5,22, unten 136–129. Zur Fruchtbarkeit und Mutterschaft der jungfräulichen Kirche siehe Einleitung, unten 54f.
[104] Vgl. *virg.* 1,11,65, unten 206f.
[105] Vgl. *inst. virg.* 17,107 (186 GORI); 17,110 (190 GORI).
[106] Vgl. *virg.* 2,6,41, unten 266f. Der ganze Abschnitt bezieht sich auf antike Hochzeitsbräuche; siehe *virg.* 2,6,41, unten 267 Anm. 395.
[107] Vgl. *inst. virg.* 17,107 (186 GORI).
[108] Vgl. *virg.* 2,6,41 (232 GORI). Es ist bezeichnend, daß *coniugum* etymologisch mit *iugum* zusammenhängt.
[109] Vgl. *inst. virg.* 17,109 (188 GORI).
[110] Vgl. *inst. virg.* 17,114 (194 GORI).

lich, daß er die Begriffe *adulterium* oder *adulterinus amor* für die Untreue Christus gegenüber verwenden kann[111].

In den späteren Jungfräulichkeitsschriften, insbesondere in *De virginitate* ist eine qualitative Weiterentwicklung der Hoheliedrezeption festzustellen[112]. Die *sponsa Cantici* steht nicht mehr speziell für die Jungfräulichkeit, sondern

---

[111] Vgl. *virg.* 1,8,48, unten 182f; *virginit.* 13,79 (37 CAZZANIGA).
[112] DASSMANN, *Frömmigkeit* 135–138, spricht von einer „Entdeckung" des Hohenliedes im Spätwerk des Ambrosius (genannt werden neben *virginit.* ausdrücklich *Isaac* und *in psalm. 118*), macht aber einschränkungshalber darauf aufmerksam, „daß Ambrosius schon in seinen frühen Schriften das Hohelied kennt und anführt" — in den Belegen 135 Anm. 1 vermißt man jedoch jeden Hinweis auf *virg.* —, doch geschieht es dort „nur vereinzelt und gleichsam beiläufig, so wie Ambrosius auch die anderen Bücher des Alten Testamentes verwendet zur Illustrierung und Testimonisierung eines Gedankens. In den Spätschriften dagegen wird das Hohelied Gegenstand eingehender Betrachtungen und in einigen Schriften sogar zum Leitfaden der Darstellung". Mit dieser „Entdeckung" des Hohenliedes verbunden sei die „Entdeckung des Origenes, so daß die Vermutung nicht unbegründet erscheint, daß Ambrosius durch Origenes auf das Hohelied als Lehrbuch christlicher Vollkommenheit aufmerksam geworden ist. Der Satz von der ‚Entdeckung' des Hohenliedes kann daher noch dahin präzisiert werden, daß Ambrosius zwar schon vorher das Hohelied kannte und in den gängigen, außerorigenistischen Auslegungen anwandte, durch Origenes aber den ganzen Reichtum der Hoheliedexegese kennenlernte und von ihm übernahm. Vor allem war es die Anwendung des Hohenliedes auf das Verhältnis zwischen der menschlichen Seele und dem göttlichen Verbum, die er bei Origenes entdeckte und für die Entfaltung seiner eigenen Frömmigkeitslehre dienstbar machte." Auch CONSOLINO, *Sponsa*, unterscheidet die Hoheliedrezeption in *virg.*, wo Ambrosius in der *sponsa Cantici* die einzelne Jungfrau und, seltener, die Jungrau Maria präfiguriert sieht, von jener in den späteren Virginitätsschriften, wo mit der Braut meist die Seele oder die Kirche gemeint ist. Allerdings erkennt sie schon in der frühen Schrift eine starke Beeinflussung durch ORIGENES. Ob Ambrosius schon in *virg.* den Hohelied-Kommentar des ORIGENES verwertet, mag fraglich sein, klar ist jedoch, daß das Hohelied in seiner Beschreibung der Jungfräulichkeit eine mehr als nur marginale Rolle spielt; siehe auch *virg.* 1,5,22, unten 137 Anm. 97. Zum Verhältnis der Hoheliedexegese des Ambrosius zum Kommentar des ORIGENES vgl. ferner SIMON, *Sponsa 1* 84–92.

für die christliche Frömmigkeit überhaupt. Nicht mehr nur die einzelne Jungfrau ist angesprochen, sondern mit ihr die Seele, die dem himmlischen Bräutigam entgegeneilt, sich von den Fesseln des Körpers befreit, die Freuden der Welt flieht und sich von der Herrschaft der sinnlichen Leidenschaften befreit. Diese Auslegung ist Origenes verpflichtet und stark platonisch gefärbt; der Hinwendung der Braut zu ihrem himmlischen Bräutigam entspricht das Erheben der Seele über die Niederungen der Welt[113]. So steht die Jungfrau für das von Ambrosius empfohlene und mit dem Hohenlied begründete christliche Vollkommenheitsstreben insgesamt. Die Jungfrau hat den Gipfel des mystischen Aufstiegs zu Gott erreicht, sie ist die Braut des göttlichen Wortes.

Wie die Braut des Hohenliedes des nachts ihren Geliebten sucht, die Stadt durchstreift und ihn auf den Gassen und Plätzen zu finden hofft (vgl. Hld 3,1f), so sucht auch die Seele ihren Bräutigam Christus, aber nicht im Dunkel der Nacht, sondern im Glanz des Tages, nicht im Treiben auf dem Forum und den Straßen, sondern in der Kirche[114]. Und

---

[113] Vgl. *virginit.* 15,93–96 (43–45 CAZZANIGA); 17,108f (49f CAZZANIGA) — dazu besonders GORI, *Ambrosius, De virginibus* 76–78.
[114] Vgl. *virginit.* 8,45f (21f CAZZANIGA). Bezeichnend ist, daß Ambrosius seine Adressaten mehrfach in der 1. Person Plural anspricht. Mit der Jungfrau bzw. Seele ist also zugleich die Kirche gemeint. Sie soll Christus am Tag folgen. Sie soll Plätze und Straßen meiden um Christus zu finden, der in ihr wohnt. In ihr wird man gerechtfertigt. Wenn die Jungfrau oder der einzelne Christ sündigt, wird die Kirche verwundet (*virginit.* 8,48 [23 CAZZANIGA]). Alle, die an den Tod und die Auferstehung Christi glauben, haben in ihrem Streben nach höchster Tugend den Gipfel des wahren Glaubens erreicht (*virginit.* 9,50 [24 CAZZANIGA]). Im Herzen kluger Priester ist Christus zu finden. Nicht nur die Jungfrau soll Christus suchen, sondern dies ist allen Gläubigen aufgetragen (*virginit.* 15,91 [43 CAZZANIGA]). Die Kirche ist mit Christus vereinigt, da in ihr Hoffnung, Glaube und Liebe walten (*virginit.* 9,53 [25 CAZZANIGA]). Der schon *virg.* 1,5,22, unten 136f (siehe auch Einleitung, oben 27 Anm. 67; 34 Anm. 103), zum Ausdruck gebrachte, durch PAULUS vorgegebene Gedanke von der Verbindung zwischen Christus und der Kirche als

doch kann man ihn immer und überall finden: des nachts im Schlafzimmer — aber im Gebet; bei Tag in der Stadt — aber in der Stadt Gottes; auf dem Markt — aber dort, wo der Richter des göttlichen Gesetzes Recht spricht; auf den Straßen — aber dort, wo sich die zum Mahl des Herrn Geladenen versammeln[115]. Die Seele sucht Christus dort, wo ihn die Kirche sucht, auf den Gipfeln, wo man den Duft ewigen Lebens riecht, wo sich der Geruch der Tugend und guter Taten verbreitet, auf dem Berg des Glaubens an den Tod und die Auferstehung des Herrn[116]. Christus will lange und ausdauernd gesucht werden[117], auf dem Weg, der zum Leben führt und der er selbst ist. Das Ziel des Weges, den er weist, ist das himmlische Jerusalem, die Stadt, die man nur vollkommen und unbefleckt betreten kann, die man nur im Geiste erreicht, zu der das Fleisch keinen Zugang hat[118].

Auch das Bild der Wachsamkeit wird mehrfach für das Bemühen der Jungfrau bzw. der Seele herangezogen. Wenn der Bräutigam kommt und anklopft (vgl. Hld 5,2–4), soll sie bereit sein, ihm zu öffnen und ihn einzulassen[119]. Sie soll

---

Braut und Bräutigam wird so weiter entfaltet. Zum Neben- bzw. Ineinander der beiden Deutungen von Bräutigam und Braut des Hohenliedes als Verbum und *anima* einerseits, als Christus und die Kirche anderseits vgl. OHLY, *Hohelied-Studien* 34–39; DASSMANN, *Frömmigkeit* 140–150. 171–180, der von einer „vom Hohenlied gespeisten Kirchenfrömmigkeit" (*Frömmigkeit* 149) spricht; MARCELIĆ, *Ecclesia sponsa;* TOSCANINI, *Teologia* 182–192; WEIHRAUCH, *Hohelied,* besonders 71–101; ASIEDU, *Song* 301–306.

[115] Vgl. *virginit.* 14,89 (42 CAZZANIGA); *exhort. virg.* 9,58 (244 GORI). Es stellt in der allegorischen Auslegung offensichtlich kein größeres Problem dar, verschiedene und einander widersprechende Deutungen von Hld 3,1f miteinander zu verbinden.

[116] Vgl. *virginit.* 9,49f (23f CAZZANIGA). Zur Bedeutung der Auferstehung für das Leben der Christen in der Hld-Exegese des Ambrosius MELONI, *Risurrezione.*

[117] Vgl. *virginit.* 13,84 (39 CAZZANIGA); *exhort. virg.* 9,60 (248 GORI).

[118] Vgl. *virginit.* 13,84 – 14,86 (39f CAZZANIGA).

[119] Vgl. *virginit.* 11,60 (28 CAZZANIGA); *exhort. virg.* 9,58 (244–246 GORI); *inst. virg.* 17,111 (190 GORI).

nicht zu lange schlafen und nicht nachlassen im Gebet[120]. Die Seele ist der *hortus conclusus,* der *fons signatus* des Hohenliedes (Hld 4,12). Deshalb soll sie sich nicht gewöhnlichem Geschwätz hingeben, ihren Mund nur öffnen, um mit Christus zu sprechen, und sich ansonsten in Schweigsamkeit üben[121]. Ausdrücklich mahnt Ambrosius zu Ausdauer und Beharrlichkeit, warnt vor Gleichgültigkeit und Nachlässigkeit. Macht die Seele die Erfahrung, daß der Herr sich wieder entfernt und sich ihr entzieht, soll sie dies als Prüfung begreifen und ihn erneut suchen[122]. Sie soll, wie die Kirche es lehrt, Christus festhalten durch die Fesseln der Liebe, durch die Zügel des Geistes, durch die Zuneigung der Seele. Wer Christus so sucht und bittet, den wird er nicht verlassen, sondern ihn immer wieder aufsuchen, bleibt er doch bei uns bis zum Ende der Welt[123]. Wenn der Bräutigam wieder verschwindet (vgl. Hld 5,6), bricht die Seele auf und folgt ihm als eine, die krank ist vor Liebe (vgl. Hld 2,5; 5,8), vom Herrn verwundet mit den *iacula caritatis,* an ihn gebunden mit den *vincula caritatis*[124].

Es spricht für die zunehmende Bedeutung der Brautmetaphorik innerhalb des Jungfräulichkeitsideals, daß im Laufe des 4. Jahrhunderts das Virginitätsversprechen den offiziell-kirchlichen Charakter eines Gelübdes annahm und eine liturgische Ausgestaltung erfuhr, wobei der Ritus dem der Eheschließung nachgebildet wurde. Wie es bei der Hochzeit eine *velatio coniugalis* und ein Gebet zur Segnung des Brautpaares gab, so beinhaltete die *consecratio* der

---

[120] Vgl. *virginit.* 12,69 (32 CAZZANIGA).
[121] Vgl. *virginit.* 13,80f (37f CAZZANIGA). Als warnendes Beispiel wird EVA vorgestellt; sie konnte ihren Mund nicht halten, ging auf die Verlockungen der Schlange ein, verführte ADAM und öffnete so dem Tod die Türe.
[122] Vgl. *virginit.* 12,74f (34f CAZZANIGA).
[123] Vgl. *virginit.* 13,77f (35f CAZZANIGA).
[124] Vgl. *exhort. virg.* 9,59–61 (246–248 GORI).

Jungfrauen eine *velatio virginalis* und ein Weihegebet[125]. Einige Einzelheiten des unter Ambrosius üblichen Ritus zur Aufnahme in den Jungfrauenstand lassen sich seinen Schriften entnehmen. So nennt er als Termine für die *professio* bzw. *velatio* Weihnachten und Ostern[126]. Wahrscheinlich fand der Ritus während der Messfeier[127], und zwar nach der Predigt des Bischofs, statt[128]. Zur eigentlichen *velatio* nahm der Bischof den zuvor auf dem Altar liegenden und dadurch gesegneten Schleier und legte ihn der Jungfrau aufs Haupt. Dieser Schleier war wahrscheinlich rot und konnte so auf den tugendstiftenden Erlösungstod Christi[129] und, da von gleicher Farbe wie das *flammeum nuptiale,* auf die bräutliche Verbindung mit ihm hinweisen[130]. Es folgte das

---

[125] Vgl. zu den Bestandteilen der Liturgie VIZMANOS, *Vírgenes* 185–188; METZ, *Consécration* 124–133; IZARNY, *Virginité 1* 78–97; derselbe, *Mariage;* SCHILLING, *Voile;* RAMIS MIQUEL, *Oracion* 509–528; RAMIS, *Consagración* 29–34, besonders 32.52–68.

[126] Vgl. *virg.* 3,1,1, unten 272–275; *exhort. virg.* 7,42 (232 GORI).

[127] Das ist jedenfalls für MARCELLINAS *professio virginitatis* belegt, wird doch *virg.* 3,1,1, unten 274f, die Menge des zur Feier des Herrengeburtstages zusammengekommenen und mit der Eucharistie gespeisten Volkes erwähnt. Vgl. METZ, *Consécration* 126.

[128] Zwei Ansprachen sind uns durch Ambrosius überliefert. Zum einen die dem römischen Bischof LIBERIUS zugeschriebene bei der *professio* MARCELLINAS *virg.* 3,1,1 – 3,14, unten 272–297, zum anderen die anläßlich der *velatio* einer gewissen AMBROSIA gehaltene *inst. virg.* 9,58 – 16,103 (156–184 GORI), die 17,104–114 (184–194 GORI) in ein Gebet übergeht, in dem Ambrosius mittels einer ausgeprägten Brautmetaphorik noch einmal die grundlegenden Aspekte christlicher Jungfräulichkeit hervorhebt.

[129] Vgl. *inst. virg.* 17,109 (188 GORI).

[130] Vgl. SCHILLING, *Voile* 409.

abschließende Weihegebet[131]. Das Mindestalter für die Jungfrauenweihe lag wohl bei 12 Jahren[132].

5. Die Jungfrau als „Tempel Gottes"

Auch die Bezeichnung der Jungfrau als „Tempel Gottes" hat Ambrosius einige Male aufgegriffen[133]. Sie begegnet bereits in einigen vorambrosianischen Virginitätsschriften, so im anonymen *Sermo de virginitate,* bei Eusebius von

---

[131] Vgl. *virg.* 1, 11,65, unten 204–207, wo es über eine ungenannte Jungfrau heißt, sie sei von ihren Eltern und Verwandten zur Hochzeit gedrängt, jedoch zum Altar geflohen. In *inst. virg.* 16,100–103 (182–184 GORI) ist — unter Hinweis auf das Verhalten JAKOBS, der in Gen 27,15 die Festgewänder seines Bruders ESAU anlegt und so den Segen seines Vaters ISAAK erhält — auch von einer *stola* der Jungfrau die Rede. Allerdings wird nicht deutlich, ob damit das *velamen* selbst gemeint ist oder ein eigenes Gewand, das während der Feier zusätzlich zum Schleier angelegt wurde — so derselbe, *Virginité 1* 86; IZARNY, *Mariage* 101f, der meint „Cette stola désigne-t-elle la longue robe nuptiale que l'épouse revêtait pour son mariage? Cela est fort possible. Dans ce cas on peut penser que cette robe était blanche, car Ambroise fait allusion à plusieurs reprises aux vestimenta candida ... Il est possible aussi que par stola Ambroise désigne simplement le long voile qui était imposé à la vierge". METZ, *Consécration* 136f Anm. 48, hingegen sieht in der an die Jungfrau ergehenden Aufforderung *sume stolam* (*inst. virg.* 16,100.102 [180.184 GORI]) einen Ausdruck mit lediglich allegorischem Sinn. Überhaupt ist fraglich, ob der Ritus auch das Anlegen eines speziellen Jungfrauengewandes beinhaltete. Der Hinweis auf die *mutatio vestis virg.* 3,1,1, unten 272–275, muß sich nicht unbedingt auf die feierliche *professio* beziehen; siehe *virg.* 3,1,1, unten 274 Anm. 407.
[132] *Virg.* 1,2,6–9, unten 106–113, ist von einem zweifachen Martyrium der AGNES die Rede; sie opferte im Alter von zwölf Jahren sowohl ihre Jungfräulichkeit als auch ihren Glauben. Damit ist zwar noch nicht unbedingt ein Hinweis auf das Alter für den liturgischen Akt der *consecratio* gegeben, doch spricht HIERONYMUS, *epist.* 24,2 (CSEL 54,215), von der Jungfrau ASELLA, *quae post duodecim annum sudore proprio elegit, arripuit, tenuit, coepit, inplevit*.
[133] Dieses Bild lag insofern nahe, als die wiederholt in enge Beziehung zur Jungfräulichkeit gesetzte Kirche schon im Neuen Testament (1 Kor 3,16f; 6,19; 2 Kor 6,16; Eph 2,21) als „Tempel Gottes" bezeichnet wird; vgl. zum Motiv des aus den Gläubigen gebildeten geistlichen Tempels GRYSON, *Prêtre* 77–84.

EINLEITUNG 41

Emesa, Basilius von Ancyra und in den Thecla-Akten[134]. Direkte Kenntnis von diesem Bild hatte Ambrosius mit ziemlicher Sicherheit durch Athanasius. Zwar findet sich die Bezeichnung „Tempel Gottes" in den uns überlieferten Fragmenten seiner *Epistula ad virgines* nicht ausdrücklich, wohl aber in einem Zitat bei Schenute: „O Jungfräulichkeit, Tempel Gottes und Haus des großen Königs"[135].

Für Ambrosius ist zunächst Christus das *templum Dei;* in ihm, dem *tabernaculum altissimi,* wohnte die Fülle der

---

[134] PS.-BASILIUS, *sermo de virginitate* 2,19 (39 AMAND/MOONS); 2,41 (43 AMAND/MOONS); EUSEBIUS VON EMESA, *sermones* 7,21 (189 BUYTAERT); 7,24 (192 BUYTAERT); 7,27 (193f BUYTAERT); den zweiten Makarismus *Act. Paul. et Thecl.* 5 (238 LIPSIUS/BONNET); ob Ambrosius diesen Text kannte, ist allerdings fraglich — siehe *virg.* 2,3,19, unten 233 Anm. 325. Das Bild vom jungfräulichen Körper als Tempel Gottes ist überhaupt in der patristischen Literatur verbreitet; vgl. *2 Clem.* 9,3 (162 LINDEMANN/PAULSEN); NICETAS VON REMASIANA, *virg. laps.* 2,7 (4 CAZZANIGA); APHRAHAT, *demonstrationes* 6,1 (FC 5/1,187); PS.-MACARIUS, *epistula magna* 3,6 (106 STAATS; vgl. PG 34,418).

[135] Vgl. ATHANASIUS, *fragmenta apud Sinuthium* 1 (85 LEFORT). Möglicherweise wird hier ein Abschnitt aus der *epistula ad virgines* 1 zitiert, der einer größeren Überlieferungslücke zum Opfer gefallen ist (77 LEFORT). Ausdrücklich stellt ATHANASIUS jedoch die Menschwerdung Christi als Voraussetzung für die Jungfräulichkeit überhaupt heraus, insofern sie den menschlichen Körper der Aufnahme des Logos würdig machte; vgl. ATHANASIUS, *epistula ad virgines* (75f LEFORT): „si le Verbe ne s'était pas fait chair, comment pourrait-on maintenant vous unir et vous attacher à Lui? Mais lorsque le Seigneur se fut revêtu du corps humain, le corps devint susceptible de recevoir le Verbe; voilà pourquoi maintenant vous, vous êtes devenues vierges et fiancées du Christ". Die Inkarnation ist mithin auch die Grundlage für die Beschreibung der Jungfrau als Tempel Gottes. In ATHANASIUS, *apol. Const.* 33 (SChr 56,166), heißt es, die Heiden bewunderten die Jungfrauen als „Tempel des Logos". Ebenfalls findet sich das Bild im ATHANASIUS zugeschriebenen *serm. de virg.* (1037 CASEY); vgl. auch PS.-ATHANASIUS, *virgt.* 11.24 (45.59 VON DER GOLTZ).

göttlichen Herrlichkeit[136]. Ausgehend von dieser christologischen Fundierung wird das Bild dann jedoch vorrangig mit der Jungfräulichkeit Mariens in Zusammenhang gebracht, jenem Tempel, der auserwählt war, Gott zu beherbergen[137]. Maria ist die *aula caelestis*, die das *sacrarium immaculatae castitatis* und den Tempel Gottes tragen durfte[138]. Sie ist eine *aula regalis* und gehört Gott allein[139]. Sie stellt nicht nur einen Anreiz für die Jungfräulichkeit dar, sondern hat Gott hervorgebracht, eine Aufgabe, die nicht von der Erde stammte, sondern vom Himmel, da Christus sich ein Gefäß erwählte, durch das er herabkam, und so den Tempel der Keuschheit heiligte[140].

Auf dieser Grundlage wird das Bild auf alle Jungfrauen ausgedehnt. Der Leib der Jungfrau ist Gottes Tempel[141], und wo immer eine Jungfrau ist, ist ein Tempel Gottes[142]. Das Bild vom *templum* bietet auch die Grundlage für die Parallelisierung einer Jungfrauenweihe und der Dedikation eines aus Steinen errichteten Tempels, des Heilsopfers Christi, das auf dem Altar eines Gotteshauses gefeiert wird, und des Opfers der Keuschheit, das die Jungfrauen darbringen[143].

---

[136] Vgl. *in psalm.* 45, 13 (CSEL 64, 338); *in psalm. 118* 2, 8 (CSEL 6, 23f) wird Christus als *templum verbi* und *aula divinae plenitudinis* bezeichnet – siehe Einleitung, oben 27 Anm. 68.
[137] Vgl. *epist. extra coll.* 14(63), 33 (CSEL 82/3, 252); *hymni* 5, 16 (273 FONTAINE).
[138] Vgl. *inst. virg.* 17, 105 (186 GORI); ferner *inst. virg.* 7, 50 (150 GORI), wo MARIA als *aula caelestium sacramentorum* bezeichnet wird; *paen.* 1, 1, 4 (CSEL 73, 121).
[139] Vgl. *inst. virg.* 12, 79 (166 GORI).
[140] Vgl. *inst. virg.* 5, 33 (134 GORI).
[141] Vgl. *virg.* 2, 2, 18, unten 232f: *corpus virginis dei templum est;* 2, 4, 27, unten 246f.
[142] Vgl. *virg.* 2, 4, 26, unten 244f: *Ubicumque dei virgo est, dei templum est*.
[143] Vgl. *exhort. virg.* 2, 10; 14, 94 (206–208.270 GORI).

6. Jungfräulichkeit und Martyrium

Die Vorstellung von der Jungfräulichkeit als Opfer bot die Grundlage, die Jungfrauen den Märtyrern zur Seite zu stellen und das Zeugnis beider Gruppen in enge Beziehung zueinander zu bringen[144]. Die ausführlichsten Berichte über das Leben und Sterben von Märtyrern und die eingehendsten Darlegungen zur Bedeutung des Martyriums finden sich bei Ambrosius nicht von ungefähr in seinen Virginitätsschriften[145].

Nachdem mit dem konstantinischen Frieden die Verfolgung der Christen und ihre Isolierung durch eine feindselige Umwelt ein Ende gefunden hatten, avancierte das Leben der gottgeweihten Jungfrauen in zunehmendem Maße zu einem Erkennungszeichen der Kirche bzw. zum Merkmal der Unterscheidung zwischen ihr und den Heiden. Das Opfer der Jungfrauen nahm die Stelle des Blutopfers der Märtyrer als Glaubenszeugnis ein[146]. So wie die Märtyrer ihr Leben hingegeben haben, um Christus im Opfertod ähnlich zu werden, so opfert sich die Jungfrau, indem sie ihr Leben vollständig Gott übereignet.

Für Ambrosius handelt es sich also sowohl beim Martyrium als auch bei der Jungfräulichkeit um ein Opfer im Sin-

---

[144] Vgl. IZARNY, Virginité 30–37; GRYSON, Prêtre 84–94.
[145] Vgl. virg. 1, 2, 5–9, unten 104–113 (AGNES); 2, 3, 19–21, unten 232–237 (THECLA); 2, 4, 22–33, unten 236–257 (antiochenische Märtyrerin, vermutlich THEODORA); 3, 6, 25–31, unten 314–323 (JOHANNES DER TÄUFER); 3, 7, 33–36, unten 326–333 (PELAGIA); 3, 7, 37f, unten 332–335 (SOTERIS); exhort. virg. 1, 1–8 (198–206 GORI: AGRICOLA und VITALIS); 12, 82 (262–264 GORI: SOTERIS); vid. 9, 54f (288–292 GORI: PETRUS und ANDREAS); virginit. 7, 40f (18f CAZZANIGA: THECLA); 18, 120 (56 CAZZANIGA: STEPHANUS); epist. 7(37), 36–38 (CSEL 82/1, 62: THECLA, AGNES, LAURENTIUS, besonders PELAGIA). Zur Verbindung von Martyrium und Jungfräulichkeit JEŽIĆ, Idéal 72–86; DASSMANN, Märtyrer 67f; derselbe, Anliegen 190–194.
[146] Vgl. in psalm. 118 20, 47 (CSEL 62, 467), wo das Martyrium mit verschiedenen christlichen Tugenden, unter anderem der Keuschheit, in Verbindung gebracht wird.

ne eines Verzichtes bzw. einer aktiven Hingabe. Es liegt in der Konsequenz dieses Denkens, daß die Jungfrauen das Martyrium nicht fürchten, denn beides, Jungfräulichkeit und Blutopfer, verlangen eine vollkommene Hingabe ohne Vorbehalt. Als größte Auszeichnung der Jungfrau betrachtet Ambrosius es deshalb, wenn die Jungfrau das Opfer der Keuschheit mit der Hingabe des Lebens um des Glaubens willen verbindet, wenn die Jungfrau, wie es von Agnes heißt, ein doppeltes Martyrium auf sich nimmt, das der Keuschheit und das der Frömmigkeit[147]. Ähnlich spricht er vom zweifachen Martyrium auch bei Thecla[148], der antiochenischen Jungfrau[149], Pelagia[150] und seiner Verwandten Soteris[151].

Das Blutzeugnis wird in der Friedenszeit zwar nicht mehr von allen gefordert, wohl aber von allen geschuldet. Die Jungfrauen sind in der gegenwärtigen Situation bereit, den Preis des eigenen Blutes zu zahlen, sollte er denn gefordert werden. Wie Christus sein Blut für sie vergossen hat, so geben sie es, wenn nötig, für ihn hin[152]. Seitdem Christus gelitten hat und so Gott zu unserem Gott geworden ist, sind auch die Jungfrauen willens, für die Bewahrung ihrer Unversehrtheit zu sterben[153].

Es ist bezeichnend, daß Ambrosius sowohl den jungfräulichen Tugendkampf als auch den Eintritt in den Jung-

---

[147] Vgl. *virg.* 1,2,9, unten 112f, wo es über AGNES heißt: *Habetis igitur in una hostia duplex martyrium, pudoris et religionis: et virgo permansit et martyrium obtinuit.* Die Jungfräulichkeit ist nach *virg.* 1,3,10, unten 114f, nicht deshalb lobenswert, *quia et in martyribus repperitur, sed quia ipsa martyres faciat.*
[148] Vgl. *virg.* 2,3,19f, unten 232f.
[149] Vgl. *virg.* 2,4,23, unten 239f.
[150] Vgl. *virg.* 3,7,33, unten 326f, wo es von PELAGIA heißt, sie sah sich *a praedonibus fidei vel pudoris circumsederi.*
[151] Vgl. *exhort. virg.* 12,82 (262–264 GORI); ferner den Martyriumsbericht *virg.* 3,7,38, unten 334f.
[152] Vgl. *virginit.* 19,127 (60f CAZZANIGA).
[153] Vgl. *virginit.* 5,24 (12 CAZZANIGA).

frauenstand mit Vorliebe in einer spezifischen Opferterminologie und mit martyrologischer Färbung beschreibt[154]. Im Gebet, das die Schrift *De institutione virginis* abschließt, eine Art Weihegebet für die Adressatin Ambrosia, stellt er den Akt der Übernahme in den Jungfrauenstand als Opferritus dar; er selbst ist der Priester, der das Opfer darbringt[155], die Opfergabe ist die Jungfrau[156] und das Geschehen spielt sich vor dem Altar ab[157]. In *De virginibus* läßt er eine Jungfrau, die von ihren Verwandten zur Hochzeit gedrängt wird, an den Altar fliehen und fragt, wohin eine Jungfrau als *hostia pudoris* und als *victima castitatis* denn auch besser fliehen könnte als dahin, wo das *sacrificium virginitatis* dargebracht wird[158]. Die *consecratio* einer Jungfrau ist dem Opfer Abels gleichzusetzen[159], steht in Beziehung zum Keuzesopfer Christi[160] und dessen Feier in der Eucharistie[161].

Aber die Jungfrau ist nicht nur die Opfergabe, sie selbst übernimmt einen priesterlichen Dienst, denn sie versöhnt die göttliche Macht, indem sie Tag für Tag Gott ihre Keuschheit, ja sich selbst, darbringt[162]. Somit hat die Jungfräulichkeit sakerdotalen Charakter. Die Jungfrau ist — wie der *sacerdos,* Gott geweiht, ist Christus wie eine Braut verbunden. Ihre Keuschheit bindet sie an Gott, wie auch der

---

[154] Vgl. zum Opfermotiv bei der *consecratio* der Jungfrauen IZARNY, *Virginité* 30–32.
[155] Vgl. *inst. virg.* 17,107 (186 GORI).
[156] Vgl. besonders *inst. virg.* 17,108f (186 GORI).
[157] Vgl. *inst. virg.* 17,108 (188 GORI).
[158] Vgl. *virg.* 1,11,65, unten 204f; ferner *exhort. virg.* 14,94 (270 GORI).
[159] Vgl. *inst. virg.* 1,2 (110 GORI).
[160] Vgl. *inst. virg.* 1,3 (110 GORI).
[161] Vgl. *exhort. virg.* 14,94 (270 GORI).
[162] Vgl. *virg.* 1,7,32, unten 154f; zu möglichen Übersetzungsvarianten siehe unten 154f Anm. 144.

Gottesdienst den Menschen mit Gott verbindet[163]. Die Seele der Jungfrau hat sich den Altären Gottes geweiht; inmitten der offenen oder versteckten Angriffe durch Raubtiere im geistigen Sinne läßt sie sich moralisch nicht verbiegen und bleibt auf die Geheimnisse Gottes ausgerichtet[164].

Mitunter spricht Ambrosius so vom Kampf und den Prüfungen der gottgeweihten Jungfrau, daß, losgelöst vom Kontext, ebensogut die Märtyrer gemeint sein könnten. So sagt er der jungfräulichen Seele, daß sie in die Welt herniedersteigen wird, um zu kämpfen, daß sie durch die Welt zu Christus hindurchschreiten wird, um mit ihm zu triumphieren[165]. Oder er betont, daß Christus oftmals gerade inmitten körperlicher Qualen, ja unter den Händen der Verfolger gefunden wird, und tröstet die soeben der Verfolgung entkommene und im Kampf gegen die Mächte der Welt standhafte Seele mit dem Hinweis auf Christus, der ihr entgegeneilt und nicht zuläßt, daß die Prüfung noch länger dauert[166].

Auf das Vorbild der Märtyrer greift Ambrosius auch bisweilen zurück, wenn er seine Werbung für das jungfräuliche Leben gegenüber Kritikern verteidigen muß. Wenn Jugendliche ein tugendreiches Leben führen können und sogar Kinder des Martyriums gewürdigt worden sind, wer darf ihm dann Vorwürfe machen, auch junge Mädchen zum Jungfräulichkeitsgelübde zugelassen zu haben?[167] An anderer Stelle

---

[163] Vgl. auch *virg.* 1, 8, 52, unten 186f, wo die Keuschheit etymologisch mit *religio* zusammengebracht wird. Die Verknüpfung von *virginitas* und *sacerdotium* begegnet auch in *virg.* 2, 2, 18, unten 232f; ferner *exc. Sat.* 2, 132 (CSEL 73, 324); *off.* 2, 17, 87 (CCL 15, 128); *virginit.* 3, 13 (7 CAZZANIGA); 9, 50 (24 CAZZANIGA); dazu BEUKERS, *Termen* 414–416.
[164] Vgl. *virg.* 1, 7, 38, unten 162–165.
[165] Vgl. *virginit.* 12, 69 (32 CAZZANIGA).
[166] Vgl. *virginit.* 13, 77 (36 CAZZANIGA).
[167] Vgl. *virginit.* 7, 40 (18f CAZZANIGA).

führt er die Autorität eines Märtyrers für die Beobachtung der jungfräulichen Lebensweise ins Feld[168].

Ambrosius wendet sich auch an die Eltern der Jungfrau, und zwar nicht nur, um ihren möglichen Widerstand zu brechen, sondern auch, um ihre Bedeutung für den Entschluß ihrer Tochter zu unterstreichen und sie zu motivieren, Kinder schon vor der Geburt für das gottgeweihte Leben zu bestimmen[169]. Eltern müssen sich glücklich schätzen, wenn ihre Töchter ein tugendreiches Leben führen, denn deren Verdienste tilgen ihre Vergehen. Eine Mutter muß sich freuen, ihre Tochter herzugeben, denn deren tägliches Opfer bringt die Versöhnung mit Gott[170]. In diesem Zusammenhang verweist Ambrosius auf biblische Beispiele für die geforderte Opferbereitschaft der Eltern: Jiftach hielt sein Versprechen, das er gegeben hatte (vgl. Ri 11,30–39), und ist darin ein Vorbild, auch wenn Ambrosius die Tötung der Tochter ausdrücklich ablehnt und betont, daß Gott kein Wohlgefallen an blutigen Menschenopfern hat[171]; Abraham war bereit, das Wohl seines Sohnes dem Gehorsam Gott gegenüber nachzuordnen und Isaak herzugeben (vgl. Gen 22,1–18)[172]; Samuel wurde von seiner Mutter Hanna noch vor seiner Geburt Gott geweiht (vgl. 1 Sam 1,9–28)[173].

---

[168] Vgl. *virg.* 2,1,4, unten 212f; zur Frage, wer damit gemeint ist — CYPRIAN, PAULUS oder AGNES — siehe unten 212f Anm. 267.
[169] Vgl. *virg.* 1,7,32, unten 154f; *in psalm. 118* 6,20 (CSEL 62,118); *exhort. virg.* 3,15 (210 GORI) mit dem Hinweis auf die Eltern des heiligen LAURENTIUS; 7,45 (234 GORI) — dazu CONSOLINO, *Exempla* 467–469.
[170] Vgl. *virg.* 1,7,32, unten 154f (siehe die vorherige Anm.).
[171] Vgl. *virginit.* 2,5–7 (3–5 CAZZANIGA); *exhort. virg.* 8,51 (238 GORI).
[172] Vgl. *virginit.* 2,6–9 (4–6 CAZZANIGA).
[173] Vgl. *exhort. virg.* 8,52 (240 GORI).

7. Die Fesseln der Ehe und die Freiheit der Jungfrauen

Es ist verständlich, daß Ambrosius ein gänzlich positives Bild von der Jungfräulichkeit zeichnet und Eltern und junge Frauen mit konkreten, durchaus praktischen Argumenten für diese Lebensform zu gewinnen sucht. Ausdrücklich attackiert er die unwürdige Behandlung der jungen Frauen als fremdbestimmte menschliche Ware auf dem Heiratsmarkt, wo sie nur nach ihrem Prestige, ihrem Vermögen und ihrem Aussehen beurteilt würden und in ständiger Furcht leben müßten, getäuscht, verschmäht, ausgelacht oder verachtet zu werden[174]. Das jungfräuliche Leben hingegen bietet ihnen, auch wenn sie im elterlichen Hause wohnen bleiben, die Möglichkeit, innerlich frei und autonom zu sein[175].

Mehrfach stellt Ambrosius heraus, daß die Ehe grundsätzlich nicht verworfen werden darf. Die Tugend der Keuschheit ist für ihn eine dreifache: Sie kann sowohl von Eheleuten als auch von Witwen sowie von Jungfrauen verwirklicht werden. Wenn ein Stand gepriesen wird, heißt das nicht, daß die anderen ausgeschlossen werden. Er preist die Jungfräulichkeit — ohne die Witwen zurückzuweisen; er ehrt die Witwen — um der Ehe ihre Ehrenstellung zu sichern. Und dabei handelt es sich für ihn nicht um eigenmächtige Vorgaben, sondern um eine Lehre der göttlichen Offenbarungen[176]. An anderer Stelle hebt er hervor, daß er nicht von der Ehe abrät, wenn er die Vorzüge der Jungfräulichkeit aufzählt. Denn die Jungfräulichkeit ist etwas für wenige, die Ehe jedoch für viele. Und Jungfräulichkeit kann es gar nicht erst geben, wenn es nicht die Ehe gäbe, in der die potentiellen gottgeweihten Jungfrauen geboren werden. Nein, er vergleicht nur ein Gut mit einem anderen — das allerdings, um die Überlegenheit des jungfräulichen Lebens

---

[174] Vgl. *virg.* 1,9,56, unten 194f; *exhort. virg.* 4,20.23 (214.216 GORI).
[175] Vgl. SCHÖLLGEN, *Jungfräulichkeit: RAC* 574f.
[176] Vgl. *vid.* 4,23 (266 GORI).

sichtbar zu machen. Auch hier stellt er die Auffassung von der Vorrangstellung der Jungfräulichkeit ausdrücklich nicht als seine eigene Meinung, sondern als Wiederholung der durch die Propheten ergangenen Verkündigung des Heiligen Geistes heraus[177]. Kein Verheirateter darf die Jungfräulichkeit zurückweisen, aber ebensowenig darf einer, der jungfräulich lebt, die Ehe verdammen. Auf dem Acker der Kirche gedeihen nämlich zahlreiche Pflanzen: die Blüte der Jungfräulichkeit, die Stärke der Witwen, die Früchte der Ehe[178].

Trotz dieser grundsätzlichen Anerkennung der Ehe gerät Ambrosius mit seinem Lob der Jungfräulichkeit und bei seiner Werbung für das asketische Leben mitunter faktisch doch in die Nähe einer ausgesprochenen Misogamie. Er wiederholt die Feststellung des Paulus in 1 Kor 7,25, daß es sich bei der Ehelosigkeit nicht um ein Gebot (*praeceptum*), sondern um einen Rat (*consilium*) handelt, kommt jedoch zu einer recht restriktiven Anwendung dieses Rates. Die Ehe ist verehrungswürdig, aber die Jungfräulichkeit ist es in höherem Maße, heißt es unter Berufung auf 1 Kor 7,38. Was gut ist, darf man nicht verdammen, aber was besser ist, soll man wählen. Deswegen wird die Jungfräulichkeit nicht vorgeschrieben (*imponitur*), sondern vorgelegt (*praeponitur*). Die Jungfräulichkeit kann kein Gebot sein, da Gebote nur Untergebenen gelten, Ratschläge jedoch Freunden. Ein Gebot betrifft den Bereich der Natur und des Gesetzes, das ein naturgemäßes Handeln einfordert und durch Androhung von Strafe den Sünder zur Beachtung der natürlichen Grenzen mahnt. Der Rat jedoch betrifft den übernatürlichen Bereich der Gnade und ruft, auch durch die Verheissung künftiger Belohnung, zum Eifer im Guten auf. Insofern die Jungfräulichkeit dem übernatürlichen Bereich der Gnade angehört, kann sie nicht Gegenstand eines Gebotes

---

[177] Vgl. *virg.* 1,7,35, unten 158–161.
[178] Vgl. *virginit.* 6,34 (16 CAZZANIGA); *vid.* 14,83 (312–314 GORI).

sein, sondern nur eines Rates. Wenn auch die Ehe nicht verdammt werden darf, da sie im Bereich der Natur und des Gesetzes (das den Juden gegeben war) ein Gut ist, so sollte doch die Jungfräulichkeit, da sie dem Bereich der Gnade angehört (die den Auserwählten, das heißt den Christen vorbehalten ist) und das höhere Gut darstellt, gewählt werden[179]. Eine Frau, die heiratet, sündigt nicht, aber wenn sie nicht heiratet, ist sie ewig. Die Ehe ist ein Heilmittel gegen die Schwäche des Fleisches, aber ihr steht der Ruhm der Keuschheit gegenüber. Wer eine Ehe schließt, verdient keinen Tadel, aber das Lob steht der Jungfräulichkeit zu[180].

Neben dem paulinischen *consilium* sieht Ambrosius einen weiteren Grund für die Bevorzugung der Jungfräulichkeit im Vergleich zur Ehe in der Befleckung[181], die jeder Geschlechtsverkehr mit sich bringt — sowohl in seinem Vollzug als auch in den gezeugten Kindern[182]. In seiner Auslegung von Ps 51,7 („Denn ich bin in Schuld geboren; in Sünde hat mich meine Mutter empfangen")[183] beschreibt er

---

[179] Vgl. *vid.* 12,72 (302–304 GORI); *exhort. virg.* 3,17 (212–214 GORI); *epist. extra coll.* 14(63),35.37–39 (CSEL 82/3,253.254–256); 15(42),3 (CSEL 82/3,303f); *virg.* 1,5,23, unten 138–141. HAHN, *Gesetz* 442 Anm. 226, meint zu den genannten Stellen, daß die Jungfräulichkeit nicht befohlen oder geboten, sondern freier Ruf der Gnade ist. Zur (paulinischen) Gegenüberstellung von *praeceptum* und *consilium* bei Ambrosius und anderen frühchristlichen Autoren vgl. DOSSETTI, *Concetto* 458–463.
[180] In *virg.* 1,6,24, unten 142f, heißt es im Anschluß an ein Zitat von 1 Kor 7,38: *Illa non peccat, si nubat; haec si non nubat, aeterna est. Ibi remedium infirmitatis, hic gloria castitatis. Illa non reprehenditur, ista laudatur.*
[181] Ambrosius verwendet die Begriffe *concreta confusio* (*virg.* 1,3,13, unten 120–123), *contagio* (*virg.* 1,5,21, unten 134f) und *contagium* (*apol. David.* 1,11,56 [CSEL 32/2,337]).
[182] Vgl. zu diesem Motiv in der frühchristlichen Literatur, besonders bei ORIGENES: CROUZEL, *Célibat* 356–360.
[183] Ambrosius zitiert *paen.* 1,3,13 (CSEL 73,126) und *Noe* 3,7b (CSEL 32/1,417) den Vers in folgendem Wortlaut: *Ecce (enim) in iniquitatibus conceptus sum, et in delictis peperit me mater mea.* Vgl. zu seiner Auslegung durch ORIGENES und ATHANASIUS: SFAMENI GASPARRO, *Enkrateia* 187–189.264–266; derselbe, *Motivazioni* 198f.

nachdrücklich das Elend menschlichen Daseins. Noch bevor ein Mensch geboren wird, wird er durch die Zeugung befleckt, und noch ehe er das Tageslicht erblickt, nimmt er die Ursünde in sich auf. Er wird in Schuld empfangen und in Sünde geboren. Es gibt keine Empfängnis, keine Geburt ohne Schuld[184]. Natürlich meint Ambrosius hier keine Schuld im individuell-moralischen Sinn, sondern eine Grundbefindlichkeit des Menschen, die mit der geschlechtlichen Fortpflanzung zusammenhängt. Der Geschlechtsverkehr beraubt die junge Frau ihrer körperlichen Unversehrtheit, nimmt ihr das Eigene, indem sie sich mit Fremdem vermischt; er zerstört die vom Schöpfer verliehene und seit der Geburt vorhandene Keuschheit und Unberührtheit[185].

Der Vergleich zwischen der Jungfräulichkeit und der Ehe wird von Ambrosius aber nicht primär unter dem Gesichtspunkt der Reinheit bzw. Unversehrtheit gezogen. Sehr viel häufiger bezieht er sich auf 1 Kor 7,32–34 („Aber ich wünsche, daß ihr ohne Sorge seid. Denn wer unverheiratet ist, ist besorgt um die Dinge des Herrn; so mag er Gott gefallen. Auch die Jungfrau ist bedacht auf die Dinge des Herrn, damit sie heilig sei an Leib und Geist. Denn die Verheiratete ist bedacht auf die Dinge der Welt; so mag sie ihrem Mann gefallen")[186]. Mehrfach zitiert er diese Stelle wörtlich oder indirekt in seinen Virginitätsschriften, und dies — anders als in seinen übrigen Werken — meist, wenn

---

[184] Vgl. *apol. Dav.* 1,11,56f (CSEL 32/2,337–339). Gegenüber der jeder menschlichen Fortpflanzung innewohnenden Befleckung preist Ambrosius die Makellosigkeit der jungfräulichen Geburt und Empfängnis Christi; vgl. *virg.* 1,3,13, unten 11–125; 1,5,21, unten 134f; *inst. virg.* 6,44 (144 GORI); mit Bezug auf Ps 51,7 *in psalm.* 37,5; 48,9 (CSEL 64,140.366); *in psalm.* 118 5,3 (CSEL 62,84); *paen.* 1,3,13 (CSEL 73,125f); *Noe* 3,7b (CSEL 32/1,417f).
[185] Vgl. *exhort. virg.* 6,35 (226 GORI).
[186] So der Wortlaut nach *virg.* 1,5,23, unten 140f.

er die Freiheit der Jungfräulichkeit oder Witwenschaft den Beschwerlichkeiten der Ehe gegenüberstellt[187].

Wie zahlreiche Virginitätsschriften des 4. Jahrhunderts weist Ambrosius auch ausführlich auf die Nachteile der Ehe hin, auf die mit ihr verbundenen Belastungen und die Unfreiheit der Verheirateten[188]. Nur die Jungfräulichkeit führt in die Freiheit[189]. Die Ehe ist ein Joch, unter das beide Eheleute gespannt sind, eine Fessel, die eine Frau an ihren Mann bindet und in ständiger Abhängigkeit und Unterwerfung hält. Gewiß, es ist ein *vinculum caritatis,* aber eben doch ein *vinculum,* durch das die Frau in ihrem freien Willen eingeschränkt ist[190]. Ambrosius betont, daß die Frauen zur Knechtschaft ihren Männern gegenüber verpflichtet sind und meint, unter Verweis auf Gen 3,16, daß ihnen ihre schweren Dienste von Gott übertragen wurden, noch bevor es (andere) Knechte gab[191]. Die Frauen müssen die Last der Schwangerschaft ertragen, die Schmerzen bei der Geburt, die Mühe der Erziehung, die Trauer beim möglichen Kindstod[192]. Außerdem besteht in der Ehe die Gefahr, daß sich einer der Eheleute moralisch verfehlt und man sich vorein-

---

[187] Vgl. *virg.* 1,5,23, unten 140f; 1,6,26, unten 144f; *exhort. virg.* 4,19 (214 GORI); 4,23f (216 GORI); 6,39f (230 GORI); 7,45 (234 GORI); 19,94 (270 GORI); *vid.* 1,1 (244 GORI); 2,8 (252 GORI); 14,82 (312 GORI); *virginit.* 6,31 (14f CAZZANIGA); 6,33 (15 CAZZAGNIA); ferner *epist.* 49(59),2 (CSEL 82/2,54); *epist. extra coll.* 14(63),38 (CSEL 82/3,254f); 15(42),3 (CSEL 82/3,303f); *in Luc.* 7,196 (CCL 14,283); 8,10 (CCL 14,301); *in psalm.* 118 3,32 (CSEL 62,59); 5,3 (CSEL 62,84); *fid.* 3,7,52 (CSEL 78,127).
[188] Vgl. *virg.* 1,6,24–31, unten 142–155. Zum Motiv der *molestiae nuptiarum* in der frühchristlichen Literatur TORRES, *Tópico.*
[189] Vgl. *exhort. virg.* 4,23 (216 GORI).
[190] Vgl. *exhort. virg.* 4,21 (214 GORI); *virginit.* 6,33 (15 CAZZANIGA); *vid.* 11,69 (300 GORI); 13,81 (312 GORI).
[191] Vgl. *virg.* 1,6,27, unten 146f.
[192] Vgl. *virg.* 1,6,30, unten 150f, wo es über die Jungfrau heißt: *Non uteri onus notum, non dolor partus, et tamen numerosior suboles piae mentis, quae omnes pro liberis habet, fecunda successoribus, sterilis orbitatibus nescit funera, novit heredes; vid.* 15,86f (316 GORI).

ander schämen muß[193]. Und all dies, die ganze Knechtschaft, droht in einer glücklichen Ehe! Wie muß es dann erst in einer schlechten Ehe aussehen, wenn sich die Partner nicht gegenseitig heiligen, sondern zugrunde richten?[194]

Die Freiheit der Jungfrau besteht aber nicht nur im Fehlen der von außen auferlegten Verpflichtungen und Belastungen durch die *vincula coniugii*. Sie ist ihr auch als innere Charaktereigenschaft gegeben. Eine Jungfrau läßt sich nicht von körperlichen Begierden beherrschen, sondern hat ihre Triebe und Leidenschaften besiegt. Sie wird nicht von den Verlockungen sinnlicher Freuden gefangengehalten, sondern herrscht über sie wie eine Königin[195]. So wendet Ambrosius das stoische Konzept des ἡγομονικόν auf die gottgeweihte Jungfrau an. In ihr ist das Ideal des *vir sapiens* verwirklicht. Jungfräulichkeit und Witwenschaft sind die Ehrentitel weiblicher Souveränität[196].

---

[193] Vgl. *exhort. virg.* 6,36 (226 GORI).
[194] Vgl. *vid.* 11,69 (300–302 GORI).
[195] Vgl. *virg.* 1,7,37, unten 162f.
[196] Vgl. *exhort. virg.* 8,54 (242 GORI): *femineos principatus.* Diese Äußerungen wird man berücksichtigen müssen, wenn man die Kritik einiger Vertreterinnen der Genderforschung — vgl. etwa BURRUS, *Agnes;* dieselbe, *Victory* — an Sprache und Inhalt der Jungfräulichkeitsschriften des Ambrosius zur Kenntnis nimmt. THRAEDE, *Eva* 135f, meint, daß sich bei Ambrosius wie bei anderen „klassischen Kirchenvätern, oft in ein und demselben Text, eine doppelte Beurteilung des Frauenlebens findet: dort die zu Recht unterdrückte, weil affektabhängige, geistig unfähige und deshalb Führung benötigende Ehefrau, zu nichts verpflichtet als zu stillem Gehorsam und leidender Gebärfreudigkeit. Und hier das nun eben fast frauenfreundliche Ideal der geistlich emanzipierten Virgo, dem ... durchaus eine Realität entsprach"; vgl. *Eva* 133–135; derselbe, *Ärger,* besonders 134–158.

Ihre Freiheit von äußeren und inneren Zwängen ist die Jungfrau bereit, auch mit dem Martyrium zu verteidigen[197]. Sie ist davon überzeugt, daß sie die freie Existenzweise des prälapsarischen Menschen verwirklicht, da Adam und Eva im Paradies ein jungfräuliches Leben führten und erst nach dem Sündenfall die Freiheit ihrer Unschuld verloren[198] und geschlechtlich miteinander verkehrten, womit die Ehe als Zeichen der Unfreiheit auf der Erde Heimat fand[199].

8. Die „Fruchtbarkeit" der Jungfräulichkeit

Die Fruchtbarkeit der Jungfrauen kommt für Ambrosius am besten in Maria, der Mutter Christi, zum Vorschein. Als zugleich Unbefleckte und Vermählte ist sie der Typus aller fruchtbaren Jungfräulichkeit in der Kirche; als Jungfrau empfängt sie die Gläubigen vom Heiligen Geist, als Jungfrau gebiert sie sie[200]. Die Kirche ist Jungfrau aufgrund ihrer Keuschheit und sie ist Mutter, da sie in den Gliedern der Kirche Nachkommenschaft geboren hat. Diese Geburt war nicht von schmerzhaften Wehen begleitet, sondern vom Jubel der Engel. Als wahre Mutter nährt sie die Gläubigen nicht mit der Milch des Körpers, sondern mit der apostolischen Verkündigung. Sie, die Jungfrau durch die Sakramente und Mutter für die Völker ist, hat mehr Kinder als jede verheiratete Frau. Sie hat keinen Mann, aber einen Bräutigam, da sie sich — wie auch die einzelne Seele — mit

---

[197] Vgl. *epist.* 7(37), 38 (CSEL 32/1, 62), wo es über PELAGIA heißt: *Christum sequitur, libertatem nemo auferet, nemo captivam videbit liberam fidem insignemque pudicitiam et prosapiam prudentiae. Quod servum est, hic manebit, nullos in usus debitum. Magna igitur piae virginitatis libertas, quae saepta agminibus persecutorum inter maxima pericula integritatis et vitae nequaquam inclinata est.*
[198] Vgl. *Noe* 9, 30 (CSEL 32/1, 432).
[199] Vgl. *exhort. virg.* 6, 36 (226–228 GORI).
[200] Vgl. *in Luc.* 2, 7 (CCL 14, 33): *Bene desponsata, sed virgo, quia est ecclesiae typus, quae est inmaculata, sed nupta. Concepit nos virgo de spiritu, parit nos virgo sine gemitu.*

Christus vermählt, dem ewigen Bräutigam, ohne ihre Keuschheit zu verlieren[201]. In ihr, der jungfräulichen Braut, erfüllt sich die Verheißung von Jes 54,1, daß die Unfruchtbare jubeln und jauchzen wird. Sie ist eine unfruchtbare Witwe, der erst durch die Verbindung mit Christus die Freude der Mutterschaft geschenkt wurde, eine fruchtbare Jungfrau, die eine große Schar der Gläubigen geboren hat und sich über die Frucht der Liebe freuen konnte ohne sich sinnlicher Lust hingeben zu müssen[202].

Doch auch die christliche Jungfrau verzichtet auf leibliche Nachkommen zugunsten einer geistlichen Mutterschaft. Solche Art von Fruchtbarkeit ist zwar nicht den Jungfrauen vorbehalten, sondern jeder Seele möglich[203], doch wird sie ihnen aufgrund der typologisch begründeten Nähe zur Gottesmutter in besonderer Weise zugeschrieben. Deshalb eignet sich auch der *natalis salvatoris* als der Tag, an dem die Jungfrau Maria Nachkommenschaft bekam, bestens für die *professio virginitatis*[204].

---

[201] Vgl. *virg.* 1,6,31, unten 150–153; 1,5,22, unten 136–139; ferner *exhort. virg.* 5,28; 10,67 (218–220.252 GORI). Zur bräutlichen Verbindung zwischen Christus und der jungfräulichen Kirche und zu MARIA als Vorbild der Kirche vgl. CERIANI, *Spiritualità* 192–196; MULLER, *Ecclesia* 170–180; derselbe, *Unité* 32–34.
[202] Vgl. *in Luc.* 3,23 (CCL 14,88); 2,67 (CCL 14,59f); ferner *Abr.* 1,5,38; 1,7,61 (CSEL 32/1,531.543); *exhort. virg.* 7,42 (232 GORI); *vid.* 3,15 (258–260 GORI); *virg.* 1,6,31, unten 150–155 (mit Jes 54,1); *virginit.* 14,91 (43 CAZZANIGA).
[203] In *virginit.* 4,20 (10 CAZZANIGA) heißt es hinsichtlich der Begegnung des Auferstandenen mit MARIA MAGDALENA: *Maria vocatur, hoc est nomen eius accipit quae parturit Christum; est enim anima quae spiritaliter parit Christum.*
[204] Vgl. *virg.* 3,1,1, unten 272–275; siehe besonders Anm. 408.

Christus wächst im Schoß Mariens wie in jeder christlichen Jungfrau[205]. Die Jungfrau will sich nicht wie die irdischen Bräute mit Hochzeitsfeierlichkeiten und -geschenken abquälen, mit den Lasten einer Schwangerschaft und den Schmerzen einer Geburt, sondern sie wünscht sich eine makellose Nachkommenschaft des Glaubens und der Frömmigkeit, sie möchte vom Heiligen Geist empfangen, Gott in sich tragen und den Geist des Heils gebären[206]. Obwohl ihr die Last des Mutterschoßes unbekannt ist, hat ihre fromme Seele zahlreiche Nachkommen und schart alle wie Kinder um sich. Ihr bleibt es erspart, ihren Nachwuchs sterben sehen und begraben zu müssen — und dennoch hat sie erfahren, was es heißt, Kindern das Leben zu schenken[207]. So ist sie der Kirche vergleichbar, die, unbefleckt von Geschlechtsverkehr und vom Heiligen Geist geschwängert, die Gläubigen gebiert[208].

Ambrosius vergleicht die Jungfräulichkeit mit der arbeitsamen, keuschen und enthaltsamen Lebensweise der Bienen. Die verbreitete und von Vergil übernommene Überzeugung von der ungeschlechtlichen Vermehrung der Bienen wird ihm dabei zum Vorbild für die christlichen Jungfrauen. So wie die Bienen keine Begattung kennen und ihren Nachwuchs mit dem Mund von Blüten aufsammeln, so sollen die Jungfrauen ihre unbefleckte Natur bewahren und als Frucht ihrer Lippen Worte hervorbringen, frei von Bitterkeit, reich an Süßigkeit, voller Lauterkeit und Würde. Wie die Biene sich von Tau ernährt und Honig bereitet, so

---

[205] Vgl. *inst. virg.* 14, 91 – 15, 93 (174–176 GORI), wo in den Lilien im Tal und unter Dornen aus Hld 2, 1 Christus gesehen wird. Zum Bild der Lilie für Christus, der in der Tiefe des Herzens, in der demütigen Seele der Jungfrau Heimat findet vgl. ferner *virg.* 1, 8, 44, unten 172 f; *virginit.* 9, 51 (24 CAZZANIGA); siehe unten 173 Anm. 186.
[206] Vgl. *inst. virg.* 17, 109 (188 GORI).
[207] Vgl. *virg.* 1, 6, 30, unten 150 f.
[208] Vgl. *virg.* 1, 6, 31, unten 150–153; siehe Einleitung, oben 55 Anm. 201.

soll die Jungfrau die göttlichen Worte, die wie Tau vom Himmel kommen, in sich aufnehmen und fruchtbar machen[209]. Dabei ist zu berücksichtigen, daß Ambrosius an anderer Stelle ausdrücklich auf den Tau aus der Höhe (vgl. Ri 6,36–40; Dtn 32,2) als Bild für Christus, das göttliche Wort, hinweist[210].

Mehrfach sieht Ambrosius sich gezwungen, Kritik an der Propagierung des Jungfräulichkeitsideals und Zweifel an der Sinnhaftigkeit jungfräulichen Lebens zurückzuweisen. Besonders schwer wog bei ihm als überzeugtem Anhänger der *romanitas* der Einwand, die Jungfräulichkeit würde den Fortbestand der Menschheit gefährden und damit den Bestand des Imperium Romanum bedrohen. Deshalb ist er bestrebt, aufzuzeigen, daß die Bevölkerung wächst und gedeiht, wo die Jungfräulichkeit gelebt wird. Wo es wenige Jungfrauen gibt, gibt es auch weniger Menschen; wo die Jungfräulichkeit in großem Umfang gelebt wird, ist auch die Anzahl der Menschen größer. Ein Blick in die alexandrinische, ja die östliche Kirche überhaupt, ein Blick in die afrikanische Kirche beweist es: Wo, wie dort, Jahr für Jahr zahlreiche Jungfrauen geweiht werden — mehr als in der Kirche des Ambrosius überhaupt geboren werden —, ist der Bestand des Menschengeschlechts nicht gefährdet. Neben dieses quantitative Argument tritt ein qualitatives: Durch die Jungfrau (Maria) kam das Heil in die Welt, das der römischen Welt Fruchtbarkeit und Bestand verleiht[211]. Die christliche Jungfrau bringt Nachwuchs geistiger Art hervor, der auch das römische Reich und das Menschengeschlecht überhaupt wiederbelebt und erneuert.

---

[209] Vgl. *virg.* 1,8,40f, unten 166–169.
[210] Vgl. *vid.* 3,18f (260–262 GORI); *in Luc.* 7,15f (CCL 14,220); *spir.* 1 prol. 8 (CSEL 79,19); ferner *epist.* 12(30),9 (CSEL 82/1,96); *in psalm.* 1,4 (CSEL 64,5); *in psalm. 118* 11,13 (CSEL 62,241).
[211] Vgl. *virginit.* 17,36 (17 CAZZANIGA).

9. Die Jungfräulichkeit der Gottesmutter Maria

Schon im zweiten Buch von *De virginibus* stellt Ambrosius, seiner Vorlage Athanasius folgend, ausführlich das Leben Mariens als Beispiel und Vorbild für die Jungfrauen dar[212]. Auch in *De institutione virginis* beschäftigt er sich in einem umfangreichen Abschnitt mit der Gottesmutter[213].

Ambrosius sieht die Jungfräulichkeit Mariens in engem Bezug zur Inkarnation Christi. Der Sohn Gottes konnte, da er unbefleckt in die Welt kommen sollte, nicht anders empfangen und geboren werden als von einer Jungfrau. Nur weil er selber makellos war, konnte er sein Erlösungswerk vollbringen; nur weil er durch seine jungfräuliche Empfängnis und Geburt keiner Verunreinigung und Befleckung ausgesetzt war, konnte er alle retten, die in Schuld geboren waren und im Elend der Sünde lebten; nur weil er

---

[212] Vgl. die Gegenüberstellung der entsprechenden Abschnitte Ambrosius, *virg.* 2,2,6–15, unten 212–229, und ATHANASIUS VON ALEXANDRIEN, *epistula ad virgines* 1 (59–62 LEFORT) bei SPANN, *Essai* 107–113; DUVAL, *Originalité* 43–48; vgl. ferner DOSSI, *Ambrogio* 251–253.

[213] Vgl. *inst. virg.* 5,12 – 9,62 (118–158 GORI); siehe Einleitung, unten 60–71. Zur Mariologie des Ambrosius ausführlich SPANN, *Essai;* PAGNAMENTA, *Mariologia;* HUHN, *Geheimnis;* NEUMANN, *Virgin;* vgl. unter den zahlreichen Veröffentlichungen zu diesem Thema ferner besonders FRIEDRICH, *Problem;* derselbe, *Jungfräulichkeit;* BOVER, *Mediación;* KOCH, *Virgo* 31–39; AGIUS, *Virgin;* JUGIE, *Mort* 67–70; VISMARA, *Testamento;* JOUASSARD, *Marie* 104–114; HUHN, *Mariengeheimnis;* MULLER, *Unité* 32–34; HUHN, *Heilsgeschichte;* derselbe, *Kirchenvater;* derselbe, *Vergleich;* CATTANEO, *Maria* 265–269; JOUASSARD, *Portrait;* MULLER, *Ecclesia* 168–180; SOLÁ, *Doctrina* 120–122; ASTORI, *Madonna;* HUHN, *Typus;* RIVERA, *Virgindad* 171–173; SOLÁ, *Relaciones* 341–343; JOUASSARD, *Chefs* 20–36; GRAEF, *Maria* 77–87; MEO, *Verginità,* der allerdings (*Verginità* 451–457) die Urheberschaft des Ambrosius für die von ihm untersuchte *epist.* 71(56a) bestreitet; MELCHIORRE DI S. MARIA, *Vergine;* SANTORSKI, *Problem;* DUCCI, *Senso;* derselbe, *Sviluppo;* FOLGADO, *Maria;* FOLGADO FLÓREZ, *Contorno;* BASTERO DE ELEIZALDE, *Parallelismo;* HUHN, *Ambrosius;* BASTERO, *Virginidad;* HUNTER, *Helvidius;* SANTORSKI, *Elementy;* eine Zusammenstellung der maßgeblichen Texte bietet ALVAREZ CAMPOS, *Corpus* 74–146.

von Geburt an frei war, konnte er die Menschen aus ihrer Gefangenschaft herausführen und sie von den Fesseln des Fleisches erlösen[214]. Die Jungfräulichkeit Mariens wird also soteriologisch begründet. Schon die jungfräuliche Geburt des Herrn trägt zur Erlösung des Menschen bei, denn Maria brachte den (weiblichen) *sexus* auf dem Weg des Heils voran, da sie Christus gebar und dennoch Jungfrau blieb[215].

Einen stärker theologisch profilierten Blick richtet Ambrosius auf die jungfräuliche Geburt Christi insbesondere in seiner Schrift *De fide*[216]. Zu ihrer Entstehungszeit war in Mailand der Einfluß der unter Auxentius maßgeblichen Homoier noch beträchtlich, konnte sich der Nizänismus doch erst im Laufe der bischöflichen Tätigkeit des Ambrosius durchsetzen. So gilt sein Widerstand den Homöern unterschiedlicher Provinienz, die er explizit und mit ausgesprochenem Unverständnis für irgendwelche Differenzierungen als „Arianer" bezeichnet bzw. mit dem Häresiarchen Arius gleichsetzt[217]. Dabei verwirft er jeden aus der Zeugung des Sohnes abgeleiteteten Subordinatianismus arianischer Prägung. Ein solcher übertrage die der menschlichen Natur eigentümliche Weise der Fortpflanzung unerlaubterweise auf Gott. Doch Christus ist nicht emp-

---

[214] Vgl. zum Beispiel *Noe* 3,7b (CSEL 32/1, 417); *in psalm. 118* 6,22 (CSEL 62, 119).
[215] Vgl. *inst. virg.* 5, 33 (134 GORI): *quantum proficit sexus qui Christum, salva tamen virginitate, generavit*. Diese Aussage steht im Zusammenhang mit einer Entwicklung, die das weibliche Geschlecht sowohl im Glauben als auch hinsichtlich der Jungfräulichkeit durchlaufen hat: von EVA (die zur Strafe für ihre Sünde unter Schmerzen gebären mußte) über SARA (die als Unfruchtbare ein Kind empfing, nicht in Traurigkeit, sondern unter Jubel) zu MARIA (die Gott gebar und dabei ihre Jungfräulichkeit bewahrte); vgl. GORI, *Ambrosius, De institutione virginis* 135 Anm. 59.
[216] Zu Datierung, Abfassungszweck und inhaltlichen Schwerpunkten vgl. MARKSCHIES, *Trinitätstheologie* 165–212.
[217] Vgl. MARKSCHIES, *Trinitätstheologie* 178f — mit zahlreichen Belegen.

fangen und geboren auf natürliche Art und Weise, sondern in und aus einer Jungfrau[218]. Die jungfräuliche, das heißt übernatürliche Geburt Jesu wird der ewigen Geburt des Sohnes aus dem Vater zugeordnet; beides ist der Bewunderung wert[219]. Wie sein irdisches Leben und Sterben seine Göttlichkeit zum Vorschein brachte, so ist seine Geburt aus der Jungfrau Ausdruck seines göttlichen Ursprungs[220]. Keine menschliche Geburt ist Gottes würdiger als jene, in der der makellose Sohn Gottes bei seiner Menschwerdung die Reinheit seines makellosen Ursprungs bewahrte. Seine Geburt aus der Jungfrau, nicht aus einer verheirateten Frau, ist das in Jes 7,14 verheißene Zeichen für die Ankunft Gottes[221].

Um die soteriologische Bedeutung der Inkarnation zu unterstreichen, betont Ambrosius nicht nur die von allen Vätern seit dem 2. Jahrhundert gelehrte Jungfräulichkeit Mariens *ante partum,* sondern auch, dogmengeschichtlich bedeutsamer, jene *in partu,* die er als schon immer geltenden Bestandteil des apostolischen Glaubens betrachtet und in der Heiligen Schrift bezeugt sieht[222].

In der diesbezüglichen Auseinandersetzung des ausgehenden 4. Jahrhunderts leugnete der ursprüngliche Asket Jovinian nach dem Zeugnis seiner Gegner innerhalb seiner

---

[218] Vgl. *fid.* 1,12,78 (CSEL 78,34).
[219] Vgl. *fid.* 1,12,78 (CSEL 78,33).
[220] Vgl. *fid.* 5,4,54 (CSEL 78,237).
[221] Vgl. *in Luc.* 2,78 (CCL 14,65).
[222] Vgl. *epist. extra coll.* 15(42),4f (CSEL 32/3,304–306). Zur Entwicklung der Lehre von MARIENS *virginitas in partu* vgl. NEUMANN, Virgin 105–138; ALDAMA, *Virginidad,* besonders 128–134. Der erste westliche Autor, der die Jungfräulichkeit MARIENS in und nach der Geburt ausdrücklich vertritt, dürfte ZENO VON VERONA sein; vgl. ZENO, *Tractatus* 1,54,5 (CCL 22,129): *Maria virgo incorrupta concepit, post conceptum virgo peperit, post partum virgo permansit;* 2,7,4 (CCL 22,171f): *illa* [sc. MARIA] *fuit virgo post connubium, virgo post conceptum, virgo post filium.* Übereinstimmungen zwischen ZENO und Ambrosius, *virg.* bei DUVAL, Originalité 61–64.

antiasketischen Lehre Mariens Jungfräulichkeit in und nach der Geburt und wurde 393 mit acht Anhängern von einer römischen Synode unter Siricius und wenig später in Mailand unter Ambrosius verurteilt[223]. In seinen Virginitätsschriften behandelt Ambrosius die durch Jovinian aufgeworfene Frage der *virginitas in partu* eher am Rande, doch betont er gelegentlich, daß Maria als Jungfrau empfangen und als Jungfrau den Sohn Gottes geboren hat[224].

Stärkere Beachtung erfährt die Frage nach der bleibenden Jungfräulichkeit Mariens, das heißt nach der *virginitas post partum,* die Ambrosius recht eigenständig und nur in Teilen den traditionellen Vorgaben folgend, beantwortet. Eigens widmet er sich dem Thema in einem längeren Abschnitt der traditionellerweise *De institutione virginis*[225] genannten Schrift, die ursprünglich wohl unter dem Titel *De perpetua virginitate sanctae Mariae* überliefert worden ist[226], und, wie diese Bezeichnung erkennen läßt, im wesentlichen eine Verteidigung der Jungfräulichkeit Mariens auch nach Jesu Geburt darstellt. Darin verwirft Ambrosius die Position des Bischofs von Naissus (Niš), Bonosus, der Ma-

---

[223] Vgl. *epist. extra coll.* 15(42) (CSEL 82/3, 302–311). HIERONYMUS bekämpfte ihn in seiner Schrift *Adversus Iovinianus* (393) als christlichen Epikureer; AUGUSTINUS schrieb gegen ihn *De bono coniugali* und *De sancta virginitate* (401). Zu JOVINIAN vgl. HALLER, *Iovinianus;* VALLI, *Eretico;* derselbe, *Gioviniano;* NOLAN, *Jerome;* ALDAMA, *Condenación;* HUNTER, *Resistance;* derselbe, *Helvidius* 51–61.

[224] Vgl. *virginit.* 11, 65 (30 CAZZANIGA); *inst. virg.* 8, 52 (152 GORI); 8, 55 (154 GORI); ferner *in psalm.* 45, 18 (CSEL 64, 342).

[225] Vgl. *inst. virg.* 5, 32 – 8, 57 (132–156 GORI). Zur Datierung vgl. GORI, *Ambrosius, De virginibus* 78 f, der im Anschluß an die Chronologie bei ALDAMA, *Carta* 15–22, für die Niederschrift den Herbst 393 annimmt. Diese Jahresangabe findet sich auch bei JOUASSARD, *Marie* 113 Anm. 52. PALANQUE, *Sainte Ambroise* 542.580, und DUDDEN, *Life 2* 696, hingegen datieren um Ostern 392. Vgl. ferner PAREDI, *S. Ambrogio* 544, (März 392; ähnlich derselbe, *Sant'Ambrogio* 318; derselbe, *Vita* 80); PASINI, *Ambrogio* 203 (393).

[226] Vgl. ZELZER, *Scritti* 811–816; dieselbe, *Corpus* 510–515.522; siehe Einleitung, unten 75.

riens *virginitas post partum* geleugnet und ihr neben Jesus weitere Kinder zugeschrieben hatte. Die Synode von Capua (391–392) überließ die Verurteilung des Bonosus den makedonischen Bischöfen, die diesen seines Amtes enthoben, jedoch zugleich die Mailänder Synode um eine Stellungnahme baten. In deren Auftrag bestätigte Ambrosius die Urteilskompetenz des Metropoliten Anisius von Thessalonike und der benachbarten Bischöfe und die von ihnen ausgesprochene Verurteilung[227].

Die Ansicht des Bonosus stützte sich, wie man den Entgegnungen des Ambrosius entnehmen kann, weitgehend auf Aussagen der Heiligen Schrift[228]. Zunächst ist in Joh 2, 4 und Gal 4, 4 von der Mutter Jesu als Frau (*mulier*) die Rede — eine Tatsache, die mehrere Kirchenväter zu eingehenden Kommentaren veranlaßt hat[229]. Ambrosius betont, ähnlich wie Origenes und Tertullian vor ihm, daß der Begriff *mulier* in seiner üblichen Verwendung lediglich etwas über das Geschlecht einer Person aussage, jedoch nichts über ihre verletzte oder noch bestehende Jungfräulichkeit[230]. Von Anfang an würden auch Jungfrauen so bezeichnet. Auch Eva werde schließlich, noch bevor sie einen Mann erkannt habe, *mulier* genannt, wobei die Heilige Schrift dies sogar

---

[227] Vgl. *epist.* 71(56a) (CSEL 82/3, 7–10); *epist. extra coll.* 15(42), 4–7 (CSEL 82/3, 304–307); *inst. virg.* 5, 35 (136 GORI). Zur Authentizität der *epist.* 71 ZELZER, *Ambrosius, epistulae* XXXf; zu BONOSUS JOUSSARD, *Évêque;* SCHÄFERDIEK, *Bonosus,* besonders 172–176.
[228] Vgl. die Zusammenstellungen bei HUHN, *Geheimnis* 195–202; NEUMANN, *Virgin* 237–257.
[229] Vgl. ORIGENES, *hom. in Lev.* 8, 2 (GCS 395); TERTULLIAN, *virg. vel.* 4–6, besonders 6, 1–4 (SCh 424, 138–150, besonders 148–150); MARIUS VICTORINUS, *in Gal.* 4, 3f (CSEL 83/2, 139f); HIERONYMUS, *in Gal.* 2, 4, 4f (PL 26, 398); 2, 5, 18 (PL 26, 442); AUGUSTINUS, *exp. Gal.* 30, 2 (CSEL 84, 95); *hept.* 93 (CCL 33, 441); *serm.* 51, 18 (34 VERBRAKEN); ANONYMUS, *Commentarius in epistulam Pauli ad Galatas* 14 A–15 (227 FREDE).
[230] Vgl. *inst. virg.* 5, 36 (138 GORI).

eigens begründe: „Frau soll sie heißen, denn vom Mann ist sie genommen" (Gen 2, 23)[231].

Des weiteren war auf die Verwendung der Konjunktionen *antequam* und *donec* in Sätzen wie „bevor sie [sc. Maria und Josef] zusammenkamen, zeigte sich, daß die ein Kind erwartete" (Mt 1, 18) oder „Er [sc. Josef] erkannte sie [sc. Maria] nicht, bis sie ihren Sohn gebar" (Mt 1, 25) verwiesen worden. Daraus könne man schließen, daß die beiden später geschlechtlich miteinander verkehrt hätten. Demgegenüber meint Ambrosius zunächst, daß es in der Heiligen Schrift üblich sei, eine einmal aufgeworfene Frage auch sofort zu behandeln und Nebensächlichkeiten aufzuschieben[232]. Was er damit meint, verdeutlicht ein Vergleich mit seinem Kommentar zu Mt 1, 25 in der *Expositio evangelii secundum Lucam*. Dort heißt es, die Schrift verfahre ähnlich wie ein Anwalt, der eine Angelegenheit vor Gericht vertritt. Dieser halte es für ausreichend, vorzubringen, was zur Sache gesagt werden muß; was darüber hinausgeht, muß ihn nicht interessieren. So glaubte auch Matthäus, der es unternommen hatte, das unversehrte Geheimnis der Inkarnation darzulegen, den Beweise der Jungfräulichkeit Mariens über das Gesagte hinaus nicht weiter fortführen zu müssen; er wollte nämlich weniger als Verteidiger der Jungfrau (Maria), sondern mehr als Anwalt des Geheimnisses (der Menschwerdung) angesehen werden[233]. Ferner betont Ambrosius, die Partikel *donec* in Mt 1, 25 dürfe nicht etwa in dem Sinne verstanden werden, daß Josef Maria nach der Geburt Jesu erkannt hätte. Er verweist auf den Sprachgebrauch der Schrift und führt zwei Beispiele für die Verwendung der Partikel an. Wenn Gott sagt: „Ich bin Gott, und bis ihr alt werdet, bin ich derselbe" (Jes 46, 4), so kann damit ja nicht gemeint sein, daß er nach dem Altern der Menschen

---

[231] Vgl. *inst. virg.* 5, 36 (138 GORI); ferner *epist.* 1(7), 18 (CSEL 82/1, 12).
[232] Vgl. *inst. virg.* 5, 37 (138 GORI).
[233] Vgl. *in Luc.* 2, 6 (CCL 14, 33).

nicht mehr Gott sei. Und wenn es in den Psalmen heißt: „Der Herr sprach zu meinem Herrn: Setze dich mir zur Rechten, bis ich dir deine Feinde als Schemel unter deine Füße lege" (Ps 110,1: Ps 109,1 LXX), so ist doch klar, daß der Sohn nicht aufgehört hat, zur Rechten des Vaters zu sitzen, nachdem die Heidenvölker sich ihm unterworfen haben[234].

Als weiteres Argument gegen die bleibende Jungfräulichkeit Mariens war Mt 1,19 herangezogen worden: „Josef, der gerecht war, wollte sie [sc. Maria] nicht bloßstellen". Josef glaubte demnach nicht an die Jungfräulichkeit seiner Verlobten, auch wenn er sich gegen die in seinen Augen berechtigte Möglichkeit, sie wegen Ehebruchs der öffentlichen Schande preiszugeben, entschied. Doch, entgegnet Ambrosius, wie hätte Josef das Geheimnis der himmlischen Ratschlüsse erkennen können, wenn nicht einmal Engel um göttliche Entscheidungen wie etwa die Auferstehung wüßten — und diese sei weit weniger wunderbar als die Jungfrauengeburt. Außerdem hätte Josef nach der Erscheinung des Engels an die Jungfräulichkeit Mariens geglaubt und sich der Weissagung gefügt[235].

In einem weiteren Schritt sucht Ambrosius das sich auf Mt 1,24 („Josef ... nahm seine Frau zu sich") stützende Argument, daß die Schrift Maria als *coniunx* bezeichnet, zu

---

[234] Vgl. *inst. virg.* 5,38 (138–140 GORI). Auch diese Beispiele begegnen in *in Luc.* 2,6 (CCL 14,33). Eine weitere Schriftstelle — Gen 8,7 — wird in *Noe* 17,63 (CSEL 32,458) herangezogen. Möglicherweise folgt Ambrosius in seiner Argumentation der ausführlicheren und mit weiteren Schriftzitaten untermauerten Erörterung bei HIERONYMUS, *virg. Mar.* 6 (PL 23,198f); vgl. HUHN, *Geheimnis* 199; NEUMANN, *Virgin* 245–248.
[235] Vgl. *inst. virg.* 5,39f (140–142 GORI); ferner *epist.* 56(5),13 (CSEL 82/2,91).

entkräften. Die Verwendung dieses Begriffes erkläre sich aus dem biblischen Sprachgebrauch, nach dem eine Verlobte schon Frau genannt werde. Ambrosius erkennt den rechtlichen Charakter dieser Ehe an und nennt Maria *coniunx* im Vollsinn des Wortes. Aber auch wenn sie wirklich die Frau des Josef war, so darf man daraus nicht auf die Verletzung ihrer Jungfräulichkeit schließen. Denn nicht die Defloration läßt eine Ehe zustandekommen, sondern die vertragliche Vereinbarung der Eheleute; wenn ein Mädchen durch die *pactio coniugalis* einem Mann verbunden wird, handelt es sich um eine *coniunx,* nicht wenn es von einem Mann erkannt wird, das heißt geschlechtlich mit ihm verkehrt[236].

Und schließlich geht Ambrosius auf die in der Heiligen Schrift mehrfach erwähnten „Brüder Jesu" oder „Brüder des Herrn" (Mt 12,46f; 13,55; Mk 3,31f; 6,3; Lk 8,19f; Joh 7,3.5; Apg 1,14; 1 Kor 9,5; Gal 1,19) ein. Wenn die *fratres domini* erwähnt würden, seien damit nicht Brüder im eigentlichen Sinn bzw. Blutsverwandte gemeint. Jesus selbst (in Ps 22,23; Ps 21,23 Vg.) und Paulus (vgl. Röm 9,3) sprächen von den Gläubigen als einer Gemeinschaft von Brüdern. Erwähnt wird auch die Hypothese, bei den Brüdern Jesu handele es sich um Söhne des Josef aus einer früheren

---

[236] Vgl. *inst. virg.* 6,41 (142 GORI); *in Luc.* 2,5 (CCL 14,33). Das Argument findet sich auch bei HIERONYMUS, *virg. Mar.* 4 (PL 23,195–197), der die Gepflogenheit der Heiligen Schrift, schon die *sponsa* als *uxor* zu bezeichnen, als bekannt voraussetzt; anders als Ambrosius betrachtet er MARIA aber nicht als wirkliche Gattin des JOSEF.

Ehe²³⁷. Soviel jedenfalls steht für Ambrosius fest: Die Brüder Jesu sind nicht Söhne der Maria. Es fällt auf, daß er dieses in der frühchristlichen Literatur häufig behandelte Problem ausgesprochen knapp anspricht. Wer die Sache eingehender verfolge, so meint er, werde schon das Richtige finden. Er selbst glaubt, auf eine weitere Untersuchung verzichten zu können, da die Bezeichnung „Brüder" für viele verwendet werden könne und eine derart allgemeine Bedeutung habe, daß man daraus nicht ein spezielles Verwandtschaftsverhältnis ableiten könne²³⁸.

Ambrosius begnügt sich jedoch nicht damit, die Bestreitung der immerwährenden Jungfräulichkeit Mariens zurückzuweisen und exegetische Einwände zu entkräften, er ist auch bestrebt, diesen Glaubensgegenstand positiv als schriftgemäß und einsichtig zu begründen²³⁹.

Ein erster Hinweis ergibt sich aus dem bereits erwähnten Gedanken, daß nur eine Jungfrau den unbefleckten Herrn

---

²³⁷ Diese Vermutung von ORIGENES, *in Mt*. 10, 17 (GCS 1, 21), war ihm wohl bekannt. ORIGENES berichtet, daß einige Leute die Brüder Jesu als Söhne JOSEFS von einer früheren Frau erklären; sie stützten sich dabei auf das sogenannte Petrusevangelium oder das Buch des JAKOBUS. Während uns die Stelle im PETRUS-Evangelium nicht überliefert ist, handelt es sich beim „Buch des JAKOBUS" um das *Protevangelium Iacobi*; vgl. *Protev.* 9, 2 (106 DE STRYCKER). Auch HIERONYMUS kennt diese Meinung, hält sie jedoch für eine eher kühne als fromme Behauptung; vgl. HIERONYMUS, *virg. Mar.* 19 (PL 23, 213). Bei ihm findet sich — *virg. Mar.* 14–17 (PL 23, 206–212) — eine ausführliche Behandlung der Frage, in deren Verlauf er auch Röm 9, 3 zitiert. HIERONYMUS lehnt die These von früheren Ehefrauen und Kindern JOSEFS ab; er betrachtet auch ihn als einen jungfräulichen Menschen: *ego mihi plus vincido etiam ipsum Ioseph virginem fuisse per Mariam*. Als Grund führt er an: *ut ex virginali coniugio virgo filius nasceretur* (*virg. Mar.* 19 [PL 23, 213]). Die Brüder Jesu hält er für Vettern (vgl. *virg. Mar.* 14 [PL 23, 206–208]) und vertritt damit eine Ansicht, die zum Gemeingut abendländischer Theologie werden sollte. Zu den beiden Lösungen für die Brüder des Herrn — Söhne JOSEFS aus einer früheren Ehe und Vettern Jesu — in der frühchristlichen Theologie vgl. HUHN, *Geheimnis* 200–202; NEUMANN, *Virgin* 252–257.
²³⁸ Vgl. *inst. virg.* 6, 43 (142–144 GORI).
²³⁹ Vgl. HUHN, *Geheimnis* 202–221; NEUMANN, *Virgin* 257–270.

empfangen und gebären konnte[240]. Aber es reichte Christus nicht, daß sie bis zu seiner Geburt Jungfrau war; ihr Leib, der ihm als *aula caelestis* diente, sollte niemals durch männlichen Samen befleckt werden. Hätte Christus sich, so fragt Ambrosius, etwa eine Mutter erwählt, die nicht imstande war, ihre jungfräuliche Keuschheit zu bewahren? Sie, durch deren Beispiel andere in ihrem Streben nach Unversehrtheit herausgefordert werden, sollte selbst von dieser Aufgabe abgewichen sein?[241] Welcher Frau, wenn nicht seiner Mutter, hätte der Herr ein größeres Verdienst gewähren und einen besseren Lohn vorbehalten können? Keinem Stand hat er größere Gaben zuerkannt als dem jungfräulichen, betont Ambrosius mit Hinweis auf Jes 56,3–5. Anderen verspricht Christus, daß sie nicht erlahmen, bei seiner Mutter hätte er zulassen sollen, daß ihre Kräfte schwinden? Nein, Maria, die Lehrmeisterin der Jungfräulichkeit, erlahmte nicht. Niemals darf man glauben, daß sie, die Gott in sich trug, danach einen Menschen in sich trug[242]. Es ist undenkbar, daß sie je durch Geschlechtsverkehr befleckt worden ist, denn aus ihrem Leben strahlt uns die *species castitatis* und die *forma virtutis* entgegen[243], sie ist die *imago virginitatis*[244], das *signum sacrae virginitatis* und das *pium vexillum intemeratae integritatis*[245], das *exemplum integritatis*[246], die *magistra virginitatis*[247], das *sacrarium immaculatae castitatis*[248], das

---

[240] Siehe Einleitung, oben 26f.58f.
[241] Vgl. *inst. virg.* 6,44 (144 GORI).
[242] Vgl. *inst. virg.* 6,45 (144 GORI). Dieselbe Argumentation wie in *inst. virg.* 44f findet sich, zum Teil sogar in der Wortwahl übereinstimmend, *epist.* 71(56a),3 (CSEL 82/3, 8f).
[243] *Virg.* 2,2,6, unten 212–215; vgl. 2,2,15, unten 228f: *species virtutum*.
[244] *Virg.* 2,2,15, unten 228f.
[245] Vgl. *inst. virg.* 5,35 (136 GORI).
[246] Vgl. *inst. virg.* 6,44 (144 GORI); siehe oben Anm. 241.
[247] Vgl. *inst. virg.* 6,45 (136 GORI); siehe oben Anm. 242; inhaltlich ähnlich *virg.* 2,2,15 , unten 228f.
[248] Vgl. *inst. virg.* 17,105 (186 GORI).

templum dei, die *aula caelestis*[249] oder der *thalamus caelestis*[250].

Auch in Josef sieht Ambrosius einen Zeugen für die immerwährende Jungfräulichkeit Mariens. Niemals hat er, der Gerechte, sich zum Wahnsinn hinreißen lassen, sich im körperlichen Beischlaf mit der Muttergottes zu vereinigen[251]. Wenn er im Lukasevangelium gerecht genannt wird, ist damit deutlich ausgesprochen, daß er unmöglich den Tempel des Heiligen Geistes, die Mutter des Herrn, den Schoß des Geheimnisses verletzen konnte[252].

Es sind vor allem zwei Schriftstellen, auf die Ambrosius sich bei seiner Argumentation zugunsten der *virginitas post partum* beruft. Zum einen verweist er auf die Vision vom verschlossenen Tor in Ez 44,2 („Dieses Tor soll verschlossen bleiben, es soll nicht geöffnet werden und niemand soll es durchschreiten; denn der Herr, der Gott Israels, hat es durchschritten"), die er als marianische Prophezeiung deutet. Das verschlossene Tor ist Maria, durch sie kam Christus — und niemand sonst — in die Welt, ohne die Zeichen der Jungfräulichkeit zu verletzen[253]. Ambrosius ist der erste lateinische Autor, der die Ezechielstelle auf Maria anwendet, wobei ihm möglicherweise die Predigt des Amphilochius von Ikonium zum Fest der Darstellung des Herrn[254] als Vorlage gedient hat[255].

---

[249] Vgl. *inst. virg.* 6,44 (144 GORI); 17,105 (186 GORI).
[250] Vgl. *inst. virg.* 17,106 (186 GORI).
[251] Vgl. *inst. virg.* 6,45 (186 GORI).
[252] Vgl. *in Luc.* 2,6 (CCL 14,33).
[253] Vgl. *inst. virg.* 8,52–57 (152–156 GORI), besonders 8,52 (152 GORI).
[254] Vgl. AMPHILOCHIUS, *orationes* 2,2 (CCG 3,44). AMPHILOCHIUS zieht Ez 44,2 heran, um Lk 2,23 („jede männliche Erstgeburt soll dem Herrn geweiht sein") vor einer falschen Auslegung zu schützen.
[255] So HUHN, *Geheimnis* 203; derselbe, *Bewertung* 392. Die marianische Interpretation durch Ambrosius hat die Exegesegeschichte der folgenden Jahrhunderte maßgeblich geprägt; vgl. HARMUTH, *Pforte* 53–67. Schon HIERONYMUS, *in Ez.* 13,44,1–3 (CCL 75,646), äußert sich anerkennend.

Zum anderen nennt er Joh 19,26f, wo Jesus am Kreuz seine Mutter dem Lieblingsjünger Johannes anvertraut[256]. Ambrosius ist der Meinung, Johannes weiche in seiner Darstellung der Kreuzigung von den anderen Evangelisten ab, um das Verharren Mariens in der Jungfräulichkeit durch sein Urteil zu bestätigen. Er sei wie ein Sohn um die Keuschheit der Mutter besorgt gewesen und habe sie vor dem schmutzigen Vorwurf der Schändung ihrer Unversehrtheit schützen wollen[257]. In der an sich unnötigen Anwesenheit Mariens beim Tod ihres Sohnes sieht Ambrosius ein Zeichen ihres Mutes und ihrer Treue, die sie eben auch in der andauernden Bewahrung ihrer Jungfräulichkeit bewiesen hat[258].

Indem Jesus seine Mutter dem Lieblingsjünger anvertraut, bezeugt er, daß die Ehe mit Josef nur vorgeschützt war und den Zweck hatte, das Geheimnis der Jungfrauengeburt zu bewahren[259]. Nach Meinung des Ambrosius war Josef zum Zeitpunkt der Kreuzigung also noch am Leben, doch war die Ehe zwischen ihm und Maria nur vorgeschützt, nicht vollzogen; sie mußte also nicht unerlaubter-

---

[256] Vgl. *inst. virg.* 7,46–50 (144–150 GORI), besonders 7,47f (146–148 GORI). Der Gedanke, in den Worten Jesu am Kreuz einen Beweis für die Jungfräulichkeit MARIENS zu sehen, findet sich in den Schriften des Ambrosius an mehreren Stellen, bisweilen in wörtlicher Übereinstimmung; vgl. neben *inst. virg.* auch *epist.* 71(56a),4 (CSEL 82/3,9); *epist. extra coll.* 14(63),109 (CSEL 82/3,293f); *in Luc.* 2,4 (CCL 14,32); 10,130–133 (CSEL 82/3,383f).
[257] Vgl. *inst. virg.* 7,45 (146 GORI).
[258] Vgl. *inst. virg.* 7,49 (148 GORI).
[259] Vgl. *hymni* 3,17–24 (213 FONTAINE). Dazu FRANZ, *Tageslauf* 430–435, der herausstellt, daß der Akzent im Hymnus gegenüber *inst. virg.* 7,47f verschoben scheint; liege in der Jungfräulichkeitsschrift die Sinnspitze erwartungsgemäß eindeutig auf dem Erweis der Jungfräulichkeit MARIENS, so sei mit dem *mysterium altum* des Hymnus „das Geheimnis der im Zeichen der Jungfräulichkeit verdichteten Gottessohnschaft des Menschen Jesus Christus" (*Tageslauf* 434) gemeint. Zur Bewertung der Ehe von MARIA und JOSEF durch Ambrosius vgl. ferner FRÉVIN, *Mariage* 232–234.

weise getrennt werden — indem etwa Maria ihren Mann verlassen oder Josef die Scheidung zugelassen hätte. Niemals hätte Christus die Trennung der beiden anordnen können[260]. Indem er seine Mutter an Johannes verweist, wird er zum letztgültigen Zeugen für ihre Jungfräulichkeit, das heißt für den Nichtvollzug der Ehe mit Josef. Unter dem Kreuz, da die Geheimnisse sich erfüllt haben, bedarf Maria nicht mehr des Schutzes der Ehe[261], sie lebt von nun an nicht mehr bei Josef, dem Gerechten, sondern bei Johannes, dem Wächter der Keuschheit.

An anderer Stelle, in seinem Kommentar zur Verkündigungsszene in Lk 1,26f, widmet sich Ambrosius ausführlich der Frage, warum als Mutter des Erlösers eine bereits verlobte Frau auserwählt wurde und warum sich nicht schon vor ihrer Verlobung die prophetische Verheißung erfüllte[262]. Den Hauptgrund sieht er darin, daß durch die Verlobung mit Josef der Ruf der Jungfrau gewahrt werden sollte. Als unverheiratete Frau wäre sie nämlich dem Gerücht ausgesetzt gewesen, sie hätte ihr Kind im Ehebruch empfangen, und wäre wegen des Verlustes ihrer Jungfräulichkeit in Verruf geraten. Sie hätte als unverheiratete Frau den Anschein erwecken müssen, ihre vermeintliche Schuld durch eine Lüge — die behauptete Jungfräulichkeit — verschleiern zu wollen. Als Verheiratete hingegen hätte sie keinen Grund zum Lügen gehabt, denn die Geburt eines Kindes ist ja der Lohn und das Geschenk der Ehe[263]. Der Herr

---

[260] Vgl. *in Luc.* 2,4 (CCL 14,32).
[261] Vgl. *in Luc.* 10,133 (CCL 14,384).
[262] Vgl. *in Luc.* 2,1 (CCL 14,30).
[263] Vgl. *in Luc.* 2,1f (CCL 14,30f). Als weitere Gründe werden genannt, daß sich in JOSEF, dem Gerechten, ein Zeuge für die Jungfräulichkeit MARIENS fand (vgl. *in Luc.* 2,5 [CCL 14,32f]), und daß die Jungfräulichkeit MARIENS dem Fürsten der Welt entgehen sollte; da der Teufel MARIA mit einem Mann verlobt sah, konnte ihre Niederkunft ihm nicht verdächtig erscheinen (vgl. *in Luc.* 2,3 [CCL 14,31]).

wollte lieber Zweifel an seiner eigenen Herkunft als an der Keuschheit seiner Mutter zulassen[264].

Die Verwendung von Joh 19,26f als Argument für Mariens *virginitas post partum* hat Ambrosius möglicherweise von Athanasius übernommen[265].

II. Die Schrift „De virginibus"

1. Datierung

Die drei seiner Schwester Marcellina gewidmeten Bücher *De virginibus* stellen mit ziemlicher Sicherheit die erste Veröffentlichung des Ambrosius dar. Dies geht schon aus der Kombination zweier Schriftzitate im Vorwort hervor. Dort äußert Ambrosius den Wunsch, Jesus möge ihn, der noch unter dem unfruchtbaren Feigenbaum liegt, anblicken — eine Anspielung auf die Berufung des Natanael (vgl. Joh 1,45–50) —, und gibt seiner Hoffnung Ausdruck, sein eigener Feigenbaum möge nach drei Jahren Früchte tragen — ein Hinweis auf das Gleichnis vom Feigenbaum (vgl. Lk 13,6–9), der auf Wunsch des Weinbergbesitzers umgehauen werden soll, weil er seit drei Jahren keine Früchte trägt, vom Bauern des Weinbergs aber noch ein Jahr stehenge-

---

[264] Vgl. *in Luc.* 2,1 (CCL 14,30). Vgl. die zum Teil wortgetreue Wiedergabe desselben Gedankens *inst. virg.* 6,42 (142 GORI).
[265] Vgl. ATHANASIUS VON ALEXANDRIEN, *epistula ad virgines* 1 (59 LEFORT). HUHN, *Geheimnis* 207, verweist darüberhinaus auf HILARIUS, *in Matth.* 1,4 (SCh 254,96–98); HIERONYMUS, *virg. Mar.* 13 (PL 23, 205f); EPIPHANIUS VON SALAMIS, *haer.* 78,10,9f.13 (GCS 3,461). Zur Auslegungsgeschichte von Joh 19,25–27 KNELLER, *Joh 19, 26–27;* KOEHLER, *Interprétations,* besonders 129–134; LANGKAMMER, *Will.* Vgl. ferner ALDAMA, *Carta* 9; GORI, *Ambrosius, De virginibus* 62 — mit Verweis auf den Vergleich von Ambrosius (*inst. virg.* 7,46–48 [144–148 GORI]) und ATHANASIUS bei SPANN, *Essai* 106, und DUVAL, *Originalité* 58f, sowie der sich auf ATHANAASIUS VON ALEXANDRIEN, *epistula ad virgines* 1 (59 LEFORT), stützenden Vermutung, auch ATHANASIUS gehe davon aus, daß JOSEF zum Zeitpunkt der Kreuzigung noch gelebt habe.

lassen, gepflegt und gedüngt wird[266]. An anderer Stelle spricht er davon, daß er noch keine drei Jahre Bischof sei und wegen der kurzen Zeit seit seiner Weihe bzw. Taufe auf wenig Glaubenspraxis verweisen könne[267]. Das gesamte Proömium stellt die fehlende Übung des Verfassers in der Schriftstellerei heraus. Selbst wenn sich in diesen Beteuerungen eine gewisse rhetorische Konvention äußert, darf man davon ausgehen, daß es sich tatsächlich um sein Erstlingswerk handelt[268]; die Betonung der eigenen Unzulänglichkeit dürfte wohl kaum allein dem Topos der *captatio benevolentiae* zuzuschreiben sein, sondern auch eine aus mangelnder Vertrautheit mit der Abfassung eines literarischen Werkes resultierende Unsicherheit in Worte fassen. Dem muß nicht widersprechen, daß Ambrosius hier seine rednerische Begabung, seine Kenntnis der rhetorischen Stilmittel, ja seine klassische Bildung überhaupt erkennen läßt[269].

---

[266] Vgl. *virg.* 1,1,3, unten 96f.
[267] Vgl. *virg.* 2,6,39, unten 264f. Für GORI, *Ambrosius, De institutione virginibus* 63, erklärt sich der Unterschied zwischen den Formulierungen *post triennum* (1,1,3) und *nondum triennalis sacerdos* (2,6,39) dadurch, daß sich erstere auf die schriftliche Fassung des Traktates, letztere auf den mündlichen Vortrag der entsprechenden Predigt bezieht.
[268] Vgl. *virg.* 1,1,1–4, unten 96–105; insbesondere die Formulierung *virg.* 1,1,2, unten 98f: *ego quoque muta diu ora laxabo* macht es unwahrscheinlich, daß die Totenrede für seinen Bruder SATYRUS zuvor veröffentlicht sein könnte; vgl. FALLER, *Ambrosius, De excessu fratris* 84*; GORI, *Ambrosius, De virginibus* 62f. Zur Datierung von *exc. Sat.* siehe Einleitung, oben 19 Anm. 34.
[269] Vgl. ZELZER, *Erbe* 205.

Ambrosius wandte sich also nach seiner Bischofsweihe drei Jahre lang theologischen Studien zu, bevor er schriftstellerisch tätig wurde[270]. Allerdings fanden einige zuvor gehaltene Predigten bzw. Predigtfragmente Eingang in seine erste Schrift[271]. Wenn man der traditionellen Datierung der Bischofsweihe am 7. Dezember 374 folgt[272], hat Ambro-

---

[270] Die Bemerkung *virg.* 1,7,34, unten 156f, er ziehe häufig alttestamentliche Frauengestalten als Beispiele eines tugendhaften Lebens heran, bezieht sich wahrscheinlich auf zuvor gehaltene Predigten.
[271] Die Einleitungen *virg.* 1,1,1–4, unten 96–105; 2,1,1–5, unten 210–213, und 3,1,1, unten 272–275, sprechen — gegen RAUSCHEN, *Jahrbücher* 564 — nicht gegen die spätere schriftliche Zusammenstellung von Ansprachen. Hingegen finden sich mehrere Hinweise auf einen mündlichen Vortrag, etwa wenn Ambrosius die Jungfrauen oder deren Eltern direkt anspricht; vgl. *virg.* 1,6,30, unten 150f; 1,8,51, unten 186f; 1,8,52, unten 186–189; 1,10,59, unten 196f; 1,10,63, unten 202f; 1,11,64, unten 204f; 1,11,66, unten 208f; 2,3,21, unten 236f; 2,4,27, unten 244f; 2,5,36, unten 260f; 2,6,39, unten 264f — hier finden sich mit den Begriffen *liber* und *legare* allerdings auch Hinweise auf die schriftliche Fassung; 3,6,31, unten 322f; vgl. auch 1,2,5, unten 104f; 1,10,57, unten 196f; 2,1,5 unten 212f. FALLER, *Ambrosius, De virginibus* 6f, unterscheidet acht Quellentexte und macht auch Angaben zum jeweiligen Auditorium. Die Abgrenzung der ursprünglichen Ansprachen auf der alleinigen Grundlage der späteren, vom Prediger selbst vorgelegten Zusammenstellung zu einem einzigen Text ist jedoch schwierig. Vgl. DUVAL, *Originalité* 12; GORI, *Ambrosius, De virginibus* 63; RAMOS-LISSÓN, *Ambrosius, De virginibus* 33. WANDL, *Studien* 4, kommt zu dem Urteil: „die Intention der drei Bücher ist mir zu einheitlich, die Kette der Argumentation zu solid, die Übernahme aus der vornehmlichen Quelle ... sind zu bedacht über das ganze Werk verteilt, als daß ich umhinkönnte anzunehmen, daß Ambrosius an der Einheit des Werkes zumindest gearbeitet hat. Einzelne Predigten können per se nicht derart aufeinander Bezug nehmen, was auch überleitende Worte nicht leisten können"; wenn er *Studien* 105 zwischen dem ersten und zweiten Buch „ein Geflecht inhaltlicher und sprachlicher Bezüge" als Beweis dafür nimmt, „daß das Werk als Einheit konzipiert ist", dürfte allerdings zu wenig berücksichtigt sein, daß selbst der beste Prediger sich schon mal wiederholt und auch bei unterschiedlichen Gelegenheiten bis in Formulierungen hinein bestimmte Lieblingsgedanken aufgreift.
[272] Zur Datierung siehe Einleitung, oben 11f.

sius diese Ansprachen vor dem 7. Dezember 377 gehalten[273]; ihre schriftliche Fixierung und Zusammenstellung erfolgte dann wahrscheinlich um den dritten Weihetag[274].

Der Bischof von Mailand mußte nüchtern feststellen, daß er mit seinem mündlich vorgetragenen Lob der Jung-

---

[273] Der *terminus a quo* ist hingegen nicht gleichermaßen gesichert. Zwar wurde eine dem ersten Buch zugrundeliegende Predigt am Fest der heiligen AGNES — vgl. *virg.* 1, 2, 5, unten 104–107: *hodie natalis est virginis.... Natalis est sanctae Agnes* —, dem 21. Januar, gehalten, in welchem Jahr jedoch, wird nicht gesagt. Allerdings liegen wahrscheinlich nicht nahezu zwei Jahre zwischen dem mündlichen Vortrag und der Veröffentlichung, das heißt die entsprechende Predigt dürfte am 21. Januar 377 gehalten worden sein. Die diesbezügliche Sicherheit von FALLER, *Ambrosius, De virginibus* 8, muß allerdings überraschen. Vgl. GORI, *Ambrosius, De institutione virginis* 63; RAMOS-LISSÓN, *Ambrosius, De virginibus* 32f; 61 Anm. 25.

[274] Vgl. zur gesamten Frage der Datierung von mündlicher und schriftlicher Fassung FALLER, *Ambrosius, De virginibus* 7f; GORI, *Ambrosius, De virginibus* 62f; RAMOS-LISSÓN, *Ambrosius, De virginibus* 31f — abweichende Datierungen oder Ergänzungen bieten zum Beispiel PALANQUE, *Saint Ambroise* 493.577 (*virg.* geht auf Predigten zurück, die am 21. Januar 376 begonnen und bald danach veröffentlicht wurden); FRANK, *Geschichte* 10 (376; anders zuvor 149); DUDDEN, *Life* 2 695.711 (Predigten ab dem 21. Januar 376, Gesamtwerk früh 376); CASTANO, *Apostolo* 279 (Veröffentlichung 376); SIMON, *Sponsa* 2 125 Anm. 825 (zwischen 21. Januar 377 und 7. Dezember 377); HERRMANN, *Trinitätstheologe* 50 (376); COPPA, *Ambrosius, De virginibus* (*1969*) 93 (zwischen 21. Januar und 7. Dezember 377, gegen Ende 377); DUVAL, *Originalité* 11 (zwischen dem 21. Januar 376 und Dezember 377); TISSOT, *Ambrosius, De virginibus* 13 (schriftliche Fassung 377, einige Abschnitte 376); CONSOLINO, *Sponsa* 4011 (Zusammenstellung Dezember 376 – Dezember 377); WANDL, *Studien* 2–6; VOGÜÉ, *Histoire 1* 146 (376–377); TESTARD, *Saint Ambroise* 377 (376); MCLYNN, *Ambrose* 53 („summer or autumn of 377, when his third anniversary was already in sight"); MARKSCHIES, *Trinitätstheologie* 106 Anm. 121 (*virg.* kann „recht eindeutig auf die Zeit zwischen 21.1. und 7.12.377 datiert werden"); SAVON, *Ambroise* 57 (1997) (zwischen 7. Dezember 376 und 7. Dezember 377); LETSCH-BRUNNER, *Marcella* 59 (*virg.* am AGNES-Tag, dem 21. Januar 376 begonnen — mit Verweis auf NAUROY, *Ambrosius, Hymni* 364); CONNELL, *Sister* 146 (378; fälschlich als *De virginitate* bezeichnet); VIGGIANI, *Santa Marcellina* 11.14.87 (Beginn eines „corso di formazione sulla verginità ed il suo valore" 375 oder 376, Publikation 377).

fräulichkeit nicht das gewünschte Ziel erreicht hatte. Eltern widersetzten sich dem Wunsch ihrer Töchter, ein jungfräuliches Leben zu führen, ja hinderten sie sogar daran, seine Predigten zu hören[275]. Die schriftliche Form seiner Abhandlungen zum Thema scheint ihm die Gelegenheit geboten zu haben, sie trotzdem zu erreichen und ein größeres Publikum für die Propagierung eines asketischen Lebens zu finden[276].

In seinen letzten Lebensjahren hat Ambrosius selbst seine fünf asketischen Schriften — *De virginibus, De virginitate* (bzw. *De virginibus liber quartus*), *De viduis, Exhortatio virginitatis* (bzw. *Adhortatio virginitatis*) und *De institutione virginis* (bzw. *De perpetua virginitate sanctae Mariae*) — zusammengestellt und unter dem Titel *De virginitate* veröffentlicht[277].

---

[275] Vgl. *virg.* 1, 10, 57f, unten 196f.
[276] Vgl. *virg.* 2, 1, 5, unten 212f. WANDL, *Studien* 12, unterscheidet zwei Gruppen von Jungfrauen als Adressaten: „Die eine ist die, zu der auch seine Schwester zählt: Diese haben ihr Gelübde schon abgelegt. Von ihnen zeigt sich Ambrosius beeindruckt und belehrt. Sie gaben ihm gewissermaßen die Inspiration für sein Werk und übernehmen somit die Funktion, die die Musen oder die Geliebte in der heidnischen Literatur — speziell in der Elegie — hatten ... Er wendet sich aber speziell an jene zweite Gruppe von Jungfrauen, die sich noch nicht ganz zum Zölibat entschieden haben oder von ihren Familien von einem solchen Schritt abgehalten werden"; insgesamt wende sich das Werk, wie *virg.* 2, 6, 39, unten 264f, zeige, jedoch an breitere Schichten, ja letztlich an alle.
[277] Vgl. ZELZER, *Corpus* 511–515.522. Zu den Bezeichnungen und der Anordnung der Schriften in den unterschiedlichen Handschriftengruppen *Corpus* 513–515. ZELZER begründet ihr Plädoyer für die Änderung von drei der traditionellen Titel (*De virginitate* in *De virginibus liber quartus; Exhortatio virginitatis* in *Adhortatio virginitatis; De institutione virginis* in *De perpetua virginitate sanctae Maria*) mit dieser auf Ambrosius selbst zurückgehenden Zusammenstellung; vgl. auch dieselbe, *Scritti* 812–816; dieselbe, *Chronologie* 92; dieselbe, *Omelie* 534.538. Ob sich diese ursprünglichen Titel in der Forschung werden durchsetzen können, muß man abwarten. Jedenfalls wird man damit kaum vor Erscheinen der kritischen Editionen rechnen können.

2. Aufbau

Das Werk besteht aus drei Büchern, die dem Schema *laudatio — exempla — praecepta* folgen[278]. Damit orientiert sich Ambrosius an der klassischen Rhetorik und wählt Gattungen, mit denen er als gebildeter Römer von Kindheit an vertraut war.

I. Das Lob der Jungfräulichkeit — *laudatio*

1. Vorwort

Kap. 1,1,1	Die göttliche Offenbarung ist ein anvertrautes Talent, zu dessen Fruchtbarmachung Ambrosius trotz geringer Begabung verpflichtet ist.
Kap. 1,1,2	Ambrosius mißtraut den eigenen Fähigkeiten, gibt aber seiner Hoffnung Ausdruck, daß Gott ihm beisteht und seinen stummen Mund öffnet.
Kap. 1,1,3	Ambrosius vergleicht sich mit Natanael unter dem Feigenbaum (vgl. Joh 1,48) und mit dem seit drei Jahren unfruchtbaren Feigenbaum (vgl. Lk 13,7).
Kap. 1,1,4	Auch die schriftliche Form hat ihre Berechtigung. Das Thema der *laudatio* ist die unbefleckte Familie des Herrn.

2. Das Zeugnis der heiligen Agnes

Kap. 1,2,5	Der Gedenktag der heiligen Agnes bietet Gelegenheit, die Jungfräulichkeit zu loben.
Kap. 1,2,6	Schon der Name Agnes ist ein Lob der Jungfräulichkeit.
Kap. 1,2,7–9	Die Hinrichtung der heiligen Agnes. Ihr zweifaches Martyrium: das der Keuschheit und das der Jungfräulichkeit.

---

[278] Vgl. *virg.* 1,2,5, unten 104f: *ex praedicatione liber sumat exordium;* 1,5,20, unten 134f: *in laudationibus;* 1,8,52, unten 186f: *laudem castitatis;* 2,1,2, unten 210f; 3,1,1, unten 272f. Zum Aufbau der Schrift und zur Abfolge der Bücher ausführlich DUVAL, *Originalité* 11–20; DEGÓRSKI, *Duchowość*.

3. Jungfräulichkeit als engelgleiches Leben und ihr göttlicher Ursprung

Kap. 1,3,10   Das Lob der Jungfräulichkeit als einer Haupttugend: Sie bringt Märtyrer hervor.
Kap. 1,3,11   Die Jungfräulichkeit stammt vom Himmel.
Kap. 1,3,12   Alttestamentliche Vorbilder: Elija, Mirjam, die Tempeljungfrauen.
Kap. 1,3,13   Die Verbreitung des jungfräulichen Lebens durch die Inkarnation Christi.

4. Keine Jungfräulichkeit vor dem Christentum

Kap. 1,4,14   Die Jungfräulichkeit als spezifisch christliche Lebensweise.
Kap. 1,4,15   Die zeitweise und erkaufte Jungfräulichkeit der Vestalinnen verdient kein Lob.
Kap. 1,4,16   Die unzüchtigen heidnischen Riten der Cybele und des Bacchus kennen keine Jungfrauen.
Kap. 1,4,17f Auch die Philosophie hat keine Jungfrauen hervorgebracht. Die Pythagorasschülerin Leaena wurde durch ihre Begierden besiegt.
Kap. 1,4,19   Die christlichen Jungfrauen sind ungleich mutiger und standhafter.

5. Die himmlische Heimat der Jungfräulichkeit und Christus als Bräutigam der Jungfrauen

Kap. 1,5,20   Die Heimat der Jungfräulichkeit ist der Himmel.
Kap. 1,5,21   Ihr Urheber ist der unbefleckte, aus der Jungfrau geborene Sohn Gottes.
Kap. 1,5,22   Christus ist der Bräutigam der jungfräulichen und mütterlichen Kirche.
Kap. 1,5,23   Die Jungfrauen als Töchter der Kirche. Die Jungfräulichkeit als Rat, nicht als Gebot.

6. Vergleich von Ehe und Jungfräulichkeit

Kap. 1,6,24   Die Ehe verdient keinen Tadel, aber die Jungfräulichkeit Bewunderung und Lob.
Kap. 1,6,25–59 Die Mühen der Ehefrauen: Schwangerschaft und Geburtswehen, Sorge für die Kinder, Knechtschaft gegenüber den Männern, das Bestreben, durch Schminke und Schmuck das Wohlgefallen der Männer zu gewinnen.

Kap. 1,6,30   Die unvergängliche Schönheit der Jungfrauen, die Nachkommen geistiger Art hervorbringen.
Kap. 1,6,31   Die Mutterschaft der jungfräulichen Kirche.

7. Der Vorrang der Jungfräulichkeit vor der Ehe

Kap. 1,7,32   Die Vorteile von Eltern jungfräulicher Kinder.
Kap. 1,7,33   Die Nachteile von Eltern, die sich Enkel wünschen und ihre Kinder verheiraten.
Kap. 1,7,34   Ambrosius rät nicht von der Ehe ab, verdammt vielmehr diejenigen, die sie ablehnen.
Kap. 1,7,35–39 Die Überlegenheit der Jungfräulichkeit gegenüber der Ehe nach dem Zeugnis der Heiligen Schrift.

8. Die Herrlichkeit der Jungfräulichkeit

Kap. 1,8,40f Die Jungfräulichkeit kann mit der Lebensweise der Bienen verglichen werden, ihr nährender Tau ist Gottes Wort, ihr Nachwuchs die Frucht ihrer Lippen.
Kap. 1,8,42   Die Verdienste der Jungfrau sollen vielen zugute kommen, ihr Reichtum den Armen nützen.
Kap. 1,8,44–48 Die Jungfrau soll Christus als die vom Hohenlied besungene Blume pflücken.
Kap. 1,8,49–51 Der Schutz der Jungfrauen: die Kirche, der Herr selbst, die Engel.
Kap. 1,8,52   Die Jungfrauen führen das Leben von Engeln und besitzen bereits die Auszeichnungen der Auferstehung.
Kap. 1,8,53   Die Jungfrauen sind von der Welt in den Himmel übergesiedelt, den körperlichen Reizen und den Anlässen zur Sünde enthoben.

9. Die Freiheit der Jungfräulichkeit

Kap. 1,9,54   Die Freiheit von Habsucht und Gefallsucht.
Kap. 1,9,55   Die Wunden und Lasten, die Schmuck verursacht.
Kap. 1,9,56   Die Braut als Ware auf dem Heiratsmarkt.

10. Ermahnung an Eltern, sich der Weihe ihrer Kinder nicht zu widersetzen

Kap. 1,10,57–59 Ambrosius beklagt die Erfolglosigkeit seiner Jungfräulichkeitspredigt und den Widerstand mancher Eltern zuhause, wo er doch anderswo überzeugen kann.
Kap. 1,10,60f Das gemeinschaftliche Leben der Jungfrauen aus Bologna und ihre Suche nach weiteren Jungfrauen.

11. Anleitung, den elterlichen Widerstand zu besiegen

Kap. 1, 11, 62–64 Weder der Widerstand der Eltern noch der Verlust des väterlichen Erbes soll die Jungfrau davon abhalten, sich Gott anzuvertrauen.

Kap. 1, 11, 65 f Das Beispiel eines Mädchens, das sich nicht beirren ließ in seinem Wunsch, den Schleier zu empfangen.

II. Die Beispiele der Jungfräulichkeit — *exempla*

1. Vorwort

Kap. 2, 1, 1 Das zweite Buch: Unterweisung der Jungfrauen.
Kap. 2, 1, 2–4 Ambrosius unterrichtet mehr durch Beispiele als durch Vorschriften, einer Bitte der Jungfrauen nachkommend, im Ton der Schmeichelei.
Kap. 2, 1, 5 Die schriftliche Fassung ist für abwesende Jungfrauen bestimmt.

2. Die Jungfrau und Gottesmutter Maria

Kap. 2, 2, 6–14 Das Leben der Gottesmutter Maria als Vorbild der Jungfräulichkeit.
Kap. 2, 2, 15 In Maria leuchten die Schönheiten der Tugenden hervor.
Kap. 2, 2, 16 f Maria, die Chorführerin der Jungfrauen bei ihrem Zug zum himmlischen Herrn.
Kap. 2, 2, 18 Die Seelen der Jungfrauen sind Altäre Gottes.

3. Die Jungfrau und Märtyrerin Thecla

Kap. 2, 3, 19 Thecla lehrt den Opfertod.
Kap. 2, 3, 20 Selbst Raubtiere verehren die Jungfrau und Märtyrerin.
Kap. 2, 3, 21 Nicht nur Thecla, sondern alle Jungfrauen sind Schülerinnen des Paulus.

4. Die antiochenische Jungfrau, die mit dem Soldaten um die Krone des Martyriums stritt

Kap. 2, 4, 22 Das Keuschheitsgelübde der antiochenischen Jungfrau macht sie zum Opfer des Verrates.
Kap. 2, 4, 23–27 Die Beständigkeit der Jungfrau wird mit Prostitution bestraft.
Kap. 2, 4, 28–31 Die Rettung durch den Soldaten.
Kap. 2, 4, 32 Der Streit um das Martyrium.
Kap. 2, 4, 33 Die Krone des Martyriums für beide.

5. Nichtchristliche Beispiele für Todesmut

Kap. 2,5,34f   Die Pythagoreer Damon und Phintias verdienen nicht so viel Lob wie die antiochenische Jungfrau und der Soldat.

Kap. 3,5,36f   Die Ohnmacht der heidnischen Götter gegenüber den Lästerungen des Dionysius I.

Kap. 2,5,38   Gott bestraft das Götzenopfer Jerobeams, gewährt dem Reumütigen jedoch Verzeihung.

6. Die Brautmetaphorik des Hohenliedes und ihre Anwendung auf die Jungfräulichkeit

Kap. 2,6,39   Ambrosius zeichnet das Bild der Jungfrauen nach deren eigener Tugend und Würde.

Kap. 2,6,40–43 Die Jungfrau ist die Braut des Hld, sie ist Christus in Liebe verbunden.

III. Die Ermahnung zur Jungfräulichkeit — *praecepta*

1. Die Liberiuspredigt bei der Jungfrauenweihe Marcellinas

Kap. 3,1,2–4   Dogmatischer Teil: Christus als Mensch und Gott.

2. Paränetischer Teil: Mäßigung bei Speise und Trank, insbesondere beim Wein

Kap. 3,2,5   Mahnung zur Mäßigung beim Wein. Fasten und Mäßigung beim Essen zügeln die Begierden.

Kap. 3,2,6f   Die heidnischen Götter lassen sich, wie der Hippolyt-Mythos zeigt, von ihren Begierden zum Ehebruch fortreißen.

Kap. 3,2,8   Mahnung zur Mäßigung bei warmen Speisen und Fleischgenuß. Warnung vor Festgelagen und Tänzen.

3. Fortführung des paränetischen Teils: Zurückhaltung und Schweigsamkeit

Kap. 3,3,9   Mahnung zu Zurückhaltung bei Besuchen und Gesprächen. Schweigsamkeit ist ein Zeichen von Schamhaftigkeit.

Kap. 3,3,10   Rebekka und Rahel als Beispiele der Schamhaftigkeit.

Kap. 3,3,11   Die Tugend der Schweigsamkeit beim Gottesdienst.

Kap. 3,3,12–14 Selbst Heiden und unvernünftige Tiere kennen das ehrerbietige Schweigen.

EINLEITUNG   81

4. Fasten und Gebet

Kap. 3,4,15–17   Marcellinas außerordentlich strenges Fasten, das jedoch mit Rücksicht auf Alter und Gesundheit gelegentlich unterbrochen werden sollte.
Kap. 3,4,18–19   Mahnung zu häufigem Gebet, auch des Nachts.
Kap. 3,4,20   Die Betrachtung des Glaubensbekenntnisses als Schutzmittel.

5. Buße und Reue. Schmerz und Glaubensfreude

Kap. 3,5,21   Mahnung zu nächtlichen Bußtränen nach Ps 6,7. Die Deutung des im Psalmvers erwähnten Bettes im Literalsinn oder als Bild für den menschlichen Körper.
Kap. 3,5,22   Der Schmerzensleib des Herrn.
Kap. 3,5,23   Die Wandlung der Schmerzen in Freude durch Leiden und Auferstehung des Herrn.
Kap. 3,5,24   Alle Worte und Taten sollen auf Christus bezogen werden, der uns wie ein Arzt Heilmittel verordnet.
Kap. 3,5,25   Die Jungfrauen sollen sich von Trinkgelagen und Tänzen fernhalten, ihre Freude soll von einem wohlbewußten Geist herrühren.

6. Die Hinrichtung Johannes des Täufers. Seine Mörder als Beispiel für Unmäßigkeit und Luxus

Kap. 3,6,26   Die Umstände der todbringenden Schandtat.
Kap. 3,6,27   Der Tanz der Salome.
Kap. 3,6,28   Der Schwur des Herodes.
Kap. 3,6,29f   Der Mord an Johannes.
Kap. 3,6,31   Mahnung, Festtänze und -gelage zu meiden.

7. Pelagia, Berenice, Prosdoce und Domnina als Beispiele für eine Keuschheit, zu deren Bewahrung sogar der Selbstmord in Kauf genommen wird

Kap. 3,7,32   Das Problem: Selbstmord in der Verfolgung.
Kap. 3,7,33–36   Das Martyrium der Jungfrau Pelagia, ihrer Mutter und ihrer Schwestern.
Kap. 3,7,37   Die Jungfräulichkeit Marcellinas als ererbter Familienbesitz.
Kap. 3,7,38   Das Martyrium der Soteris, der Lehrmeisterin aus der eigenen Familie.

3. Text

Obwohl die Virginitätsschriften des Ambrosius kaum als Einzelwerke, sondern meist als Corpus überliefert worden sind, gibt es bislang nur von zweien, nämlich von *De virginibus* und *De virginitate*, textkritische Editionen. 1933 veröffentlichte O. Faller eine Ausgabe von *De virginibus* in der Reihe *Florilegium patristicum,* wobei er sich auf 14 *Codices* stützte. Darauf aufbauend brachte I. Cazzaniga 1948 eine Edition in der Reihe *Corpus Scriptorum Latinorum Paravianum* heraus und kollationierte dafür lediglich zwei von Faller nicht herangezogene Hss (Z und P), denen er — einer nicht unüblichen Versuchung erliegend — bei seinen textkritischen Entscheidungen häufig ein zu starkes Gewicht beimaß[279]. 1952 edierte Cazzaniga auch den Traktat *De virginitate* in derselben Reihe. Alle fünf Schriften des Ambrosius zu Jungfräulichkeit und Witwenschaft publizierte F. Gori in der zweisprachigen Reihe *Sancti Ambrosii episcopi Mediolanensis opera,* allerdings, dem Konzept der Reihe folgend, ohne textkritischen Apparat; für *De virginibus* und *De virginitate* stützte er sich auf die Editionen von Cazzaniga, wich jedoch in einigen eigens begründeten Fällen von dessen Text ab. Für *De viduis, De institutione virginis* und *Exhortatio virginitatis* kollationierte er einige von den Maurinern nicht berücksichtigte *Codices* und korrigierte danach an einigen Stellen die Texte der *Patrologia Latina*. Die ebenfalls zweisprachige Ausgabe von *De virginibus* durch D. Ramos-Lissón in der Reihe Fuentes patrísticas folgte sowohl beim Text als auch beim Kommentar

---

[279] GORI, *Emendazioni* 88, hält die Edition von CAZZANIGA, auch wenn sie eine größere Anzahl von Hss berücksichtigt, für einen Rückschritt im Vergleich mit jener von FALLER, „perché non altrettanto supportata da un giudizio critico adeguato alle caratteristiche della lingua e dell' esposizione ambrosiana"; ähnlich GORI, *Ambrosius, De institutione virginis* 82. Außerdem ist zu beachten, daß CAZZANIGA bei der Wiedergabe der von FALLER angeführten Lesarten zahlreiche Fehler unterlaufen sind.

weitgehend Gori, beachtete jedoch stärker als dieser den Wortlaut biblischer Zitate. Die angekündigte kritische Edition aller ambrosianischen Jungfräulichkeitsschriften von M. Zelzer im *Corpus Scriptorum Ecclesiasticorum Latinorum* steht noch aus[280].

Der im Folgenden gebotene Text fußt auf der Ausgabe von Cazzaniga, korrigiert den kritischen Apparat jedoch nach Faller und bevorzugt in etlichen Fällen dessen textkritische Entscheidungen. In einigen wenigen zweifelhaften Fällen wurden auch die entsprechenden *Codices* kollationiert, wobei der *Codex Carnutensis* (F) nicht mehr verfügbar ist, da er bei einem Brand im Jahre 1944 zerstört wurde.

Im Anschluß an Faller und Cazzaniga finden die folgenden Textzeugen im textkritischen Apparat Beachtung[281]:

Gruppe k (traditio germanico-italica)

A *Codex Coloniensis ecclesiae cathedralis 38*
Pergament, 170 Bll., 25,5 x 20,0 cm, 10. Jahrhundert
enthält: Ambrosius *exc. Sat., paenit., virg.* (fol. 73ʳ–99ᵛ), *virginit., vid., exhort. virg., inst. virg.*
Köln, Dombibliothek[282]

---

[280] Vgl. ZELZER, *Scritti* 804.808; dieselbe, *Corpus* 512f.
[281] Weitere Hss nennt ZELZER, *Scritti* 809–812; dieselbe, *Corpus* 522f; dieselbe, *Remarques* 23–25. Die Zuordnung und die Benennung der Familien folgen FALLER, *Ambrosius, De virginibus* 12f, bzw. CAZZANIGA, *Ambrosius, De virginibus* XXXII; deren Beschreibungen und Datierungen wurden mit den im Folgenden angeführten Katalogen verglichen, die Seitenangaben nach Mikroverfilmungen korrigiert. Genannt werden auch die Institutionen bzw. Bibliotheken, in denen sich die Hss heute befinden. Die Wahl der Sigel für die Codices folgt CAZZANIGA, macht anders als dieser allerdings Übereinstimmungen von *Codices* (*consensus*) stets durch Kleinbuchstaben deutlich – um eine Verwechslung mit einer einzelnen Hs von vornherein auszuschließen – und benutzt für die Maurinerausgabe *Maur.* statt *m* sowie für die Edition von FALLER *Fall.* statt *f*.
[282] Vgl. GATTMANN, *Handschriftencensus Rheinland* 594f.

H *Codex Herbipolensis M. p. th. f. 26*
früher Kloster St. Stephan Würzburg
Pergament, 203 Bll., 28,5 x 20,0 cm, 11. Jahrhundert
enthält: Ambrosius *exc. Sat., paenit., virg.* (fol. 77^v–107^r), *virginit., vid., exhort. virg., inst. virg.;* Theodoricus *Sancti Benedicti; Translatio Sancti Benedicti*
Würzburg, Universitätsbibliothek[283]

M *Codex Monacensis latinus bibliothecae nationalis 3787*
früher *Ecclesiae cathedralis Augustaneae* (*Augsburg*) 87
Pergament, 2 Bde., 143 Bll., 10. Jahrhundert
enthält: Gregor von Nazianz *opuscula Rufino interprete* (Bd. 1); Ambrosius *virg.* (fol. 94^v–112^r), *virginit., vid.;* Ps.-Ambrosius *Ad corruptam virginem* (Bd. 2)
München, Bayerische Staatsbibliothek[284]

V *Codex Avenionensis 276*
früher *Capituli cathedralis ecclesiae Avenionensis* (*Avignon*)
Pergament, 130 Bll., 31,0 x 20,2 cm, 10. Jahrhundert
enthält unter anderem: Ambrosius *Ioseph, patr. 2, epist., apol. Dav.;* Ps.-Ambrosius *laps. virg.;* Isidor *Differentiae;* Ambrosius *exc. Sat., paenit.;* Ps.-Ambrosius *De episcopis;* Ambrosius *virg.* (fol. 89^v–101^r), *virginit.* (bis: 1,3,13 *integritas sacrificium videntur*); *Vita Sancti Columbani; Vita Sancti Attali; Vita Sancti Eustasii*
Avignon, Bibliothèque municipale[285]

---

[283] Vgl. THURN, *Handschriften* 5f.
[284] Vgl. *Catalogus codicum latinorum Bibliothecae Regiae Monacensis* 136.
[285] Vgl. LABANDE, *Catalogue* 37.

J *Codex Ambrosianus B. 54 Inf.*
früher *Capituli cathedralis ecclesiae Mediolanensis* (*Mailand*)
Pergament, 248 Bll., 55,0 x 35,5 (44,0 x 25,0) cm, 12. Jahrhundert
enthält: Ambrosius *off.* (bis: 3,11,74 *quem ipse vendiderat*), *myst.* (9,55–59), *sacr.* (bis: 6,5,24); Ps.-Ambrosius *Liber pastoralis;* Ambrosius *fid., spir., incarn., virg.* (unter dem Titel *Vitae virginum;* fol. 130^r–140^r), *virginit., vid., exhort. virg., inst. virg.* (bis: 8,52), *epist., obit. Theod.*
von *virg.* fehlt: 2,2,8 *aut disposita* – 2,4,23 *religionis*
Milano, Biblioteca Ambrosiana[286]

S *Codex Stuttgartensis theol. et phil* 40 *217*
früher Zwiefalten perg. 39
Pergament, 168 Bll., 18,4 x 13,0 cm, 12. Jahrhundert
enthält: Ambrosius *myst., sacr., virg.* (fol. 44^v–83^r), *virginit., vid., exhort. virg., inst. virg.* (bis: 8,52 *una tamen clausa describitur*)
Stuttgart, Württembergische Landesbibliothek[287]

F *Codex Carnutensis 191*
früher Abtei Saint-Père (Abbatia S. Petri in Valle)
Pergament, 225 Bll., 32,0 x 23,2 cm, 12. Jahrhundert
enthält: Ambrosius *in Luc.;* Bernhard von Clairvaux *De libero arbitrio et gratia* (Ende fehlt); Ambrosius *off., virg.* (fol. 176^r–223^v), *inst. virg., exhort. virg., patr.* (*initium*)
von *virg.* fehlt: 2,1,1 – 2,1,5; 2,3,19 – 3,7,38
Chartres, Bibliotheques (1944 zerstört)[288]

---

[286] Vgl. FERRARI, „*Recensiones*" 37–39.
[287] Vgl. BORRIES-SCHULTEN, *Die romanischen Handschriften* 45f.
[288] Vgl. *Catalogue général des manuscrits des bibliothèques publiques de France 11* 98f.

Z *Codex Modoetianus bibliothecae Capituli Basilicae S. Ioannis Modoetiae C 1/61*
Pergament, 247 Bll., 29,5 x 19,0 cm, 9.–10. Jahrhundert (Restaurierungen und fol. 121ʳ–122ᵛ. 181ʳ–218ᵛ 15. Jh.)
enthält: Ambrosius *hex., parad., Cain et Ab.;* Ps.-Ambrosius *De diversis vitiis, Liber de universis naturis animalium, De adamante;* Ambrosius *virg.* (fol. 219ʳ–239ʳ); Isidor *Doctrina*
von *virg.* fehlt: 1,1,1 – 1,7,36 *primum enim quod nupturae*
Monza, Biblioteca del Capitolo di S. Giovanni Battista[289]

P *Codex Mantuanus 45*
früher *Codex Polironianus (Monasterium S. Benedicti Padolirone) A. II. 14,*
Pergament, 92 Bll., 20,5 x 14,1 cm, 12. Jahrhundert
enthält: Ambrosius *virg.* (fol. 1ʳ–22ᵛ), *virginit., vid.; Vita Sancti Isidori;* Ambrosius *exhort. virg., inst. virg.* (bis: 8,52), *Hel.; Vita beati abbatis Nathanaelis; Vita abbatis Pachomii*
Mantova, Biblioteca comunale[290]

b consensus codicum ZP
d consensus codicum VJS

Gruppe h (traditio gallico-britannica)

R *Codex Remensis 355*
früher *Hincmari archiepiscopi, qui dedit „Sanctae Maria, Remensis"*
Pergament, 139 Bll., 25,6 x 22,4 cm, 11. Jahrhundert
enthält: Ambrosius *myst., sacr., parad., virg.* 1–2 (fol. 63ʳ–81ʳ), *fid.;* Ps.-Augustinus *De fide symboli ad Laurentium papam* [= Rufinus *symb.*]; Ps.-Victor von Tunnuna *De paenitentia*

---

[289] Vgl. BELLONI/FERRARI, *Biblioteca* 42–44.
[290] Vgl. CORRADINI/GOLINELLI/ZANICHELLI, *Catalogo* 27f.

von *virgb.* fehlt Buch 3
Reims, Bibliothèque municipale[291]

C *Codex Cantabrigiensis Collegii Sanctae individuae Trinitatis B. 14.30*
früher *Willmeri*
Pergament, 19,7 x 13,7 cm, 131 Bll., 12. Jahrhundert
enthält unter anderem: Ps.-Augustinus = Fulgentius von Ruspe *De purificatione sanctae Mariae;* verschiedene Marienpredigten; Ambrosius *Epistula de beate Marie vita sive moribus antequam ab angelo salutaretur* (= *virg.* 2,2,6–12; fol. 33ʳ–34ᵛ); Hieronymus *Epistula ad Paulam et Eustochium;* verschiedene Lesarten der Marienvita; Ambrosius *virg.* (fol. 58ʳ–79ʳ), *vid.*, *virginit., exhort. virg;* Ps.-Ambrosius *laps. virg.*
Cambridge, Trinity College[292]

T *Codex Cantabrigiensis Aulae S. Trinitatis in Academia Cantabrigiensis 26*
Pergament, 24,8 x 17,1 cm, 11.–12. Jahrhundert
enthält unter anderem: Ambrosius *virg.* (fol. 2ʳ–10ᵛ), *vid.* (ab: 9,55 *pro nobis*), *virginit., exhort. virg.;* Ps.-Ambrosius *laps. virg.;* Isidor *De corpore et sanguine domini*
von *virg.* fehlt alles ab 2,1,3 (außer: 3,2,16 *ut fetibus arva requiescant* – 3,6,25 *comes*[*sationibus*])
Cambridge, Trinity Hall[293]

E *Codex Parisinus latinus bibliothecae nationalis 1748*
früher *Colbertinus 1047*
Pergament, 193 Bll., 33,0 x 24,5 cm, 12. Jahrhundert
enthält: Ambrosius *fid., spir., incarn., virg.* (unter dem Titel *De virginitate;* fol. 60ᵛ–68ᵛ), *vid., virginit., exhort. virg.;*

---

[291] Vgl. *Catalogue général des manuscrits des bibliothèques publiques de France 38* 486f.
[292] Vgl. JAMES, *The Western manuscripts* 427f.
[293] Vgl. JAMES, *The Western manuscripts* 42.

88   EINLEITUNG

Ps.-Ambrosius *laps. virg.;* Ambrosius *obit. Theod., epist., Nab., in Luc.* (bis: 10,82 *hoc idem et in*)
von *virg.* wurde nur das 1. Buch (fol. 60^v–63^v) durch K. Schenkl kollationiert
Paris, Bibliothèque nationale[294]

O *Codex Trecensis 874*
früher *Claraevallensis (Clairvaux) F 47*
Pergament, 148 Bll., 30,5 x 21,5 cm, 12. Jahrhundert
enthält: Ambrosius *hex., Cain et Ab., virg.* (unter dem Titel *De virginitate;* fol. 95^r–109^r), *vid., virginit.* (unter dem Titel *De virginibus), exhort. virg., inst. virg.* (bis: 8,52 *una tamen clausa describitur*)
Troyes, Bibliothèque municipale[295]

U *Codex Turonensis latinus 268*
früher *Maioris Monasterii Congregationis S. Mauri*
Pergament, 105 Bll., 26,0 x 19,0 cm, 11.–13. Jahrhundert
enthält: Ambrosius *virg.* (unter dem Titel De *virginitate;* fol. 1^r–34^r), *vid., virginit.* (unter dem Titel *De virginibus*; explicit *liber quartus de virginitate*), *exhort. virg., inst. virg.* (bis: 3,24 *illud impletum esse*)
Tours, Bibliothèque municipale[296]

k consensus codicum CTE
x consensus codicum OU
a consensus classium kx (CTEOU) (Faller: Π)

---

[294] Vgl. LAUER, *Bibliothèque nationale* 153.
[295] Vgl. *Catalogue général des manuscrits des bibliothèques publiques de France* 2 361.
[296] Vgl. *Catalogue général des manuscrits des bibliothèques publiques de France* 37 196.

Nur gelegentlich wurden von den Editoren folgende Zeugen herangezogen

Paris 1751 (Faller: P)
Codex Parisinus latinus bibliothecae nationalis 1751
früher *Joannis Gordonii Scoti*
Pergament, 89 Bll., 31,5 x 22,0 cm, 11. Jahrhundert
enthält: Ambrosius *virg.* (unter dem Titel *De virginitate;* fol. 1ʳ–19ʳ), *vid., virginit., exhort. virg.;* Ps.-Ambrosius *laps. virg.;* Ambrosius *myst., sacr.*
Paris, Bibliothèque nationale[297]

Y *Codex Ambrosianus I 51 sup.*
früher *Arcimboldianus*
Pergament, 151 Bll., 25 x 17 cm, Ende 15. Jahrhundert
enthält unter anderem: Hieronymus *vir. ill.;* Gennadius Massiliensis *De viris illustribus;* Isidor *De viris illustribus;* Ambrosius *Hel., virg., vid.;* Ps.-Ambrosius *laps. virg., Passio S. Vitalis et Agricolae*
Milano, Biblioteca Ambrosiana[298]

Editionen[299]

Maur.	*Editio Maurinorum* (1880).
Fall.	Faller (1933).
Cazz.	Cazzaniga (1948).
Gori	Gori (1989).

4. Hinweise zur Übersetzung und zum Kommentar

Die vorliegende Übersetzung ist bestrebt, sowohl ein flüssiges Deutsch zu bieten, als auch die Textstruktur des Ambrosius möglichst getreu wiederzugeben — was bisweilen auch sprachliche Härten mit sich bringt. Es wird also ein

---

[297] Vgl. LAUER, *Bibliothèque nationale* 156.
[298] Vgl. CERUTI, *Inventario* 688f.
[299] Zu den bibliographischen Angaben für diese Editionen vgl. die Bibliographie, unten 357–359.

Mittelweg zwischen Ziel- und Ausgangssprachenorientierung eingeschlagen, der einerseits die Übersetzung lesbar macht, es andererseits aber auch des Lateinischen unkundigen Lesern erlaubt, einen Eindruck von den Formulierungen des Ambrosius zu gewinnen. Dem dient auch das Bemühen um eine weitgehend konkordante Übersetzung, in der gleiche Begriffe auch gleich übersetzt werden. Natürlich läßt sich dieses Prinzip nicht immer durchhalten, da der Kontext bisweilen unterschiedliche Wiedergaben desselben Wortes verlangt.

Ein breiter Graben trennt den heutigen Leser vom Werk des Ambrosius — und das nicht nur in zeitlicher und sprachlicher Hinsicht. Manche seiner Äußerungen wirken weit hergeholt und langatmig, manche Ansichten skurril und schwer erträglich, mitunter auch einfach nur ärgerlich. Die Begeisterung zeitgenössischer Autoren scheint jedenfalls nicht mehr recht nachvollziehbar[300]. Deshalb ist es die Aufgabe eines Kommentars, die Schrift verständlicher zu machen, historische und literarische Rahmenbedingungen zu erhellen, Abhängigkeiten und Eigenständigkeiten aufzuzeigen[301]. Der er-

---

[300] GORI, *Ambrosius, De virginibus* 65, verweist für die altkirchliche Wertschätzung auf HIERONYMUS, *epist.* 22,22 (CSEL 54,174f): *si tibi placet scire, quot molestiis virgo libera, quot uxor adstricta sit, lege ... Ambrosii nostri quae nuper ad sororem scripsit opuscula;* 49,14 (CSEL 54,375f); AUGUSTINUS, *doctr. christ.* 4,129f (CSEL 80,157f) — mit Zitat von *virg.* 2,2,7f, als Beispiel eines *genus dicendi temperatum et ornatum* —; 4,132 (CSEL 80,159) mit Zitat von *virg.* 1,6,28 als *exemplum dictionis grandis* (vgl. CSEL 80,158); JOHANNES CASSIAN, *c. Nest.* 7,25 (CSEL 17,383), mit Zitat von *virg.* 1,8,46; Ambrosius wird bezeichnet als *eximius dei sacerdos, qui a manu domini non recedens in dei semper digito quasi gemma ritulavit* [CSEL 17,383]); vgl. auch ZELZER, *Scritti* 802; dieselbe, *Corpus* 520–522.

[301] ZELZER, *Chronologie* 75f, stellt zutreffend heraus: „Aus der zu geringen Beachtung der speziellen geschichtlichen und kulturellen Situation des Mailänder Bischofs und der unpassenden Anwendung moderner literarischer Kriterien auf die Antike, etwa der modernen Vorstellung von Originalität, ergaben sich, wie uns immer deutlicher wird, die Vorwürfe, die ihm vor allem in der ersten Hälfte des zwanzigsten Jahrhunderts, aber auch noch bis in unsere Tage gemacht werden"; vgl. auch ZELZER, *Praeceptor* 370.

wähnte Graben mag damit an einigen Stellen überbrückt werden, gänzlich eingeebnet werden kann er wohl nicht. Das Anstößige und Unverständliche ist der Propaganda des Jungfräulichkeitsideals wohl von vornherein inhärent. So ergeht es dem heutigen Leser nicht viel anders als den kritischen Zeitgenossen, gegen die Ambrosius selbst sich schon verteidigen zu müssen glaubt. Vor jeder Interpretation ist es für das Verständnis der Schrift jedoch unabdingbar, zunächst den Text selbst zu bieten. Für den Kommentar heißt das, auf Abweichungen der Editionen hinzuweisen und diskutable Alternativübersetzungen anzuführen.

Die Schrift *De virginibus* ist bis in unsere Tage hinein eine der meistrezipierten Schriften des Ambrosius und es verwundert nicht, daß zahlreiche Kommentatoren sich ihr zugewandt haben[302]. Ein neuer Kommentar wird nicht darauf verzichten können, sich mit den bisherigen Äußerungen der Wissenschaft auseinanderzusetzen, auch wenn die Aufarbeitung der Forschungsgeschichte mitunter einen breiteren Raum einnimmt als es sachlich, das heißt von der Schrift selbst her, naheliegen würde. Die vorneuzeitliche Rezeptionsgeschichte der Schrift und die nachambrosianische Behandlung der in ihr begegnenden Themen und Überzeugungen wurde jedoch weitgehend ausgeklammert. So erklärt sich auch, daß die griechischen Vorläufer des Ambrosius stärkere Beachtung finden als zeitgleiche oder spätere Äußerungen lateinischer Theologen — wie etwa die Bestrebungen zur Förderung des Jungfräulichkeitsideals durch Hieronymus und die für das Mönchtum des Westens wegweisenden Schriften des Johannes Cassian.

---

[302] Eigens hervorgehoben seien die Arbeiten von M. WANDL — eine von M. ZELZER betreute Diplomarbeit —, F. GORI und D. RAMOS-LISSÓN.

Abkürzungen im kritischen Apparat

a. c.	ante correctionem (e.g. m2 = manus alterius)
add.	addidit, additum
alt.	alter, alterum
app.	apparatus
a. r.	ante rasuram
c.	capitulum
ca.	circa
cet.	ceteri codices manu scripti
cf.	confer
codd.	codices manu scripti
corr.	correxit, correctum, correctio
del.	delevit, deletio
def.	deficit, defectus
defend.	defendit, defenderunt
dist.	distinxit, distinctio
ed., edd.	editio, editiones
e. g.	exempli gratia
eras.	erasit, erasum
etc.	et cetera
exp.	expunxit, expunctum
f.	folium
inf.	inferus, infra
interp.	interpunxit, interpunctum
i. r.	in rasura
i. t.	in textu
l.	linea
lac. stat.	lacunam statuit
l. c.	loco citato
litt.	littera, litterae
m, m1, m2	manus, manus prima, secunda etc.
mg.	in margine
om.	omisit
p.	pagina
p. c.	post correctionem
p. r.	post rasuram
pr.	prius vocabulum, vel prior littera
ras.	rasura
rec.	recens, recentior
rel.	reliquit
s.	supra
saec.	saeculum, saeculi, saeculo

secl.	seclusit
s. l.	supra lineam
spat. vac.	spatium vacuum
suppl.	supplevit
tert.	tertius, tertia, tertium
tr.	transposuit
typ.	typographicus
v.	versus
✼	una littera erasa

TEXT UND ÜBERSETZUNG

De virginibus

Liber Primus

1.1 Si iuxta caelestis sententiam veritatis verbi totius quodcumque otiosum fuerimus locuti habemus praestare rationem, vel si unusquisque servus credita sibi talenta gratiae spiritalis, quae nummulariis dividenda forent, ut crescentibus multiplicarentur usuris, intra terram suam vel quasi timidus fenerator vel quasi avarus possessor absconderit, non mediocrem domino revertente offensam incidet, iure nobis verendum est, quibus licet ingenium tenue, necessitas tamen maxima eloquia dei credita populi fenerare mentibus, ne vocis quoque nostrae poscatur usura, praesertim cum studium a nobis dominus, non profectum requirat, unde scribendi aliquid sententia fuit, maiore siquidem pudoris peri-

def. Z
Inscriptio: Incipit liber I Ambro[sii] De virginibus *A;* Incipit De virginibus beati Ambrosii liber I ad Marcellinam sororem suam *H;* Incipit liber primus beati Ambrosii De virginibus *M; (prima verba in margine desecta)* ... brosii Mediolanensis episcopi De virginibus liber primos *V;* Incipit vitae virginum liber sancti Ambrosii Mediolanensis episcopi *J (sed in capite foliorum manu antiqua saec. XII.* De virginibus); Incipit sancti Ambrosii De virginibus *S;* Incipit liber sancti Ambrosii episcopi de sancta virginitate ad venerabilem Marcellianam sororem suam *F;* Incipit lib virginum sci Ambrosii Mediolanensis epi *P;* In nomine sanctae trinitatis incipit liber sancti Ambrosii episcopi De virginibus primus *R;* Incipit liber I beati Ambrosii episcopi De virginitate *CE;* Incipit liber I beati Ambrosii De virginitate *T, Paris1751;* Explicit liber santi Ambrosii de Cayn et Abel. Incipit eiusdem liber I de virginitate *O;* Liber primus beati Ambrosii De virginitate *U;* Incipit liber primum sci. Ambrosii Mediolanē epi *Y*
4 praestare] praesentare *RkU* ‖ 5 *post* servus *add.* qui *Paris1751, Schenkl app. Fall., ante* servus *traiecit Fall.* ‖ 12 poscat usuram *P* ‖ 13–14 unde ... fuit *s.l. T1* ‖ 14 sententiae *MR* | siquidem] quidem *AF*

ÜBER DIE JUNGFRAUEN

ERSTES BUCH

1.1 Wenn wir nach dem Spruch der himmlischen Wahrheit über jedes Wort, das wir nutzlos gesprochen haben, Rechenschaft ablegen müssen (vgl. Mt 12,36), oder wenn jeder Knecht, der die ihm anvertrauten Talente der geistlichen Gnade, die zur Bank gebracht werden müßten, damit sie durch Zinszuwachs vermehrt werden, in seiner Erde vergräbt — wie ein furchtsamer Geldverleiher oder wie ein geiziger Besitzer —, bei der Rückkehr des Herrn in nicht geringe Ungunst fällt (vgl. Mt 25,24–30), müssen wir, die wir trotz noch so geringer Begabung[1] die besondere Pflicht haben[2], die uns anvertrauten Gottesworte den Herzen des Volkes fruchtbar zu machen[3], zu Recht besorgt sein, daß auch von unserem Wort Zinsen verlangt werden, zumal der Herr von uns Eifer fordert und nicht den Erfolg. Daher entstand der Entschluß zu einer schriftlichen Abhandlung. Die Gefahr, in Scham zu geraten, ist freilich größer, wenn unse-

---

[1] Mehrfach betont Ambrosius zu Beginn seiner Abhandlung die eigene Unzulänglichkeit. Vgl. *virg.* 1,1,2, unten 98f; 1,1,4, unten 102f — hier vielleicht mit einer Anspielung auf seine Stimmschwäche; siehe *virg.* 1,1,1, unten 98 Anm. 4; ferner 2,1,1–2, unten 210f; vgl. auch *off.* 1,1,4 (CCL 15,2).
[2] Vgl. *off.* 1,1,2: *cum iam effugere non possimus officium docendi quod nobis refugientibus imposuit sacerdotii necessitudo* (CCL 15,1).
[3] Das Verb *fenerare,* ein dem finanziellen Handeln zugehöriger Ausdruck, wird hier auf die Verkündigung des Gotteswortes übertragen. Ausführlich verwendet Ambrosius pekuniäre Begriffe und Handlungen im geistlichen Sinn in *Tob.* 16,55–20,77 (CSEL 32/2,551–565); *fid.* 5,7–15 (CSEL 78,218–222); *in Luc.* 6,24–26 (CCL 14,182f), sowie 8,92f (CCL 14,332); vgl. auch *virg.* 1,11,64, unten 204f.

culo auditur vox nostra quam legitur; liber enim non erubescit.

2. Et quidem ingenio diffisus, sed divinae misericordiae provocatus exemplis sermonem meditari audeo: nam volente deo etiam asina locuta est. Quod si mihi sub istius saeculi 5 oneribus constituto adsistat angelus, ego quoque muta diu ora laxabo; potest enim solvere impedimenta imperitiae, qui in illa asina solvit naturae. In arca veteris testamenti virga floruit sacerdotis: facile est deo, ut in sancta ecclesia de nostris quoque nodis flos germinet. Cur autem desperan- 10 dum quod dominus loquatur in hominibus, qui est locutus in sentibus? Deus nec rubum est dedignatus. Atque utinam meas quoque illuminet spinas! Erunt fortasse qui etiam in

---

def. Z
1 vox nostra auditur *R* || 3 et quidem] equidem *AHMJSRT* || 7 imperitiae *add.* nostrae linguae *s.l.* P2 || 8 asina *add.* vis P2 || 9 deo est *P,* est *om. ACTx, Maur.* | ut] et *F* || 10 nodis] modis *M, V a.c.,* nobis *AH,* nucleis *R2CEx,* vel nodis *s.* nucleis *T* || 11 loquebatur *A* || 12 sensibus *F* | deus *add.* autem *C2* || 13 quoque *om. P* | fortassis *C, Maur.*

---

⁴ Möglicherweise spielt Ambrosius hier auf eine Schwäche seiner Stimme an. FALLER 18, verweist zur Stützung dieser Annahme auf AUGUSTINUS, *conf.* 6,3,3 (CCL 27,75f), wo davon die Rede ist, daß Ambrosius schweigend las, um seine Stimme zu schonen, *quae illi facillime obtundebatur;* ferner auf *virg.* 1,1,4, oben 102f; *apol. Dav. II* 5,28 (CSEL 32/2,376) und *sacr.* 1,6,24 (CSEL 73,25). Vgl. auch GRYSON, *Prêtre* 116. Demgegenüber wendet GORI, *Ambrosius, De virginibus* 101 Anm. 7, ein, der Kontext rechtfertige eine solche Interpretation kaum, denn hier sei keine physische Einschränkung gemeint, sondern die psychologische Schwierigkeit, ein Thema ohne angemessene Vorbereitung mündlich zu behandeln. Davon allerdings sagt Ambrosius (auch) nichts.
⁵ Diese sprichwörtliche lateinische Redensart (vgl. OTTO, *Sprichwörter* 125) begegnet bei CICERO, *fam.* 5,12,1 (143 SHACKLETON BAILEY); *hist. Apoll.* B 20 (58 SCHMELING).
⁶ Der Vergleich mit dem Eselin des BILEAM (Num 22,22–35) bezieht sich in erster Linie auf die Öffnung des seit langem stummen Mundes, aber auch auf das Tragen von Lasten. Vgl. auch *epist.* 28(50),4/7 (CSEL 82/1,188–190); *in Luc.* 5,52 (CCL 14,153–554); 9,14 (CCL 14,336f). In den drei Jahren nach seiner Bischofsweihe widmete sich Ambrosius dem

re Stimme gehört⁴, als wenn sie gelesen wird; ein Buch nämlich errötet nicht⁵.

2. Zwar mißtraue ich meinen Fähigkeiten, aber durch Beispiele der göttlichen Barmherzigkeit herausgefordert, wage ich es, eine Rede in Angriff zu nehmen: denn sogar eine Eselin hat geredet, weil Gott es wollte (vgl. Num 22,28–30). Wenn mir nun aber, der ich den Lasten dieser Welt ausgesetzt bin, ein Engel beisteht (vgl. Num 22,22–35), werde auch ich den seit langem stummen Mund öffnen⁶. Er, der bei der Eselin die Hindernisse der Natur aufhob, kann auch jene der Unerfahrenheit aufheben. In der Lade des Alten Testamentes blühte der Stab des Priesters (vgl. Num 17,7f Vg.; Hebr 9,4); es ist ein Leichtes für Gott, daß in der heiligen Kirche auch aus unseren „Knoten" eine Blüte sprießt⁷. Warum die Hoffnung aufgeben, daß der Herr in Menschen rede, der im Dornbusch geredet hat (vgl. Ex 3,2–6)⁸? Gott hielt nicht einmal einen Strauch für unwürdig. Ach, wenn er doch auch meine Dornen erhellte! Vielleicht wird es einige

---

theologischen Studium, bevor er *De virginibus* veröffentlichte. Allerdings hatte er als Bischof zuvor zahlreiche Predigten gehalten, die später Eingang in sein literarisches Werk fanden (warum GORI, *Ambrosius, De virginibus* 103 Anm. 10, neben *virg.* nur *off.* nennt, ist unklar, vielleicht meint er die Ausführungen über den Wert des Schweigens im Einleitungskapitel von *off.* (1,2,5 – 1,6,22 [CCL 15,1–8]) — vgl. DASSMANN, *Frömmigkeit* 107; MCLYNN, *Ambrose* 53f, besonders 54 Anm. 3). Der Ausdruck *muta diu ora laxabo* ist also nicht wörtlich zu verstehen, bezieht sich vielmehr auf seine schriftstellerische Tätigkeit. Zur Thematik von Reden und Schweigen im Werk des Ambrosius vgl. PELLEGRINO, *Mutus*.

⁷ Das aus der Natur übernommene Bild von der Knospe bzw. Blüte, die aus dem „Knoten" (*nodus*) der Pflanze sprießt, begegnet auch in *hex.* 3,8,33 (CSEL 32/1,81).

⁸ Als Urheber seiner Verkündigung, deren Beheimatung in der Kirche eigens betont wird, stellt Ambrosius Gott selbst heraus. Er hebt die Hindernisse der Natur auf — wie schon bei der Eselin des BILEAM (Num 22,23–30), beim blühenden Stab AARONS (Num 17,23; Num 17,8 Vg.) und beim brennenden Dornbusch (Ex 3,2–6). Der Herr, so die Hoffnung des Ambrosius, redet in Menschen.

nostris sentibus aliquem mirentur lucere fulgorem, erunt
quos spina nostra non urat, erunt quibus de rubo audita vox
nostra solvat de pedibus calciamentum, ut impedimentis
corporalibus exuatur mentis incessus. Sed haec sanctorum
merita virorum.   5
3. Utinam me sub illa infructuosa adhuc ficu iacentem ex
aliqua Iesus parte respiceret! Ferret post triennium fructus
et nostra ficus. Sed unde tantum peccatoribus spei? Utinam
saltem ille evangelicus dominicae cultor vineae ficum nostram fortasse iam iussus excidere remittat illam et hoc   10
anno, usque dum fodiat et mittat cofinum stercoris, ne forte
de terra suscitet inopem et de stercore erigat pauperem!

def. Z
1 mirentur lucere] mereantur ducere *CU,* mirentur luce *M* | fulgore (m *eras.) A* | erunt *pr. om. TEU* || 2 quos] quo *CT* | nostra *om. P* | urat] uret *R,* uratur *Paris1751* || 3 calceamentum *Maur.* || 6 ficu] vicu *H* || 7 respiciat *F* | ferret *add.* quoque *Cx, Maur.* || 8 nostram *P* || 9 saltim *AJR, Fall.* || 10 excidere] abscidere *MdP,* (re *s.l.) R* || 11 ne] si *(corr. ex* ne) *C*

[9] Zur Deutung des brennenden Dornbusches (Ex 3,2–4) vgl. *epist. extra coll.* 14(63),42 (CSEL 82/3,257); *hex.* 4,3,9f (CSEL 32/1,116f); *in psalm.* 36,47 (CSEL 64,107); 38,15 (CSEL 64,195); 43,15 (CSEL 64,273); *in psalm. 118* 8,17 (CSEL 62,160); 8,27 (CSEL 62,166); 18,20 (CSEL 62,407); *Isaac* 8,77 (CSEL 32/1,695); *off.* 1,26,123 (CCL 15,44); *patr.* 11,54 (CSEL 32/2,155); *spir.* 1,14,145 (CSEL 79,76f). Besonders prägnant begegnet die dort mehrfach dargelegte christologische Interpretation der Dornbusch-Szene in *in Luc.* 7,132 (CCL 14,259).
[10] Zu der in Ex 3,5 an MOSE ergehenden göttlichen Aufforderung, die Schuhe auszuziehen vgl. *epist.* 6(28),1 (CSEL 82/1,39); *epist. extra coll.* 14(63),41 (CSEL 82/3,256f); *exc. Sat.* 2,95 (CSEL 73,301); *in Luc.* 3,34 (CCL 14,94); 7,57 (CCL 14,232); 9,31 (CCL 14,342); *in psalm 118* 8,20 (CSEL 62,162); 17,16 (CSEL 62,385); 17,17 (CSEL 62,386); *fid.* 3,10,71 (CSEL 78,134f); *fug. saec.* 5,25 (CSEL 32/2,184); 7,43 (CSEL 32/2,198); *Isaac* 4,16 (CSEL 32/1,653); *obit. Valent.* 67 (CSEL 73,361); *paen.* 2,11,107 (CSEL 73,206); *patr.* 4,22 (CSEL 32/2,136); 11,54 (CSEL 32/2,155). Die Auslegung, daß MOSE sich mit dem Ablegen der Schuhe irdischer Bindungen entledigt und dadurch geistlich foranschreiten kann, begegnet zugespitzt in *in Luc.* 2,81 (CCL 14,66).
[11] Dieser etwas unmotiviert wirkende Zusatz überrascht durch die nicht eindeutige Verwendung des Begriffes *merita.* Es sind auf seiten der

DE VIRGINIBUS 1,1,2–3   101

geben, die staunen, daß auch in unserem Dornbusch ein Glanz aufstrahlt (vgl. Ex 3,2)[9]; einige, die unser Dorn nicht schmerzt; einige, denen unsere aus dem Strauch vernommene Stimme die Schuhe von den Füßen löst (vgl. Ex 3,5)[10], auf daß der Gang ihres Geistes von den Hindernissen des Fleisches befreit werde. Aber dies (sind) Verdienste heiliger Männer[11].

3. Wenn doch Jesus mich, der ich noch unter dem unfruchtbaren Feigenbaum liege, in irgendeiner Weise anblickte (vgl. Joh 1,48)! Auch unser Feigenbaum trüge nach drei Jahren Früchte (vgl. Lk 13,7)[12]. Doch woher (kommt) so viel Hoffnung für Sünder? Wenn doch wenigstens jener Bauer des Weinbergs des Herrn im Evangelium, der vielleicht schon den Auftrag erhalten hat, unseren Feigenbaum umzuhauen, auch dieses Jahr (noch) von ihm abließe, so lange bis er (die Erde) umgrübe und einen Korb Dünger aufbrächte (vgl. Lk 13,6–9), damit er nicht vielleicht den Schwachen von der Erde aufrichtete und den Armen aus dem Mist emporhöbe (vgl. Ps 113,7; Ps 112,7 LXX)[13]! Selig,

---

Adressaten sowohl eine aktiv zu verwirklichende Haltung (*mirentur*) als auch eine dem menschlichen Willen nicht unterworfene Reaktion (*non urat*) als auch ein passiv hinzunehmender Vorgang (*solvat calciamentum*) angesprochen, wobei die Passivität beim Ausziehen der Schuhe — die Stimme des Ambrosius (bzw. der durch ihn redenden Gott) ist Subjekt dieser Handlung — nur auf sprachlicher Ebene besteht. Die *merita* der heiligen Männer sind also weder eindeutig diesen selbst, noch ausschließlich Gott zuzuschreiben. Weshalb Ambrosius diesen Gedanken vorträgt, muß offenbleiben; vielleicht wollte er durch die Betonung der Heiligkeit der Menschen, bei denen seine Rede Früchte bringt, seine eigene Unzulänglichkeit nochmals unterstreichen.

[12] Unter Anspielung auf das Gleichnis vom unfruchtbaren Feigenbaum (Lk 13,6–9) gibt Ambrosius einen Hinweis auf die Abfassung der Schrift *De virginibus* im dritten Jahr seiner Tätigkeit als Bischof, das heißt im Jahre 377. Vgl. auch *virg.* 2,6,39, unten 264f. Zur Datierung ausführlich Einleitung, oben 71–75.

[13] FALLER, *Ambrosius, De virginibus* 19, sieht in *ne* eine Fragepartikel wie *an* oder *num*. Die Übersetzung kann dann lauten: „Könnte er nicht vielleicht den Schwachen von der Erde aufrichten und den Armen aus dem Mist emporheben?" Zur Verwendung und Bedeutung von *ne forte* vgl. *virg.* 1,4,17, unten 128f.

Beati qui sub vite et olea equos suos alligant laborum cursus
suorum paci et laetitiae consecrantes: me ficus adhuc, id est
illecebrosa deliciarum obumbrat prurigo mundi, humilis ad
altidudinem, fragilis ad laborem, mollis ad usum, sterilis ad
fructum.   5
4. Ac fortasse miretur aliquis, cur scribere audeo, qui loqui non queo. Et tamen si repetamus quae legimus in evan-
gelicis scriptis et sacerdotalibus factis ac nobis sanctus Za-

---

def. Z
1 laborum cursus *dFa, Maur., Cazz.*, laborum cursum *P*, laborem cursuum
cet., s.l. T p.c., Fall., laborum cursum *Beda in Gen. 1,3,7 (CCL 118A Jones
62, 1992), Gori* ‖ 2 paci] luci *Cx, Maur.* ‖ 6 ac] at *Castiglioni app. Cazz.,
Gori, Begomensis Δ 3,14 app. Gori* ‖ 7 nequeo *R, Maur.*, non queam
A ‖ 8 scripturis *MJSFE, Maur.* | ac] hic *R*

---

[14] Text nach CAZZANIGA 3,4; anders FALLER 19,16: *laborem cursuum*
und, unter Berufung auf BEDA VENERABILIS, *In principium Genesis* 1,3,7
(CCL 118A,62); GORI, *Ambrosius, De virginibus* 104; 105 Anm. 18:
laborum cursum (so auch RAMOS-LISSÓN, *Ambrosius, De virginibus* 56;
57 Anm. 14, vgl. dazu auch GORI, *Emendazioni* 81), eine Lesart, die
CAZZANIGA 3 Apparat, als möglicherweise richtig ansieht.
[15] Chiliastisch wird hier dem Weinstock (*sub vite*) die Freude (*laetitiae*)
und dem Olivenbaum (*sub olea*) der Friede (*paci*) zugeordnet. GORI,
Emendazioni 81, macht darauf aufmerksam, daß mit den Pferden die Leidenschaften gemeint sind, deren ungezügelter Lauf dem Menschen Schaden zufügt.
[16] Die patristische Exegese sah nach GORI, *Ambrosius, De virginibus*
105 Anm. 17 (mit Bezug auf COURCELLE, *Recherches sur les Confessions*
193 Anm. 2, und derselbe, *Confessions* 192 Anm. 5, wo allerdings jeweils
neben einigen Stellen aus dem Werk des Ambrosius nur Bemerkungen
AUGUSTINS zu Joh 1, 47–50 aufgeführt werden), im Feigenbaum aus Lk
13, 6–9 üblicherweise ein Sinnbild der Sünde. Jedoch ist neben dieser
Deutung, die sich auf die sündige Menschennatur bezieht, auch die Interpretation weit verbreitet, mit dem unfruchtbaren Baum sei das Juden-

DE VIRGINIBUS 1,1,3–4   103

die unter Weinstock und Olivenbaum ihre Pferde anbinden (vgl. Gen 49, 11), den Lauf ihrer Mühen[14] dem Frieden und der Freude weihend[15]. Mich umschattet noch der Feigenbaum, das heißt die verführerische Geilheit der Genüsse der Welt[16], (zu) niedrig zur Höhe, (zu) zerbrechlich zur Arbeit, (zu) weich zum Gebrauch, (zu) unfruchtbar zum Ertrag[17].

4. Vielleicht könnte sich jemand wundern, warum ich es wage, zu schreiben, der ich nicht imstande bin zu sprechen[18]. Und doch, wenn wir uns erinnerten, was wir in den Schriften des Evangeliums und den Taten der (alttestamentlichen) Priester lesen, und (wenn) der heilige Prophet Za-

---

tum gemeint; vgl. REICHMANN, *Feige* 671–674 (mit zahlreichen Belegen). Auch für Ambrosius äußert sich in der Unfruchtbarkeit des Feigenbaumes die Verstocktheit der Synagoge, wie er vor allem in seiner Auslegung des Gleichnisses *in Luc.* 7, 160–172 (CCL 14, 269) ausführt. Vgl. ferner *in Luc.* 1, 36 (CCL 14, 24); 2, 76 (CCL 14, 63 f); 7, 175 (CCL 14, 275); 10, 45 (CCL 14, 358); *in psalm 118* (CSEL 63, 121); *Iac.* 1, 1, 2 (CSEL 32/2, 4); *Isaac* 4, 36 (CSEL 32/1, 663); *paen.* 2, 1, 2 f (CSEL 78, 164); *parad.* 13, 67 (CSEL 32/1, 325); *vid.* 3, 14 (258 GORI). Positiv fallen die Kommentare des Ambrosius zum Feigenbaum in Joh 1, 48–50 aus: *epist.* 22(35), 10 (CSEL 82/1, 94 f); *in Luc.* 8, 90 (CCL 14, 331); *in psalm 118* 3, 19 (CSEL 62, 50 f).

[17] Die Unzulänglichkeit des Ambrosius und die Gefahr der Verführung durch weltliche Genüsse (beides durch den Feigenbaum versinnbildet) soll durch den Anblick Jesu, durch seine Sorge und Pflege (wie der *cultor* des Weinbergs sie dem Feigenbaum erweist) überwunden werden.

[18] Möglicherweise ein Hinweis auf eine Stimmschwäche des Ambrosius; siehe *virg.* 1, 1, 2, oben 96–99, besonders 98 Anm. 4. Für WANDL, *Studien* 68, meint Ambrosius hier „ein besonderes Sprechen, eines, welches beim Leser auch ein höheres Verstehen bewirken will. Er ist ja auch nicht eigentlich ‚stumm': Wie die Worte des Zacharias, die dieser sprach, nachdem er die Redegabe wiedererlangt hatte, prophetische Worte waren ..., so will auch Ambrosius nichts Alltägliches von sich geben, sondern die Familie des Herrn ... preisen".

charias propheta documento sit, inveniet esse quod vox non explicet et stilus signet. Quod si nomen Iohannis reddidit patri vocem ego quoque desperare non debeo, quod vocem, licet mutus, accipiam, si loquar Christum, cuius quidem „generationem" iuxta propheticum dictum „quis enarrabit?" Et ideo quasi servus domini familiam praedicabo; immaculatus enim dominus immaculatam sibi familiam etiam in hoc pleno conluvionum fragilitatis humanae corpore consecravit.

2.5 Et bene procedit, ut, quoniam hodie natalis est virginis, de virginibus sit loquendum et ex praedicatione liber sumat exordium.

---

def. Z
1 propheta *om. MR* | invenies *AHF,* inveniemus (esse *eras.*) *O* ‖ 2 si *add. mg.* tamen *P2* ‖ 6 familiam] famil*am (i *eras.*) *RC,* famulam *TEx* ‖ 7 familiam] famulam *Fa,* famil*am (i *eras.*) *R* ‖ 9 convenit *s.* procedit *T* ‖ 10 de *eras. P* | ex] a *Ex, Maur.*

---

[19] Zur Gegenüberstellung von *stilus* und mündlicher Rede vgl. CICERO, *Brut.* 24,93 (28 MALCOVATI); *de orat.* 3,49,190 (342 KUMANIECKI); SENECA, *epist.* 65,2 (1,175 REYNOLDS: *In locum stili sermo successit*). Vgl. auch Ambrosius, *epist.* 37(47),2 (CSEL 82/2,20f); *in Luc.* 5,105 (CCL 14,170), sowie die anderen Stellen, an denen Ambrosius Ps 45,2c LXX (Ps 44,2 Vg.: *lingua mea calamus scribae velociter scribentis*) zitiert: *apol. Dav.* 17,79 (CSEL 32/2,351); *epist. extra coll.* 14(63),109 (CSEL 82/3,294); *hex.* 6,9,69 (CSEL 32/1,257); *in psalm.* 1,52 (CSEL 64,45); *in Luc.* 10,131 (CCL 14,383).
[20] Christus bewirkt also nicht nur, wie zuvor gesagt, die Fruchtbarkeit, das heißt den Erfolg der Verkündigung, er ist auch ihr Inhalt.
[21] Mit *generatio* sind hier — bei aller Unsicherheit hinsichtlich der ursprünglichen Bedeutung des Verses Jes 53,8, dessen von Ambrosius verwandte Übersetzung *generationem eius qui ennarabit* mit jener der Vg. übereinstimmt — wohl die von Christus abstammenden, das heißt ihm nachfolgenden Jungfrauen gemeint, welche im folgenden als seine Familie, ja als von ihm geheiligte *immaculata familia* bezeichnet werden; vgl. GORI, *Ambrosius, De virginibus* 105 Anm. 19.
[22] RAMOS-LISSÓN, *Ambrosius, De virginibus* 59 Anm. 18, hält es für möglich, daß Ambrosius hier „tenía presente el conocido texto de Mt 12,50 sobre la familia de Jesús".
[23] Der Gedenktag der heiligen AGNES wird seit alters her am 21. Januar begangen (vgl. *Chronogr. a.* 354 [MGH.AA 9,71]; *Martyrologium Ro-*

charias ein Beispiel sei, wird man entdecken, daß es etwas gibt, was die Stimme nicht ausspricht, was aber der Stift aufzeichnet[19]. Wenn nun der Name Johannes dem Vater die Stimme wiedergab (vgl. Lk 1,63f), darf auch ich die Hoffnung nicht aufgeben, daß ich, obwohl stumm, die Stimme empfange, wenn ich von Christus spreche[20], von dessen Geschlecht[21] es freilich nach einem Prophetenspruch heißt: „Wer wird (davon) erzählen?" (Jes 53,8 Vg.) Und so werde ich wie ein Sklave die Familie des Herrn[22] preisen; denn der unbefleckte Herr hat sich eine unbefleckte Familie — selbst in diesem der Wirrnisse menschlicher Gebrechlichkeit vollen Leib — geheiligt.

2.5 Es fügt sich gut, daß — da doch heute der Gedenktag einer Jungfrau ist[23] — über die Jungfrauen gesprochen werden soll und das Buch mit einer Lobrede seinen Anfang nehmen soll[24].

---

manum [29f DELEHAYE]; *Martyrol. Hier.* [11 DE ROSSI/DUCHESNE; 52f DELEHAYE/QUENTIN], weitere Quellen bei KENNEDY, *Saints* 179–183). Über AGNES schreibt Ambrosius auch *epist.* 7(37),36 (CSEL 82/1,61); *off.* 1,41,204 (CCL 15,76), und ausführlich im *Hymnus Agnes beatae virginis* (414–417 NAUROY), von dem DREVES, *Vater* 69, meint, er sei „das in Verse umgesetzte zweite Kapitel des ersten Buches De virginibus" (Synopse bei JUBARU, *Sainte Agnès* 28f). Die *Passio Agnetis* (358–363 JUBARU) ist sicher ps.-ambrosianisch (so DUDDEN, *Life I* 52 Anm. 4; 138 Anm. 2, anders SALIOU, *Légendier* 286 Anm. 8). Vgl. ferner die AGNES-Gedichte des PRUDENTIUS (*perist.* 14 [CCL 126,386–389]) und des DAMASUS (*epigr.* 37 [176 FERRUA]); zu Übereinstimmungen und Unterschieden SCHÄFER, *Bedeutung* 75–83. BURRUS, *Agnes,* wertet die Darstellung des AGNES-Martyriums durch Ambrosius und PRUDENTIUS als patriarchalen Versuch, eine starke „männliche" Frau (*virago*) in eine sanftmütig weibliche *virgo* zu verwandeln und ihren weiblichen Wagemut unter das Ideal einer marianisch geprägten und an Christus orientierten Virginität zu stellen und dadurch zu domestizieren; vgl. auch BURRUS, *Victory* 471f.

[24] Es findet sich hier einer der wenigen Hinweise darauf, daß Ambrosius Material aus zuvor gehaltenen Predigten verwendet. GORI, *Ambrosius, De virginibus* 105 Anm. 21, äußert die Ansicht, daß dieser und der folgende Abschnitt (*virg.* 1,2,6, unten 106f) eine Art zweites Vorwort zum ersten Buch (der *praedicatio* oder *laudatio*) darstellt, und macht auf den feierlichen Stil und die spezifische Wortwahl aufmerksam.

Natalis est virginis, integritatem sequamur. Natalis est martyris, hostias immolemus. Natalis est sanctae Agnes, mirentur viri, non desperent parvuli, stupeant nuptae, imitentur innuptae. Sed quid dignum ea loqui possumus, cuius ne nomen quidem vacuum luce laudis fuit? Devotio supra 5 aetatem, virtus supra naturam, ut mihi videatur non hominis habuisse nomen, sed oraculum martyris, quo indicavit quid esset futura.

6. Habeo tamen unde mihi subsidium comparetur. Nomen virginis titulus est pudoris. Appellabo martyrem, 10 praedicabo virginem. Satis prolixa laudatio est, quae non quaeritur, sed tenetur. Facessant igitur ingenia, eloquentia conticescat, vox una praeconium est. Hanc senes, hanc iuvenes, hanc pueri canant. Nemo est laudabilior quam qui ab omnibus laudari potest. Quot homines, tot praecones, qui 15 martyrem praedicant, dum loquuntur.

---

def. Z
1 Incipit liber primus Y || 2 Agnetis *JCO,* (tis *s.* es) *T* || 3 mirentur innuptae et imitentur *a,* (corr. *ex* imitentur innuptae) *R2* || 4 dignum *add.* de a, s.l. R2, Maur. | ea loqui] e*loqui (a *eras.*) *P,* ea *add.* laude *HMR2* || 5 nec *M* | quidem *add.* est *P* | laudis *interpunxit P* || 6 ut] et *AF* | videtur *AFY* || 6–7 hominis *om. T* || 7 quo] quae *AHMVJFR2Cx, i.r. P* | indicabit *R a.c. m2,* indicabat *R2* || 8 quae *s.* quid *T,* quidem *F* | esset *om. F,* esse *P* (*add.* t *m2*) | futurum *P* || 11 praedicabo] praedicavi *AFJ, Paris1751,* praedicam *C* | virginem *om. AJFP, add. mg.* martyrem *P2Y* || 12 facesscant *P* || 13 praecon*um (i *eras.*) C,* praeconum *Y* || 15 omnibus] hominibus *M a.c., FRC*

---

[25] Vielleicht ein Hinweis auf die Eucharistiefeier, die der Predigt folgte; vgl. GRYSON, *Prêtre* 86 Anm. 8. Es könnte aber auch allgemein auf Hingabe- und Opferbereitschaft abgezielt sein.
[26] Der Name AGNES stammt vom griechischen ἁγνή (rein), doch ist es fraglich, ob Ambrosius sich auf diese Etymologie bezieht, ohne sie ausdrücklich zu erwähnen (wie etwa AUGUSTINUS, *serm.* 273,6 [PL 38, 1250], es tut). Wahrscheinlich spielt er, wie GORI, *Ambrosius, De virginibus* 107 Anm. 26, im Anschluß an FALLER, *Ambrosius, De virginibus* 20 Anm. 18, meint, auf das lateinische *agna* (Lammweibchen) an — was sowohl die Unschuld (vgl. *virg.* 1,2,6, unten 106 f: *Nomen virginis titulus*

Es ist der Gedenktag einer Jungfrau — folgen wir der Unversehrtheit! Es ist der Gedenktag einer Märtyrerin — bringen wir Opfergaben dar[25]! Es ist der Gedenktag der heiligen Agnes — Männer mögen sich wundern, Kinder nicht verzweifeln, Verheiratete staunen, Unverheiratete nachahmen. Aber was ihrer Würdiges können wir sagen, deren bloßer Name sogar nicht ohne den Glanz des Ruhmes war[26]? Frömmigkeit über das Alter hinaus[27], Tugend über die Natur hinaus[28], so daß es mir scheint, sie habe nicht einen Menschennamen getragen, sondern eine Martyriumsweissagung, durch die sie anzeigte, was sie künftig sein werde.

6. Ich habe jedoch (etwas), wodurch mir Hilfe verschafft werden kann. Der Name der Jungfrau ist eine Bekanntmachung der Keuschheit[29]. Ich werde die Märtyrerin nennen, ich werde die Jungfrau preisen. Lang genug ist die Lobrede, die nicht (erst) gesucht werden muß, sondern die man (schon) in der Hand hält. Kluge Einfälle mögen daher fehlen, Beredsamkeit mag verstummen, das eine Wort ist der Lobpreis. Alte mögen es, Jugendliche mögen es, Kinder mögen es singen[30]. Niemand ist lobenswerter als wer von allen gelobt werden kann. Wie viele Menschen, so viele Herolde, die die Märtyrerin preisen, wenn sie sie nennen.

---

est pudoris) als auch das Martyrium der Heiligen in den Blick rückt. Dazu würde auch die folgende Überlegung zu ihrem Namen passen: *non hominis ... nomen, sed oraculum martyris*.

[27] Vgl. HIERONYMUS, *epist.* 130,5 (CSEL 56/1,179).

[28] Jungfräulichkeit ist keine der menschlichen Natur entsprechende Tugend, sondern ist im Himmel beheimatet; siehe *virg.* 1,3,11, unten 115f Anm. 49. Es ist zwar nicht eindeutig zu entscheiden, ob hier mit Tugend die Jungfräulichkeit oder das Martyrium gemeint ist; wegen der folgenden Abschnitte, in denen das Martyrium in Kontrast zum geringen Alter gesetzt wird, dürfte sich aber auch hier die *devotio* auf das Martyrium, die *virtus* auf die Jungfräulichkeit beziehen.

[29] Zum Lamm als Bild für die Unschuld vgl. *hex.* 5,2,6 (CSEL 32/1,145); 6,4,25 (CSEL 32/1,221): dort ausführlich zu Lämmern.

[30] Das Trikolon mit Klimax — *senes ... iuvenes ... pueri* — hebt hervor, daß alle das Lob der Märtyrerin singen sollen. Wer immer auch nur ihren Namen (*vox una*) nennt, lobpreist sie.

7. Haec duodecim annorum martyrium fecisse traditur. Quo detestabilior crudelitas, quae nec minusculae pepercit aetati, immo magna vis fidei, quae etiam ab illa testimonium invenit aetate. Fuitne in illo corpusculo vulneri locus? Et quae non habuit quo ferrum reciperet, habuit quo ferrum 5 vinceret? At istuc aetatis puellae torvos etiam vultus parentum ferre non possunt et acu destricta solent puncta flere quasi vulnera. Haec cruentas carnificum inpavida manus, haec stridentium gravibus immobilis tractibus catenarum, nunc furentis mucroni militis totum offerre corpus mori 10 adhuc nescia, sed parata, vel si ad aras invita raperetur, ten-

def. Z
1 duodecim] tredecim *x* || 2–3 quae ... fidei *om. P, add. mg. m2* || 4 vulneris *AM* | et *om. R, add. mg. m2* || 6 at] ad *R* | istuc *J*, (t *s.l.*) *A*, istucce *kU*, istiusce (s *alt. s.l. m2*) *O*, istud *HR*, istius tc̃ *S*, tunc *V*, huius *F*, istius *MPY, Maur.* || 7 destricta *Ad, Fall.*, districta *cet., Maur.*, destrictae *Cazz.* || 8 haec. *add.* inter *Maur., Schenkl app. Fall.* | cruentae *Cazz.* || 10 ferventis *R a.c.* || 11 duceretur aut raperetur invita *F* || 11 – p. 110 l. 1 tenderet *MP2, R a.r., O*

[31] Der Ausdruck *martyrium facere*, durch den das Blutzeugnis als Tat des Bekenners bzw. der Bekennerin herausgestellt wird, begegnet auch bei CYPRIAN VON KARTHAGO, *epist.* 58,6,2 (CCL 3C, 328).
[32] *Istuc aetatis* = *istud aetatis* (in diesem Alter); vgl. FALLER, *Ambrosius, De virginibus* 21 Anm. 5.
[33] CAZZANIGA 4,21 ändert die von FALLER 21,6 bevorzugte Lesart *destricta* (einige Hss bieten *districta*) in *destrictae*. Dagegen meint GORI, *Ambrosius, De virginibus* 109 Anm. 31 (vgl. auch derselbe, *Emendazioni* 82), *destricta* beziehe sich auf *puncta;* die stilistisch ausgefeilte Konstruktion sei möglich, insofern *destricta* die semantische Aussage von *puncta* vorwegnehme. Vgl. *Thesaurus Linguae Latinae* 5/1 769,63–67 mit dem Verweis auf eine entsprechende antizipatorische Verwendung von *districtus* bei GRATTIUS, *Cynegetica* 364 (80 FORMICOLA), und COLUMELLA, *Res rustica* 4,29,9 (98 HEDBERG).

7. Es wird berichtet, daß sie mit zwölf Jahren das Martyrium erlitten hat[31]. Um so abscheulicher (war) die Grausamkeit, die nicht einmal das geringe Alter schonte, groß hingegen die Kraft des Glaubens, der sogar von jenem Alter Zeugnis erhielt. War an jenem zarten Körper (überhaupt) Platz für eine Wunde? Und (sie,) die nichts hatte, wodurch sie das Eisen aufnehmen konnte, hatte (etwas), wodurch sie das Eisen besiegen konnte. Mädchen in diesem Alter[32] können nicht einmal finstere Blicke ihrer Eltern ertragen und pflegen über leichte Nadelstiche[33] zu weinen wie über Wunden. Sie (aber stand) furchtlos vor den blutigen[34] Händen der Henker, sie (stand) unbeweglich beim schweren Heranschleppen knarrender Ketten[35]. Nun bot sie den ganzen Körper dem Schwert des wütenden Soldaten dar. Sie wußte noch nicht zu sterben, aber sie war bereit. Und sogar wenn sie wider Willen zu den Altären gezerrt worden sein sollte[36],

---

[34] Die von den Hss bezeugte Lesart *cruentas* wird von CAZZANIGA 5,1 zu *cruentae* geändert, die Mauriner fügen *inter* vor *cruentas* ein (PL 16,201), FALLER 21,7 sieht keine Veranlassung zu einer Konjektur; vgl. *Thesaurus Linguae Latinae* 7/1 527,47–49; GORI, *Ambrosius, De virginibus* 109 Anm. 32; RAMOS-LISSÓN, *Ambrosius, De virginibus* 61 Anm. 27.

[35] Vgl. VERGIL, *Aen.* 6,558 (244 MYNORS).

[36] Ambrosius gibt (recht unverbunden) beide Überlieferungen wieder, auf welche Art die Märtyrerin zu Tode kam, durch das Schwert und durch den Scheiterhaufen. Bei DAMASUS, *epigr.* 37 (176 FERRUA), begegnet das Verbrennen, bei PRUDENTIUS, *perist.* 14 die Enthauptung (besonders *perist.* 14,89 [CCL 126,388]). Insgesamt bleibt der Ablauf der Hinrichtung bei Ambrosius etwas in der Schwebe, es scheint, daß er „wenig Thatsächliches über das Martyrium der Heiligen wußte ... und daß er diesen Mangel an Thatsachen durch den Schmuck der Rede zu ersetzen suchte" (DREVES, *Hymnus* 357). Zu den unterschiedlichen Darstellungen des Martyriums in *virg.* und im *Hymnus Agnes beatae virginis,* wo AGNES erstochen zu werden scheint, vgl. DREVES, *Hymnus* – gegen FRANCHI DE' CAVALIERI, *Agnese* 3–9, der aufgrund der Unterschiede die Urheberschaft des Ambrosius für den Hymnus bestreitet. Für DREVES, *Vater* 70, „zeugt es für das hohe Alter des Liedes, daß der Dichter mehrere legendarische Züge, die schon bei Damasus und Prudentius sich finden, noch nicht kennt".

dere Christo inter ignes manus atque in ipsis sacrilegis focis tropaeum domini signare victoris, nunc ferratis colla manusque ambas inserere nexibus; sed nullus tam tenuia membra poterat nexus includere.

8. Novum martyrii genus: nondum idonea poenae et iam 5 matura victoriae, certare difficilis, facilis coronari magisterium virtutis implevit, quae praeiudicium vehebat aetatis. Non sic ad thalamum nupta properaret ut ad supplicii locum laeta successu gradu festina virgo processit, non in torto crine caput compta, sed Christo, non flosculis redimita, 10 sed moribus. Flere omnes, ipsa sine fletu; mirari plerique quod tam facile vitae suae prodiga, quam nondum hauserat, iam quasi perfuncta donaret; stupere universi, quod iam divinitatis testis existeret, quae adhuc arbitra sui per aetatem esse non posset. Effecit denique ut ei de deo crederetur, 15

---

def. Z
2 signaret *P2* ‖ 3 insere *C a.c. m2*, miserere *F* ‖ 5 et iam *om. A* ‖ 6–7 victoriae ... magisterium *add. mg. inf. C1* ‖ 6 coronare *R* ‖ 7 verebat *P* | aetatis *add.* ut *R* ‖ 9 processit virgo *R* ‖ 9–10 in torto *Fall., Gori,* intorto *codd., Maur., Cazz.* ‖ 10 crine] crimine *T a.r.* ‖ 11 flevere *HF,* (ve *s.l.*) *A,* flore *M* | omnes *add.* propinqui poterant *RTE* ‖ 12 prodiga *add.* et *F* | hauserant *A a.r.* ‖ 13–15 stupere ... posset *om. F,* stupuere *M p.c. m1* ‖ 14 arbitra sui per *i.r. C* ‖ 15 fecit *MR*

---

[37] Mit ihren zum Gebet ausgestreckten Armen nimmt sie die Form eines Kreuzes an. Für DUDDEN, *Life 2* 452, ist es bemerkenswert, „that at the altar the celebrant stood with arms extended, so as to represent the figure of the Cross — a posture alluded to by Ambrose when he speaks of St. Agnes at the heathen altars stretching out her hands in the form of the Cross", und er macht darauf aufmerksam, daß nach PAULINUS VON MAILAND, *vita Ambr.* 47, 2, Ambrosius in seiner Sterbestunde *expansis manibus in modum crucis oravit* (114 BASTIAENSEN), „as he had been wont to do at the altar" (DUDDEN, *Life 2* 452 Anm. 3). Vgl. auch RAMOS-LISSÓN, *Ambrosius, De virginibus* 63 Anm. 28.
[38] Nach römischem Recht waren *minores* über dem Alter der *pubertas* — bei Jungen ab dem vollendeten 14., bei Mädchen ab dem vollendeten 12. Lebensjahr — grundsätzlich geschäfts- und deliktsfähig. Jedoch wurden sie seit der *Lex Laetoria* um 200 v. Chr. vor Übervorteilung (*circumscriptio*) geschützt. Die Volljährigkeit erlangte man mit Vollendung des 25.

streckte sie inmitten des Feuers die Hände nach Christus aus und machte sogar an den gottlosen Brandaltären das Siegeszeichen des Herrn, des Siegers, erkennbar[37]. Nun steckte sie Hals und beide Hände in die eisernen Fesseln; doch keine Fessel konnte so zarte Glieder einschließen.

8. Eine neue Art des Martyriums. Noch nicht strafmündig[38], doch schon siegestauglich. Schwer (ist es für sie), zu kämpfen, leicht, bekränzt zu werden. Sie, die das vorgefaßte Urteil (hinsichtlich) ihres Alters trug, gab Unterricht in der Tugend. So würde keine Braut ins Schlafzimmer eilen, wie die Jungfrau, freudig folgend, eilig schreitend, zur Hinrichtungsstelle ging, den Kopf nicht mit geflochtenem[39] Haar geschmückt (vgl. 1 Tim 2, 9), sondern mit Christus, nicht mit Blümchen bekränzt, sondern mit Sitten. Alle weinten; sie selbst (war) ohne Tränen. Die meisten wunderten sich, daß sie so leicht ihr Leben hingab und es verschenkte, als hätte sie es schon gleichsam genossen, das sie nicht einmal gekostet hatte. Alle staunten, daß sie bereits als Zeugin für Gott hervortrat, die aufgrund ihres Alters noch nicht Richterin über sich selbst sein konnte. So erreichte sie, daß derjenigen von Gott vertraut wurde,

---

Lebensjahres. Allerdings war die Handlungsfähigkeit einer Frau insofern eingeschränkt, als sie zeitlebens „der potestas ihres Vaters, der manus ihres Mannes ... oder der Geschlechtsvormundschaft (tutela mulieris) unterworfen war" (EYBEN, *Geschlechtsreife* 427). Vgl. KASER, *Privatrecht I* 275–277; 2 117–119; EYBEN, *Geschlechtsreife* 417–434. Zur Entwicklung der Geschäftsfähigkeit von Minderjährigen ausführlich KNOTHE, *Geschäftsfähigkeit,* besonders 7–100.

[39] CAZZANIGA 5, 13 liest *intorto* und schließt entsprechend einen Bezug zu 1 Tim 2, 9 aus. Eine sichere Wahl zwischen *intorto crine* (mit aufgelöstem Haar) und *in torto crine* (mit geflochtenem Haar; *in* + Ablativ) ist nicht möglich, doch scheint eine Anspielung auf 1 Tim 2, 9 wahrscheinlich. Weitere Zitate der entsprechenden neutestamentlichen Wendung finden sich in *exhort. virg.* 10, 64 (PL 16, 371); *sacr.* 6, 5, 21 (CSEL 73, 81), und *in psalm 118* (CSEL 62, 7); vgl. VetLat (1, 468 FREDE); GORI, *Ambrosius, De virginibus* 109 Anm. 37; derselbe, *Emendazioni* 82 f.

cui de homine adhuc non crederetur, quia quod ultra naturam est de auctore naturae est.

9. Quanto terrore egit carnifex ut timeretur, quantis blanditiis ut suaderet; quantorum vota ut sibi ad nuptias proveniret! At illa: „Et haec sponsi iniuria est expectare placituram. Qui me sibi prior elegit accipiet. Quid, percussor, moraris? Pereat corpus, quod amari potest oculis quibus nolo." Stetit, oravit, cervicem inflexit. Cerneres trepidare carnificem, quasi ipse addictus fuisset, tremere percussori dexteram, pallere ora alieno timentis periculo, cum puella non timeret suo. Habetis igitur in una hostia duplex martyrium, pudoris et religionis: et virgo permansit et martyrium obtinuit.

---

def. Z
1 quod] quae *F* ‖ 3 quando *M* | timeret *F* | quanto *A a.c., C* ‖ 4 quantorum vota] quantis votis *E* ‖ 5 perveniret *F, J p.c. m1, P, Maur.* | et *om. R a.c. m2* | haec *add.* inquit *s.l.* P2 ‖ 5–6 placiturum *R p.c. m2, CU, Maur.,* aɫ placiturum *s.* placituram *E* ‖ 6 priorem *CEU* | percursor *AT* ‖ 7 quod] quae *F* ‖ 9 tremeret *R a.r.* | percussori *AMJS,* percursoris *T,* percussoris *HVFRa,* percussuri *P* ‖ 10 dextram *Maur.* | timentis] mentis *C* | cum *om. P* ‖ 11 igitur] enim *H* ‖ 12 et *alt. om. TEU*

---

[40] Strenggenommen beziehen sich einige der angeführten Gegensatzpaare gar nicht auf die Gegenüberstellung von Natur und Gnade, sondern behandeln die rechtliche Stellung des minderjährigen Mädchens, das heißt von Menschen gesetzte und damit nicht unmittelbar natürliche Einschränkungen. WANDL, *Studien* 76, meint: „Da Agnes noch zu jung war, um sich zu Gott zu bekennen (Märtyrerin zu sein) legte die Natur — deren Schöpfer ja Gott ist, der somit alles in ihr bewirken kann — das Bekenntnis ab (*sc.* indem sie über sich selbst hinausging)".
[41] Es bleibt offen, wozu AGNES überredet werden sollte, etwa zur Aufgabe ihres Jungfräulichkeitsversprechens oder generell zum Glaubensabfall. Letztlich ist wohl die in allen denkbaren Eingeständnissen gegenüber dem Henker sich offenbarende Untreue gegenüber dem himmlischen Bräutigam gemeint.

der von Menschen bislang nicht vertraut wurde. Denn was über die Natur hinausgeht, stammt vom Schöpfer der Natur[40].

9. Mit welchem Schrecken ging der Henker zu Werke, um gefürchtet zu werden, mit welchen Schmeicheleien, um sie zu überreden[41]; wie viele hatten den Wunsch, daß sie sie zur Hochzeit begleitete. Sie aber (sagte): „Auch das wäre Unrecht gegenüber dem Bräutigam, daß er auf die warten muß, die ihm gefallen soll. Der mich sich zuerst erwählte, wird mich (auch) erhalten[42]. Was zögerst du, Mörder? Der Körper vergehe, der von Augen geliebt werden kann, von denen ich es nicht will." Sie stand, betete, beugte den Nakken. Du hättest sehen können, daß der Henker zitterte, als wäre er selbst der Verurteilte gewesen, daß dem Mörder die Rechte bebte und sein Gesicht bleich war aus Furcht aufgrund fremder Gefahr, während das Mädchen trotz eigener (Gefahr) keine Furcht hatte. Ihr habt also in dem einen Opfer ein zweifaches Martyrium: das der Keuschheit und das der Frömmigkeit. Jungfrau blieb sie und das Martyrium erlangte sie[43].

---

[42] Indem hier die Vorrangigkeit der Brautwahl Christi herausgestellt wird, wird zugleich die Initiative des himmlischen Bräutigams und die bis zum Martyrium gehende Folgsamkeit der von ihm erwählten Jungfrau hervorgehoben. Christus hat ein Recht darauf, daß die Jungfrau seiner Wahl folgt. Vgl. DANIELI, *Ambrosius, De virginibus* 39f Anm. 17.
[43] Der Topos vom zweifachen Martyrium begegnet auch *virg.* 2,4,23, unten 238f, vgl. auch *off.* 1,41,204 (CCL 15,76); PRUDENTIUS, *perist.* 14,7–9 (CCL 126,386). Zur Parellelisierung des Opfers der Märtyrer und des Opfers der Jungfrauen vgl. GRYSON, *Prêtre* 84–94.

3. 10 Invitat nunc integritatis amor et tu, soror sancta, vel mutis tacita moribus, ut aliquid de virginitate dicamus, ne veluti transitu quodam praestricta videatur quae principalis est virtus. Non enim ideo laudabilis virginitas, quia et in martyribus repperitur, sed quia ipsa martyres faciat. 5

11. Quis autem humano eam possit ingenio comprehendere, quam nec natura suis inclusit legibus, aut quis naturali voce complecti quod supra usum naturae sit? E caelo arcessivit quod imitaretur in terris. Nec immerito vivendi sibi usum quaesivit e caelo quae sponsum sibi invenit in caelo. Haec nu- 10 bes aera angelos sideraque transgrediens verbum dei „in ipso sinu" invenit patris et toto hausit pectore. Nam quis tantum

---

def. Z
1 invitat] inusat *P* | integritas *MV, R a.c.* | te *C p.c. m2* ‖ 2 mutis *corr. ex* mitibus *R1*, vel mitibus *s.* mutis *T* | vel mutis] bene tutis *Y* ‖ 3 praestricta *AHMSFRa, Fall.*, perstricta *VJP, Paris1751, Maur., Cazz.* ‖ 8 vocae *P* | quod] ut *C1U*, cum *C2* | natura *R a.c.* ‖ 8–9 arcesivit *R*, accersivit *HMJTx* ‖ 10 invenit *om. F* ‖ 10–11 nubes *corr. ex* nobis *M* ‖ 12 patris invenit *Paris1751, Maur.*

---

[44] Hier wendet sich Ambrosius wohl direkt an seine leibliche Schwester MARCELLINA — und nicht an eine anonyme oder fiktive Jungfrau, die als „heilige Schwester" angesprochen wird. MARCELLINA, älter als Ambrosius, hatte in den frühen 50er Jahren des 4. Jahrhunderts (zur Datierung siehe *virg.* 3, 1, 1, unten 272 Anm. 403) ihr Jungfräulichkeitsgelübde abgelegt und den Jungfrauenschleier aus der Hand des römischen Bischofs LIBERIUS empfangen. Sie lebte, gemeinsam mit zwei weiteren Jungfrauen, bei ihrer Mutter, die mit ihren drei Kindern nach dem frühen Tod des Vaters AURELIUS AMBROSIUS von Trier nach Rom zurückgekehrt war (vgl. PAULINUS VON MAILAND, *vita Ambr.* 4, 1 [58 BASTIAENSEN]). Auch der ebenfalls ältere Bruder SATYRUS führte ein eheloses Leben (vgl. *exc. Sat.* 1, 52–54 [CSEL 73, 237 f]; 1, 59 [CSEL 73, 240]; dazu BIERMANN, *Leichenreden* 75–77). Die Atmosphäre, in der Ambrosius aufwuchs, war also durch das Jungfräulichkeitsideal geprägt. Vgl. CRISTOFOLI, *Ambrosius, De virginibus* 22; COPPA, *Ambrosius, De virginibus* 548 Anm. 26; MCLYNN, *Ambrose* 33–35.60 f.69.

3.10 Die Liebe zur Unversehrtheit lädt uns nun ein — und (auch) du, heilige Schwester[44], sogar wenn du schweigst bei deinem stillen Lebenswandel —, daß wir etwas über die Jungfräulichkeit sagen, damit es nicht scheine, als sei sie nur gewissermaßen wie im Vorbeigehen gestreift worden, die (doch) eine Haupttugend ist. Denn nicht deshalb ist die Jungfräulichkeit lobenswert, weil sie auch bei Märtyrern gefunden wird, sondern weil sie selbst Märtyrer hervorbringt.

11. Wer aber könnte sie mit menschlichem Verstand begreifen, die (sogar) die Natur nicht unter ihre Gesetze gestellt hat, oder wer mit natürlicher Stimme erfassen, was über die Gewohnheit der Natur hinausgeht?[45] Vom Himmel holte sie herbei, was sie auf Erden nachahmen wollte. Nicht zu Unrecht verschaffte sie sich ihre Lebensweise vom Himmel, die ihren Bräutigam im Himmel fand. Wolken, Luft, Engel und Sterne übersteigend hat sie das Wort Gottes „im Schoße des Vaters selbst" (Joh 1, 18) gefunden und mit ganzem Herzen aufgenommen[46]. Wer ließe denn (auch) ein

---

[45] Der Gedanke, daß die jungfräuliche Lebensweise übernatürlich ist, begegnet häufiger, zum Beispiel *virg.* 1, 2, 5, oben 106 f; 1, 2, 8, oben 110–113; 1, 5, 23, unten 140 f; vgl. auch *epist. extra coll.* 14(63), 35 (CSEL 82/3, 253); *virginit.* 13, 83 (39 CAZZANIGA), und, bezüglich der Witwenschaft, *vid.* 7, 37 (278 GORI); siehe Einleitung, oben 24 f. Er findet sich auch bei ATHANASIUS VON ALEXANDRIEN, *epistula ad virgines* 1 (55 f LEFORT).

[46] GORI, *Ambrosius, De virginibus* 111 Anm. 43, hält die Jungfräulichkeit für das Subjekt dieser Sätze, und weist darauf hin, daß Personifikationen der Tugenden und Laster bei Ambrosius häufiger auftauchten. Es könnte aber auch die einzelne Jungfrau gemeint sein, denn schließlich findet sie — und nicht ihre Lebensweise — ihren Bräutigam (Christus) im Himmel. Auf jeden Fall geht, wie die aktiven Verben deutlich machen, die Initiative hier von der menschlichen Seite aus. Die Jungfrau verschafft sich ihre Lebensweise vom Himmel, ahmt sie auf Erden nach, findet ihren Bräutigam — mit dem *verbum dei,* das *in sinu patris* gefunden wird, dürfte ebenfalls Christus gemeint sein — und nimmt ihn mit ganzem Herzen auf.

cum invenerit reliquat boni? „Unguentum" enim „exinanitum est nomen tuum. Propterea adulescentulae dilexerunt te et adtraxerunt te." Postremo non meum est illud, quoniam quae „non nubunt neque nubentur erunt sicut angeli in caelo". Nemo ergo miretur, si angelis comparentur quae angelorum domino copulantur. Quis igitur neget hanc vitam fluxisse de caelo, quam non facile invenimus in terris, nisi postquam deus in haec terreni corporis membra descendit?

---

def. Z
1 ungentum *M* || 2 adulescentulae *add.* domine *A a.r.* || 3 est meum *H* || 4 quae] qui *E* | nubent *kU, Maur.,* nubuntur *RO,* nubentur *cet.,* (e *i.r.*) *J* || 7 de] e *H* || 8 hac *P* | descendit] suscepit *PY*

---

[47] Welches Gut hier gemeint ist, der Bräutigam Christus oder die Jungfräulichkeit, bleibt offen. Das folgende Schriftzitat läßt eher an Christus, das Wort Gottes denken, zumal Ambrosius die Verse Hld 1,3 f meist christologisch auslegt; vgl. *virg.* 2, 6, 42 f, unten 268–271; *epist.* 11(29), 10 (CSEL 82/1, 84); *exc. Sat.* 2, 118 (CSEL 73, 316 f); *in psalm.* 37, 17 (CSEL 64, 149); 40, 15 (CSEL 64, 238); 43, 28 (CSEL 64, 283); *in Luc.* 6, 34 (CCL 14, 187); *in psalm 118* 1, 5 (CSEL 62, 8); 1, 16 (CSEL 62, 16); 2, 7 (CSEL 62, 23); 2, 29 (CSEL 62, 37 f); 6, 18 (CSEL 62, 117); *hel.* 10, 36 (CSEL 32/2, 433); 21, 79 (CSEL 32/2, 460); *inst. virg.* 1, 5 f (112 GORI); 13, 83 (170 GORI); *Isaac* 3, 10 (CSEL 32/1, 649 f); *myst.* 6, 29 (CSEL 73, 101); *sacr.* 5, 2, 9–11 (CSEL 73, 62); *spir.* 1, 8, 95 (CSEL 79, 56); 1, 9, 104 (CSEL 79, 60); *virginit.* 7, 41 (19 CAZZANIGA); 11, 62–66 (29 f CAZZANIGA). Diese Auslegung des Verses vom Namen, der ausgegossenes Salböl (*oleum effusum* oder *unguentum exinanitum*) ist, liegt insofern nahe, als Jesus der vom Heiligen Geist Gesalbte (Christus) ist. Vgl. zur Interpretation von Hld 1,3 durch Ambrosius MELONI, *Profumo* 221–266, besonders 223–225.

[48] Der Wortlaut des Zitates stimmt mit der LXX überein (μύρον ἐκκενωθὲν ὄνομά σου. διὰ τοῦτο νεάνιδες ἠγάπησάν σε, εἵλκυσάν σε), während VetLat (2, 375 SABATIER) und Vg. andere Übersetzungen bieten; vgl. RAMOS-LISSÓN, *Ambrosius, De virginibus* 65 Anm. 37; WEIHRAUCH, *Hohelied* 23.105 Anm. 4 f. Der zweite Teil der Stelle findet sich auch in *virg.* 2, 6, 42, unten 268 f – dazu unten Anm. 399.

so großes Gut, nachdem er es gefunden hat, liegen?[47] „Ausgegossenes Salböl ist nämlich dein Name. Deshalb haben dich junge Mädchen geliebt und haben dich an sich gezogen" (Hld 1,3f; 1,2f Vg.)[48]. Schließlich stammt jenes (Wort) nicht von mir, da ja jene, „die weder heiraten noch künftig verheiratet werden, wie die Engel im Himmel sein werden" (Mt 22,30; Mk 12,25)[49]. Niemand wundere sich also, wenn sie mit Engeln verglichen werden, die mit dem Herrn der Engel verbunden werden[50]. Wer könnte demnach bestreiten, daß dieses Leben vom Himmel hervorgeströmt ist? Wir finden es nicht leicht auf Erden, außer seitdem Gott in diese Glieder des irdischen Leibes hinabgestiegen ist[51].

---

[49] Ambrosius führt die Rede von der engelsgleichen Lebensweise der Jungfrauen auf die Autorität des Evangeliums zurück. Die lateinische Übersetzung stimmt allerdings nicht genau mit dem griechischen Originaltext überein. Dort sind Männer (γαμοῦσιν — sie heiraten) und Frauen (γαμίζονται — sie lassen sich heiraten) unterschieden, was im Lateinischen so nicht wiedergegeben wird (die Vg. übersetzt: *in resurrectione enim neque nubent, neque nubentur, sed sunt sicut angeli Dei in caelo*), wie HIERONYMUS, *in Mt.* 3,22,30 (CCL 77,205f), ausdrücklich vermerkt. Indem Ambrosius das biblische Zitat mit *quae* einleitet, bezieht er es in beiden Fällen eindeutig auf die Jungfrauen; vgl. zum Wortlaut MUNCEY, *Text* XXVI.15; RAMOS-LISSÓN, *Ambrosius, De virginibus* 65 Anm. 38. Zur Interpretation des Verses vgl. auch *virg.* 1,8,52, unten 186–189; *epist.* 57(6),19 (CSEL 82/2,111); *exhort. virg.* 4,19 (214 GORI); *virginit.* 6,27 (13 CAZZANIGA [dazu GORI, *Ambrosius, De virginibus* 31–33 Anm. 57]).
[50] Vorbereitet durch das biblische Zitat, wechselt Ambrosius hier ins Passiv, ohne daß erwähnt wird, wer denn die Jungfrauen mit Christus verbindet. Auch bei ATHANASIUS begegnen beide Gedanken, daß die Jungfrau sich aktiv mit Christus verbindet (ATHANASIUS VON ALEXANDRIEN, *epistula ad virgines* 1 [56 LEFORT]) und daß Gott bzw. Christus die Jungfräulichkeit auf Erden gnadenhaft, als Geschenk des Himmels, gewährt (*epistula ad virgines* [55 LEFORT]; *apol. Const.* 33 [SCh 56,128]; *scholia in Lucam* [PG 27,1393]).
[51] Auch die Überzeugung, daß die jungfräuliche Lebensweise vor der Inkarnation schwer, seitdem jedoch leicht zu verwirklichen ist, findet sich bei ATHANASIUS VON ALEXANDRIEN, *epistula ad virgines* 1 (58 LEFORT). In der Formulierung des Ambrosius *invenimus in terris* klingen menschliches Tun und göttliche Gnade gleichermaßen an.

Tunc in utero virgo concepit „et verbum caro factum est",
ut caro fieret deus.
12. Dicet aliquis: sed etiam Helias nullis corporei coi-
tus fuisse permixtus cupiditatibus invenitur. Ideo ergo
curru raptus ad caelum, ideo cum domino apparet in glo- 5
ria, ideo dominici venturus est praecursor adventus. Et
Maria tympanum sumens pudore virgineo choros duxit.

def. Z
1 in *om.* d*P* ‖ 2 ut *add.* quod caro factum est *d* | deus] dei *d* ‖ 3 dicit
MCx | Helias *codd. meliores semper* ‖ 3–4 coitus] co&us *R a.c.* ‖
5–6 ideo… gloria *om. A* ‖ 7 sumens tympanum *PY*

---

[52] Es ist nicht ganz klar, was das Zitat aus dem JOHANNES-Prolog (zum
Wortlaut vgl. CARAGLIANO, *Restitutio* 34) an dieser Stelle aussagen soll.
Vielleicht will Ambrosius den Gedanken der Inkarnation fortführen
und unter Anführung der jungfräulichen Empfängnis vertiefen. Unklar
bleibt auch, was mit der Gott-Werdung des Fleisches als Folge der
Fleisch-Werdung Gottes gemeint ist. GORI, *Ambrosius, De virginibus*
113 Anm. 50, meint, der Ausdruck *ut caro fieret deus* sei anstößig, wenn
Ambrosius auf den Menschen im allgemeinen oder die gottgeweihten
Jungfrauen, über die er zuvor gesprochen hat, anspiele. *Caro* meine hier
hingegen die menschliche Natur Christi. Es sei die Absicht des Ambrosius, die Bedeutung der Jungfräulichkeit bei der Inkarnation zu rühmen:
In einer Jungfrau wurde das Wort Fleisch und jenes Fleisch des göttlichen Wortes konnte sich dank der unbefleckten, jungfräulichen Empfängnis mit Gott verbinden, konnte Gott werden. Zwingend ist diese Argumentation freilich nicht, zumal die Vergöttlichung des Menschen eine
verbreitete Aussage östlicher Theologie ist; vgl. GROSS, *Divinisation*
113–351; GEORGE, *Vergöttlichung*. Allerdings findet die Formulierung
des Ambrosius — wie MARKSCHIES, *Trinitätstheologie* 106 Anm. 124,
mit Verweis auf DUVAL, *Originalité* 33, vermerkt — keine wörtliche Parallele bei ATHANASIUS. Auf jeden Fall wird die Gnadenhaftigkeit der
jungfräulichen Empfängnis — und damit in diesem Zusammenhang der
Jungfräulichkeit überhaupt — herausgestellt.
[53] ELIJA als alttestamentliches Vorbild des jungfräulichen Lebens wird
auch bei PS.-ATHANANSIUS VON ALEXANDRIEN, *serm. de virgt.* (1044
CASEY), genannt. Er begegnet im Zusammenhang mit Ausführungen zur
Jungfräulichkeit ferner bei ATHANASIUS, *epistula ad virgines* (58.79
LEFORT); APHRAHAT, *demonstrationes* 6,2 (FC 5/1,188); 18,6 (FC
5/2,436); PS.-CLEMENS, *epistulae ad virgines* 1,6,5 (11 FUNK/DIEKAMP);

Da empfing die Jungfrau im Mutterschoß und „das Wort ist Fleisch geworden" (Joh 1,14; vgl. Lk 1,31), damit das Fleisch Gott würde[52].

12. Jemand wird sagen: Aber auch über Elija erfährt man, daß er durch keine Begierden nach körperlicher Vereinigung verwirrt war[53]. Deshalb wurde er auch im Wagen zum Himmel gerissen (vgl. 2 Kön 2,11)[54], deshalb erscheint er mit dem Herrn in Herrlichkeit (vgl. Mt 17,3; Mk 9,4; Lk 9,30; Kol 3,4), deshalb wird er kommen als Vorläufer der Ankunft des Herrn (vgl. Mal 3,23; 3,22 LXX; 4,5 Vg.; Mt 11,14; 17,10f; Mk 9,12). Auch Mirjam nahm die Pauke und führte die Chortänze in jungfräulicher Keuschheit an (vgl. Ex 15,20)[55].

TERTULLIAN, *monog.* 8,7(10) (SCh 343,168), und HIERONYMUS, *epist.* 22,3 (CSEL 54,147), bei dem deutlich wird, daß ELIJA nicht nur aufgrund seines ehelosen Lebens, sondern auch wegen seiner Himmelfahrt im Feuerwagen — als Ausdruck seiner Verbundenheit mit dem Himmel — ein *exemplum* für die christlichen Jungfrauen ist. Vgl. GORI, *Ambrosius, De virginibus* 113 Anm. 51.

[54] Der Ausdruck *raptus* (*ad caelum*) zur Bezeichnung der Himmelfahrt des ELIJA — wiewohl er keine präzise Entsprechung in 2 Kön 2,11 hat und vielleicht im Anschluß an 2 Kor 12,2 gewählt ist (so GORI, *Ambrosius, De virginibus* 115 Anm. 52) — begegnet bei Ambrosius gelegentlich; vgl. *exc. Sat.* 2,94 (CSEL 73,300); *in psalm.* 40,26 (CSEL 64,247); *in Luc.* 2,88 (CCL 14,71); 6,96 (CCL 14,208); *in psalm.* 118 18,12 (CSEL 62,403); *fid.* 4,1,8 (CSEL 78,160); *hel.* 2,3 (CSEL 32/2,413); 22,85 (CSEL 32/2,464); *vid.* 3,14 (258 GORI).

[55] Vgl. ATHANASIUS VON ALEXANDRIEN, *epistula ad virgines* 1 (64 LEFORT). Zwar ist der Bibel (neben Ex 15,20f vgl. Ex 2,4.7–8; 20,1, 26,59; Num 12,1–16; Dtn 24,9; 1 Chr 5,29 und Mi 6,4) nicht zu entnehmen, daß MIRJAM, die Schwester des MOSE, Jungfrau war, doch stimmt Ambrosius auch hierin mit ATHANASIUS überein; vgl. auch *virg.* 2,2,17, unten 230f — dazu Anm. 318; *epist. extra coll.* 14(63),34 (CSEL 82/3, 252); 15(42),7 (CSEL 82/3,307); *exhort. virg.* 5,28 (218–220 GORI); 7,47f (236 GORI); 14,93 (270 GORI); *inst. virg.* 17,106 (186 GORI); ferner GREGOR VON NYSSA, *virg.* 19 (SCh 119,486–488). Zur Gestalt MIRJAMS im Werk des Ambrosius vgl. DOIGNON, *Miryam* 72–74; NEUMANN, *Virgin* 51–64.

Sed considerate cuius illa speciem tunc gerebat. Nonne ecclesiae, quae religiosos populi coetus, qui carmina divina concinerent, inmaculato virgo spiritu copulavit? Nam etiam templo Hierosolymis fuisse legimus virgines deputatas. Sed quid apostolus dicit? „Haec autem in figura continge- 5 bant illis", ut essent indicia futurorum; figura enim in paucis est, vita in pluribus.

13. At vero posteaquam dominus in corpus hoc veniens contubernium divinitatis et corporis sine ulla concretae

---

def. Z
3 vir*o (g *eras.*) M | spiritu *om.* M || 4 legitur PY || 5 figura] figuram C || 5–6 contingebat *add.* in A || 6 enim] autem *a* || 7 vita] veritas P2 || 8 verum C | posteaquam] posita quam M

---

[56] Auch ATHANASIUS VON ALEXANDRIEN, *epistula ad virgines* 1 (58 LEFORT), sah in den wenigen jungfräulich lebenden Menschen des Alten Testamentes, namentlich in den Propheten ELIJA, ELISCHA und JEREMIA, sowie in JOHANNES DEM TÄUFER Vorläufer der christlichen Jungfräulichkeit.
[57] Ambrosius kennt sowohl die Einheit der beiden Testamente und damit verbunden die Einheit der präexistenten Kirche, zu der auch die alttestamentlichen Gestalten gehören, als auch ihre eindeutige Trennung, das heißt einen klaren Gegensatz von Synagoge und Kirche, der unter Gegenüberstellungen wie Dunkel und Licht, Schatten und Wahrheit, Knechtschaft und Freiheit, Unfruchtbarkeit und Fruchtbarkeit, Verheißung und Erfüllung, Sünde und Erlösung, Natur und Gnade und ähnlichem entfaltet wird. Dazu ausführlich HAHN, *Gesetz,* besonders 454–498.
[58] Gemeint sind nicht die Hymnen, die erst später, in den Jahren 385–386, in der Mailänder Liturgie eingeführt wurden (vgl. FRANZ, *Tageslauf* 1–15), sondern wohl die Psalmen als Teil der *scriptura divina*. MIRJAM verkörpert mithin auch die jungfräuliche Kirche, die in ihrem Gottesdienst die *carmina divina* singt. Vgl. *in psalm.* 1, 9 (CSEL 64, 7); *in psalm 118* 19, 22 (CSEL 62, 433); 19, 32 (CSEL 62, 438f); 20, 52 (CSEL 62, 470); *Iac.* 2, 4, 19 (CSEL 32/2, 42). Vgl. FALLER, *Ambrosius, De virginibus* 23; GORI, *Ambrosius, De virginibus* 115 Anm. 55; RAMOS-LISSÓN, *Ambrosius, De virginibus* 67 Anm. 50.
[59] Im Alten Testament findet sich kein Beleg für diese Auffassung. In Ex 38, 8 und 1 Sam 2, 22 werden Frauen (Vg.: *mulieres;* also keine Jungfrauen) erwähnt, die vor dem Eingang des Offenbarungszeltes Dienst taten

Bedenkt aber, wessen Gestalt sie damals verkörperte[56]. Nicht die der Kirche[57], die, als Jungfrau, unbefleckten Geistes, die frommen Volksscharen vereinigte, damit sie göttliche Lieder[58] sängen? Denn wir lesen, daß Jungfrauen sogar im Jerusalemer Tempel eingesetzt waren (vgl. Ex 38,8; 1 Sam 2,22)[59]. Doch was sagt der Apostel? „Diese (Dinge) wurden ihnen als Vorbild zuteil" (1 Kor 10,11), damit sie Zeichen des Zukünftigen wären (vgl. Kol 2,17)[60]. Das Vorbild zeigt sich nämlich (nur) in wenigen[61], das Leben (jedoch) in vielen[62].

13. Aber wahrlich, als der Herr in diesen Leib kam, verband er in Gemeinschaft Gottheit und Leib ohne irgend-

---

bzw. sich vor dem Eingang des Offenbarungszeltes aufhielten. Die genaue Funktion dieser Frauen bzw. der historische Wert dieser Informationen ist umstritten (vgl. WINKLER, *Frau* 58–65; GÖRG, *Spiegeldienst;* HOUTMANN, *Exodus 3* 569–572). RAMOS-LISSÓN, *Ambrosius, De virginibus* 67–69 Anm. 51, hält es für möglich, daß Ambrosius auf die Prophetin HANNA (Lk 2,36–38) anspielt und so die Lebensweise von Jungfrauen und Witwen in Zusammenhang bringt — wie später in *vid.* 1,1 (244 GORI) und 2,12 (154 GORI) — hier jedoch wird lediglich HANNA als Beispiel für eine frühzeitige Witwenschaft genannt. Es ist jedenfalls beachtlich, daß für keine der drei von Ambrosius angeführten alttestamentlichen *exempla* — ELIJA, MIRJAM und die Tempeljungfrauen — ihre Jungfräulichkeit biblisch eindeutig bezeugt ist. Vgl. GORI, *Ambrosius, De virginibus* 115 Anm. 56.

[60] RAMOS-LISSÓN, *Ambrosius, De virginibus* 69 Anm. 53, weist auf die Abweichung vom Wortlaut der Vg. und VetLat (434 FREDE) hin — dort heißt es *umbra futurorum* — und hält es für möglich, daß Ambrosius hier aus dem Gedächtnis zitiert.

[61] Vgl. ATHANASIUS VON ALEXANDRIEN, *epistula ad virgines* 1 (58 LEFORT).

[62] Lebenslange Jungfräulichkeit als asketisches Ideal ist dem Alten Testament fremd und wurde laut Ambrosius erst mit der Inkarnation Christi auf Erden bekannt, insofern der unbefleckte Sohn Gottes ihr Urheber ist (vgl. *virg.* 1,3,13, oben 120–123; 1,5,21, unten 134 f; siehe Einleitung, oben 25 f). Die wenigen alttestamentlichen *figura* jungfräulichen Lebens besitzen nicht die Vollkommenheit der christlichen Jungfrauen, sie sind lediglich *indicia futurorum*.

confusionis labe sociavit, tunc toto orbe diffusus corporibus humanis vitae caelestis usus inolevit. Hoc illud est quod ministrantes in terris angeli declararunt futurum genus, quod ministerium domino immaculati corporis obsequiis exhiberet. Haec est caelestis illa militia, quam laudantium 5 exercitus angelorum promittebat in terris. Habemus ergo auctoritatem vetustatis a saeculo, plenitudinem professionis a Christo.

4.14 Certe non est hoc mihi commune cum gentibus, non populare cum barbaris, non cum ceteris animantibus 10 usitatum, cum quibus etsi unum eumdemque vitalem aeris huius carpimus spiritum, vulgarem terreni corporis partici-

---

def. Z
2 inolevit usus *k* || 3 declararunt] decantarunt *FP* || 6 in] et *V, R p.r., CEx, e M* || 9 mihi] in *? Castiglioni app. Cazz.* || 10 non *pr. om. P* | populare] copulare *P* | non *alt.* nec *F* || 12 spiritum *add.* et *RTE*

---

[63] Vgl. VERGIL, *Aen.* 6, 746 (250 MYNORS): *concretam exemit labem.* Der Ausdruck *divintatis et corporis sociavit* (wörtlich übersetzt: verband das Zusammenleben von Gottheit und Leib) bezieht sich auf die Inkarnation und läßt das Motiv der Vermählung anklingen. Die Ausführungen geben jedoch nicht zu erkennen, daß Ambrosius hier, wie es GORI, *Ambrosius, De virginibus* 117 Anm. 58, als möglich erachtet, noch von der Logos-Sarx-Christologie beeinflußt ist und erst später (GORI führt *incarn.* 6, 57 – 7, 64 [CSEL 79, 253] an) mit der orthodoxen Lehre übereinstimmt. Ferner meint GORI, *Ambrosius, De virginibus* 117 Anm. 59, Ambrosius scheine sich hier gegen die Arianer zu richten — zur Stützung werden die in der Aussage ähnlichen antiarianischen Wendungen in *incarn.* 4, 24 (CSEL 79, 235) und *fid.* 3,10,65 (CSEL 78, 132) angeführt — wenn er betone, daß sich in Christus die Göttlichkeit mit dem menschlichen Leib verbunden habe ohne in irgendeiner Weise vermischt oder verunreinigt zu werden. Wenn er dabei von einer Art keuschen und jungfräulichen Hochzeit spreche, sei diese Rede von der Inkarnation als Vermählung von Gottheit und Menschheit zwar singulär im Werk des Ambrosius — wie FENGER, *Aspekte* 122, herausgestellt hat —, doch sei es ihm hier nicht primär darum gegangen, sich zur Inkarnation zu äußern, sondern diese als Modell für die vom Himmel stammende und sich mit menschlichen Körpern verbindende Jungfräulichkeit vorzustellen. Vgl. auch RAMOS-LISSÓN, *Ambrosius, De virginibus* 69 Anm. 54.

einen Makel unreiner Vermischung[63]. Von da an wuchs, über den ganzen Erdkreis verbreitet, die himmlische Lebensweise in menschliche Körper hinein[64]. Dies ist jenes Geschlecht, das die Engel, als sie auf Erden dienten (vgl. Mt 4,11; Mk 1,13), als das zukünftige zu erkennen gaben, das dem Herrn durch die Hingabe des unbefleckten Körpers seinen Dienst erweisen sollte[65]. Das ist jener himmlische Kriegsdienst[66], den das Heer der lobenden Engel auf Erden verheißen hat (vgl. Lk 2,13f). Wir haben also die Autorität des Alters (jungfräulichen Lebens) von der Welt, die Fülle des Gelübdes (aber) von Christus[67].

4.14 Dies (*sc.* das jungfräuliche Leben) ist mir gewiß nicht mit den Heiden gemeinsam, nicht verbreitet bei den Barbaren, nicht gebräuchlich bei den übrigen Lebewesen[68]. Wenn wir auch mit ihnen ein und dieselbe Luft zum Leben atmen[69], die gewöhnliche Beschaffenheit des irdischen Kör-

---

[64] Vgl. ATHANASIUS VON ALEXANDRIEN, *epistula ad virgines* 1 (58 LEFORT); siehe *virg.* 1,3,11, oben 117 Anm. 51. Der gleiche Gedanke begegnet schon bei PS.-CLEMENS, *epistulae ad virgines* 1,6,1 (9 FUNK/ DIEKAMP).

[65] Wie einst die Engel dem Herrn auf Erden dienten (vgl. *apol. Dav. II* 2,12,64 [CSEL 32/2,402], wo im Zusammenhang mit den genannten Schriftstellen davon die Rede ist, daß der Herr seinen himmlischen Wohnsitz nicht wechselte, sondern ihn auf die Erde verlegte), dienen ihm jetzt die engelsgleichen Jungfrauen durch die Hingabe ihres unbefleckten Körpers. Die Engel sind somit Vorausbild und Vorbild der Jungfrauen.

[66] Die Auffassung von der Jungfräulichkeit als *militia castitatis* begegnet mehrfach in den Virginitätsschriften des Ambrosius; vgl. Einleitung, oben 30 Anm. 82. Zur Motivgeschichte WANDL, *Studien* 54f.

[67] Da Christus den menschlichen Leib *sine ulla concretae confusionis labe* angenommen hat, hat er die Jungfräulichkeit in vollkommener Weise verwirklicht. Insofern ist ihre Fülle erst seit der Inkarnation bekannt und von ihr her lebbar.

[68] Vgl. ATHANASIUS VON ALEXANDRIEN, *epistula ad virgines* 1 (56 LEFORT).

[69] Vgl. VERGIL, *Aen.* 1,387f (115 MYNORS): *auras vitalis carpis*.

pamus statum, generandi quoque non discrepamus usu, hoc solo tamen naturae parilis convicia declinamus, quod virginitas affectatur a gentibus, sed consecrata violatur, incursatur a barbaris, nescitur a reliquis.

15. Quis mihi praetendit Vestae virgines et Palladii sacerdotes laudabiles? Qualis ista est non morum pudicitia, sed annorum, quae non perpetuitate, sed aetate praescribitur!

def. Z
1 discrepamus] discerpamus *P* | usum *MT* | hoc *om. kU* ‖ 2 sola *CEU*, solum *M* ‖ 3–4 incusatur *AF* ‖ 5 et] vel *F* | Palladis *A p.c.* (s *graphio*), *SFCO*, Palladii *J* ‖ 6 laudabiles *om. ASFCO* | est ista *MC* | pudicitia] prudentia *R2kU* ‖ 7 perscribitur *AY*

---

[70] Vgl. CICERO, *off.* 1,4,11 (5 WINTERBOTTOM): *Commune autem animantium omnium est coniunctionis appetitus procreandi causa*. Die Aussage, daß die Christen die äußeren Lebensumstände weitestgehend mit den übrigen Menschen teilen, sich aber zugleich wesentlich von ihnen unterscheiden, begegnet schon im Diognetbrief (vgl. *Diogn.* 5,1–10 [310–312 LINDEMANN/PAULSEN]).
[71] Die völlige Gleichförmigkeit der Natur zu behaupten, wäre angesichts der spezifisch christlichen Tugend der Jungfräulichkeit beleidigend.
[72] In jenen Jahren war Norditalien lange Zeit von Barbareneinfällen bedroht. In grellen Farben schildert Ambrosius die Schrecken dieser Angriffe und der damit verbundenen Mißhandlung von Jungfrauen in der Leichenrede auf seinen Bruder SATYRUS, auch wenn er sich dabei wahrscheinlich auf die spätere Goteninvasion der Jahre 377–378 bezieht (dazu FALLER, *Situation* 97–99); vgl. *exc. Sat.* 1,30–32 (CSEL 73,226).
[73] Das Palladion (Kultbild der PALLAS ATHENE) stand im römischen VESTA-Tempel; die Jungfrauen der VESTA und die Priesterinnen des Palladion sind also identisch; vgl. FALLER, *Ambrosius, De virginibus* 24 Anm. 16; COPPA, *Ambrosius, De virginibus* 551 Anm. 42; GORI, *Ambrosius, De virginibus* 119 Anm. 68; RAMSEY, *Ambrosius, De virginibus* 220f Anm. 6. Anders NIEDERHUBER, *Ambrosius, De virginibus* 319 Anm. 1, und SCHULTE, *Ambrosius, De virginibus* 31 Anm. 1. Eine Polemik gegen sie findet sich auch bei ATHANASIUS, *epistula ad virgines* 1 (56f LEFORT); vgl. dazu DUVAL, *Originalité* 34 Anm. 130f. Bei den VESTA-Priesterinnen handelt es sich um die bekannteste Ausprägung der Jungfräulichkeit in der heidnischen Antike und deren einzige institutionalisierte Form in Rom. Ihre Aufgabe war es, das heilige Stadtfeuer zu hüten. Die zuerst vier, später sechs Vestalinnen wurden im Kindesalter vom pontifex maximus

pers teilen, uns auch in der Praxis der Zeugung nicht unterscheiden[70]: in diesem (Punkt) allein weisen wir jedoch die Beleidigungen einer gleichförmigen Natur zurück[71], weil die Jungfräulichkeit von den Heiden (zwar) angestrebt, aber (wenn sie) gottgeweiht (ist,) gebrochen wird; die Barbaren greifen sie an[72], die übrigen (Lebewesen) kennen sie nicht.

15. Wer hält mir die Jungfrauen der Vesta und die Priesterinnen des Palladion als lobenswert vor?[73] Was ist das für eine Keuschheit, nicht der Sitten, sondern der Jahre, die nicht auf Dauer, sondern auf Zeit vorgeschrieben wird[74].

---

aus den vornehmen aristokratischen Familien ausgewählt und übten ihr Amt 30 Jahre lang aus, währenddessen sie keusch zu leben hatten. Sie wohnten, von ihren Familien getrennt, in einem mit dem VESTA-Tempel auf dem Forum Romanum verbundenen Gebäude, waren mit vielen gesellschaftlichen Privilegien ausgestattet, finanziell wohlversorgt und standen in hohem Ansehen. Die „Ergreifung" (*captio*) durch den pontifex maximus hatte eine Reihe von zivilrechtlichen Folgen; so unterstand eine Vestalin nicht mehr der väterlichen Gewalt oder der Vormundschaft, war vor Gericht zeugnisfähig, konnte frei über ihr Vermögen verfügen und ein Testament machen. Der Amtsführung und dem Gebet der Vestalinnen maß man fundamentale Bedeutung für den Bestand und das Wohlergehen des römischen Staatswesen zu. Erlosch das heilige Feuer durch die Nachlässigkeit einer Vestalin, wurde sie vergleichsweise milde mit Auspeitschung bestraft; verstieß sie jedoch gegen das Jungfräulichkeitsgebot (durch das sogenannte *incestum*), wurde sie auf rituelle Weise lebendig begraben, der beteiligte Mann öffentlich zu Tode gepeitscht. Nach der Streichung der Staatszuwendungen 382 verlieren sich gegen Ende des 4. Jahrhunderts Nachrichten über sie. Vgl. WISSOWA, *Religion* 156–161; GIANNELLI, *Sacerdozio;* MÜNZER, *Vestalinnen;* KOCH, *Vesta;* GUIZZI, *Aspetti;* RADKE, *Dei* 365–371; FRASCHETTI, *Sepoltura;* BEARD, *Rereading;* MARTINI, *Carattere;* STAHLMANN, *Sexus* 117–141; STAPLES, *Goddess* 127–156; CANCIK-LINDEMAIER, *Jungfrauen*.

[74] Nach Ablauf ihrer 30-jährigen Dienstzeit durften die Vestalinnen heiraten, allerdings nahmen nur wenige diese Möglichkeit in Anspruch, standen sie doch im Ruf, Unglück zu bringen; vgl. DIONYSIUS VON HALICARNASS, *Antiquitates Romanorum* 2, 67,2 (1, 250 f JACOBY); PLUTARCH, *Num.* 10, 4 (66 LINDSKOG/ZIEGLER). Vgl. zum Vorwurf, die Jungfräulichkeit werde nur zeitweise gelebt, ATHANASIUS VON ALEXANDRIEN, *epistula ad virgines* 1 (57 LEFORT).

Petulantior est talis integritas, cuius corruptela seniori servatur aetati. Ipsi docent virgines suas non debere perseverare nec posse, qui virginitati finem dederunt. Qualis autem est illa religio, ubi pudicae adulescentes iubentur esse, impudicae anus? Sed nec illa pudica est quae lege retinetur, et 5 illa impudica quae lege dimittitur. O mysteria, o mores, ubi necessitas inponitur castitati, auctoritas libidini datur! Itaque nec casta est quae metu cogitur, nec honesta quae mercede conducitur, nec pudor ille qui intemperantium oculorum cotidiano expositus convicio flagitiosis aspectibus 10 verberatur. Conferuntur immunitates, offeruntur pretia, quasi non hoc maximum petulantiae sit indicium castitatem vendere. Quod pretio promittitur pretio solvitur, pretio adicitur, pretio adnumeratur. Nescit redimere castitatem quae vendere solet. 15

---

def. Z
1 petulantiorem (est *s.* em *graphio*) *A* ‖ 3 finem] fidem *AV* ‖ 5–8 quae lege ... casta est *mg. inf. C3* ‖ 5 retinetur] tenetur *P* ‖ 10 aspectibus *om. P* ‖ 13 pretio solvitur *om. P* ‖ 13–14 adicitur *AMCT,* addĩ *F* ‖ 14 remuneratur *MP2R* ‖ 15 quae] quin *P2*

---

[75] Die *impudica* steht im Gegensatz zur *religio,* während die *pudica* ihr entspricht. Diese Auffassung hängt mit der *virg.* 1, 8, 52, unten 186f, gegebenen Etymologie von *religio* zusammen. Vgl. GORI, *Ambrosius, De virginibus* 121 Anm. 70.
[76] Wegen der zuvor erfolgten Gegenüberstellung von heidnischen und christlichen Jungfrauen dürften auch hier die vom heidnischen Gesetz gebundenen, das heißt zum (vorläufigen) jungfräulichen Leben verpflichteten Heidinnen, einerseits und die vom Gesetz befreiten, das heißt freiwillig zum jungfräulichen Leben bereiten Christinnen, andererseits gemeint sein. Wären einmal die jungen Vestalinnen und einmal dieselben nach ihrem Ausscheiden aus dem Priesterinnenamt gemeint, ergäbe die zweite Satzhälfte im Argumentationszusammenhang keinen Sinn, denn Ambrosius will ja gerade die vorläufige Jungfräulichkeit der Vestalinnen dadurch abwerten, daß er den aus dem Dienst geschiedenen unterstellt, unkeusch zu werden und auch nur werden zu können.
[77] Vgl. CICERO, *Catil.* 1, 1, 2 (5 REIS): *o tempora, o mores!*
[78] Die Vestalin ist zur Keuschheit gezwungen – die christliche Jungfrau lebt freiwillig keusch. Die eine darf nach ihrer Entlassung der Begierde

Leichtfertiger ist eine solche Unversehrtheit, deren Schändung bejahrterem Alter aufbewahrt wird. Sie, die der Jungfräulichkeit eine Grenze gesetzt haben, lehren selbst, daß ihre Jungfrauen darin weder verharren müssen noch können. Was ist das aber für eine Religion, wo junge Mädchen zur Keuschheit aufgefordert werden, alte Frauen zur Unkeuschheit[75]? Indessen ist jene, die vom Gesetz gebunden ist, nicht (schon deshalb) keusch und jene, die vom Gesetz befreit ist, nicht (schon deshalb) unkeusch[76]. O Mysterien, o Sitten[77], wo der Keuschheit ein Zwang auferlegt wird, der Begierde Autorität gegeben wird[78]! Und so ist die nicht keusch, die durch Furcht (dazu) gezwungen wird, die nicht ehrbar, die durch Lohn angeworben wird[79]. Dies ist keine Scham, die, der täglichen Beleidigung unmäßiger Augen ausgesetzt, durch lasterhafte Blicke getroffen wird. Steuerfreiheit wird gewährt, Preise dargeboten, als ob dies nicht das größte Zeichen von Leichtfertigkeit sei, die Keuschheit zu verschachern. Was für Geld versprochen wird, wird für Geld aufgehoben, für Geld zuerkannt, für Geld zugezählt. Sie kann (aber) die Keuschheit nicht zurückkaufen, die sie zu verschachern gewohnt ist.

---

frönen, die andere lebt ihr ganzes Leben lang enthaltsam.

[79] Der Freiwilligkeit bei den christlichen Jungfrauen stehen die Erwählung durch den pontifex maximus und der Ansporn durch Privilegien und finanzielle Zuwendungen auf seiten der Vestalinnen gegenüber. Vgl. zum Vorwurf des äußeren Zwangs und der Käuflichkeit ATHANASIUS VON ALEXANDRIEN, *epistula ad virgines* 1 (57 LEFORT). Hinter dem Hinweis auf die finanziellen Zuwendungen, die den Vestalinnen staatlicherseits zukamen, mag, wie STAHLMANN, *Sexus* 144f, meint, „die aktuelle Auseinandersetzung um die öffentliche Unterstützung paganer Kulte stehen, zumal die strittigen Steuerprivilegien explizit Erwähnung finden. Ambrosius behauptet eine Käuflichkeit der Vestalischen Keuschheit — eine Vorstellung, die im Grunde eine gewisse Zustimmung zu einem derartigen Handeln seitens des Mädchens impliziert. Da aber die vom pontifex maximus ergriffene Vestalin keine Chance hatte, sich diesem Zugriff zu entziehen, kann von ‚einer mit Geld erkauften Zusage‘ keine Rede sein". Tatsächlich schließen sich die Vorwürfe des Zwangs und der Käuflichkeit strenggenommen aus.

16. Quid de sacris Phrygiis loquar, in quibus impudicitia disciplina est atque utinam sexus fragilioris! Quid de orgiis Liberi, ubi religionis mysterium est incentivum libidinis? Qualis igitur potest ibi vita esse sacerdotum, ubi colitur struprum deorum? Non habent igitur sacra virginem. 5
17. Videamus ne forte aliquam vel philosophiae praecepta formaverint, quae magisterium sibi omnium solet vindicare virtutum. Pythagorea quaedam una ex virginibus

---

def. Z
1 sacris Phrygii] sacrificiis *P2Y* | impudica *E* ‖ 3 est mysterium *A a.c.* (est *exp.*) ‖ 5 sacram *MVJPRa, Maur.*, sacra <ista> *Castiglioni app. Cazz.*, sacra *cet., defend. Fall.* ‖ 6 videmus *M* | aliqua *HR* ‖ 8 virtutum] *add. mg.* de virgine Pytagorea quae sibi linguam dum a tirranno interrogaretur abscidit *Y* | Pytagorea *Y*, Phytagorea *P*, Thagorea *A* | unam *A a.r.*

---

[80] Gemeint ist der Kult der CYBELE, einer phrygischen Naturgottheit, die als die „Große Mutter" allen Lebens verehrt und in der griechischen Mythologie oft mit der Göttermutter RHEA gleichgesetzt wurde. CYBELE war leidenschaftlich in den Hirtenjüngling ATTIS verliebt, versetzte ihn jedoch wegen Untreue in Raserei, wobei er sich selbst entmannte. Die Feiern dieses Mysterienkultes, dessen Priester Eunuchen waren, waren geprägt durch orgiastische Tänze und rasende Ekstase, die bis zur Selbstverwundung und Selbstentmannung gehen konnte (vgl. CATULL, *carmina* 63 [49–53 EISENHUT]; LUCREZ, *De rerum natura* 2, 598–645 [65 f MARTIN]; AUGUSTINUS, *civ.* 6, 7 [CCL 47, 176]). Der CYBELE-Kult verbreitete sich im ganzen Mittelmeerraum und faßte zu Beginn des 3. Jahrhunderts auch in Rom Fuß. Vgl. zum Gesamten GRAILLOT, *Culte;* LAMBRECHTS, *Fêtes;* VERMASEREN, *Cybele;* THOMAS, *Magna mater;* SFAMENI GASPARRO, *Soteriology,* besonders 56–83; TURCAN, *Gods* 109–117; GRUEN, *Studies* 5–33; TURCAN, *Cults* 28–74; BORGEAUD, *Mère* 89–168; die von LANE, *Cybele,* herausgegebenen Beiträge; BEARD/NORTH/PRICE, *Religions* 96–98.164–166 (Literatur).

16. Was soll ich von den phrygischen Riten sagen, bei denen die Unzucht Methode ist[80] — und wäre es (nur) beim schwächeren Geschlecht? Was von den nächtlichen Feiern des Liber[81], wo das Mysterium des Kultes ein Reizmittel zur Begierde ist? Was für ein priesterliches Leben kann es denn dort geben, wo die Hurerei der Götter verehrt wird[82]? Diese Riten kennen daher keine Jungfrau[83].

17. Wir wollen sehen, ob nicht vielleicht auch die Regeln der Philosophie, die die Lehre aller Tugenden für sich zu beanspruchen pflegt, irgendeine (Jungfrau) hervorgebracht haben. Eine einzige von den Jungfrauen, eine Schülerin des Pythago-

---

[81] Der ursprünglich italische Fruchtbarkeits- und Weingott LIBER wurde schon früh hellenisiert und fast vollständig dem DIONYSUS (BACCHUS) gleichgesetzt. Wahrscheinlich bezieht sich Ambrosius hier auf die sogenannten Bacchanalien, orgiastische Feste zu Ehren des DIONYSOS, die der römische Senat 186 v. Chr. einer strengen Regelung unterwarf (*Corpus Inscriptionum Latinarum* 1,2,1 581 [437f LOMMATZSCH/MOMMSEN]; *Fontes iuris Romani antiqui* 36 [1 BRUNS/MOMMSEN/GRADENWITZ]). Ausführlich zum sogenannten „Bacchanalienskandal" LIVIUS, *Ab urbe condita* 39,8–19 (11–28 ADAM), der von abergläubischer Raserei, sexuellen Ausschweifungen und Verbrechen bei den Mysterien zu berichten weiß, allerdings wohl eher einen „historiographischen Diskurs" als einen Tatsachenbericht liefert (vgl. CANCIK-LINDEMAIER, *Diskurs*), ferner CICERO, *leg*. 2,14,37 (70 ZIEGLER). Zum DIONYSOS-Kult und zu den Ausschreitungen der Bacchanalien äußern sich auch TACITUS, *ann*. 11,31,2 [14 BORZSÁK/WELLESLEY], und AUGUSTINUS, *civ.* 7,21 [CCL 47,202f); vgl. zum Gesamten JEANMARIE, *Dionysos;* BRUHL, *Liber;* PAILLER, *Bacchanalia;* TURCAN, *Gods* 117–120; GRUEN, *Studies* 34–78; BEARD/NORTH/PRICE, *Religions* 91–96 (Literatur); zu archäologischen Zeugnissen HUTCHINSON, *Cult* (Literatur).

[82] Fraglich ist, ob Ambrosius hier konkret die Verbindung des Götterpaares LIBER und LIBERA (so FALLER, *Ambrosius, De virginibus* 25 Anm. 15) bzw. den Mythos der von DIONYSOS verführten ARIADNE (so COPPA, *Ambrosius, De virginibus* 552 Anm. 47; BEATRICE, *Ambrosius, De virginibus* 39 Anm. 37; GORI, *Ambrosius, De virginibus* 121 Anm. 74; RAMOS-LISSÓN, *Ambrosius, De virginibus* 73 Anm. 65) meint. Vgl. *vid*. 18,84 (314 GORI: *qui deorum suorum adulteria et probra venerantur*).

[83] Vgl. zum Abschnitt ATHANASIUS VON ALEXANDRIEN, *epistula ad virgines* 1 (57 LEFORT).

celebratur fabulis, cum a tyranno cogeretur secretum prodere, ne quid in se ad extorquendum confessionem vel tormentis liceret, morsu abscidisse linguam atque in tyranni faciem despuisse, ut qui interrogandi finem non faciebat non haberet quam interrogaret.

18. Eadem tamen forti animo, sed tumenti utero, exemplum taciturnitatis et proluvium castitatis, victa est cupiditatibus, quae tormentis vinci nequivit. Igitur quae mentis potuit

---

def. Z
1 fabula *R p.r. m2, CTO, Maur.* | a *om. CU, s.l. O* ‖ 2 quod *A* | extorquendum *AHO, Fall.,* extorquendam *cet., Maur., Cazz.* | confessione *C* ‖ 3 eliceret *H,* eligeret *M* | linguam abscidisse *F, Paris1751, Maur.* ‖ 4 expuisse *F* ‖ 8 torquendis *A a.c.* | non quivit *MRE*

---

[84] Es handelt sich dabei um die Hetäre LEAENA, die an der persönlich motivierten Verschwörung des ARISTOGEITON und des HARMODIUS gegen die Peisistratiden HIPPARCHUS und HIPPIAS am Tag der großen Panathenäen 514 v. Chr. beteiligt war. Als die Verschwörung mißlang, wurde LEAENA gefoltert, um von ihr Auskünfte über die Verschwörer und ihre Mitwisser zu erzwingen. Sie jedoch soll sich sogar die Zunge abgebissen haben, um nichts zu verraten, und starb bei der Folter. Nach dem Sturz der Peisistratiden 510 v. Chr. wurden alle drei von den Athenern verehrt; vgl. PLUTARCH, *De garrulitate* 8 (288 PATON/POHLENZ/SIEVEKING); PLINIUS, *nat.* 7, 87 (2 VON JAN/MAYHOFF); 34, 72 (5 VON JAN/MAYHOFF); POLYAENUS, *strategematon* 8, 45 (407 VON WÖLFFLIN); CICERO, *De gloria* (90 PLASBERG); PAUSANIAS, *Graeciae descriptio* 1, 23, 1 f (1 DA ROCHA PEREIRA); ATHENAEUS, *dipnosophistarum* 13, 69(596 F) (3 KAIBEL); TERTULLIAN, *apol.* 50, 8 (CCL 1, 170); *nat.* 1, 18, 4 (CCL 1, 37); *mart.* 4, 7 (82 QUACQUARELLI); LAKTANZ, *inst.* 1, 20, 3 (CSEL 19/1, 72); HIERONYMUS, *chron.* (GCS 106). JAMBLICH, *VP* 32, 189–194 (104–107 DEUBNER/KLEIN). Auch ATHANASIUS VON ALEXANDRIEN, *epistula ad virgines* 1 (56 LEFORT), erwähnt die Episode, wie Ambrosius im Zusammenhang mit dem Vorwurf an die pythagoreischen Jungfrauen, ihre Virginität nicht zu bewahren. DOSSI, *Ambrogio* 248 f.258; AUBINEAU, *Écrits* 166 Anm. 137, und DUVAL, *Originalité* 35 f, meinen aufgrund der Übereinstimmungen, daß ATHANASIUS hier als Vorlage gedient habe. Dagegen vermutet GORI, *Ambrosius, De virginibus* 121–123 Anm. 75, die Version des Ambrosius schöpfe aus einer anderen Quelle, da er einige Details erwähne, die bei ATHANASIUS fehlten, bei anderen der genannten Autoren, zum Beispiel TERTULLIAN, jedoch begegneten. Welche Einzelheiten GORI im Blick

ras, wird in Legenden verherrlicht[84]. Als sie vom Tyrannen gezwungen wurde, ein Geheimnis zu verraten, habe sie, damit nichts an ihr (sei), das es ermöglichte, (ihr) selbst durch Folter ein Geständnis zu entreißen, sich die Zunge abgebissen und ins Gesicht des Tyrannen gespuckt, so daß er, der der Fragerei kein Ende setzte, keine (mehr) hatte, die er fragen konnte.

18. Doch dieselbe — mit mutigem Sinn, aber schwangerem Mutterschoß, beispielhaft in ihrer Verschwiegenheit[85] und verschwenderisch in ihrer Keuschheit —, die durch Folter nicht besiegt werden konnte, wurde besiegt durch Begierden. So konnte sie das Geheimnis des Geistes ver-

---

hat, bleibt zwar offen, doch ist die Darstellung des Ambrosius in der Tat farbiger und detailreicher; zum Beispiel spricht ATHANASIUS weder von der Folter noch vom Ausspucken der Zunge ins Gesicht des Tyrannen. Auffällig ist jedenfalls, daß der Gedankengang und die Beschränkung in der Darstellung bei ATHANASIUS und Ambrosius übereinstimmen. Auch beim Mailänder Bischof bleibt die Schilderung merkwürdig in der Schwebe; ein Interesse an den Umständen des Geschehens ist nicht zu erkennen. Entweder kannte Ambrosius die Geschichte selbst nicht genauer oder er konnte sie bei seinen Zuhörern bzw. Lesern als bekannt voraussetzen; vielleicht schien ihm aber auch der genaue Hergang der Episode belanglos und nicht weiter erwähnenswert; die heidnische Philosophin wäre nur als negatives Beispiel kurz erwähnt, um die christlichen Jungfrauen auf diesem Hintergrund umso mehr hervorheben zu können.

[85] Vielleicht spielt Ambrosius hier auf das bei den Pythagoräern geübte Schweigen an; vgl. *in psalm 118* 2,5 (CSEL 62,22); *off.* 1,10,31 (CCL 15,11f). Auch ATHANASIUS VON ALEXANDRIEN, *epistula ad virgines* 1 (56 LEFORT), zollt den pythagoreischen Priesterinnen Bewunderung für ihre Schweigsamkeit, empfindet jedoch Scham für ihre Unfähigkeit, ihre Jungfräulichkeit zu bewahren. Zum pythagoräischen Schweigen, besonders dem fünfjährigen Schweigegebot für die Anfänger bzw. Bewerber vgl. APULEIUS, *flor.* (22f HELM); CLEMENS VON ALEXANDRIEN, *str.* 5,11,67,3 (GCS 371); DIOGENES LAËRTIUS, *vitae philosophorum* 8,10 (2 LONG); EPIPHANIUS VON SALAMIS, *haer.* 1,5,2 (GCS 165); *exp. fid.* 9,12 (GCS 505); GELLIUS, *Noctes Atticae* 1,9,3–5 (1 MARSHALL); JAMBLICH, *VP* 17,71–74 (40–42 DEUBNER/KLEIN); LUCIAN VON SAMOSATA, *Vit. Auct.* 3 (2f ITZKOWITZ); PLUTARCH, *De curiositate* 9 (322 PATON/POHLENZ/SIEVEKING); dazu MADEC, *Philosophie* 108.

tegere secretum corporis non texit opprobrium. Vicit naturam, sed non tenuit disciplinam. Quam vellet in voce momentum sui pudoris existere! Et eo fortasse erudierat illam patientiam, ut culpam negaret. Non igitur invicta undique: nam et tyrannus, licet non potuerit invenire quod 5
interrogabat, tamen quod non interrogabat invenit.

19. Quanto nostrae virgines fortiores, quae vincunt etiam quas non vident potestates, quibus non tantum de carne et sanguine, sed etiam de ipso mundi principe saeculique rectore victoria est! Aetate utique Agne minor, sed virtute 10
maior, triumpho numerosior, constantia confidentior, non sibi linguam propter metum abstulit, sed propter tropaeum reservavit. Nihil enim habuit quod prodi timeret, cuius non erat criminosa, sed religiosa confessio. Itaque illa secretum tantummodo celavit, haec probavit deum, quem quia aetas 15
nondum poterat confiteri, natura confessa est.

def. Z
1–2 vicit ... disciplinam *om. M* ‖ 2 vocem *R* ‖ 3 momentum] monimentum *MO*, munimentum *HF, Maur.* | existeret *Y* | et eo] et ideo *MRE*, eo (*om.* et) *P*, adeo *C*, eoque *Paris1751, Maur.* | erudiat *P*, erudiebat *P2* ‖ 4 illa *SY* | patientia *R p.r., a. Maur.*, penitentiam *S* ‖ 4–5 undique *s.* utique *R2* ‖ 6 tamen ... interrogabat *om. A* | non *om. P* | interrogabat] optabat *P*, obtabat *P2* ‖ 9 saeculi (*om.* que) *AF* ‖ 10 Agne *AVJPZ*, Agnes *cet., Maur.* ‖ 15 deum] dominum *a, Maur.*

[86] Nämlich, daß sie schwanger war, das heißt ihre Jungfräulichkeit nicht bewahren konnte.
[87] Der *princeps mundi* und *rector saeculi* ist hier, den biblischen Quellen entsprechend, negativ qualifiziert und wird, ebenso wie „Fleisch und Blut", als besiegenswert herausgestellt. Insgesamt sind die genannten unsichtbaren *potestates* schädlich und müssen, was einiges an Mut fordert, überwunden werden. Zur Dämonologie des Ambrosius vgl. MCHUGH, *Satan;* derselbe, *Demonology.*
[88] Vgl. *epist.* 7(37), 36 (CSEL 82/1, 61), wo die *virtus* der AGNES (und der Märtyrerinnen THECLA und PELAGIA) jener des heidnischen Philosophen CALANUS gegenübergestellt wird.

bergen; die Schande des Leibes verbarg sie nicht. Sie besiegte die Natur, hielt aber keine Disziplin. Wie sehr mochte sie wünschen, daß in ihrem Wort die Kraft ihrer Keuschheit zum Vorschein käme! Und vielleicht hatte sie das Erdulden (nur) deshalb gelehrt, um ihre Schuld zu leugnen. Sie war daher nicht in jeder Hinsicht unbesiegbar; denn obwohl der Tyrann nicht erfahren konnte, was er erfragte, erfuhr er doch, was er nicht erfragte[86].

19. Um wieviel mutiger sind unsere Jungfrauen, die sogar Mächte besiegen, die sie nicht sehen, denen nicht nur über Fleisch und Blut, sondern auch über den Fürsten der Welt selbst und den Lenker der Zeit der Sieg zukommt (vgl. Eph 6,12; Joh 12,31)[87]! Agnes — an Alter durchaus geringer, doch größer an Tugend[88], reicher an Triumph, zuversichtlicher hinsichtlich der Standhaftigkeit — riß sich nicht aus Furcht die Zunge heraus, sondern behielt sie als Siegeszeichen. Sie hatte nämlich nichts, von dem sie hätte fürchten müssen, daß es ans Licht käme; ihr Bekenntnis war nicht das eines Verbrechens, sondern das des Glaubens. Und so bewahrte jene lediglich ein Geheimnis, diese (aber) legte Zeugnis ab für Gott, den ihre Natur bekannte[89], weil ihr Alter noch nicht bekennen konnte.

---

[89] Zur Bedeutung des Begriffes *natura* verweist GORI, *Ambrosius, De virginibus* 123 Anm. 78, der „il suo stato" übersetzt, auf die ihm analog scheinende Verwendung *virg*. 1,8,40, unten 166–169, und 1,8,42, unten 170f. Auch andere Übersetzer geben *natura* anders als mit „Natur" wieder, zum Beispiel mit „ihr ganzes Wesen" (33 SCHULTE), „in her body" (366 DE ROMESTIN), „son être" (27 TISSOT) oder „la sua vita" (554 COPPA). Jedenfalls bleibt das mit *natura* Gemeinte hier seltsam unkonkret, zumal das Alter mit der „Natur" zusammenhängt und die Kontrastierung von „Alter" und „Natur" zumindest nicht naheliegt.

5.20 In laudationibus solet patria praedicari et parentes, ut commemoratione auctoris dignitas successionis exaggeretur: ego licet laudationem non susceperim virginitatis, sed expressionem, ad rem tamen pertinere arbitror, ut quae sit ei patria, quis auctor appareat, ac prius ubi sit patria definiamus: si enim ibi est patria, ubi genitale domicilium, in caelo profecto est patria castitatis. Itaque hic advena, ibi incola est.

21. Quid autem est castitas virginalis nisi expers contagionis integritas? Atque eius auctorem quem possumus aestimare nisi immaculatum dei filium, cuius caro non vidit corruptionem, divinitas non est experta contagionem? Videte igitur quanta virginitatis merita sint. Christus ante vir-

---

def. Z
2–3 exaggeraretur *A* ‖ 3 ego] ergo *A a.r.* ‖ 4 eius *R p.c. m2, TE* ‖
6 ibi]ubi *T* ‖ 7 castitati *AF* ‖ 7–9 incola ... nisi *s.l. C* ‖ 9 est *om. A* ‖
9–10 cogitationis *M1*, contagionis *s.l. graphio M3* ‖ 12 cogitationem *F* ‖
13 igitur *add.* fratres *F*

---

[90] Vgl. QUINTILIAN, *inst.* 3,7,10 (1 WINTERBOTTOM). Zur Topik der antiken epideiktischen Rede bzw. der Lobreden auf Menschen vgl. VOLKMANN, *Rhetorik* 314–361, besonders 323–328; MARTIN, *Rhetorik* 177–210; PERNOT, *Rhétorique*.
[91] Der schon zuvor — *virg.* 1,3,13, oben 120–123 — geäußerte Gedanke, daß Christus, der unbefleckte Sohn Gottes, der Urheber der Jungfräulichkeit ist, wird hier weiter entfaltet. Die Jungfräulichkeit spiegelt die beiden Naturen Christi wider: die menschliche (*coro non vidit corruptionem*) und die göttliche (*divinitas non est experta contagionem*). Speziell die Göttlichkeit Christi wird zur Jungfräulichkeit in Beziehung gesetzt. Sowohl von der *castitas* bzw. *integritas* der Jungfrau als auch von der *divinitas* Christi wird gesagt, daß sie unberührt (*expers contagionis — experta contagionem*) ist. Wie die göttliche Natur in Christus nicht beeinträchtigt wurde, so erhält sich die Jungfräulichkeit, als göttliche oder himmlische Tugend, unversehrt im menschlichen Körper. Eine Anspielung auf die (jungfräuliche) Kirche, wie RAMOS-LISSÓN, *Ambrosius, De virginibus* 75 Anm. 73, meint, dürfte hier wohl noch nicht vorliegen.

5.20 In Lobreden pflegt man Heimat und Eltern zu preisen[90], damit durch die Erinnerung an den Urheber das Ansehen der Nachkommenschaft vergrößert wird. Obwohl ich keine Lobrede auf die Jungfräulichkeit begonnen habe, sondern (nur) eine Darstellung (darüber), erachte ich es als der Sache dienlich, daß sichtbar wird, was ihre Heimat ist, wer ihr Urheber; und zwar wollen wir zuerst feststellen, wo ihre Heimat ist. Wenn nämlich die Heimat dort ist, wo das Geburtshaus (steht), so ist die Heimat der Keuschheit sicherlich im Himmel. Deshalb ist sie hier eine Fremde, dort eine Einwohnerin (vgl. Eph 2,19).

21. Was aber ist die jungfräuliche Keuschheit anders als unberührte Unversehrtheit? Und wen anders können wir als ihren Urheber ansehen als den unbefleckten Sohn Gottes, dessen Fleisch keine Verderbnis sah (vgl. Ps 16,10; Ps 15,10 LXX; Apg 2,27.31; 13,35), dessen Gottheit keine Beeinträchtigung erlitt?[91] Seht also, wie groß die Auszeichnungen der Jungfräulichkeit sind[92]! Christus vor der Jung-

---

[92] Es ist nicht eindeutig, was unter den *merita* zu verstehen ist und wie sich der Satz in den Zusammenhang einfügt. Möglichweise sind „Verdienste", also Leistungen der Jungfräulichkeit bzw. der Jungfrauen gemeint, allerdings fällt auf, daß diese nicht weiter benannt werden. Wahrscheinlicher als eine zusammenhanglose Aussage von irgendwelchen nicht näher erläuterten Verdiensten der Jungfräulichkeit scheint also, daß die *merita* im folgenden entfaltet werden: zum einen Christi Geburt vor der Zeit, seine Natur, zum anderen Christi Geburt für die Zeit, zu unserem Heil. Wenn dem so ist, dann sind die *merita* „Auszeichnungen", etwas von Gott verliehenes und in Christus geschenktes, nicht etwas von der Jungfräulichkeit oder den Jungfrauen geleistetes. Nach GORI, *Ambrosius, De virginibus* 125 Anm. 81, stellt Ambrosius zwei *merita* der Jungfrauen heraus, die beide eine Geburt zum Inhalt hätten: die Geburt des jungfräulichen Christus in der Welt und die Geburt der Christen in der jungfräulichen Kirche (wovon dann im folgenden Abschnitt die Rede wäre).

ginem, Christus ex virgine, a patre quidem natus ante saecula, sed ex virgine natus ob saecula. Illud naturae suae, hoc nostrae utilitatis. Illud erat semper, hoc voluit.

22. Spectate aliud virginitatis meritum: Christus virginis sponsus et, si dici potest, Christus virgineae castitatis; virginitas enim Christi, non virginitatis est Christus. Virgo est ergo quae nupsit, virgo quae nos suo utero portavit, virgo quae genuit, virgo quae proprio lacte nutrivit, de qua legi-

---

def. Z
1 renatus *a* ‖ 3 utilitatis *add.* est *HMdkO* | voluit *add.* circa finem *RTE* ‖ 4 spectate *add.* et *C2TEx, Maur.*, expectate *P*, spectare *P2*, expectare *Y*, et spectate *Cazz.* | aliud *exp. P2, om. Y* ‖ 5 sponsus *add.* est *HMR* | si *om. M* ‖ 6 Christi] Christus *M* ‖ 7 ergo] enim *M* ‖ 8 lacte nutrivit *i.r. H*

---

[93] Die Formulierung *ante saecula* taucht wörtlich im ps.-athanasianischen Bekenntnis *Quicumque* 31 (409 TURNER) auf: *deus est ex substantia patris ante saecula genitus, et homo est ex substantia matris in saeculo natus*. Vielleicht klingt hier auch die Formel πρὸ πάντων τῶν αἰώνων, die in mehreren östlichen Bekenntnisformeln begegnet und auch Eingang in das *Symb. Nic.* (325) gefunden hat (3. Sitzung: 244 DOSSETTI; 5. Sitzung: ACO 2/1,2, 128 [gr.], ACO 2/3,2, 136 [lat.: *ante omnia saecula*]). Ob Ambrosius hier jedoch bewußt auf die Bekenntnisformeln anspielt, steht dahin, zumal schon die Weissagung des messianischen Herrschers Mi 5,1 (Vg.) von dessen Hervorgang aus der Ewigkeit spricht. Das in Mailand zur Zeit des Ambrosius verwandte *Symbolum*, das nach *symb.* 7 (CSEL 73,10; vgl. *symb.* 4 [CSEL 73,6]) und *epist.* 15(42),5 (CSEL 82/3,305) dem römischen entsprach, beinhaltete wohl nicht die Formel *ante (omnia) saecula;* vgl. die aus *symb.* rekonstruierte Fassung bei FALLER, *Ambrosius, Explanatio Symboli* 19*; SCHMITZ, *Ambrosius, De sacramentis* 26.
[94] NEUMANN, *Virgin* 81 Anm. 6, macht darauf aufmerksam, daß in fünf Hss *renatus* statt *natus* bezeugt ist — und kritisiert CAZZANIGA, der in seinem textkritischen Apparat, im Gegensatz zu FALLER, jeden Hinweis auf diese Variante vermissen läßt. Bemerkenswert ist NEUMANNS Hinweis auf *spir.* 3,10,65 (CSEL 79,177), wo es von Christus heißt: *cum ipse dominus Iesus de sancto spiritu et natus sit et renatus.*
[95] Vgl. zur Gegenüberstellung von *pater* und *virgo* das bereits zitierte (siehe oben Anm. 93) ps.-athanasianische Symbolum *Quicumque* 31 (409 TURNER), ferner *in psalm.* 35,4 (CSEL 64,52).

frau, Christus aus der Jungfrau; gewiß aus dem Vater geboren vor der Zeit[93], aber aus der Jungfrau geboren[94] für die Zeit[95]. Jenes (entsprach) seiner Natur, dieses (geschah) unseres Heiles wegen[96]. Jenes war er allezeit, dieses wollte er (werden).

22. Betrachtet eine andere Auszeichnung der Jungfräulichkeit: Christus ist der Bräutigam einer Jungfrau (vgl. Eph 5,25–32; 2 Kor 11,2)[97] und, wenn man so sagen kann, Christus ist (der Bräutigam) der jungfräulichen Keuschheit[98]; die Jungfräulichkeit gehört nämlich Christus, nicht Christus der Jungfräulichkeit. Eine Jungfrau ist also diejenige, die ihn geheiratet hat; eine Jungfrau, die uns in ihrem Schoß getragen; eine Jungfrau, die (uns) geboren; eine Jungfrau, die (uns) mit ihrer eigenen Milch gesäugt hat[99], (und) von

---

[96] Gemeint ist: Das eine, nämlich die Geburt vor der Jungfrau, vor der Zeit, das heißt die Präexistenz, entsprach der (göttlichen) Natur Christi; das andere, die Geburt aus der Jungfrau, für die Zeit, geschah zum Heil der Menschen, war Ausdruck seiner Proexistenz.

[97] Gemeint ist die Kirche, die jungfräuliche Braut Christi; vgl. auch *virg.* 1,6,31, unten 152–155. Möglicherweise stützt sich Ambrosius, wie FALLER, *Ambrosius, De virginibus* 28 Anm. 1–11, und FRANSES, *Ambrosius, De virginibus* 25 Anm. 25, meinen, schon in dieser frühen Schrift auf den Hohelied-Kommentar des ORIGENES; siehe Einleitung, oben 35 Anm. 112.

[98] Nach GORI, *Ambrosius, De virginibus* 125 Anm. 86, und TISSOT, *Ambrosius, De virginibus* 328f Anm. 10, ist mit der Jungfräulichkeit nicht eine Eigenschaft Christi angesprochen, sondern die Kirche gemeint. Bei dieser Deutung, die *castitatis* als Genitivus obiectivus versteht, stört zwar etwas die unnötige Wiederholung von Christus; sie fügt sich jedoch besser in den ekklesiologischen Kontext ein. Weniger gut in den Zusammenhang paßt die ebenfalls mögliche Übersetzung, die *castitatis* als Genitivus qualitatis auffaßt: „Christus ist der Bräutigam einer Jungfrau, und, wenn man so sagen darf, Christus ist selbst von jungfräulicher Keuschheit". RAMSEY, der diese Deutung bevorzugt, meint *Ambrosius, De virginibus* 221 Anm. 10: „This section is remarkable for its characterization of Christ as a virgin with feminine attributes, namely, with a womb and breasts. But such a way of representing Christ was not unknown in antiquity".

[99] Vgl. *virg.* 1,6,31, unten 152f; *obit. Valent.* 75 (CSEL 73,364).

mus: „quanta fecit virgo Hierusalem! Non deficient de petra ubera neque nix a Libano aut declinabit aqua valido vento quae portatur." Qualis est haec virgo, quae trinitatis fontibus irrigatur, cui de petra fluunt aquae, non deficiunt ubera, mella funduntur? „Petra autem" est iuxta apostolum „Christus". Ergo a Christo non deficiunt ubera, claritas a deo, flumen ab spiritu. Haec est enim trinitas, quae ecclesiam suam irrigat, Pater, Christus et Spiritus.

23. Sed iam a matre descendamus ad filias. „De virginibus" inquit sanctus apostolus „praeceptum domini non ha-

---

def. Z
1 non** (*& eras.*) *A* | deficiant *CT, O a.c.* ‖ 2 declinavit *AMdPkU* | valida *AHMVJPR1* ‖ 2–3 quae vento *HY* ‖ 3 est *om. P* ‖ 5 fundentia *R*, vel fundentia *s.* funduntur *T* ‖ 6–7 a deo] *add. mg.* descendit *P2* ‖ 7 ab] a *P* | enim *om. FC, Maur.* ‖ 7–8 aecclesiam *P* ‖ 9 sed *add.* et *CT, Maur.* | iam] etiam *Ax* | discedamus *R a.c. m2*

---

[100] Mit den „Brüsten am Felsen" und dem „Schnee vom Libanon" ist jenes Wasser gemeint, das Leben spendet und erhält und von dem es schließlich ausdrücklich heißt, daß es nicht nachläßt. Das JEREMIA-Zitat ist vielleicht direkt aus der LXX übersetzt (so SCHULTE, *Ambrosius, De virginibus* 34 Anm. 2; vgl. CAZZANIGA, *Ambrosius, De virginibus* 11; FRANSES, *Ambrosius, De virginibus* 25 Anm. 26; VIZMANOS, *Ambrosius, De virginibus* 676 Anm. 30; MARTIN, *Ambrosius, De virginibus* 44 Anm. 26) oder aus dem Gedächtnis zitiert (so SALVATI, *Ambrosius, De virginibus* 281; COPPA, *Ambrosius, De virginibus* 555 Anm. 56), der ursprüngliche Zusammenhang wird jedenfalls nicht beachtet. Die Vg. übersetzt: *Quis audivit talia horribilia, quae fecit nimis virgo Israhel? Numquid deficiet de petra agri nix Libani, aut evelli possunt aquae erumpentes frigidae et defluentes?* (ebenso VetLat [2 SABATIER]). Vgl. auch das im Wortlaut abweichende Zitat von Jer 18,13f *in psalm. 118* 17,32 (CSEL 62,393).
[101] Möglicherweise handelt es sich hier, wie GORI, *Ambrosius, De virginibus* 125 Anm. 88, meint, um eine Anspielung auf das Wasser und die Spendeformel der Taufe.
[102] CAZZANIGA, *Note ambrosiane* 21, parallelisiert folgende Wörter bzw. Phrasen: *aquae — flumen ab spiritu / non deficiunt ubera — a Christo non deficiunt ubera / mella funduntur — claritas a deo*. Die letzte Gegenüberstellung sei jedoch singulär, zumal *mella* und *claritas* (der ausgegossene Honig und der von Gott verliehene Glanz), einander schwerlich

der wir lesen: „Wie große Dinge hat die Jungfrau Jerusalem getan! Die Brüste am Felsen werden nicht versiegen, auch nicht der Schnee vom Libanon; und das Wasser, von kräftigem Wind herbeigebracht, wird nicht nachlassen" (Jer 18,13f)[100]. Was ist dies für eine Jungfrau, die bewässert wird durch die Quellen der Dreifaltigkeit[101], der aus dem Felsen die Wasser hervorströmen, der die Brüste nicht versiegen, der Honig ausgegossen wird (vgl. Hld 4,11; Ps 81,17; Ps 80,17 LXX). „Der Fels aber ist", nach dem Apostel, „Christus" (1 Kor 10,4). Von Christus also kommen ihr die Brüste zu, die nicht versiegen, von Gott der Glanz, vom Geist der Wasserfluß. Denn dies ist die Dreifaltigkeit, die ihre Kirche bewässert: Vater, Christus und Geist[102].

23. Aber wir wollen nun von der Mutter zu den Töchtern herabsteigen[103]. „Über die Jungfrauen", sagt der heilige Apostel, „habe ich kein Gebot des Herrn" (1 Kor 7,25).

---

entsprächen. CAZZANIGA fragt deshalb, ob nicht *caritas* statt *claritas* zu lesen sei. Diese Frage wiederholt er im Apparat seiner Edition (*Ambrosius, De virginibus* 12), aber sie ist, wie GORI, *Ambrosius, De virginibus* 127 Anm. 90, zutreffend bemerkt, unbegründet, da die Gaben der drei göttlichen Personen *ubera, claritas* und *flumen* an das Trikolon *ubera, nix* und *aqua* aus Jer 18,13f erinnern. Vgl. auch RAMOS-LISSÓN, *Ambrosius, De virginibus* 77 Anm. 81.
[103] FALLER, *Ambrosius, De virginibus* 7, hält die Abschnitte *virg.* 1,5,20–22 für eine plumpe Überleitung von einer der verwendeten Predigten (1,3,11 – 1,4,19: Über die christliche Jungfräulichkeit) zu einer anderen (1,5,23 – 1,11,66: Vergleich von Ehe und Jungfräulichkeit), ähnlich DUVAL, *Originalité* 17. Demgegenüber sieht ZELZER, *Corpus* 516f, hier ein Beispiel für „zwei charakteristische Gestaltungsprinzipien, die oft nicht richtig verstanden wurden: der Verzicht auf geradlinige Gedankenführung, vor allem bei schwer faßbaren Aussagen, und die Wiederholung von Kernsätzen bzw. die Wiederkehr von ‚Leitmotiven' in verschiedenen Variationen. Mißverstanden wurden sie manchmal der ‚Unfähigkeit' des Bischofs zugeschrieben"; tatsächlich verfolge Ambrosius jedoch eine „Methode des langsamen Vorbereitens"; er setze „ganz bewußt die assoziative Gedankenführung ein, bei der er erst allmählich entwickelt, worauf es ihm wirklich ankommt"; ebenso dieselbe, *Scritti* 820; vgl. auch WANDL, *Studien* 4f.62–65.77f.

beo." Si doctor gentium non habuit, habere quis potuit? Et praeceptum quidem non habuit, sed habuit exemplum. Non enim potest imperari virginitas, sed optari; nam quae supra nos sunt, in voto magis quam in magisterio sunt. „Sed volo vos" inquit „sine sollicitudine esse. Nam qui sine uxore est sollicitus est quae domini sunt, quomodo placeat deo, et virgo cogitat quae sunt domini, ut sit sancta corpore et spiritu. Nam quae nupta est cogitat quae mundi sunt, quomodo placeat viro."

6.24 Non ego quidem dissuadeo matrimonium, sed virginitatis attexo beneficium. „Qui infirmus est" inquit

---

def. Z
1 si ... gentium *i.r.* T ‖ 2 sed habuit *s.l.* A ‖ 3 imperari *add.* potest C, *Paris1751,* Maur. | virginitas *om.* E | ortari RT, hortari E ‖ 4 vota P ‖ 6 placet F | deo] domino T *a.c.* ‖ 7 domini sunt M, *Paris1751* ‖ 9 viro *add.* suo *Maur.* ‖ 10 non] nam M | quid F ‖ 11 est *om.* MO

---

[104] Das *exemplum* der Jungfräulichkeit ist wohl PAULUS selbst, der in 1 Kor 7,7f seine Lebensform als nachahmenswert empfiehlt; vgl. GORI, *Ambrosius, De virginibus* 127 Anm. 91; RAMOS-LISSÓN, *Ambrosius, De virginibus* 79 Anm. 83. DUVAL, *Originalité* 38f, verweist hingegen auf ATHANASIUS, *epistula ad virgines* 1 (62 LEFORT), nach dem PAULUS bei seiner Empfehlung der Jungfräulichkeit das Beispiel der Jungfrau MARIA vorstellt.
[105] Gemeint sind Dinge, die unsere natürlichen Kräfte übersteigen. Der Gedanke, daß die Jungfräulichkeit übernatürlich ist, wurde schon *virg.* 1,3,11, oben 114f, besonders Anm. 45, entfaltet.
[106] In *vid.* 12,72 (302–304 GORI) charakterisiert Ambrosius die jungfräuliche Lebensweise ähnlich als Gegenstand eines Rates (*consilium*), der Freunden, nicht einer Vorschrift (*praeceptum*), die Untergebenen erteilt werde; sie wird nicht vorgeschrieben (*imponitur*), sondern vorgelegt (*proponitur*). Und er führt zur Charakterisierung dieses Rates aus: *Ubi praeceptum est, lex est; ubi consilium, gratia est. Praeceptum, ut ad naturam revocet; consilium, ut ad gratiam provocet.*

Wenn „der Lehrer der Völker" (1 Tim 2, 7) keines hatte, wer hätte es haben können? Er hatte zwar kein Gebot, aber er hatte ein Beispiel[104]. Die Jungfräulichkeit kann nämlich nicht angeordnet, sondern (nur) gewünscht werden; denn Dinge, die über uns sind[105], sind besser Gegenstand eines Wunsches als einer Lehre[106]. „Aber ich wünsche", sagt er, „daß ihr ohne Sorge seid. Denn wer keine Frau hat, ist besorgt um die Dinge des Herrn; so mag er Gott gefallen" (1 Kor 7, 32). „Auch die Jungfrau ist bedacht auf die Dinge des Herrn, damit sie heilig sei an Leib und Geist. Denn die Verheiratete ist bedacht auf die Dinge der Welt; so mag sie ihrem Mann gefallen" (1 Kor 7, 34)[107].

6.24 Ich rate gewiß nicht von der Ehe ab, aber ich füge den Vorteil der Jungfräulichkeit hinzu[108]. „Wer schwach ist",

---

[107] Wie nicht anders zu erwarten, zitiert Ambrosius die Empfehlungen des PAULUS in 1 Kor 7, 25–40 vor allem in seinen Virginitätsschriften häufiger. Vgl. über die schon erwähnten Stellen hinaus *virg.* 1, 6, 24, unten 142 f; 1, 6, 26, unten 144 f; *exhort. virg.* 4, 19 (214 GORI); 4, 22–24 (216 GORI); 6, 39 f (230 GORI); 7, 44–46 (234–236 GORI); 14, 94 (270 GORI); *inst. virg.* 1, 2 (110 GORI); *vid.* 1, 1 f (244–246 GORI); 2, 8 (252 GORI); 11, 71 (302 GORI); 12, 72 f (302–304 GORI); 13, 75 (306 GORI); 13, 80 (310 GORI); 14, 82 f (312 GORI); *virginit.* 6, 31–33 (15 CAZZANIGA); zum Wortlaut MUNCEY, *Text* 73 f; RAMOS-LISSÓN, *Ambrosius, De virginibus* 79 Anm. 90 f.

[108] Ambrosius wehrt sich gegen den Vorwurf, von der Ehe abzuraten, stellt allerdings deutlich die Vorzüge der Jungfräulichkeit dar. Vgl. auch *virg.* 1, 7, 34, unten 156 f, wo er die Ehe sogar empfiehlt und ihre Gegner verdammt. Die Gegenüberstellung der Ehe, die nicht verworfen werden darf, aber mit vielen Mühen verbunden ist, und der Jungfräulichkeit findet sich auch *virginit.* 6, 31–34 (14–16 CAZZANIGA); *vid.* 4, 23 (266 GORI); 12, 69 (300–302 GORI); 12, 72 (302–304 GORI); *epist. extra coll.* 15(42), 3 (CSEL 82/3, 303 f). Zur Ehe in der Sicht des Ambrosius GIACCHI, *Dottrina;* VIOLARDO, *Appunti;* DOOLEY, *Marriage;* OGGIONI, *Matrimonio* 286–297; TETTAMANZI, *Valori;* PIZZOLATO, *Coppia;* NAUMOWICZ, *Stosunek;* RIGGI, *Fedeltà* 189–200.

„holera manducet." Aliud exigo, aliud admiror. „Alligatus es uxori? Noli quaerere solutionem. Solutus es ab uxore? Ne quaesieris uxorem." Hoc praeceptum est copulatis. De virginibus autem quid ait? „Et qui matrimonio iungit virginem suam bene facit, et qui non iungit melius facit." Illa non 5 peccat, si nubat; haec si non nubat, aeterna est. Ibi remedium infirmitatis, hic gloria castitatis. Illa non reprehenditur, ista laudatur. Conferamus, si placet, bona mulierum cum ultimis virginum.

25. Iactet licet fecundo se mulier nobilis partu, quo plu- 10 res generaverit, plus laborat. Numeret solacia filiorum, sed numeret pariter et molestias. Nubit et plorat. Qualia sunt vota quae flentur? Concipit et gravescit. Prius utique impe-

---

def. Z
1 holus *E* ‖ 2 es] est *F* ‖ 4 qui *add.* in *TE, eras. C* | iungit] adiungit *M* ‖ 5 qui *s.l. A* | iungit] iungitur *A a.r.* ‖ 6 nubat *alt.*] peccat *k, add.* non peccat et *x* ‖ 9 ultimis] multis bonis *F* ‖ 10 fecundo se] fecundosa *R p.c. m2, CU* | nubilis *R p.c. m2, U* ‖ 11 generavit *Y* | numerat *P* | solacia] sodalia *A* ‖ 12–13 nubit ... flentur *om. F*

---

[109] Welche Bedeutung die mit dem Römer-Zitat gegebene Empfehlung, Gemüse zu essen, für Ambrosius hat, bleibt in der Schwebe. SCHULTE, *Ambrosius, De virginibus* 35 Anm. 2, meint, der Schwache im Glauben soll nach PAULUS nur Pflanzenspeisen essen, „um so nicht der Gefahr eines unerlaubten Fleischgenusses ausgesetzt zu sein"; für GORI, *Ambrosius, De virginibus* 127 Anm. 95, handelt es sich, der allegorischen Schriftauslegung entsprechend, um eine moralische oder spirituelle Schwäche, mangelndes Wachstum im Glauben, fehlende Kraft, die Leidenschaften zu besiegen. Aber auch diese Anmerkungen sind inhaltlich nicht sehr konkret. Vermutlich meint Ambrosius, der im Glauben und in der Tugend nicht Gefestigte soll sich nicht mit der kräftigeren, anspruchsvolleren Fleischspeise, das heißt der Jungfräulichkeit, überfordern, sondern das leichter verdauliche, alltäglichere Essen, das heißt die Ehe, wählen. Das Zitat Röm 14,2 begegnet auch, in ähnlichem Zusammenhang, *epist. extra coll.* 14(63),39 (CSEL 82/3, 255). Vgl. zur Stelle CLARK, *Renunciation* 350; zum Wortlaut MUNCEY, *Text* 68; RAMOS-LISSÓN, *Ambrosius, De virginibus* 79 Anm. 89.

sagt er, „esse Gemüse" (Röm 14,2)[109]. Das eine fordere ich ein, das andere bewundere ich. „Bist du einer Frau verbunden? Suche dich nicht (von ihr) zu lösen! Bist du frei von einer Frau? Suche keine Frau!" (1 Kor 7,27) Diese Vorschrift gilt den Verheirateten. Was aber sagt er über die Jungfrauen? „Wer seine Jungfrau verheiratet, handelt recht, wer (sie) nicht verheiratet, handelt besser" (1 Kor 7,38). Jene sündigt nicht, wenn sie heiratet, diese ist, wenn sie nicht heiratet, ewig[110]. Dort (bietet sich) ein Heilmittel gegen die Schwäche[111], hier der Ruhm der Keuschheit. Jene wird nicht getadelt, diese (wird) gelobt. Laßt uns, wenn es beliebt, die Güter der verheirateten Frauen mit den geringsten (Gütern) der Jungfrauen vergleichen[112].

25. Mag sich auch eine angesehene Frau ihrer großen Kinderschar rühmen — je mehr sie geboren hat, desto mehr müht sie sich ab. Sie zähle die Tröstungen auf, die ihr die Kinder geben, aber sie zähle ebenso die Mühen auf. Sie heiratet — und jammert. Was sind das für Wünsche, über die man weint[113]? Sie empfängt — und wird belastet[114]. Die Frucht-

---

[110] Eine Ehe einzugehen, ist zwar keine Sünde, aber die Ehefrau lebt in irdisch-menschlicher Weise. Die Jungfrau hingegen ist ewig, weil die Jungfräulichkeit vom Himmel stammt. Es ist die Lebensweise Christi (ihres Bräutigams) und der Engel. Vgl. *virg.* 1,3,11, oben 114–117; 1,6,30, unten 150f; 1,7,36, unten 160f.
[111] Diese Aussage stützt die vorgeschlagene Deutung des Zitates Röm 14,2. Vgl. *exhort. virg.* 7,46 (236 GORI); *epist. extra coll.* 15(42),3 (CSEL 82/3,303). Vgl. DOOLEY, *Marriage* 13–15.
[112] Vgl. zur Formulierung *cum ultimis virginum* LIVIUS, *Ab urbe condita* 34,18,5 (219 BRISCOE: *ut parsimonia ... cum ultimis militum certaret*). Für WANDL, *Studien* 82: „klingen diese Worte ungemein ironisch, denn die *bona mulierum* sind letztlich Mühen und Laster".
[113] Nach GORI, *Ambrosius, De virginibus* 129 Anm. 88, ist mit den *vota* im übertragenen Sinn die Ehe gemeint; vgl. auch RAMOS-LISSÓN, *Ambrosius, De virginibus* 8 Anm. 94. Da Ambrosius im ganzen Abschnitt jedoch von den Mühen, die Kinder verursachen, von Schwangerschaft und Geburt handelt, dürfte mit *vota* eher die Nachkommenschaft angesprochen sein.
[114] Die doppelte Bedeutung von *gravescere* — „belastet werden" und „schwanger werden" — läßt sich im Deutschen so nicht wiedergeben.

dimentum fecunditas incipit adferre quam fructum. Parturit et aegrotat. Quam dulce pignus quod a periculo incipit et in periculis desinit: prius dolori futurum quam voluptati, periculis emitur nec pro arbitrio possidetur.

26. Quid recenseam nutriendi molestias, instituendi et copulandi? Felicium sunt istae miseriae! Habet mater heredes, sed auget dolores; nam de adversis non oportet dicere, ne sanctissimorum parentum animi contremescant. Vide, mi soror, quam grave sit pati quod non oportet audiri. Et haec in praesenti saeculo. Venient autem dies, ut dicant: „beatae steriles et ventres qui non genuerunt." Filii enim huius saeculi generantur et generant, filia autem regni abstinet a voluptate viri et voluptate carnis, „ut sit sancta corpore et spiritu".

---

def. Z
2–6 quod ... felicium *R2 in spatio a m1 vacuo relicto* ‖ 6 felicium] filium *R2kU, O a.c. m2* ‖ 9 mi] mea *E* ‖ 9–10 quod ... ut *mg. H1* ‖ 9 oporteat *P* | audire *CTU, O a.c. m2* ‖ 10 ut] quando *dPa, Maur.* | dicent *C* ‖ 11 beata *R1* | sterilis *R1, A a.c.* (que non paturis *add. A a.c.,* erunt *s.* s *eras. A p.c.*) | que *HMFR1EO* | filii] filiae *HMVF, Maur.* ‖ 12 et generant *om. P, add. mg. P2* | filia] filii *JPR,* filiae *Ma* ‖ 12–13 abstinent *CTxY,* abstinent se *MRE* ‖ 13 voluptate] voluntate *Cazz.* | et *add.* a *M, Maur.* | viri et voluptate *om. F* | voluptate] voluntate *PY, Cazz.* | sit *add.* quod Iohannes dicit. Qui non ex sanguinibus neque ex voluptate viri neque ex voluptate carnis sed ex deo nati sunt (*tum litterae 32 erasae*) *R* | sint *Ma* | sanctae *Ma,* sancti *P2* ‖ 13–14 sancta ... spiritu *om. R* ‖ 14 et] ac *k*

---

[115] Damit ist wohl die Gefahr gemeint, daß die Mutter oder das Kind bei der Geburt zu Schaden kommt oder gar stirbt.
[116] Ein Kind führt sein eigenes Leben und hat seinen eigenen Willen. Es ist nicht dem freien Willen (*arbitrium*), das heißt der Willkür seiner Eltern ausgeliefert.
[117] Vgl. zum Wortlaut des Zitates ROLANDO, *Ricostruzione* 273.
[118] COPPA, *Ambrosius, De virginibus* 527 Anm. 67, liest aufgrund des Kontextes mit einigen Hss *filiae* statt *filii*. Da anschließend von einer *filia* die Rede ist, könnten schwerlich *filii* das Subjekt von *generant* sein, trotz der Abweichung von Lk 20,34.

barkeit beginnt jedenfalls eher Hindernisse zu verursachen als Nachkommen. Sie gebiert — und ist krank. Was für ein süßes Unterpfand, das mit Gefahr beginnt[115] und in Gefahren endet: Es wird eher Schmerz als Freude bringen; es wird unter Gefahren erworben und ist nicht dem freien Willen unterstellt[116].

26. Was soll ich die Mühen der Ernährung aufzählen, der Erziehung und der Verheiratung? Dies sind Beschwernisse der Glücklichen. Die Mutter hat Nachkommen, aber vermehrt (damit auch ihre) Schmerzen. Denn vom Unglück soll man (besser gar) nicht reden, damit die Gemüter (selbst) der heiligsten Eltern nicht ins Wanken geraten. Sieh, meine Schwester, wie schwer die Leiden sein müssen, von denen man nichts hören soll. Und das in der gegenwärtigen Zeit. Es werden aber Tage kommen, an denen sie sagen: „Selig die Unfruchtbaren und die Leiber, die nicht geboren haben" (Lk 23,29)[117]. Denn die Kinder[118] dieser Welt werden geboren und gebären (vgl. Lk 20,34[119]), die Tochter des Reiches jedoch enthält sich der Lust des Mannes und der Lust des Fleisches (vgl. Joh 1,13)[120], „um heilig zu sein an Leib und Geist" (1 Kor 7,34).

---

[119] Nach GORI, *Ambrosius, De virginibus* 129 Anm. 100, handelt es sich hier wahrscheinlich nicht um eine Paraphrase von Lk 20,34, sondern um eine *varia lectio* des Evangelientextes, den auch verschiedene andere Zeugen bieten (vgl. *Itala* [3 JÜLICHER]), das heißt um ein wörtliches Zitat; anders RAMOS-LISSÓN, *Ambrosius, De virginibus* 81 Anm. 96. Die Vg. übersetzt: *Filii saeculi huius nubunt et traduntur ad nuptias.*

[120] Text nach FALLER 29,23; CAZZANIGA 14,2 ersetzt — in Angleichung an Joh 1,13 — *voluptate* jeweils durch *voluntate;* eine Entscheidung, die durch die Codices nicht gestützt wird. Die Änderung des JOHANNES-Zitates durch Ambrosius fügt sich sinnvoll in den Duktus des Abschnittes ein und begegnet auch *in psalm.* 48,5 (CSEL 64, 364). Vgl. GORI, *Ambrosius, De virginibus* 129 Anm. 101; GORI, *Emendazioni* 83; RAMOS-LISSÓN, *Ambrosius, De virginibus* 81 Anm. 97.

27. Quid ego famulatus graves et addicta viris servitia replicem feminarum, quas ante iussit deus servire quam servos? Quae eo prosequor, ut indulgentius obsequantur quibus hoc, si probae sunt, merces est caritatis, si improbae, poena delicti.

28. Hinc illa nascuntur incentiva vitiorum, ut quaesitis coloribus ora depingant, dum viris displicere formidant, et de adulterio vultus meditentur adulterium castitatis. Quanta hic amentia effigiem mutare naturae; picturam quaerere et, dum verentur maritale iudicium, prodere suum. Prior

---

def. Z

1 – p. 150 l. 6 quid ... pensatis *signo addito mg. sinistro suppl. R2* || 1 ergo *MJFPRa* | familiatus *A* || 3 quae] quid *Ra* | eo *om. Ra* | prosequar *RCx*, persequar *T* || 4 sunt *om. Ra, Maur.* || 6 ut *add.* et *A, Fall., Cazz.* || 7 depinguant *AV, H a.r.* | dispicere *C a.c. m2*, despicere *Y* || 8 meditantur *Ra, Maur.*, meditatur *M* | adulterinum *H a.r.* || 9 haec *AS, Fall.*, hic *cet., Maur.* | efficiem *A* || 10 prodere] prodidere *Ra*, perdere *M*, perdidere *P*, al prodere *s.l. P2* | suum *add.* perdunt *M*

---

[121] Die hier (*virg.* 1, 6, 25–27) angestellten Überlegungen zu den Mühen des Ehestandes bzw. der Verheirateten (*molestiae nuptiarum*) lassen eine Beeinflussung durch CYPRIAN VON KARTHAGO, *hab. virg.* 22 (CSEL 3/1, 202f), erkennen. Dort findet sich auch Gen 3, 16 wörtlich zitiert; das Gebären von Kindern und die Beherrschung durch den Mann werden zur Illustration der Traurigkeiten und Wehklagen (*tristitias et gemitus*) von Frauen herangezogen. Auch Lk 20, 34–36 wird von CYPRIAN (CSEL 3/1, 203) angeführt, um das jungfräuliche Leben von den Mühen der Ehefrauen abzuheben. Vgl. zur Gegenüberstellung der Aussagen von CYPRIAN und Ambrosius DUVAL, *Originalité* 24–26; ferner derselbe, *Influence* 215f; KOCH, *Untersuchungen* 482–484. Vom LUKAS-Zitat abgesehen findet sich jedoch keine wörtliche Übereinstimmung. Vgl. GORI, *Ambrosius, De virginibus* 129 Anm. 102.

[122] Ambrosius erwartet von den Ehefrauen Gehorsam (*obsequium*) ihren Männern gegenüber; sie sind diesen zur Knechtschaft (*servitium*) verpflichtet. Und er stellt ihnen bei redlicher Befolgung dieser Anforderungen den Lohn der Liebe (*merces caritatis*) in Aussicht, bei Nicht-Befolgung allerdings auch die Bestrafung des Vergehens (*poena delicti*). Hinsichtlich der belohnenden bzw. strafenden Instanz dürfte eher an den eigenen Ehemann als an das göttliche Gericht gedacht sein. Man wird zur Beurteilung der weiblichen Unterordnung durch Ambrosius be-

27. Was soll ich die schweren Dienste der Frauen und die Knechtschaft, zu der sie den Männern gegenüber verpflichtet sind, wiederholen? Gott trug ihnen zu dienen auf (noch) bevor es Knechte gab (vgl. Gen 3,16)[121]. Ich führe das deshalb an, damit sie um so bereitwilliger gehorchen. So kommt ihnen, wenn sie redlich sind, der Lohn der Liebe zu, wenn sie unredlich sind, die Bestrafung des Vergehens[122].

28. Hierher stammen die Reizmittel der Laster, so daß[123] sie sich das Gesicht mit ausgesuchten Farben bemalen, in Furcht, den Männern zu mißfallen, und von der Verfälschung[124] des Aussehens in Gedanken zur Verfälschung der Keuschheit kommen[125]. Was für eine Verrücktheit hier, das Bild der Natur zu verändern, ein Gemälde zu gewinnen zu suchen und, während sie das Urteil des Ehemannes fürchten, das eigene (Urteil) bekanntzumachen. Denn jene,

---

rücksichtigen müssen, daß er die Unfreiheit der Ehefrauen vor allem deshalb so betont, um die Freiheit der Jungfrauen um so mehr hervorheben zu können.
[123] CAZZANIGA 14,8 und FALLER 30,5 lesen *ut et quaesitis,* eine Entscheidung, die mit einer einzigen Hs eine recht schwache textkritische Grundlage hat. GORI 130 liest deshalb, mit Verweis auf die übrigen Codices und AUGUSTINUS, *doctr. christ.* 4,132 (CSEL 80,159; nach anderer Zählung 4,21,50 [CCL 32,156]), *ut quaesitis;* ebenso RAMOS-LISSÓN 82f.
[124] Die zweifache Bedeutung von *adulterium* — „Verfälschung" und „Ehebruch" — läßt sich im Deutschen so nicht wiedergeben; gleiches gilt für das Verb *adulterare.*
[125] Die Kritik des Ambrosius an der Verwendung von Schminke — vgl. auch *hex.* 6,8,47 (CSEL 32/1,238) — ähnelt, wie schon AUGUSTINUS, *doctr. christ.* 4,131–133 (CSEL 80,158f; nach anderer Zählung 4,21,49f [CCL 32,155f]), zu erkennen gibt, CYPRIAN VON KARTHAGO, *hab. virg.* 14–17, besonders 15 (CSEL 3/1,197–199, besonders 198). Vgl. DUVAL, *Originalté* 26f; WANDL, *Studien* 79f. AUGUSTINUS, *doctr. christ.* 4,132 (CSEL 80,159; nach anderer Zählung 4,21,50 [CCL 32,156f]), übernimmt den ganzen Abschnitt wörtlich von Ambrosius — die Bemerkung von SCHULTE, *Ambrosius, De virginibus* 38 Anm. 1, Ambrosius habe ihn von AUGUSTIN entlehnt, ist abwegig.

enim de se pronuntiat quae cupit mutare quod nata est. Ita dum alii studet placere, prius ipsa sibi displicet. Quem iudicem, mulier, veriorem requirimus deformitatis tuae quam te ipsam, quae videri times? Si pulchra es, quid absconderis? Si deformis, cur te formosam esse mentiris nec tuae conscien- 5 tiae nec alieni gratiam erroris habitura? Ille enim alteram diligit, tu alteri vis placere. Et irasceris, si amet aliam qui adulterare in te docetur? Male magistra es iniuriae tuae. Lenocinari refugit etiam quae passa lenonem est ac licet vilis mulier non alteri tamen, sed sibi peccat, tolerabilioraque 10 propemodum in adulterio crimina sunt; ibi enim pudicitia, hic natura adulteratur.

29. Iam quanto pretio opus est, ne etiam pulchra displiceat! Hinc pretiosa collo dependent monilia, inde per humum vestis trahitur aurata. Emitur igitur haec species an habe- 15 tur? Quid quod etiam odorum variae adhibentur illecebrae, gemmis onerantur aures, oculis color alter infunditur? Quid

---

def. Z

1 natum *Y, Cazz.* ǁ 2 aliis *Maur.* | sibi ipsa *Maur.* ǁ 2–3 iudicem *add. P2* ǁ 4 quae *om. M* | times videri *F* ǁ 5–6 mentiris ... erroris *s.l. C* ǁ 6 erroris] oris *RCEx* | habituram *k* | alteram] adulteram *AHF* ǁ 7 alteri] alteram *V*, altera *J, Gori* | et *add.* tu *F* | aliam] alteram *M* | qui] quid *RCEU* ǁ 8 adulterare] adultera *TE*, al adulteram *mg. P2* | docetur] doces *P2* | mala *FRa, Maur.* | 8–9 lenocinari *add.* enim *T, Maur.* ǁ 9 leonem *E1* | vi**lis *P* ǁ 10 tolerabiliora quae *A a.c. m2, C* ǁ 11 adulterio *AMVSF, Aug. doctr. chr. 4,132 (CSEL 80. Aug. 6,6 Green 159,18)*, alterio *H*, altero *JRa, Maur.* ǁ 14 pretiosa *add.* de *M* | dependet *A a.c. m2*, pendent *M* ǁ 14–15 humum] unum *P* ǁ 15 aurata] deaurata *MC* ǁ 16 odorum] ad odorem *Ra, Maur.* ǁ 17 color *s.l. T*

---

[126] Ob hier ein Fremder gemeint ist oder der eigene Ehemann, der nicht mit seiner wirklichen Frau, sondern mit einem Zerrbild von ihr verkehrt, bleibt offen.
[127] Auch dieser Gedanke, daß die Verletzung der gottgegebenen Natur schlimmer sei als Ehebruch, begegnet bei CYPRIAN VON KARTHAGO, *hab. virg.* 15 (CSEL 3/1, 198).

die zu verändern sucht, was sie von Geburt an ist, spricht zuerst über sich selbst das Urteil. Wenn sie so einem anderen zu gefallen trachtet, mißfällt sie zuerst sich selbst. Welchen aufrichtigeren Richter deiner Häßlichkeit, o Frau, können wir uns wünschen als dich selbst, die du gesehen zu werden dich fürchtest? Wenn du schön bist, was versteckst du dich? Wenn du häßlich bist, warum gibst du vor, schön zu sein? Du wirst weder das Wohlgefallen deines (eigenen) Gewissens noch eines getäuschten Fremden haben. Jener nämlich liebt eine andere, du möchtest einem anderen gefallen. Und du wirst wütend, wenn er, der von dir im Ehebruch unterwiesen wird, eine andere liebt[126]? Du bist in schlechter Weise eine Lehrmeisterin deines (eigenen) Unrechts. Sogar diejenige sträubt sich, (jemanden) zu verführen, die (selbst) einen Verführer erduldet hat. Und obwohl sie eine billige Frau ist, versündigt sie sich dennoch nicht einem anderen, sondern (nur) an sich selbst. Die Vergehen beim Ehebruch sind (also) fast erträglicher. Dort nämlich wird die Keuschheit, hier die Natur verfälscht[127].

29. Wieviel Anstrengung kostet es schon, daß selbst eine schöne (Frau) nicht mißfällt[128]! Hier hängen kostbare Ketten vom Hals herab, dort wird ein golddurchwirktes Kleid über den Erdboden geschleppt. Erkauft man sich also diese Schönheit oder besitzt man sie? Was (soll man dazu sagen), daß nun sogar verschiedene duftende Lockmittel verwandt werden, die Ohren mit Edelsteinen beladen werden, den Augen eine andere Farbe eingegossen wird? Was

---

[128] Offenbar gibt es für Ambrosius wirkliche äußere Schönheit. Aber selbst manche schöne Frau bemüht sich verwerflicherweise, nicht zu mißfallen. Die natürliche Schönheit wird also leider von vielen als ungenügend empfunden.

ibi remanet suum, ubi tam multa mutantur? Sensus suos amittit mulier et vivere posse se credit?

30. Vos vero, beatae virgines, quae talia tormenta potius quam ornamenta nescitis, quibus pudor sanctus verecunda suffusus ora et bona castitas est decori, non humanis addictae oculis alieno errore merita vestra pensatis. Habetis sane et vos vestrae militiam pulchritudinis, cui virtutis militat forma, non corporis, quam nulla extinguit aetas, nulla eripere mors potest, nulla aegritudo corrumpere. Solus formae arbiter petitur deus, qui etiam in corpore minus pulchro diligat animas pulchriores. Non uteri onus notum, non dolor partus, et tamen numerosior suboles piae mentis, quae omnes pro liberis habet, fecunda successoribus, sterilis orbitatibus nescit funera, novit heredes.

31. Sic sancta ecclesia immaculata coitu, fecunda partu, virgo est castitate, mater est prole. Parturit itaque nos virgo

---

def. Z
1 remaneret *C* ‖ 2 se posse *R* ‖ 3 vero] ergo *E* ‖ 4 verecundia *P* ‖ 5 pudori *C* ‖ 5–6 addicta *AH* | addictae humanis *E* ‖ 7 cui] quibus *R2* (*ex* cui), *CEx* ‖ 8 extinguet *PY,* extinguere *Cazz.* ‖ 8–9 nulli eripere *A* ‖ 10 petatur *R p.c. m2, a, Maur.* ‖ 11 diligit *F* | pulchrioris *A* | uteri] veteri *A a.r.* | notum] natum *E a.c.* ‖ 12 quae] qui *A a.c.* ‖ 13 fecunde *R a.c. m2* | successionibus *R a.c. m2,* successuris *Y* ‖ 15 sit *R p.c. m2* (*ex* si?) | coetu *R a.c.* ‖ 16 caritate *Cazz. (error typ. ?)* | parturit] concipit *s.l. P2*

---

[129] Der Ausdruck *sensus suos ammitit* ist nach GORI, *Ambrosius, De virginibus* 131 Anm. 105, bewußt doppeldeutig. Die Frau, die sich parfümiert, Ohrschmuck trägt und sich die Augen schminkt, verliert ihre Sinne, weil sie Geruchssinn, Ohren und Augen nicht mehr zur Sinneswahrnehmung gebraucht; und sie verliert ihre Sinne, das heißt ihr Leben, weil sie ihre natürliche Echtheit aufgibt.
[130] Vgl. VERGIL, *georg.* 1, 430 (42 MYNORS).
[131] Es ist grammatikalisch nicht eindeutig, ob sich das Relativpronomen *cui* auf *militiam* oder auf *pulchritudinis* bezieht. Wegen seiner Stellung im Satz (größere Nähe zu *pulchritudinis*) und der Parallelität von *militiam* und *militat* ist letzteres jedoch wahrscheinlicher.

bleibt da Eigenes, wo so viel verändert wird? Die Frau verliert ihre Sinne[129] — und sie glaubt, leben zu können?

30. Ihr aber, glückliche Jungfrauen, die ihr solche Dinge — eher Folter als Schmuck — nicht kennt, bei denen heilige Scham über das scheue Antlitz ausgegossen ist[130] und vortreffliche Keuschheit der Zierde dient, ihr habt, menschlichen Augen nicht verpflichtet, frei von Täuschung, (nur) eure Verdienste im Sinn. Auch ihr leistet gewiß den Kriegsdienst (zur Erhaltung) eurer Schönheit, aber der[131] dient das Aussehen der Tugend, nicht des Körpers. Kein Alter löscht sie aus, kein Tod kann sie rauben[132], keine Krankheit (kann sie) zugrunde richten. Als alleiniger Richter über ihr Aussehen wird Gott angerufen, der auch im weniger schönen Körper die schöneren Seelen liebt[133]. Unbekannt (ist) die Last des Mutterschoßes, der Schmerz (bei) der Geburt. Und doch, zahlreicher ist der Nachwuchs einer frommen Seele, die alle wie Kinder um sich schart. Reich an Nachkommen, frei von Kindesverlust kennt sie keine Begräbnisse, hat (aber) Nachkommen kennengelernt[134].

31. So (ist) die heilige Kirche unbefleckt von Geschlechtsverkehr (vgl. Eph 5,27), reich an Kindern, Jungfrau durch Keuschheit, Mutter durch Nachkommenschaft. Deshalb gebiert uns eine Jungfrau, nicht schwanger

---

[132] Zur Ewigkeit der Jungfrau vgl. *virg.* 1,6,24, oben 142f, dazu Anm. 110; 1,7,36, unten 160f.
[133] Zur Schönheit, die sich aus der Verbindung mit Christus ergibt, vgl. PIZZOLATO, *Coppia* 205, der beispielhaft auf *in psalm 118* 2,8 (CSEL 62,24) verweist.
[134] Die fromme Seele der Jungfrau bekommt, auch wenn sie keine körperlichen Nachkommen hat (und daher auch nicht die Beschwernis der Schwangerschaft und Geburtswehen ertragen muß, keinen Kindesverlust und keine Kinderbegräbnisse kennt), Nachwuchs geistiger Art. Sie verzichtet auf die begrenzte körperliche Fruchtbarkeit zugunsten einer universellen geistigen Verwandtschaft. Vgl. PIZZOLATO, *Coppia* 204.

non viro plena, sed spiritu. Parit nos virgo non cum dolore
membrorum, sed cum gaudiis angelorum. Nutrit nos virgo
non corporis lacte, sed apostoli, quo infirmam adhuc crescentis populi lactavit aetatem. Quae igitur nupta plures
liberos habet quam sancta ecclesia, quae virgo est sacra- 5
mentis, mater est populis, cuius fecunditatem etiam scriptura testatur dicens: „quoniam plures filii desertae magis
quam eius quae habet virum?" Nostra virum non habet, sed
habet sponsum, eo quod sive ecclesia in populis sive anima

def. Z
1 non viro ... nos virgo *om. C, suppl. mg. inf. m3* ‖ 2 gaudiis] diis *P* ‖
3 corporis] corporali *M* | apostolico *F* | quo *om. F* ‖ 4 plures] pluriores *P Y* ‖ 7 plures] multi *CE*, (vel plures *s.l.*) *T* | desertae filii *H* | magis
i.r. H, om. F

[135] Vgl. *exhort. virg.* 42 (232 GORI: *Habet filios sine partus dolore*). Das
Gleiche gilt auch für die Jungfrauen, wie unmittelbar zuvor dargelegt,
und MARIA, dem *typus ecclesiae* (*in psalm.* 47,10f [CSEL 64,353f];
in Luc. 2,7 [CCL 14,33]). Vgl. HUHN, *Geheimnis* 123f; PIZZOLATO,
Coppia 203f.
[136] Nach GORI, *Ambrosius, De virginibus* 133 Anm. 107, gilt der Jubel
der Engel der Jungfräulichkeit der Kirche, denn in *virg.* 2,2,17 (unten
230f) verursacht der Einzug einer Jungfrau in den Himmel diesen Jubel.
Wahrscheinlicher dürfte jedoch sein, daß das *gaudium angelorum* nicht
nur durch die Jungfräulichkeit der Kirche verursacht wird, sondern auch
durch die Geburt neuer Christen aus dieser jungfräulichen Mutter.
[137] Die in diesem Abschnitt bis hierher dargelegten Gedanken finden
sich nahezu wörtlich bei PS.-AUGUSTIN, *serm.* 121,5 (114f BARRÉ). Die
Rede von der Kirche, die ihre Kinder nährt, begegnet auch *virg.* 1,5,22,
oben 136f, und *obit. Valent.* 75 (CSEL 73,364).
[138] Mit den *sacramenta* dürfte die Taufe gemeint sein; vgl. *in Luc.* 4,50
(CCL 14,124), wo auch der Zusammenhang von Taufe und Jungfräulichkeit der Kirche begegnet. HUHN, *Geheimnis* 142, führt als weiteres Beispiel für die Bezeichnung der Taufe als *sacramenta* (*baptismatis*) *spir.*
2 prol. 12 (CSEL 79,91) an und meint: „Durch die Taufe wird die Kirche
Mutter der Gotteskinder, so daß ihre Jungfräulichkeit nicht verletzt
wird. Der Taufbrunnen ist der gebärende Mutterschoß der Kirche"; vgl.
auch HUHN, *Bedeutung* 17–33.71.

DE VIRGINIBUS 1,6,31   153

von einem Mann, sondern vom Geist. Uns bringt eine Jungfrau hervor, nicht unter dem Schmerz der Glieder[135], sondern unter dem Jubel der Engel[136]. Eine Jungfrau nährt uns, nicht mit der Milch des Körpers, sondern des Apostels (vgl. 1 Kor 3,2)[137], mit der er das noch schwache Alter des heranwachsenden Volkes säugte. Welche verheiratete Frau hat mehr Kinder als die heilige Kirche, die Jungfrau ist durch die Sakramente[138], Mutter für die Völker[139], deren Fruchtbarkeit selbst die Schrift bezeugt, wenn sie sagt: „Denn bei weitem zahlreicher (sind) die Söhne der Verlassenen als derjenigen, die einen Mann hat" (Jes 54,1; Gal 4,27)?[140] Unsere (Mutter) hat keinen Mann, aber sie hat einen Bräutigam[141], insofern sich die Kirche unter den Völkern oder die Seele

---

[139] Für PIZZOLATO, *Coppia* 204f, verbinden sich in der Jungfrau wie in der Kirche die vertikale und horizontale Dynamik der Liebe, denn die Kirche ist völlig ausgerichtet auf Gott (*virgo est sacramentis*) und ebenso auf die Sehnsüchte der Menschen (*mater est populus*). Das johanneische „nicht von der Welt sein" und das „in der Welt sein" wird realisiert in der Jungfräulichkeit.

[140] Zur ekklesiologischen Deutung von Jes 54,1 vgl. *Abr.* 1,5,38 (CSEL 32/1,531); 1,7,61 (CSEL 32/1,543); *epist.* 12(30),12 (CSEL 82/1,98f); *exhort. virg.* 7,42 (232 GORI); *in Luc.* 2,67 (CCL 14,59); 3,23 (CCL 14,88); *fug. saec.* 5,30 (CSEL 32/2,188); *virginit.* 14,91 (43 CAZZANIGA). Zur Verbindung von (östlicher) *sponsa*-Ekklesiologie und (westlicher) *mater*-Ekklesiologie bei Ambrosius DASSMANN, *Identifikation*, besonders 332f; ferner RINNA, *Kirche* 125–136; DASSMANN, *Ecclesia* 137–143; derselbe, *Ambrosius* 109–114. Nach RAMOS-LISSÓN, *Ambrosius, De virginibus* 85 Anm. 109, übersetzt Ambrosius Jes 54,1 hier wahrscheinlich direkt aus der LXX, während Vg. (*quoniam multi*) und VetLat (2 SABATIER: *quia plures*) andere Varianten bieten; vgl. auch die Lesarten VetLat (2,1334–1340 GRYSON).

[141] Die Kirche ist in geheimnisvoller Weise mit Christus vermählt (*habet sponsum*), und bleibt dennoch Jungfrau (*virum non habet*). GORI, *Ambrosius, De virginibus* 133 Anm. 112, macht auf den semantischen Unterschied zwischen *vir* und *sponsus* aufmerksam; während *vir* den Ehemann meint, bezeichnet *sponsus* jenen, der mit der *sponsa* durch einen rechtsgültigen Ehevertrag verbunden ist, aber noch nicht mit ihr zusammenlebt.

in singulis dei verbo sine ullo flexu pudoris quasi sponso innubit aeterno effeta iniuriae, feta rationis.

7.32 Audistis, parentes, quibus erudire virtutibus, quibus instituere disciplinis filias debeatis, ut habere possitis quarum meritis vestra delicta redimantur. Virgo dei donum est, munus parentis, sacerdotium castitatis. Virgo matris hostia est, cuius cotidiano sacrificio vis divina placatur. Virgo individuum pignus parentum, quae non dote sollicitet, non emigratione destituat, non offendat iniuria.

---

def. Z
1 quasi] quas *A*, quo *H* ‖ 2 nubit *P i.r.*, *EY*, innupta *R* | effeta *add.* sit *H* | feta] effeta *R* ‖ 3–4 quibus *om. AHF* ‖ 4 instruere *MF* ‖ 5 quarum] quocum *R* | redimantur] -mantur *i.r. R2* ‖ 5–6 virgo ... matris *om. R, suppl. mg. m2* ‖ 7 est hostia *E* ‖ 8 individuum ... parentum] *mg.* dei donum est munus parenti *P2* ‖ 9 offendat] infundat *P*, al offendat *P2* | iniuriis *RkU*

---

[142] Ob mit dem Ausdruck *feta rationis*, wie GORI, *Ambrosius, De virginibus* 133 Anm. 114, nahelegt, auf den anthropologischen Terminus technicus der *ratio* (oder *mens*) angespielt wird, ist fraglich. Die *ratio/mens* ist bei Ambrosius der von Gott eingehauchte obere Teil der menschlichen Seele, Ort der Gottebenbildlichkeit des Menschen, Tiefengrund und Mitte seiner Person. Alles personale Handeln geht von hier aus, wird von hier geleitet und kehrt hierhin zurück. Insofern entspringt der *ratio/mens* das gesamte Tugendleben — und die geistlich-sittliche Fruchtbarkeit. Vgl. SEIBEL, *Fleisch* 26–30.180f; LOISELLE, *Nature* 42–46. Zum gesamten Abschnitt und zur Fruchtbarkeit der jungfräulichen Kirche vgl. CITTERIO, *Lineamenti* 39f; CERIANI, *Spiritualità* 194–196; MULLER, *Ecclesia* 170–173; PIZZOLATO, *Coppia* 203–207.
[143] Zum sakerdotalen Charakter der Jungfrau siehe Einleitung, oben 45 f.
[144] BEUKERS, *Termen* 415, meint: „Ook passief is de maagd een offerande. ... zij [kan] ... gezien worden: ‚als een gave van de vader, die zijn godsgeschenk afstaat voor het priestershap van de zuiverheid; als een hostie van de moeder waardoor de godheid dagelijks verzoend wordt'". Allerdings ist es grammatikalisch ebenso möglich, daß *cuius* sich auf *virgo* bezieht; einige Übersetzer lassen denn auch offen, wer das tägliche Opfer

in jedem einzelnen ohne jede Beugung der Keuschheit mit dem Wort Gottes wie mit einem ewigen Bräutigam vermählt, unempfänglich für Unrecht, reich an Einsicht[142].

7.32 Ihr habt gehört, Eltern, in welchen Tugenden ihr eure Töchter unterrichten, in welchen Lehren ihr sie unterweisen sollt, damit ihr (Töchter) haben könnt, durch deren Verdienst eure Vergehen ausgelöst werden. Eine Jungfrau ist ein Geschenk an Gott, eine Gabe ihres Vaters, ein Priesterdienst der Keuschheit[143]. Eine Jungfrau ist eine Opfergabe ihrer Mutter; durch ihr tägliches Opfer wird die göttliche Macht versöhnt[144]. Eine Jungfrau ist ein unzertrennliches Unterpfand ihrer Eltern[145], denn sie bekümmert sie nicht durch ihre Aussteuer, sie läßt sie nicht im Stich durch ihren Auszug[146], sie verletzt sie nicht durch Kränkung.

---

darbringt, die Jungfrau oder ihre Mutter. PUCCETTI, *Ambrosius, De virginibus* 23, äußert die Ansicht, die Jungfrau „è una vittima della santa madre (la Chiesa), per il cui sacrificio quotidiano si placa l'ira divina". Zur Auffassung von der Jungfräulichkeit als Opfer vgl. auch *virg.* 1,11,65, oben 204–207, wo es von einer Jungfrau heißt, sie sei *pudoris hostia, victima castitatis*. Hinsichtlich der Genitive *donum dei — munus parentis — hostia matris* ist zu fragen, ob hier Gott der Geber ist oder die Eltern als die Schenkenden bzw. Opfernden angesprochen werden. Da insgesamt der Akzent deutlich auf dem menschlichen Handeln liegt, dürfte *donum dei* ein Genitivus obiectivus sein (grammatikalisch möglich wäre auch ein subiectivus: ein Geschenk Gottes), *munus parentis* und *hostia matris* hingegen jeweils ein Genitivus subiectivus (grammatikalisch möglich wäre jeweils auch ein obiectivus: ein Geschenk an den Vater — es ist unwahrscheinlich, daß mit *parens* Gottvater gemeint ist —, eine Opfergabe an die Mutter).

[145] Zur Rede vom Kind als *pignus* seiner Eltern, womit auch Christus als Sohn des Vaters oder MARIENS und die Christen als Kinder der Kirche gemeint sein können, vgl. *virg.* 1,6,25, oben 144f; 3,7,35, unten 323f.

[146] In Mailand blieben die Jungfrauen also bei ihren Eltern wohnen; eine klösterliche Gemeinschaft im engeren Sinn gab es hier anscheinend nicht. Anders verhielt es sich offenbar in Bologna (vgl. *virg.* 1,10,60, oben 198–201), wo Jungfrauen gemeinsam in einem *sacrarium virginitatis* lebten. Vgl. QUACQUARELLI, *Lavoro* 70; PENCO, *Storia* 39; MIRRI, *Monachesimo* 42; siehe Einleitung, oben 20f.

33. Sed nepotes aliquis habere desiderat et avi nomen adquirere. Primum suos tradit, dum quaerit alienos, deinde certis defraudari incipit, dum sperat incertos, confert opes proprias et adhuc poscitur, nisi dotem solvat, exigitur, si diu vivat, onerosus est. Emere istud est generum, non adquirere, qui parentibus filiae vendat aspectus. Ideone tot mensibus gestatur utero, ut in alienam transeat potestatem? Ideo comendae virginis cura suscipitur, ut citius parentibus auferatur?

34. Dicet aliquis: ergo dissuades nuptias? — Ego vero suadeo et eos damno qui dissuadere consuerunt, utpote qui Sarae ac Rebeccae et Rachel ceterarumque veterum coniugia feminarum pro documentis singularium virtutum recensere soleam. Qui enim copulam damnat, damnat et filios

---

def. Z
1–2 adquireret *R a.r.* ‖ 2 tradet *M* ‖ 2–3 certa sobole defraudari *R* ‖ 3 sperat *add.* in *R* ‖ 4 poscitur, *add.* <et> *Cazz.* | exigitur] cogitur *R* ‖ 5 emere] emerire *R a.c. m1* | istud] illud *A* | adquirere *add.* sed ultro eum se offerrae *R* | qui] quae *P,* quaem *P2* ‖ 5–6 qui primus in filiam dat aspectus *R* ‖ 6 gestatur *add.* in *R* ‖ 7 comendae *U1,* commendae *VRCT,* (at comende *s.l.*) *E,* coemendae *SM,* commendatae *JOU2,* coemendate (*an* -are?) *mg. P,* commendate *Y,* commendandae *Maur., Fall.* ‖ 7–8 virgines *i.r. P,* virginis *P1* ‖ 9 dicit *A a.c., MCx* | dissuadis *A* ‖ 10 damno] sane *R* | suadere *P a.c.* ‖ 11 Sarae] Sarrae *PY,* sarcire *R a.r.,* sacrere *H a.r.* | ac] et *R* ‖ 11–12 coniugia] coniuncta *R* ‖ 13 solam *A,* solent *H* | enim] erum *A a.c. m2*

---

[147] Was mit diesem *poscitur* inhaltlich gemeint ist, wird nicht näher entfaltet. Vielleicht die im folgenden genannte Aussteuer oder die erwartete finanzielle Unterstützung von Tochter und Schwiegersohn.
[148] Ambrosius wehrt sich, wie schon *virg.* 1,6,24, oben 140f, gegen den Vorwurf der Ehefeindlichkeit und wendet sich ausdrücklich gegen jene, die von der Ehe abraten. Es ist nicht eindeutig zu entscheiden, gegen wen sich diese Aussage wendet und wen er mit den weiter unten genannten *sacrilegi homines* meint. Zwar spricht er *epist.* 28(50),14 (CSEL 82/1,193) ausdrücklich von *Manichaeorum sacrilegia;* es ist jedoch nicht sicher, daß er auch hier den Manichäismus meint, welcher nur für die *electi* sexuelle Enthaltsamkeit lehrte, wohingegen die *auditores* heiraten durften. Ob Ambrosius überhaupt eine bestimmte sexualfeindliche Gruppe im Blick hat oder die Ablehnung der Ehe als Topos verwendet, steht dahin. BROWN, *Keuschheit* 217, macht darauf aufmerksam, daß Anfang des 4.

33. Doch mancher wünscht sich, Enkel zu haben und Großvater genannt zu werden. Erstens gibt er seine eigenen (Kinder) ab, indem er fremde zu gewinnen sucht; sodann beginnt er, um die sicheren (Kinder) betrogen zu werden, indem er sich unsichere erhofft. Er gibt den eigenen Besitz hin und wird noch mehr gefordert[147]. Wenn er die Aussteuer nicht zahlt, wird er belangt; wenn er lange lebt, ist er lästig. So etwas heißt, einen Schwiegersohn zu kaufen, nicht (ihn) zu gewinnen; er läßt sich sogar den Anblick der Tochter von den Eltern bezahlen. Wird sie deshalb so viele Monate im Mutterschoß getragen, damit sie in fremde Gewalt übergeht? Nimmt man deshalb die Sorge auf sich, die Jungfrau zu schmücken, damit sie (um so) schneller den Eltern entrissen wird?

34. Irgendjemand wird sagen: Also rätst du von der Ehe ab? Ich empfehle (sie) sogar und verdamme jene, die (von ihr) abzuraten gewohnt sind[148]. Ich pflege doch die Ehen Saras und Rebekkas und Rahels und anderer alttestamentlicher[149] Frauen als Beispiele einzelner Tugenden aufzuzählen[150]. Wer nämlich die Ehe verdammt, verdammt auch Kinder und

---

Jahrhunderts „christlicher Askezismus, der sich durchgängig mit der einen oder anderen Form von lebenslangem sexuellem Verzicht verband, ein feststehender Zug der meisten Regionen der christlichen Welt geworden" war. Auch in seiner Polemik gegen die Kritiker der Ehe folgt Ambrosius ATHANASIUS VON ALEXANDRIEN, *epistula ad virgines* 1 (62–69 LEFORT), dessen umfangreichen Ausführungen sich jedoch gegen den Enkratiten HIERACAS richten.

[149] Wörtlich: „und anderer alter Frauen".

[150] Vgl. ATHANASIUS VON ALEXANDRIEN, *epistula ad virgines* 1 (64 LEFORT):„O combien de femmes viendront à leur rencontre! Sara, Rebecca, Rachel, Lia, Suzanne, Elisabeth; et surtout les femmes qui veillèrent sur la décence du mariage." Da *virg*. die erste Schrift des Ambrosius ist, sind hier wohl zuvor gehaltene Predigten gemeint; allerdings werden auch in den späteren Schriften häufig alttestamentliche Frauen beispielhaft angeführt. So wird jede der drei genannten Frauen als Typus der Kirche genannt; vgl. HAHN, *Gesetz* 134–149 (SARA). 152–154 (REBEKKA), 176–180 (RAHEL). REBEKKA wird den Jungfrauen in *virg*. 3,3,10, unten 288–291, als Beispiel der Schamhaftigkeit (*pudor*), RAHEL daneben als Beispiel der Frömmigkeit (*pietas*) vorgestellt.

et ductam per successionum seriem generis societatem damnat humani. Nam quemadmodum duratura in saeculum aetas succedere posset aetati, nisi gratia nuptiarum procreandae studium subolis incitaret? Aut quomodo praedicare potest quod inmaculatus Isaac ad altaria dei victima paternae pietatis accessit, quod Israel humano situs in corpore deum vidit et religiosum populo dedit nomen, quorum originem damnat? Unum sane licet sacrilegi homines habent, quod in his etiam a sapientissimis probetur, quod coniugia damnando profitentur ipsi non debuisse se nasci.

35. Non itaque dissuadeo nuptias, si fructus virginitatis enumero. Paucarum quippe hoc munus est, illud omnium. Nec potest esse virginitas, nisi habeat unde nascatur. Bona cum bonis comparo, quo facilius quid praestet eluceat. Neque meam ullam sententiam adfero, sed eam repeto, quam edidit

---

def. Z
1 successorum *MR*, successionem *P* ∥ 2 dampna *P a.c.* | namque admodum *A* ∥ 2–3 saecula *Cazz.* (*error typ.* ?) ∥ 3 gratiam *AF* ∥ 4–5 praedicari *MkU* ∥ 5 immolatus *k* | altare *MO* ∥ 7–8 populo … unum *s.l.* *C1* ∥ 8 damnet *a* | scilicet *Castiglioni app. Cazz., Cazz.* ∥ 8–9 licet sacrilegii habent homines *Y* ∥ 9 quod] qui *P, Maur.* ∥ 10 ipsi *om. a, Maur.* | debuissent *P* | se *om. R* | se non debuisse *a, Maur.* ∥ 11 utique *P* | si] sed *Y, Maur.* | virginitatis] virgines *A a.c.* ∥ 12 numero *Cx* | omnium] hominum *R a.c.* ∥ 13 unde] nisi *A* ∥ 14 comparatio *A a.c. m2* | quid] quisquis *F* ∥ 15 ullam *om. P, add. m2* | adferro] assero *TE*

---

[151] Wörtlich: „die Gemeinschaft des Menschengeschlechts".
[152] Eine ähnliche Argumentation bietet GREGOR VON NYSSA, *virg.* 7, 1f (SCh 119, 348–356, besonders 348–350 und 356).
[153] Ambrosius stellt die *gratia nuptiarum* als Antrieb für die Zeugung von Nachkommen und damit für die Erhaltung der Menschheit heraus. Eine spezifisch christliche Ehe hat er dabei nicht im Blick, so daß mit *gratia* kaum die (göttliche) Gnade gemeint sein wird, sondern eine generell menschliche Neigung, zu heiraten. SCHULTE hingegen sieht hier eine Besonderheit der Christen angesprochen und meint, Ambrosius erinnere

verwirft die menschliche Gemeinschaft[151], die durch eine Kette von nachfolgenden (Generationen) fortgeführt worden ist[152]. Denn wie hätte durch die Zeit hindurch eine Generation der anderen folgen können, wenn nicht die Beliebtheit der Hochzeit den Drang antriebe, Nachwuchs hervorzubringen[153]. Oder wie kann man[154] preisen, daß der unbefleckte Isaak zum Altar Gottes trat als Opfer der Frömmigkeit seines Vaters (vgl. Gen 22, 1–18), daß Israel in seinem menschlichen Körper Gott sah und dem Volk den heiligen Namen gab (vgl. Gen 32, 23–31; 35, 9f), wenn man deren Herkunft verdammt? Eines freilich wissen selbst die gottlosen Menschen, das sogar von den weisesten unter ihnen anerkannt wird, daß sie (nämlich) mit der Verdammung der Ehe offen gestehen, selber nicht hätten geboren werden zu sollen.

35. Ich rate also nicht von der Ehe ab, wenn ich die Früchte der Jungfräulichkeit aufzähle. Letzteres ist ja die Gabe weniger, ersteres (die Gabe) aller. Und auch die Jungfräulichkeit kann es nicht geben, wenn es nicht (die Ehe) gäbe, aus der sie geboren werden kann[155]. Ich vergleiche ein Gut mit einem anderen, damit desto leichter sichtbar werde, was überlegen ist. Ich trage auch nicht meine eigene Meinung vor, sondern wiederhole jene, die der Heilige

---

„damit an die in der Kaiserzeit immer zunehmende Ehe- und Kinderlosigkeit namentlich in höheren Ständen. Schon zur Zeit der Republik hatte die Ehe für eine Last gegolten und bei steigender Unsittlichkeit erschien auch diese Last immer größer" (*Ambrosius, De virginibus* 41 Anm. 1). Eine von Christen gewährleistete Fortführung des Menschengeschlechtes paßt aber weder recht zu den angeführten alttestamentlichen Beispielen, noch zum Ausdruck *duratura in saeculum*, der nicht erkennen läßt, daß nur die Zeit nach Christus gemeint sein könnte.
[154] Wörtlich: „wie kann er"; nach FALLER, *Ambrosius, De virginibus* 32 Anm. 15, ist hier der gemeint, *qui copulam damnat*.
[155] Vgl. GREGOR VON NAZIANZ, *or.* 37, 10 (SCh 318, 292).

spiritus sanctus per prophetam: „melior est" inquit „sterilitas cum virtute."

36. Primum enim quod nupturae prae ceteris concupiscunt, ut sponsi decore se iactent, eo necesse est impares sacris se fateantur esse virginibus, quibus solis contingit dicere: „speciosus forma prae filiis hominum, diffusa est gratia in labiis tuis." Quis est iste sponsus? Non vilibus addictus obsequiis, non caducis superbus divitiis, sed cuius „sedes in saeculum saeculi. Filiae regum in honore" eius. „Astitit regina a dextris eius in vestitu deaurato varietate circumamicta" virtutum. „Audi" igitur, „filia, et vide et inclina aurem tuam et obliviscere populum tuum et domum patris tui, quoniam concupivit rex speciem tuam, quia ipse est deus tuus."

1–2 *def. Z*
1 sanctus spiritus *MVJRTx* ‖ 3 prae] *incipit Z* ‖ 4–5 sacres *A a.c.* ‖ 5 se *om. P, add. s.l. m2* | esse *om. F* | contigit *ASF* ‖ 7 qui *AU* | addictus] abiectus *PY* ‖ 8 superbis *R a.c.* | divitis *R* | sedes *add.* est *F* ‖ 9 onore *A* | eius] tuo *M* ‖ 10 a] ad *P* | eius] tuis *SRa, Maur.* | deauroto *A a.c.*

---

[156] Der Wortlaut entspricht der LXX: κρείσσων ἀτεκνία μετὰ ἀρετῆς; die Vg. übersetzt: *melior est generatio cum claritate;* vgl. auch VetLat (302 THIELE). Die Stelle vergleicht allerdings die Kinderlosen nicht mit Eheleuten generell, sondern gibt ihnen den Vorzug gegenüber den Kindern von Ehebrechern (vgl. Weish 3,16) und Gottlosen (vgl. Weish 4,3).
[157] Nur den christlichen Jungfrauen ist es vergönnt, ihren Bräutigam mit den Worten von Ps 45,3 zu preisen, wobei die christologische Deutung von Ps 45,3–18 die bei Ambrosius meist begegnende ist; vgl. *Abr.* 1,8,77 (CSEL 32/1,552); 1,9,88 (CSEL 32/1,559); *epist.* 11(38),1 (CSEL 82/1,78f); 17(81),5 (CSEL 82/1,124); 39(46),6 (CSEL 82/2,30f); *in psalm.* 36,81 (CSEL 64,135); 40,15 (CSEL 64,238); *in Luc.* 7,12 (CCL 14,218); 7,183 (CCL 14,277); 9,21 (CCL 14,338f); 10,4 (CCL 14,346); *in psalm.* 118 8,53 (CSEL 62,183); 17,19 (CSEL 62,387); *fid.* 1,3,24 (CSEL 78,12); 4,11,154 (CSEL 78,211); 5,8,109 (CSEL 78,256f); *hel.* 10,36 (CSEL 32/2,433); 21,79 (CSEL 32/2,460); *inst. virg.* 1,2 (110 GORI); *Ioseph* 9,46 (CSEL 32/2,105); *obit. Valent.* 68 (CSEL 73,361); *patr.* 11,5 (CSEL 32/2,156); *spir.* 1,9,100–102 (CSEL 79,58–60). Interessant ist, daß *gratia* hier als Eigenschaft Christi herausgestellt wird. Allerdings dürfte diese Zuordnung durch die Ambrosius vorliegende Psal-

Geist durch den Propheten verkündet hat: „Besser ist", sagt er, „Unfruchtbarkeit mit Tugend" (Weish 4, 1[156]).

36. Zunächst jedenfalls (gilt): Wenn künftige Bräute vor allem anderen wünschen, sich mit der Schönheit ihres Bräutigams zu brüsten, so müssen sie sich eingestehen, den gottgeweihten Jungfrauen unterlegen zu sein, denn diesen allein kommt es zu, zu sagen: „Schön an Gestalt (bist du) vor den Menschenkindern; Anmut ist ausgegossen über deine Lippen" (Ps 45, 3; Ps 44, 3 LXX)[157]. Wer ist dieser Bräutigam? Keiner, der wertlosen Diensten verpflichtet ist, keiner, der auf vergänglichen Reichtum stolz ist[158], sondern der, dessen „Thron in alle Ewigkeit" steht (Ps 45, 7; Ps 44, 7 LXX)[159]. „Königstöchter (sind) in seiner Pracht. Die Königin steht zu seiner Rechten im goldenen Gewand, umhüllt von der Vielfalt" der Tugenden (Ps 45, 10; Ps 44,10 LXX)[160]. „Höre" also, „Tochter, und sieh und neige dein Ohr und vergiß dein Volk und dein Vaterhaus, denn der König hat nach deiner Schönheit verlangt, denn er ist dein Gott" (Ps 45, 11 f; Ps 44, 11 f LXX).

---

menübersetzung vorgegeben gewesen sein. Der von Ambrosius verwandte Psalmentext ist von NOHE, *Psalter* 6–102, rekonstruiert worden (zu Ps 45 *Psalter* 39 f). Allerdings macht NOHE (*Psalter* 102) darauf aufmerksam, daß die Hss mitunter die zu ihrer Entstehungszeit gebräuchliche Version wiedergeben könnten; vgl. AUF DER MAUR, *Psalmenverständnis* 17.

[158] *Addictus* ist nach GORI, *Ambrosius, De virginibus* 127 Anm. 126, ein juristischer Begriff und bezeichnet das Abhängigkeitsverhältnis eines zahlungsunfähigen Schuldners zu seinem Gläubiger; vgl. auch *Thesaurus Linguae Latinae* 1 574–576; GEORGES, *Handwörterbuch* 107. Der Bräutigam von Ps 45, 3 ist also kein mitteloser Schuldner, der Knechtsdienste zu leisten hat, aber auch kein Besitzer materieller Güter, der sich vergänglichen Reichtums brüstet, sondern einer, der über ewige Reichtümer verfügt.

[159] Vgl. zum Wortlaut des Zitates RAMOS-LISSÓN, *Ambrosius, De virginibus* 91 Anm. 123.

[160] Schönheit, Anmut, Reichtum und Königsherrschaft, von denen der Psalm spricht, werden, der allegorisch-typologischen Deutung gemäß, Christus zugeschrieben.

37. Et adverte quantum tibi spiritus sanctus scripturae divinae testificatione detulerit, regnum, aurum, pulchritudinem: regnum, vel quia sponsa es regis aeterni, vel quia invictum animum gerens ab inlecebris voluptatum non captiva haberis, sed quasi regina dominaris; aurum, quia sicut illa materies examinata igne pretiosior est, ita corporis species virginalis spiritu consecrata divino formae suae adquirit augmentum. Pulchritudinem vero quis potest maiorem aestimare decore eius quae amatur a rege, probatur a iudice, dicatur domino, consecratur deo, semper sponsa, semper innupta, ut nec amor finem habeat nec damnum pudor?

38. Haec, haec profecto vera pulchritudo est, cui nihil deest, quae sola meretur audire a domino: „tota es formosa, proxima mea, et reprehensio non est in te. Veni huc a Libano, sponsa, veni huc a Libano: transibis et pertransibis a principio fidei, a capite Sanir et Hermon, a latibulis leonum,

---

1 averte *AP* ‖ 1–2 divinae scipturae *AH* ‖ 2 testificatone *A a.c. m2*, testificationis *H* | distulerit *F* ‖ 3 vel ... aeterni *om. FRCEU* ‖ 5 labaris *R*, haberis *C a.r.*, *E*, *Maur.*, *Cazz.*, laberis *cet.*, *Fall.* | regina (i *s.l.*) *R* ‖ 7 spiritui *F*, *R p.c.*, *kU* | consecrata *R a.c. m2* ‖ 10 dedicatur *H* | consecratur *add.* a *R* ‖ 11 nec] ne *F* ‖ 12 haec *alt. AHF*, *Z* (*exp. alt. m*), *om. cet.*, *Maur* | vero *A a.c.*, *HMFCE* ‖ 13 formosa es *E* ‖ 14 proximã ea *R a.c. m2* | sponsa *ante* veni *pr. kU, Maur.* ‖ 15 et pertransibis *om. R* ‖ 16 a *pr. s.l. R* | Sannir *P* | Sanir et] sanyrae *H* | Haemon *A*, Ermon *HFb*

---

[161] Schönheit, Anmut, Reichtum, Gold und Königtum trägt hier der Heilige Geist der Jungfrau an. Ps 45,10 wird hier also auf die Jungfrau, die Braut Christi, hin gedeutet.

[162] Grammatikalisch möglich ist auch die Übersetzung: „weil du ... nicht für eine Gefangene von Verlockungen sinnlicher Freuden gehalten wirst", doch wäre dabei die auf dem Gegensatz von *captiva* und *regina* beruhende Aussageabsicht abgeschwächt. Sollte mit FALLER 33,19 und der Mehrzahl der Hss *laberis* statt *haberis* zu lesen sein, kann übersetzt werden: „weil du ... nicht als Gefangene von Verlockungen sinnlicher Freuden strauchelst".

37. Und beachte, wieviel dir der Heilige Geist nach dem Zeugnis der göttlichen Schrift angetragen hat: Königtum, Gold, Schönheit[161]. Königtum, weil du die Braut des ewigen Königs bist oder weil du, unbesiegbaren Sinnes, von den Verlockungen sinnlicher Freuden nicht gefangengehalten wirst[162], sondern (über sie) wie eine Königin herrschst[163]. Gold, weil — so wie jenes Material, im Feuer geläutert, noch kostbarer wird — das Aussehen des jungfräulichen Körpers, geheiligt durch den göttlichen Geist, an Schönheit (noch) zunimmt. Wahrlich, wer kann sich eine größere Schönheit vorstellen als die Schönheit derjenigen, die vom König geliebt, vom Richter anerkannt, dem Herrn geweiht, Gott geheiligt wird[164], allezeit Braut, allezeit Unverheiratete, so daß die Liebe kein Ende kennt, die Keuschheit keine Verletzung?

38. Dies, dies ist in der Tat echte Schönheit, der nichts fehlt, die allein verdient, vom Herrn zu hören: „Ganz schön bist du, meine Freundin, und nichts Tadeliges ist in dir. Komm her vom Libanon, (meine) Braut, komm her vom Libanon; du wirst übersiedeln und hinübersiedeln vom Ursprung des Glaubens, vom Gipfel des Senir und Hermon, von den Verstecken der Löwen, von den Bergen der Pan-

---

[163] Die stoische Vorstellung vom ἡγεμονικόν — bzw. vom λογικόν bei PLATO und vom νοῦς bei ARISTOTELES —, dem führenden Zentralorgan der Seele, welches die Triebe beherrscht (bei Ambrosius *mens, ratio* oder anderes — siehe *virg.* 1,6,31, oben 154 Anm. 142; vgl. SEIBEL, *Fleisch* 26–30; LOISELLE, *Nature* 42–46), ist hier auf die christliche Jungfrau übertragen. Vgl. auch *exhort. virg.* 8,54 (242 GORI).

[164] Es ist die Frage, ob *domino* und *deo* Ablative (vom Herrn geweiht, von Gott geheiligt; das *a* wäre ἀπὸ κοινοῦ verwandt) oder Dative sind (dem Herrn geweiht, Gott geheiligt; denkbar wäre zwar auch ein Dativus auctoris, der jedoch tritt bei einfachen Verbalformen und mit Substantiven relativ selten auf, vgl. KÜHNER/STEGMANN, *Grammatik 2/1* 324f; LEUMANN/HOFMANN/SZANTYR, *Grammatik 2* 97. Da das *a* bei den beiden Aussagen *a rege* und *a iudice* wiederholt wird, bei *domino* und *deo* jedoch fehlt, ist ein Dativ-Objekt das wahrscheinlichere.

a montibus pardorum." Quibus indiciis ostenditur perfecta et inreprehensibilis virginalis animae pulchritudo altaribus consecrata divinis inter occursus et latibula spiritalium bestiarum non inflexa moralibus et intenta mysteriis dei meruisse dilectum, cuius ubera plena laetitiae: „vinum enim laetificat cor hominis".

39. „Et odor inquit vestimentorum tuorum super omnia aromata"; et infra: et odor vestimentorum tuorum sicut odor Libani. Vide quem nobis tribuas, virgo, processum. Primus enim odor tuus „super omnia aromata", quae in salvatoris

---

1 a montibus] a *om.* Z, et montibus *MR* ‖ 3 occursos *b*, occursis *R* | latibulis *R* | spiritualium *TEO, om. M* ‖ 4 moralibus (r *i.r.*) *A,* (al *exp.*) *H, JSFba, O a.c., U*, moribus *MR, T s.l.* (vel moribus), motalibus *V*, mortalibus *O p.c., Mau., Schenkl app. Fall.* | et] sed *F, Maur.*, set *Cazz.* ‖ 5 hubera *P* | ubera plena *bis F* | leticie *P* | *post* laetitiae 6 *litt. eras. R* ‖ 6 laetificet *H a.c.* | hominis] hĩos *P* ‖ 7 et *om. HRC, Maur.* | inquid *P*, inquis *R a.c.* | tuorum *om. ARCE, O a.c. m2, U* ‖ 7–8 super … tuorum *om. H* ‖ 8 et odor *om. A* | tuorum *add.* non *A* ‖ 9 tribues *A a.c.*, tribuat *Z* | profectum *AHF,* vel profectum *s.l. J2*, processu *M* ‖ 10 salvatoris *add.* sunt *A a.r.*

---

[165] Die Übersetzung des Ambrosius folgt der LXX und gibt ἀπὸ ἀρχῆς πίστεως (die LXX-Übertragung des Gebirges Amana) mit *a principio fidei* wieder; vgl. zum Wortlaut SCHULTE, *Ambrosius, De virginibus* 42 Anm. 2; FRANSES, *Ambrosius, De virginibus* 35 Anm. 41; GORI, *Ambrosius, De virginibus* 139 Anm. 131; WEIHRAUCH, *Hohelied* 28; 115f Anm. 128–133; RAMOS-LISSÓN, *Ambrosius, De virginibus* 91 Anm. 127. Nach GORI, *Ambrosius, De virginibus* 139 Anm. 130f, kann *fides* unter Berücksichtigung des mystisch-bräutlichen Kontextes mit „fedeltà" übersetzt werden (ähnlich RAMOS-LISSÓN, *Ambrosius, De virginibus* 91 Anm. 126): die Treue der jungfräulichen Braut zu Christus, wobei die Bedeutung „Glaube" jedoch nicht ausgeschlossen werden muß. In anderen Schriften, in denen Hld 4,8 zitiert wird — GORI verweist auf *apol. Dav. II* 8, 43 (CSEL 32/2, 387) und *Noe* 15, 52 (CSEL 32/1, 449), zu nennen wäre ferner *exhort. virg.* 5, 28 (220 GORI); *in psalm.* 36, 77 (CSEL 64, 132); *in psalm 118* 15, 7 (CSEL 62, 333); *inst. virg.* 17, 107 (186–188 GORI); *Isaac* 5, 47 (CSEL 32/1, 671 f); *myst.* 7, 39 (CSEL 73, 105); *virginit.* 12, 69 (32 CAZZANIGA) sowie *virg.* 2, 6, 42, unten 268f —, scheine Ambrosius, je nach Bedarf mal zur ersten, mal zur zweiten Bedeutung zu neigen. Es sei schwierig, die Aussageabsicht dieses Zitates zu benennen; Ambrosius begnüge sich jedenfalls mit einem „vago senso allegorico".

ther" (Hld 4,7f)[165]. In diesen Aussagen zeigt sich die vollkommene und untadelige Schönheit der jungfräulichen Seele, die, den göttlichen Altären geweiht, inmitten der Angriffe und Verstecke geistiger Raubtiere[166] moralisch nicht verbogen und ausgerichtet auf die Mysterien Gottes[167], den Liebsten gewonnen hat; ihre Brüste (sind) voller Freude (vgl. Hld 1,2.4; Hld 1,1.3 Vg.; 4,10)[168], „denn der Wein erfreut das Herz des Menschen" (Ps 104,15; Ps 103,15 LXX).

39. „Der Duft deiner Kleider", sagt er, „über(trifft) alle Gewürze" (Hld 4,10); und weiter unten: „Und der Duft deiner Kleider (ist) wie der Duft des Libanon" (Hld 4,11)[169]. Sieh, Jungfrau, welchen Fortschritt du uns schenkst. Denn dein erster Duft „über(trifft) alle Gewürze", die zum Be-

---

[166] Mit den *latibula* dürften die Sinne des Menschen als „Verstecke" der Lust bzw. der als *spiritales bestiae* bezeichneten Leidenschaften gemeint sein. Vgl. *Abr.* 1,2,4 (CSEL 32/1,504); 2,2,6 (CSEL 32/1,569 — der Text ist allerdings nach GORI, *Ambrosius, De Abraham* 137 Anm. 9, verderbt; *Cain et Ab.* 1,10,43 (CSEL 32/1,375); *epist.* 12(30),6 (CSEL 82/1,95); 29(43),15 (CSEL 82/1,203); *hex.* 3,1,4 (CSEL 32/1,61); *in Luc.* 8,29 (CCL 14,308); *in psalm. 118* 4,3 (CSEL 62,69); 6,12 (CSEL 62,114); 11,29 (CSEL 62,251); *fid.* 5 prol. 14 (CSEL 78,221).
[167] Mit *moralia* und *mysteria* sind zwei Schwerpunkte jungfräulichen Lebens genannt. Ob man mit GORI, *Ambrosius, De virginibus* 139 Anm. 133, die *moralia* der praktischen Bewährung, die *mysteria* der geistigen Betrachtung zuordnen kann, scheint insofern fraglich, als die Mysterien keinen rein intellektuell zu erfassenden Gegenstand darstellen, sondern ihre Feier ein Vollzug des Glaubens ist. Zur Gegenüberstellung von *moralia* und *mysteria* vgl. *myst.* 1,1,1 f (CSEL 73,89); *in psalm. 118* 1,2 (CSEL 72,5).
[168] Bei den *ubera* dürfte es sich um ein Zitat aus Hld 1,2.4 und 4,10 handeln, wo von mit Wein gefüllten Brüsten die Rede ist, denn nur dann ist der Zusammenhang mit dem folgenden Zitat Ps 104,15 verständlich. *Virg.* 2,6,42, unten 268f, zitiert Ambrosius wörtlich: *bona ubera tua super vinum*.
[169] Vgl. zum Wortlaut der beiden Zitate WEIHRAUCH, *Hohelied* 28; 116 Anm. 136f.

missa sunt sepulturam, emortuos corporis motus membro-
rumque redolet obisse delicias. Secundus odor tuus „sicut
odor Libani" dominici corporis integritatem virgineae flore
castitatis exhalat.

8.40 Favum itaque mellis tua opera componant: digna 5
enim virginitas quae apibus comparetur, sic laboriosa, sic
pudica, sic continens. Rore pascitur apis, nescit concubitus,
mella componit. Ros quoque virgini est sermo divinus, quia
sicut ros dei verba descendunt. Pudor virginis est intemerata

---

1 sepultura *Fa*, sepulturam *add.* et *Maur.* | et mortuis *F* || 1–2 membro-
rum quae *R* || 3 flore *AFC, Fall., Cazz.*, florem *HMdbTEx, Maur.*, flores
R || 4 exalat *AMCT*, exaltat *F* || 5 digna *om.* A a.c. m2 || 6 comparatur
MPRTE || 7 apes *FCEU* || 8 virgini *AFZ, Fall., Cazz.*, virgine *E*, virgi-
neus *CTx*, virginis *cet., Maur.*

---

[170] Ambrosius schreibt der Jungfrau, angelehnt an die beiden Hohe-
lied-Zitate, zwei Düfte zu. Der erste ist ein Hinweis auf Tod und Begräbnis Christi und versinnbildet das Sterben der Leidenschaften in der Jungfrau; vgl. *exhort. virg.* 9,58 (246 GORI); dazu GORI, *Ambrosius, De
virginibus* 247 Anm. 122. Der zweite Duft erinnert an die Auferstehung
Christi und steht für das Erblühen der Keuschheit in der Jungfrau; vgl.
virginit. 11,61–67 (28–31 CAZZANIGA). Durch die Parallelisierung Tod
— Auferstehung / Sterben der Leidenschaften — Erblühen der Keuschheit wird eine Abfolge, ein Fortschritt (*processum*) postuliert. Zur Verbindung des Duftes mit der Jungfräulichkeit in den Virginitätsschriften
des Ambrosius, besonders in *virginit.*, ausführlich MELONI, *Profumo*
223–232; zur Verwendung des Duftbildes für Christus, Märtyrer und andere Heilige vgl. KÖTTING, *Wohlgeruch* 171–175; ferner CORSATO, *Expositio* 170f.

[171] Vom *ros* als Nahrung der Bienen ist auch bei VERGIL, *georg.* 2,212f
(52 MYNORS), die Rede, womit dort allerdings der *ros marinus,* das heißt
Rosmarin gemeint ist; vgl. THOMAS, *Vergil 1* 196; MYNORS, *Vergil, Georgica* 129. WANDL, *Studien* 84f, hält es für fraglich, ob VERGIL hier tatsächlich als Quelle angesehen werden kann, und meint unter Hinweis auf
VERGIL, *ecl.* 5,77 (14 MYNORS): „Ambrosius dürfte vielmehr selbst diese
Eigenschaft, die nach antiker Auffassung Zikaden hatten ..., auf die Bienen übertragen haben" (*Studien* 84 Anm. 179).

[172] Vgl. zur ungeschlechtlichen Vermehrung bei Bienen VERGIL, *georg.*
4,197–201 (89 MYNORS); dazu THOMAS, *Vergil 2* 183f; MYNORS, *Vergil,*

gräbnis des Erlösers bereitet worden sind (vgl. Mt 26,12; Mk 14,8; Joh 12,7; 19,40?). Dieser Geruch zeigt, daß die Bewegungen des Körpers vergangen und die Genüsse der Glieder gestorben sind. Dein zweiter Duft, „wie der Duft des Libanon", zeigt mit der Blüte jungfräulicher Keuschheit die Unversehrtheit des Körpers des Herrn[170].

8.40. Eine Honigwabe sollen daher deine Werke bilden (vgl. Hld 4,11; Spr 16,24): Die Jungfräulichkeit ist es nämlich wert, mit den Bienen verglichen zu werden, derart arbeitsam, derart keusch, derart enthaltsam. Die Biene nährt sich von Tau[171], sie kennt keine Begattungen[172], sie bereitet Honig. Tau ist auch für die Jungfrau die göttliche Rede, denn wie Tau kommen die göttlichen Worte hernieder. Die Keuschheit der Jungfrau ist ihre unbefleckte Natur.

Georgica 283. Eine Gegenüberstellung von VERGIL und Ambrosius bietet DIEDERICH, *Vergil* 79f. Von der Jungfräulichkeit der Bienen spricht Ambrosius auch in *hex*. 5,21,67 (CSEL 32/1,189f). Die Fortpflanzung der Bienen war in der Antike ein ungelöstes Problem. ARISTOTELES — *GA* 3,10 (759a8 – 761a13 BEKKER/GIGON); *HA* 5,21 (553a17–553b1 BEKKER/GIGON); 5,22 (553b23–25 BEKKER/GIGON) — erwähnt zwei Theorien, das Sammeln der Brut von verschiedenen Blüten und die Zeugung; ähnlich COLUMELLA, *Res rustica* 9,2,4 (74f JOSEPHSON, besonders 75), und PLINIUS, *nat.* 11,46f (2 VON JAN/MAYHOFF). Eine Paarung der Bienen leugnen THEOPHRAST, *De causis plantarum* 2,17,9 (346 EINARSON/LINK); PETRONIUS, *frg.* 44 (192 MUELLER); PS.-QUINTILIAN, *decl.* 13,16 (283f HÅKANSON); PRUDENTIUS, *cath.* 3,71–75 (CCL 126,13), dazu MEYER, *Prudentius* 401f; SERVIUS GRAMMATICUS, *Georg.* 4,150 (332 THILO); AUGUSTINUS, *civ.* 15,27 (CCL 48,496); HIERONYMUS, *epist.* (54 MORIN); vgl. auch SALVIAN VON MARSEILLE, *gub.* 4,9,43 (CSEL 8,79f). Ferner behauptete man, Bienen entstünden aus verwesenden Rindern oder Pferden. Die vermutete geschlechtslose Vermehrung der Bienen wird bei christlichen Autoren zum Gleichnis für die Paradiesesehe (AUGUSTINUS, *gen. ad litt.* 9,10 [CSEL 28/1,279f]), den jungfräulichen Christus (GAUDENTIUS VON BRESCIA, *Tractatus* 35 [CSEL 68,173f]) und besonders für dessen Geburt (LAKTANZ, *inst.* 1,8,7 [CSEL 19/1,30f]; JOHANNES CASSIAN, *c. Nest.* 7,5,1–4 [CSEL 17,359f]; RUFIN VON AQUILEIA, *symb.* 9 [CCL 20,146]). Zur Biene als Bild für Jungfräulichkeit und Reinheit bei den lateinischen Kirchenvätern vgl. WIMMER, *Biene* 82–91.

natura. Partus virginis fetus est labiorum expers amaritudinis, fertilis suavitatis. In commune labor, communis est fructus.

41. Quam te velim, filia, imitatricem esse huius apiculae, cui cibus flos est, ore suboles legitur, ore componitur. Hanc imitare tu, filia. Verba tua nullum doli velamen obtendant, nullum habeant fraudis involucrum, ut et puritatem habeant et plena gravitatis sint.

42. Meritorum quoque tuorum tibi aeterna posteritas tuo ore pariatur. Nec soli tibi, sed pluribus congreges qui scis enim quando a te tua anima reposcatur? —, ne receptacula horreorum frumentis coacervata dimittens nec vitae tuae usui profutura nec meritis rapiaris eo quo thesaurum tuum ferre

---

1 foetus *AMRU* | ***est (vis *eras.*) *A* | laborum *Sa* | expers] expersona *A1*, expers omnis *A2* ‖ 2 in *om. a* | commune] communis *a* ‖ 4 vellem *kU* ‖ 5 cui cibus] civibus *M* | flos] ros *Cazz.* | subolis *Z*, sobolis *R a.c.* (soboles *p.c.*) | <opus> ore *Castiglioni app. Cazz.*, *Cazz.* ‖ 6 dolo *A*, dolori *F* ‖ 7 involucrem *R* ‖ 8 gravitatis plena *Maur.* ‖ 10 ore] opere *RTx* | sed *add.* etiam *FE, Maur.* | pluribus] multis *F* | qui] quid *HMVJa* ‖ 11 anima tua *FEO, Maur.* | resposcatur *A a.c.* | ne] nec *AH MEx* ‖ 12 coacervatis *P* | dimittas *k* ‖ 12–13 usui ... tuum *om. P, add. mg. m2* ‖ 13 futura *PRk, O a.c. m2, U* | quod *MJP, R a.r., k, O a.c., U*

---

[173] Der Gemeinschaftsaspekt, der in der Bildhälfte, das heißt bei der Charakterisierung der Bienen, noch nicht angesprochen wurde, aber bei VERGIL, *georg.* 4,184 (89 MYNORS), erwähnt und von Ambrosius, *hex.* 5,21,67 (CSEL 32/1, 189), aufgegriffen wird, ist hier knapp für die Jungfrauen thematisiert.

[174] Hier ist mit FALLER 35,6 die überlieferte Lesart *cui flos est, ore suboles legitur, ore componitur* zugrundegelegt. CAZZANIGA 21,10 ändert unter Verweis auf den vorhergehenden Abschnitt, wo gesagt wird, daß sich die Biene von Tau ernährt, *flos in ros* und fügt die von CASTIGLIONI vorgelegte Ergänzung vor *ore componitur* ein, auch dies wahrscheinlich

Der Nachwuchs der Jungfrau ist die Frucht ihrer Lippen, frei von Bitterkeit, reich an Süßigkeit. Der Gemeinschaft dient ihre Mühe, gemeinsam ist ihre Frucht[173].

41. Wie sehr wünschte ich, Tochter, du seiest eine Nachahmerin dieser kleinen Biene, deren Nahrung die Blüte ist, deren Nachwuchs mit dem Mund aufgelesen, mit dem Mund zusammengebracht wird[174]. Diese (Biene) ahme nach, (meine) Tochter. Deine Worte sollen sich hinter keinem Schleier der Hinterlist verstecken, keine Hülle der Täuschung tragen; so sollen sie Lauterkeit besitzen und voller Würde sein.

42. Dir soll eine ewige Zukunft auch deiner Verdienste durch deinen Mund hervorgebracht werden. Nicht nur für dich, sondern für sehr viele sollst du (sie) anhäufen — woher weißt du denn, wann deine Seele von dir zurückgefordert wird (vgl. Lk 12,20)? —, damit du nicht beim Zurücklassen deiner mit Korn aufgefüllten Scheunen, die weder deinem Lebensbedarf noch (deinen) Verdiensten nützen werden, dorthin fortgerissen wirst, wohin du deinen Schatz nicht mitnehmen kannst (vgl. Lk 12,16–21)[175].

---

wegen des Inhaltes des vorhergehenden Abschnittes. Doch ist der Text auch ohne die von CAZZANIGA vorgeschlagenen bzw. aufgegriffenen Konjekturen verständlich. Ambrosius bezieht sich hier auf die bereits erwähnte, in der Antike verbreitete Auffassung, daß die Bienen sich nicht geschlechtlich vermehren, sondern ihren Nachwuchs mit dem Mund von Blüten sammeln. Vgl. GORI, *Ambrosius, De virginibus* 141 Anm. 141; derselbe, *Emendazioni* 83f.

[175] Wie im biblischen Gleichnis von der falschen Selbstsicherheit des reichen Mannes sind auch für die Jungfrau die gefüllten Scheunen weder zum Lebensbedarf notwendig, noch nützen sie ihren Verdiensten. Denn wenn die Stunde kommt, in der die Seele von der Jungfrau zurückgefordert wird, dann soll sie nicht dorthin fortgerissen werden, wohin sie diesen vergänglichen, nur zum eigenen Wohl angehäuften Schatz nicht mitnehmen kann. Einen ausführlichen Kommentar zur Perikope Lk 12,16–21 gibt Ambrosius, *Nab.* 6,29 – 8,39 (CSEL 32/2, 483–490); vgl. auch *in Luc.* 7,122 (CCL 14, 255).

non possis. Dives igitur esto, sed pauperi, ut naturae participes tuae participes sint etiam facultatum.

43. Florem quoque tibi demonstro carpendum, illum utique qui dixit: „ego flos campi et lilium convallium, tamquam lilium in medio spinarum", quod est evidentis indicii spiritalium nequitiarum sentibus virtutem obsideri, unde nemo fructum referat nisi qui cautus accedat.

---

1 pauperiori *k*, pauperioribus *O a.c.* (ori *post exp.*), *U*, pauperibus *Maur.* | ut *om. Cx* | naturae *add.* igitur *O* || 2 tuae participes *om. AF* || 3 demonstrabo *AH, J p.c. m2* || 5 quod] quo *Z, P a.c. m2* | indcii *Z* | evidentibus indiciis *R* || 6 spiritualium *TO* | virtuti *P1*, virtutes *P2a, Maur.* || 7 referat] rumpat *k, O a.c. m2, U*, adferat *R* | accederat *A*, accedit *F*

---

[176] Für GORI, *Ambrosius, De virginibus* 143 Anm. 143, ist es erstaunlich, daß Ambrosius hier einen symbolisch-mystischen Gedanken auf das sozial-praktische Verhalten anwendet und damit die Aufforderung untermauert, mit den Armen zu teilen. Zur Bedeutung der sozialen Frage, die Ambrosius vor allem in *Nab.* reflektiert, vgl. VASEY, *Ideas*, besonders 143–181.209–240.
[177] Der Ausdruck *naturae participes* gleicht, wie GORI, *Ambrosius, De virginibus* 143 Anm. 144, und RAMOS-LISSÓN, *Ambrosius, De virginibus* 95 Anm. 142, herausstellen, der Formulierung *consors naturae*, die Ambrosius häufiger verwendet, wenn er sich zum sozialen Handeln äußert. Vgl. POIRIER, *Consors naturae*.
[178] Hier wird, wie GORI, *Ambrosius, De virginibus* 143 Anm. 145, bemerkt, die soteriologische Dimension der Jungfräulichkeit zum Ausdruck gebracht. Die Jungfrau häuft geistliche Reichtümer, *merita* an, um die Armen, das heißt diejenigen, die nicht über diese Reichtümer verfügen, an diesem Vermögen teilhaben zu lassen und auch ihnen zu einer ewigen Zukunft zu verhelfen.

Sei also reich, aber für den Armen[176], auf daß die Teilhaber an deiner Natur[177] auch teilhaben an deinem Vermögen[178].

43. Ich weise dich auf die Blume hin, die du pflücken sollst, jene zumal, die gesagt hat: „Ich bin eine Blume des Feldes und eine Lilie der Täler, wie eine Lilie mitten unter Dornen" (Hld 2,1f)[179]. Das ist ein deutliches Zeichen (dafür), daß die Tugend belagert wird von den Dornbüschen geistlicher Verdorbenheit (vgl. Eph 6,12)[180]; deshalb kann wohl niemand die Frucht heimbringen, wenn er sich nicht vorsichtig nähert[181].

---

[179] Christus ist hier zwar nicht ausdrücklich genannt, doch ist davon auszugehen, daß er, der Bräutigam des Hld, gemeint ist. Die Initiative zur Verbindung mit ihm, zur Brautschaft, geht ausdrücklich von der Jungfrau, nicht von Christus aus. Vgl. zur Interpretation von Hld 2,1 *apol. Dav. II* 8,43 (CSEL 32/2,388); *in Luc.* 7,128 (CCL 14,258); *inst. virg.* 14,92f (174–176 GORI); *Isaac* 4,30 (CSEL 32/1,660); *virginit.* 9,51 (24f CAZZANIGA); *spir.* 2,5,38 (CSEL 79,101); anders *in psalm. 118* 5,7 (CSEL 62,85f) und 5,12 (CSEL 62,88), wo auf die Kirche hingewiesen wird. Die christologische Deutung begegnet auch bei ORIGENES, *hom. in Cant.* 2,6 (GCS 49f). Zum Wortlaut des Zitates vgl. WEIHRAUCH, *Hohelied* 25; 108f Anm. 46–49; RAMOS-LISSÓN, *Ambrosius, De virginibus* 95 Anm. 144.
[180] Indem die Tugend als das unter den Dornen geistlicher Verdorbenheit befindliche Gut vorgestellt wird, das es zu pflücken und heimzubringen gilt, wechselt Ambrosius von der typologischen Schriftauslegung (Christus als die Blume des Hld, die Lilie unter Dornen) zur moralischen (die Tugend unter geistlichen Dornen), wobei auffällt, daß bei letzterer keine Adressatin mehr direkt angesprochen wird.
[181] Wegen der Dornen ergeht die Mahnung, sich der Frucht vorsichtig zu nähern. Ob damit Christus oder die Tugend gemeint ist, wird nicht gesagt; es bleibt mithin offen, ob Ambrosius sich also noch in der moralischen Aussageebene befindet oder zur typologischen zurückgekehrt ist.

44. Sume igitur alas, virgo, sed spiritus, ut supervoles vitia, si contingere cupis Christum: „in altis habitat et humilia respicit et species eius sicut cedrus Libani", quae comam nubibus, radicem terris inserit. Principium enim eius e caelo, posteriora eius in terris fructus caelo proximos ediderunt. Scrutare diligentius tam bonum florem, necubi eum in pectoris tui convalle reperias; humilibus enim frequenter inhalatur.

45. Amat generari in hortis, in quibus eum Susanna, dum deambularet, invenit mori prius quam violari parata. Qui

---

1 alias *R a.r.* ∥ 2 contigere *AJR* | Christum *add.* qui *H* ∥ 3 cedros *A*, ceadrus *Z* | quae] qui *kU, Maur.* | comam] cum a *CU* ∥ 4 terrae *M* | e eras. *R, om. M,* in *HVSbTE* ∥ 5 proximi *R a.c.* | edit *RkU, O a.c. m2* (dederunt *p.c.*) ∥ 6 necubi] ubi *H* | eum *add.* <nisi> *Cazz.* ∥ 7 valle *R*, convallem *A a.r.* | inalatur *JFC* ∥ 9 prius] potius *E*

---

[182] Hier ist wieder Christus als das Ziel der Jungfrau vorgestellt. Laster (*vitia,* vgl. die *sentes spiritalium nequitiarum virg.* 1, 8, 43, oben 170f) behindern den freien Zugang zu ihm, deshalb muß sie *alas spiritus* anlegen, um über diese Laster hinwegzufliegen. Das neoplatonisch geprägte Motiv vom Flug bzw. von den Flügeln der Seele ist in der patristischen Literatur verbreitet (vgl. COURCELLE, *Tradition,* zu Ambrosius 298–305) und klingt auch in *virg.* 1, 10, 61, unten 200f; 2, 4, 30, unten 250f, und 3, 2, 8, unten 286–289, an; vgl. auch *virginit.* 13, 83 (39 CAZZANIGA); 15, 95–99 (44–46 CAZZANIGA); 17, 107–117 (49–55 CAZZANIGA); ferner *Abr.* 2, 8, 53f (CSEL 32/1, 606–608); 2, 8, 56 (CSEL 32/1, 609f); 2, 8, 58 (CSEL 32/1, 611); *bon. mort.* 5, 16f (CSEL 32/1, 717–719); *in Luc.* 4, 65 (CCL 14, 130); 7, 113 (CCL 14, 251); *in psalm. 118* 14, 38f (CSEL 62, 323–325); 15, 34 (CSEL 62, 320f); *fug. saec.* 5, 27–31 (CSEL 32/2, 186–188); *Isaac* 4, 34 (CSEL 32/1, 662f); 7, 59 (CSEL 32/1, 683); 7, 61 (CSEL 32/1, 686); 8, 65f (CSEL 32/1, 687–689); 8, 77 (CSEL 32/1, 695f).
[183] Vgl. zum Wortlaut des Zitates WEIHRAUCH, *Hohelied* 31; 120 Anm. 183; RAMOS-LISSÓN, *Ambrosius, De virginibus* 95 Anm. 147.
[184] Mit dem *principium e caelo* ist die Gottheit Christi gemeint, mit den *posteriora in terris* seine Menschheit. Die Rede von den *posteriora* für das Erdenleben Christi begegnet häufig in der patristischen Auslegung von Ex 33, 23 (VetLat [1 SABATIER] = Vg.: *videbis posteriora mea*); vgl. GORI, *Ambrosius, De virginibus* 143 Anm. 146, der auf TERTULLIAN, *adv. Marc.*

44. Nimm (dir) also Flügel, Jungfrau, aber (solche) des Geistes, um über die Laster hinwegzufliegen, wenn du Christus zu erreichen wünschst[182]: „Er wohnt in den Höhen und schaut auf das Niedrige" (Ps 113,6; Ps 112,6 LXX) „und seine Gestalt ist wie die Zeder des Libanon" (Hld 5,15)[183], die ihre Krone in die Wolken steckt, ihre Wurzel in die Erde. Sein Ursprung (kommt) nämlich vom Himmel, sein späteres Leben auf Erden brachte Früchte hervor[184], die dem Himmel sehr nahekommen. Suche sehr sorgfältig eine so schöne Blume, ob du sie nicht irgendwo[185] in der Tiefe deines Herzens findest; den Demütigen wird nämlich häufig (ihr Duft) zugehaucht[186].

45. Sie liebt es, in den Gärten zu sprießen, in denen Susanna sie beim Spaziergang fand, eher bereit zu sterben als geschändet zu werden (vgl. Dan 13,7–23)[187]. Um was für

---

4,22,15 (SCh 456,290); Ambrosius, *in psalm.* 43,91 (CSEL 64,327); *fid.* 5,19,236 (CSEL 78,306), und AUGUSTINUS, *trin.* 2,17 (CCL 50,117), verweist; ähnlich RAMOS-LISSÓN, *Ambrosius, De virginibus* 95 Anm. 148.

[185] CAZZANIGA 22,12 fügt nach dem *eum* ein *nisi* ein. Nach FALLER, *Ambrosius, De virginibus* 36 Anm. 1, ist jedoch das *necubi* interrogativ verwandt und bedeutet soviel wie *si forte alicubi;* vgl. auch das *ne interrogativum virg.* 1,1,3, oben 100f, und FALLER, *Ambrosius, De virginibus* 19 Anm. 15. Ein ähnlicher Gebrauch des *necubi* (*nonne alicubi, si forte alicubi*) findet sich bei TERTULLIAN, *apol.* 9,9 (CCL 1,103).

[186] Die Tiefe — wörtlich: das Tal — des Herzens, steht für die demütige Seele der Jungfrau, in welcher die schöne Blume, gemeint ist Christus, Heimat findet; vgl. *virginit.* 9,51 (24 CAZZANIGA); *inst. virg.* 15,93 (174–176 GORI). Zwar wird nicht ausdrücklich gesagt, was den Demütigen zugehaucht wird, doch ist sicher der Duft der Blume, letztlich Christus selbst gemeint.

[187] Mit der Erwähnung der Gärten ist ein Stichwort gegeben für die Anspielung auf SUSANNA, die ihre eheliche Treue selbst um den Preis des Todes bewahren wollte. Auch hier bleibt letztlich offen, ob in typologischer Auslegung Christus oder, was wahrscheinlicher ist, in moralischer Auslegung die Tugend der Keuschheit gemeint ist. Das *tertium comperationis* ist der im folgenden näher gedeutete (die Keuschheit einschließende und damit schützende) Garten, in dem Christus bzw. die Tugend gefunden wird, nicht die Jungfräulichkeit.

sint autem horti ipse demonstrat dicens: „hortus conclusus soror mea sponsa, hortus conclusus, fons signatus", eo quod in hortis huiusmodi inpressam signaculis imaginem

---

1 sunt C | hortus] ortus *AMFC* ‖ 1–2 conclusus (*bis*)] clausus *M*, clusus *Z, P a.c. m2, U,* ***clusus (con *eras.*) *R* ‖ 2 hortus] ortus *MFC* ‖ 3 hortis] ortis *M* | inpressa *AMa*, impressa *Maur.* | signaculis] signa ne volutabris *A* (cf. p. 175 l. 1) | imagine *a, Maur.*

---

[188] Die Deutung des *hortus conclusus* variiert in den Schriften des Ambrosius. Es kann allgemein der Ort der Tugenden gemeint sein (*in Luc.* 7,128 [CCL 14,257–285]), die Seele (*bon. mort.* 5,19 [CSEL 32/1,720f]; *epist.* 34[45],4 [CSEL 82/1,233]; *in Luc.* 4,13 [CCL 14,111]; *Isaac* 1,2 [CSEL 32/1,643]; 5,48 [CSEL 32/1,672]; *virginit.* 12,69 [32 CAZZANIGA]), die Kirche (*apol. Dav. II* 9,47 [CSEL 32/2,391]; *epist.* 34[45],4 [CSEL 82/1,233]; *epist. extra coll.* 14[63],36 [CSEL 82/3,253f]; *in psalm.* 118 17,32 [CSEL 62,393]; 22,43 [CSEL 62,508f]; *myst.* 9,55f [CSEL 73,113f]), die Jungfräulichkeit (*apol. Dav. II* 9,47 [CSEL 32/2,391]; *exhort. virg.* 5,29 [220 GORI]; *inst. virg.* 9,58 [156 GORI]), die Jungfrau (*inst. virg.* 9,58–60 [156–158 GORI]; 17,111 [190 GORI]) oder der schweigsame Mund der Jungfrauen und Witwen (*virginit.* 13,80 [37f CAZZANIGA]).
[189] Vgl. zum Wortlaut des Zitates WEIHRAUCH, *Hohelied* 28; 116 Anm. 138.
[190] Damit dürfte die (schützenswerte) Keuschheit gemeint sein, in der sich das Bild Gottes, das heißt Christus, spiegelt.

Gärten es sich aber handelt, gibt sie selbst zu erkennen, indem sie sagt: „Ein verschlossener Garten (ist) meine Schwester Braut[188], ein verschlossener Garten, ein versiegelter Quell" (Hld 4,12)[189]. Denn in solchen Gärten spiegelt die Flut des reinen Quells[190] das durch Siegel eingeprägte[191] Bild

---

[191] FALLER, *Ambrosius, De virginibus* 36 Anm. 6, sieht mit *signaculis,* entsprechend der altchristlichen Taufbezeichnung σφραγίς oder *signaculum* auf die Taufe angespielt (vgl. auch COPPA, *Ambrosius, De virginibus* 565 Anm. 102; TISSOT, *Ambrosius, De virginibus* 330 Anm. 21; BEATRICE, *Ambrosius, De virginibus* 56 Anm. 77; RAMSEY, *Ambrosius, De virginibus* 221 Anm. 11). Der Begriff *spiritale signaculum* (geistige Besiegelung) bezeichnet in späteren Schriften des Ambrosius einen liturgischen Akt beim *baptismatis sacramentum,* das heißt der Firmung, die allerdings noch nicht als eigenständiges, von der Taufe trennbares Sakrament verstanden wurde; vgl. *in Luc.* 7,232 (CCL 14,294); *epist.* 20(77),3 (CSEL 82/1,147f); *myst.* 7,41f (CSEL 73,106); *sacr.* 3,2,8–10 (CSEL 73,42f); 6,2,5–8 (CSEL 73,73f); *spir.* 1,6,76–80 (CSEL 79,47f); zur Besiegelung durch den Heiligen Geist DÖLGER, *Firmung* 67–69; CAPRIOLI, *Battesimo,* besonders 412–415; SCHMITZ, *Gottesdienst* 182–203; BANTERLE, *Ambrosius, De sacramentis* 79–81 Anm. 1. Christus als *signaculum* begegnet, stets im Zusammenhang eines Zitates von Hld 8,6, in *virg.* 1,8,48, unten 182f; *epist.* 12(39),15f (CSEL 82/1,99f); *in psalm. 118* 10,16 (CSEL 62,212); 15,39 (CSEL 62,350f); 19,28 (CSEL 62,435f); 22,34 (CSEL 62,505); *inst. virg.* 17,113 (192 GORI); *Isaac* 6,53 (CSEL 32/1,678); 8,75 (CSEL 32/1,693f); *myst.* 7,41f (CSEL 73,106); *sacr.* 6,2,6–8 (CSEL 73,74). Auch wird mehrmals das Kreuzzeichen *signaculum* genannt, zum Beispiel *in psalm. 118* 6,33 (CSEL 62,125); *Isaac* 4,37 (CSEL 32/1,664); 8,75 (CSEL 32/1,693); *myst.* 4,20 (CSEL 73,97); vgl. SCHMITZ, *Gottesdienst* 189. Gegen einen baptismales Verständnis der *signacula* wendet sich GORI, *Ambrosius, De virginibus* 145 Anm. 150; im *hortus conclusus* bzw. im *fons signatus* sei die Jungfräulichkeit angesprochen und die postulierte Andeutung der Taufe passe nicht recht in den Zusammenhang einer Virginitätsschrift. Mit den *signacula* dürften hingegen besondere Charakteristika der Jungfrauen, körperlicher wie geistiger Art, gemeint sein. Diese Ansicht wird durch die herangezogenen Stellen *epist. extra coll.* 14(63),33 (CSEL 82/3,252); *exhort. virg.* 5,29 (220 GORI); *inst. virg.* 9,61 (158 GORI); 17,111 (190 GORI) und *Isaac* 5,48 (CSEL 32/1,673) gestützt; allerdings paßt die SUSANNA-Episode auch nicht recht zur Behandlung der Jungfräulichkeit.

dei sinceri fontis unda resplendeat, ne volutabris spiritalium bestiarum sparsa caeno fluenta turbentur. Hinc ille murali saeptus spiritu pudor clauditur, ne pateat ad rapinam. Itaque sicut hortus furibus inaccessus vitem redolet, fraglat oleam, rosam renidet, ut in vite religio, in olea pax, in 5 rosa pudor sacratae virginitatis inolescant. Hic est odor quem Iacob patriarcha fraglavit, quando meruit audire: „ecce odor filii mei sicut odor agri pleni." Nam licet plenus omnibus fere fructibus patriarchae sancti fuerit ager, ille tamen fruges maiore virtutis labore generavit, hic flores. 10

46. Accingere itaque, virgo, et si vis huiuscemodi tibi ut hortus aspiret, propheticis eum claude praeceptis. „Pone

---

1 unda (n *ex* ra) *A* | volutabris *R* ‖ 2 sparso *PR* ‖ 3 murali] morali *x*, miraculi *M* | saepius *R* ‖ 4 hortus] ortus *M* | furibus *om. CU* | vitam *C* ‖ 5 flagrat *A a.c. m2, MJC1T,* fragrat *E* | renitet *MPTE,* renidet *Z a.c. m1,* rennuit *C a.c. m3* | vitae *R a.r.* ‖ 6 inholescant *Z,* inolescat *Maur.* ‖ 7 flagravit *Fb, R a.c., Maur.,* fragravit *J, C2, E* ‖ 8–9 plenus omnibus *i.r. Z* | ferre *A a.r.* ‖ 11 et] ut *MV* ‖ 12 adspiret *P,* aspiceret *R a.r.* | claudit *R a.c.*

---

[192] Unter *imago dei* versteht Ambrosius hier wohl, 2 Kor 4,4, Kol 1,15 und Hebr 1,3 folgend, Christus. Diese Bezeichnung begegnet auch in vielen seinen späteren Werken. In *hex.* 6,7,42 f wird, nachdem zuvor Christus als die *imago dei* vorgestellt wurde (6,7,41 [CSEL 32/1,232 f]), Hebr 1,3 auf den Menschen bezogen; die von Gott geschaffene menschliche Seele sei schön gemalt, *in qua est splendor gloriae et paternae imago substantiae.* Dann jedoch wird klargestellt: *anima igitur nostra ad imaginem dei est... haec est ad imaginem dei, corpus autem ad speciem bestiarum* (CSEL 32/1,234). Ambrosius unterscheidet in seinen Schriften also auch sprachlich sorgfältig zwischen dem „Bild Gottes" (*imago dei*), dem wesensgleichen Abbild (Ebenbild) des Vaters, und dem „Nachbild Gottes" (*ad imaginem dei*), der nach dem Bilde Gottes geformten menschlichen Seele, zwischen Christus und dem begnadeten Menschen. Vgl. auch *in psalm. 118* 10,16 (CSEL 62,212), ferner *epist.* 12(30),15 (CSEL 82/1,100); 22(35),11 (CSEL 82/1,164); *in psalm.* 38,24 (CSEL 64,202); *in Luc.* 2,27 (CCL 14,42); 4,7 (CCL 14,108); 10,49 (CCL 14,360); *in psalm 118* 19,28 (CSEL 62,436); *fid.* 1,7,48–53 (CSEL 78,21); *fug. saec.* 3,14 (CSEL 32/2,174); vgl. SEIBEL, *Fleisch* 54–67; SZYDZIK, *Lehre* 34–74, derselbe, *Ursprünge,* besonders 175 f. Die Unterscheidung — Christus als *imago dei,* der Mensch *ad imaginem dei* — geht auf ORI-

Gottes[192], damit die Fluten nicht, durch den Schmutz geistiger Raubtiere[193] besudelt, durch Schlamm getrübt werden. Daher wird jene Keuschheit eingeschlossen, von einer geistigen Mauer umgeben, um nicht dem Raub ausgesetzt zu sein. So wie ein Dieben unzugänglicher Garten riecht sie nach einem Weinstock, duftet nach einem Ölzweig, strahlt wie ein Rosenstock, so daß im Weinstock die Frömmigkeit[194], im Ölzweig der Friede, im Rosenstock die Keuschheit der gottgeweihten Jungfräulichkeit erwachsen. Dies ist der Duft, den der Patriarch Jakob verströmte, als er zu hören verdiente: „Sieh, der Duft meines Sohnes (ist) wie der Duft eines vollen Feldes" (Gen 27, 27). Denn mag auch das Feld des heiligen Patriarchen voll von fast allen Früchten gewesen sein, jenes brachte gleichwohl Früchte durch größere Anstrengung (in) der Tugend hervor, dieses (aber) Blumen[195].

46. Gürte dich also, Jungfrau, und wenn du willst, daß dir ein solcher Garten (seinen Duft) zuwehe, schließ ihn zu aufgrund der Vorschriften des Propheten[196]: „Stell eine

---

GENES (vgl. besonders *princ.* 1, 2, 6 [GCS 22, 34–37]) zurück. Zur *imago-dei*-Lehre vgl. CROUZEL, *Immagine* 1758f (Literatur); bei ORIGENES: CROUZEL, *Théologie*.
[193] Die *spiritales bestiae* sind die Leidenschaften oder Triebe. Vgl. *virg.* 1, 7, 38, oben 164f, wo von *occursus et latibula spiritalium bestiarum* die Rede ist.
[194] Vgl. *exhort. virg.* 5, 29 (220 GORI).
[195] Das Feld des Patriarchen JAKOB (*ille*) brachte Früchte, das heißt Tugenden, nur durch große Anstrengungen, wie sie eine Ernte nun mal mit sich bringt, hervor. Im Garten der Jungfräulichkeit (*hic*) hingegen wachsen die Tugenden wie leicht zu pflückende, liebliche und zarte Blumen.
[196] Um zu erreichen, daß der Jungfrau der genannte Duft von einem solchen Garten zugeweht wird (wer hier mit dem *hortus conclusus* gemeint ist, wird nicht ausdrücklich gesagt, nach dem Vorhergehenden jedoch wohl der Garten der Jungfräulichkeit), soll sie ihren Garten verschließen — wie Ps 141, 3 mit seiner Aufforderung, eine Wache vor den Mund und eine Tür rings vor die Lippen zu stellen, zu mahnen scheint. Das Ziel dieses Zuschließens ist die Vereinigung mit Christus, die anhand einer Aneinanderrreihung mehrerer Zitate aus dem Hld beschrieben wird.

custodiam ori tuo et ostium circuitus labiis" tuis, ut etiam
tu possis dicere: „tamquam malus in lignis nemoris ita fraternus meus in medio filiorum. In umbra eius concupivi et
sedi et fructus eius dulcis in faucibus meis. Inveni quem
dilexit anima mea, tenui eum et non relinquam eum. De- 5
scendat fraternus meus in hortum suum et manducet fructum pomorum suorum. Veni, fraterne mi, exeamus in
agrum. Pone me ut sigillum in cor tuum et velut signaculum
super brachium tuum. Fraternus meus candidus et rubeus."
Decet enim ut plene noveris, virgo, quem diligis atque omne 10
in eo et ingenitae divinitatis et adsumptae mysterium incorporationis agnoscas. Candidus merito, quia patris splendor, rubeus, quia partus est virginis. Color in eo fulget et
rutilat utriusque naturae. Memento tamen antiquiora in eo

---

1 hostium *CT* | circumstantiae *dba, Maur.*, vel circuitus *s.l. T* | tuis *om.*
Z ‖ 2 tu *om. RT* ‖ 2–3 fraternus] fratruelis *H*, frater *R* ‖ 3 et *bis A* ‖
4 et *om. AHF* ‖ 5 eum *om. k, Maur.* ‖ 5–6 descendit *CEU, Maur.* ‖
6 ortum *MCT, alii* | et] ut *k, Maur.* ‖ 6–7 fructus *JS* ‖ 7 fraterne] fra-
ter *FZE* | mi] mihi *AU*, nemi *Z* | in *s.l. A* ‖ 8 ut *s.l. M* | et] est *A a.r.* | ve-
lut] ut *MR* ‖ 9 robeus *Z*, rubicundus *FE* ‖ 10 dicet *R a.c.* ‖ 11 eum
R | adsumptae *add.* humanitatis *F* ‖ 12–13 splendor (*ex* splendidus?) *A
p.c.* ‖ 13 robeus *Z*, rubicundus *E* ‖ 14 in eo antiquiora *MR*

---

[197] Nach GORI, *Ambrosius, De virginibus* 145–147 Anm. 155 (mit Verweis auf BLAISE, *Dictionnaire* 417,4, für den Gebrauch von *in* + Ablativ
statt *in* + Akkusativ), ist *in umbra eius* das Objekt des Verlangens; die
Übersetzung hieße dann: „Nach seinem Schatten verlangte mich und ich
saß". Die von ihm angeführten Gründe sind jedoch nicht zwingend und
die zur Stützung seiner Deutung herangezogenen Stellen (*hex.* 3,17,71
[CSEL 32/1,108]; *Isaac* 4,28 [CSEL 32/1,660]; *in Luc.* 7,38 [CCL
14,227]; 7,184 [CCL 14,278]; 7,214 [CCL 14,288]; *in psalm.* 118 5,10
[CSEL 62,87]; 5,11 [CSEL 62,87]; 5,12 [CSEL 62,88]; 5,15 [CSEL
62,90]; zu nennen wäre noch *Isaac* 6,50 [CSEL 32/1,674], und *virginit.*
9,52 [25 CAZZANIGA]), müssen nicht notwendig in seinem Sinne interpretiert bzw. übersetzt werden. Inhaltlich ist ihm zwar beizupflichten,
grammatikalisch jedoch dürfte eher eine Ellipse von *esse* vorliegen. Daß
concupivi hier absolut verwandt wird („in seinem Schatten wuchs in mir
das Verlangen"), scheint hingegen unwahrscheinlicher. RAMOS-LISSÓN,

Wache vor" deinen „Mund und eine Tür rings vor" deine „Lippen" (Ps 141,3; Ps 140,3 LXX), so daß auch du sagen kannst: „Wie ein Apfelbaum unter den Waldbäumen so (ist) mein Bruder inmitten der Söhne. In seinem Schatten verlangte es mich (zu sein)[197] und saß ich und süß (war) seine Frucht in meinem Gaumen" (Hld 2,3). „Ich fand (ihn), den meine Seele liebte, ich hielt ihn fest und werde ihn nicht loslassen" (Hld 3,4). „Mein Bruder steige hinab in seinen Garten und esse die Frucht seiner Obstbäume" (Hld 4,16; 5,1 Vg.). „Komm, mein Bruder, laß uns aufs Feld hinausgehen" (Hld 7,12; 7,11 Vg.). „Leg mich wie ein Siegel auf dein Herz und wie ein Siegel auf deinen Arm" (Hld 8,6). „Mein Bruder (ist) weiß und rot" (Hld 5,10). Es gehört sich nämlich, Jungfrau, daß du (ihn), den du liebst, völlig kennenlernst, und in ihm das ganze Mysterium der angeborenen Gottheit und der angenommenen Menschheit[198] erkennst. Zu Recht (wird er) weiß (genannt), weil er der Abglanz des Vaters (ist) (vgl. Hebr 1,3; Weish 7,26), rot, weil er der Sohn der Jungfrau ist[199]. In ihm erstrahlt hell und schimmert rötlich die Farbe beider Naturen. Denk jedoch daran, daß die Zei-

---

Ambrosius, De virginibus 97 Anm. 155, meint, „que se trata simplemente de una versión al latín de la LXX hecha por Ambrosio".

[198] *Incorporatio* ist ein dem häufiger verwandten Wort *incarnatio* synonymer Ausdruck; vgl. *apol. Dav. II* 6,33 (CSEL 32/2,379); *fid.* 1,15,96 (CSEL 78,42); 5,12,146 (CSEL 78,268).

[199] Die beiden Farben weiß und rot werden auch von ATHANASIUS VON ALEXANDRIEN, *epistula ad virgines* 1 (74 LEFORT), als Hinweis auf die Gottheit und Menschheit Christi angesehen (vgl. DUVAL, *Originalité* 40), wobei die entscheidenden christologischen Sätze *ingenitae divinitatis et adsumptae mysterium incorporationis ... color in eo fulget et rutilat utriusque naturae* nach MARKSCHIES, *Trinitätstheologie* 107 Anm. 127, keine Parallele bei ATHANASIUS haben, so verwandt die Allegorese beider von Hld 5,10 sonst auch ist; auch PS.-ORIGENES, *Fragmenta in Canticum canticorum* (PG 13, 205; vgl. PG 17,273), könne nicht das Vorbild des Ambrosius gewesen sein.

divinitatis insignia quam corporis sacramenta, quia non coepit a virgine, sed qui erat venit in virginem.

47. Ille discretus a militibus, ille lancea vulneratus, ut nos sacri vulneris cruore sanaret, respondebit tibi profecto — est enim „mitis et humilis corde", „blandus aspectu"—: „exsurge, aquilo, et veni, auster, adspira hortum meum et fluant aromata mea". Ex omnibus enim partibus mundi odor sacratae religionis adolevit, dilectae quo virginis membra fra-

---

3 ille ... militibus *om. b, add. s.l. P2* | discerptus *Castiglioni app. Cazz.,* districtus *Cazz.,* dispretus *Gori* | milibus *HR,* vel milibus *s.l. T* | illa *P* | vulneratus] perforatus *F* ‖ 4 vulneris *om. F* | tibi *om. M* | pro *(om.* fecto *spat. vac. 7 litt. rel.) R* ‖ 5 mi*tis (t *eras.) R* | corde *add.* et *E* ‖ 6 exurge *Fall.* | hauster *Z* | et aspira *R* | ortum *MC* ‖ 7 mea] illius *F* ‖ 8 sacratae] sanctae *b* | inolevit *a, Maur.* | dilectae quo] dilectus quo *P,* dilectae quoque *MR,* dilectaeque *a, Maur.* ‖ 8 – p. 182 l. 1 flagrarunt *JZR, Maur.,* fragrarunt *PCE,* fragrabunt *T,* flagrabunt *AF,* flagrabant *M,* fraglabant *H,* fraglarunt *Sx, Fall., Cazz.*

---

[200] Den Ausdruck *corporis sacramentum* (oder *incarnationis sacramentum*) verwendet Ambrosius häufig, um die Menschwerdung Christi zu bezeichnen. Nach HUHN, *Bedeutung* 93, gebraucht er jedoch den Plural *sacramenta* „zur Bezeichnung der menschlichen Natur in der hypostatischen Union". Neben *sacramentum* wählt Ambrosius auch *mysterium* oder *mysteria,* um die Inkarnation anzusprechen, so *epist.* 56(5), 13 (CSEL 82/2, 91); *in Luc.* 2, 15 (CCL 14, 38); *inst. virg.* 16, 98 (178 GORI); *spir.* 2, 6, 58 (CSEL 79, 109); 3, 11, 76 (CSEL 79, 181); *virginit.* 4, 23 (11 f CAZZANIGA). Während HUHN, *Bedeutung* 92–94, von einem unterschiedslosen Gebrauch von *mysterium* und *sacramentum* für das Geheimnis der Menschwerdung ausgeht, meint GORI, *Ambrosius, De viduis* 265 Anm. 49, eine Bedeutungsnuance feststellen zu können: *sacramentum* bezeichne meist die konkrete und sichtbare Menschlichkeit Christi, seinen Körper, *mysterium* hingegen beziehe sich auf die Art und Weise der Inkarnation, wenn auch die Verwendung dieser beiden Wörter die genannte Differenzierung nicht immer erkennen lasse, wie in *spir.* 2, 6, 58 (CSEL 79, 109) und *in Luc.* 2, 2 (CCL 14, 31).
[201] Vgl. ATHANASIUS VON ALEXANDRIEN, *epistula ad virgines* 1 (74 LEFORT): Die Übereinstimmung hält sich allerdings in Grenzen; DUVAL, *Originalité* 40, erwähnt sie nicht.
[202] Es besteht kein zwingender Grund, die von den Hss bezeugte Lesart *discretus* zu ändern. Die vorgeschlagenen Konjekturen *districtus* („gequält") (25 CAZZANIGA; vgl. COPPA, *Ambrosius, De virginibus* 566 Anm.

chen der Gottheit in ihm älter (sind) als die Sakramente des Körpers[200]; denn er nahm seinen Anfang nicht aus der Jungfrau, sondern er, der war (vgl. Offb 1,4), kam in die Jungfrau[201].

47. Er, der von den Soldaten abgesondert wurde[202], er, der von der Lanze verwundet wurde (vgl. Joh 19,33f), um uns zu heilen durch das Blut seiner heiligen Wunde (vgl. Jes 53,5), wird dir sicherlich zusagen — „denn er ist gütig und von Herzen demütig" (Mt 11,29), „reizend von Aussehen" (Gen 39,6)[203] —: „Steh auf, Nordwind, und komm, Südwind, durchwehe meinen Garten, und strömen sollen (die Düfte) meine(r) Gewürze" (Hld 4,16). Denn von allen Teilen der Welt stieg der Duft der gottgeweihten Frömmigkeit[204] auf, den die Glieder der geliebten Jungfrau verström-

---

110), *dispretus* („verachtet") (146f GORI; derselbe, *Emendazioni* 84; vgl. RAMOS-LISSÓN, *Ambrosius, De virginibus* 98f) und *discerptus* („beschimpft") (CASTIGLIONI, belegt bei CAZZANIGA 25) können deshalb nicht überzeugen. Die Interpretation von NIEDERHUBER 335: „Und er, der von den Kriegsknechten (von dir) getrennt" und FRANSES 40: „Hij (van u) gescheiden door de soldaten" ist zumindest möglich. Jedenfalls muß nicht erst ein Bezug zu Hld 5,10: *electus a milibus* („erwählt unter Tausenden"), wie von FALLER, *Ambrosius, De virginibus* 37 Anm. 11, konstruiert werden, um die traditionelle Lesart beizubehalten. GORI, *Ambrosius, De virginibus* 147–149 Anm. 160 (vgl. derselbe, *Emendazioni* 84), hat für seine Konjektur geltend gemacht, daß nur sie eine Anspielung auf die Verspottung des Gekreuzigten durch die Soldaten in Lk 23,36 (ist die Parallelisierung mit *lancea vulneratus* ein Grund, nicht an die Verspottung Mt 27,27–31a; Mk 15,16–20a zu denken?) erkennen lasse; aber es ist ja doch die Frage, ob hier ein Zitat von Lk 23,36 vorliegt. Wenn überhaupt ein biblischer Bezug vorhanden ist, kann ebenso auch auf die Gefangennahme Jesu angespielt sein.

[203] Diese Eigenschaft wird *Ioseph* 5,22 (CSEL 32/2, 88) dem JOSEF zugeschrieben. Vgl. zum Wortlaut des Zitates RAMOS-LISSÓN, *Ambrosius, De virginibus* 101 Anm. 169.

[204] Die weltweite Verbreitung der *sacrata religio*, das heißt des jungfräulichen Lebens klingt auch *virg.* 1,10,57, unten 196f, an: Zur Etymologie von *religio* vgl. *virg.* 1,8,52, unten 186f; dazu Anm. 213). Die mit Hld 4,16 Christus zugeschriebenen Düfte (seiner Gewürze) werden hier mit dem Duft der Jungfrau bzw. ihrer Frömmigkeit und Lebensweise in Verbindung gebracht.

glarunt. „Formosa es, proxima mea, ut bona opinio, pulchra ut Hierusalem." Non caduci itaque corporis pulchritudo vel morbo peritura vel senio, sed nullis obnoxia casibus opinio bonorum numquam moritura meritorum virginibus est decori.

48. Et quoniam non humanis iam, sed caelestibus, quorum vitam vivis in terris, digna es comparari, accipe a domino praecepta quae serves. „Pone me ut sigillum" inquit „in cor tuum et velut signaculum super brachium tuum", quo signatiora prudentiae tuae factorumque documenta promantur, in quibus figura dei Christus eluceat, qui paternae ambitum exaequans naturae totum quicquid a patre divinitatis adsumpsit expressit. Unde etiam apostolus Paulus in spiritu nos dicit esse signatos, quoniam patris imaginem habemus in filio, sigillum filii habemus in spiritu. Hac trinitate signati caveamus diligentius, ne quod accepimus pignus in cordibus nostris aut morum levitas aut ullius adulterii fraus resignet.

1 formonsa Z | est A a.r., CTU | opinio add. ut R || 2 caduci i.r. A | utique P2 || 3 abnoxia R a.c. || 6 et om. R a.c. | post sed ras. 5 litt. A || 7 vita AVFO | terra H || 9 supra AVS || 9–10 quos signatiora (s alt. add. m2) C || 10 factorque A a.c. || 11 Christi R || 12 quicquid] quod MR || 13 Paulus om. Z || 15–16 hac trinitate signati om. C || 16 cavemus i.r. in minore spatio R || 17 illius MR | adulteri A, H p.r., MR

[205] Bei dem Ausdruck *bona opinio* handelt es sich um die wörtliche Übersetzung von εὐδοκία aus der LXX; vgl. VetLat (2 SABATIER mit Verweis auf *virg.*); die Vg. übersetzt: *Pulchra es, amica mea, suavis et decora sicut Hierusalem*. Vgl. zum Wortlaut des Zitates WEIHRAUCH, *Hohelied* 32; 120 Anm. 187f.
[206] Zur Bezeichnung Christi als *signaculum* vgl. *virg.* 1,8,45, oben 174–177; dazu 175, oben Anm. 191); zum Wortlaut des Zitates WEIHRAUCH, *Hohelied* 35; 124 Anm. 236f.
[207] Ähnlich wie in *virg.* 1,8,45, oben 174–177, stellt sich die Frage, ob sich die Aussagen zur Besiegelung durch den dreifaltigen Gott und über das *pignus in cordibus nostris* auf alle Christen oder nur auf die Jungfrauen beziehen. Wenn alle Christen gemeint sind, liegt es nahe, die Besiegelung sakramental, das heißt durch die Taufe verliehen, zu verstehen. *Resignare* (zerstören) ist nach GORI, *Ambrosius, De virginibus* 149 Anm. 165f,

ten. „Schön bist du, meine Freundin, wie das Wohlgefallen[205], schön wie Jerusalem" (Hld 6,4; 6,3 Vg.). Und so gereicht nicht die Schönheit eines vergänglichen Körpers, die durch Krankheit oder Altersschwäche vergehen wird, sondern der Ruf vortrefflicher Verdienste, der, keinen Unglücksfällen ausgesetzt, niemals sterben wird, den Jungfrauen zur Zierde.

48. Und weil du würdig bist, nicht mehr mit menschlichen (Wesen) verglichen zu werden, sondern mit den himmlischen, deren Leben du auf Erden lebst, nimm vom Herrn die Vorschriften entgegen, die du beobachten sollst: „Leg mich", sagt er, „wie ein Siegel auf dein Herz und wie ein Siegel auf deinen Arm" (Hld 8,6)[206], damit dadurch die Beispiele deiner Klugheit und (deiner guten) Taten deutlicher hervortreten. In ihnen strahle das Bild Gottes, Christus, hervor, der, dem vollen Umfang der Natur des Vaters gleich, alles, was er vom Vater an Göttlichkeit empfing, zum Ausdruck brachte. Darum auch sagt der Apostel Paulus, wir seien im Geist besiegelt (vgl. Eph 1,13; 2 Kor 1,22), denn wir haben das Bild des Vaters im Sohn (vgl. Kol 1,15; 2 Kor 4,4; Hebr 1,3), wir haben das Siegel des Sohnes im Geist. Durch die Dreifaltigkeit besiegelt, sollen wir uns (noch) gründlicher in acht nehmen, daß nicht die Unbeständigkeit des Lebenswandels oder der Frevel irgendeiner Untreue das Unterpfand, das wir in unseren Herzen entgegengenommen haben (vgl. 2 Kor 1,22), zerstöre[207].

---

der Terminus technicus für das Zerbrechen eines Siegels. GORI meint, daß beim Objekt *pignus* an die Jungfräulichkeit gedacht ist, die mit dem Siegel Christi versehen sei, bezieht die Besiegelung also exklusiv auf die Jungfrauen; vgl. auch RAMOS-LISSÓN, *Ambrosius, De virginibus* 101 Anm. 178. *Adulterium* wäre dann im wörtlichen Sinn der Ehebruch der Jungfrau als Braut Christi gegenüber ihrem Bräutigam. Der Gedanke, daß das durch die Taufe verliehene Siegel durch die Sünde zerstört werden kann, begegnet allerdings mehrfach; vgl. *in Luc.* 7,232 (CCL 14,294); *in psalm. 118* 10,16 (CSEL 62,212f); *myst.* 7,42 (CSEL 73,106); *paen.* 2,3,18 (CSEL 73,171); *sacr.* 6,26 (CSEL 73,85); SCHMITZ, *Gottesdienst* 202f.

49. Sed facessat hic sacris virginibus metus, quibus tanta praesidia tribuit primum ecclesia, quae tenerae prolis sollicita successu ipsa quasi murus abundantibus in modum turrium increscit uberibus, donec soluto obsidionis hostilis incursu pacem validae iuventuti maternae praesidio virtutis adquirat. Unde et propheta ait: „fiat pax in virtute tua et abundantia in turribus tuis."

50. Tum ipse „pacis dominus" postquam validioribus brachiis commissa sibi vineta complexus palmites suos gemmare conspexerit, vultu praesule nascentibus fructibus auras temperat, sicut ipse testatur dicens: „vinea mea est in conspectu meo; mille Salomon et ducenti qui servant fructum eius."

51. Supra ait: „sexaginta potentes in circuitu propaginis eius strictis armatos ensibus et eruditos proeliaribus disciplinis", hic mille ducentos: crevit numerus, ubi crevit et fructus, quia quo sanctior quisque eo munitior. Sic Helisaeus propheta exercitus angelorum praesidio sibi adesse monstravit, sic Iesus Nave ducem militiae caelestis agnovit. Possunt

---

1 facescat *P a.c.* ‖ 2 tenerae] terrenae *M* ‖ 3 processu *AHF, Fall.*, successu *cet., Maur., Cazz.* | muris *FCTx* ‖ 4 increscit] increvit *AHF* ‖ 6 et *om. T* ‖ 7 habundantia *P* ‖ 10 praesuli *R a.c.* (i *exp.*), *M* ‖ 11 temperet *M* ‖ 12 mille *add.* inquit *TE* | Salomon *om. HM*, Salomoni *E, Maur.* ‖ 14 circumitu *CE, Maur.* ‖ 15 sensibus *VJb* (ensibus *mg. P2*), *T* | et *om. R* | proeliatoribus *AF* ‖ 16 mille *add.* et *Maur.* ‖ 17 quo] quam *A* | municior *P*, communitior *Ra, Maur.* | Heliseus *b*, Elisaeus *Maur.* ‖ 18 praesidia *FRa, Maur.*, praesidium *P* ‖ 19 Hiesus *MRO* | Navem *H a.r.*

---

[208] Die gottgeweihten Jungfrauen müssen keine Angst haben, das Unterpfand (*pignus*) in ihrem Herzen bzw. die Besiegelung durch die Dreifaltigkeit zu verlieren, denn die Kirche als ihre Mutter bietet ihnen Schutz vor Anfechtungen und Gefährdungen, indem sie feindliche Belagerungen — vielleicht sind damit die *passiones* oder *spiritales bestiae* aus *virg.* 1,8,45, oben 176f, gemeint — abwehrt und Frieden sichert. Diese Funktion der Kirche wird mit dem Psalmzitat — zum Wortlaut vgl. NOHE, *Psalter* 94; RAMOS-LISSÓN, *Ambrosius, De virginibus* 103 Anm. 180 — zusammengefaßt.

49. Aber diese Furcht soll sich von den gottgeweihten Jungfrauen davonmachen; ihnen bietet (nämlich) die Kirche fürs erste so starken Schutz. Besorgt um den Fortschritt ihrer zarten Nachkommenschaft, wächst sie selbst an wie eine Mauer mit turmhoch vollen Brüsten (vgl. Hld 8,10), bis sie den Ansturm der feindlichen Belagerung gebrochen hat und der kräftigen Jugend unter dem Schutz der mütterlichen Tugend den Frieden verschafft. Darum auch sagt der Prophet: „Friede wohne in deiner Tugend und Überfluß in deinen Türmen" (Ps 122,7; Ps 121,7 LXX)[208].

50. Nachdem nun „der Herr des Friedens" (2 Thess 3,16) selbst mit kräftigem Arm die ihm anvertrauten Weinberge umfaßt und seine Reben hat Knospen treiben sehen, besänftigt er für die wachsenden Früchte mit Herrscherblick die Luftzüge, wie er selbst es mit den Worten bezeugt: „Mein Weinberg steht mir vor Augen; 1000 für Salomo und 200 (für die), die seine Frucht bewachen" (Hld 8,12)[209].

51. Vorher sagt er: „60 Mächtige (sind) im Umkreis seines Geschlechtes, mit gezückten Schwertern bewaffnet und in der Kriegskunst unterrichtet" (Hld 3,7f), hier: „1200" (vgl. Hld 8,12). Die Anzahl nahm zu, wo auch die Frucht zunahm; denn je heiliger jemand (ist), desto geschützter (ist er auch). So wies der Prophet Elischa darauf hin, daß ihm Heerscharen von Engeln zum Schutz zur Seite stünden (vgl. 2 Kön 6,14–17), so erkannte Josua den Anführer der himmlischen Heerscharen (vgl. Jos 5,13–15). Also können (jene)

---

[209] Als Beleg für die schützende Tätigkeit Christi wird Hld 8,12 angeführt. Das Zitat fügt sich allerdings nicht recht in den Gedankengang ein und ist inhaltlich schwer verständlich; einen Zusammenhang mit den vorangegangenen Überlegungen läßt der biblische Text jedenfalls nicht erkennen. Vielleicht ist die (durch Addition von *mille ... et ducenti* gebildete) Zahl zwölfhundert, die im folgenden aufgegriffen wird, um den gesteigerten Schutz für die Jungfrauen zu betonen, der Grund für die Anführung der Schriftstelle. Fraglich ist, ob mit SALOMO, wie NIEDERHUBER, *Ambrosius, De virginibus* 337 Anm. 7, vermutet (ähnliches legt die Übersetzung von SCHULTE 47 nahe) der Friedensfürst, das heißt Christus, gemeint ist.

igitur fructum in nobis custodire qui possunt etiam militare
pro nobis. Vobis autem, virgines sanctae, speciale praesidium est, quae pudore intemerato sacrum domini servatis
cubile. Neque mirum si pro vobis angeli militant, quae
angelorum moribus militatis. Meretur eorum praesidium 5
castitas virginalis, quorum vitam meretur.

52. Et quid pluribus exequar laudem castitatis? Castitas
etiam angelos fecit. Qui eam servavit angelus est, qui per-
didit diabolus. Hinc religio etiam nomen accepit. Virgo est
quae deo nubit, meretrix quae deos fecit. Nam de resur- 10
rectione quid dicam, cuius praemia iam tenetis? „In resurrectione autem neque nubunt neque ducunt uxores,

---

1 in nobis *s.l. T* | custodire] conservare *F* | etiam *om. C a.c. m2* || 2 spe-
ciale] spiritale *MRT* || 4 nobis *A a.c.* (v *s.* n *graphio*) || 5 eorum] enim
F | praesidium *add.* eorum *F* || 6 merentur *P* || 7 castitas *om. M* ||
8 etiam] enim *P* | angelos] angelum *AHF* || 9 diabolus *add.* est *P2* | re-
ligio] legio *T a.c., om. F* || 10 deo] domino *AF* | deos] non deo *A* | facit *T
a.c.* || 11 dicemus *Z* | iam praemia *F* || 12 nubunt] nubent *CTx* | du-
cunt uxores] nubentur *bd, Cazz.,* ducent uxores *CT, Maur.,* ducunt uxores
cet., Fall.

---

[210] Zur Angelologie des Ambrosius vgl. NIEDERHUBER, *Lehre* 232–243;
PASTORE, *Angeli;* TOSCANINI, *Teologia* 355–360.
[211] Zum *sacrum domini cubile* vgl. *virg.* 2,2,16, unten 228f. Nach FAL-
LER, *Ambrosius, De virginibus* 39 Anm. 14 (ebenso COPPA, *Ambrosius,
De virginibus* 568 Anm. 129), handelt es sich hier um eine Anspielung auf
das Gleichnis von den klugen und törichten Jungfrauen Mt 25,1–13.
[212] Hier könnte auf die „Gottessöhne" aus Gen 6,2, die sich Menschen-
töchter nahmen, angespielt sein. Dieser „Fall" der Engel aufgrund ihrer
intemperantia wird im folgenden Abschnitt näher behandelt.
[213] Ambrosius leitet *religio* von *religare* (anbinden, befestigen) ab. Entsprechend gehören *religio* und *virginitas* zusammen, weil die Jungfrau
Gott geweiht ist, mit Christus bräutlich verbunden ist; vgl. *virg.* 1,7,32,
oben 154f; 1,8,45, oben 176f; 1,8,49, oben 180f, sowie besonders 2,4,24,
unten 242f. Die hier vorgestellte Etymologie von *religio* begegnet auch
bei LAKTANZ, *inst.* 4,28,3–13 (CSEL 19/1,389–391), besonders 4,28,3.
12f (CSEL 19/1,389.391). LAKTANZ wendet sich damit gegen CICERO,
nat. deor. 2,28,72 (739 PEASE), und bekräftigt LUCREZ, *De rerum natura*
1,932 (35 MARTIN). Vgl. zur Ableitung von *religare* oder *relegere* (eine

die Frucht in uns behüten, die auch für uns kämpfen können[210]. Euch aber, heilige Jungfrauen, gilt ein besonderer Schutz, die ihr in unbefleckter Keuschheit das heilige Lager des Herrn bewacht[211]. Kein Wunder, daß die Engel für euch kämpfen, die ihr wie Engel kämpft. Die jungfräuliche Keuschheit verdient den Schutz jener, deren Leben (zu führen) sie würdig ist.

52. Und was soll ich mit (noch) mehr (Worten) das Lob der Keuschheit fortführen? Die Keuschheit hat sogar Engel hervorgebracht. Wer sie bewahrt hat, ist ein Engel, wer sie verloren hat, ein Teufel[212]. Von hier erhielt die Religion sogar ihren Namen[213]. Eine Jungfrau ist (jene), die sich mit Gott vermählt, eine Dirne (jene), die Götter(bilder) errichtet hat[214]. Was soll ich denn von der Auferstehung reden, deren Auszeichnungen ihr bereits besitzt[215]? „Bei der Auferstehung aber werden sie weder heiraten noch Frauen (in

---

Sache noch einmal sorgfältig durchsehen, überdenken) AUGUSTINUS, *civ.* 10,3 (CCL 47,275); *retract.* 1,13,9 (CCL 57,40–41); *vera relig.* 111 (CCL 32,259); ISIDOR VON SEVILLA, *orig.* 8,2,2 (o.S. LINDSAY); 10,234 (o.S. LINDSAY); ferner FESTUS, *Epitomae operis de verborum significatu Verrii Flacci* (348–350 LINDSAY); (366 LINDSAY); GELLIUS, *Noctes Atticae* 4,9,1–3 (1 MARSHALL); LIVIUS, *Ab urbe condita* 5,23,10 (351 OGILVIE); MACROBIUS, *sat.* 3,3,8–10 (168f WILLIS); SERVIUS GRAMMATICUS, *Aen.* 8,349 (2 THILO). Ausführlich zur Etymologie von *religio* LIEBERG, *Considerazioni;* FEIL, *Religio* 32–82; WAGNER, *Religion* 20–24; BERGMANN, *Grundbedeutung.*
[214] Hier wird ein bei den Propheten (FALLER, *Ambrosius, De virginibus* 401, verweist auf Jes 1,21; Jer 2,20 sowie die Vision der großen Hure Babylon Offb 17; vgl. auch Jer 3; 5,7; Ez 16; 23,35–49; Hos 1,2; 2,4–17; 3,3; 4,11–19; 9,1; Am 7,17; Mi 1,7; Nah 3,4; Offb 19,2) und in der altkirchlichen Literatur weitverbreiteter Gedanke aufgegriffen: Wer vom Glauben an Gott abfällt und Götzen dient, handelt wie eine Dirne; vgl. *virg.* 2,4,24, unten 240f. FRANSES, *Ambrosius, De virginibus* 43 Anm. 61, sieht hier die heidnische Religion mit ihrer Vielgötterei angesprochen. Dann wäre mit der mit Gott vermählten Jungfrau die christliche Religion oder die Kirche und nicht primär eine einzelne Jungfrau gemeint; ähnlich NIEDERHUBER, *Ambrosius, De virginibus* 339 Anm. 1.
[215] Vgl. CYPRIAN VON KARTHAGO, *hab. virg.* 22 (CSEL 3/1, 203).

sed erunt sicut angeli" inquit „in caelo". Quod nobis promittitur vobis praesto est votorumque nostrorum usus apud vos. De hoc mundo estis et non estis in hoc mundo. Saeculum vos habere meruit, tenere non potuit.

53. Quam praeclarum autem angelos propter intemperantiam suam in saeculum cecidisse de caelo, virgines propter castimoniam in caelum transisse de saeculo. Beatae virgines, quas non inlecebra sollicitat corporum, non conluvio praecipitat voluptatum. Cibus parsimoniae, potus abstinentiae docet vitia nescire, qui docet causas nescire vitio-

---

1 nobis] vobis C ‖ 2 vobis] nobis R ‖ 3 vos *add.* est quae *P2* ‖ 5 praeclaros *M* | praeclarum *add.* est *F* | autem] est *AH* ‖ 7 cast moniam *Fall. (error typ. ?)* ‖ 9 parsimoniae *add.* cibus *R a.c. m2* ‖ 10 qui] quia (a *s.l.*) *C*

---

[216] Text nach FALLER 40, 3. Sollte mit CAZZANIGA 28, 4 *nubentur* zu lesen sein (wie bei Lk 20, 35 Vg.; anders Mt 22, 30 und Mk 12, 25), kann übersetzt werden: „Bei der Auferstehung werden sie weder heiraten noch verheiratet werden". Wie schon *virg.* 1, 3, 11, oben 116f, stimmt die lateinische Übersetzung des Zitates nicht genau mit dem griechischen Original überein; dort sind Männer (γαμοῦσιν — sie heiraten) und Frauen (γαμίζονται — sie lassen sich heiraten) unterschieden. Im Lateinischen bleibt offen, wer gemeint ist. Siehe dazu oben 117 Anm. 49.
[217] Die Aussage von Joh 17, 16, an die dieser Satz erinnert, wird hier sonderbarerweise verneint, wenn auch inhaltlich dasselbe gemeint sein dürfte.
[218] Vgl. auch hierzu CYPRIAN VON KARTHAGO, *hab. virg.* 22 (CSEL 3/1, 203).
[219] Die sich auf Gen 6, 2 beziehende Ansicht, daß ein Teil der Engel in Liebe zu menschlichen Frauen entbrannt ist, sich mit ihnen verbunden und die Giganten oder Dämonen gezeugt hat, und deshalb aus dem Himmel verstoßen worden ist (vgl. auch Ps 82, 7; 2 Petr 2, 4; Jud 6; Offb 12, 7–12; 20, 7–10), ist in der frühchristlichen Literatur weitverbreitet. Sie ist aus dem Spätjudentum übernommen und begegnet vor allem in apokryphen Überlieferungen, besonders im *Äthiopischen Henochbuch* (vgl. besonders 6f [516–520 UHLIG]; 12, 4 [533f UHLIG]; 15, 3–11

die Ehe) führen[216], sondern", heißt es, „wie die Engel im Himmel sein" (Mt 22,30; Mk 12,25; Lk 20,35f). Was uns verheißen ist, ist für euch (schon) vorhanden, und den (Gegenstand) unserer Wünsche besitzt ihr (schon). Ihr seid von dieser Welt, aber ihr seid nicht in dieser Welt (vgl. Joh 17,11.14–18?)[217]. Die Welt durfte euch haben, halten konnte sie (euch) nicht[218].

53. Wie herrlich aber, daß die Engel wegen ihrer Unmäßigkeit vom Himmel in die Welt fielen (vgl. Gen 6,2?)[219], die Jungfrauen wegen der Keuschheit von der Welt in den Himmel übersiedelten. Selig die Jungfrauen, die der Reiz der Körper nicht verführt, die die Wirrnis der sinnlichen Freuden nicht ins Verderben stürzt. Das Essen der Mäßigung, das Trinken der Enthaltsamkeit lehren, die Laster nicht zu kennen, denn sie lehren, die Anlässe der Laster nicht zu

---

[542–544 UHLIG]; 84,4 [678 UHLIG]; 86–88 [680–682 UHLIG]), sowie im rabbinischen Schrifttum. Belege bei MICHL, *Engel* 80–82 (Spätjudentum); 91 (Rabbinen); 188–193 (Frühchristentum); zur Auslegung von Gen 6,2 in der frühchristlichen Exegese vgl. WICKHAM, *Sons*. Gen 6,2 wird von Ambrosius auch in *apol. Dav.* 1,4 (CSEL 32/2,301), dahingehend ausgelegt, daß der Fall der Engel die Folge sexueller Verfehlung ist. So liegt auch hier, *virg.* 1,8,53, eine Anspielung auf diesen Vers nahe, wenngleich im biblischen Text von einem Fall der Gottessöhne nicht die Rede ist. Zur Auslegung von Gen 6,1–4 bzw. zur Darstellung des Engelfalls bei Ambrosius vgl. ferner *in Luc.* 4,67 (CCL 14,131); *in psalm. 118* 4,8 (CSEL 62,71); 7,8 (CSEL 62,131f); 8,58 (CSEL 62,187); *Noe* 4,8f (CSEL 32/1,418). Einen Reflex von Gen 6,4 entdeckt MANS, *Giants,* auch in *Hymni* 5,19 (275 FONTAINE), wo Christus als *geminae gigas substantiae* bezeichnet wird; dazu FONTAINE, *Ambrosius, Hymni* 291. Grundzüge einer Dämonologie des Ambrosius trägt NIEDERHUBER, *Lehre* 47–61, besonders 49f Anm. 4, zusammen; vgl. auch die Zusammenfassung NIEDERHUBER, *Ambrosius, De virginibus* LVII; MCHUGH, *Demonology*, besonders 206–210. Der gelegentlich von frühchristlichen Autoren vorgetragene Gedanke, daß die gefallenen Engel einstweilig, vor der ewigen Verdammnis am Gerichtstage, in der Luft wohnen (Belege bei MICHL, *Engel* 192), liegt dieser Stelle — gegen FALLER, *Ambrosius, De virginibus* 40f Anm. 7 — nicht zugrunde. Aufgrund des Parallelismus von *in saeculum cecidisse de caelo* (für die Engel) und *in caelum transisse de saeculo* (für die Jungfrauen) ist hier ersichtlich an einen Aufenthalt der bösen Engel auf der Erde gedacht.

rum. Causa peccandi etiam iustos saepe decepit. Hinc populus dei postquam sedit bibere, deum negavit. Hinc Loth concubitus filiarum ignoravit et pertulit. Hinc inversis vestigiis filii Noe patria quondam pudenda texerunt. Quae procax vidit, modestus erubuit, pius texit, offensurus si et 5 ipse vidisset. Quanta vini est vis, ut quem diluvia non nudaverunt, vina nudarent.

9.54 Quid illud? Quantae felicitatis est quod nulla vos habendi cupiditas inflammat? Pauper quod habes poscit, quod non habes non requirit. Fructus laboris tui thesaurus 10 est inopi et duo aera si sola sint, census est largientis. Audi ergo, soror, quantis careas. Nam cavere quid debeas nec meum est docere nec tuum discere; perfectae enim virtutis

---

1 decipit *HO* ‖ 2 sedit *add.* manducare et *mg. C3, Maur.* ‖ 3 concubitus] incubitus *A* | versis *C* ‖ 4 Noae *P* | patris *C2TO, Maur.*, patri *HFZC1EU* | quondam *om. H*, condam *A a.c.*, aquondam *Z* ‖ 5 vidit *add.* pudendum *MR*, pudenda *H* | si *add.* sic *M* ‖ 6 est *om. AHF* | vis est vini *P* | quem] quae *R* ‖ 9 pauper *i.r. H* | quod *add.* non *P2* | habes (*s i.r.*) *H*, habet *P2* | poscit] possit *P* ‖ 10 non *pr. exp. P2* | requirit *i.r. H* ‖ 11 largieris *A a.c.* ‖ 12 nam] non *C a.c. m2* | carere *E* ‖ 13 tuum] metum *R* | virtutis *add.* est *F*

---

[220] AUBINEAU, *Écrits* 167f, macht auf eine Stelle bei ATHANASIUS VON ALEXANDRIEN, *epistula ad virgines* 1 (76 LEFORT), aufmerksam, an der eine Darlegung über das Verhalten der Jungfrauen beginnt. Diese Empfehlungen, die auch über das Fasten gehandelt haben mögen und aus denen Ambrosius noch geschöpft haben mag, sind jedoch aufgrund einer großen Lücke unvollständig überliefert; vgl. GORI, *Ambrosius, De virginibus* 153 Anm. 180; RAMOS-LISSÓN, *Ambrosius, De virginibus* 107 Anm. 194. Ergänzend sei darauf hingewiesen, daß es bei dem Wortspiel *cibus parsimoniae — potus abstinentiae* nicht ausdrücklich um den Verzicht auf Speisen und Getränke, also um körperliches Fasten, geht. Es kann hier auch eher allgemein von Mäßigung und Enthaltsamkeit, also von Verzicht oder Fasten ohne nähere Konkretisierung, die Rede sein.

kennen²²⁰. Ein Anlaß zum Sündigen hat sogar Gerechte oft getäuscht. Daher hat das Gottesvolk, nachdem es sich zum Trinken niedergesetzt hatte, Gott verleugnet (vgl. Ex 32,6–8; 1 Kor 10,7). Daher bemerkte Lot nicht den Beischlaf mit seinen Töchtern und vollzog (ihn) (vgl. Gen 19,30–35). Daher bedeckten einst die Söhne Noachs, rückwärts gehend, die Schamteile ihres Vaters (vgl. Gen 9,21–23). An dem, was der unverschämte (Sohn) sah, worüber der bescheidene errötete, was der fromme bedeckte, hätte er Anstoß genommen, wenn auch er selbst (es) gesehen hätte²²¹. Wie groß ist die Macht des Weines, daß der Wein (ihn) entblößte, den die Sintflut nicht entblößen konnte²²².

9.54 Wozu das? Was für ein Glück ist es, daß euch keine Begierde nach Besitz entflammt! Der Arme verlangt, was du hast; was du nicht hast, fordert er nicht. Die Frucht deiner Arbeit ist ein Schatz für den Mittellosen und wenn es auch nur zwei Kupfermünzen sind, ist es (doch) ein Vermögen für die Spenderin (vgl. Mk 12,41–44; Lk 21,2–4). Vernimm also, Schwester, von wievielen Dingen du frei bist! Denn vor was du dich in acht nehmen sollst, muß ich nicht lehren, du nicht lernen; die Praxis vollkommener Tugend

---

²²¹ Nach dem biblischen Bericht sah HAM, der Vater KANAANS, seinen Vater NOACH nackt und erzählte seinen Brüdern SEM und JAFET davon. Diese nahmen daraufhin einen Überwurf, legten ihn sich auf die Schultern, gingen rückwärts (um die Schamteile ihres Vaters nicht zu sehen) und bedeckten NOACHS Blöße. In *hel.* 5,10 (CSEL 32/2,418) erwähnt Ambrosius die *pietas* der Söhne, welche die Nacktheit bedeckte; und er führt zur Entschuldigung des NOACH an, daß er aufgrund der Unkenntnis des Weines, nicht aufgrund seiner Unmäßigkeit betrunken war.

²²² Ausführlich handelt Ambrosius von der verheerenden Wirkung des Weines in *De Helia et ieiunio*. Vgl. besonders *hel.* 5,10 – 6,18 (CSEL 32/2,418–422); 9,28–30 (CSEL 32/2,427f); 13,46 – 18,68 (CSEL 32/2,438–451), wo er, zumal anhand alttestamentlicher Begebenheiten und Personen, berauschenden Alkoholkonsum als verderblich und die Abstinenz davon als vorbildlich herausstellt. In *hel.* 5,10 (CSEL 32/2,418f) und 5,14 (CSEL 32/2,420) begegnen auch die Beispiele von LOT und NOACH.

usus magisterium non desiderat, sed informat. Cernis ut pomparum ferculis similis incedat quae se componit ut placeat, omnium in se vultus et ora convertens, eo ipso quo studet placere deformior; prius enim populo displicet quam placeat viro. At in vobis reiecta decoris cura plus decet et 5 hoc ipsum quod vos non ornatis ornatus est.

55. Cerne laceras vulneribus aures et depressae onera miserare cervicis. Non sunt allevamenta poenarum discrimina metallorum. Hinc collum catena constringit, inde pedem compes includit. Nihil refert auro corpus oneretur an ferro. 10 Sic cervix premitur, sic gravatur incessus. Nil pretium iuvat, nisi quod vos, mulieres, ne pereat vobis poena, trepidatis. Quid interest, utrum aliena sententia an vestra vos damnet?

---

2 conponat H ‖ 2–3 placet *FP2*, al decet *s.l. P2* ‖ 4 displiceat A ‖ 4–5 quam placeat *om. A* ‖ 5 placet *F* | at] ad *R a.c.* | nobis *H* ‖ 7 cerne] certe *A*, cernere *T a.c.*, cernite *T p.c.*, carnes *CU*, cernis *O* | depressa *P a.c.* | onere *P2* ‖ 8 miserare] misere *Sa*, miserae *P a.c.* | cervices *P2* | ad levamen *F* ‖ 9–10 pedes compedes *P2* ‖ 10 nil *PR* | o*neretur (r *eras.*) *R* ‖ 11 sic *pr.*] si *P2, R a.c.* | iubat *M, R a.c.*

---

[223] Es ist fraglich, ob sich Ambrosius hier auf die *pompa* eines bestimmten Kultes bezieht. Festumzüge, bei denen eine geschmückte Statue oder ein Symbol der jeweiligen Gottheit mitgeführt wurden, gab es beispielsweise in den in *virg.* 1, 4, 16, oben 128f, erwähnten Kulten von ATTIS/CYBELE und LIBER/BACCHUS/DIONYSOS.

[224] Mit *ora* ist vielleicht auf das Gerede über eine derart herausgeputzte Jungfrau angespielt; es mag sich aber auch nur um ein Synonym zu *vultus* handeln.

[225] Die im folgenden entfaltete Kritik an weiblichem Schmuck — vgl. auch die Bemerkungen zum Schminken *virg.* 1, 6, 28f, oben 146–151 — begegnet schon in der prophetischen Tradition (Jes 3, 16–24; Jer 4, 30; Ez 23, 40–43; vgl. auch 1 Tim 2, 9f; 1 Petr 3, 3f) sowie in der paganen Komödie und ist in der altkirchlichen Literatur verbreitet; vgl. zum Beispiel CLEMENS VON ALEXANDRIEN, *paed.* 2, 12 (GCS 227–234); CYPRIAN VON KARTHAGO, *hab. virg.* (CSEL 3/1); TERTULLIAN, *cult. fem.* (CCL 1). In den Schriften des Ambrosius finden sich nicht selten entsprechende Be-

wünscht sich nämlich keinen Unterricht, sondern unterrichtet (selbst). Du siehst, wie eine, Götterbildern bei Prozessionen ähnlich[223], einherschreitet; sie macht sich zurecht, um zu gefallen, und zieht aller Blicke und Münder[224] auf sich; (aber) gerade durch das, wodurch sie zu gefallen trachtet, (wirkt sie um so) häßlicher; sie mißfällt jedenfalls eher dem Volk, als sie einem Mann gefällt. Zu euch hingegen paßt mehr das Zurückweisen der Sorge um Schönheit; und gerade dies, daß ihr euch nicht schmückt, ist (euer) Schmuck[225].

55. Sieh die von Wunden verstümmelten Ohren und hab Mitleid mit den Lasten des gebeugten Nackens! Unterschiede der Metalle bedeuten keine Linderungen der Qualen. Hier schnürt eine Kette den Hals zusammen, dort schließt eine Fessel den Fuß ein[226]. Es kommt nicht darauf an, ob der Körper mit Gold oder mit Eisen bepackt wird. So wird der Nacken gepresst, so wird das Gehen erschwert. Der (hohe) Preis nützt nichts[227], außer daß ihr, Frauen, euch (auch noch) ängstigt, die Qual ginge euch verloren. Was macht es für einen Unterschied, ob das Urteil eines anderen oder euer eigenes euch schuldig spricht?

---

merkungen; vgl. *Abr.* 1,9,89 (CSEL 32/1,560); *exhort. virg.* 2,9 (206 GORI); 10,64 (250 GORI); *in Luc.* 5,107 (CCL 14,170f); 8,76 (CCL 14,327); *Nab.* 5,25f (CSEL 32/2,480f); *paen.* 2,9,88 (CSEL 73,198); *Tob.* 5,17 (CSEL 32/2,526); 5,19 (CSEL 32/2,528); 6,23 (CSEL 32/2,529); *vid.* 5,28 (270 GORI); *virginit.* 12,68 (31f CAZZANIGA).
[226] Vgl. CLEMENS VON ALEXANDRIEN, *paed.* 2,12,122f (GCS 230f), der PHILEMO, *Fragmenta* 84 (271 KASSEL/AUSTIN), zitiert; 2,12,129 (GCS 234): CYPRIAN VON KARTHAGO, *hab. virg.* 14 (CSEL 3/1,197); 21 (CSEL 3/1,202); TERTULLIAN, *cult. fem.* 1,2,1 (CCL 1,344).
[227] Vgl. die ironische Bemerkung in *Nab.* 5,26 (CSEL 32/2,481). GORI, *Ambrosius, De virginibus* 155 Anm. 187, macht auf einen möglichen Bezug auf JUVENAL, *Saturae* 11,16 (152 WILLIS), aufmerksam; vgl. auch RAMOS-LISSÓN, *Ambrosius, De virginibus* 109 Anm. 205.

Hinc vos etiam miserabiliores quam qui publico iure damnantur, quod illi optant exui, vos ligari.

56. Quam vero miserabilis illa condicio, quod tamquam mancipii forma venalis nuptura licitatur, ut qui pretio vicerit emat! Tolerabilius tamen mancipia veneunt, quae saepe sibi dominos legunt. Virgo si eligat, crimen est, si non eligat, contumelia. Quae quamvis pulchra sit et decora, et cupit et timet videri: cupit ut se carius vendat, timet ne hoc ipsum dedeceat quod videtur. Quanta autem votorum ludibria et ad procorum eventus suspecti metus, ne pauper inludat, ne dives fastidiat, ne pulcher inrideat, ne nobilis spernat!

---

1 hinc *add.* est *H a.r.* | publica *R a.c.* ‖ 1–2 damnatur *R* ‖ 2 quod ... ligari *om. M* | exui vos] vivos *AH* ‖ 3 illa *om. M* ‖ 4 mancipi *A a.c. m2* | nuptura *om. F* | licitatur] ligatur *M,* sollicitatur *P2* | qui] quam *H,* quem *P2* ‖ 5 mancipia *om. spat. vac. rel. R* | veniunt *Z* ‖ 6 sibi] si *R* | legunt *om. spat. vac. 14 litt. rel. R,* eligunt *a, Maur.* | si *alt. om. R* ‖ 7 contumelia* *R* | sit *i.r. H* ‖ 8 videri *add.* et *P* ‖ 10 evectus *R* | suspectu *A,* suspectus *H,* suspectius *F p.c. m2,* suspecta *P a.c. m2,* supensi *Castiglioni app. Cazz., Cazz.* | metus *eras.,* esse *i.r. P* ‖ 10–11 ne dives fastidiat *om. M* ‖ 11 rideat (eat *i.r.*) *R*

---

[228] Möglicherweise ist der Ausdruck *iure publico,* wie RAMOS-LISSÓN, *Ambrosius, De virginibus* 109 Anm. 206, meint, als Fachbegriff für das Öffentliche Recht verwandt, von dem ULPIAN in *Dig.* 1,1,1 (1 MOMMSEN), sagt, daß es sich auf die Ordnung des römischen Staatswesens bezieht und vom Privatrecht unterscheidet (vgl. auch *Inst. Iust.* 1,1,4 [1 MOMMSEN/KRUEGER]).

[229] Nach römischem Recht bedurfte es für eine gültige Eheschließung des Ehewillens der Brautleute; sofern sie der *potestas* des *pater familias* unterstanden, war allerdings dessen Zustimmung erforderlich. Vgl. *Dig.* 23,2,2 (1 MOMMSEN); 23,1,12 (1 MOMMSEN); dazu KASER, *Privatrecht 1* 314f; TREGGIARI, *Marriage* 170–180. Ambrosius spricht denn auch *Abr.* 1,9,91 (CSEL 32/1,561) vom Recht der Eltern, den Ehemann für die Tochter auszusuchen, und betont *epist.* 34(83),2 (CSEL 82/1,239) dem SISINNIUS gegenüber, dessen Sohn sich ohne väterliche Zustimmung vermählt hatte, das Recht des Vaters, die Ehefrau für den Sohn zu bestimmen. Wenn er hier und wenig später, *virg.* 1,10,58, unten 196f, einer jungen Frau das Recht zuschreibt, ihren Ehemann frei zu wählen — vgl.

Daher (seid) ihr sogar (noch) beklagenswerter als diejenigen, die öffentlich schuldig gesprochen werden[228]; denn ihr Wunsch ist es, befreit zu werden, euer, angebunden zu werden.

56. Wie beklagenswert (ist) doch jenes Los, daß die künftige Braut versteigert wird wie die Schönheit einer verkäuflichen Sklavin, so daß der Meistbietende (sie) kaufen kann. Da ist es noch erträglicher, daß Sklaven verkauft werden, (denn) die suchen sich oft ihre Herren selbst aus. Wenn eine Jungfrau wählerisch ist[229], gilt das als Vergehen, ist sie's nicht, gilt's als Schande. Mag sie auch schön und zierlich sein, sie wünscht und fürchtet zugleich besichtigt zu werden. Sie wünscht, sich teurer zu verkaufen; sie fürchtet, daß gerade das, was besichtigt wird, nicht gut aussehen könnte. Was für ein Spiel mit den Wünschen und was für eine argwöhnische[230] Furcht um das Geschick der Freier, daß ein Armer sein Spiel (mit ihr) treiben, ein Reicher (sie) verschmähen, ein Schöner (sie) auslachen, ein Vornehmer (sie) verachten könnte[231].

---

auch *virginit.* 5, 26 (12 CAZZANIGA) —, setzt er wohl die Zustimmung der Eltern voraus.

[230] Die von CAZZANIGA 30, 6 im Anschluß an CASTIGLIONI bevorzugte Konjektur *suspensi* (dann könnte übersetzt werden: „und was für eine ängstliche Furcht") kann nicht überzeugen. Die traditionelle Lesart *suspecti* (vgl. PL 16, 215 und FALLER 42, 9) hat eine gute textkritische Grundlage und die aktive Verwendung von *suspectus* ist in der Spätantike (vgl. GEORGES, *Handwörterbuch 2* 2976) und auch bei Ambrosius selbst (vgl. *Nab.* 5, 24 [CSEL 32/2, 480]) bezeugt; vgl. GORI, *Ambrosius, De virginibus* 157 Anm. 189; derselbe, *Emendazioni* 85; RAMOS-LISSÓN, *Ambrosius, De virginibus* 109 Anm. 207.

[231] GORI, *Emendazioni* 85, betont, daß hier als Beispiel für das „beklagenswerte Los" der jungen Frauen ihre Verheiratung unter rein ökonomischen Gesichtspunkten angeführt wird. Ambrosius spricht von ihren Enttäuschungen und Befürchtungen, was die Qualität eines Mannes angeht, den sie sich nicht selbst ausgesucht haben und den sie auch gar nicht kennen.

10.57 Dicet aliquis: tu nobis cotidie virginum canis laudes. Quid faciam qui eadem cotidie cantito et proficio nihil? Sed non mea culpa. Denique de Placentino sacrandae virgines veniunt, de Bononiensi veniunt, de Mauritania veniunt, ut hic velentur. Magnam rem videtis: hic tracto et alibi persuadeo. Si ita est, alibi tractemus, ut vobis persuadeamus.

58. Quid quod etiam qui me non audiunt sequuntur, qui audiunt, non sequuntur? Nam plerasque virgines cognovi velle et prohiberi etiam prodire a matribus et quod est gravius viduis, cum quibus hic mihi sermo est. Nempe si hominem vellent amare filiae vestrae, per leges possent eligere quem vellent. Quibus igitur hominem eligere licet deum non licet?

59. Contuemini quam dulcis pudicitiae fructus sit, qui barbaricis quoque inolevit adfectibus. Ex ultimis infra ultraque

---

1 dicit *CEx* ‖ 2 easdem *F*, eandem *R* | cantico *V*, (a *ex* o) *A*, canto *HSP2* | nihil proficio *kO* ‖ 3 Placentino sacrandae] -cen- *i.r. P*, Placentinosa grandae *Z*, Placentinosa grandes *Cx*, placent in obsacrande *R a.c.*, placent in obsecrande *R p.c.* ‖ 4 de Bononiensi veniunt *om. AHVFR kU* | Mauretania *Z, Cazz.*, Maritania *T a.c.*, Maretania *A a.c.*, Mauritania *Fall.* ‖ 5 ut] et *R* | videbis *A* ‖ 5–6 ut alibi persuadeam *kU* | persuade quo (*om.* si) *R* ‖ 5 alibi *alt.*] alicubi *C* ‖ 6 ut *s.l. A* | persuademus *M* ‖ 7 qui (d *s.l. m2*) *C* ‖ 8 sequuntur qui audiunt *om. R*, qui audiunt non sequuntur *om. MF* ‖ 9 vellet (*om.* et) *R* | prohibere *C p.r., T* | prodi *HM, S p.r., R* ‖ 9–10 gravius *add.* a *H* ‖ 11 vellent *om. b, add. P2* | possint *Z, P a.c. m2* ‖ 12 quem vellent *s.l. A1* | velint *Z, P a.c. m2* | quibus ... eligere *add. mg. A1* | licet deum *om. spat. vac. 5 litt. rel. R* ‖ 15 inholevit *R*

---

[232] Vgl. *virginit.* 5, 25 (12 CAZZANIGA).
[233] Zur Überreichung des Schleiers als Bestandteil der Jungfrauenweihe vgl. *virg.* 1, 11, 65, unten 206f — dazu Anm. 257f.
[234] Da die Witwenschaft für Ambrosius eine der Jungfräulichkeit vergleichbare Lebensweise darstellt, ist der Widerstand, den Witwen dem Wunsch ihrer Töchter, den Schleier zu empfangen und jungfräulich zu leben, entgegensetzen, schwerer verständlich als der von verheirateten Müttern. Vgl. GORI, *Ambrosius, De virginibus* 157 Anm. 191; RAMOS-LISSÓN, *Ambrosius, De virginibus* 111 Anm. 210.

10.57 Es wird jemand sagen: Du singst uns Tag für Tag das Lob der Jungfrauen[232]. Was soll ich machen, der ich Tag für Tag dasselbe singe und nichts erreiche? Aber (das ist) nicht meine Schuld. Es kommen schließlich aus der Gegend von Piacenza Jungfrauen zur Weihe, aus der Gegend von Bologna kommen sie, aus Mauretanien kommen sie, um hier den Schleier zu empfangen[233]. Ihr seht eine großartige Sache: Hier rede ich und anderswo überzeuge ich. Wenn das so ist, laßt uns anderswo reden, um euch zu überzeugen.

58. Wie kommt es, daß (mir) sogar (jene) folgen, die mich nicht hören, (jene aber,) die (mich) hören, nicht folgen. Ich habe nämlich erfahren, daß sehr viele Jungfrauen (folgen) wollen und doch daran gehindert werden, nochmals herzukommen — von (ihren) Müttern und, was noch schlimmer ist, von Witwen[234]; gegen sie richtet sich meine Rede hier. Natürlich, wenn eure Töchter einen Menschen lieben wollten, könnten sie nach dem Gesetz auswählen, wen sie wollten[235]. Welchen es also erlaubt ist, einen Menschen auszuwählen, denen soll es nicht erlaubt sein, Gott auszuwählen[236]?

59. Betrachtet, wie süß die Frucht der Keuschheit ist, die sogar den Gefühlen der Barbaren eingewachsen ist. Von den entferntesten Gegenden diesseits und jenseits (der

---

[235] Das Recht auf die freie Wahl des Ehepartners liegt auch den Äußerungen *virg.* 1, 9, 56, oben 194f — dazu Anm. 229, zugrunde.
[236] Wegen des Kontrastes zu *deum* wurde *hominem* hier allgemein mit „Mensch" und nicht — was auch möglich wäre — konkreter mit „Mann" übersetzt.

Mauritaniae partibus deductae virgines hic sacrari gestiunt, et cum sint omnes familiae in vinculis, pudicitia tamen nescit esse captiva. Profitetur regnum aeternitatis quae maeret iniuriam servitutis.

60. Nam quid de Bononiensibus virginibus loquar, fe- 5 cundo pudoris agmine, quae mundanis se deliciis abdicantes sacrarium virginitatis incolunt? Sine contubernali sexu

---

1 Mauritaniaeque *M*, Mauretaniae *b*, *Cazz.*, Mauritaniae *Fall.* ‖ 3 meretur *F*, meret *P* ‖ 5 bonomensibus *FM* ‖ 6 *post* agmine *dist. P2* ‖ 7 sacrium *A a.c.* | virginis *H* | contubernali] contuberniali *H a.c.* | sexu contubernali *om. F*

---

[237] Was mit *infra ultraque Mauritaniae partibus* gemeint ist, ist schwer auszumachen. Daß damit nur gänzlich außerhalb Mauretaniens (also diesseits und jenseits) liegende Gebiete angesprochen sind, ist auszuschließen aufgrund der im folgenden zu vermutenden Anspielung auf die Verfolgung von Katholiken unter den maurischen Führern FIRMUS und GILDO bzw. durch von ihnen unterstützte Donatisten. Wahrscheinlich sind neben Regionen außerhalb der Provinzgrenzen Gegenden weit im Landesinneren gemeint. Vielleicht ist aber auch an die verschiedenen Teile Mauretaniens gedacht. Unter CLAUDIUS waren zwei durch den Fluß Mulucha voneinander getrennte Provinzen eingerichtet worden, die westliche Mauretania Tingitana (heute Marokko) mit Tingis (Tanger) und die östliche Mauretania Caesariensis (heute Algerien) mit Caesarea (Cherchel) als Hauptstadt. Unter DIOCLETIAN war als dritte Provinz an der Grenze zu Numidien die Mauretania Sitifensis mit Sitifis (Sétif) als Hauptstadt von der auch im Westen territorial stark reduzierten Mauretania Caesarensis abgetrennt und die ebenfalls verkleinerte Mauretania Tingitana Spanien zugeordnet worden.

[238] Wahrscheinlich handelt es sich hierbei um eine Anspielung auf die Verfolgung von Katholiken durch Donatisten unter den Ursupatoren FIRMUS und GILDO. Donatistische Bischöfe und ihre Gemeinden schlossen sich den Aufständen unter FIRMUS (372 n. Chr.) und GILDO (397 n. Chr. — also deutlich nach der Entstehung von *virg.*) an, während die Katholiken mit der Reichsgewalt kooperierten, die römischen Behörden unterstützten und einer radikalen Änderung des bestehenden Systems ablehnend gegenüberstanden. Es kam zu Angriffen gegen das Eigentum von Grundbesitzern und zu Terrorakten gegen die Katholiken. Vgl. SCHINDLER, *Afrika* 662f; zu FIRMUS: AMMIANUS MARCELLINUS, *Rerum gestarum libri* 29,5 (29–46 SABBAH); zu GILDO: CLAUDIAN, *carm.* 15,162–200 (132–135 CHARLET); zum Gesamten FREND, *Donatist*

Grenzen) Mauretaniens[237] hergebrachte Jungfrauen verlangen, hier geweiht zu werden; und wenn auch ganze Familien in Fesseln liegen[238], kennt die Keuschheit doch keine Gefangenschaft. Sie, die das Unrecht der Sklaverei beklagt, verheißt das Reich der Ewigkeit[239].

60. Denn was soll ich von den Jungfrauen aus der Gegend von Bologna sagen, einem stattlichen Heereszug der Schamhaftigkeit, die sich von den weltlichen Genüssen lossagen und das Heiligtum der Jungfräulichkeit[240] bewohnen. Ohne

---

church, besonders 72f.197–199.208–226; GRASMÜCK, *Coercitio,* besonders 148–150.160–167; TENGSTRÖM, *Donatisten,* besonders 79–90; SCHINDLER, *Afrika* 650–668. Eine andere Möglichkeit stellt MCLYNN, *Ambrose* 67f, zur Diskussion, wobei er betont: „This can only be speculation" — und damit eine Einschränkung macht, der man nur zustimmen kann. Wortwahl und Kontext ließen es unmöglich erscheinen, in den mauretanischen Jungfrauen Pilgerinnen (so PALANQUE, *Saint Ambroise* 45; DUDDEN, *Life* 2 148), Flüchtlinge vor der Verfolgung unter NICOMACHUS FLAVIANUS (so PL 16, 216 Anm. 73) oder Vertriebene bei der Revolte unter FIRMUS (so zum Beispiel DUVAL, *Influence* Anm. 23bis) zu sehen. Sie seien selbst Barbaren gewesen und müßten deshalb eher den maurischen Stämmen als ihren Opfern unter den römischen Provinzbewohnern zugerechnet werden. Es handelt sich eher um Sklavinnen, wie es sie auch im Haushalt des Ambrosius gegeben haben mag „perhaps they had been recruited from the family's estate in Africa (which may have been located in Mauretania itself) and so escaped the chains that bound their familiae — here to be understood as slave establishments — by dedicating themselves to God and to the church of Milan". Ähnlich RAMSEY, *Ambrosius, De virginibus* 221 Anm. 14. In den Bereich des Geschmacklosen tendiert die Vermutung von MCLYNN, *Ambrose* 68, die Mädchen aus den fernsten Gegenden des Reiches, die sich der Askese widmeten, wären im Gefolge des Bischofs wie Attraktionen im *Circus* ausgestellt worden.

[239] Der *iniuria servitatis,* von der die Jungfrauen in Afrika bedroht sind, wird das durch die Keuschheit verheißene *regnum aeternitatis* gegenübergestellt, wobei offenbleibt, ob mit dem Ausdruck *profitetur* dieses Reich den Jungfrauen als zukünftiger Aufenthaltsort in Aussicht gestellt ist oder sie sich schon jetzt, wie GORI, *Ambrosius, De virginibus* 159 Anm. 194, meint, in ihm befinden.

[240] Mit dem *sacrarium virginitatis* ist vielleicht ein Gebäude gemeint. Anders als in Mailand verließen die Jungfrauen in Bologna jedenfalls das Elternhaus und lebten in klösterlicher Gemeinschaft. Vgl. *virg.* 1,7,32, oben 154f, dazu Anm. 146.

contubernali pudore provectae ad vicenarium numerum et
centenarium fructum relictoque parentum hospitio ten-
dunt in tabernaculis Christi indefessae milites castitatis.
Nunc canticis spiritalibus personant, nunc victum operibus
exercent, liberalitati quoque subsidium manu quaerunt.   5
61. Quodsi investigandae virginis inoleverit odor, namque prae ceteris speculandi venatum pudoris explorant to-
tis curarum vestigiis praedam latentem usque ad ipsa cubilia
persequuntur, aut, si liberior alicuius volatus affulserit, to-
tis omnes videas assurgere alis, concrepare pinnis, emicare 10
plausu, ut casto pudicitiae choro cingant volantem donec
albenti delectata comitatu in plagas pudoris et indaginem
castitatis domus patriae oblita succedat.

---

1 vigenarium *k*, vicennarium *R* ‖ 2 relicto *H* ‖ 5 liberalitatis *HMdSP*,
(ali *s.l.*) *T*, *EO2*, liberalitate *C*, *O a.c. m2* (is *ex e corr.*), *U* | manuum *C*, *O
a.c.*, *U* ‖ 6 investigandi virgines *Cx, Maur.* | odor] ardor *P2* ‖ 8 cura-
rum] curatum *A*, curam *F* ‖ 9 persequuntur *om. CU* | volutus *A a.c.* ‖
10 aliis *R a.c.* | pennis *H, Maur.* (*add.* et indaginem, *quod postea exp.*) *H* ‖
11 pudicitiae *T R a.r.* ‖ 12 plagis *a* | indagine *a*

---

[241] Das Wortspiel *sine contubernali sexu contubernali pudore* läßt sich
im Deutschen schwerlich wiedergeben. Es läßt die Überzeugung von der
geistlichen „Fruchtbarkeit" der Jungfrau (siehe Einleitung, oben 54–57)
anklingen.
[242] Vgl. *inst. virg.* 17, 111 (190 GORI); allerdings wird die reiche Frucht
des Gleichnisses vom Sämann meist nicht ausschließlich Jungfrauen zuerkannt (vgl. *in psalm.* 36, 12 [CSEL 64, 78]; *in Luc.* 6, 25 [CCL 14, 183];
hel. 19, 72 [CSEL 32/2, 456]; *Iob* 2, 5, 18 [CSEL 32/2, 244]; *patr.* 6, 31
[CSEL 32/2, 142]; *Tob.* 9, 34 [CSEL 32/2, 536]; 19, 65 [CSEL 32/2, 558]).
In der frühchristlichen Auslegung des Sämann-Gleichnisses wurde die
hundertfältige Frucht vielfach den Märtyrern zugeschrieben, die sech-
zigfältige den Jungfrauen und die dreißigfältige den Eheleuten und Witwen. Als später das Blutzeugnis der Märtyrer nur noch in der Erinnerung
existierte und die Förderung der Jungfräulichkeit ein beständiges Anliegen mancher Autoren wurde, setze man den Kampf der Jungfrauen gegen das Fleisch dem Martyrium gleich und schrieb jetzt ihnen den höchsten Rang, das heißt die hundertfältige Frucht, zu. Vgl. QUACQUARELLI,
Frutto 34.

Geschlechtspartner, in gemeinschaftlicher Schamhaftigkeit[241], rückten sie vor, gegen zwanzig an der Zahl und hundertfältig an Frucht (vgl. Mt 13,8.23; Mk 4,8.20; Lk 8,8)[242], verließen ihr Elternhaus und lagern in den Zelten Christi, unermüdliche Soldatinnen der Keuschheit[243]. Bald lassen sie ihre Stimme in geistlichen Gesängen erschallen (vgl. Eph 5,19; Kol 3,16), bald sorgen sie durch Arbeit für ihren Lebensunterhalt[244], und auch für ihre Freigebigkeit suchen sie Mittel durch ihrer Hände Arbeit zu gewinnen[245].

61. Wenn sich beim Aufspüren einer Jungfrau ihr Geruch verbreitet hat — denn vor (allen) anderen (Dingen) erkunden sie bei ihrer Suche die Jagd auf die Schamhaftigkeit —, so verfolgen sie mit ganz sorgsamen Schritten die verborgene Beute selbst bis an die Schlafzimmer. Oder wenn irgendeine in freierem Flug erglänzt, kannst du alle mit vollen Flügeln emporsteigen, mit den Fittichen rauschen und unter dem Klatschen (der Flügel) hervorschießen sehen, um sie in ihrem Flug im lauteren Chor der Keuschheit zu umringen[246], bis sie, erfreut vom strahlenden Geleit, in die Gegenden der Schamhaftigkeit und die Umfriedung der Keuschheit eintritt, das Vaterhaus vergessend (vgl. Ps 45,11; Ps 44,11 LXX).

---

[243] Zum Motiv der *militas castitatis* siehe Einleitung, oben 30 Anm. 82; *virg.* 1,3,13, oben 123 Anm. 66.
[244] Die Verbindung von *militia,* Gebet, Arbeit und Keuschheit findet sich auch *epist. extra coll.* 14(63),82 (CSEL 82/3, 278f).
[245] Vgl. ATHANASIUS VON ALEXANDRIEN, *epistula ad virgines* (60 LEFORT).
[246] Vgl. VERGIL, *Aen.* 5,148–150 (203 MYNORS).

11.62 Bonum itaque, si virgini studia parentum quasi flabra pudoris aspirent, sed illud gloriosius, si tenerae ignis aetatis etiam sine veteribus nutrimentis sponte se rapiat in fomitem castitatis. Dotem negabunt parentes, sed habes divitem sponsum, cuius contenta thesauro patriae successionis emolumenta non quaeras. Quanto dotalibus praestat compendiis casta paupertas!

63. Et tamen quam audistis aliquando propter studium integritatis legitimae factam successionis extorrem? Contradicunt parentes, sed volunt vinci. Resistunt primo, quia credere timent, indignantur frequenter, ut discas vincere, abdicationem minantur, ut temptent si potes damnum saeculi non timere, quaesitis eblandiuntur inlecebris, ut videant si variarum mollire te non queat blanditia voluptatum. Exerceris, virgo, dum cogeris. Et haec tibi prima certamina anxia parentum vota proponunt. Vince prius, puella, pietatem: si vincis domum, vincis et saeculum.

---

1 si *om. R* | virginis *R*, virgines *a* ‖ 2 tenerae *i.r. R* ‖ 5 the*sauro (n *eras.*) *R* | patria* (e *eras.*) *R* ‖ 5–6 successionis *om. R* ‖ 6 dotalibus] de talibus *M* ‖ 6–7 compendiis praestat *MR* ‖ 8 quam audistis *i.r. R* | studium *add., post del.* castitatis *E* ‖ 9 legitimae *AHMCE* ‖ 9–10 contradicant *R* ‖ 10 vinci] dicere *R* | sistunt *R* ‖ 11 discas] dicas *A a.c.* ‖ 12 abdicatione *M* | potest *R a.r.* ‖ 13 eblandiuntur *JF, R p.r., Fall., Cazz.*, se blandiuntur *R a.r.*, te blandiuntur *TE*, ebrandiuntur (n *pr. s.l.*) *A a.c.*, abrandiuntiur *A p.c.*, blandiuntur *cet., Maur.* ‖ 14 queant *P2* ‖ 16 vincere *M* ‖ 16–17 pietate *M* ‖ 17 vincis *pr.*] vinces *RO* | vincis *alt.*] vinces *R* | et *om. a, Maur.*

---

[247] Dies ist — anders als der schon *virg.* 1, 10, 58, oben 196f, beklagte und auch im folgenden angesprochene Widerstand — die rechte Haltung der Eltern gegenüber dem Wunsch ihrer Tochter, jungfräulich zu leben.
[248] Vgl. VERGIL, *Aen.* 1, 175 f (108 MYNORS).
[249] Obwohl *virg.* 1, 7, 32, oben 154 f, von einem Verbleib der Jungfrau in ihrer Familie die Rede ist, könnte der Hinweis auf die Aussteuer vermuten lassen, mit der *velatio* sei der Auszug aus dem elterlichen Haus verbunden gewesen. Vgl. GORI, *Ambrosius, De virginibus* 40 f; siehe Einleitung, oben 20 f.
[250] GORI, *Ambrosius, De virginibus* 161 Anm. 203, ist der nicht näher begründeten Ansicht, *credere* sei hier intransitiv verwandt, und nicht, wie meist angenommen, in transitivem Sinn von „jemandem vertrauen", bei

11.62 Deshalb (ist es) gut, wenn der elterliche Eifer einer Jungfrau, gewissermaßen als Zuwehen der Schamhaftigkeit, behilflich ist[247]. Aber es (ist) ruhmvoller, wenn sich das Feuer des zarten Alters auch ohne Unterstützung der Alten von selbst fortreißt in die Flamme der Keuschheit[248]. Deine Eltern werden die Aussteuer verweigern[249], aber du hast einen reichen Bräutigam. Mit dessen Schatz zufrieden, sollst du keinen Nutzen aus dem väterlichen Erbe zu ziehen suchen. Um wieviel ist die keusche Armut den Vorteilen der Aussteuer überlegen.

63. Und doch, von welcher (Jungfrau) habt ihr irgendwann gehört, daß sie wegen ihres Strebens nach Unversehrtheit ihres rechtmäßigen Erbes beraubt worden sei? Die Eltern widersprechen, aber sie wollen besiegt werden. Sie widersetzen sich anfangs, weil sie sich fürchten, zu vertrauen[250]. Sie entrüsten sich häufig, damit du lernst, dich durchzusetzen. Sie drohen mit Enterbung, um zu prüfen, ob du imstande bist, den Verlust der Welt nicht zu fürchten. Sie schmeicheln (dir) mit ausgesuchten Verlockungen, um zu sehen, ob dich der Reiz verschiedener Genüsse nicht zu erweichen vermöchte. Du wirst eingeübt, Jungfrau, indem du (so) bedrängt wirst[251]. Und die ängstlichen Wünsche der Eltern erlegen dir diese ersten Kämpfe auf. Besiege zuerst, Mädchen, die Elternliebe[252]; wenn du das (Eltern)haus besiegst, besiegst du auch die Welt.

---

dem *filiam* unausgesprochen als Objekt mitgedacht werde. Gemeint sei ein von der Vorsicht diktiertes Verhalten der Eltern, die nicht an die Ernsthaftigkeit der Entscheidung ihrer Tochter zur Jungfrauenweihe glaubten, bevor diese ihre Bewährungsprobe bestanden habe.

[251] Die hier verwandten Ausdrücke *exercere, cogere* (vgl. CAESAR, *Gall.* 5, 55, 3 [89 HERING]), *certamen* und *vincere* sind dem militärischen Bereich zuzuordnen und passen zum häufig aufgegriffenen Bild der *militas castitatis*. Deshalb aber von „tracce evidenti ... della romana virilità di Ambrogio" zu sprechen, „che conferisce anche a questa trattazione paranetica una singolare forza espressiva e spirituale: non ultima ragione del successo pastorale di Ambrogio" (COPPA, *Ambrosius, De virginibus* 573 Anm. 146; BEATRICE, *Ambrosius, De virginibus* 68 Anm. 117), ist wohl etwas überzogen.

[252] Zur *pietas* den Eltern gegenüber vgl. *virg.* 1, 11, 66, unten 208 f, wo davon die Rede ist, daß sie der *religio* nachgeordnet ist.

64. Sed esto, maneant vos damna patrimonii: nonne caducarum et fragilium dispendia facultatum futura caeli regna compensant? Quamquam si verbis caelestibus credimus, „nemo est qui reliquerit domum aut parentes aut fratres aut uxorem aut filios propter regnum dei et non recipiat septies tantum in hoc tempore, in saeculo autem venturo vitam aeternam possidebit." Crede fidem tuam deo. Quae homini pecuniam credis, fenerare Christo. Bonus depositae spei custos multiplicatis fidei tuae talentum solvit usuris. Non fallit veritas, non circumscribit iustitia, non decipit virtus. Quodsi non creditis oraculo, vel exemplis credite.

65. Memoria nostra puella dudum nobilis saeculo, nunc nobilior deo, cum urgueretur ad nuptias a parentibus et propinquis, ad sacrosanctum altare confugit; quo enim melius virgo, quam ubi sacrificium virginitatis offertur? Ne is quidem finis audaciae. Stabat ad aram dei pudoris hostia, victima casti-

---

1 maneant *add.* ut *T, add.* ut vos dicitis *E* | patrimonii *om. F* ‖ 2 dispendium *MVbREx, Cazz.*, dispendia *AHJSFCT, Maur., Fall.* ‖ 4 aut *pr. s.l. A* ‖ 4–5 aut fratres *om. k* ‖ 5 recipiet *R*, respiat *A a.c.* ‖ 6 septies] senties *A a.c.*, centies *O* ‖ 8 bonus] honus *F*, onus *O a.c., U, (post del.) C* ‖ 10 iustitiam *A a.r.* ‖ 11 credis *A a.c., F* | *post* credite *nova inscriptio*: De quadam sanctissima virgine *F* ‖ 12 memoria] memoravit *A a.r., add.* iam *J p.c.*, me movit *A p.r., J a.c.* | memoria nostra] memoriae nostrae *SP, O p.c. m2, Maur., dist. P, distinctionem corr. P2* | nobilis *add.* in *Maur.* ‖ 13 urgueretur] urgeretur *HPTEx, Maur.* ‖ 15 virgo *add.* curreret *H*, recurrere *VZ*, recurreret *MSPO* | sacrificium] sacrarium *P* | ne] nec *a* ‖ 16 audaciae *add.* est *F*

---

[253] Vgl. zum Wortlaut des Zitates MUNCEY, *Text* 38; RAMOS-LISSÓN, *Ambrosius, De virginibus* 115 Anm. 221.
[254] Zur Verwendung pekuniärer Begriffe und Handlungen im geistlichen Sinn bei Ambrosius siehe *virg.* 1,1,1, oben 97 Anm. 3, zum Ausdruck *fenerare Christo* vgl. *Tob.* 16,55 (CSEL 32/2,551).

64. Aber es sei, daß euch der Verlust des väterlichen Erbes erwarte: Gleicht nicht das zukünftige Himmelreich den Verlust vergänglicher und zerbrechlicher Mittel aus? Indessen „gibt es", wenn wir den himmlischen Worten glauben, „keinen, der Haus oder Eltern, Brüder, Frau oder Kinder um des Reiches Gottes willen verlassen hat und nicht siebenmal soviel (vgl. Sir 35,13) (schon) in dieser Zeit zurückerhält; in der kommenden Welt aber wird er das ewige Leben besitzen" (Lk 18,29f; vgl. Mt 19,29; Mk 10,29f)[253]. Vertraue Gott deinen Glauben an. Die du einem Menschen Geld anvertraust, leihe an Christus gegen Zinsen aus (vgl. Mt 25,14–30; Lk 19,11–27)[254]. Als guter Hüter deiner in Verwahrung gegebenen Hoffnung zahlt er das Talent deines Glaubens mit vervielfachten Zinsen aus. Die Wahrheit hintergeht nicht, die Gerechtigkeit betrügt nicht, die Tugend täuscht nicht. Und wenn ihr der Weissagung nicht glaubt, glaubt wenigstens den Beispielen (vgl. Joh 10,37f).

65. In unserer Erinnerung (steht) ein Mädchen, lange angesehen in der Welt, jetzt angesehener bei Gott. Als es von Eltern und Verwandten zur Hochzeit gedrängt wurde, floh es an den hochheiligen Altar. Wohin nämlich (könnte) eine Jungfrau besser (fliehen) als (dahin,) wo das Opfer der Jungfräulichkeit dargebracht wird? Aber dies (war noch) nicht das Ende ihres Mutes. Sie stand am Altar Gottes als eine Opfergabe der Schamhaftigkeit, ein Opferlamm der Keuschheit[255].

---

[255] Die enge Verbindung von Jungfräulichkeit und Opfer wird unter mehreren Aspekten betont. Zunächst zeichnet die Jungfrau eine besondere Nähe zum Altar aus; am Altar empfängt sie ihre Weihe, hier opfert sie Gott ihre Keuschheit. Die Erwähnung des Altars läßt zudem die sakerdotale Funktion der Jungfrau anklingen (vgl. *virg.* 1,7,32, oben 154f; 2,2,18, unten 230–233; *virginit.* 3,13 [7 CAZZANIGA]). Sodann wird das tägliche Leben der Jungfräulichkeit als Aufopferung verstanden (vgl. *virg.* 1,7,32, oben 154f). Und schließlich weist das Opfer der Jungfrau bzw. die Jungfrauenweihe eine Nähe zum sakramentalen Opfer Christi, das heißt zur Eucharistie auf (vgl. *virg.* 2,2,18, unten 230–233; *exhort. virg.* 14,94 [270 GORI]). Vgl. GORI, *Ambrosius, De virginibus* 163 Anm. 206; RAMOS-LISSÓN, *Ambrosius, De virginibus* 115 Anm. 222.

tatis, nunc capiti dexteram sacerdotis inponens, precem poscens, nunc iustae impatiens morae ac summum altari subiecta verticem: „Num melius", inquit, „maforte me quam altare velabit, quod sanctificat ipsa velamina? Plus talis decet flammeus, in quo caput omnium Christus cotidie conse- 5
cratur. Quid agitis vos, propinqui? Quid exquirendis adhuc nuptiis sollicitatis animum? Iamdudum provisas habeo. Sponsum offertis? Meliorem repperi. Quaslibet exaggerate divitias, iactate nobilitatem, potentiam praedicate: habeo eum cui nemo se comparet, divitem mundo, potentem im- 10
perio, nobilem caelo. Si talem habetis, non refuto optionem; si non repperitis, non providetis mihi, parentes, sed invidetis."

---

1 precem] praeceptum (praeceptum ... ac *i.r.*) *R* || 2 ac] ad *Ma* | altaris *MVPa* || 2–3 subiectans *H* || 3 num] nunc *R a.c.* | maforte] *i.r. O*, mafortas *C a.c.*, mater te *A*, mater tu *H*, *om. P*, *add. mg.* mavorte *P2* | maforte me] meam frontem *S* | me *om. P*, *add. mg. P2* | maforte me quam] mafortem equam *R* || 4 velabit] velavit *M*, velabis *HP*, *interrogative dist. P2* | quod *add.* non *M*, *add.* si *P* | sanctificant *P2* | velamina *add.* meam frontem *P2* || 5 flameus *TO* | cotidie *mg. C3* || 6 agis *F a.c. m2* || 7 nupti *F a.c. m2*, nuptis *R a.c.* | provisum *A p.c. m2* || 9 praedicate potentiam *Maur.* || 11 optionem] opinionem *M* || 12 sed *add.* potius *P2*

---

[256] RAMOS-LISSÓN, *Ambrosius, De virginibus* 117 Anm. 223, betont eigens, daß mit *sacerdos* hier der Bischof gemeint ist. Eindeutig diese Bedeutung hat der Begriff auch *virg.* 2,6,39, unten 264f, während er *virg.* 2,2,18, unten 232f, und 3,3,14, unten 294f, eher in einem umfassenden Sinn von „Priester", das heißt Bischof und Presbyter, auftaucht. Vgl. zu *sacerdos* bei Ambrosius GRYSON, *Prêtre* 134f; SCHMITZ, *Gottesdienst* 20–23.
[257] Die Jungfrauenweihe beinhaltete also folgende Elemente: die Handauflegung durch den Bischof, das Weihegebet (vgl. *exhor. virg.* 14,94 [270 GORI]) und die Überreichung des durch Kontakt mit dem Altar gesegneten Schleiers; siehe Einleitung, oben 38–40. Mit *maforte*, einem Mantel bzw. Umhang, mit dem Kopf und Schultern bedeckt wurden, ist hier der im folgenden erwähnte Brautschleier (*flammeus*) gemeint.
[258] Der rote Brautschleier (*flammeus* oder häufiger *flammeum*) bedeckte während der Hochzeit den Kopf der Braut. Vgl. SAMTER, *Familienfeste* 47–57; STRITZKY, *Hochzeit* 919. ISIDOR VON SEVILLA, *orig.* 19,25,4 (o.S. LINDSAY) — vgl. *eccl. off.* (CCL 113,91) — läßt erkennen, daß

Jetzt legt sie die Rechte des Bischofs[256] auf ihr Haupt und verlangt das (Weihe)gebet; jetzt ruft sie, ungeduldig über sein berechtigtes Zögern und den Kopf unter den Altar gelegt: „Ob mich der Schleier besser kleiden wird als der Altar, der selbst Schleier heiligt[257]? Passender ist solch ein feuerroter Brautschleier[258], auf dem das Haupt aller, Christus, Tag für Tag konsekriert wird[259]. Ihr Verwandten, was treibt ihr? Was macht ihr euch noch Gedanken um die Forderung nach einer Hochzeit? Ich habe schon längst Vorkehrungen getroffen. Ihr bietet einen Bräutigam an? Ich habe einen besseren gefunden. Hebt, soviel ihr wollt, seine Reichtümer hervor, macht seinen Adel bekannt, preist seine Macht. Ich habe einen, mit dem sich keiner vergleichen kann, reich durch die Welt, mächtig durch die Herrschaft, adelig durch den Himmel. Falls ihr solch einen habt, weise ich eure Wahl nicht zurück; falls ihr (ihn aber) nicht findet, sorgt ihr euch nicht um mich, (meine) Eltern, sondern ihr beneidet (mich)."

---

der Brautschleier die *potestas* des Mannes über seine Frau darstellt, deren *caput* er fortan ist. Wenn die Jungfrau bei ihrer Weihe den Schleier am Altar erhält, wird mithin verdeutlicht, daß Christus, der durch den Altar symbolisiert und auf diesem tagtäglich konsekriert wird, zu ihrem Haupt wird. Vgl. dazu *virg.* 2,4,29, unten 248f: *mulier caput vir, virginis Christus,* ferner HIERONYMUS, *epist.* 130,2 (CSEL 56/1,176); 147,6 (CSEL 56/1,322).

[259] Der Begriff *consecrare* für die eucharistische Wandlung begnet *myst.* 9,50 (CSEL 73,110); 9,52 (CSEL 73,112); 9,54 (CSEL 73,113); *patr.* 9,38 (CSEL 32/2,146f); *sacr.* 4,4,14 (CSEL 73,51f); 4,4,16 (CSEL 73,53); 4,4,19 (CSEL 73,54); 4,5,21 (CSEL 73,55); 4,5,23 (CSEL 73,56). Nach GORI, *Ambrosius, De virginibus* 163 Anm. 211, ist Ambrosius der erste, der ihn in diesem Zusammenhang verwendet; die von *Thesaurus Linguae Latinae* 4 385,7–10 (*consecratum*), und BLAISE, *Dictionnaire* 203 (*consecro*), angeführte Stelle *Lib. pontif.* 15. Siricius 2 (MGH.GPR 1,85) sei sehr viel jünger; vgl. RAMSEY, *Ambrosius, De virginibus* 221 Anm. 15. Allerdings drückt schon TERTULLIAN, *anim.* 17,13 (CCL 2,806), und *adv. Marc.* 4,40,6 (SCh 456,502), damit die Verwandlung des Weines in das Blut Christi aus; vgl. KOEP, *Consecratio* 279f. Zur Konsekration im Eucharistieverständnis des Ambrosius vgl. JOHANNY, *Eucharistie* 89–134; SCHMITZ, *Gottesdienst* 381–418; ferner CORALUPPI TONZIG, *Teaching* 123–168.

66. Silentibus ceteris unus abruptius: „Quid si", inquit, „pater tuus viveret, innuptam te manere pateretur?" Tum illa maiore religione, moderatiore pietate: „Et ideo fortasse defecit, ne quod impedimentum posset adferre." Quod ille responsum de patre, de se oraculum, maturo sui probavit exitio. Ita ceteri eadem sibi quisque metuentes favere coeperunt, qui impedire quaerebant, nec dispendium debitarum attulit virginitas facultatum, sed etiam emolumentum integritatis accepit.

Habetis, puellae, devotionis praemium. Parentes, cavete offensionis exemplum.

---

3 maiori *Maur.* | moderatione *A, F a.c., V,* moderationi *H a.c., M* ||
4 quis *VSbCTx, Maur., Cazz.,* quod *AHMJFRE, Fall.* | possit *CTx* ||
6 ita] tacere *R* || 8 emulumentum *P* || 8–9 integritatis] virginitatis *R*, integritatis et virginitatis *M* || 11 exemplum *add.* contuli *R*

Subcriptio: Explicit primus. Incipit secundus *A* | Explicit liber primus. Incipit liber secundus de virginibus *H* | Explicit liber primus. Incipit secundus *MFO* | Explicit liber virginum primus. Incipit secundus *S* | Explicit liber primus. Incipit liber secundus *Zk* | Explicit liber primus. Liber secundus s. Ambrosii de $\tilde{vir}$ *P* | Explicit de virginibus liber I. Incipit liber II feliciter amen *R*

66. Die anderen schweigen, einer ruft recht schroff: „Was, wenn dein Vater (noch) lebte, würde er dulden, daß du unverheiratet bleibst?" Darauf jene, mehr aus Gottesfurcht, weniger aus Elternliebe[260]: „Vielleicht ist er gerade deshalb gestorben, damit er (mir) nicht irgendein Hindernis in den Weg legen könnte". Und so bestätigte er durch seinen frühen Tod ihre Antwort über den Vater, ihre Weissagung über sich selbst. So begannen (auch) die anderen, die (sie bisher) aufzuhalten suchten, da sie für sich dasselbe befürchteten, (ihr) gewogen zu sein. Und die Jungfräulichkeit brachte nicht den Verlust des (ihr) zustehenden (Vermögens), sondern erhielt sogar den Vorteil der Unversehrtheit.

Ihr Mädchen habt die Belohnung eurer Frömmigkeit. Ihr Eltern, nehmt euch in acht vor dem Beispiel der Ungunst.

---

[260] Ambrosius will zum Ausdruck bringen, daß die *pietas*, die die Jungfrau ihren Eltern entgegenbringt, nachrangig ist gegenüber der *religio*, die sie mit Gott verbindet. Die Mt 10,37 und Lk 14,26 korrespondierende Aussage begegnet auch *in Luc.* 6,36 (CCL 14,187); 7,136 (CCL 14,261); 7,146 (CCL 14,265); 7,201 (CCL 14,284); 8,79 (CCL 14,329). Vgl. ferner *in psalm. 118* 15,15–17 (CSEL 62,338f); 15,20 (CSEL 62,340f); 15,22 (CSEL 62,342); *off.* 1,50,258 (CCL 15,95); sowie besonders *virg.* 1,11,63, oben 202f.

LIBER SECUNDUS

1.1 Superiore libro quantum virginitatis munus sit voluimus — non enim potuimus — explicare, ut per se caelestis gratia muneris invitet legentem. Secundo libro virginem institui decet et tamquam competentium praeceptorum magisteriis erudiri.
2. Sed quoniam nos infirmi ad monendum sumus et impares ad docendum — debet enim is qui docet supra eum qui docetur excellere — ne vel susceptum deseruisse munus vel nobis adrogasse amplius videremur, exemplis potius quam praeceptis putavimus imbuendam: licet amplius proficiatur exemplo, quoniam nec difficile quod iam factum est aestimatur et utile quod probatum et religiosum quod hereditario quodam paternae virtutis usu in nos est successione transfusum.
3. Quodsi qui nos praesumptionis arguit, arguat potius sedulitatis, quia rogantibus virginibus ne hoc quidem putavi

---

1–15 *def. FE;* 16–17 *def. FTE*
2 sit *s.l. T* ‖ 4 muneris] munerans *T* ‖ 5 decet] dicet *A a.c.,* dicit *A p.c.,* deceret *H* | et *om. MR,* etiam *Z* | tamquam] quam *Z* ‖ 5–11 (praecept)orum ... putavimus *i.r. R* ‖ 6 erudire *H, C a.c.* ‖ 7 sumus *s.l. T* ‖ 9 excellere] extolli *CTx* ‖ 10 nobis *s.l. C3* ‖ 12 quoniam] quod *M* ‖ 14 usus *H a.r.* | est] et *AJ* | successionis *H a.c.* ‖ 15 transfusum] *finis folii 8ᵛ; inde usque ad 3,4,16 ca. 8 folia interciderunt in T* ‖ 16 quis *HMSC, O p.c.* ‖ 17 sed*utilitatis *R a.c.* | ne] nec *R*

---

[261] Zur Betonung der eigenen Unzulänglichkeit siehe *virg.* 1,1,1, oben 97 Anm. 1.
[262] Möglich ist auch die Übersetzung: „durch das Lehren geeigneter Regeln". Allerdings dürften mit den *praeceptores* die im folgenden behandelten Vorbilder: MARIA (*virg.* 2,6–18, unten 212–233), THECLA (*virg.* 3,19–21, unten 232–237), die antiochenische Jungfrau und der Soldat (*virg.* 4,22–33, unten 236–257) sowie die Pythagoreer DAMON und PHINTIAS (*virg.* 5,34f, unten 256–257) gemeint sein.
[263] Welche Aufgaben Ambrosius hier konkret meint, sagt er nicht. Möglicherweise spricht er mit dem *munus* die mit dem Bischofsamt verbun-

ZWEITES BUCH

1.1 Im vorausgehenden Buch wollten wir — konnten es freilich nicht[261] — darlegen, wie groß die Berufung zur Jungfräulichkeit ist, damit die Gnade der himmlischen Berufung allein schon den Leser reize. Im zweiten Buch liegt es nahe, die Jungfrau zu unterweisen und gleichsam durch den Rat geeigneter Lehrmeister[262] zu unterrichten.

2. Da wir nun aber zu schwach sind zum Ermahnen und ungeeignet zum Belehren — wer lehrt, sollte sich nämlich vor dem, der belehrt wird, auszeichnen — meinten wir, um nicht den Anschein zu erwecken, wir hätten die übernommene Aufgabe nicht erfüllt oder uns zu viel angemaßt[263], es solle eher durch Beispiele als durch Vorschriften unterrichtet werden. Es mag auch mehr erreicht werden durch ein Beispiel, da ja für nicht schwierig gehalten wird, was bereits zustandegebracht worden ist, für brauchbar, was erprobt worden ist, und für ehrwürdig, was durch eine Art überkommener Ausübung väterlicher Tugend auf dem Weg der Erbfolge[264] auf uns übertragen worden ist.

3. Wenn uns nun jemand der Vermessenheit beschuldigt, soll er (uns) besser des (allzu großen) Eifers beschuldigen, da ich ebendies den Jungfrauen, die (darum) baten, nicht

---

denen Tätigkeiten im Allgemeinen an (so GORI, *Ambrosius, De virginibus* 167 Anm. 1, mit Verweis auf *virg.* 1,1,1, oben 96f), und mit dem unter *amplius* gefaßten im Besonderen die Unterweisung der Jungfrauen. Jedenfalls will er nicht den Eindruck hinterlassen, er habe vor den gestellten Aufgaben kapituliert oder sich übernommen.

[264] Vgl. zur Bedeutung des *hereditas*-Gedankens bei den lateinischen Kirchenvätern FELLERMAYR, *Tradition*. Maßgeblich wurde dieses Motiv hinsichtlich des orthodoxen Glaubens und häretischer Lehren, hinsichtlich des Friedens und der Einheit als Hinterlassenschaft und Auftrag Christi, und schließlich hinsichtlich der kirchlichen Ämter. WANDL, *Studien* 91, meint, der „Hinweis auf die Vorbildhaftigkeit früherer Generation und auf die verläßliche Auswahl geeigneter Vorbilder durch die Tradition entspricht exakt römischem Denken".

negandum. Malui enim me in periculum deduci pudoris quam non obsequi voluntati earum quarum studiis etiam deus noster placido se indulget adsensu.

4. Sed neque praesumptio notari potest, quoniam, cum haberent unde discerent, adfectum potius quam magisterium quaesiverunt meum, et excusari sedulitas, quoniam, cum haberent auctoritatem martyris ad observantiam disciplinae, non superfluum iudicavi, si nostri sermonis blanditiam derivarent ad professionis illecebram. Ille docere facilis, qui severo vitia coercet adfectu, nos, qui docere non possumus, blandiamur.

5. Et quoniam pleraeque absentes nostri desiderabant sermonis usum, volumen hoc condidi, quo profectae ad se vocis meae munus tenentes deesse non crederent quem tenerent. Sed proposita persequamur.

2.6 Sit igitur vobis tamquam in imagine descripta virginitas vita Mariae, e qua velut speculo refulget species castitatis

---

1–15 *def. FTE;* 16–17 *def. TE*
3 noster *add.* interitum *P2* ‖ 5–6 unde ... magisterium *i.r. Z* ‖ 6 quaesierunt *AH* | et *om. M* | sedulitas *add.* non potest *P2Y* ‖ 7 martiriis *R a.c.* (i *m3 exp.*) ‖ 8–9 blanditia *M* ‖ 9 derivarem *RC, Maur.,* dirivarem *U,* dirivarent *O* | illae *M,* illis *C* ‖ 9–10 faciles *M, O a.c., U* ‖ 10 qui severo] severo *i.r. O,* si vero *MRU,* qui *add. P2,* qui se vero *bJ* | vitia] convenienti *J* | cohercet *P* | affectus *CU* ‖ 12 plerique *H a.c., R,* pleraque *P* ‖ 13 volumen] volumus *A a.c.* | condici *A a.c.* | quo] quod *A* ‖ 15 sed *add.* iam *M* | propositum *R a.c. m2,* prosequamur (pro *s. l.*) *O* ‖ 16 sit igitur] *his verbis incipit liber secundus in F (cui titulus est:* Incipit De perpetua virginitate sanctae Mariae) | sit] si *R a.c.* | in *s.l. C* | imaginem *HM* | descripta *s.l. A2,* descriptam *R a.c.* ‖ 17 e] de *HM, Maur.,* et *C* | qua] quae *C* | velut *add.* in *P2R,* e *MO* | speculo] spectaculo *M*

---

[265] Vgl. *virg.* 1,1,1, oben 96–99.
[266] Vgl. STATIUS, *silv.* 4,6,36/8 (94 MARASTONI).
[267] FALLER, *Ambrosius, De virginibus* 5.46 Anm. 18, ist der Ansicht, daß hiermit CYPRIAN gemeint ist. Zur Begründung verweist er auf den Anfang von CYPRIAN, *hab. virg.* (CSEL 3/1, 187), und auf den Titel, den der (vielleicht aus dem 7. Jahrhundert stammende [vgl. CSEL 3/1,2]) *Codex Veronensis* diesem Werk voranstellt: *De disciplina et habitu feminarum.* Ferner gebe es keinen anderen Märtyrer, der in Latein über die Jungfräu-

glaubte verweigern zu dürfen. Lieber wollte ich nämlich der Beschämung ausgesetzt werden[265] als dem Willen derer nicht nachzugeben, deren Streben sogar unser Gott mit milder Zustimmung gewogen ist[266].

4. Von Vermessenheit kann doch keine Rede sein, denn sie suchten, da sie (genug) hatten, wovon sie lernen konnten, eher (meine) Zuneigung als meinen Unterricht. Und mein (allzu großer) Eifer kann entschuldigt werden, denn ich hielt es, obwohl sie die Autorität eines Märtyrers[267] für die Beobachtung ihrer Lebensweise hatten, nicht für überflüssig, wenn sie die Schmeichelei unserer Rede übergehen ließen in einen Anreiz für ihr Gelübde. Wer mit ernstem Verlangen die Laster bändigt, kann leicht belehren. Wir, die wir nicht belehren können, wollen (lieber) schmeicheln.

5. Und weil sehr viele Abwesende[268] aus unserer Rede Nutzen zu ziehen wünschten, habe ich dieses Buch verfaßt, damit sie dadurch, im Besitz der Gabe meines zu ihnen ausgesandten Wortes, den nicht fern glauben, den sie festhalten sollen. Doch laßt uns im Thema fortfahren.

2.6 Es sei euch also das Leben Marias die gleichsam bildlich dargestellte Jungfräulichkeit. Aus ihm strahlt euch wie aus einem Spiegel die Schönheit der Keuschheit[269] und

---

lichkeit geschrieben habe. Und schließlich passe die folgende Feststellung: *Ille docere facilis, qui severo vitia coercet adfectu* zu CYPRIAN und seiner Schrift. Vgl. GORI, *Ambrosius, De virginibus* 167–169 Anm. 4; ferner DUVAL, *Influence* 216; derselbe, *Originalité* 22f; WANDL, *Studien* 14.91; PIZZOLATO, *Retorica* 238. NIEDERHUBER, *Ambrosius, De virginibus* 346 Anm. 1, hingegen sieht einen „Hinweis auf Paulus [vgl. 1 Kor 7, 25.35] ... nicht [eine] Rückbeziehung auf die hl. Agnes" (vgl. *virg*. 1, 2,5–9, oben 104–115) gegeben; letzteres ist eine Ansicht, die auch RAMSEY, *Ambrosius, De virginibus* 221 Anm. 16, und VIZMANOS, *Ambrosius, De virginibus* 691 Anm. 86, für wahrscheinlich halten. DASSMANN, *Märtyrer* 68 Anm. 171, vermutet, daß wohl PAULUS — im Blick auf 1 Kor 7 — gemeint ist.
[268] Ob Ambrosius hiermit die *virg*. 1, 10,57, oben 196f, genannten Jungfrauen aus der Gegend von Piacenza, aus Bologna und Mauretanien meint — so FALLER, *Ambrosius, De virginibus* 47 Anm. 1 — ist fraglich.
[269] Vgl. ATHANASIUS, *epistula ad virgines* 1 (59 LEFORT); dazu LEFORT, *Athanase* 62; DUVAL, *Originalité* 43.

et forma virtutis. Hinc sumatis licet exempla vivendi, ubi tamquam in exemplari magisteria expressa probitatis, quid corrigere, quid effugere, quid tenere debeatis ostendunt.

7. Primus discendi ardor nobilitas est magistri. Quid nobilius dei matre? Quid splendidius ea, quam splendor elegit, quid castius ea, quae corpus sine corporis contagione generavit? Nam de ceteris eius virtutibus quid loquar? Virgo erat non solum corpore, sed etiam mente, quae nullo doli ambitu sincerum adulteraret adfectum: corde humilis, verbis gravis, animi prudens, loquendi parcior, legendi studiosior, non in incerto divitiarum, sed in prece pauperis spem reponens, intenta operi, verecunda sermoni arbitrum mentis non homi-

---

def. TE
2 in *om. A* | probitatis *add.* quae *MbS* ‖ 3 corrigeret *C a.c.* | defingere *C, O a.c., U,* effingere *AVJ, Maur., Fall.,* effugere *O p.c., cet., Cazz.* ‖ 5 splentius *R a.c.,* splendius *H* | quam] quem *H a.c.* | splendorẽ legit *R a.c.* ‖ 7 loquamur *M* | erat] fuit *F* ‖ 9 corde *add.* fuit *F* ‖ 10 animo *FO* ‖ 11 pauperum *CPx, Maur.* | ponens *C* ‖ 12 opere *F* | sermone *VF, R a.c., Cx, Maur.* | mentis *add.* solita *O i.r., MSb, Maur., Cazz., om. cet., Fall., Aug. doctr. chr.* 4,129 (*CSEL* 80. *Aug.* 6,6 *Green* 157,10), solita mentis *H* | non] cuius nomen *F*

---

[270] Zur Verbindung von *species* und *forma* vgl. *Abr.* 1,1,1 (CSEL 32/1, 501) – nach GORI (*Ambrosius, De virginibus* 31 Anm. 5) ist damit das platonische εἶδος, die Idee, zum Ausdruck gebracht; vgl. AUGUSTINUS, *De diversis quaestionibus LXXIII* 46,2 (CCL 44A, 71).
[271] Nach HUHN, *Geheimnis* 16, ist Ambrosius der erste lateinische Kirchenvater, der MARIA *mater dei* nennt (vgl. GORI, *Ambrosius, De virginibus* 169 Anm. 8, der auf ATHANASIUS, *epistula ad virgines* 1 [59 LEFORT], verweist; zurückhaltender RAMOS-LISSÓN, *Ambrosius, De virginibus* 123 Anm. 7), wenn auch nur zweimal, *virg.* 2,2,7, und *hex.* 5,20,65 (CSEL 32/1, 188). Allerdings umschreibt er diesen Titel mehrfach mit unterschiedlichen Formulierungen; vgl. *in Luc.* 2,25 (CCL 14,42); 10,130 (CCL 14, 383); *inst. virg.* 5,33 (134 GORI); 6,45 (144 GORI); 17,104 (186 GORI); 17,108 (188 GORI); *virg.* 2,2,10, unten 220f; 2,2,13,

die Pracht der Tugend[270] entgegen. Von hier mögt ihr Beispiele für euer Leben nehmen, wenn gleichsam in einem Vorbild anschaulich gemachte Unterricht der Rechtschaffenheit (euch) vor Augen stellt, was ihr verbessern, was ihr vermeiden, was ihr beibehalten sollt.

7. Die erste Begeisterung fürs Lernen entfacht die Vortrefflichkeit des Lehrers. Was (wäre) vortrefflicher als die Mutter Gottes[271]. Was (wäre) glänzender als sie, die der Abglanz (des Vaters) (vgl. Hebr 1,3) auserwählt hat, was keuscher als sie, die ohne körperliche Berührung einen Körper geboren hat? Was soll ich denn von ihren übrigen Tugenden sprechen? Jungfrau war sie nicht nur dem Körper, sondern auch dem Geiste nach[272]; sie, die ihre reine Gesinnung durch keinen hinterlistigen Ehrgeiz schändete: demütig von Herzen (vgl. Mt. 11,29), besonnen in ihren Worten, klugen Sinnes, eher knapp im Reden[273], eifriger im Lesen[274], setzte sie ihre Hoffnung nicht auf die Unsicherheit des Reichtums (vgl. 1 Tim 6,17), sondern auf das Gebet einer Armen (vgl. Sir 21,5; 21,6 Vg.?). Eifrig bei der Arbeit, zurückhaltend im Gespräch, befragte sie als Richter über ihren Geist keinen

---

unten 226f. Wurde im Osten die Bezeichnung θεοτόκος wahrscheinlich schon Ende des 1. / Anfang des 2. Jahrhunderts verwandt (vgl. KLAUSER, *Gottesgebärerin* 1076f, gegen die sich auf SOCRATES, *h. e.* 7,32,17 [GCS 381], stützende Vermutung, ORIGENES habe diesen Titel in das alexandrinische Glaubensbekenntnis eingefügt), war man im Westen zurückhaltender, da die Gefahr, MARIA könne als Göttin, vergleichbar den Göttermüttern in heidnischen Kulten, etwa CYBELE und ISIS, angesehen werden, wohl in stärkerem Maße hemmend wirkte. Vgl. KLAUSER, *Gottesgebärerin* 1091f.1095–1099; HUHN, *Geheimnis* 16–18; BORGEAUD, *Mère* 169–183.

[272] Vgl. CYPRIAN, *hab. virg.* 18 (CSEL 3/1,200). WANDL, *Studien* 96, meint einen Anklang an 1 Kor 7,34 feststellen zu können und hält die Jungfräulichkeit des Geistes für den zentralen Gedanken des zweiten Buches.

[273] Zur Tugend der Schweigsamkeit siehe *virg.* 3,3,11, unten 290f Anm. 447.

[274] Gemeint ist das Lesen der Heiligen Schrift; vgl. ATHANASIUS, *epistula ad virgines* 1 (60 LEFORT).

nem, sed deum quaerere, nulli laedere os, bene velle omnibus, adsurgere maioribus natu, aequalibus non invidere, fugere iactantiam, rationem sequi, amare virtutem. Quando ista vel vultu laesit parentes, quando dissensit a propinquis? Quando fastidivit humilem, quando risit debilem, quando vitavit inopem eos solos solita coetus virorum invisere, quos misericordia non erubesceret neque praeteriret verecundia? Nihil torvum in oculis, nihil in verbis procax, nihil in actu inverecundum: non gestus fractior, non incessus solutior, non vox petulantior, ut ipsa corporis species simulacrum fuerit mentis, figura probitatis. Bona quippe domus in ipsa vestibulo debet agnosci ac primo praetendat ingressu nihil intus latere tenebrarum, ut mens nostra nullis repagulis corporalibus impedita tamquam lucernae lux intus posita foris luceat.

8. Quid ego exequar ciborum parsimoniam, officiorum redundantiam, alterum ultra naturam superfuisse, alterum

---

def. TE
1 nulli *AVJ, Aug. l.c.*, non *SbO2*, nullum *HMFRCU, Maur., om. O1* | laedere os] *s.l.* nullum odisse *P2* | os *AVJZ, Aug. l.c. (CSEL 80. Aug. 6,6 Green 157,11)*, eos *PY*, reos *S, om. HMFRCx, Maur.* || 2 aequalibus] et qualibus *R a.r.* | videre *F* || 4 vel *om. C, O a.c., U* || 4–6 quando ... propinquis *translatum post* quando ... inopem *C* || 4 ab *R a.r.* || 5 quando fastidivit ... debilem *mg. C3* | derisit *F, O p.c. m2, Maur.* || 6 eo solo solito *R a.c. m2* || 7 nequẽ *A p.c. m2, J, R a.r.* || 9 incestus *M* | petulentior *R a.c.* || 10–11 simulachro *H a.c.* | mentis *add.* et *Aug. l.c. (CSEL 80. Aug. 6,6 Green 157,20)* || 13–14 ut ... impedita *om. Aug. l.c. (CSEL 80. Aug. 6,6 Green 157,22)* || 14–15 intus posita] interposita *Y* || 16 ergo *MZRx, Cazz.*, ego *cet., Maur., Fall.* || 17 ultra] utrum *A a.c.* (ultra *s.* utrum *graphio*)

---

[275] Vgl. TERENZ, *Ad.* 864 (171 MAROUZEAU/GERARD); *Dig.* 1,1,10,1 (2 MOMMSEN/KRUEGER) = *inst. Iust.* 1,1,3 (1 MOMMSEN/KRUEGER); Ambrosius, *exc. Sat.* 1,41 (CSEL 73,231).
[276] Vgl. CICERO, *inv.* 1,30,48 (40 STROEBEL); Ambrosius, *in Luc.* 2,22 (CCL 14,40).
[277] FALLER, *Ambrosius, De virginibus* 47 Anm. 16, sieht in dem in einigen Hss (*MHSOZP*) hier eingefügten Partizip *solita* — anders als CAZZANI-

Menschen, sondern Gott, beleidigte niemanden[275], meinte es allen gut, stand vor Älteren auf[276], beneidete ihresgleichen nicht, floh vor Prahlerei, folgte der Vernunft, liebte die Tugend[277]. Wann hat sie auch nur durch einen Blick ihre Eltern gekränkt[278], wann war sie uneins mit ihren Verwandten? Wann hat sie einen Geringen zurückgewiesen, wann einen Schwachen ausgelacht, wann einen Mittellosen gemieden[279], die sie nur solche Zusammenkünfte von Männern zu besuchen pflegte, vor denen die Barmherzigkeit nicht erröten, an denen die Scheu nicht vorbeigehen mußte. Nichts Finsteres (war) in ihren Augen, nichts Unverschämtes in ihren Worten[280], nichts Rücksichtsloses in ihrem Tun: keine zu weichliche Haltung, kein zu schlaffer Gang, keine zu leichtfertige Sprache, so daß schon das Äußere ihres Körpers ein Spiegelbild ihres Geistes, ein Abbild ihrer Rechtschaffenheit war. Ein schönes Haus muß doch schon in der Vorhalle (als solches) erkannt werden[281] und beim ersten Betreten soll es vorführen, daß sich in seinem Inneren nichts Dunkles versteckt halte, so daß unser Geist, von keinen körperlichen Riegeln aufgehalten, wie das Licht einer Lampe, das im Inneren aufgestellt ist, (nach) draußen strahle (vgl. Mt 5,14–16; Mk 4,21; Lk 8,16; 11,33 f.).

8. Was soll ich die Einfachheit ihrer Nahrung, die Überfülle ihrer Pflichten beschreiben? Das eine war über ihre natürlichen Kräfte hinaus reichlich, das andere war für ihre ei-

---

GA 37,7 — eine schlechte Interpolation, die vielleicht von der Verwendung dieses Wortes wenige Zeilen später (*quando vitavit in opem eos solos solita coetus virorum invisere*) herrühre. Somit sind die Infinitive als historische Infinitive aufzufassen.
[278] Vgl. ATHANASIUS, *epistula ad virgines* 1 (61 LEFORT).
[279] Vgl. ATHANASIUS, *epistula ad virgines* 1 (60 LEFORT); dazu DUVAL, *Originalité* 43, besonders Anm. 161.
[280] Vgl. ATHANASIUS, *epistula ad virgines* 1 (60 LEFORT).
[281] Vgl. *Abr.* 2,1,2 (CSEL 32/1, 566). Steht dort das *vestibulum domus* für die gesprochenen Worte, in denen die *mens* des Menschen wohnt und sich ausdrückt, wird hier das Äußere, der Körper (der Jungfrau) als Wohnort und Spiegelbild der *mens* herausgestellt.

paene ipsi naturae defuisse, illic nulla intermissa tempora, hic congeminatos ieiunio dies? Et si quando reficiendi successisset voluntas, cibus plerumque obvius, qui mortem arceret, non delicias ministraret. Dormire non prius cupiditas quam necessitas fuit et tamen, cum quiesceret corpus 5 vigilare animus: quae frequenter insomnis aut lecta repetit aut somno interrupta continuat aut disposita gerit aut gerenda praenuntiat.

---

def. TE, J a l. 6–7
1 paene *om. M,* poene *AJR* | tempora *i.r. F* ‖ 2 congeminatus *Cx,* congeminati *Aug. doctr. chr. 4, 129 (CSEL 80. Aug. 6,6 Green 157,25)* ‖ 2–3 suggessisset *R a.c., H p.r.,* suggessisse *M* ‖ 3 cibi *R* | plerumque] *add.* que *A2* | obitus *AVJ* | morte *J* ‖ 4 arceret] maceret *A,* acceret *H a.c.,* marceret *J* | non *pr. add.* qui *O, s.l. R2* ‖ 6 vigilare *A, Fall.,* vigilabat *R p.c. m2, O,* vigilaret *cet., Maur.,* vigil erat *Cazz.* | quae frequenter insomnis *Odilo serm. 14 (PL 142, 1030B), Gori,* qui frequenter in somnis *Fall., Cazz.* | lecto *R a.c. m2,* recta *F,* leta *MCY* ‖ 7 continuata *Z* | aut *pr.*] aut *M* | aut disposita … 2,4,23 p. 238 l. 12 et religionis *deest in J, post …* 2,4,28 p. 246 l. 10 in hoc *translatum in V* ‖ 7–8 generanda *Z a.c. m1* ‖ 8 pronuntiat *Odilo l.c., Paris nouv. acq. 1455 app. Gori, Gori*

---

[282] Gemeint ist, daß die Fülle ihrer Pflichten die natürlichen Kräfte (wörtlich heißt es: „ihre Natur") der Gottesmutter überragte, und sie so einfach und wenig aß, daß ihre Nahrung angesichts ihrer natürlichen Bedürfnisse (auch hier ist wörtlich von ihrer „Natur" die Rede) so gut wie nicht ins Gewicht fiel. Vgl. ATHANASIUS, *epistula ad virgines* 1 (60 LEFORT). Zur Überzeugung, daß das jungfräuliche Leben übernatürlich ist, siehe Einleitung, oben 24f; *virg.* 1, 3, 11, oben 115 Anm. 45.
[283] Vgl. ATHANASIUS, *epistula ad virgines* 1 (60 LEFORT); *Sententiae Nicaeni Synodi* 34 (51 HAASE). Zum Fasten bzw. zur Ernährung der Jungfrauen vgl. *virg.* 3, 4, 15, unten 296f. Der lange Abschnitt *virg.* 2, 2, 7f, unten 214–219: *virgo erat non solum corpore … non dilicias ministraret,* findet sich bei AUGUSTINUS, *doctr. christ.* 4, 129 (CSEL 80, 157; nach anderer Zählung 4, 21, 48 [CCL 32, 154f]), wörtlich zitiert.
[284] Vgl. *Sententiae Nicaeni synodi* 35 (51 HAASE).

genen natürlichen Bedürfnisse so gut wie gar nicht vorhanden[282]. Dort wurden keine Zeiten ungenutzt gelassen, hier die Fastentage verdoppelt. Und wenn einmal der Wunsch nach Kräftigung aufgekommen wäre, (wäre es) meist die erstbeste Nahrung (gewesen), die (gerade mal) den Tod verhindert, nicht (aber) Genüsse verschafft hätte[283]. Das Verlangen zu schlafen kam nicht auf, bevor die Notwendigkeit (dazu gegeben war)[284]. Und doch, obwohl ihr Körper ruhte, war ihr Geist munter (vgl. Hld 5, 2)[285]. Häufig wachend[286] wiederholt sie die Lesungen oder setzt das durch den Schlaf Unterbrochene fort oder führt Geplantes aus oder kündigt Auszuführendes an.

---

[285] Vgl. *exc. Sat.* 1, 73 (CSEL 73, 247). Die „mystische" Deutung von Hld 5, 2 meint eine wache Bereitschaft der Seele auch während des physischen Schlafes und „verweist auf das Liebesverhältnis des Christen zu Christus, ... das auch durch den physischen Schlaf nicht unterbrochen wird" (FRANZ, *Tageslauf* 94); vgl. *hymni* 4, 6 (239 FONTAINE U. A.); ferner *in psalm. 118* 4, 15 (CSEL 62, 75); 14, 38 (CSEL 62, 324); *Iac.* 1, 8, 39 (CSEL 32/2, 30); *Isaac* 6, 51 (CSEL 32/1, 675); dazu FRANZ, *Tageslauf* 93 f.

[286] Text nach GORI 172, im Anschluß an ein Zitat bei ODILO VON CLUNY, *sermones* 14 (PL 142, 1030); vgl. auch RAMOS-LISSÓN 126, 2. Der Satz ergibt in der von CAZZANIGA 38, 11 und FALLER 48, 18 gebotenen Fassung (*qui frequenter in somnis*) keinen rechten Sinn. Zwar mögen Schriftlesungen von einem auch während der Ruhe des Körpers wachen *animus* im Schlaf wiederholt werden, doch können die anschließend angeführten Tätigkeiten keinesfalls im Schlaf ausgeführt werden, auch nicht von einer wachen Seele. Insbesondere die Fortsetzung von Tätigkeiten, die durch den Schlaf unterbrochen wurden (*somno interrupta continuat*) kann nicht im Schlaf (*in somnis*) vonstatten gehen; zudem wäre hier die Abfolge des Plurals *in somnis* und des Singulars *somno* verwunderlich. Auch der Vergleich mit der Quelle ATHANASIUS, *epistula ad virgines* 1 (60 LEFORT), legt diese textkritische Entscheidung nahe. Vgl. GORI, *Ambrosius, De virginbus* 173 Anm. 23; derselbe, *Emendazioni* 85–87; RAMOS-LISSÓN, *Ambrosius, De virginibus* 127 Anm. 24.

9. Prodire domo nescia, nisi cum ad ecclesiam conveniret, et hoc ipsum cum parentibus aut propinquis. Domestico operosa secreto, forensi stipata comitatu, nullo meliore tamen sui custode quam se ipsa, quae incessu adfectuque venerabilis non tam vestigium pedis tolleret quam gradum 5 virtutis adtolleret. Et tamen alios habeat virgo membrorum custodes suorum, morum autem suorum se habeat ipsa custodem. Plures erunt de quibus discat, si ipsa se doceat quae virtutes magistras habet, quia quidquid egerit disciplina est. Sic Maria intendebat omnibus, quasi a pluribus moneretur, 10 sic omnia implebat virtutis officia, ut non tam disceret quam doceret.

10. Talem hanc evangelista monstravit, talem angelus repperit, talem spiritus sanctus elegit. Quid enim in singulis morer, ut eam parentes dilexerint, extranei praedicaverint, 15 quae digna fuit ex qua dei filius nasceretur? Haec ad ipsos

def. JTE
1 nisi *om. C* | ad *om. C* || 2 aut] ac *MR*, et *F* || 4 affatuque *C, Maur.* || 5 pedes *A* || 6 ut tamen *C, Maur.*, et tamen *cet., Cazz.*, etenim *Fall.* || 7–8 custodes] cusdes *R a.c. m2* || 7 morum ... suorum *om. M* || 8 si *om. M*, set *Castiglioni app. Cazz., Cazz.* | se *om. R* | docet *Cazz.* (*error typ.?*) || 9 virtutis *A* | quia *om. F* | quidquid *add.* ita *R* | gerit *MCx* || 10 tendebat *A* || 13 hanc *om. M* || 15 eam] etiam *R* || 16 *post* dei spat. vac. 4 litt. rel. *R* | haec] hoc *F*

[287] Vgl. ATHANASIUS, *epistula ad virgines* 1 (61 LEFORT). Es ist erstaunlich, daß Ambrosius hier von einem Gang MARIAS zur Kirche spricht. Für GORI, *Ambrosius, De virginibus* 173 Anm. 25, erklärt sich dieser Anachronismus aus dem Bestreben, das Beispiel der MARIA zu aktualisieren; Ambrosius habe in diesem Augenblick mehr die christliche Jungfrau, der seine Worte gelten, als MARIA im Blick; vgl. SALVATI, *Ambrosius, De virginibus* 82 Anm. 81; RAMSEY, *Ambrosius, De virginibus* 222 Anm. 18; RAMOS-LISSÓN, *Ambrosius, De virginibus* 127 Anm. 26.
[288] Vgl. ATHANASIUS, *epistula ad virgines* 1 (60 LEFORT); ferner *in Luc.* 2, 21 (CCL 14, 40).

9. Sie dachte nicht daran, aus dem Haus zu gehen, außer wenn sie zur Kirche kam[287], und selbst das (nur) in Begleitung ihrer Eltern und Verwandten. Geschäftig in der Abgeschiedenheit des Hauses[288], war sie draußen umringt von Begleitern, und hatte doch keinen besseren Beschützer für sich als sich selbst. Ehrwürdig in Gang und Gesinnung schritt sie nicht so sehr auf ihrer Fußspur voran als vielmehr auf der Tugendleiter empor. Und mag die Jungfrau doch andere als Beschützer ihrer Glieder haben, als Beschützer ihres Lebenswandels aber muß sie sich selber haben. Es wird mehrere geben, von denen sie lernen kann, wenn sie, die die Tugenden als Lehrmeisterinnen hat, sich doch selbst belehrt[289]; denn was auch immer sie tut, ist Erziehung. So achtete Maria auf alle, als sollte sie von der Mehrheit ermahnt werden[290], so erfüllte sie alle Pflichten der Tugend, daß sie nicht so sehr lernte als vielmehr lehrte.

10. So hat sie uns der Evangelist vorgestellt, so der Engel angetroffen, so der Heilige Geist erwählt (vgl. Lk 1,26–38). Was soll ich mich bei Einzelheiten aufhalten; wie ihre Eltern sie liebten, Außenstehende (sie) priesen, da sie würdig war, daß aus ihr Gottes Sohn geboren wurde? Beim Eintre-

---

[289] Text nach FALLER 49,6; anders CAZZANIGA 38,21: *set ipsa se docet.* GORI, *Ambrosius, De virginibus* 173 Anm. 27, hält das *docet* bei CAZZANIGA für ein Versehen, da im Apparat kein entsprechender Hinweis erscheine, und die Konjektur *set,* die schon CASTIGLIONI vorgeschlagen hat, als eine Folge dieses Fehlers; er fragt (*Ambrosius, De virginibus* 172), ob es sich bei *doceat* um einen Druckfehler handelt. Vgl. auch GORI, *Emendazioni* 87; RAMOS-LISSÓN, *Ambrosius, De virginibus* 127 Anm. 28.
[290] Vgl. ATHANASIUS, *epistula ad virgines* 1 (61 LEFORT).

ingressus angeli inventa domi in penetralibus sine comite, ne quis intentionem abrumperet, ne quis obstreperet; neque enim comites feminas desiderabat quae bonas comites cogitationes habebat. Quin etiam tum sibi minus sola videbatur, cum sola esset; nam quemadmodum sola, cui tot libri adessent, tot archangeli, tot prophetae?

11. Denique et Gabrihel eam ubi revisere solebat invenit et angelum Maria quasi virum specie mota trepidavit, quasi non incognitum audito nomine recognovit. Ita peregrinata

---

def. JTE
1 inventa *add.* est *P2* | domo *FR* | inpenetrabilibus *MRx*, impenetralibus *F* || 3 enim *om. F* | feminas] *an* femina ? *Castiglioni app. Cazz.*, socios *F* | comites *om. CU* || 3–4 cogitationes comites *Maur.* || 4 tum *om. F* || 5 sola *pr. add.* esset *P2* | sola cui] solatii *A a.c.* (cui *s.* tii *graphio*) | cui] cum *H* || 7 Gabrihel *SZRU*, Gabriel *cet.* | ubi eam *M* | reviscere *R* || 8 virum] viri *HSF* | speciem *R a.c., H* | mota *om. P, add. m2*, mutata *Cx* || 9 non] vero *P i.r., Y* | cognitum *P*

---

[291] Es ist bemerkenswert, daß Ambrosius den Plural *ingressus* verwendet und damit wohl, abweichend vom Lukasevangelium, von mehreren Aufenthalten GABRIELS bei MARIA spricht. Es handelt sich dabei nämlich nach ADKIN, *Gnomes*, keinesfalls um einen „poetischen Plural", wie auch die folgenden Formulierungen *quemadmodo sola, cui ... tot archangeli* und *denique et Gabrihel eam ubi revisere solebat invenit* zeigen. Gegen BARDENHEWER, *Verkündigung* 90f, der davon ausgeht, daß Ambrosius hier „sichtlich keine historischen oder legendarischen Quellen" benutzt, vermutet ADKIN, die sogenannten Gnomen des Konzils von Nicaea hätten ihm als Vorlage gedient, denn dort heißt es: „Denn die Engel kamen viele Male zu ihr, sie betrachteten die Eigenart ihrer Lebensweise und bewunderten sie" (*Sententiae Nicaeni synodi* 35 [51 HAASE]). Die Abhängigkeit des Ambrosius von den Gnomen sei zwar von der Forschung kaum behandelt worden — im Gegensatz zum Verhältnis zu ATHANASIUS, *epistula ad virgines* 1 —, doch dürften manche Details in seiner Darstellung dieser Quelle, die möglicherweise ebenfalls von ATHANASIUS stammt (vgl. DUVAL, *Problématique* 416f Anm. 44), zu verdanken sein. Damit stelle das Abfassungsjahr von *virg.* 377 (bzw. falls ATHANASIUS deren Autor sei, dessen Todesjahr 373) im übrigen auch einen *terminus ante quem* für die Gnomen dar — entgegen der bisherigen Zurückhaltung in der Frage der Datierung; vgl. ACHELIS, Γνῶμαι 129; HAASE, *Quellen* 111.114; NEUMANN, *Virgin* 27.
[292] Daß MARIA beim Besuch des Engels allein war, betont Ambrosius auch *epist.* 33(49),2 (CSEL 82/1, 230); 56(5),16 (CSEL 82/2, 93); *ex-*

ten[291] des Engels wurde sie zu Hause gefunden, in den inneren Räumen, ohne Begleiterin, damit niemand ihre Aufmerksamkeit unterbrechen, niemand (sie) stören konnte[292]. Sie wünschte sich nämlich keine Frauen als Begleiterinnen, da sie gute Gedanken als Begleiter hatte[293]. Ja, sie fühlte sich sogar dann[294] weniger einsam, wenn sie allein war[295]. Denn wie (konnte sie) einsam (sein), der so viele Bücher zur Seite standen, so viele Erzengel, so viele Propheten?

11. Schließlich fand sie auch Gabriel (dort,) wo er sie gewöhnlich aufsuchte, und Maria schreckte vor dem Engel zurück, beunruhigt durch sein Aussehen, wie vor einem Mann[296], (aber) sie erkannte ihn als einen nicht Unbekannten wieder, als sie ihren Namen hörte. So fühlte sie sich

---

hort. virg. 10,71 (256 GORI); *in Luc.* 2,8 (CCL 14,34).

[293] Hier weicht Ambrosius von ATHANASIUS, *epistula ad virgines* 1 (61 LEFORT), ab, während er mit *Sententiae Nicaeni synodi* 35f (51f HAASE) übereinstimmt.

[294] Text nach CAZZANIGA 39,11 und FALLER 49,16. Für die Tilgung des *tum* bei GORI 174 spricht, daß danach ein indikativischer Temporalsatz zu erwarten wäre, doch ist die textkritische Grundlage nicht ausreichend.

[295] Vgl. CICERO, *rep.* 1,17,27 (1,214 BRÉGUET); *off.* 3,1,1 (109 WINTERBOTTOM); Ambrosius, *off.* 3,1,2 (CCL 15,153); *epist.* 33(49),1f (CSEL 82/1,229).

[296] Vgl. ATHANASIUS, *epistula ad virgines* 1 (61 LEFORT): „il avait pris la forme humaine; la jeune fille, en entendant qu'on lui parlait avec une voix masculine, aussitôt se troubla fort"; ferner *Sententiae Nicaeni synodi* 34 (51 HAASE): „Maria sah nie das Gesicht eines fremden Mannes, deswegen war sie verwirrt, als sie die Stimme des Engels Gabriel hörte", eine Formulierung, die nach ADKIN, *Gnomes* 267, eine größere Übereinstimmung mit Ambrosius erkennen läßt. Für ADKIN verursacht die Verbindung der beiden Quellen „a slight inconcinnity … if the angel was ‚accustomed to visit her', it is somewhat strange that Mary should have been troubled by his masculine appearance" (*Gnomes* 269); zwar begegne diese Widersprüchlichkeit schon in den Gnomen selbst, doch sei bei Ambrosius „the inconsistency… rather more serious, since there the two ideas are directly juxtaposed. In the Gnomes on the other hand they are separated from each other by over a dozen lines" (*Gnomes* 269 Anm. 46). JOUASSARD, *Portrait* 481 Anm. 9, sucht den Widerspruch zu mildern, indem er vermutet, GABRIEL habe sich bei seinen vorhergehenden Besuchen nicht unter menschlicher Gestalt bzw. als Mann gezeigt.

est in viro quae non est peregrinata in angelo, ut agnoscas
aures religiosas, oculos verecundos. Denique salutata obmutuit et appellata respondit, sed quae primo turbaverat
adfectum postea promisit obsequium.

12. Quam vero religiosa in propinquas fuerit, scriptura
divina significat. Nam et humilior facta est, ubi a deo se
cognovit electam, et statim ad cognatam suam in montana
processit, non utique ut exemplo crederet quae iam crediderat oraculo; „beata" enim inquit „quae credidisti". Et tribus

---

def. JTE
1 cognoscas *H* ‖ 2 religiosam *H a.r.* ‖ 2–3 ommutuit *b* ‖ 3 turbave-
rat] titubaverunt *P2* ‖ 4 aspectu *P* ‖ 5 propinquis *AH,* propinquos *R
p.c.* | fuerat *M* ‖ 6 humiliora *A a.r.* ‖ 7 cognitam *R a.c.* | in] ad
F | mon*tana (*t m2*) *Y* ‖ 8 iam *om. Z*

---

[297] Zur Formulierung *peregrinata est in viro* verweist FALLER, *Ambrosius, De virginibus* 501, auf 1 Petr 4, 12 (Vg.: *nolite peregrinari in fervore, qui
ad tentationem vobis fit*), für GORI, *Ambrosius, De virginibus* 175 Anm. 33
(und mit ihm RAMOS-LISSÓN, *Ambrosius, De virginibus* 129 Anm. 34), hingegen erklärt sich die Wortwahl aus der Nähe zu ATHANASIUS, *epistula ad
virgines* 1 (61 LEFORT):„ elle leur [aux hommes] était à ce point étrangère,
qu'elle ne supportait pas leur voix". Dabei mag das griechische Original
ἐξενίζετο ἐπ' αὐτοῦς gelautet haben (vgl. ATHANASIUS, *decr.* 23,2 [19
OPITZ]: ἐπὶ τῷ ὁμοουσίῳ ξενίζεσθαι). Öfter verwendet Ambrosius das
Wort *peregrinari*, um eine innere Verwirrung auszudrücken; vgl. *exhort. virg.* 10,71 (256 GORI); *off.* 1,18,69 (CCL 15,26; dazu: 1,238 f
Anm. 12 TESTARD); *sacr.* 3,1,3 (CSEL 73,38); *virginit.* 11,60 (28 CAZZA-
NIGA); ferner *Abr.* 2,9,61 (CSEL 32/1,613 f); *in Luc.* 2,8 f (CCL 14,33 f).
[298] Zur Tugend der Schweigsamkeit siehe *virg.* 1,3,11, unten 290 f Anm.
447.
[299] NEUMANN, *Virgin* 48, meint, die knappe und ausbalancierte Formulierung *salutata obmutuit et appellata respondit,* die Ambrosius in seinen
späteren Werken bei der Darstellungen der Verkündigung nicht mehr
aufgreift, lasse sich durch die unterschiedliche Bedeutung der Worte *sa-
lutare* und *appelare* verständlich machen. Sei ersteres ein Ausdruck des
Respektes und der Höflichkeit gegenüber der angesprochenen Person,
bezeichne letzteres eine Anfrage oder einen Anspruch an sie. Die Vermutung von GORI, *Ambrosius, De virginibus* 175 Anm. 35, das sonderbare
Verhalten MARIAS erkläre sich nicht aus solchen semantischen Distink-
tionen, sondern aus dem Kontext – zunächst antworte MARIA aus

fremd gegenüber einem Mann[297], die sich nicht fremd gegenüber einem Engel fühlte, auf daß du ihre frommen Ohren, ihre scheuen Augen erkennst. Ja, sie wurde gegrüßt — und schwieg[298]; sie wurde angesprochen — und antwortete[299]. Und sie, die zunächst ihr Gefühl in Unruhe versetzt hatte, versprach später Gehorsam.

12. Wie gewissenhaft sie in der Tat ihren weiblichen Verwandten gegenüber war, gibt die göttliche Schrift zu erkennen. Denn sie wurde (noch) demütiger, sobald sie erfuhr, daß sie von Gott auserwählt war[300] (vgl. Lk 1,38), und sogleich eilte sie zu ihrer Verwandten in die Berge (vgl. Lk 1,39–56), gewiß nicht um aufgrund des Beispiels zu glauben, da sie bereits der Weissagung geglaubt hatte[301]; es heißt nämlich: „Selig (bist du), weil du geglaubt hast"[302] (Lk 1,45).

Scham nicht auf den Gruß, denn sie glaube, es sei ein Mann, als sie jedoch namentlich angesprochen werde, merke sie, daß es ein Engel ist, der spricht — läßt offen, warum sie den Engel nicht schon als solchen erkennt, als er sie grüßt.

[300] Möglich ist auch die Übersetzung: „sobald sie von Gott erfuhr, daß sie auserwählt war", doch entspricht dies weniger dem biblischen Text Lk 1,26–38. NIEDERHUBER 349 läßt eine Entscheidung offen, indem er, nicht schön, übersetzt: „sobald sie ihre Auserwählung von Gott vernommen hatte".

[301] Möglich sind auch die Übersetzungen: „gewiß nicht um dem Beispiel zu glauben, da sie bereits der Weissagung geglaubt hatte" oder „gewiß nicht um aufgrund des Beispiels zu glauben, da sie bereits aufgrund der Weissagung geglaubt hatte", doch läßt die chiastische Stellung *exemplo crederet ... crediderat oraculo* die Vermutung eines Kasuswechsels begründet erscheinen. Gemeint ist, daß nicht erst das Beispiel der ELISABET, die als unfruchtbar gegolten und noch im hohen Alter einen Sohn empfangen hatte, MARIA zum Glauben an die Weissagung, sie selbst werde (als Jungfrau) einen Sohn gebären, gebracht hat. Nach WANDL, *Studien* 97, sind die *exempla* „für Ambrosius lediglich ‚Krücken' auf dem Weg zum Glauben. Wie Maria die Verheißung des Engels, so sollten seinen Leserinnen auch die Verheißungen der Heiligen Schrift genügen. Es mag paradox klingen, aber Maria ist für Ambrosius letztlich ein Beispiel dafür, daß ein fester Glaube eigentlich keiner Beispiele (exempla, miracula [davon ist im folgenden Abschnitt die Rede]) bedarf".

[302] Vgl. *Itala* (3,9 JÜLICHER/MATZKOW/ALAND); die Vg. überliefert: *beata quae credidit;* zum Wortlaut MUNCEY, *Text* 23.

cum ea mensibus mansit. Tanti autem intervallo temporis non fides quaeritur, sed pietas exhibetur. Et hoc posteaquam in utero parentis exiliens puer matrem domini salutavit prius compos devotionis quam naturae.

13. Inde tot sequentibus signis, cum sterilis pareret, virgo conciperet, loqueretur mutus, adoraret magus, expectaret Simeon, sidera nuntiarent, Maria mobilis ad introitum, inmobilis ad miraculum „conservabat" inquit „haec omnia in corde suo". Quamvis mater domini discere tamen praecepta domini desiderabat, et quae deum genuerat deum tamen scire cupiebat.

14. Quid quod annis quoque omnibus ibat in Hierusalem sollemni die paschae et ibat cum Ioseph? Ubique in virgine comes singularum virtutum est pudor. Hic individuus debet esse virginitati, sine quo non potest esse virginitas. Nec ad templum igitur Maria sine pudoris sui custode processit.

---

def. JTE
1 cum *om. Z* ‖ 3 mater *R a.c.* ‖ 5 sterelis *R* ‖ 7 Symeon *AMbCO* | nuntiaret *R a.c.* ‖ 8 haec inquit *MR* | omnia *add.* verba conferens *C* ‖ 12 quid quod] quicquid *A a.c. m2*, qui quod *R, C a.c. m2*, quodquod *A p.c. m2* ‖ 14 comis *R a.c.* ‖ 15 virginitati *s.l.* al virginibus *P2*, an virginitatis? (sc. comes) *Cazz.*

---

[303] Wie schon zuvor anklang, bedurfte MARIA nicht des Beispiels und der Unterstützung ihrer Verwandten um zu glauben. Dazu wäre, wie GORI, *Ambrosius, De virginibus* 177 Anm. 38, herausstellt, auch nicht der lange Aufenthalt von drei Monaten vonnöten gewesen.

[304] Es ist nicht sicher, auf wen sich die *devotio* des Knaben bezieht; vielleicht ist dabei eher MARIA (das heißt die Ehrfurcht des Knaben) als Gott (das heißt seine Frömmigkeit und Gottesfurcht) im Blick. Jedenfalls wird betont, daß JOHANNES eher seine Ehrfurcht als seine natürlichen Möglichkeiten (wörtlich: seine Natur) verwirklichen konnte — und damit ein (wohl nicht nur zeitlicher) Vorrang der *devotio* vor der *natura* herausgestellt. Wenn man bedenkt, daß auch der spätere Täufer ehelos leben wird, paßt dies zur im ersten Buch wiederholt hervorgehobenen Übernatürlichkeit der jungfräulichen Lebensweise (siehe Einleitung, oben 24f; *virg.* 1, 3, 11, oben 115 Anm. 45).

Und sie blieb drei Monate bei ihr (vgl. Lk 1,56). In der so langen Zwischenzeit suchte sie aber nicht den Glauben zu gewinnen[303], sondern brachte ihre Dankbarkeit zum Ausdruck. Und das, nachdem der Knabe im Schoß seiner Mutter gehüpft und so die Mutter des Herrn begrüßt hatte (vgl. Lk 1,44), eher der Ehrfurcht fähig als im Besitz seiner natürlichen Möglichkeiten[304].

13. Als dann so viele Zeichen folgten, als die Unfruchtbare gebar (vgl. Lk 1,36.57), die Jungfrau empfing (vgl. Lk 1,31), der Stumme redete (vgl. Lk 1,64), der Magier anbetete (vgl. Mt 2,11), Simeon wartete (vgl. Lk 2,25), die Sterne verkündeten (vgl. Mt 2,1–12)[305], „bewahrte Maria", so heißt es — beeindruckt vom Eintreten (des Engels) (vgl. Lk 1,28f), unbeeindruckt vom Wunder — „dies alles in ihrem Herzen" (Lk 2,19.51). Obwohl (sie die) Mutter des Herrn (war), verlangte sie doch, die Gebote des Herrn kennenzulernen; und sie, die Gott geboren hatte[306], wünschte sich doch, Gott zu erkennen.

14. Was (bedeutet es), daß sie auch jedes Jahr zum Pascha-Festtag nach Jerusalem ging und daß sie mit Josef ging (vgl. Lk 2,41)? Überall ist bei einer Jungfrau die Keuschheit die Begleiterin der einzelnen Tugenden[307]. Sie muß mit der Jungfräulichkeit untrennbar (verbunden) sein; ohne sie kann die Jungfräulichkeit nicht bestehen. So ging Maria auch zum Tempel nicht ohne einen Beschützer ihrer Keuschheit.

---

[305] Vgl. die Aufzählung der wunderbaren Ereignisse im Zusammenhang mit der Geburt Christi *in Luc.* 2,58 (CCL 14,56).
[306] Vgl. zum Titel *mater dei virg.* 2,2,7, oben 214f, dazu Anm. 271.
[307] Vgl. *vid.* 4,25 (268 GORI). Auch hier wird die Keuschheit — als Begleiterin der Jungfrau — durch JOSEF personifiziert. Vgl. zu beiden Stellen NAZZARO, *Incidenza* 316.

15. Haec est imago virginitatis. Talis enim fuit Maria, ut eius unius vita omnium disciplina sit. Si igitur auctor non displicet, opus probemus, ut quaecumque sibi eius exoptat praemium imitetur exemplum. Quantae in una virgine species virtutum emicant: secretum verecundiae, vexillum fidei, devotionis obsequium, virgo intra domum, comes ad ministerium, mater ad templum.

16. O quantis illa virginibus occurret, quantas complexa ad dominum trahet dicens: „Haec torum filii mei, haec thalamos nuptiales inmaculato servavit pudore". Quemadmodum eas ipse dominus commendabit patri nimirum illud repetens suum: „Pater sancte, istae sunt, quas custodivi tibi, in quibus filius hominis caput reclinans quievit. Peto ut ubi ego sum et ipsae sint mecum. Sed non solis sibi debent posse quae non solis vixerunt sibi: haec parentes redimat, haec fratres. Pater iuste, mundus me non cognovit, istae autem me cognoverunt et mundum cognoscere noluerunt."

---

def. JTE
2 sit disciplina *Y3* ‖ 6 comis *R a.c.* ‖ 7 misterium *ASFR*, mysterium *b* | templum] exemplum *PY* ‖ 8 virginibus illa *C* | occurreret *MV*, occurrit *Y* | conplexi *A a.c.* ‖ 9 trahit *M* | fili mi *M* | haec] hos *FY2* ‖ 10 nubitales *R* | servavi *FY* ‖ 11 eas *om. P* | commandavit *AHMR* ‖ 12 sanctae *R a.r., H* | istae] iustae *AV* ‖ 14 sed *add.* si *Maur.* | posse] prodesse *F, P2 i.r., O, Maur.* ‖ 15 quae *P i.r.* | haec *pr.*] hoc *Y* | redimant *MFR* ‖ 15–16 haec parentes, haec redimat fratres *Maur.*

---

[308] Vgl. ATHANASIUS, *epistula ad virgines* 1 (62 LEFORT).
[309] Vgl. *virg.* 2,2,6, oben 212–215, siehe dazu auch oben Anm. 270.
[310] Vgl. *virg.* 2,2,9, oben 220f: *Domestico opinoso secreto*.
[311] Vgl. ATHANASIUS, *epistula ad virgines* 1 (64 LEFORT).
[312] Das Bett (*torus*) und die Brautgemächer (*thalami nuptiales*) bringen die bräutliche Verbundenheit der Jungfrau mit Christus zum Ausdruck; vgl. *virg.* 1,3,11, oben 114f: *quae sponsum sibi invenit in caelo;* 1,8,51, oben 186f: *quae pudore intimirato sacrum domini servatis cubile*. Letztere Stelle spricht übrigens nach GORI, *Ambrosius, De virginibus* 177 Anm. 45, auch für die Bevorzugung der Lesart *filii mei* gegenüber dem ebenfalls bezeugten Vokativ *fili mei*.

15. Dies ist das Bild der Jungfräulichkeit. Denn so war Maria, daß das Leben dieser einen die Schule für alle ist[308]. Wenn uns also die Lehrmeisterin nicht mißfällt, laßt uns (auch) ihr Werk anerkennen, damit jede, die sich ihren Lohn herbeiwünscht, ihr Beispiel nachahme. Wie viele Schönheiten der Tugenden leuchten in der einen Jungfrau hervor[309]: die Abgeschiedenheit der Scheu[310], das Banner des Glaubens, der Gehorsam der Gottergebenheit; Jungfrau innerhalb des Hauses (vgl. Lk 1,26–38), (eilt sie als) Gefährtin zum Dienen (vgl. Lk 1,39–56), (als) Mutter zum Tempel (vgl. Lk 2,22–38.41–52).

16. Ach, wievielen Jungfrauen wird sie entgegeneilen, wieviele umarmen und zum Herrn ziehen[311] mit den Worten: „Diese hat das Bett meines Sohnes, jene seine Brautgemächer in unbefleckter Keuschheit bewahrt"[312]. Wie wird der Herr selbst sie dem Vater anempfehlen[313] und gewiß dieses sein (Wort) wiederholen „Heiliger Vater, diese sind es, die ich dir behütet habe (vgl. Joh 17,11f), auf denen der Menschensohn sein Haupt hinlegte und ruhte (vgl. Mt 8,20; Lk 9,58). Ich bitte, daß, wo ich bin, auch sie selbst bei mir sind (vgl. Joh 17,24). Doch nicht für sich allein sollen sie (es) können[314] (vgl. Joh 17,20), die (ja auch) nicht für sich allein gelebt haben: diese rette ihre Eltern[315], jene ihre Brüder. Gerechter Vater, die Welt hat mich nicht erkannt, diese aber haben mich erkannt (vgl. Joh 17,25) und wollten die Welt nicht erkennen (vgl. Joh 17,14.16)."[316]

---

[313] Vgl. ATHANASIUS, *epistula ad virgines* 1 (64 LEFORT).
[314] Nach FALLER, *Ambrosius, De virginibus* 51 Anm. 8, bedeutet *posse* hier „Einfluß haben". Demnach hieße die Übersetzung: „Doch nicht für sich allein sollen sie Einfluß haben".
[315] Vgl. *virg.* 1,7,32, oben 154f.
[316] Mit diesen Christus in den Mund gelegten Worten, die neutestamentliche Wendungen aufgreifen und stark vom hohepriesterlichen Gebet Joh 17 geprägt sind, geht Ambrosius weit über ATHANASIUS hinaus.

17. Quae pompa illa, quanta angelorum laetitia plaudentium, quod habitare mereatur in caelo quae caelestem vitam vixit in saeculo. Tunc etiam Maria tympanum sumens choros virginales citabit cantantes domino, quod per mare saeculi sine saecularibus fluctibus transierunt. Tunc unaquaeque exultabit dicens: „,Et introibo ad altare dei mei, ad deum qui laetificat iuventutem meam.' Immolo deo sacrificium laudis et reddo altissimo vota mea."
18. Neque enim dubitaverim vobis patere altaria, quarum mentes altaria dei confidenter dixerim, in quibus cotidie pro

---

def. JTE
1 pompa] bona *Cx* | illa *add.* quae gratia *P2* | laetitia] laetantium *P, s.l.* al laetitia *P2* ‖ 2 mereatur] mereat vir *Z* | caelesti vitia *FCx*, coelesti vita *Maur.* ‖ 4 excitabit *Maur.*, vocabit *M* | cantate *P* ‖ 6 mei *add.* et *CU, Maur.* ‖ 7 immola *C a.c., R* ‖ 8 redde *R* | mea *i.r. F* ‖ 9 vobis *om. M* | vobis patere] *s.l.* al vocitare *P2* | altaria *add.* dei *FCx, Maur.* ‖ 10 dei] *add.* sunt *P2, om. O a.c., CU, Maur.*

---

[317] Vgl. ATHANASIUS, *epistula ad virgines* 1 (64 LEFORT). Zum engelgleichen Leben der Jungfrauen vgl. *virg.* 1,3,11, oben 116f; 1,8,48, oben 182f; 1,8,51, oben 186f — siehe Einleitung, oben 28–32; zur Freude der Engel beim Einzug von heiligmäßigen Menschen in den Himmel *epist.* 51(15), 8 (CSEL 82/2, 64); *obit. Theod.* 56 (CSEL 73, 401); zur ihrer Freude über die Erlösung bzw. Umkehr der Menschen in *Luc.* 7, 210 (CCL 14, 287).
[318] Vgl. *virg.* 1,3,12, oben 118–121 — dazu 119 Anm. 55. Allerdings ist dem biblischen Text nicht zu entnehmen, daß es sich um Jungfrauen handelt (LXX: γυναῖκες ... μετὰ τυμπάνων καὶ χορῶν; Vg.: *mulieres ... cum tympanis et choris* = VetLat [1,166 SABATIER]); *epist. extra coll.* 14(63), 34 (CSEL 82/3, 252) spricht Ambrosius denn auch von *Maria ... quae feminei dux agminis pede transmisit pelagi freta*. Nach DOIGNON, *Miryam* 73f, ist Ambrosius hier von GREGOR VON NYSSA, *virg.* 19 (SCh 119, 484–488), abhängig, doch stellt GORI, *Ambrosius, De virginibus* 179 Anm. 49, demgegenüber ATHANASIUS als Vorlage heraus; vgl. RAMOS-LISSÓN, *Ambrosius, De virginibus* 133 Anm. 63. Auch wenn GORI zu Recht betont, daß eine Übereinstimmung noch keine Abhängigkeit bedeutet, fällt doch auf, daß nur GREGOR wie Ambrosius von einem Chor der Jungfrauen (SCh 119, 488: τοῦ χοροῦ τῶν παρθένων) spricht, ATHANASIUS hingegen, dem biblischen Text entsprechend, von Frauen (63 LEFORT: femmes); in der Annahme, daß MIRJAM Jungfrau war, stimmen

17. Was für ein Festzug, was für eine große Freude Beifall klatschender Engel, daß sie im Himmel zu wohnen verdient, die (schon) in der Welt ein himmlisches Leben geführt hat[317]. Dann wird auch Mirjam die Pauke nehmen und die Chöre der Jungfrauen herbeirufen (vgl. Ex 15,20)[318], die dem Herrn singen, weil sie unberührt von weltlichen Wogen durch das Meer der Welt[319] hindurchgezogen sind (vgl. Ex 14,21f). Dann wird eine jede jubeln und sagen: „‚Ich will zum Altar meines Gottes treten, zum Gott, der meine Jugend erfreut‘ (Ps 43,4; Ps 42,4 LXX)[320]. Ich bringe Gott das Opfer des Lobes und erfülle dem Höchsten meine Gelübde (vgl. Ps 50,14; Ps 49,14 LXX)"[321].

18. Ich könnte nämlich nicht zweifeln, daß euch die Altäre bereitstehen, denn ich habe eure Seelen voller Zuversicht Altäre Gottes genannt, auf denen täglich zur Er-

---

alle drei Autoren überein. Zur Deutung MIRJAMS in der patristischen Literatur vgl. AUBINEAU, *Gregor von Nyssa* 486f Anm. 1; 489 Anm. 4. Die Schwester des MOSE steht hier für die Gottesmutter, die, gleichen Namens, den Jungfrauen als Vorbild und Lehrmeisterin vor Augen gestellt wird. Vgl. GREGOR VON NYSSA, *virg.* 19 (SCh 119, 486).

[319] Der Ausdruck *mare saeculi* begegnet auch *Abr.* 2,7,43 (CSEL 32/1,598) und *in Luc.* 4,32 (CCL 14,117); vgl. zu dieser Metaphorik NAZZARO, *Simbologia* 45–62.

[320] Ps 43,4a wird hier eschatologisch auf die Jungfrauen angewendet, die nach ihrem Tod in den Himmel einziehen werden, das heißt, zum ewigen Altar Gottes treten, und dabei diesen Psalm sprechen. Die Stelle wird dann im folgenden Abschnitt tropologisch umgedeutet: Der ewige Altar Gottes ist ihnen zugänglich, weil ihre Seelen jetzt schon Altäre sind, auf denen Christus täglich zur Erlösung des Leibes geopfert wird. Anderswo deutet Ambrosius den Psalmvers eucharistisch-baptismal; vgl. *in psalm.* 40,37 (CSEL 64,255); *Iob* 4,9,32 (CSEL 32/2,292f); 4,9,35 (CSEL 32/2,294f); *myst.* 8,43 (CSEL 73,107); *sacr.* 4,2,7 (CSEL 73,48); dazu AUF DER MAUR, *Psalmenverständnis* 129f. Das Possesivpronomen *mei* im Psalmtext ist ein Zusatz des Ambrosius; vgl. RAMOS-LISSÓN, *Ambrosius, De virginibus* 133f Anm. 65, mit Verweis auf VetLat (2, 87 SABATIER); ferner NOHE, *Psalter* 36.

[321] Vgl. ATHANASIUS, *epistula ad virgines* 1 (64 LEFORT).

redemptione corporis Christus immolatur. Nam si corpus
virginis dei templum est, animus quid est, qui tamquam
membrorum cineribus excitatis sacerdotis aeterni redoper-
tus manu vaporem divini ignis exhalat? Beatae virgines,
quae tam immortali spiratis gratia, ut horti floribus, ut tem- 5
pla religione, ut altaria sacerdote!
3.19 Ergo sancta Maria disciplinam vitae informet. Thecla doceat immolari. Quae copulam fugiens nuptialem et
sponsi furore damnata naturam etiam bestiarum virginitatis
veneratione mutavit. Namque parata ad feras, cum aspectus 10
quoque declinaret virorum ac vitalia ipsa saevo offerret leoni,
fecit ut qui impudicos detulerant oculos pudicos referrent.

1–6 *def. JTE;* 7–12 *def. JTE, F a l.* 7–8
1 redemptione *add.* totius *P2* | corporis *add.* sui *F* || 3 excitatis] exagita-
tis *FCx, Maur.* || 4 manu *mg. A2* || 5 quae tam] quam *R* | spirati *R a.c.,*
spirate *x,* spiritualis *M* | ut *pr. om. spat. vac. 2 litt. rel. R* | orti *FPCOY,* or-
tis *M* || 7 vitae *om. M* | informet] *hic desinit F* || 7–8 Tecla *P,* Techla
P2 || 8–9 estponsi *R* || 10 aspectum *M* || 11 declinet *M* | virore *C
a.c.* | ac vitalia] tacuit alia *R* | sevo *P,* scaevo *Y* || 12 detulerant (n *s.l.*)
A | deferrent *Y*

---

[322] Zum Bild vom jungfräulichen Körper als Tempel Gottes siehe
Einleitung, oben 40–42.
[323] Diese Formulierung erinnert an die Opferpraxis paganer Kulte, bei
der die Asche auf dem Altar verblieb, um auf ihr das neue Opferfeuer zu
entfachen. Der Körper der Jungfrau ist insofern wie Asche, als er Gott
hingegeben und somit der Welt gestorben ist. Aber der ewige Priester,
Christus, belebt ihn neu und entfacht in ihm das Feuer göttlicher Liebe.
[324] Die Bilder von Garten, Tempel und Altar verwendet Ambrosius häufiger für die Jungfrauen; vgl. zu den *horti* (häufig im Zusammenhang mit
Hld 4,12, wo vom *hortus conclusus* die Rede ist) *virg.* 1,8,45f, oben
172–179 – dazu 174 Anm. 188; *exhort. virg.* 5,29 (220 GORI); *inst. virg.*
9,58 (156 GORI); 9,60 (158 GORI); 17,111 (190 GORI); *virginit.* 12,69
(32 CAZZANIGA); 13,80 (37 CAZZANIGA); vgl. ferner die Auslegung auf
die (jungfräuliche) Seele *apol. Dav. II* 9,47 (CSEL 32/2,391); *epist.*
34(45),4f (CSEL 82/1,233); *in Luc.* 4,13 (CCL 14,111); 7,128 (CCL
14,258); *Isaac* 1,2 (CSEL 32/1,643); 5,48f (CSEL 32/1,672f); zu den
templa die in der Einleitung, oben 41f, genannten Stellen; zu den *altaria*
(mit denen sich die Vorstellung vom Opfer verbindet) *exhort. virg.*
14,94 (270 GORI); *inst. virg.* 1,2f (110 GORI). Im Zusammenhang mit der

lösung des Leibes Christus geopfert wird. Wenn nämlich der Leib der Jungfrau Gottes Tempel ist (vgl. 1 Kor 3,16; 6,19; 2 Kor 6,16; Eph 2,21f)[322], was ist ihr Geist, der — wie wenn die Asche der Glieder auferweckt worden ist — durch die Hand des ewigen Priesters wieder belebt, die Glut göttlichen Feuers aushaucht[323]? Selige Jungfrauen, die ihr so sehr nach unsterblicher Gnade duftet, wie Gärten nach Blumen, wie Tempel nach Frömmigkeit, wie Altäre nach dem Priester[324].

3.19 So mag die heilige Maria die Kunst eures Lebens darstellen. Thecla mag (euch) den Opfertod lehren[325]. Die eheliche Verbindung fliehend und durch die Tollheit ihres Bräutigams verdammt, verwandelte sie sogar die Natur der Raubtiere durch die Würde ihrer Jungfräulichkeit. Denn bereit für die wilden Tiere bewirkte sie, da sie auch den Blicken der Männer auswich und sogar ihr Leben[326] dem grimmigen Löwen darbot, daß jene, die ihre schamlosen Augen (ihr) zugewendet hatten, sie schamhaft wieder abwendeten[327].

Jungfräulichkeit stehen deshalb auch die Themen *odor* (vgl. dazu *virg.* 1,3,11, oben 116f; 1,7,39, oben 164–167 – dazu 166 Anm. 170; 1,8,45, oben 176f; 1,10,61, oben 200f; 2,6,39, unten 264f; 2,6,42f, unten 268–271; *exhort. virg.* 9,58 [246 GORI]; *inst. virg.* 13,83–86 [171 GORI]; 16,100 [180 GORI]; *virginit.* 9,49 [23f CAZZANIGA]; 11,61–12,69 [29–32 CAZZANIGA]); *religio* (vgl. *virg.* 1,4,15, oben 126f; 1,8,52, oben 186f – dazu Anm. 213; 2,4,24, unten 242f), und *sacerdotium* (vgl. *virg.* 1,7,32, oben 154f – dazu Einleitung, oben 45f; *exc. Sat.* 2,132 [CSEL 73,324]; *off.* 2,17,87 [CCL 15,128]; *virginit.* 3,13 [7 CAZZANIGA]; 9,50 [24 CAZZANIGA]).

[325] Eine ausführliche Schilderung des Martyriums der THECLA findet sich in den *Act. Paul. et Thecl.* (235 LIPSIUS/BONNET). Ambrosius, der einen kürzeren und spannungsvolleren Bericht bringt, kennt jedoch einige Details, die dort nicht begegnen, so daß HAYNE, *Thecla* 211, fragt: „Did he [Ambrose] change the story himself, or find it already changed?". Vgl. zur Version der THECLA-Akten SCHNEIDER, *Thekla* (451 Literatur); SCHÖLLGEN, *Eros;* zur Darstellung THECLAS in der patristischen Literatur neben HAYNE, *Thecla*, auch PESTHY, *Thecla*. In *virginit.* 7,40 (18 CAZZANIGA) hebt Ambrosius die Tugend THECLAS angesichts ihres geringen Alters hervor.

[326] Ambrosius spricht von *vitalia*, den lebenswichtigen Körperteilen.

[327] Vgl. *epist. extra coll.* 14(63),34 (CSEL 82/3,252f).

20. Cernere erat lingentem pedes bestiam cubitare humi, muto testificantem sono quod sacrum virginis corpus violare non posset. Ergo adorabat praedam suam bestia et propriae oblita naturae nostram induerat quam homines amiserant. Videres quadam naturae transfusione homines feritatem indutos saevitiam imperare bestiae, bestiam exosculantem pedes virginis docere quid homines facere deberent. Tantum habet virginitas admirationis, ut eam etiam leones mirentur. Non impastos cibus flexit, non citatos impetus rapuit, non stimulatos ira exasperavit, non usus decepit adsuetos, non feros natura possedit. Docuerunt religionem, dum adorant martyrem, docuerunt etiam castitatem, dum virgini nihil aliud nisi plantas exosculantur demersis in terram oculis tamquam verecundantibus, ne mas aliquis vel bestia virginem nudam videret.

---

def. JFTE
1 linguentem *A a.c.* || 2 testificante *R p.c. m2* || 3 ergo *s.l. A2* | et *i.r. R* || 4 nostram *AMVSbx, Fall., Cazz.*, naturam *HRC, Maur.* | indueret *R a.c.* || 5 quandam *RCx* | transfusionem *RCx* || 6 scaevitiam *Y* | bestia *Z* || 6–7 osculantem *Y* || 7 facere *om. Cx, Maur.* || 7–8 daberant *Maur.* || 8 admirationem *C* || 9 mirarentur (ra *s.l. m2*) *C* | non *pr.*] nam *M* || 11 adsuetus *RC*, al non iussio decepit assueta *mg. P* | feros] fero *a R a.c.*, ferox *P2* | nulla *s.* natura *m2* (*quod postea exp.*) *A* || 12 dum adorant ... castitatem *om. P, add. mg. m2* | adorarent *P, add. m2* || 13 dum] de *M* | plantas] pedes *C* | osculantur *C* || 14 terra *M* | mas] masculus *R*, maris *b*, mares *P2Y* | aliqui *R a.c. m2, A p.r., Vb* | vel *s.l. C2* || 15 bestiae *P* | viderent *P*

---

[328] Vgl. *Act. Paul. et Thecl.* 28.33 (255.258 f LIPSIUS/BONNET).
[329] Vgl. *in Luc.* 4,19 (CCL 14,112 f), wo es hinsichtlich des Weinwunders bei der Hochzeit in Kana (Joh 2,1–11), heißt, Christus zeige seine Macht *naturae ... transfusione*.
[330] Vgl. *Act. Paul. et Thecl.* 35 (262 LIPSIUS/BONNET).
[331] Vgl. *Act. Paul. et Thecl.* 33 f (258–261 LIPSIUS/BONNET). Nach Ansicht von BURRUS, *Victory* 472, steht das Raubtier für eine sich gegen die jungfräuliche Märtyrerin wendende männlich-sexuelle Gewalt: „According to Ambrose, the male lion initially faces the virginal martyr Thecla in the arena threateningly, explicitly mirroring the sexual violence signalled by both the ‚rage' of Thecla's would-be husband and the ‚immo-

20. Es war zu sehen, wie das Raubtier am Boden lag und ihre Füße leckte[328], mit stummem Laut bezeugend, daß es den heiligen Leib der Jungfrau nicht verletzen könnte. Die Bestie verehrte also ihre Beute; sie hatte, ihre eigene Natur vergessend, die unsere angenommen, welche die Menschen verloren hatten. Du hättest sehen können, wie — durch eine gewisse Verwandlung der Natur[329] — Menschen tierische Wildheit angenommen hatten und der Bestie ihre Grausamkeit befahlen, (wie) die Bestie (hingegen) die Füße der Jungfrau küßte und damit zeigte, was Menschen hätten tun müssen. So viel Bewunderung erweckt die Jungfräulichkeit, daß sogar Löwen sie bewundern. Obwohl sie ausgehungert waren, stimmte sie das Futter nicht um; obwohl erregt, riß sie der Trieb nicht fort, obwohl angestachelt, wühlte sie die Wut nicht auf[330]; obwohl daran gewöhnt, leitete die Gewohnheit sie nicht in die Irre; die Natur hatte die wilden Tiere nicht (mehr) in ihrem Besitz. Sie lehrten Frömmigkeit, indem sie die Märtyrerin verehrten; sie lehrten auch Keuschheit, indem sie der Jungfrau mit gleichsam zurückhaltend zur Erde niedergesenkten Augen nichts anderes als die Füße küßten, damit nichts Männliches, und sei es nur ein Raubtier, die Jungfrau nackt sehe[331].

---

dest' eyes of the male onlookers who gaze upon the spectacle of her nakedness; yet, subsequently, ‚by some transfusion of nature' the beast achieves a restrained attitude of reverence for the self-sacrificing virgin who, we are told, freely offers to the lion her ‚vital parts'. By the end of the episode, the single, tamed lion has been pluralized, facilitating his merging with the male spectators, similary transformed from a state of transgressive immodesty to one of respectful modesty ... Here modesty serves in part as a veil, or rather a strategy of further sublimation, in a context in which the lion's averted, feminized gaze continues paradoxically to restrain the virgin, his very gesture of honoring her — indeed of freely mirroring her feminine subjugation — becoming itself the vehicle of her constraint". Ähnlich BURRUS, *Agnes* 32 f.

21. Dicet aliquis: „Cur exemplum attulisti Mariae, quasi repperiri queat matrem domini quae possit imitari, cur etiam Theclae, quam ‚gentium doctor' instituit? Da huiuscemodi doctorem, si discipulam requiris." Huiusmodi recens vobis exemplum profero, ut intellegatis apostolum 5 non unius esse doctorem, sed omnium.

4.22 Antiochiae nuper virgo quaedam fuit fugitans publici visus. Sed quo magis virorum evitabat oculos, eo incendebat amplius. Pulchritudo enim audita nec visa plus desideratur duobus stimulis cupiditatum, amoris et cognitionis, 10

---

def. JFTE
1 docet *A*, dicit *Cx* | tulisti *Cx* ‖ 2 queat] que eat *R a.r.* | matrem] morem *R a.c. m2* | posset *R a.c.* ‖ 3 Teclae *AHMCOP2* | doctor gentium *M* | da] de *M* ‖ 3–4 huiusmodi *C* ‖ 4 discipulam] disciplinam *M* | huiusmodi *AHMVZ, R p.r., UY, Fall., Cazz.*, huiuscemodi *cet., Maur.* | *post* huiusmodi *interp. P* ‖ 5 profero] proferre (re *exp. m1*) *Z* | intelligas *b* ‖ 6 esse] fuisse *P* ‖ 7–8 puplice *R*, publices *Z m rec.* ‖ 8 visus] usus *AMV*, visos *Z m rec.*, visus aspectum *x*, usus aspectum *C*, facie visus *Y*, pulcra visu *P i.r.* | evitabat] et vitabat *Z* | oculos *codd., Fall.*, aspectus *Cazz.*, aspectum *b*, oculos aspectus *M* ‖ 8–9 eo amplius incendebat *Z, Maur., Cazz.*, eo amplius oculos incendebat impudicos *P* (oculos, impudicos *i.r.*) *corr. m1* (?), eo incendebat impudicos amplius *M*, eo incendebat amplius *cet., Fall.* ‖ 10 cupiditantum *A*

---

[332] Als *doctor gentium* wird PAULUS auch in *virg.* 1,5,23, oben 140f, und 3,5,23, unten 310f, bezeichnet.
[333] Vermutlich handelt es sich dabei um THEODORA VON ALEXANDRIEN, deren *Passio* sich in den *Acta proconsularia* (579f HENSCHENIUS) findet; vgl. auch *Martyrologium Romanum* (159f DELEHAYE); *Synaxarium ecclesiae Constantinopolitanum* (711–13 DELEHAYE). THEODORA entstammte danach einer vornehmen Familie, hatte Jungfräulichkeit gelobt und wurde während der diocletianischen Verfolgung zur Prostitution verurteilt. Der christliche Soldat DIDYMUS tauschte mit ihr die Kleider und ermöglichte so ihre Flucht, während er selbst das Martyrium erlitt. Ob Ambrosius diese Quelle gekannt hat, ist allerdings fraglich. Dagegen spricht, daß er den Namen THEODORA nicht nennt, sie in Antiochien beheimatet sieht und mit dem Streit zwischen Märtyrerin und Soldat um die Krone des Martyriums (*virg.* 2,4,32f, unten 252–257) einen Schluß bietet, den die *Acta* nicht kennen (578 HENSCHENIUS). AUGAR, *Frau* 34–36.42, meint, Ambrosius habe den ersten Teil der Akten mit der Wiedergabe des Prozesses nicht

21. Es wird jemand sagen: „Warum hast du das Beispiel der Maria angeführt, als ob (irgendeine) gefunden werden könnte, die der Mutter des Herrn gleichkommen könnte? Warum außerdem das der Thecla, die ‚der Lehrer der Völker' (1 Tim 2,7)[332] unterwiesen hat? Gib uns einen solchen Lehrer, wenn du eine (solche) Schülerin suchst". Ich stelle euch ein solches Beispiel aus der letzten Zeit vor, damit ihr begreift, daß der Apostel nicht der Lehrer einer einzigen ist, sondern aller.

4.22 In Antiochien lebte vor kurzem eine Jungfrau[333], die sich von den Blicken der Öffentlichkeit fernhielt. Doch je mehr sie den Augen der Männer auswich, desto mehr fachte sie (deren Leidenschaften) an. Denn eine Schönheit, von der man gehört, die man (aber) nicht zu Gesicht bekommen hat, wird (umso) mehr begehrt infolge eines zweifachen Ansporns zur Lust, des der Liebe und des der Neugier.

---

gekannt, sondern nur den zweiten, in dem von THEODORAS Aufenthalt im Bordell und ihrer wunderbaren Befreiung die Rede ist. Möglicherweise habe ihm dieser zweite Teil „mit einer kurzen, den Teil I summarisch wiedergebenden Einleitung vorgelegen" (*Frau* 36). GORI, *Ambrosius, De virginibus* 84f, hingegen vermutet, Ambrosius habe zwar den vollständigen Text der Akten gekannt, allerdings den Prozeßverlauf nur kurz zusammengefaßt, gleichsam als Einleitung, da ihm nur der zweite Teil Anlaß bot, sein eigentliches Anliegen, die Beharrlichkeit der Jungfrau bei der Bewahrung ihrer Keuschheit, zu betonen, ihre Empfindungen zu schildern und seine Darstellung mit biblischen Motiven zu verbinden. Im Anschluß an AUGAR geht GORI davon aus, daß Ambrosius den Anhang, die in den *Acta* nicht enthaltene Rückkehr THEODORAS zur Hinrichtungsstätte, aus der mündlichen Überlieferung geschöpft oder selbst, inspiriert von der wenig später begegnenden Episode von PHINTIAS und DAMON (*virg.* 2,5,34, unten 256–259), hinzugefügt hat. Es waren wohl verschiedene, mündliche oder verschriftlichte, Versionen der *Passio* im Umlauf; vgl. EUSEBIUS VON EMESA, *sermo de martyribus* 19 (279–282 WILMART), und PALLADIUS, *h. Laus.* 65 (160–162 BUTLER), die ebenfalls die Namen der Personen nicht nennen und das Ereignis in Alexandrien bzw. Korinth situieren. Der Stoff ist von GEORG FRIEDRICH HÄNDEL (1685–1759) im 1750 uraufgeführten Oratorium „Theodora" (HWV 68) vertont worden; vgl. MARX, *Händels Oratorien* 233–242 (Literatur).

dum et nihil occurrit quod minus placeat et plus putatur
esse quod placeat, quod non iudex oculus explorat, sed animus amator exoptat. Itaque sancta virgo, ne diutius alerentur potiendi spe cupiditates, integritatem pudoris professa
sic restinxit improborum faces, ut iam non amaretur, sed 5
proderetur.

23. Ecce persecutio. Puella fugere nescia, certe pavida,
ne incideret insidiatores pudoris, animum ad virtutem
paravit, tam religiosa, ut mortem non timeret, tam pudica,
ut expectaret. Venit coronae dies. Maxima omnium ex- 10
pectatio. Producitur puella duplex professa certamen et
castitatis et religionis. Sed ubi viderunt constantiam professionis, metum pudoris, paratam ad cruciatus, erubescentem ad aspectus, excogitare coeperunt, quemadmodum specie castitatis religionem tollerent, ut cum id abstulissent 15
quod erat amplius, etiam id eriperent quod reliquerant.
Aut sacrificare virginem aut lupanari prostitui iubent. —

1–6 *def. JFTE*; 7–17 *def. FTE, J usque ad l.* 12
1 quod *add.* non *Cx* | quod minus *P i.r.* (*m1?*) || 1–2 et plus ... placeat
om. M || 2 oculis *AV* || 2–3 animo *HM* || 3 amatur *A* || 4 potiendae
H | cupiditastis *R a.c.*, cupiditatis *HM, R p.c., U* || 5 restrinxit *H a.r.*,
MVRC, S a.c. m2, restrincxit *P* | non iam *C, Maur.* || 6 proderetur] perduceretur *b* || 8 incederet *R a.c.*, incideret *add.* in *O s.l., HMSP3C* | insidiatoris *M a.c.* || 9 religiosam *H a.r.* || 10 venit *add.* enim *M* ||
10–11 expectantium *R*, expectato *C* || 12 sed ubi] *denuo incipit J* ||
13 metu *M, Z* (*eras.* m) | cruciatos *Z* || 14 speciem (*om.* religionem)
CU || 15 cum id] et *A a.c. m2* || 16 quod *om. P, add. P2* | etiam] et ea *A
a.c. m2* | id *om. H* | reliquerant *A, C a.c.*, dereliquerant *M* || 17 iuberent
P2

---

[334] Die Vorstellung vom Martyrium als Krönung ist in der altkirchlichen
Literatur verbreitet und wird von Ambrosius mehrfach aufgegriffen;
vgl. *virg.* 1,2,8, oben 110f; 2,4,24, unten 252f; 2,4,32 f.35, unten 256–259;
ferner *epist. extra coll.* 14(63),5 (CSEL 82/3,237); *hex.* 4,8,32 (CSEL
32/1,138); *in psalm.* 45,13 (CSEL 64,339); 61,18 (CSEL 64,389); *in Luc.*
4,41 (CCL 14,121); 10,54 (CCL 14,361); 10,170 (CCL 14,394);
in psalm. 118 20,10 (CSEL 62,449); 20,44 (CSEL 62,466); *fid.* 3,17,142
(CSEL 78,158); *hymni* 10,9–16 (455 NAUROY/FONTAINE); 13,1–4 (561

Während sich einerseits nichts aufdrängt, was weniger gefällt, wird andererseits die Existenz dessen höher veranschlagt, was gefällt, was kein Auge als Richter erkundet, sondern der Geist als Liebhaber ersehnt. So hat die heilige Jungfrau, damit die Begierden nicht länger durch die Hoffnung, sie in Besitz zu nehmen, genährt würden, unversehrte Keuschheit versprochen und auf diese Weise die Fackeln (der Leidenschaft) in den Schurken ausgelöscht, so daß sie nicht mehr geliebt, sondern verraten wurde.

23. Sieh, die Verfolgung beginnt! Das Mädchen denkt nicht daran zu fliehen, zittert jedoch vor Angst. Um nicht den Nachstellern ihrer Keuschheit in die Hände zu fallen, rüstete sie ihren Geist zur Tapferkeit, so gottesfürchtig, daß sie den Tod nicht fürchtete, so keusch, daß sie ihn erwartete. Es kommt der Tag der Märtyrerkrone[334]. Die Erwartung aller ist riesig[335]. Das Mädchen wird vorgeführt, das sich gemeldet hat zum zweifachen Kampf, dem der Keuschheit und dem des Glaubens[336]. Aber als sie die Beständigkeit ihres Gelübdes[337] gesehen hatten, ihre Furcht um die Keuschheit, ihre Bereitschaft zu den Martern, ihr Erröten vor den Blicken, begannen sie sich auszudenken, wie sie (ihr) unter dem Anschein der Keuschheit den Glauben nehmen könnten, damit (ihr), da ihr das Größere entrissen worden wäre, auch das Übrige geraubt werden könnte. Sie befehlen, daß die Jungfrau entweder opfern oder im Bordell prostitu-

---

NAUROY/FONTAINE); *obit. Val.* 53 (CSEL 73,355); *off.* 2,28,141 (CCL 15,48). Es fällt auf, daß schon zu Beginn der Erzählung vom Martyrium die Rede ist, obwohl die Jungfrau zunächst nicht zum Tode, sondern zur Prostitution verurteilt wird.
[335] Vgl. *Acta Didymo et Theodora* 4 (579 HENSCHENIUS).
[336] Vgl. zum zweifachen Martyrium *virg.* 1,2,9, oben 112f; siehe Einleitung, oben 113 Anm. 43.
[337] Es ist nicht eindeutig, was hier inhaltlich mit *professio* gemeint ist, der Glaube oder die Keuschheit. TISSOT, der *Ambrosius, De virginibus* 331f Anm. 32, darauf aufmerksam macht (allerdings von *propositum* spricht), neigt ersterem zu.

Quomodo colunt deos suos qui sic vindicant, aut quemadmodum ipsi vivunt qui ita iudicant?
24. Hic puella non quo de religione ambigeret, sed de pudore trepidaret, ipsa secum: „Quid agimus? Hodie aut martyr aut virgo. Altera nobis invidetur corona. Sed nec virginis nomen agnoscitur, ubi virginitatis auctor negatur. Nam quemadmodum virgo, si meretricem colas, quemadmodum virgo, si adulteros diligas, quemadomodum virgo, si amorem petas? Tolerabilius est mentem virginem quam carnem habere. Utrumque bonum, si liceat. Si non liceat, saltem non homini castae, sed deo simus. Et Rahab meretrix

---

def. FTE
1 deos suos colunt *Maur.* | sic] se *H* | vindicantur *C* || 2 ipsi *om. R* || 3 hic] haec *Y* | quo] quod *SbCU, Maur.* | religione] regione *H a.c.* || 4 secum *add.* inquit *M* | agimus *add.* inquit *P2* | hodiae *Z* || 5 altera] a *alt. exp. P1*, alter *Y, add.* in *Cx, Maur.* | ad coronam *P2Y* || 8 adulteros] adulterosa *b* (*corr. P2*) | diligas *om. b, add. P2* || 9 amorem] ad morem *C a.c.* | tolerabilius *add.* enim *P2* || 11 saltim *MJR, Fall.*, saltem *cet., Cazz.* | Raab *AHMZCx*

---

[338] Vgl. *Acta Didymo et Theodora* 2 (579 HENSCHENIUS). Die Verurteilung zur Prostitution wird in den Martyriumsakten und in der frühchristlichen Literatur mehrfach erwähnt. Zwar steht dahin, ob es je einen kaiserlichen Erlaß gab, der eine solche Strafe vorschrieb (vgl. AUGAR, *Frau* 38–40), doch ist davon auszugehen, daß einige der Nachrichten über die Androhung oder den Vollzug einer Vergewaltigung bzw. einer Einweisung ins Bordell historisch zuverlässig sind. JENSEN, *Töchter* 187, ist sich sicher: „Eine Auslieferung ins Bordell ... ist keine romanhafte Ausschmückung der Martyriumsakten, um die Keuschheit der Frauen und die Bosheit der sie verfolgenden ‚Götzendiener' zu kontrastieren. Vielmehr lag diese Maßnahme im Bereich des legitimen Freiraums der richterlichen Entscheidung: Sie konnte sowohl als Druckmittel dienen, um die Angeklagte dazu zubringen, ihren Widerstand aufzugeben, wie auch als Verschärfung der Strafe. Die konkrete Motivation des Richters konnte dabei durchaus ‚Milde' sein (der Wunsch, die unausweichliche Todesstrafe abzuwenden), aber auch blanker Sadismus. Letzeres wird in den späteren christlichen Berichten tendenziös ausgemalt, aber anzunehmen, daß dergleichen bei den rechtsbewußten Römern nicht vorgekommen sei, wäre Wunschdenken"; vgl. *Töchter* 185–194.

iert werden soll³³⁸. Wie verehren (diejenigen) ihre Götter, die so vorgehen, oder wie leben sie selbst, die so urteilen?

24. Hierauf das Mädchen, nicht als ob es an seinem Glauben zweifelte, sondern (weil es) um seine Keuschheit fürchtete, zu sich selbst: „Was sollen wir tun? Heute (heißt es:) entweder Märtyrerin³³⁹ oder Jungfrau. Eine dieser beiden Kronen wird uns verweigert. Doch wo der Urheber der Jungfräulichkeit verleugnet wird, wird (auch) der Titel Jungfrau nicht anerkannt. Denn wie (kannst du eine) Jungfrau (sein), wenn du eine Dirne verehrst, wie eine Jungfrau, wenn du Ehebrecher liebst³⁴⁰, wie eine Jungfrau, wenn du um Liebe buhlst³⁴¹? Es ist besser, den Geist als das Fleisch jungfräulich zu erhalten³⁴². Beides ist, wenn es möglich ist, ein Gut; wenn es nicht möglich ist, seien wir wenigstens statt vor den Menschen vor Gott keusch. Auch Rahab war

---

[339] Auch hier wird bereits die Hinrichtung der Jungfrau erwähnt, obwohl sie zunächst zur Prostitution gezwungen werden sollte. Es scheint plausibler, daß Ambrosius dabei bereits das Ende der Geschichte im Auge hat (damit allerdings die Spannung vermindert), als daß er vom Martyrium in einem übertragenen Sinne spricht.

[340] Der Ausdruck *meretrix* ist in der Bibel, besonders bei den Propheten (vgl. Jes 1,21; Jer 2,20; 3,3; 5,7; Ez 16,30–35; 23,44; Offb 17,1.15; 19,2) oft im übertragenen Sinn für Apostasie oder Idolatrie verwandt — siehe auch *virg.* 1,8,52, oben 187 Anm. 214; allerdings ist damit in der Regel das Subjekt, nicht das Objekt der Verehrung bezeichnet. Nach FRANSES, *Ambrosius, De virginibus* 65 Anm. 77f, sind mit der *meretrix* VENUS, die Göttin der Liebe, mit den *adulteros* JUPITER und andere Götter gemeint.

[341] Nach GORI, *Ambrosius, De virginibus* 185 Anm. 69, bezieht sich Ambrosius hier wahrscheinlich auf die *virg.* 1,4,16, oben 128f, erwähnten heidnischen Mysterienkulte, die mit sexuellen Ausschweifungen verbunden waren; ähnlich COPPA, *Ambrosius, De virginibus* 586 Anm. 31, sowie BEATRICE, *Ambrosius, De virginibus* 85 Anm. 21, der auch eine Anspielung auf die *virg.* 1,4,15, oben 124–127, angesprochenen Vestalinnen sieht.

[342] Der Glaubensabfall zerstört die Jungfräulichkeit der *mens*, das heißt des Zentralorgans der menschlichen Seele, des Ortes der Gottebenbildlichkeit und des gesamten Tugendlebens (siehe *virg.* 1,7,31, oben 154 Anm. 142, und 1,7,37, oben 163 Anm. 163), und ist insofern schlimmer als die Verletzung der bloß körperlichen Unversehrtheit. Zur Jungfräulichkeit der *mens* vgl. *virg.* 2,2,7, unten 214f.

fuit, sed postquam deo credidit, salutem invenit. Et Iudith
se, ut adultero placeret, ornavit. Quae tamen quia hoc religione, non amore faciebat, nemo eam adulteram iudicabat.
Bene successit exemplum. Nam si illa quae se commisit religioni et pudorem servavit et patriam, fortassis et nos servando religionem servabimus etiam castitatem. Quodsi
Iudith pudicitiam religioni praeferre voluisset, perdita patria etiam pudicitiam perdidisset."

25. Itaque talibus informata exemplis, simul animo tenens verba domini quibus ait: „Quicumque perdiderit animam suam propter me inveniet eam", flevit, tacuit, ne eam
vel loquentem adulter audiret, nec pudoris elegit iniuriam,
sed Christi recusavit. Aestimate utrum adulterare potuerit
corpus quae nec vocem adulteravit.

26. Iamdudum verecundatur oratio mea et quasi adire
gestorum seriem criminosam atque explanare formidat.

---

def. FTE

1 Iudit *RC* || 2 se *om. R* | ut *om. P, add. post* adultero *P2* | quae tamen]
add. illa est enim animae pura et immaculata virginitas quae nullo terrore
penarum, nullis a fide saecularis voluptatis illecebris, nullo vitae amore
transducitur *J, quod utrum glossa sit necne, decernere nondum audet Fall.,
Ambrosii haec dicendi generi consentanea equidem putat, unde tamen derivata sint haec verba nescit Cazz.* || 2–3 religione] legione *A a.c. m2* ||
3 iudicavit *HCx, Maur.* || 4 nam *om. P* || 4–5 religioni] legioni *A a.c.
m2,* religione *R a.c.* || 5 servabit *Z* | fortasse *AH* || 6 religionem] legionem *A a.c. m2* | servavimus *H, R a.c. m2* | etiam *s.l. M* | quodsi] si *add.
P2* || 7 religioni] legioni *A a.c. m2* || 9 formata *b* || 11 flevit *add.* et
MSbO || 13 Christum *R1,* nec Christum (nec *s.l.*) *R2* | poterit *C a.c.* ||
15 iamdudum] *om. spat. vac. 15 litt. R* || 16 crimonosam *A*

---

[343] Vgl. zur Gestalt JUDITS in der patristischen Exegese DUBARLE, *Judith
1* 110–125.173–179; DOIGNON, *Exposition*. Letzterer unterzieht die Darstellung des Ambrosius einer eingehenden Untersuchung und setzt sie in
Beziehung zur paganen Rhetorik, insbesondere zu deren Behandlung
der *exempla*. Ausführlich äußert sich Ambrosius zum Verhalten JUDITS
off. 3, 13, 82–85 (CCL 15, 185). Wie schon ORIGENES, *hom. in Jer.* 20, 7
(GCS 187f), ist sich auch Ambrosius bewußt, daß das Beispiel der JUDIT
nicht unproblematisch ist, doch betont er hinsichtlich der Qualität ihres

eine Dirne, doch nachdem sie Gott geglaubt hatte, fand sie das Heil (vgl. Jos 2,1–21; 6,17–25). Auch Judit schmückte sich, um einem Ehebrecher zu gefallen (vgl. Jdt 10,1 – 13,10). Doch weil sie es aus Glauben, nicht aus Liebe tat, hielt sie niemand für eine Dirne. Das Beispiel ging gut aus. Denn wenn jene, die sich dem Glauben anvertraute, sowohl ihre Keuschheit als auch ihr Vaterland bewahrte, werden vielleicht auch wir durch die Wahrung unseres Glaubens auch unsere Keuschheit bewahren. Wenn nun Judit die Keuschheit dem Glauben hätte vorziehen wollen, hätte sie nach dem Verlust ihres Vaterlandes auch ihre Keuschheit verloren"[343].

25. Und nun — durch solche Beispiele unterrichtet und zugleich im Geiste die Worte des Herrn festhaltend, mit denen er versichert: „Wer sein Leben verliert um meinetwillen, wird es finden" (Mt 10,39) — weinte sie, schwieg, auf daß kein Ehebrecher sie auch nur sprechen hören konnte. Sie wählte nicht die Entehrung ihrer Keuschheit, sondern wies (die Entehrung) Christi zurück[344]. Urteilt (selbst), ob sie ihren Leib schänden konnte, die nicht (einmal) ihre Sprache schändete.

26. Schon längst scheut sich meine Rede und fürchtet sich gleichsam, die verbrecherische Kette der Taten anzugehen

---

Verhaltens, daß es durch ihren Glauben motiviert war und sie somit vor Gott keusch blieb; vgl. DOIGNON, *Exposition* 225 — mit Verweis auf QUINTILIAN, *inst.* 7,3,6f (2,390f WINTERBOTTOM), wo Ehebruch als eine Frage der Definition betrachtet wird.

[344] Worin die Entehrung Christi näherhin besteht bzw. wer sie ins Werk setzt, die Jungfrau oder ihre Verfolger, wird nicht klar gesagt. Angesichts des Kontextes, in dem unmittelbar zuvor und anschließend von einer möglichen mündlichen Äußerung der Jungfrau die Rede ist, und aufgrund ihrer zuvor herausgestellten doppelten Bewährung, im Glauben und in der Keuschheit, ist wohl eher die Jungfrau selbst gemeint, die die Gefahr, Christus zu verleugnen, indem sie sich von ihm lossagt und so ihre Sprache schändet, zurückweist.

Claudite aurem, virgines: ducitur puella dei ad lupanar. Sed aperite aurem, virgines dei: virgo prostitui potest, adulterari non potest. Ubicumque dei virgo est, dei templum est. Nec lupanaria infamant castitatem, sed castitas etiam loci abolet infamiam.

27. Ingens petulantium concursus ad fornicem — discite martyrum miracula, sanctae virgines, dediscite locorum vocabula —: clauditur intus columba, strepunt accipitres foris, certant singuli, qui praedam primus invadat. At illa manibus ad caelum levatis, quasi ad domum venisset orationis, non ad libidinis diversorium, „Christe", inquit, „domuisti virgini feros leones, potes domare etiam hominum feras mentes. Chaldaeis roravit ignis, Iudaeis se unda suspendit, misericordia tua, non natura sua. Susanna ad supplicium genu fixit et de adulteris triumphavit. Aruit dextera quae templi tui dona

---

def. FTE
1 cludite *AR, Fall.*, claudite *cet., Cazz.* | virgines *add.* dei *HMSb, Cazz.* ‖ 1–2 ducitur ... dei *om. R* ‖ 2 aures *P* | dei *om. P* | virgo] *add.* Christi *AHVJ, Fall.*, Christi virgo *Maur.* ‖ 3 virgo dei *Maur.* | templum dei *Decr. Grat. 2, causa 32, questio 5, c. 1 (Friedberg 1132), Maur.* | dei *alt. om. R* ‖ 6 fit *ante* ingens *add. Cx, Maur.* ‖ 7 miraculum *P* | virgines *add.* dei *P2* ‖ 8 claditur *Z a.c. m1*, claudite *CU* | columbam *C, O a.c., U* | strepent *AM, R a.c.* ‖ 9 certant] cantant *P, s.l.* al certant *m1, mg.* currunt *m2* | quis *HC* | illi *A* ‖ 10 orationis venisset *MR* ‖ 11 diversorum *M* | inquit *add.* qui *HP2O2Y, Maur.* | domuisti *add.* Daniel *Maur.*, docuisti *M* ‖ 12 etiam *om. P* | etiam domare *C, Maur.* ‖ 13 rogavit *M* | se*unda (c *eras.*) *R* ‖ 14 ad *om. Cx* | supplicis *C*, suppliciis *x* | fixit] flexit *A (mg. m2 vel fixit), Cx* ‖ 15 quae] qui *R a.c.*

---

[345] Wörtlich ist vom „Mädchen Gottes" die Rede. Die Bezeichnung *puella dei* wird für Jungfrauen aufgrund ihrer besonderen Bindung an Gott und, wie GORI, *Ambrosius, De virginibus* 207 Anm. 5, betont, unabhängig von ihrem Alter verwandt; vgl. *virg.* 3, 1,1, unten 274f; *virginit.* 7, 39 (18 CAZZANIGA). Ähnlich kann das männliche Äquivalent *puer* gebraucht werden; vgl. *Abr.* 1,5,39 (CSEL 32/1,532); *in psalm.* 36,53 (CSEL 64,111f). Vgl. COURCELLE, *Confessions* 183f, besonders 183 Anm. 4; 184 Anm. 1.3, zur Verwendung von *puella/puer* bei AUGUSTINUS und anderen frühchristlichen Autoren.

und darzustellen. Schließt euer Ohr, Jungfrauen: Das gottgeweihte Mädchen[345] wird zum Bordell geführt. Doch öffnet euer Ohr, Jungfrauen Gottes: Die Jungfrau kann prostituiert werden, geschändet werden kann sie nicht. Wo immer eine Jungfrau ist, ist ein Tempel Gottes[346]. Bordelle bringen die Keuschheit nicht in Verruf, sondern die Keuschheit beseitigt den üblen Ruf des Ortes.

27. Ein gewaltiger Auflauf liederlicher (Menschen strömt) zum Bordell. — Studiert die Wunder der Märtyrer, heilige Jungfrauen, (aber) vergeßt die Namen dieser Stätten! — Die Taube wird drinnen eingeschlossen, draußen kreischen die Falken; sie streiten, jeder für sich, wer als erster über die Beute herfallen darf[347]. Sie jedoch ruft, mit zum Himmel erhobenen Händen, als wäre sie in ein Haus des Gebetes gekommen, nicht in eine Herberge der Lüsternheit: „Christus, du hast der Jungfrau die wilden Löwen gebändigt[348], du kannst auch die wilden Gedanken der Menschen bändigen. Den Chaldäern ließ das Feuer Tau fallen (vgl. Dan 3,49f). Den Juden türmte sich die Flut (vgl. Ex 14,21f), durch deine Barmherzigkeit, nicht durch ihre Natur. Susanna beugte das Knie zur Hinrichtung[349] und triumphierte über die Ehebrecher (vgl. Dan 13,42–46.60–62). Es verdorrte die Rechte, die deines Tempels Opfergaben schändete

---

[346] Zur Bezeichnung der Jungfrau als *templum dei* siehe Einleitung, oben 40–42.
[347] Vgl. *Acta Didymo et Theodora* 7 (580 HENSCHENIUS).
[348] Hier handelt es sich wohl nicht, wie in PL 16,225 angenommen wird, um DANIEL in der Löwengrube (vgl. Dan 6,17–25; 14,30–40), sondern um die in *virg.* 2,3,19f, oben 232–235, erwähnte THECLA.
[349] Nach FALLER, *Ambrosius, De virginibus* 55 Anm. 6, hat *genu fixit* hier die Bedeutung von *genu confortavit* (stärkte das Knie) und zitiert Jes 35,3 und ähnliches (vgl. Ijob 4,4; Hebr 12,12), doch ist die Verwendung von *genu figere* für das Hinknien mehrfach belegt; vgl. BLAISE, *Dictionnaire (figo; genu); Thesaurus Linguae Latinae* 6,2 1880f; besonders 1 Kön 8,54 (Vg. = VetLat [1,565 SABATIER]). Die biblische Darstellung (Dan 13,45) weiß übrigens nichts von einem Hinknien der SUSANNA.

violabat: nunc templum ipsum adtrectatur tuum. Ne patiaris incestum sacrilegi qui non passus es furtum. Benedicatur et nunc nomen tuum, ut quae ad adulterium veni virgo discedam."

28. Vix compleverat precem, et ecce vir militis specie terribilis irrupit. Quemadmodum eum virgo tremuit, cui populus tremens cessit! Sed non illa immemor lectionis „Et Danihel", inquit, „supplicium Susannae spectaturus advenerat et quam populus damnavit unus absolvit. Potest et in hoc lupi habitu ovis latere. Habet et Christus milites suos qui etiam legiones habet. Aut fortasse percussor intravit: ne vereare, anima, talis solet martyres facere." O virgo, „fides tua te salvam fecit."

29. Cui miles: „Ne quaeso paveas, soror. Frater huc veni salvare animam, non perdere. Serva me, ut ipsa serveris. Quasi adulter ingressus, si vis, martyr egrediar. Vestimenta mute-

---

def. FTE
1 violabit Z a.c., violavit Cx | adtractatur H || 2 ingestum A, J a.c. | sacrilegii HMJ, R p.c., Cx | est A || 3 ad s.l. HMR2 || 5 precem] sermonem M | militis] miles Cx | specie] spatie R a.c. || 6 irripuit C a.c. | eum] enim C a.c. || 8 Danihel AMSU, Daniel cet. || 9 damnaverat MR || 11 percussor] precursor P || 12 vereais MR | tales MRx | solent MCx || 14 quaeso add. ne MR | soror] ras. 3 litt. P | frater om. P, add. m2 | veni om. P || 15 serva] salva Cx || 16 ingressus add. mg. sum Y2 | si vis] suis R a.c. m2, suus A a.c., sum H

---

[350] Vgl. das Gebet der Jungfrau in den *Acta Didymo et Theodora* 7 (580 HENSCHENIUS): *Pater domini nostri Iesu Christi, adiuva me, et libera me de meritorio hoc, qui adiuvisti Petrum cum esset in carcere, qui eduxisti eum sine contumelia, educ me sine macula hinc: ut omnes videant, quoniam tua sum ancilla.* In der Fassung des Ambrosius richtet es sich an Christus selbst, ist umfangreicher und vor allem um einige alttestamentliche Zitate erweitert, während der Hinweis auf Apg 12,6–11 fehlt.
[351] Vgl. *Acta Didymo et Theodora* 7 (580 HENSCHENIUS).
[352] Vgl. *Acta Didymo et Theodora* 8 (580 HENSCHENIUS).
[353] Vgl. *Acta Didymo et Theodora* 8 (580 HENSCHENIUS).
[354] Möglich ist auch die Übersetzung: „Als Bruder bin ich hierhergekommen, meine Seele zu retten, nicht sie zu verlieren". GORI, *Ambrosius, De virginibus* 189 Anm. 84, meint, daß der Gang der Erzählung diese

(vgl. 1 Kön 13,4). Jetzt wird dein Tempel selbst angetastet. Du sollst nicht die Unzucht des Frevlers dulden, der du den Diebstahl nicht geduldet hast. Auch jetzt sei dein Name gepriesen, auf daß ich, die ich zum Ehebruch gekommen bin, als Jungfrau fortgehe."[350]

28. Kaum hatte sie das Gebet beendet, da stürmte ein Mann herein, dem Äußeren nach ein schrecklicher Soldat[351]. Wie zitterte die Jungfrau vor ihm, vor dem das Volk zitternd zurückwich. Doch eingedenk des Gelesenen sagte sie: „Auch Daniel war gekommen, um sich die Hinrichtung der Susanna anzusehen und nur er sprach sie, die vom Volk verurteilte wurde, frei (vgl. Dan 13,44–46). Auch in diesem Wolfspelz kann sich ein Schaf verstecken (vgl. Mt 7,15)[352]. Auch Christus hat seine Soldaten, er hat sogar Legionen (vgl. Mt 26,53). Vielleicht trat aber auch der Henker ein: Fürchte dich nicht, meine Seele, ein solcher macht gewöhnlich Märtyrer". Oh Jungfrau, „dein Glaube hat dir geholfen" (Mt 9,22; und öfter).

29. Der Soldat (sagte) zu ihr: „Fürchte dich bitte nicht, Schwester[353]. Als Bruder bin ich hierhergekommen, um dein Leben zu retten, nicht, um es zu zerstören[354]. Rette mich, damit du gerettet wirst. Wie ein Ehebrecher bin ich hereingekommen, als Märtyrer werde ich, wenn du willst, hinausgehen. Tauschen wir unsere Kleider[355]. Deine passen

---

Deutung stütze. Der Soldat sei nicht nur in das Gefängnis gekommen, um die Jungfrau zu retten, sondern um selbst das Martyrium zu erleiden (und so das wahre Leben zu gewinnen und seine Seele zu retten). Im übrigen sei die folgende Phrase *serva me, ut ipsa serveris* andernfalls unverständlich. Es ist jedoch nicht sicher zu entscheiden, ob hier die Rettung der Jungfrau oder die Rettung der eigenen Seele gemeint ist. Die folgende Bitte des Soldaten kann einen neuen Gesichtspunkt bringen, sie muß nicht unbedingt einen zuvor schon angesprochenen Gedanken entfalten. Als erste Antwort auf die berechtigte Furcht der Jungfrau erwartet man vom eintretenden Soldaten wohl eher eine ausdrückliche Beruhigung, es werde ihr kein Schaden zugefügt, als die Ankündigung, die eigene Seele retten zu wollen.
[355] Vgl. *Acta Didymo et Theodora* 8 (580 HENSCHENIUS).

mus; conveniunt mihi tua et mea tibi, sed utraque Christo. Tua vestis me verum militem faciet, mea te virginem. Bene tu vestieris, ego melius exuar, ut me persecutor agnoscat. Sume habitum qui abscondat feminam, trade, qui consecret martyrem. Induere clamidem quae occultet membra virgi- 5
nis, servet pudorem. Sume pilleum qui tegat crines, abscondat ora. Solent erubescere qui lupanar intraverint. Sane cum egressa fueris, ne respicias retro, memor uxoris Loth, quae naturam suam, quia impudicos licet castis oculis respexit, amisit. Nec vereare, ne quid pereat sacrificio. Ego pro te ho- 10
stiam deo reddo, tu pro me militem Christo, habens bonam militiam castitatis, quae stipendiis militat sempiternis, ‚loricam iustitiae‘, quae spiritali munimine corpus includat, ‚scutum fidei‘, quo vulnus repellas, ‚galeam salutis‘; ibi enim est praesidium nostrae salutis, ubi Christus, quoniam 15
mulieris caput vir, virginis Christus."

---

def. FTE
1 utraque] uterque *C a.c.* ‖ 2 faciet *add.* et *MR* ‖ 3 vestieris *add.* ut abscondaris *O, mg. U2* | exuar ut] exaruit *R* | ut] ne *Cx* ‖ 4 abscondit *VR* ‖ 6 servetque *Cx, Maur.* | pilleum] pallium *C, O a.c. m2, U* | qui] quod *Maur.* ‖ 7 ora *om. R* | solent *add.* enim *C* | erubescere *om. C a.c. m2* | sanae *R a.r.* ‖ 8 respicies *R* ‖ 9 licet impudicos *M* | aspexit *MVRO* ‖ 10 omisit *R* | verere *R* ‖ 10–11 hostia *H a.c. m2* ‖ 11 reddam *A p.c. ex* redde | me] te *AH* | habens *M dbR, Fall., Cazz., A p.c. ex* habent, habes *cet.* ‖ 12 quae *add.* in *Cx* | militas *Cx* ‖ 15–16 quoniam … Christus *om. C* ‖ 15 quoniam] qui *P* ‖ 16 virginis] ginis *eras.,* viri *P2*

---

[356] Hier ist mit dem Ausdruck *verum militem* der Kampf für Christus angesprochen, der sich im Martyrium zeigt. IGNATIUS VON ANTIOCHIEN, *Rom.* 4,2 (210 LINDEMANN/PAULSEN), sagt von sich, im Martyrium ἔσομαι μαθητὴς ἀληθῶς ’Ιησοῦ Χριστοῦ. Vom Märtyrer als Soldat ist auch die Rede bei CYPRIAN, *epist.* 28,2 (CCL 3B,134–136); *Fort.* 13 (CCL 3,215), sowie in den *Acta Aureae* 1 (759 PINIUS); 14f (760 PINIUS). Vgl. GORI, *Ambrosius, De virginibus* 191 Anm. 86; RAMOS-LISSÓN, *Ambrosius, De virginibus* 145 Anm. 101.
[357] Nach GORI, *Ambrosius, De virginibus* 191 Anm. 87, haben deshalb auch die üblichen Besucher eines Bordells ihr Gesicht beim Hinausgehen verhüllt. Die mit der Soldatenuniform bekleidete und ihr Gesicht verbergende Jungfrau fällt also nicht auf.

zu mir und meine zu dir, aber beide zu Christus. Dein Gewand wird mich zum wahren Soldaten machen (vgl. 2 Tim 2,3)[356], meines dich zur Jungfrau. Du wirst gut bekleidet, ich ziehe mich besser aus, damit mich der Verfolger erkennt. Nimm meine Uniform, um eine Frau zu verbergen; gib (mir dein Gewand), um einen Märtyrer zu heiligen. Zieh meinen Mantel an, um die Glieder einer Jungfrau zu verstecken, ihre Keuschheit zu bewahren. Nimm meine Kappe, um die Haare zu verdecken, das Gesicht zu verbergen. Die ein Bordell betreten, erröten gewöhnlich[357]. Doch wenn du hinausgegangen bist, sollst du nicht zurückblicken[358], eingedenk der Frau des Lot, die ihre Natur einbüßte, weil sie, wenn auch mit reinen Augen, auf die Schamlosen zurückblickte (vgl. Gen 19,26). Fürchte nicht, daß deinem Opfer etwas verlorengehen könnte. Ich bringe (mich) Gott für dich als Opfergabe dar, du (dich) Christus für mich als Soldat, denn du leistest den guten Kriegsdienst der Keuschheit[359], der für ewigen Sold kämpft; (du trägst) ‚den Panzer der Gerechtigkeit' (Eph 6,14; vgl. Jes 59,17), der den Leib mit einem geistlichen Schutz umgibt, ‚den Schild des Glaubens' (Eph 6,16), um dadurch eine Verwundung zu verhindern, ‚den Helm des Heils' (Eph 6,17; vgl. Jes 59,17; 1 Thess 5,8). Dort nämlich ist der Schutz unseres Heiles, wo Christus (ist); denn das Haupt der Frau ist der Mann (vgl. Eph 5,23; 1 Kor 11,3), (das) der Jungfrau Christus"[360].

---

[358] Vgl. *Acta Didymo et Theodora* 9 (580 HENSCHENIUS).
[359] Zur *militia castitatis* siehe Einleitung, oben 30 Anm. 82, und *virg.* 1,3,13, oben 123 Anm 66.
[360] Nach GORI, *Ambrosius, De virginibus* 191 Anm. 90, ist nicht auszuschließen, daß Ambrosius, der oft zu ambivalenten Aussagen neige, hier unter Bezug auf Eph 5,23 auch auf die Kirche, die jungfräuliche Braut Christi, anspielt. Einen Bezug zu 1 Kor 11,3 schließt GORI dementsprechend — gegen FALLER, *Ambrosius, De virginibus* 56 Anm. 16 — aus; vgl. RAMOS-LISSÓN, *Ambrosius, De virginibus* 145 Anm. 109.

30. Et inter haec verba clamidem exuit; suspectus tamen adhuc habitus et persecutoris et adulteri. Virgo cervicem, clamidem miles offerre. Quae pompa illa, quae gratia, cum in lupanari de martyrio certarent! Addantur personae, miles et virgo, hoc est dissimiles inter se natura, sed dei misera- 5 tione consimiles, ut compleatur oraculum: tunc lupi et agni simul pascentur. Ecce agna et lupus non solum pascuntur simul, sed etiam immolantur. Quid plura? Mutato habitu evolat puella de laqueo, iam non suis alis, utpote quae spiritalibus ferebatur, et quod nulla umquam viderunt saecula, 10 egreditur de lupanari virgo, sed Christi.

31. At illi, qui videbant oculis et non videbant, ceu raptores ad agnam lupi fremere ad praedam. Unus qui erat immodestior introivit. Sed ubi hausit oculis rei textum „Quid hoc", inquit, „est? Puella ingressa est, vir videtur. Ecce non fabulosum 15 illud ‚cerva pro virgine', sed quod verum est, miles ex virgine.

---

def. FTE
1 clamidem *add.* coepit *HMSb* ‖ 3 offert *Cx* | gratia] gloria *C* ‖ 4 lupanaria *R a.r.* ‖ 5 hoc] haec *Y* | naturae *AVJ* ‖ 5–6 miratione *R a.c.* ‖ 6 complaceatur *H a.c. m1, Z* (ac *exp. m rec.*), *R, Cazz.*, impleatur *PY*, compleatur *Fall.* ‖ 7 pascentur *add.* et *Cx* ‖ 8 mutato] multo *A a.c.* ‖ 11 lupenari *R* | sed Christi *om. CU*, Christus *R* ‖ 12 at] ad *R a.c.* | videbant *pr.*] tenebant *M* | videbant *alt. add.* corde *HMP2S* | ceu] eu *Z, P a.r., R a.c. m2* ‖ 13 agna *A* | ceu *ante* lupi *add. C* | fremere ad praedam *om. M* | fremerent *R*, fremuere *x*, (u *s.l.*) *C* ‖ 13–14 immodice districtior *P, Cazz.*, immodice destrictior *Z*, immodestior *mg. P2, cet., Maur., Fall.* ‖ 14 hausit] auxit *P* | quid] qui *R a.c.*

---

[361] Vgl. *Acta Didymo et Theodora* 7 (580 HENSCHENIUS).
[362] GORI, *Ambrosius, De virginibus* 191 Anm. 91, vermutet, daß mit *habitus* hier mehr als die bloße Kleidung gemeint ist, sondern das Aussehen des Körpers und des Geistes. Der Kleiderwechsel sei Ausdruck einer inneren Verwandlung der Jungfrau in eine Soldatin Christi.
[363] Vgl. *virg.* 2,4,27, oben 244f: *clauditur intus columba*.
[364] Vgl. *Acta Didymo et Theodora* 9 (580 HENSCHENIUS). Zum neoplatonisch geprägten Motiv des Fluges bzw. der Flügel der Seele vgl. *virg.* 1,8,44, oben 172f, dazu Anm. 182; zu den geistigen Flügeln der Jungfrau besonders *virginit.* 13,83 (39 CAZZANIGA).

30. Und bei diesen Worten zog er seinen Mantel aus; gleichwohl erregte sein Auftreten immer noch den Verdacht, er wäre ein Verfolger oder ein Ehebrecher. Die Jungfrau bot ihren Nacken, der Soldat seinen Mantel dar. Was für eine Pracht (war das), was für eine Gnade, als sie im Bordell um das Martyrium stritten! Und was für Personen, Soldat und Jungfrau, das heißt einander unähnlich durch ihre Natur, doch durch Gottes Erbarmen ähnlich, auf daß die Weissagung erfüllt wird: Dann werden Wölfe und Lämmer zusammen weiden (vgl. Jes 65, 25). Sieh, Lamm und Wolf[361] weiden nicht nur zusammen, sie werden auch zusammen geopfert. Wozu noch mehr? Mit verändertem Aussehen[362] entflieht das Mädchen der Schlinge (vgl. Ps 124, 7; Ps 123, 7 LXX)[363], nicht mehr mit eigenen Flügeln, denn sie wurde von geistigen Flügeln getragen[364]; und, was kein Jahrhundert je gesehen hat, sie verläßt das Bordell als Jungfrau, aber (als Jungfrau) Christi.

31. Jene aber, die mit ihren Augen sahen und doch nicht sahen (vgl. Mt 13, 13f und öfter), schnaubten nach der Beute wie räuberische Wölfe nach dem Lamm[365]. Einer, der noch unverschämter war, trat ein. Doch als er mit den Augen die Sachlage aufgenommen hatte, sagte er: „Was ist das? Ein Mädchen ist eingetreten — und ich sehe einen Mann. Sieh, dies ist nicht ‚die Hirschkuh anstelle der Jungfrau' aus der Sage[366], sondern es ist echt, ein Soldat aus der Jungfrau.

---

[365] Vgl. *Acta Didymo et Theodora* 7 (580 HENSCHENIUS); VERGIL, *Aen.* 2, 355f (138 MYNORS); 9, 59f (308 MYNORS); ferner Ambrosius, *in Luc.* 7, 49 (CCL 14, 230); 7, 82 (CCL 14, 240f).

[366] Anspielung auf die Erzählung von IPHIGENIE, die von ihrem Vater AGAMEMNON der ARTEMIS geopfert werden sollte, durch das Eingreifen der Göttin jedoch durch eine Hirschkuh ersetzt und somit gerettet wurde. Die kurze, sprichwörtliche Zusammenfassung dieser Begebenheit, *cerva pro virgine,* findet sich auch bei LIBANIUS, *ep.* 785(695), 1 (707 FOERSTER); 1509(1533), 3 (534 FOERSTER): ἔλαφος ἀντὶ παρθένου.

At etiam audieram et non credideram, quod aquas Christus in vina convertit: iam mutare coepit et sexus. Recedamus hinc, dum adhuc qui fuimus sumus. Numquid et ipse mutatus sum qui aliud cerno quam credo? Ad lupanar veni, cerno vadimonium et tamen mutatus egrediar, pudicus exibo qui adulter intravi."

32. Indicio rei, quia debebatur tanto corona victori, damnatus est pro virgine qui pro virgine conprehensus est. Ita de lupanari non solum virgo, sed etiam martyres exierunt. Fertur puella ad locum supplicii cucurrisse, certasse ambo de nece, cum ille diceret „ego sum iussus occidi, te absolvit sententia, quando me tenuit", at illa clamaret „non ego te vadem mortis elegi, sed praedem pudoris optavi. Si pudor quaeritur, manet nexus, si sanguis exposcitur, fideiussorem non desidero, habeo unde dissolvam. In me lata est ista sententia quae pro me lata est. Certe si pecuniae te fideiussorem dedissem et

---

def. FTE
1 at] ad *R a.c.* | credideram] audieram *P* ‖ 2 mutaret *R a.c.* ‖ 3 hinc *om. R* | dum*** *R* | qui] quid *M*, et *Y* ‖ 4 quam credo] al quam video credere *mg. P2* ‖ 5 excibo *R a.r.* ‖ 7 iudicio *M*, indicior *H* ‖ 9 etiam] et *B* ‖ 10 supplici *R a.c. m2* | ambos *Maur.* ‖ 11 occidi *add.* pro te *H* | absolvi te *H* ‖ 12 quando] que *P3*, quando *del. signo add.*, illa respondit non ego effug. *add. mg. C3* | me] te *H* | me tenuit ... ego te *om. C* | at] ad *AZ, R a.c.,* et *H* | clamare *VJO*, clamare coepit *C, Maur.* | te *om. R* | vadem *om. C* ‖ 12–13 mortis vadem *Maur.* ‖ 13 elegis *R a.r.* | predem *A*, praesidem *S i.r., signo add. mg. ad* praedem *R2*, praedam *O* | optavi] expavi *O* ‖ 14 nexus *AM, J.a.c., SbR, Fall., Cazz.,* sexus *cet., Maur.* ‖ 14–15 desidero] desero *R* ‖ 15 est *om. AV, Maur.* | quae] quia *Cx*

---

[367] SALISBURY, *Church fathers* 98, meint: „Ambrose's description of this event might suggest that the Fathers could approve of the transformation of woman into spiritual man. That was not the case, however. The transformation of the sexes was sufficiently threatening to the social order for the Fathers to disapprove of it ... Apparently, what Ambrose found acceptable about the incident he praised was that the woman did not choose the transformation. The initiative for it came from the soldier; thus at least the virgin kept her natural role of passive woman. That principle

Ich hatte doch gehört — und nicht geglaubt —, daß Christus Wasser in Wein verwandelt hat (vgl. Joh 2, 1–11), jetzt aber hat er begonnen, auch das Geschlecht zu verändern[367]. Laßt uns von hier verschwinden, solange wir noch (die) sind, die wir waren. Bin ich etwa auch selbst verändert, der ich etwas anderes sehe als ich glaube? Ich bin zum Bordell gekommen (und) sehe eine Bürgschaft[368]. Und doch werde ich verändert hinausgehen; ich bin als Ehebrecher hergekommen, als schamhafter (Mensch) werde ich weggehen."[369]

32. Unter Anführung der Sachlage — denn einem so großen Sieger stand die Krone zu — wurde er anstelle der Jungfrau ergriffen und anstelle der Jungfrau verurteilt. So gingen aus dem Bordell nicht nur eine Jungfrau, sondern auch Märtyrer heraus. Man erzählt sich, das Mädchen sei zur Hinrichtungsstätte geeilt (und) die beiden hätten um den Tod gestritten. Er habe gesagt: „Ich sollte umgebracht werden, dich hat das Urteil freigegeben, als es mich ergriff." Sie jedoch habe gerufen: „Ich habe dich nicht als Ersatzmann für meinen Tod auserwählt, sondern als Gewährsmann für meine Keuschheit ausgesucht. Sucht man Keuschheit, bleibt meine Verbindlichkeit bestehen, fordert man Blut, wünsche ich mir keinen Bürgen, sondern besitze (selbst), womit ich bezahlen kann. Gegen mich wurde das Urteil gefällt, das an meiner statt angenommen wurde. Zweifelsohne, wenn ich dich als Bürgen für mein Geld ge-

---

would have been violated had she chosen to take on the male disguise on her own initiative".

[368] *Vadimonium* bezeichnet die Rechtspflicht des Soldaten, für die Jungfrau persönlich oder finanziell zu haften; vgl. den folgenden Abschnitt. RAMSEY, *Ambrosius, De virginibus* 222 Anm. 22, hebt hervor: „The man in whose mouth these words have been placed has inexplicably grasped the situation".

[369] Vgl. *Acta Didymo et Theodora* 10 (580 HENSCHENIUS).

absente me iudex tuum censum feneratori adiudicasset, eadem me sententia convenires: meo patrimonio solverem tuos nexus. Si recusarem, quis me indignam indigna morte censeret? Quanto maior est capitis huius usura! Moriar innocens, ne moriar nocens. Nihil hic medium est: hodie aut rea ero tui sanguinis aut martyr mei. Si cito redii, quis me audet excludere? Si moram feci, quis audet absolvere? Plus legibus debeo rea non solum fugae meae, sed etiam caedis alienae. Sufficiunt membra morti, quae non sufficiebant iniuriae. Est in virgine vulneri locus, qui non erat contumeliae. Ego opprobrium declinavi, non martyrium tibi cessi. Vestem, non professionem mutavi. Quodsi mihi praeripis mortem, non redemisti me, sed circumvenisti. Cave quaeso contendas, cave contradicere audiaris. Noli eripere beneficium, quod dedisti. Dum mihi hanc sententiam negas, illam restituis superiorem. Sententia enim sententia superiore mutatur.

---

def. FTE
1 absentem *P* | fenatori *A a.c.* || 2 sentencia me *P* | conveniretis *A*, convinceres *HMR* | meo] tuo *M* || 3 recusem *A* | quis *add.* non *P2* | indignam *om. M* | indigna *om. Adb*, digna *O, U p.r., Cazz.* | morte* *R* || 4 ne *om. M* || 4–5 ne ... nocens *om. A* || 5 rea ero] raro *R* || 6 *ante* redii *eras.:* ce d̃i *A* | audeat *M* || 7 moriam *R a.c. m2* || 8 alienae] alternae *R* || 9 iniuriae *add.* tuae *M* | in *s.l.* H || 10 locus vulneri *P* || 12 reprofessionem *R a.c. m2* || 13 cave *add.* ne *b* | quaeso *add.* ne *HMbSR, C s.l., Maur., Cazz.* || 14 cave *add.* ne *MSb, C s.l., Maur., Cazz.* | audiaris *om. R*, audeas *MP, Maur.* || 15 illa *A* | restitui *M*, restitues *PRCx* || 16 superiorem] superior enim *P2* | enim *om. P* | superiore *del. Castiglioni app. Cazz.*, posteriore *P*

---

[370] Die doppelte Bedeutung von *caput* — „Haupt" und „Kapital" läßt sich im Deutschen so nicht wiedergeben. Nach GORI, *Ambrosius, De virginibus* 195 Anm. 98, ist hier auf das geistliche Kapital der Jungfrau einerseits, auf ihr zur Hinrichtung bestimmtes Haupt andererseits hingewiesen. Vgl. auch *Tob.* 12, 41 (CSEL 32/2, 541 f).
[371] Die von CAZZANIGA 50, 13 f und FALLER 58, 17 gebotene Lesart *superiore* erscheint GORI, *Ambrosius, De virginibus* 194 Anm. 99, problematisch hinsichtlich ihrer Deutung und er schlägt vor, das Wort im An-

stellt und der Richter in meiner Abwesenheit dein Vermögen dem Geldverleiher zugesprochen hätte, du würdest in diesem Urteil mit mir übereinstimmen: ich hätte mit meinem väterlichen Erbe deine Verbindlichkeiten zu zahlen. Wenn ich mich weigerte, wer hielte mich eines unwürdigen Todes für unwürdig? Wie viel größer sind die Zinsen dieses Kapitals[370]. Ich will unschuldig sterben, auf daß ich nicht schuldig sterbe. Hier gibt es keinen Mittelweg. Heute werde ich entweder zur Angeklagten deines Blutes (wegen) oder zur Märtyrerin meines (eigenen wegen). Wenn ich schnell zurückgekommen bin, wer wagt es, mich abzuweisen? Wenn ich mich verspätet habe, wer wagt es, mich freizusprechen? Ich bin in höherem Maße schuldig vor dem Gesetz, angeklagt nicht nur meiner (eigenen) Flucht, sondern auch der Ermordung eines Fremden. Meine Glieder liefern sich dem Tod aus; der Entehrung haben sie sich nicht ausgeliefert. Es gibt an der Jungfrau Platz für eine Wunde; für eine Schändung gab es ihn nicht. Der Schande wich ich aus; das Martyrium trat ich dir nicht ab. Ich habe das Kleid getauscht, nicht das Bekenntnis. Wenn du mir den Tod streitig machst, hast du mich nicht gerettet, sondern hintergangen. Hüte dich bitte davor, zu streiten; hüte dich davor, daß man dich widersprechen hört. Raube (mir) nicht die Wohltat, die du (mir) erwiesen hast. Indem du mir dieses Urteil verweigerst, setzt du das vorherige wieder in Kraft: Das Urteil wird ja gegen das vorherige Urteil vertauscht[371].

---

schluß an CASTIGLIONI zu tilgen; vgl. RAMOS-LISSÓN, *Ambrosius, De virginibus* 149 Anm. 120. Der Satz ist jedoch in der überlieferten Form verständlich, wenn er, wie auch der folgende, als Erläuterung des vorherigen aufgefaßt wird. Gemeint ist, daß die Verurteilung zur Prostitution wieder in Kraft tritt, wenn das Todesurteil nicht vollstreckt wird. Der ganze Ablauf wirkt allerdings nicht recht plausibel, ist die Jungfrau doch keineswegs zum Tode verurteilt, sondern sieht sich selbst schuldig vor dem Gesetz, und zwar nicht nur der eigenen Flucht, sondern auch der Ermordung des Soldaten. Die Version der *Acta Didymo et Theodora* 10–12 (580 HENSCHENIUS), in der nur der Soldat zu Tode kommt, zeigt sich stimmiger.

Si posterior me non tenet, superior tenet. Possumus uterque satisfacere sententiae, si me prius patiaris occidi. In te non habent aliam quam exerceant poenam, in virgine obnoxius pudor est. Itaque gloriosior eris, si videaris de adultera martyrem fecisse quam de martyre adulteram reddidisse."

33. Quid expectatis? Duo contenderunt et ambo vicerunt, nec divisa est corona, sed addita. Ita sancti martyres invicem sibi beneficia conferentes altera principium martyrio dedit, alter effectum.

5.34. At etiam philosophorum gymnasia Damonem et Phintiam Pythagoreos in caelum ferunt, quorum unus cum esset morti adiudicatus, commendandorum suorum tempus poposcit, tyrannus autem astutissimus, quod repperiri non posse aestimaret, petivit ut sponsorem daret, qui pro se feriretur, si ipse faceret moram. Quid de duobus praeclarius nescio. Utrumque praeclarum. Alter vadem mortis invenit, alter se optulit. Itaque cum reus moram supplicio faceret, fideiussor vultu sereno mortem non recusavit. Cum duceretur, amicus revertit, cervicem substituit, colla subiecit. Tunc admiratus tyrannus cariorem philosophis amicitiam quam

---

def FTE
1 tenet superior *Maur.* || 2 te *add.* enim *P* || 3 habeant *C a.r.* | obnixius *A* || 4–5 martyrem] martyram *Z* || 5 fecisse *mg. H1* | martyre adulteram] adultera martirem *C, U a.c.* || 6 exspectas *C* | duo duo *Z* || 7 martyres *add.* ad *C* || 8 principiu *Z* || 8–9 martyrii *R* || 9 alter *s.l. C* | affectum *A* || 10 philosoforum *Z* | Damonem] Adamonem *H* || 11 Phintiam] Fyntiam *MR,* Sintiam *AH,* Finitiam *b,* Fitiam *P3,* Pytiam *Y* || 12 commendatorum *M* || 13 repperire *R, O a.c., U, add.* eum *bO* || 15 si] nisi (ni *eras.*) *Z* || 16 utrumque] utrum *R* | praeclare *C a.c.* | mortis vadem *Maur.* || 17 cum] dum *Maur.* || 18 fedei iussor *M* || 19 revertitur *HCx, Maur.,* reversus est *MSb* | substituit] substravit *P2* || 20 philosofis *b,* philosofi *R*

---

[372] DANIELI, *Ambrosius, De virginibus* 85 Anm. 23, stellt die biblische Verwendung des Begriffs *adultera* heraus und legt damit ein übertragenes Verständnis nahe, das heißt die Dirne stünde für die Untreue Gott gegenüber, während die Jungfrau Christus verbunden ist. Anhaltspunkte im Text gibt es für eine solche Aussageabsicht allerdings nicht.

Wenn mich das spätere nicht trifft, trifft mich das vorherige. Wir können beide dem Urteil Genüge tun, wenn du zuließest, daß ich zuerst umgebracht werde. Bei dir haben sie keine andere Strafe, die sie vollstrecken können; bei der Jungfrau ist die Keuschheit der Gefahr ausgesetzt. So wirst du ruhmvoller dastehen, wenn man sieht, daß du aus einer Dirne eine Märtyrerin, als (wenn man sähe, daß du) aus einer Märtyrerin wieder eine Dirne gemacht hast."[372]

33. Was erwartet ihr? Zwei stritten sich — und beide siegten. Die Krone wurde nicht geteilt, sondern verdoppelt[373]. So ließen sich die heiligen Märtyrer gegenseitig Wohltaten zukommen, die eine machte den Anfang beim Martyrium, der andere den Schluß.

5.34 Aber auch die Philosophenschulen erheben die Pythagoreer Damon und Phintias in den Himmel. Der eine verlangte, nachdem er zum Tode verurteilt worden war, Zeit, um seine Dinge zu regeln. Der äußerst verschlagene Tyrann aber forderte, daß er einen Bürgen stelle — denn ein solcher, meinte er, könne nicht gefunden werden —, der statt seiner getötet werde, falls er selbst sich eine Verzögerung leiste. Was von beidem herrlicher (ist), weiß ich nicht. Beides (ist) herrlich. Der eine fand einen Todesbürgen, der andere stellte sich zur Verfügung. Und so wies der Bürge mit heiterer Miene den Tod nicht zurück, als der Angeklagte sich bei der Hinrichtung verspätete. Als er abgeführt wurde, kehrte der Freund zurück, bot seinen Nacken dar, gab seinen Hals preis. Da bat der Tyrann, voller Bewunderung, daß den Philosophen die Freundschaft teurer als das

---

[373] Die schon zuvor (*virg.* 2,4,32, oben 252f) angesprochene Verbindung von Sieg und Krönung im Martyrium wird abschließend noch einmal betont. Die christliche Jungfrau wird von Ambrosius mehrfach als Siegerin charakterisiert; vgl. *virg.* 1,2,7f, oben 108–111: als Siegerin durch das Martyrium; 1,4,19, oben 132f: als Siegerin über die bösen Mächte; 1,11,63, oben 202f: als Siegerin über die Elternliebe; 2,5,35, oben 258f: als Siegerin über ihr Geschlecht; 3,4,16, unten 296f: als Siegerin über den Körper.

vitam fuisse petivit, ut ipse ab his quos damnaverat in amicitiam reciperetur. Tantam virtutis esse gratiam, ut et tyrannum inclinaret!

35. Digna laude, sed minora nostris. Nam illic ambo viri hic una virgo, quae primo etiam sexum vinceret. Illi amici, isti incogniti. Illi tyranno uni se obtulerunt, isti tyrannis pluribus, hoc etiam crudelioribus, quod ille pepercit isti occiderunt. Inter illos in uno obnoxia necessitas, in his amborum voluntas libera. Hoc quoque isti prudentiores quod illis studii sui finis amicitiae gratia, istis corona martyrii; illi enim certarunt hominibus, isti deo.

---

def. FTE
1 fuisse quam vitam *P2Y, Cazz.*, quam fuisse vitam *Z*, vitam *om. P* | petivit ... in *om. P, add. mg. m2* || 2 tantae *H* | est *H* | gratia *H*, gramen *A a.c.* | et *om. R* || 4 minoris *R1*, minor his *R2*, minor a *HJ* | nostris *add mg.* quam nostrorum sunt *P2* || 5 hic] huic *A a.r.*, hi *Y* | amice *A a.c.* || 6 incogniti *i.r. A, i.r. longeriore Z*, cogniti *R a.c.* | se *add.* et *R a.r.* | isti *alt. s.l. Z* || 8 necessitatibus *A a.c.* || 9 quoque *add. mg.* amicitiae *A* | quod] quo *Y* || 9–10 illis] illi *HM, R a.c., C* || 10 amice *A* | isti *MR* | martyri *R a.c. m2* || 11 certaverunt *C, Maur.*

---

[374] Die Erzählung führt Ambrosius auch *off.* 3, 12, 80 (CCL 15, 184) an, dort um das *exemplum* der beiden heidnischen Philosophen als dem Beispiel der Tochter JIFTACHS (Ri 11, 29–40) an Herrlichkeit und Alter unterlegen herauszustellen. Zum Vergleich christlicher oder biblischer *exempla* mit solchen heidnischer Provenienz vgl. TESTARD, *Recherches* 107f.119; derselbe, *Ambrosius, De officiis ministrorum* 2 217f Anm. 16. Ambrosius dürfte die Geschichte von CICERO, *off.* 3, 10, 45 (126f WINTERBOTTOM) — vgl. auch *Tusc.* 5, 22, 63 (432 POHLENZ); *fin.* 2, 24, 79 (68 SCHICHE) — übernommen haben. Sie findet sich jedoch auch bei anderen antiken Autoren. Nach JAMBLICH, *VP* 33, 233–237 (125–127 DEUBNER/KLEIN), will ARISTOXENUS die Begebenheit von DIONYSIUS II. persönlich erfahren haben; CICERO versetzt den Vorgang in die Zeit DIONYSIUS' I. HYGIN, *fab.* 257, 3–8 (186f MARSHALL), berichtet Ähnliches von MOIRUS und SELINUNTIUS; POLYAENUS, *strategematon* 5, 2, 22 (235f VON WÖLFFLIN), in stark abweichender Fassung von EUEPHENUS

Leben war, daß er selbst von jenen, die er verurteilt hatte, in das Freundschaftsbündnis aufgenommen werde. So groß sei der Einfluß der Tugend, daß sie auch einen Tyrannen zu Fall bringe[374].

35. (Dies ist) lobenswert, aber weniger als das unsere[375]. Denn dort (waren) beide Männer, hier (war) eine (von beiden) eine Jungfrau, die zunächst sogar ihr Geschlecht besiegen mußte. Jene waren Freunde, diese Unbekannte. Jene lieferten sich einem (einzigen) Tyrannen aus, diese mehreren Tyrannen, dazu auch noch grausameren, insofern jener schonte, diese töteten[376]. Bei jenen war einem (einzigen) ein Zwang auferlegt, bei diesen war beider Wille frei[377]. Auch insofern waren diese die Klügeren, als für jene das Ziel ihres Strebens die Gunst der Freundschaft, für diese die Krone des Martyriums (war); jene nämlich stritten für Menschen, diese für Gott.

---

und EUCRITUS. Die Erzählung begegnet ferner bei DIODORUS SICULUS, *Bibliotheca historica* 10,4,3–6 (196f BEKKER/DINDORF/FISCHER); PORPHYRIUS, *Vita Pythagorica* 60f (65f DES PLACES); VALERIUS MAXIMUS, *Facta et cicta memorabilia* 4,7 ext. 1 (1,282f BRISCOE); LAKTANZ, *inst.* 5,17,22f (CSEL 19/1, 456), und PACATIUS, *Panegyricus Theodosio* 17,1 (95 MYNORS). Die Darstellung des HYGIN diente FRIEDRICH SCHILLER (1759–1805) als Grundlage für seine 1798 entstandene und 1799 erstmals gedruckte Ballade „Die Bürgschaft". Vgl. zur Literaturgeschichte GLÜCK, *Bürgschaft;* zur Vorlage des Ambrosius COURCELLE, *Sources* 204f.
[375] Diese Feststellung kann als zusammenfassende Bewertung der von Ambrosius bei der Schilderung von Martyrien aufgegriffenen Beispiele aus der antiken Mythologie und klassischen Literatur (insbesondere aus den Schriften CICEROS) angesehen werden; vgl. GACIA, *Reminiscencje*.
[376] Von Tyrannen ist in der vorhergehenden Martyriumsdarstellung allerdings gar nicht die Rede. Überhaupt bleibt in der Schwebe, wer die Jungfrau zur Prostitution bzw. zum Tode verurteilt und wer das Todesurteil über den Soldaten spricht. Wahrscheinlich meint Ambrosius mit den Tyrannen die aufgebrachte Volksmenge.
[377] Der Soldat bot sich freiwillig an, für die Jungfrau zu sterben; die Jungfrau kam freiwillig zur Hinrichtungsstätte zurück, das Martyrium zu erleiden.

36. Et quoniam regis istius fecimus mentionem, par est contexere quid de diis suis senserit, quo magis infirmos iudicetis quos inrident sui. Namque is cum venisset in templum Iovis, amictum aureum, quo operiebatur simulacrum eius, detrahi iussit, inponi laneum dicens aurum hieme frigidum, aestate onerosum esse. Sic deum irrisit suum, ut nec onus ferre posse nec frigus putaret. Item cum Aesculapio barbam vidisset auream, tolli imperavit incongruum esse appellans ut filius barbam haberet, cum Apollo pater eius adhuc non haberet. Idem simulacris tenentibus aureas pateras ademit allegans accipere se debere quod dii darent, „quoniam haec sunt vota", inquit, „hominum, ut a diis quae bona sunt adipiscamur". Nihil autem auro melius: quod ta-

---

def. FTE
1 regis] rei *MSPRCx, Maur.* | mentiorem *Z a.c.* | par est] partem *A a.c.* | est] es *H* ‖ 2 contexam *C p.c.* | quod *AV* | dis *VJSR* ‖ 3 is] his *C* | cum] con *A a.c.* | in] ad *AHJ* ‖ 4 quo] quod *Z* | cooperibatur *A* ‖ 6 honerosum *b* ‖ 7 honus *b* | posset *HMR* | portaret *HM* | idem *Cx, Maur.* | Aesculapii *HCU, Maur.,* Escolapii (*vel* u s. o) *O* ‖ 8 incongrum *R* ‖ 9 appellans] dicens *P2* ‖ 9–10 cum ... haberet *MSb, Fall., Cazz.,* pater minime *J,* patre non habente *Cx, Maur., om. cet.* ‖ 10 item *MVJSbR, Cazz.,* idem *cet., Maur., Fall.* ‖ 11 alligans *MR* | debere] habere *P2* ‖ 13 adipiscamur *dist. Cazz.,* adipiscantur *VRCx, Maur.* | melius *dist. Fall.*

---

[378] Die folgenden Schilderungen der Götterlästerungen DIONYSIUS' I., die eher assoziativ beigefügt als argumentativ naheliegend wirken — RAMSEY, *Ambrosius, De virginibus* 222 Anm. 24, charakterisiert sie als „digression" —, dürfte Ambrosius wiederum von CICERO übernommen haben (*nat. deor.* 3, 34, 83 f [1191–1198 PEASE]), vielleicht auch von LAKTANZ, *inst.* 2, 4, 16–19 (CSEL 19/1, 110 f); vgl. COURCELLE, *Sources* 206–210, der VALERIUS MAXIMUS, *Facta et dicta memorabilia* 1, 1 ext. 3 (1, 22 f BRISCOE), und ARNOBIUS, *nat.* 6, 21 (334 MARCHESI), als Quellen ausschließt. Von den geschilderten Begebenheiten handeln ferner ARISTOTELES, *Oec.* 2, 41 (1353 b BEKKER/GIGON); vgl. auch Ps.-ARISTOTE-

36. Und da wir nun auf diesen König zu sprechen gekommen sind, ist es angemessen, hinzuzufügen, was er über seine Götter gedacht hat[378], damit ihr (sie) umso mehr für schwächlich haltet, da ihre eigenen (Anhänger) sie verhöhnen. Als er nämlich (einmal) in den Tempel des Jupiter gekommen war, gebot er, das goldene Obergewand, mit dem dessen Standbild bekleidet war, zu entfernen (und ihm) eines aus Wolle anzulegen — mit der Begründung, das Gold sei im Winter kalt, im Sommer lästig. So sehr verhöhnte er seinen Gott, daß er glaubte, er könne weder Last noch Kälte vertragen. Auch befahl er, als er (einmal) den goldenen Bart des Aesculap gesehen hatte, (diesen) abzunehmen — mit den Worten, es sei unpassend, daß der Sohn einen Bart trage, während sein Vater Apollo noch keinen trage[379]. Desgleichen nahm er die goldenen Opferschalen weg, welche die Götzenbilder in Händen hielten — mit der Bemerkung, er müsse entgegennehmen, was die Götter (ihm) überreichten. „Denn", so sagt er, „das sind die Wünsche der Menschen, daß wir von den Göttern erlangen, was gut ist". Nichts aber ist besser als Gold[380] — wenn es jedoch schlecht

---

LES, *mirabilia* 96 [838a BEKKER/GIGON); PHILO VON ALEXANDRIEN, *De providentia* 2,6 (218 HADAS-LEBEL); PLUTARCH, *De Iside et Osiride* 71 (68f NACHSTÄDT/SIEVEKING/TITCHENER); CLEMENS VON ALEXANDRIEN, *protr.* 4,52,2 (GCS 40); POLYAENUS, *strategematon* 5,2,19 (233f VON WÖLFFLIN); AELIAN, *VH* 1,20 (7f DILTS); ATHENAEUS, *Dipnosophistarum* 15,48 (693C–E) (3,534 KAIBEL); *Oracula Deorum Graecorum* 71f (119f BURESCH); *Mythogr.* 1,214 (CCL 91C, 85); vgl. auch JAMBLICH, *VP* 28,143 (80 DEUBNER/KLEIN).
[379] APOLLO begegnet in antiken Darstellungen bartlos; sein Sohn AESCULAP hingegen meist mit Bart. Vgl. LAMBRINUDAKIS, *Apollon;* HOLTZMANN, *Asklepios*.
[380] CAZZANIGA 52,10f ändert gegenüber FALLER 60,8f die Zeichensetzung, läßt die wörtliche Rede nach *ut a diis quae bona sunt adipiscamur* enden und versteht die Aussage *nihil autem auro melius* als Beginn des zusammenfassenden Kommentares des Ambrosius. Eine sichere Entscheidung ist nicht möglich.

men si malum est, habere deos non debere, si bonum, habere
magis homines debere, qui uti scirent.

37. Ita ludibrio habiti sunt, ut neque Iuppiter vestem
suam defendere potuerit, nec barbam Aesculapius, nec
Apollo pubescere adhuc coeperit, neque omnes qui dicun- 5
tur dii retrahere potuerint pateras quas tenebant, non tam
furti reatum timentes quam sensum non habentes. Quis igitur eos colat, qui nec defendere se quasi dii nec abscondere
quasi homines possunt?

38. At in templo dei nostri cum Hieroboam, rex scelera- 10
tissimus, dona quae pater eius posuerat auferret ac super
sanctum altare libaret idolis, dextera eius quam tetendit
aruit nec sua ei quae invocabat idola profuerunt. Deinde
conversus ad deum rogavit veniam statimque manus eius
quae aruerat sacrilegio sanata est religione. Tam maturum in 15
uno et misericordiae divinae et indignationis exemplum
extitit, ut sacrificanti subito dextera adimeretur, paenitenti
venia daretur.

---

def. FTE
1 si *add.* non *P* | bonum *add.* est *M, R a.r., Maur.* || 2 homines magis
MR | uti] ut *CU* || 3 ita *add.* dii *M*, (di *m1*) *R2* | ludibrio *add.* dii *H* ||
4–5 nec Apollo ... coeperit *secl. Castiglioni app. Cazz.* || 6 paternas *R
a.r.* || 7 furtim *AMY2* | quam] quem *R a.c.* || 10 templum *C, O a.c., U* |
nostri] ñ *AV*, non *J*, nonne *H* || 11 eius] ei *A* | auferret] oferret *Z* ||
12 idolis *add.* nonne *RC, Maur.* | eius] ei *A* || 13 posuerunt *M*, profuerunt (erunt *i.r.*) *R* || 14 dominum *SbRC, Maur., Cazz.*, deum *Fall.* | statimquae *R a.c.* || 15 religione] ligione *A a.c.* || 17 sacrificantis *R a.r.*

---

381 CAZZANIGA 52, 15f hält, im Anschluß an CASTIGLIONI, den Satzteil
nec Apollo pubescere adhuc coeperit für zweifelhaft, liefert jedoch keine
Begründung für diese Ansicht. Die Bemerkung paßt gut zum ironischen
Kontext: Angesichts des Endes, das dem Bart seines Sohnes AESCULAP
bereitet wurde, zog APOLLO es vor, bartlos zu bleiben — und das heißt,
nicht erwachsen zu werden. Vgl. GORI, *Ambrosius, De virginibus* 199
Anm. 106; GORI, *Emendazioni* 87f; RAMOS-LISSÓN, *Ambrosius, De virginibus* 153 Anm. 123.

ist, dürfen die Götter es nicht besitzen; wenn (es) gut (ist), sollen es besser die Menschen besitzen, denn sie wissen es zu gebrauchen.

37. So wurde mit ihnen Spott getrieben, daß weder Jupiter sein Gewand verteidigen konnte, noch Aesculap seinen Bart, noch Apollo erwachsen zu werden begann[381], noch alle sogenannten Götter die Opferschalen, die sie hielten, zurückbehalten konnten — nicht so sehr, weil sie den Vorwurf des Diebstahls fürchteten, als vielmehr, weil sie kein Empfindungsvermögen besaßen. Wer soll sie also (noch) verehren, wenn sie sich weder wie Götter verteidigen, noch wie Menschen verstecken können[382].

38. Als aber Jerobeam, der äußerst verruchte König, im Tempel unseres Gottes die Weihegeschenke raubte, die sein Vater niedergelegt hatte, und sie auf dem heiligen Altar den Götzenbildern opferte, verdorrte seine ausgestreckte Rechte, und sie nützten ihm nichts, seine Götzenbilder, die er anflehte. Daraufhin kehrte er um zu Gott und bat um Vergebung — und sogleich wurde seine Hand, die aufgrund seines Tempelraubes verdorrt war, kraft seines Glaubens geheilt. So schnell zeigte sich an diesem einen ein Beispiel für Gottes Barmherzigkeit und Entrüstung, daß dem Opfernden mit einem Male die Rechte genommen, dem Reumütigen Verzeihung gewährt wurde (vgl. 1 Kön 12,25 – 13,6)[383].

---

[382] WANDL, *Studien* 107f, vermutet, daß Ambrosius (oder ein anderer Quellentext) hier den Beweis der Nichtigkeit heidnischer Götzenbilder von Bar 6,1–72 im Auge gehabt hat.

[383] Ambrosius weicht in seiner Darstellung in manchem Detail vom biblischen Text ab, zitiert demnach vermutlich aus dem Gedächtnis; vgl. FALLER, *Ambrosius, De virginibus* 60 Anm. 17; COPPA, *Ambrosius, De virginibus* 594 Anm. 58; WANDL, *Studien* 108; RAMOS-LISSÓN, *Ambrosius, De virginibus* 153 Anm. 124. Zu 1 Kön 13,4 vgl. *virg.* 2,4,27, oben 244–247; zur Auslegung durch Ambrosius CLARK, *Renunciation* 213.

6.39 Haec ego vobis, sanctae virgines, nondum triennalis sacerdos munuscula paravi, usu indoctus licet, sed vestris edoctus moribus. Quantus etenim adolescere usus potuit tam parva initiatae religionis aetate? Si quos hic flores cernitis, de vestrae vitae collectos legite sinu. Non sunt haec praecepta virginibus, sed de virginibus exempla. Vestrae virtutis effigiem nostra depinxit oratio, vestrae gravitatis imaginem quasi in speculo quodam sermonis istius cernitis refulgere. Vos, si qua est, nostro gratiam inhalastis ingenio, vestrum est quidquid iste redolet liber. Et quoniam quot homines tot sententiae, si quid defaecatum est in sermone nostro, omnes legant, si quid decoctum, maturiores probent, si quid modestum, pectoribus inhaereat, genas pingat, si quid florulentum, aetas florulenta non inprobet.

40. Debuimus sponsae citare amorem; scriptum est enim: „diliges dominum deum tuum". Debuimus in nuptiis calamistris quibusdam crines saltim orationis ornare;

---

def. FTE
2 paravi] al obtuli *mg. P2* | usu *om. P* || 3 edoctus] aedoctis *R a.c. m2* | quantis *b* | iste enim *b*, *Cazz*, etenim *cet., Fall.* || 3–4 potuit *add.* in *AV* || 4 religionis] legionis *A a.c.* | quos] quod (*mg.* vel quos) *A1* || 5 de] dei *M* || 7 virtutis] virginitatis *b* | effugiem *R a.c.* | gratuitatis *A a.r.* || 9 qua est] quam *HP, Maur.* | inhalatis *R, C p.c.* || 10 quot] quod *HZ, R a.c.* || 11 tot *extra l. R* | defaecatum] edificatum *C* || 12 maturiones *R a.c.* || 12–13 probant *R* || 13 pinguant *A a.c., R* || 15 excitare *Maur.* || 16 si diligis *R* || 16–17 in nuptiis] innuptus *A*, innuptis *U* || 17 saltim *om. P, add. m2* | orationes *M*, oratione *H*

---

[384] Vgl. *virg.* 1,1,3, oben 100f dazu Anm. 12; Einleitung, oben 71–74.
[385] Nach TISSOT, *Ambrosius, De virginibus* 332 Anm. 34, und RAMOS-LISSÓN, *Ambrosius, De virginibus* 155 Anm. 125, spielt Ambrosius hier auf seine Taufe an, die er kurz vor der Bischofsweihe empfing; vgl. auch NIEDERHUBER, *Ambrosius, De virginibus* 363 Anm. 1; MARTIN, *Ambrosius, De virginibus* 69 Anm. 109.
[386] WANDL, *Studien* 12, meint, die gottgeweihten Jungfrauen gaben dem Ambrosius „gewissermaßen die Inspiration für sein Werk und übernehmen die Funktion, die die Musen oder die Geliebte in der heidnischen Literatur — speziell in der Elegie — hatten"; siehe Einleitung, oben 75 Anm. 276.

6.39 Diese kleinen Geschenke habe ich euch verschafft, heilige Jungfrauen, noch keine drei Jahre Bischof[384], zwar nicht unterrichtet durch die Praxis, doch genau unterrichtet durch euren Lebenswandel. Was für eine Praxis konnte denn auch heranwachsen in so kurzer Zeit seit meiner Einweihung in den Glauben[385]. Wenn ihr hier einige Blumen seht, sammelt sie als Strauß vom Schoß eures (eigenen) Lebens. Es sind dies keine Vorschriften für Jungfrauen, sondern Beispiele von Jungfrauen. Das Bild eurer (eigenen) Tugend zeichnete unsere Rede, ihr seht das Bild eurer Würde gleichsam in einer Art Spiegel dieser Rede strahlen. Wenn überhaupt jemand, dann habt ihr unserem Geist Wohlgefälligkeit eingehaucht; euch gehört alles, wonach dieses Buch riecht[386]. Doch wieviele Menschen, soviele Meinungen[387]. Wenn (es) deshalb etwas Geläutertes in unserer Rede gibt, mögen (es) alle lesen, wenn etwas Gereiftes[388], mögen (es) die Reiferen erproben, wenn etwas Bescheidenes[389], mag (es) sich in den Herzen festsetzen, die Wangen färben, wenn etwas Blumiges, mag (es) die blühende Jugend nicht zurückweisen.

40. Wir mußten die Liebe der Braut antreiben; denn es steht geschrieben: „Du sollst den Herrn, deinen Gott, lieben" (Dtn 6,5). Wir mußten bei der Hochzeit wenigstens die Haare unserer Rede mit einigen Kräuseleien schmük-

---

[387] Dieses lateinische Sprichwort begegnet auch bei TERENZ, *Phorm.* 454 (148 MAROUZEAU); CICERO, *fin.* 1,5,15 (7 SCHICHE); POMPONIUS PORPHYRIUS, *Commentum in Horatium Flaccum* 2,1,26 (289 HOLDER/KELLER); ähnlich auch 2,1,27 (208 SHACKLETON BAILEY); OVID, *ars* 1,759 (153 KENNEY); PERSIUS, *Saturae* 5,52 (20 CLAUSEN); ENNODIUS, *dict.* 1,21 (MGH.AA 7,4). Vgl. OTTO, *Sprichwörter* 166f; KLEIN, *Meletemata* 12.
[388] Vgl. PERSIUS, *Saturae* 1,125 (8 CLAUSEN).
[389] Ob Ambrosius mit *modestum,* wie TISSOT, *Ambrosius, De virginibus* 332 Anm. 36, meint, auf ein wohldosiertes, temperiertes Getränk angespielt, ist fraglich, obgleich dies gut das Färben der Wangen erklären würde.

scriptum est enim: „plaude manu et percute pede." Debuimus perpetuos spargere thalamos rosis. Etiam in his coniugiis temporalibus nubenti prius plauditur quam imperatur, ne ante dura offendant imperia quam blanditiis amor fotus inolescat.

41. Eculeorum vis plausae sonitum discit amare cervicis, ne recuset iugum; denique prius adsuescitur verbo lasciviae quam verbere disciplinae. Ast ubi colla subdiderit iugo, et habena constringit et stimulus urguet et conpares trahunt et iugalis invitat. Sic etiam virgo nostra debuit prius amore pio ludere, aurea tori caelestis fulcra mirari in ipso vestibulo nuptiarum et postes frondium sertis cernere coronatos et chori strepentis interius haurire delicias, ne se prius dominico iugo timefacta subduceret quam vocata inclinaret.

---

def. FTE
2 etiam] iam *P*, iam et *m2*, etiam *m3* ‖ 2–3 coniugis *A a.c.* ‖ 4 ante] autem *Y* ‖ 6 eculeorum *AJ*, *Fall.*, *Cazz.*, eculorum *V*, aequorum *R a.r.*, equorum *cet.*, *Maur.* | plausu *RP2* | cervices *C a.c.* ‖ 7 nec *MV*, neve *R* ‖ 8 iugo] virgo *A* ‖ 9 abena *A*, *R p.c.*, avena *M*, *R a.c.* | urguet *bR*, *Fall.*, *Cazz.*, urget *cet.*, *Maur.* | conparet *A a.c.* | traunt *P* ‖ 10 etiam] enim *AH* | amore prius *C* ‖ 11 fulchra *HbRC*, pulchra *M* ‖ 12 potest *A a.c.* ‖ 13 choris *A a.r.*

---

[390] Der Wortlaut des EZECHIEL-Zitates entspricht, wie RAMOS-LISSÓN, *Ambrosius, De virginibus* 155 Anm. 128, herausstellt, der LXX: Κρότησον τῇ χειρὶ καὶ ψόφησον τῷ ποδί; vgl. VetLat (2, 765 SABATIER — nach Ambrosius); die Vg. übersetzt: *percute manu et adlide pedem tuum*. Zur Auslegung des Ambrosius von Ez 6,11, die den Tanz positiv wertet und als Ausdruck guten Tuns und Handelns deutet, indem sie ihn von den schwankenden Körperbewegungen der Gaukler (*histrionicos fluxi corporis motus*), von schändlichen Tänzen (*obprobria saltationis*), von den Spielereien der Schauspieler (*ludibria scaenicorum*) und den Weichlichkeiten der Frauen (*mollia feminarum*) abgrenzt, vgl. *in Luc.* 6,8 (CCL 14, 177); ähnlich *epist.* 27(58), 5–8 (CSEL 82/1, 182f).
[391] Die Vorstellung von der Ausschmückung des himmlischen Brautgemaches begegnet auch *exc. Sat.* 2,132 (CSEL 73, 323f). Dort werden die Rosen als Bild für das Blut der Märtyrer gedeutet; ferner werden Batist (als Bild für die blauen Flecken der Bekenner), Lilien (als Bild für die

ken; denn es steht geschrieben: „Klatsche mit der Hand und stampfe mit dem Fuß" (Ez 6,11)[390]. Wir mußten die ewigen Brautgemächer mit Rosen bestreuen[391]. Auch bei einer Ehe in dieser vergänglichen Zeit wird der Braut eher Beifall geklatscht als daß ihr (etwas) befohlen wird, damit nicht schroffe Befehle (sie) kränken, bevor die Liebe, von Liebkosungen gewärmt, (in ihr) Wurzeln schlägt.

41. Die Kraft der Fohlen lernt den Klang des Klatschens auf den Nacken lieben[392], damit sie sich nicht gegen das Joch sträubt. Schließlich gewöhnt man sie eher an fröhliche Worte als an disziplinierende Schläge. Doch sobald sie den Nacken unter das Joch gebeugt hat, bindet (sie) der Zügel, drängt (sie) der Stachel, ziehen (sie) die Gefährten mit sich, treibt (sie) der Genosse an[393]. So mußte auch unsere Jungfrau sich erst spielend in frommer Liebe üben, schon zu Beginn der Hochzeit die goldenen Lehnen des himmlischen Brautlagers bewundern[394], die Türpfosten mit Laubgirlanden bekränzt sehen und die Freudenklänge des rauschenden Chores im Innern vernehmen[395], damit sie sich nicht aus Angst dem Joch des Herrn verweigere, noch ehe sie sich ihm als Berufene gebeugt habe.

Lilien der Jungfrauen) und Kronen (als Bild für die Kronen der Priester) als Dekoration erwähnt.

[392] Vgl. VERGIL, *georg.* 3,186 (70 MYNORS).

[393] Der Ausdruck *iugalis* kann auch den Ehepartner bezeichnen (vgl. *off.* 3,112 [CCL 15,195]; *in psalm.* 36,5 [CSEL 64,73]). Im übertragenen Sinn mag hier also auf Christus, den Bräutigam der Jungfrau, angespielt sein.

[394] Vgl. VERGIL, *Aen.* 6,604 (246 MYNORS).

[395] Es gehörte zu den antiken Hochzeitsbräuchen, die Häuser von Bräutigam und Braut mit Blumen, grünen Zweigen und Bändern zu schmücken (vgl. dazu BLÜMNER, *Privataltertümer* 353f) und am Abend vor der Hochzeitsnacht das Hochzeitslied (*Hymenaios* oder *Epithalamion;* vgl. dazu MUTH, *Hymenaios;* D'ERRICO, *Epitalamio;* KEYDELL, *Epithalamium*) zu singen. Vgl. zu den Hochzeitsriten der Griechen und Römer MARQUARDT, *Privatleben* 42–57; SCHNEIDER, *Hochzeitsbräuche;* STRITZKY, *Hochzeit* 915–927.

42. „Veni igitur huc a Libano, sponsa, veni huc a Libano: transibis et pertransibis." Saepius enim nobis iste versiculus recantandus est, ut vel dominicis vocata verbis sequatur, si qua non credit humanis. Hoc nos magisterium non invenimus, sed accepimus; sic instituit mystici carminis doctrina caelestis: „osculetur me ab osculis oris sui, quia bona ubera tua super vinum et odor unguentorum tuorum super omnia aromata, unguentum exinanitum est nomen tuum." Totus iste deliciarum locus ludum sonat, plausum excitat, amorem provocat. „Ideo", inquit, „adulescentulae dilexerunt te et attraxerunt te. Retro odorem unguentorum tuorum curramus. Induxit me rex in tabernaculum suum." Ab osculis coepit, ut ad tabernaculum perveniret.

---

def. FTE
3 voca *R a.c. m2* || 5 accipimus *R a.c. m2* | mistica *R* | doctrina] historiae (e *eras.*) *R* || 6 osculo *AVJRY* | bona *om. Cx, Maur.*, meliora (*post del.*) *H* || 8 aromata *add.* tua *M* | exinanitum *om. M* || 10 te *om. RC, O a.c., U* || 11 attraxerunt] adduxerunt *A*, ał et attraxerunt *mg. m2* | retro] in *s.l. A3, H, add.* in *MSPY* || 11–12 curamus *R a.c.*

---

[396] Die LXX hat den Wortlaut: Δεῦρο ἀπὸ Λιβάνου, νύμφη, δεῦρο ἀπὸ Λιβάνου· ἐλεύῃ καὶ διελεύσῃ; vgl. die Übersetzung VetLat (2, 381 SABATIER — mit Verweis auf Ambrosius): *Sponsa, veni huc a Libano, veni huc a Libano: transibis et pertransibis.* Mit Ausnahme von *virg.* 1, 7, 38, oben 162f; 2, 6, 42; *virginit.* 12, 69 (32 CAZZANIGA) und *in Luc.* 6, 10 (CCL 14, 178) lautet der Vers bei Ambrosius: *Ades huc a Libano, sponsa, ades huc a Libano: transibis et pertransibis;* vgl. WEIHRAUCH, *Hohelied* 28; 116 Anm. 129. Die Vg. übersetzt: *Veni de Libano, sponsa, veni de Libano, coronaberis.*
[397] Der Vers begegnet entsprechend recht häufig in den Schriften des Ambrosius, in den Virginitätsschriften auf die Jungfrauen gedeutet (vgl. *virg.* 1, 7, 38, oben 162f; *exhort. virg.* 5, 28 [220 GORI]; *inst. virg.* 17, 107 [186–188 GORI]; *virginit.* 12, 69 [32 CAZZANIGA]), sonst meist auf die einzelne Seele oder die Kirche angewandt (vgl. *apol. Dav.* II 8, 43 [CSEL 32/2, 387]; *exc. Sat.* 2, 120 [CSEL 73, 317]; *in psalm.* 36, 77 [CSEL 64, 132]; *in Luc.* 6, 10 [CCL 14, 178]; *in psalm.* 118 15, 7 [CSEL 62, 333]; 17, 32 [CSEL 62, 393]; *fid.* 3, 10, 74 [CSEL 78, 135]; *Isaac* 5, 47 [CSEL 32/1, 671f]; 6, 52 [CSEL 32/1, 676]; *myst.* 7, 39 [CSEL 73, 105]; *Noe* 15, 52 [CSEL 32/1, 449]).

42. „Komm also her vom Libanon, (meine) Braut, komm her vom Libanon; du wirst übersiedeln und hinübersiedeln" (Hld 4, 8)[396]. Diesen kleinen Vers müssen wir wirklich öfter singend wiederholen[397], auf daß sie wenigstens, als von den Worten des Herrn Berufene, folgt, wenn sie (schon) nicht (den Worten) der Menschen glaubt. Diesen Rat haben wir uns nicht ausgedacht, sondern empfangen. So bestimmt (es) die himmlische Lehre des mystischen Liedes: „Er küsse mich mit den Küssen seines Mundes, denn deine vollen Brüste über(treffen) den Wein und der Duft deiner Salböle über(trifft) alle Gewürze. Ausgegossenes Salböl ist dein Name" (Hld 1,2f; Hld 1,1f Vg.)[398]. Diese ganze liebliche Stelle besingt ein Spiel, entfacht Beifall, ruft Liebe hervor. „Dehalb", heißt es, „haben dich junge Mädchen geliebt und haben dich an sich gezogen. Wir wollen hinter dem Duft deiner Salböle herlaufen. Der König hat mich in sein Zelt geführt" (Hld 1, 3f; 1, 2f Vg.)[399]. Er begann mit Küssen, um zum Zelt zu gelangen.

---

[398] Vgl. die nahezu identische Übersetzung VetLat (2, 375 SABATIER; mit Verweis auf Ambrosius) — dazu RAMOS-LISSÓN, *Ambrosius, De virginibus* 157 Anm. 134; Varianten bei WEIHRAUCH, *Hohelied* 105 Anm. 2f. GORI, *Ambrosius, De virginibus* 201 Anm. 116, meint zur Formulierung *osculetur me ab osculis*: „la rozzezza della costruzione latina si spiega come calco sul testo dei Settanta: φιλησάτω με ἀπὸ φιλημτάων".
[399] Auch hier weist die Übersetzung eine besondere Nähe zur LXX auf (διὰ τοῦτο νεάνιδες ἠγάπησάν σε εἵλκυσάν σε, ὀπίσω σου εἰς ὀσμὴν μύρων σου δραμοῦμεν. Εἰσήνεγκέν με ὁ βασιλεὺς εἰς τὸ ταμίειον αὐτοῦ.), während es VetLat (2, 375 SABATIER — mit Verweis auf Ambrosius) heißt: *Ideo adulescentulae dilexerunt te. Attrahe nos, post te in odorem unguentorum tuorum nos curremus. Introduxit me rex in cubiculum suum;* vgl. RAMOS-LISSÓN, *Ambrosius, De virginibus* 157 Anm. 135; Varianten bei WEIHRAUCH, *Hohelied* 105f Anm. 4–11. Siehe *virg.* 1,3,11, oben 116 Anm. 48.

43. Atque illa tam patiens duri laboris exercitataeque virtutis, ut aperiat manu claustra, in agrum exeat, in castellis maneat, in principio tamen retro odorem currit unguenti. Mox, cum in tabernaculum venerit, unguentum mutatur a castellis; denique quo evadat vide: „si murus" inquit „est, aedificemus super eum turres argenteas." Quae ludebat osculis iam turres erigit, ut pretiosis sanctorum turrita fastigiis non solum hostiles frustretur incursus, verum etiam bonorum propugnacula struat tuta meritorum.

---

def. FTE
1 atque] at *Cx, Maur.,* adque *Z a.c. m1* | impatiens *M* | exercitaeque *MR* ‖ 4 mutatur a *AMJSb, C a.r., x, Maur., Fall., Cazz.,* mutatura *HV,* mutatur (*om.* a) *R, C p.r.* ‖ 5 vadat *CU,* vadit *Maur.,* evadit *M, O a.c.* | videte *H, C p.c.,* videre *A* ‖ 7 oculis *R a.c.* ‖ 8 hostilis *AVJ* | fraustretur *R a.c.,* frustetur *P* ‖ 9 tuta] tute *PY,* vota *R*
Subscriptio:
Explicit de virginibus liber II. Incipit liber tertius *A* | Explicit liber II. Incipit liber III *H* | Explicit liber II. Incipit liber tercius *M* | ΑΠΗΧ (= ΑΜΗΝ) unus explicit liber II. Incipit tertius *Z* | Explicit liber II. Incipit liber III *P* | Explicit liber II. Incipit liber tertius *C* | Explicit de virginibus liber II. Incipit tractatus episcopi Augustini de fide simboli ad Laurentium papam *R*

43. Und sie, so duldsam bei schwerer Arbeit und praktizierter Tugend, daß sie Riegel mit der Hand öffnet (vgl. Hld 5,5)[400], aufs Feld hinauszieht, in Festungen verweilt (vgl. Hld 7,12; Hld 7,11 Vg.) — läuft doch anfangs hinter dem Duft des Salböls her (vgl. Hld 1,3f; Hld 1,2f Vg.). Dann, als sie in das Zelt kam, wird das Salböl vertauscht mit den Festungen[401]. Und dann sieh, wie sie herauskommt: „Ist sie eine Mauer", heißt es, „laßt uns silberne Türme auf sie (*sc.* die Mauer) bauen" (Hld 8,9)[402]. Sie, die sich spielend in Küssen übte, errichtet nun Türme, um, betürmt mit den kostbaren Zinnen der Heiligen, nicht nur feindliche Anstürme zu vereiteln, sondern auch sichere Bollwerke der guten Verdienste aufzuschichten.

---

[400] Zur Verwendung des Bildes aus Hld 5,5 vgl. *in psalm. 118* 12,16f (CSEL 62,260f); *Isaac* 6,53 (CSEL 32/1,677f); *virginit.* 11,60–62 (28f CAZZANIGA); 12,73 (34 CAZZANIGA); 13,82 (38 CAZZANIGA). Die Jungfrau oder die Seele öffnet, indem sie auf dem Weg der Tugend voranschreitet, dem anklopfenden Herrn die Tür.

[401] Möglich ist auch die Übersetzung: „wird das Salböl verwandelt durch die Festungen". Der Sinn ist nicht ganz klar. Vermutlich ist gemeint, daß das von Ambrosius auf die Jungfräulichkeit angewandte biblische Bild des ausgegossenen Salböls beim Eintritt der Jungfrau in das Zelt, das heißt bei ihrer Vereinigung mit Christus, abgelöst wird durch das Bild vom *castellum*.

[402] Das Personalpronomen *eum* bezieht sich — wie in der Vg.; ähnlich VetLat (2,387 SABATIER) — auf *murus* und meint somit nur indirekt die Jungfrau. In der Übersetzung der LXX ist durch das feminine Pronomen die jungfräuliche Schwester direkt angesprochen: εἰ τεῖχος ἐστιν, οἰκοδομήσωμεν ἐπ' αὐτὴν ἐπάλξεις ἀργυρᾶς (ähnlich die Lesart *eam* in den Vg.-*Codices S* und *M*). Vgl. auch *in psalm. 118* 22,37 (CSEL 62,506), dort wird die Mauer sowohl als Seele des Christen aufgefaßt, als auch als der Kirche zugehörig charakterisiert; *in psalm. 118* 22,37–39 (CSEL 62,506f). Zum Wortlaut des Zitates WEIHRAUCH, *Hohelied* 35; 125 Anm. 245; RAMOS-LISSÓN, *Ambrosius, De virginibus* 159 Anm. 138.

LIBER TERTIUS

1.1. Quoniam quae habuimus digessimus superioribus libris duobus, tempus est, soror sancta, ea quae mecum conferre soles beatae memoriae Liberii praecepta revolvere, ut quo vir sanctior eo sermo accedat gratior. Namque is, cum 5 salvatoris natali ad apostolum Petrum virginitatis profes-

---

def. FRTE
2–3 superioribus duobus libris digessimus *Maur.* | liberi *A* || 5 accedat sermo *M* || 6 natali *add.* veniens *H*

---

403 Es ist nicht sicher, in welchem Jahr die Jungfrauenweihe der Schwester des Ambrosius stattgefunden hat. Meist wird die Feier ins Jahr 353 datiert, doch hat IZARNY, *Virginité* 2, Appendice III Anm. 7, Zweifel an dieser Meinung angemeldet. LIBERIUS wurde am 17. Mai 352 Bischof von Rom und wegen seines Eintretens für ATHANASIUS von Kaiser CONSTANTIUS II. 355 in die Verbannung nach Beroea in Thrakien geschickt. Die Jungfrauenweihe kann also an einem der Weihnachtsfeste der Jahre 352–354 (oder an Epiphanie der Jahre 353–355; siehe unten Anm. 404) stattgefunden haben, nicht jedoch nach der Rückkehr des LIBERIUS aus dem Exil 358, denn zu diesem Zeitpunkt war Ambrosius kein *adulescens* mehr, als den ihn PAULINUS VON MAILAND, *vita Ambr.* 4 (58–60 BASTIAENSEN), vorstellt; vgl. RAMOS-LISSÓN, *Ambrosius, De virginibus* 161 Anm. 2; unhaltbar ist die Annahme von D'IVRAY, *Saint Jérome* 141: „Marceline reçut le voile dans la nuit de Noël, l'an 382".
404 Es ist umstritten, ob mit *natalis salvatoris* der 25. Dezember oder der 6. Januar gemeint ist. Gemeinhin wird die *depositio martyrum* im *Chronogr. a. 354* (MGH.AA 9, 71; ein weiterer Eintrag gleichen Inhalts findet sich in den Konsularfasten zum Jahr 1 [MGH.AA 9, 56]) dahingehend interpretiert, daß in Rom das Weihnachtsfest seit 335/337 am 25. Dezember gefeiert wurde. Die Zweifel, die FÖRSTER, *Feier* 95–103, an der Glaubwürdigkeit des Chronographen anmeldet hat, sind nach WALLRAFF, *Christus* 179f, unberechtigt, so daß man wohl davon ausgehen kann, daß Weihnachten zur Zeit des LIBERIUS in Rom am 25. Dezember gefeiert wurde und entsprechend die Jungfrauenweihe MARCELLINAS an diesem Tag stattgefunden hat. Allerdings ist die im folgenden wiedergegebene Predigt des römischen Bischofs „eine literarische Kompilation des Ambrosius … und kann als liturgiegeschichtliches Zeugnis für Mailand" — das heißt nicht für Rom — „angesehen werden" (AUF DER

DRITTES BUCH

1.1 Nachdem wir in den beiden vorausgehenden Büchern ausgeführt haben, was wir (zu sagen) hatten, ist es Zeit, heilige Schwester, die Vorschriften des Liberius seligen Gedenkens zu wiederholen[403], die du oft mit mir besprichst. Denn je heiliger ein Mann (ist), desto besser kommt seine Rede an. Denn als du am Geburtstag des Erlösers[404] beim Apostel Pe-

---

MAUR, *Feiern* 167; siehe unten 275 Anm. 410). FRANK, *Geschichte,* besonders 145–155, hat geltend gemacht, daß auch in Mailand unter dem Episkopat des Ambrosius sowohl Weihnachten am 25. Dezember als auch, östlicher Tradition entsprechend, Epiphanie am 6. Januar gefeiert wurden. Somit könne Ambrosius, wie auch GORI, *Ambrosius, De virginibus* 105 Anm. 1, betont, hier nur den 25. Dezember meinen. Demgegenüber kommt FÖRSTER, *Feier* 191, zu der Vermutung, „daß das Epiphaniefest in Mailand schon vor der Einführung des Weihnachtsfestes gefeiert wurde. Die engen Beziehungen des Ambrosius zu den östlichen Kirchen und seine Unabhängigkeit und Selbständigkeit gegenüber Rom sind ja bekannt. Ambrosius war gerade mit östlichen Quellen ... eng vertraut, und so darf man vermuten, daß er das Epiphaniefest in diesen Gegenden so vorgefunden hat, wie er es selbst gefeiert hat: als den Tag, an dem der Geburt Jesu, der Hochzeit zu Kana und der Taufe Jesu im Jordan gedacht wurde; später zurückhaltender *Anfänge* 225f. Jedenfalls spricht die Tatsache, daß Ambrosius auf die oft mit Epiphanie verbundenen Evangelien von der Hochzeit zu Kana und der wunderbaren Brotvermehrung anspielt (vgl. auch *Hymnus* 7 [345–347 FONTAINE]) eher für den 6. Januar, auch wenn FRANK, *Geschichte* 37, meint, die Erwähnung der beiden Wunder „wird aus der Idee der nuptiae spirituales der Marcellina zu erklären sein und kann nicht im Festinhalt der Epiphanie ihre Ursache haben". Ferner ist Epiphanie als eines der Daten für die Jungfrauenweihe belegt, wenn auch erst in später Zeit (vgl. GELASIUS I., *Epistula* 14,12 [369 THIEL]; *Sacr. Gelas.* 103 [124 MOHLBERG/EIZENHÖFER/SIFFRIN]). Kritisch gegenüber den genannten Argumenten äußert sich ZERFASS, *Mysterium* 14–22, der denn auch für den 25. Dezember votiert. Vgl. zur umfangreichen Forschungsgeschichte FRANK, *Frühgeschichte,* besonders 11–13; ROLL, *Origins* 128–149 (im Zusammenhang mit der Behandlung der sogenannten „Religionsgeschichtlichen These" zur Entstehung des Weihnachtsfestes); FÖRSTER, *Feier* 176–178; ZERFASS, *Mysterium* 9–22.

sionem vestis quoque mutatione signares, quo enim melius die quam quo virgo posteritatem adquisivit? adstantibus etiam puellis dei compluribus, quae certarent invicem de tua societate, „Bonas", inquit, „filia, nuptias desiderasti. Vides quantus ad natalem sponsi tui populus convenerit, et nemo inpastus recedit. Hic est qui rogatus ad nuptias aquam in vina convertit. In te quoque sincerum sacramentum confert virginitatis, quae prius eras vilibus obnoxia naturae materialis elementis. Hic est qui quinque panibus et duobus

---

def. FRTE
1 mutationis ignarus *A* ‖ 2 adstantibus] atque stantibus *PY* ‖ 3 cum pluribus *S a.c., C* | certarent] gloriarent *Z* ‖ 5 quantum *M* | natale *H* | et] ut *C, Maur.* ‖ 6 recedet *A p.c.* (*ex* recedit), *HDP* ‖ 7 vinum *SC* ‖ 7–8 conferet *VY,* conferret *MZ* ‖ 8 obnoxia vilibus *Maur.* ‖ 9 quinque qui *A* | quattuor] quinque *O*

---

[405] Gemeint ist beim Grab des Apostels PETRUS, das heißt in der Peterskirche in Rom.
[406] Zum Audruck *professio* für den Stand der gottgeweihten Jungfrauen, die mit Klerikern und Mönchen unterschieden wurden „von den weltlichen Ständen oder Berufen" dadurch, daß sie „in irgend einem Sinn heilig sind, das heißt für Gott bestimmt, geheiligt, geweiht", vgl. HERTLING, *Professio* 149–151 (Zitat).157–160.
[407] Nach IZARNY, *Virginité 2,* Appendice III Anm. 10, bezeichnet *mutatio vestis* das Anlegen dunkler Kleidung, wie sie Trauernde oder Arme trugen; vgl. auch GORI, *Ambrosius, De virginibus* 205 Anm. 4, der es für wahrscheinlich hält, „che la mutatio vestis e la velatio fossero due momenti distinti della consecrazione" — gegen FALLER, *Ambrosius, De virginibus* 63 Anm. 5, der lediglich auf die *virg.* 1,11,65, unten 206f, erwähnte Überreichung des Schleiers hinweist. Die dunkle bzw. schwarze Kleidung der gottgeweihten Jungfrauen erwähnt auch HIERONYMUS, *epist.* 24,3 (CSEL 54,215f); *epist.* 128,2 (CSEL 56/1,157); vgl. dazu SCHILLING, *Voile* 408, der die Lesart *fulvo operire palliolo* bevorzugt und das *flammeum* gemeint sieht. In *vid.* 5,59 (292 GORI) bezeichnet *mutare vestem* das Ablegen der Trauerkleidung, nicht jedoch (wie GORI, *Ambrosius, De viduis* 293 Anm. 123, mit NAZZARO, *De viduis* 276 Anm. 21, gegen DUDDEN, *Life 1* 158, betont) das Anziehen einer speziellen Witwenkleidung.
[408] Möglicherweise spielt Ambrosius hier auf die in *virg.* 1,6,30f, oben 150–155, thematisierte Fruchtbarkeit geistiger Art an, welche den Jung-

trus⁴⁰⁵ das Gelübde der Jungfräulichkeit⁴⁰⁶ auch durch das Wechseln deines Gewandes⁴⁰⁷ besiegelt hast — an welchem Tag (hätte es) auch besser (geschehen können) als (am Tag), an dem die Jungfrau Nachkommenschaft bekam?⁴⁰⁸ — und außerdem mehrere gottgeweihte Mädchen⁴⁰⁹ dabeistanden, die untereinander um deine Gesellschaft wetteifern wollten, da sagte er⁴¹⁰: „Eine gute Hochzeit hast du dir gewünscht, meine Tochter. Du siehst, wieviel Volk zum Geburtstag deines Bräutigams zusammengekommen ist; und niemand geht hungrig zurück. Er ist es, der, zur Hochzeit gebeten⁴¹¹, Wasser in Wein verwandelte (vgl. Joh 2,1–11)⁴¹². Dir gewährt er auch das unversehrte Geheimnis der Jungfräulichkeit, die du vorher den wertlosen Elementen der materiellen Natur ausgesetzt warst. Er ist es, der mit fünf Broten

---

frauen eignet; vgl. RAMSEY, *Ambrosius, De virginibus* 222 Anm. 26.

⁴⁰⁹ Zum Ausdruck *puella dei* siehe *virg.* 2, 4, 26, oben 244 Anm. 345.

⁴¹⁰ Wie KLEIN, *Meletemata* 9–15, erwiesen hat, handelt es sich bei der LIBERIUS-Predigt um eine Komposition des Ambrosius, die er dem römischen Bischof, antiker Tradition folgend, in den Mund gelegt hat (so auch schon zuvor DUCHESNE, *Rez. Usener* 43, MICHELS, *Ansprache*, und WILMART, *Sermon* 280 Anm. 3). MARCELLINA und ihr Bruder, der, damals wohl um die 20 Jahre alt (zum Geburtsdatum siehe Einleitung, oben 8), jedenfalls nach PAULINUS VON MAILAND, *vita Ambr.* 4 (58–60 BASTIAENSEN) noch *adulescens*, bei der Jungfrauenweihe vermutlich zugegen war, dürften sich allenfalls ungefähr an die Gedanken der vor fast einem Vierteljahrhundert gehaltenen Ansprache erinnert haben. Als Vorlage diente dem Ambrosius vielleicht auch für die LIBERIUS-Predigt, wie DOSSI, *Ambrogio* 253–257, zu zeigen sucht, ATHANASIUS, *Epistula ad virgines* 1 (72f LEFORT), der seine (weitgehend verlorengegangenen) Ratschläge für die Jungfrauen ebenfalls einem anderen zuschreibt, nämlich ALEXANDER, seinem Vorgänger als Bischof von Alexandrien; vgl. GORI, *Ambrosius, De virginibus* 209 Anm. 6; WANDL, *Studien* 111f; ZELZER, *Scritti* 817f; skeptisch hingegen DUVAL, *Originalité* 50f.

⁴¹¹ Zum Ausdruck *rogatus ad nuptias* vgl. Joh 2, 2. Die Konstruktion *rogare ad nuptias* begegnet auch bei AMMIANUS MARCELLINUS, *Rerum gestarum libri* 14, 6, 24 (79 GALLETIER/FONTAINE), und, als Zitat von Mt 22, 3, bei CHROMATIUS VON AQUILEIA, *serm.* 10, 1 (CCL 9A, 44).

⁴¹² Nach COPPA, *Ambrosius, De virginibus* (1969) 600 Anm. 4, symbolisiert das Weinwunder bei der Hochzeit zu Kana die Verwandlung eines irdisch-materiellen Lebens in ein gottgeweihtes und himmlisches.

piscibus quattuor milia populi in deserto pavit. Plures potuit, si plures iam tunc qui pascerentur fuissent. Denique ad tuas nuptias plures vocavit, sed iam non panis ex hordeo, sed corpus ministratur e caelo.

2. Hodie quidem secundum hominem homo natus ex 5 virgine, sed ante omnia generatus ex patre, qui matrem corpore, virtute referat patrem: unigenitus in terris, unigenitus in caelo, deus ex deo, partus ex virgine, iustitia de patre, vir-

---

def. FRTE
1–2 plures potuit si plures] sed plures pavisset si Z || 3 plures**
A || 4 aecelo A || 6 omnia *om.* P || 7 virtutem C *a.c.* | referat *add.* ad M

---

[413] Es fällt auf, daß die Kombination Speisung der 4000, fünf Brote und zwei Fische im Neuen Testament nicht begegnet. Bei der Speisung der 4000 ist von sieben Broten und ein paar Fischen (vgl. Mt 15,34f) oder einem Brot und ein paar Fischen (vgl. Mk 8,5–7) die Rede. Von den fünf Broten und zwei Fischen heißt es hingegen stets bei der Speisung der 5000 (vgl. Mt 14,17–19; Mk 6,38.41; Lk 9,13.16; Joh 6,9.13). In *Hymnus* 7 (347 FONTAINE) werden richtig fünf Brote für 5000 Männer erwähnt, und auch in *in Luc.* 6,78–82 (CCL 14,202–204) unterscheidet Ambrosius sehr genau die verschiedenen Berichte von der Brotvermehrung, doch meint FRANK, *Geschichte* 149, wie ähnlich schon zuvor HOLL, *Ursprung* 422 Anm. 2, und CASPAR, *Marcellina-Predigt* 354 Anm. 2, dies bräuchte „nichts auf sich zu haben; denn de virginibus ist eine frühe Schrift ... und die Berichte über die Brotvermehrungen sind leicht zu verwechseln". Eine weitere Verwechslung liege vor, wenn im folgenden die Brote als Gerstenbrote bezeichnet würden, was nur Joh 6,9.13 vorkomme. Allerdings scheint es ihm bei diesen Verwechslungen „fast ausgeschlossen, daß die Brotvermehrung mit Festperikope [des Epiphaniefestes] gewesen ist"; vgl. dazu CONNELL, *Sister* 149.
[414] Das heißt die Eucharistie.
[415] Vgl. die Formeln in mehreren östlichen Bekenntnistexten (35–44 DENZINGER/HÜNERMANN). In *virg.* 1,5,21, oben 134–137, gibt Ambrosius deren Wortlaut etwas genauer wieder. Die dem LIBERIUS zugeschriebenen Ansichten des Ambrosius entsprechen nach MARKSCHIES, *Trinitätstheologie* 107, „in grundsätzlichen Zügen und Details dem, was man auch in anderen zeitgenössischen Schriften des Mailänder Bischofs lesen kann; man beobachtet wieder die katechetische Ausrichtung und findet in der angeblich römischen Ansprache nicht nur deutliche Anspielungen

und zwei Fischen viertausend Menschen in der Wüste speiste (vgl. Mt 14,15–21; 15,32–38; Mk 6,35–44; 8,1–9; Lk 9,12–17; Joh 6,5–13)[413]. Er hätte (noch) mehr (speisen) können, wenn es schon damals mehr gewesen wären, die gespeist werden mußten. Und nun hat er zu deiner Hochzeit mehrere gerufen; aber es wird nicht mehr Brot aus Gerste gereicht, sondern sein Leib vom Himmel[414].

2. Am heutigen Tag zwar nach Menschenart als Mensch geboren aus der Jungfrau, ist er aber gezeugt aus dem Vater vor allen (Dingen)[415], so daß er durch seinen Leib auf die Mutter[416], durch seine Kraft auf den Vater verweist: Eingeborener auf Erden, Eingeborener im Himmel (vgl. Joh 1,14.18; 3,16.18; 1 Joh 4,9), Gott aus Gott[417], geboren aus der Jungfrau, Gerechtigkeit vom Vater[418], Kraft vom Mäch-

---

auf das Nizaenum, sondern auch auf östliche Bekenntnistexte". Ja, die gesamte Passage wirkt für ihn, *Trinitätstheologie* 108, „wie eine lateinische Übersetzung eines östlichen Bekenntnistextes". Demgegenüber betont ZELZER, *Scritti* 818f, die Nähe zu ATHANASIUS VON ALEXANDRIEN, *Epistula ad virgines* 1 (72–75 LEFORT), um zu zeigen „come Ambrogio ha trasformato e ampliato l'originale in conformità al suo scopo" — und wendet sich damit auch gegen GORI, *Ambrosius, De virginibus* 209 Anm. 8, der meint, die Äußerungen des Ambrosius seien „solo genericamente ispirate da Atanasio".

[416] Vgl. das ps.-athanasianische Bekenntnis *Quicumque* 31 (409 TURNER): *deus est ex substantia patris ante saecula genitus, et homo est ex substantia matris in saecula natus.*

[417] Vgl. hinsichtlich des nicaenischen *deum de deo, lumen de lumine* (*Symb. Nic.* (*325*) [229 DOSSETTI]) die Synopse in *Ecclesiae occidentalis monumenta iuris antiquissima* (1,321 TURNER); hinsichtlich der folgenden Prädikationen zum Beispiel HILARIUS VON POITIERS, *trin.* 9,51 (CCL 62A,428). GORI, *Ambrosius, De virginibus* 209 Anm. 10, hegt — für MARKSCHIES, *Trinitätstheologie* 108 Anm. 134, unverständlicherweise — Zweifel, ob Ambrosius hier auf das Bekenntnis von 325 anspielt. Vgl. auch Ambrosius, *fid.* 1,8,118 (CSEL 73,50).

[418] GORI, *Ambrosius, De virginibus* 209 Anm. 11, meint, „l'espressione presumibilmente appartiene ad una professione di fede, anche se non mi è stato possibile individuarla".

tus de potente, lumen ex lumine, non impar generantis, non potestate discretus, non verbi extensione aut prolatione confusus, ut cum patre mixtus, sed ut a patre generationis iure distinctus sit. Ipse est fraternus tuus, sine quo nec caelestia nec marina nec terrena consistunt, verbum patris bonum. Quod ‚erat' inquit ‚in principio': habes eius aeternitatem; ‚et erat' inquit ‚apud patrem': habes indiscretam a patre inseparabilemque virtutem; ‚et deus erat verbum': 5

---

def. FRTE
1 generanti *H* ‖ 2 extentione *JC*, extencione *AV* | ut] aut *AdO* ‖ 3–4 generationis … sit *mg. C1* ‖ 4 distictus *A a.c.* | sit *add.* persona unitate confusus (con *s.l. C*) ut ambo unum non uterque unus sit indifferentis (indeferentis C) enim *Cx* ‖ 5 terrena] terrestria *H, Maur.* ‖ 6 inquit *s.l. M* ‖ 7 indescriptam *C*

---

[419] Vgl. das Glaubensbekenntnis bei MARCUS EREMITA, *Nest.* 12 (23 KUNZE), mit der Formel: δύναμιν ἐκ δυνάμεως.
[420] Nach MARKSCHIES, *Trinitätstheologie* 108 Anm. 135, ist *non impar* hier wohl als Litotes zu verstehen (= *par generantis*, „in jeder Hinsicht gleich"; vgl. CICERO, *inv.* 2,22,68 [106b STROEBEL]). Wahrscheinlich solle das Wort das griechische ἀπαράλλακτος wiedergeben, welches allerdings vom *Thesaurus Glossarum Latinarum* (233,15 GOETZ/GUNDERMANN/LOEWE) mit *indiscretus* übersetzt wird. Nach ATHANASIUS VON ALEXANDRIEN, *decr.* 20,1 (16 OPITZ; vgl. *ep. Afr.* 5 [PG 26, 1037]), habe es sich um einen Begriff gehandelt, der schon auf der nicaenischen Synode 325 zur Erläuterung des ὁμοούσιος verwendet wurde, dann aber allerdings von verschiedensten Gruppen aufgegriffen wurde (Belege bei LAMPE, *Lexicon* 174f), sogar in antinicaenischer Ausrichtung, zum Beispiel bei ASTERIUS, der bekennt: ἀπαράλλακτον εἰκόνα τῆς τοῦ πατρὸς οὐσίας εἶναι τὸν υἱὸν (PHILOSTORGIUS, *h. e.* 2,15 [GCS 26f]; vgl. auch EUSEBIUS VON CAESAREA, *Marcell.* 1,4,33 [GCS 25]). In unserem Zusammenhang handele „es sich um einen Versuch, das nizänische ὁμοούσιος ohne Verwendung der Substanzterminologie wiederzugeben". Vgl. bei Ambrosius selbst *Abr.* 1,5,38 (CSEL 32/1,531); *symb.* 3 (CSEL 73,4); *in Luc.* 3,13 (CCL 14,82). In ähnlicher Bedeutung begegnet *par* bei HILARIUS VON POITIERS, *trin.* 4,16.22 (CCL 62,118.125); 6,4 (CCL 62,198). Zum nicaenischen *natum … unius substantiae cum patre* (*Symb. Nic.* (325) [231 DOSSETTI]), vgl. TURNER, *Ecclesiae occidentalis monumenta iuris antiquissima* 1 321.

tigen⁴¹⁹, Licht aus Licht, nicht dem Erzeuger ungleich⁴²⁰, (ihm) nicht unterschieden an Macht⁴²¹, nicht (mit ihm) vermengt durch Ausdehnung oder Hervorbringung des Wortes⁴²², so daß er mit dem Vater vermischt wäre, sondern kraft Zeugung vom Vater unterschieden ist⁴²³. Er ist dein Bruder⁴²⁴, ohne den nichts im Himmel, nichts im Meer, nichts auf Erden besteht⁴²⁵, das gute Wort des Vaters (vgl. Ps 45,2; Ps 44,2 LXX)⁴²⁶. ‚Es war', heißt es, ‚im Anfang' (Joh 1,1) — da hast du seine Ewigkeit; und ‚es war', heißt es, ‚beim Vater' (vgl. Joh 1,1) — da hast du seine vom Vater ununterscheidbare und untrennbare Kraft; ‚und Gott war das Wort'

---

⁴²¹ Ähnlich antiarianisch/-homöisch äußerst sich Ambrosius *fid.* 1,1,9 (CSEL 78,7); 4,11,150 (CSEL 78,210); *incarn.* 10,114 (CSEL 79,279).
⁴²² Vgl. zu dieser antimarkellischen bzw. antivalentinianischen Formulierung (*extensio* = πλατυσμός bzw. ἔκστασις; *prolatio* = προβολή; *confundo* = συγχέω) den 6./7. Anathematismus von Sirmium 351, *Symb. Sirm. 1* 6f (73 DENZINGER/HÜNERMANN); ATHANASIUS VON ALEXANDRIEN, *syn.* 27,3 (255 OPITZ) — bei HILARIUS VON POITIERS, *syn.* 38 (PL 10,510), allerdings als *dilatio* und ähnlich wiedergegeben — und den 8. Anathematismus des *Tomus Damasi* (86 DENZINGER/HÜNERMANN: *extensio* = ἔκστασις; dazu MARKSCHIES, *Trinitätstheologie* 108 Anm. 136. Zur trinitätstheologischen Verwendung von *confusus* vgl. Ambrosius, *fid.* 1,2,17 (CSEL 78,10); *spir.* 3,11,82 (CSEL 79,184).
⁴²³ Vgl. *fid.* 1,2,16 (CSEL 78,10); 2,1,18 (CSEL 78,63).
⁴²⁴ Vgl. *virg.* 1,8,46, oben 178f, wo Christus, angelehnt an mehrerer Zitate aus dem Hld, als Bruder der Jungfrau bezeichnet wird.
⁴²⁵ Vgl. aus dem Nicaenum *per quem omnia facta sunt sive quae in caelo sive quae in terra, Symb. Nic. (325)* (231 DOSSETTI).
⁴²⁶ Nach GORI, *Ambrosius, De virginibus* 211 Anm. 18, handelt es sich hier um eine antiarianische Bekräftigung, die sich auf die kontroverse Auslegung von Mk 10,18 bezieht; siehe *virg.* 3,1,3, unten 280f Anm. 429.

habes eius divinitatem; de compendio enim tibi fides est haurienda.

3. Hunc, filia, dilige, quia bonus. ‚Nemo' enim ‚bonus nisi unus deus.' Si enim non dubitatur quia deus filius, deus autem bonus est, utique non dubitatur quia deus bonus filius. Hunc, inquam, dilige. Ipse est quem pater ante luciferum genuit ut aeternum, ex utero generavit ut filium, ex corde eructavit ut verbum. Ipse est in quo complacuit pater, ipse est patris brachium, quia creator est omnium, patris sapientia, quia ex dei ore processit, patris virtus, quia divinitatis in eo corporaliter habitat plenitudo. Quem pater ita diligit, ut in sinu portet, ad dexteram locet, ut sapientiam dicat, ut virtutem noverit.

---

def. FRTE
1 habes *add.* ingenitam *b, mg. Y2, Maur.* comprendio *A a.r.* | tibi *om. A* ||
2 aurienda *Y* || 3 delege *A a.c.*, delige *A p.c.*, diliges *P* (s *exp. m1*) | bonus *pr. add.* est *ZCXm* | enim *om. M* || 4 unus] solus *MPC* | deus *alt. add.* bonus *M a.r.* | bonus deus *A, Fall.*, deus bonus *cet., Maur., Cazz.* || 6–7 genuit ante luciferum *Maur.* | ut *pr.*] et *M* || 8 eructabit *Z* || 9 est *om. M* || 10–11 divitatis *M* || 12 lucet *C* | *post* ut *alt. lac. stat. Schenkl app. Fall.* | discat *H*, discas *x, Maur.* || 13 ut *om. AC, Maur., Fall.* | noveris *x, Maur.*

---

[427] Zur zentralen Stellung von Joh 1,1 in der Trinitätstheologie des Ambrosius vgl. *in Luc.* 10,118 (CCL 14,379); *fid.* 1,8,57 (CSEL 78,25).
[428] Nach MARKSCHIES, *Trinitätstheologie* 109, erkennt man an dieser „Rede, die Ambrosius dem römischen Bischof in den Mund legt, ... was der Mailänder in den Jahren nach seiner Weihe unter ‚nizänischer Katechese' verstand: Er bemühte sich einerseits, im Blick auf seine Hörer frei das auszudrücken, was in Nizäa beschlossen wurde (‚*non impar generantis*' bzw. ‚*fraternus tuus*'), andererseits aber, der theologischen communio mit den östlichen Theologen terminologisch Rechnung zu tragen (‚*ante omnia generatus*')".
[429] Mk 10,18 war von den Arianern dahingehend verstanden worden, daß Christus selbst die wesensmäßige Vorrangstellung des Vaters anerkannt bzw. seine eigene Unterordnung bezeugt habe (vgl. SIMONETTI, *Crisi* 52). Eine ausführliche Auseinandersetzung mit dieser Auslegung liefert Ambrosius, *fid.* 2,1f (CSEL 78,62–67); vgl. auch *fid.* 2,13,110. 116 (CSEL 78,97); *apol. Dav. II* 4,21 (CSEL 32/2,369); 12,72 (CSEL

(Joh 1,1) — da hast du seine Göttlichkeit[427]. Aus (dieser) kurzen Zusammenfassung sollst du nämlich Glauben schöpfen[428].

3. Liebe ihn, (meine) Tochter, weil er gut ist. Denn ‚niemand ist gut außer dem einen Gott' (Mk 10,18; vgl. Lk 18,19). Wenn nämlich nicht bezweifelt wird, daß der Sohn Gott, Gott aber gut ist, (dann) wird (auch) durchaus nicht bezweifelt, daß der Sohn ‚guter Gott' ist[429]. Liebe ihn, sage ich (dir). Er ist es, den der Vater vor dem Morgenstern gezeugt hat (vgl. Ps 110,3; Ps 109,3 LXX) als den Ewigen, aus dem Schoß hervorgebracht hat als den Sohn, aus dem Herzen hervorquellen ließ als das Wort (vgl. Ps 45,2; Ps 44,2 LXX). Er ist es, an dem der Vater Gefallen gefunden hat (vgl. Mt 3,17 und öfter), er ist der Arm des Vaters (vgl. Joh 12,38; Ps 98,1; Ps 7,1 LXX; Jes 53,1), denn er ist der Schöpfer aller (Dinge) (vgl. Joh 1,3; Kol 1,16f)[430], die Weisheit des Vaters (vgl. 1 Kor 1,24), denn er ging aus dem Mund Gottes hervor (vgl. Sir 24,3; Sir 24,5 Vg.), die Kraft des Vaters (vgl. 1 Kor 1,24), denn die Fülle der Gottheit wohnt leibhaftig in ihm (vgl. Kol 2,9)[431]. Ihn liebt der Vater so sehr, daß er (ihn) im Schoß trägt (vgl. Joh 1,18), zu (seiner) Rechten setzt (vgl. Eph 1,20 und öfter), so daß er ihn Weisheit nennt, seine Kraft anerkennt.

32/2,407); *in Luc.* 8,65–68 (CCL 14,322–324); *conc. Aquil.* 28–30 (CSEL 82/3,343f); *spir.* 1,5,69f (CSEL 79,44f); ferner HILARIUS VON POITIERS, *trin.* 9,15–18 (CCL 62A, 386–389). Zur patristischen Auslegung von Mk 10,18 insgesamt GORI, *Dio*.

[430] Zur Schöpfung als dem Werk Christi in den Schriften des Ambrosius vgl. SZABÓ, *Christ*.

[431] In antiarianischer Auslegung von Kol 2,9 bekommt *corporaliter* (σωματικῶς) oft die Bedeutung von *substantialiter* (οὐσιοδῶς); vgl. LAMPE, *Lexicon* 1367; HILARIUS VON POITIERS, *trin.* 8,54 (CCL 62A,367); 9,1 (CCL 62A,370). An anderen Stellen — *fid.* 3,12,102 (CSEL 78,144); *spir.* 2,7,69 (CSEL 79,113f) — läßt Ambrosius erkennen, daß mit *corporaliter* die Einheit und Unteilbarkeit der Göttlichkeit von Vater und Sohn bzw. *in substantia trinitatis* zum Ausdruck gebracht werden. Vgl. GORI, *Ambrosius, De virginibus* 211 Anm. 24.

4. Si igitur virtus dei Christus, numquid aliquando sine virtute deus? Numquid aliquando sine filio pater? Si semper utique pater, utique semper et filius. Perfecti ergo patris perfectus est filius. Nam qui virtuti derogat derogat ei cuius est virtus. Inaequalitatem non recipit perfecta divinitas. Dilige igitur quem pater diligit, honorifica quem honorificat pater; ‚qui' enim ‚non honorificat filium non honorificat patrem et qui negat filium nec patrem habet.' Haec quantum ad fidem.

2.5 Sed interdum etiam cum fides tuta, iuventus suspecta est. Modico itaque vino utere, ne infirmitatem corporis augeas, non ut voluptatem excites; incendunt enim pariter duo, vinum et adulescentia. Infrenent etiam teneram aetatem ieiunia, et parsimonia cibi retinaculis quibusdam indomitas cohibeat cupiditates. Ratio revocet, mitiget spes, rest-

---

def. FRTE
1 deus *s.* Christus *P* ‖ 1–2 sine ... aliquando *alt. om. MS* | sine *om. C* ‖ 3 et *om. H a.c.* ‖ 3–4 perfecti ... filius *bis A* ‖ 4 ei derogat cuius *Maur.* | ei] et *A* ‖ 5 inaequitatem *AH* | divinitas] virtus *P* ‖ 7 pater *alt.* ... honorificat *alt. om. A* ‖ 8 habet patrem *H* ‖ 10 interdum] indum *C a.c. m3* | fides *add.* sit *Cx, post* tuta *traiecit Maur.* | tuta] tua *A* | iuventa *AZ, Cazz.*, iuventas *VP*, iuventus *Maur., Fall.* | ne] nec *A* ‖ 12 incedunt *M* ‖ 13 adolescentia *P2* ‖ 14 retinaculis (re *s.l.*) *A* ‖ 14–15 indomitus *A a.c.*, indomitis *C* ‖ 15 – p. 284 l. 2 cohibeat ... equis *om. C*

---

[432] Nach GORI, *Ambrosius, De virginibus* 213 Anm. 25, hat *virtus* hier eine ähnliche Bedeutung wie „Vollkommenheit". Ambrosius greife eine antiarianische Argumentation des ATHANASIUS auf (vgl. ATHANASIUS VON ALEXANDRIEN, *Ar.* 1,14,5 [124 METZLER/SAVVIDIS]; 1,18,5 [128 METZLER/SAVVIDIS]; 1,25,4f [135 METZLER/SAVVIDIS]), der die Wesensgleichheit von Vater und Sohn betone, indem er vom Sohn als der Vollkommenheit des Vaters ausgehe: Wenn der Sohn seinen Ursprung erst in der Zeit gehabt hätte, wäre Gott vor dessen Geburt unvollkommen gewesen. Vgl. auch *fid.* 4,9,111 (CSEL 78, 197); *spir.* 3,4,18 (CSEL 79, 158); RAMOS-LISSÓN, *Ambrosius, De virginibus* 165 Anm. 36.

4. Wenn also Christus die Kraft Gottes (ist) (vgl. 1 Kor 1,24), (war) Gott dann etwa irgendwann einmal ohne die Kraft? War der Vater etwa irgendwann einmal ohne den Sohn? Wenn der Vater auf jeden Fall seit jeher (ist), (dann ist) auch der Sohn auf jeden Fall seit jeher. Also ist er des vollkommenen Vaters vollkommener Sohn. Wer freilich die Kraft in Frage stellt, stellt (auch) den in Frage, dem die Kraft zu eigen ist[432]. Vollkommene Göttlichkeit gestattet keine Ungleichheit[433]. Liebe also den, den der Vater liebt (vgl. Joh 3,35; 5,20; 10,17), ehre den, den der Vater ehrt; denn ‚wer den Sohn nicht ehrt, ehrt (auch) den Vater nicht'[434], und wer den Sohn leugnet, hat (auch) den Vater nicht' (Joh 5,23; 1 Joh 2,23). So viel zum Glauben.

2.5 Doch mitunter ist, auch wenn der Glaube gefestigt (war), die Jugend beargwöhnt worden. Trink also wenig Wein, damit du nicht die Schwachheit des Körpers vergrößerst (vgl. 1 Tim 5,23)[435], nicht Genußsucht entfachst; denn beide spornen in gleicher Weise an: der Wein und die Jugend. Das Fasten soll auch das zarte Alter im Zaum halten und Mäßigung beim Essen soll wilde Begierden mit gewissen Zügeln bändigen. Die Vernunft soll (sie) zurückhalten, die Hoffnung (sie) mildern, die Furcht (sie) einschränken.

---

[433] Zur Vorstellung von der *aequalitas* vgl. die Zusammenstellung bei MARKSCHIES, *Trinitätstheologie* 108 f Anm. 139.
[434] Vgl. zum Wortlaut des Zitates CARAGLIANO, *Restitutio* 47.
[435] Die sich auf 1 Tim 5,23 beziehende Ansicht, der mäßige Genuß von Wein trage zur Gesundheit bei, begegnet auch in *hel.* 5,10 (CSEL 32/2,419). Zum Gebrauch von Wein zu medizinischen Zwecken in der Antike vgl. HIPPOCRATES, *VM* 13 (134 JOUANNA); APULEIUS, *flor.* 19 (39 HELM); ausführlich PLINIUS, *nat.* 23,22–25 (4 VON JAN/MAYHOFF).

ringat metus. Nam qui moderari nescit cupiditatibus sicut
equis raptatus indomitis volvitur, obteritur, laniatur, affli-
gitur.
  6. Quod aliquando iuveni ob amorem Dianae contigisse
proditur. Sed poeticis mendaciis coloratur fabula, ut Nep- 5
tunus praelati rivalis dolore incitatus equis dicatur furorem
immisisse, quo eius magna potentia praedicetur, quod iuvenem non virtute vicit, sed fraude decepit. Unde etiam sacrificium quotannis instaurant Dianae, ut equus ad eius im-
moletur aras. Quam virginem dicunt, quae id quod etiam 10
meretrices erubescere solent amare potuit non amantem.
Sed habeant per me licet fabulae suae auctoritatem, quia, sit
licet scelestum utrumque, minus tamen sit iuvenem amore

---

def. FRTE
1 cupiditatibus *add. is Maur.* ‖ 2 raptus *HM* | indomitis *om. C* ‖
5 putticis *A a.c.* | coloratur] colatur *A a.c., MZ* | famula *A a.c.* | ut *s.l.*
A ‖ 6 praelate *C*, praelatae *O a.c., U* | rivolis *A a.c.* | dolorem *A* ‖
7 quod *add.* si *P* ‖ 8 non *add.* in *P* | etiam *om. H*, eius *P1*, et *P2* ‖
9 quos annis *H a.r.*, quod annis *Z* | equs *Z* ‖ 11 amantes *HM* ‖
12–13 quia sit licet *Fall., Cazz.*, quia si non licet *AHZ*, (*post* utrumque) *C*,
quia licet sit *x*, quasi non licet *MVJ, S p.c.*, quas non licet *S a.c., Y*, quia licet
(*om.* sit) *Maur.* ‖ 13 tamen minus *HJ*

---

[436] Das Motiv der Pferde als Bild für die Leidenschaften begegnet bei
Ambrosius öfter; vgl. besonders *Nab.* 15, 64 f (CSEL 32/2, 507–510); ferner *Abr.* 2, 7, 43 (CSEL 32/1, 598); *hex.* 6, 3, 10 (CSEL 32/1, 210); *in psalm.*
36, 32 (CSEL 64, 96); *in psalm. 118* 4, 8 (CSEL 62, 71); *virginit.* 15, 94 (44
CAZZANIGA). Das schon in der Bibel (vgl. Jer 5, 8; 13, 27; Ps 31, 9) verwen-
dete Bild wird in der frühchristlichen Literatur aufgegriffen (vgl. zum
Beispiel HIERONYMUS, *in Is.* 6, 31 [739 GRYSON]; ORIGENES, *hom. in Jos.*
15, 3 [GCS 384f]), und ist auch im paganen Bereich verbreitet (vgl. zum
Beispiel CICERO, *Pis.* 28, 69 [36 NISBET]; OVID, *ars* 1, 279 [132 KENNEY];
rem. 634 [253 KENNEY]; PLAUTUS, *Cist.* 305 f [287 LEO]). Zur Geschichte
des Motivs der wiehernden Pferde vgl. COURCELLE, *Hennissement*.
[437] Ambrosius bezieht sich auf eine Version des HIPPOLYT-Mythos, die
nicht in allen Details mit den überlieferten klassischen Quellen übereinstimmt; vgl. KLEIN, *Melememata* 9–44. Die Sage ist in verschiedenen
Versionen überliefert. Maßgeblich waren SOPHOCLES mit seinem verlo-

Denn wer die Begierden nicht zu mäßigen weiß, der wird, wie von wilden Pferden fortgerissen, umhergetrieben, zertreten, zerrissen, zerschmettert[436].

6. Es wird überliefert, daß dies einst einem jungen Mann aufgrund seiner Liebe zu Diana widerfuhr. Doch durch Dichterlügen wird die Sage dahingehend ausgeschmückt[437], daß Neptun, vom Groll über den bevorzugten Nebenbuhler angestachelt, dessen Pferde zur Raserei gebracht haben soll, damit dadurch seine große Macht gepriesen würde, insofern er den jungen Mann nicht durch Kraft besiegte, sondern durch eine List täuschte. Daher bringt man alljährlich ein Opfer für Diana dar, bei dem ein Pferd an ihren Altären geschlachtet wird. Man nennt sie eine Jungfrau, sie, die es fertigbrachte — wessen sich selbst Dirnen gewöhnlich schämen —, (jemanden) zu lieben, der (sie) nicht liebte. Doch mögen sie meinetwegen ihrer Sage Gewicht beimessen, denn — mag auch beides frevelhaft sein[438] — es ist doch weniger (schlimm), wenn ein junger Mann derart in Liebe

---

renen Drama „Phaedra" und EURIPIDES mit seinen beiden HIPPOLYT-Dramen, dem verlorenen früheren *Hippolytos Kalyptomenos* („Der verhüllte Hippolyt") und dem erhaltenen *Hippolytos Stephanephoros* („Der Kranzträger Hippolyt"). Der Mythos von HIPPOLYT und PHAEDRA wurde in der bildenden Kunst seit der frühen Kaiserzeit häufig dargestellt. Am einflußreichsten für die Rezeption bis in die Gegenwart wurde SENECAS *Phaedra*, die auf den Vorbildern von SOPHOCLES und EURIPIDES basiert. Die bekanntesten Bearbeitungen des Stoffes in der Neuzeit sind die 1677 veröffentlichte Trägodie „Phèdre" von JEAN RACINE (1639–1699) — 1805 unter dem Titel „Phädra" in der deutschen Übersetzung von FRIEDRICH SCHILLER erschienen — sowie die 1733 uraufgeführte Tragédie-lyrique „Hippolyte et Aricie" von JEAN-PHILIPPE RAMEAU (1683–1764) und der 1745 uraufgeführte, nur teilweise erhaltene Dramma per musica „Ippolito" von CHRISTOPH WILLIBALD GLUCK (1714–1787).

[438] Text nach einer Konjektur von FALLER 66,17, die auch CAZZANIGA 60,8 übernimmt. FALLER, *Ambrosius, De virginibus* 66, verweist zur Stützung auf *hex.* 5,7,18 (CSEL 32/1, 153: *sit licet asper*); 5,11,33 (CSEL 32/1, 167: *sint licet optima*); 6,9,68 (CSEL 32/1, 256: *sit licet quaedam quanitas portionis*).

adulterae sic flagrasse, ut periret, quam duos, ut ipsi dicunt, deos de adulterio certasse, Iovem autem dolorem scortantis filiae in medicum vindicasse adulteri, quod eius curasset vulnera qui Dianam in silvis adulteraret, venatricem sane optimam non ferarum, sed libidinum, sed ferarum etiam, ut nuda venetur.

7. Dent igitur Neptuno dominatum furoris, ut adstruant crimen incesti amoris. Dent Dianae regnum in silvis quas incolebat, ut confirment adulterium quod gerebat. Dent Aesculapio quod mortuum reformaverit, dummodo profiteantur quod fulminatus ipse non evaserit. Dent etiam Iovi fulmina quae non habuit, ut testificentur quae habuit obprobria.

8. Sed a fabulis ad proposita revertamur: Escis quoque omnibus, quae gignant membris calorem, parce utendum puto; carnes enim etiam aquilas volantes deponunt. In vobis quoque ales interior illa, de qua legimus: ‚renovabitur sicut aquila iuventus tua', sublime tenens virgineo praepes volatu

---

def. FRTE
1 adulterare *C* ‖ 2 dolore *HMJSP* ‖ 3 curarit *Cx, Maur.* ‖ 4 adulterarit *Cx*, adulteraverit *Maur.* ‖ 5 sed *alt. s.l. C3* ‖ 6 nudam *Y2* | venetur] venaretur *Zx, Maur.*, venaret *C* ‖ 7 furoris] foris *A a.c.* | astruant *Y, Maur.* ‖ 9 incolebant *Z*, incolat *Cx* | gerebat] generabat *A a.c.* ‖ 12 ut … habuit *om. P* | quae *alt. add.* non *C3* ‖ 14 posita *A a.c.*, propositum *HCx, Maur.* ‖ 15 quae] qui *C* | gignunt *H* ‖ 16 enim *om. HP* | aliquas *M* ‖ 18 aquilae *C* | sublimi *x*, sullimi *C* | tendens *H*, tenes *A*, nitens *x* | virgineos *M* | praebes *A* | volatus *M*

---

[439] Die Empfehlung, sich im Genuß von Fleisch zu mäßigen, erhält ihre Begründung dadurch, daß es den Körper erwärmt, das heißt die körperlichen Begierden antreibt und den Geist herunterzieht. Der Fleischverzicht als asketisches Ideal findet sich häufig in der christlichen Antike; vgl. zum Beispiel HIERONYMUS, *epist*. 100, 6 (CSEL 55, 218–220); PALLADIUS, *h. Laus*. 1 (15 BUTLER); 38 (122 BUTLER); BENEDIKT VON NUR-

zu einer Ehebrecherin entbrannte, daß er (daran) zugrundeging, als wenn, wie sie selbst sagen, zwei Götter im Ehebruch wetteiferten, Jupiter aber den Schmerz seiner Unzucht treibenden Tochter am Arzt des Ehebrechers rächte, weil der die Wunden dessen behandelt hatte, der Diana in den Wäldern schändete, die sicher beste Jägerin nicht nach wilden Tieren, sondern nach sinnlichen Lüsten — doch auch nach wilden Tieren, um nackt Jagd (auf sie) zu machen.

7. Sie mögen daher Neptun die Gewalt über die Raserei zugestehen, um das Verbrechen unzüchtiger Liebe zu beweisen. Sie mögen Diana die Herrschaft in den Wäldern, die sie bewohnte, zugestehen, um den Ehebruch, den sie beging, zu bekräftigen. Sie mögen Aesculap zugestehen, daß er einen Toten wiedererweckte, wenn sie nur bekennen, daß er selbst, vom Blitz getroffen, (dem Tod) nicht entronnen ist. Sie mögen auch Jupiter die Blitze zugestehen, die er nicht hatte, um die Schandflecken zu bezeugen, die er hatte.

8. Doch wir wollen von den Sagen zum Thema zurückkehren. Auch von allen Speisen, die Körperwärme erzeugen können, ist, meine ich, spärlich Gebrauch zu machen. Fleisch zieht nämlich sogar Adler in ihrem Flug herunter[439]. Auch in euch (lebt) jener innere Vogel, von dem wir lesen: ‚Wie ein Adler wird dir deine Jugend erneuert' (Ps 103, 5; Ps 102, 5 LXX). In jungfräulichem Flug hoch in der Luft sich

---

SIA, *reg.* 36, 9 (CSEL 75, 105); 39, 11 (CSEL 75, 110); FULGENTIUS VON RUSPE, *epist.* 2, 27 (CCL 91, 206). Daß Ambrosius hier auf Mt 24, 28 und Lk 17, 37 bzw. Ijob 39, 30 anspielt, ist angesichts der in späteren Schriften üblichen Auslegung (vgl. besonders *in Luc.* 8, 55 f [CCL 14, 318 f]), die im *corpus* Christus, in den Adlern die Gläubigen angesprochen sieht, eher unwahrscheinlich; zur Interpretation von Lk 17, 37 durch Ambrosius vgl. PINTUS, *Corpus;* ferner CORSATO, *Expositio* 132.

superfluae carnis nesciat appetentiam. Conviviorum devitandae celebritates, fugiendae salutationes.

3.9 Ipsas visitationes in iunioribus esse parciores volo, si forte deferendum sit parentibus aut aequalibus. Teritur enim officiis pudor, audacia emicat, risus obrepit, modestia solvitur, dum affectatur urbanitas: interroganti non respondere infantia, respondere fabula est. Deesse igitur sermoni virginem quam superesse malo. Nam si mulieres etiam de rebus divinis in ecclesia iubentur tacere, domi suos interrogare, de virginibus quid cautum putamus, in quibus pudor ornat aetatem, taciturnitas commendat pudorem?

10. An vero mediocre pudoris exemplum est, quod Rebecca cum veniret ad nuptias et sponsum vidisset, velamen accepit, ne prius videretur quam iungeretur? Et utique pulchra virgo non decori timuit, sed pudori. Quid Rachel? Quemadmodum extorto osculo flevit et gemuit! Nec flere

---

def. FRTE
1 ad paenitentiam *A a.c., J* ‖ 1–2 devitendae *A a.c.*, devitantae *Z* ‖ 2 saltationes *S, Fall.*, salutationis *A a.c.*, salutationes *cet., Maur., Cazz.* ‖ 3 esse parciores] portiones esse *M* ‖ 5 audaciae *JZ*, audacie *M*, (vel a *s.* e) *A* ǀ emicant *M*, micat *JZ* ǀ subripit *CU*, subrepit *O, Maur.*, obstrepit *Cazz.*, obrepit (s *s.* r) *Z1, cet., Fall.* ‖ 7–8 sermonem virgini *VCx, Maur., post quam traiecit* <sermonem virgini> *Cazz.*, sermoni virginem *cet., Fall.* ‖ 8 malo] malim *Cx, Maur.*, volo *H* ǀ si *om. Z* ǀ mulieris *A a.c.* ǀ etiam *om. P* ‖ 11 aetantem *Cazz.* (*error typ.?*) ǀ taciturnitas *om. P*, etas *s.l. P2, i.t. Y* ǀ commendet *P a.c. m2* ‖ 14 ungeretur *M, C a.c.* ǀ utique] ut quid *Cx* ‖ 15 dedecori *HM* ǀ quod *A* ‖ 16 flebit *Z*

---

[440] Die Verwendung der Qualifizierung *superfluus* für Bedürfnisse und Regungen des Körpers — und damit verbunden für Leidenschaften und Laster — ist vielleicht durch PHILO beeinflußt, der die Wörter περιττός oder πλεονάζω verwendet. Vgl. PHILO, *Quaestiones in genesim et solutiones* 3,48 (112 MERCIER/PETIT); 3,61 (140 MERCIER/PETIT). Dazu GORI, *Ambrosius, De virginibus* 215 Anm. 31; *Ambrosius, De Abraham* 241 Anm. 5. 255 Anm. 43; *De helia et ieiunio* 101 Anm. 13; RAMOS-LISSÓN, *Ambrosius, De virginibus* 169 Anm. 47.

haltend, soll der Vogel das Verlangen nach überflüssigem Fleisch nicht kennen[440]. Festgelage sind zu meiden, Tänze zu fliehen[441].

3.9 Ich wünsche, daß sogar Besuche bei Jüngeren nur selten vorkommen, wenn es etwa zu Eltern oder Gleichaltrigen hingehen soll. Durch (solche) Verpflichtungen wird nämlich die Schamhaftigkeit aufgerieben; Übermut bricht hervor, Gelächter schleicht sich ein, Bescheidenheit wird aufgehoben, während man städtische Lebensart heuchelt. Einem, der fragt, nicht zu antworten, ist eine Kinderei, zu antworten Geschwätz[442]. Ich ziehe es daher vor, wenn eine Jungfrau das Gespräch vernachlässigt, als wenn sie ihm übermäßig ergeben ist[443]. Denn wenn die Frauen aufgefordert werden, in der Kirche sogar über göttliche Dinge zu schweigen (und) zuhause ihre (Männer) zu fragen (vgl. 1 Kor 14,34f), welche Vorsicht veranschlagen wir (dann) für die Jungfrauen, bei denen Schamhaftigkeit die Jugend schmückt, Schweigsamkeit die Schamhaftigkeit empfiehlt.

10. Oder ist es etwa ein unbedeutendes Beispiel der Schamhaftigkeit, daß Rebekka, als sie zur Hochzeit kam und den Bräutigam gesehen hatte, den Schleier nahm, um nicht vor ihrer Vermählung (von ihm) gesehen zu werden[444] (vgl. Gen 24,65)? Und die schöne Jungfrau war jedenfalls nicht um ihr Aussehen besorgt, sondern um ihre Schamhaftigkeit. Was (ist mit) Rahel? Wie weinte und klagte sie über den Kuß, der (ihr) abgenötigt wurde. Und sie hätte nicht

---

[441] Text nach FALLER 67,13; anders CAZZANIGA 61,5: *salutationes*. FALLER verweist zur Stützung der von ihm bevorzugten Lesart auf *virg.* 3,5,25, unten 312–315. Vor allem wäre der Beginn des folgenden Satzes (*Ipsas visitationes ... esse parciores volo*) eine unverständliche Doppelung. Die Kritik am Tanz wird *virg.* 3,5,25–6,28, unten 312–319, und 3,6,31, unten 322f, weiter entfaltet, vgl. dazu Anm. 510.
[442] Vgl. *exhort. virg.* 10,72 (256 GORI).
[443] Vgl. *in Luc.* 2,21 (CCL 14,40). Zur Tugend der Schweigsamkeit siehe *virg.* 3,9,11, unten 290f Anm. 447.
[444] Vgl. *Abr.* 1,9,93 (CSEL 32/1,563).

desisset, nisi proximum cognovisset. Ita et pudoris servavit officium et pietatis non omisit affectum. Quodsi viro dicitur: ‚virginem ne consideres, ne quando scandalizet te‘, quid dicendum est sacratae virgini, quae, si amet, animo peccat, si amatur, et facto?

11. Maxima est virtus tacendi praesertim in ecclesia. Nulla te divinarum sententia fugiet lectionum, si aurem admoveas, vocem premas. Nullum ex ore verbum quod revocare velis proferas, si parcior loquendi fiducia sit. Copiosum quippe in multiloquio peccatum. Homicidae dictum est: ‚peccasti, quiesce‘, ne peccaret amplius. Sed virgini dicendum est: quiesce, ne pecces. ‚Conservabat‘ enim Maria, ut legimus, ‚omnia in corde‘ suo quae de filio dicebantur. Et tu, cum legitur aliquid quo Christus aut venturus annuntia-

---

def. FRTE
1 dedisset *AM* || 3 ne *pr.*] nec *A a.c.* | scandezet *P* || 4 animo *add.* non *P, Y a.c.* || 7 fugiat *H* || 7–8 amoveas *A a.c., MV, P a.c.* || 9 proferes *b, Cazz.*, proferas *cet., Maur., Fall.* | si] sed *HCx, Maur.* | partior *Y* | loquenda *C a.c.* || 13 et] ut *M*

---

[445] In Gen 29, 11 f ist jedoch davon die Rede, daß JAKOB weint, wohl aus Freude über das Treffen mit seiner Cousine. Für GORI, *Ambrosius, De virginibus* 217 Anm. 35, „Ambrogio ha frainteso il senso di Gen 29, 11"; milder urteilt RAMOS-LISSÓN, *Ambrosius, De virginibus* 171 Anm. 52, „que se trata simplemente da un lapsus memoriae del Opispo de Milán".
[446] Im Lateinischen steht jeweils der Singular: *animo ... facto*.
[447] Ambrosius stellt öfter, besonders in seinen asketischen Schriften, die Tugend der Schweigsamkeit heraus und empfiehlt sie hier als Voraussetzung, das Wort Gottes zu hören. Deshalb gilt es besonders in der Kirche, während des Gottesdienstes, zu schweigen. Vgl. *virg.* 1, 8, 46, oben 176–179; 2, 2, 7. 11, oben 214 f. 224 f; 3, 3, 9, oben 288 f; *exhort. virg.* 10, 72 f (257 GORI); 13, 86 (266 GORI); *inst. virg.* 1, 4 (112 GORI); 10, 66 (160 GORI); *off.* 1, 2, 5–8 (CCL 15, 2–4); *virginit.* 8, 46 (22 CAZZANIGA); 13, 80f (37 f CAZZANIGA); vgl. ferner die unten 293 Anm. 450 genannten Stellen.

aufgehört zu weinen, hätte sie nicht ihren nahen Verwandten erkannt (vgl. Gen 29,11f)⁴⁴⁵. So erfüllte sie nicht nur die Pflicht zur Schamhaftigkeit, sondern gab auch das Gefühl der Dankbarkeit nicht auf. Wenn einem Mann gesagt wird: ‚Betrachte keine Jungfrau, damit sie dich nicht irgendwann zum Bösen verführt' (Sir 9,5), was muß (dann) einer gottgeweihten Jungfrau gesagt werden, die, wenn sie liebt, in Gedanken sündigt, wenn sie geliebt wird, auch in Taten⁴⁴⁶.

11. Sehr groß ist die Tugend des Schweigens, besonders in der Kirche. Kein Satz der göttlichen Lesungen wird dir entgehen, wenn du dein Ohr neigst, deine Rede unterdrückst⁴⁴⁷. Kein Wort, das du zurückhalten möchtest, sollst du aus deinem Mund hervorbringen, wenn das Vertrauen in deine (eigene) Rede recht gering ist. Reichlich Sünde (steckt) ja in der Geschwätzigkeit (vgl. Spr 10,19). Dem Mörder ist gesagt worden: ‚Du hast gesündigt, sei still' (Gen 4,7 LXX; Gen 4,7 VetLat)⁴⁴⁸, damit er nicht noch mehr sündigte. Doch der Jungfrau muß gesagt werden: Sei still, damit du nicht sündigst! ‚Maria bewahrte nämlich', wie wir lesen, ‚alles in ihrem Herzen' (Lk 2,19; vgl. Lk 2,51), was über ihren Sohn gesagt wurde. Auch du sollst, wenn etwas verlesen wird, worin Christus als der Kommende angekündigt oder

---

Die Mahnungen zu mehr Stille und Aufmerksamkeit scheinen nicht unberechtigt gewesen zu sein. Auch AUGUSTINUS spricht mehrfach von Unruhe während der Gottesdienste und störenden Zwischenrufen bei der Predigt; vgl. ZELLINGER, *Augustin* 89–94 (mit Belegen).

⁴⁴⁸ Der Wortlaut der Ermahnung Gottes an KAIN stimmt nicht mit dem hebräischen Original und der Vg. überein, wohl aber mit der LXX. Vgl. auch den europäischen Text der VetLat (82f FISCHER); ferner die Zitate *apol. Dav.* 9,46 (CSEL 32/2,329); *Cain* 2,6,18.21.23 (CSEL 32/1,394.397f); 2,7,24 (CSEL 32/1,399,7f); *ep.* 1(41),10 (CSEL 82/3, 151); *expl. ps.* 36,62 (CSEL 64,120); *incarn.* 1,2f (CSEL 79,225f); 2,6.10.13 (CSEL 79,227f.230); 4,23 (CSEL 79,235); *Nab.* 16,66 (CSEL 32/2,520); *paen.* 2,11,104 (CSEL 73,204).

tur aut venisse ostenditur, noli fabulando opstrepere, sed mentem admove. An quidquam est indignius quam oracula divina circumstrepi, ne audiantur, ne credantur, ne revelentur, circumsonare sacramenta confusis vocibus, ut impediatur oratio pro salute deprompta omnium? 5

12. Gentiles idolis suis reverentiam tacendi deferunt. Unde illud exemplum proditur Alexandro sacrificante, Macedonum rege, puerulum barbarum qui ei lumen accenderet excepisse ignem brachio atque adusto corpore mansisse immobilem nec dolorem prodidisse gemitu nec tacito poenam 10 indicasse fletu. Tanta in puero barbaro fuit disciplina reverentiae, ut naturam vinceret. Atque ille non deos, qui nulli erant, sed regem timebat. Quid enim timeret eos, quos idem ignis si contigisset arsissent?

13. Quanto melius quod quidam in convivio patris adu- 15 lescens iubetur, ne meretricios amores indiciis insolentibus

---

def. FRTE

2 amove *AM, P a.c.* | indignus *A a.c.* ‖ 3 ne *alt.*] nec *A* ‖ 4 circum (*om.* sonare) *M* ‖ 6 tacendo *Maur.* | ferunt *P* ‖ 8 barbarum *om. P,* barbaram *A a.c.* | ei *om. A* | accenderat *HS,* accenderit *Cx* ‖ 9 excoepisse *M* | adque *Z* ‖ 10 prodisse *H* ‖ 11–12 revertentiae *A* ‖ 12 natura vinceretur *Cx, Maur.* ‖ 13 timebant *M* ‖ 13–14 si idem ignis *Maur.* | isdem *A* ‖ 14 sic *A* | arsisset *AVx* ‖ 15 in *om. M* ‖ 16 meretricis *MV*

---

[449] Für BEATRICE, *Ambrosius, De virginibus* 109 Anm. 28, bietet Ambrosius hier eine schöne Formulierung, „che rivela la centralità dell'evento-Cristo per l'interpretazione dei due Testamenti secondo Ambrogio e la più genuina tradizione patristica alla quale egli attinge a pieni mani: l'Antico Testamento è tutto proteso alla venuta futura del Cristo, il Nuovo è tutto permeato dalla venuta già realizzata del Signore nell' Incarnazione".

als der Gekommene vor Augen gestellt wird[449], nicht durch Schwätzen stören, sondern deinen Geist darauf richten. Oder gibt es etwas Unwürdigeres als wenn die göttlichen Weissagungen umrauscht werden, auf daß sie nicht gehört, nicht geglaubt, nicht entdeckt werden können, als die Geheimnisse mit wirren Worten zu umtönen[450], so daß das zum Heil aller hervorgebrachte Gebet behindert wird[451]?

12. Die Heiden erweisen ihren Götzenbildern die Ehrerbietung ihres Schweigens. So wird folgendes Beispiel überliefert: Als Alexander, der König der Makedonier, ein Opfer darbrachte, soll der kleine Barbarenjunge, der ihm das Licht entzündete, Feuer am Arm gefangen haben, und trotz verbranntem Körper sei er unbeweglich geblieben; weder habe er durch Wehklagen seinen Schmerz verrraten, noch durch stilles Weinen seine Qual gezeigt[452]. So groß war bei dem Barbarenjungen die Erziehung zur Ehrerbietung, daß er die Natur besiegte. Und (dabei) fürchtete er nicht die Götter, die überhaupt nicht existierten, sondern den König. Was hätte er sie denn auch fürchten sollen, die, hätte sie dasselbe Feuer erfaßt, in Flammen aufgegangen wären?

13. Um wieviel besser (ist es), daß ein junger Mann bei einem Gastmahl seines Vaters aufgefordert wurde, nicht durch auffällige Zeichen (seine) Dirnenliebschaften zu ver-

---

[450] GORI, *Ambrosius, De virginibus* 219 Anm. 38, sieht hier einen Anhaltspunkt dafür, daß die Predigt nicht von LIBERIUS, sondern von Ambrosius stammt. Der Nachdruck, mit dem das Schweigen in der Kirche gefordert wird, sei typisch für ihn und begegne auch in *hel.* 12, 41 (CSEL 32/2, 436), wo er den Lärm während seiner Predigt tadelt, sowie in *in psalm.* 1, 9 (CSEL 64, 8).

[451] Damit dürfte das eucharistische Gebet gemeint sein; vgl. *sacr.* 4, 4, 14 (CSEL 73, 52). Nach GRYSON, *Prêtre* 269 Anm. 46, spielt Ambrosius hier auf die beiden Teile der eucharistischen Versammlung an, den Wortgottesdienst mit der Lesung und der Erklärung der *oracula divina*, und die Feier der *sacramenta* mit dem Eucharistiegebet. Vgl. GORI, *Ambrosius, De virginibus* 219 Anm. 39.

[452] Vgl. VALERIUS MAXIMUS, *Facta et dicta memorabilia* 3, 3, ext. 1 (1, 181 f BRISCOE).

prodat? Et tu in mysterio, dei virgo, ‚gemitus, screatus, tussis, risus abstine'. Quod ille in convivio potest, tu in mysterio non potes? Vocis virginitas prima signetur, claudat ora pudor, debilitatem excludat religio, instituat consuetudo naturam. Virginem mihi prius gravitas sua nuntiet pudore obvio, gradu sobrio, vultu modesto, et praenuntia integritatis anteeant signa virtutis. Non satis probabilis virgo est, quae requiritur, cum videtur.

14. Frequens sermo est, cum plurima ranarum murmura religiosae auribus plebis opstreperent, sacerdotem dei praecepisse ut conticescerent ac reverentiam sacrae deferrent orationi: tunc subito circumfusos strepitus quievisse. Silent igitur paludes, homines non silebunt? Et inrationabile ani-

def. FRTE
1 mysterio] ministerio *P2* | *creatus (s *eras.*) *A*, sceatos *M*, screatos *Z*, rachison *s*. screatus *S* (*rachisôn: germanica vox = screatus*, cf. *DWb 8* [*1893*] *30–31* [*rächsen*]; *75* [*raksen*]) ‖ 1–2 tu*sis (s *eras.*) *A*, tusses *MZP2* ‖ 2 risos *Z* | quid *Y* | ille *om. M* ‖ 2–3 mysterio] ministerio *P2COY* ‖ 3 potest *A a.c.* (t *del. graphio*) | voce *Cx, Maur.* | signatur *P* ‖ 4 religio] regio *A* ‖ 8 requiritur] reliquerit *M* ‖ 9 sermonẽ *A a.r.* (n *eras.*) ‖ 10 opstreperint *A*, opstrepent *M* ‖ 11 conticiscerent *A*, conticisserent *J* | deferent *P a.c.*, diferrent *M* ‖ 12 strepitu *M*, strepitos *Z* ‖ 13 paludes] plaudes *P* (s *i.r. m2*), *C*

[453] Vgl. TERENZ, *Haut.* 370–373 (42 MAROUZEAU). Das Zitat *gemitus, screatus, tussis risus abstine* mag zwar eine sprichwörtliche Redensart geworden sein, doch kennt Ambrosius den Zusammenhang, in dem TERENZ die Phrase dem SYRUS in den Mund legt, das Gastmahl, das CHREMES, der Vater des CLITIPHON, zu Ehren des DIONYSOS gibt; vgl. COURCELLE, *Comiques* 227f. Vgl. auch *reg. mag.* 47,21 (SCh 106,216). RAMSEY, *Ambrosius, De virginibus* 223 Anm. 36, hält es für sicher, daß Ambrosius hier Humor zeigen möchte, indem er Worte an die Jungfrauen richtet, die bei TERENZ dem Taugenichts CLITIPHON gelten, doch gibt der Text selbst das nicht zu erkennen.

raten. ‚Enthalte' auch du dich, Jungfrau Gottes, bei der Feier des Mysteriums ‚des Stöhnens, Räusperns, Hustens, Lachens'[453]. Was jener beim Gastmahl fertigbringt, bringst du bei der Feier des Mysteriums nicht fertig? Zuerst werde die Jungfräulichkeit deines Wortes besiegelt[454], Schamhaftigkeit verschließe den Mund, Frömmigkeit halte die Schwäche fern, Gewöhnung unterweise die Natur. Vorher mag mir ihre Würde die Jungfrau anzeigen — mit auffallender Schamhaftigkeit, mit nüchternem Schritt, bescheidenem Blick; und die Kennzeichen der Tugend mögen (ihr) als Vorbotin der Unversehrtheit vorangehen. Eine Jungfrau, die man (nach ihrem Stand) fragen muß, wenn man sie sieht, ist nicht hinreichend tauglich[455].

14. Es gibt eine häufig erzählte Geschichte, nach der ein Priester Gottes, als sehr großes Gequake von Fröschen in den Ohren des frommen Volkes dröhnte, ihnen zu verstummen und dem heiligen Gebet Ehrerbietung zu erweisen befahl. Da habe mit einem Male der Lärm ringsum aufgehört[456]. Es schweigen also die Sümpfe — werden Menschen (da) nicht schweigen? Auch das unvernünftige Tier erkennt

---

[454] Im Anschluß an FALLER, *Ambrosius, De virginibus* 69 Anm. 4–8, meint GORI, *Ambrosius, De virginibus* 219 Anm. 44 (und mit ihm RAMOS-LISSÓN, *Ambrosius, De virginibus* 175 Anm. 65), eine „riflessione analoghe sopra in 2,2,7" feststellen zu können.

[455] Vgl. CYPRIAN VON KARTHAGO, *hab. virg.* 5 (CSEL 3/1, 191). DUVAL, *Originalité* 23 f, macht darauf aufmerksam, daß außer an dieser Stelle und *virg.* 3,5,25, unten 312 f, im dritten Buch von *virg.* sonst kein Einfluß des CYPRIAN festzustellen ist. An der genannten Stelle geht es um ausgelassene Gelage (*inconditae comessationes*) und Hochzeitsklänge (*nuptiales symphoniae*), besonders um das Tanzen (*saltatio*), von dem die Jungfrauen sich fernhalten sollen.

[456] Die genaue Quelle des Ambrosius ist nicht auszumachen, doch ist es ein beliebtes literarisches (vgl. ARISTOPHANES, *Ra.* 209–267 [130–132 DOVER]; ANTIGONUS VON CARYTUS, *Mirabilia* 4 [34 GIANNINI]; SUETON, *Aug.* 94,7 [109 IHM]; AELIAN, *NA* 3,37 [75 HERCHER]) bzw. im Mittelalter hagiographisches Motiv, den Fröschen Schweigen zu gebieten. Vgl. WELLMANN, *Frosch*, besonders 114; DELEHAYE, *Légendes hagiographiques* 33; WEBER, *Frosch,* besonders 531 f.536 f.

mal per reverentiam recognoscit quod per naturam ignorat: hominum tantam esse immodestiam, ut plerique deferre nesciant mentium religioni quod deferunt aurium voluptati?"

4.15. Haec tecum sanctae memoriae Liberius. Quae apud alios maiora verbis, apud te minora exemplis: ita omnem disciplinam non solum virtute adaequavisti, sed etiam aemulatione vicisti. Namque ieiunium in praeceptis habemus, sed singulorum dierum, tu autem multiplicatis noctibus ac diebus innumera tempora sine cibo transigis et, si quando rogaris ut cibum sumas, paulisper deponas codicem, respondes ilico: „non in pane solo vivit homo, sed in omni verbo dei." Ipse epularum usus cibus obvius, ut edendi fastidio ieiunium desideretur, potus e fonte, fletus in prece, somnus in codice.

16. Haec iunioribus convenere annis, donec mens aevi matura canesceret. Ast ubi domiti tropaeum corporis virgo sustulerit, moderandum labori, ut magistra suppari servetur aetati. Cito fecundis onerata palmitibus emeritae aetatis vitis crepat, nisi aliquando reprimatur. Eadem tamen donec

---

def. FRET
2 tantam esse immodestiam *Mdb, Cazz.,* tanta est immodestia *ACx, Maur. Fall.,* tanta inmodestia est *H* | referre *Y* ‖ 3 me*tum (n *eras.*) *A* | aurum *A a.c.* ‖ 3–4 voluntati *H* ‖ 6 maiora veris *PC, O a.c., U, Maur., Cazz.,* maior haberis *A a.c., Y2,* maiora sunt verbis *A p.c.,* maior aberis *Z,* maiora verbis *P2Y1, cet., Fall.* | minor *A a.c.* ‖ 7 adequisti *C,* adaequasti, *Maur.* ‖ 9 multiplicas *A* ‖ 11 aliquando *H* ‖ 12 respondens *M* ‖ 13 cibis obviis *CU, Maur.,* cibis obvius (obvius *i.r. m2*) *O* ‖ 13–14 ut edendi] utendi *MUY* ‖ 16 convenere *Z, edd.,* convenirent *S,* convenire *cet.* ‖ 17 canescet *C,* canescat *x* | *ast (h *eras.*) *A* | trophaeum *Maur.,* tropaeum *Fall., Cazz.,* tropheum *codd.* ‖ 18 moderandum] memorandum *AH* | suppari] sub pari *O,* superari *P,* vel suppari *add. mg. m2* ‖ 18–19 reservetur *Y* ‖ 19 aetate *O* | honerata *A a.c.* | aemeritae *b*

---

[457] In *virg.* 2, 3, 20, oben 235 f, heißt es ähnlich von den wilden Tieren. Die unvernünftigen Tiere — dort Bestien, hier Frösche — geben den Menschen durch ihr übernatürliches Verhalten ein Beispiel.

aus Ehrerbietung, was es von Natur aus nicht kennt[457]. So groß ist die Unbescheidenheit der Menschen, daß sehr viele für die Herzensfrömmigkeit nicht das aufzubringen wissen, was sie für einen Ohrenschmaus aufbringen?"

4.15 Dies (*sc.* die Darlegungen) des Liberius heiligen Gedenkens an dich. Sie sind bei anderen übertrieben angesichts ihrer Worte, bei dir untertrieben angesichts der Beispiele (die du gibst). So hast du deiner ganzen Erziehung nicht nur durch deine Tugend entsprochen, sondern hast sie durch deinen Eifer sogar (noch) übertroffen. Denn wir zählen das Fasten zu unseren Geboten, doch (nur) für einzelne Tage[458], du aber vervielfachst die Tage und Nächte und verbringst unzählige Stunden ohne Essen, und wenn du mal gebeten wirst, Nahrung zu dir zu nehmen, die (Heilige) Schrift eine Weile beiseite zu legen, antwortest du sofort: „Nicht vom Brot allein lebt der Mensch, sondern von jedem Wort Gottes" (Dtn 8,3; Mt 4,4; Lk 4,4 Vg.). Bei den Mahlzeiten selbst (hast du) die Gewohnheit, die erstbeste Nahrung (zu nehmen)[459], damit durch den Widerwillen dem Essen gegenüber der Wunsch geweckt wird, zu fasten, zu trinken aus der Quelle, zu weinen beim Gebet, zu schlafen über der (Heilige) Schrift[460].

16. Dies paßte in jüngeren Jahren, solange bis der altersreife Geist ergraute[461], aber sobald die Jungfrau das Siegeszeichen des bezwungenen Körpers emporhält, soll die Anstrengung gemäßigt werden, damit sie der etwas jüngeren Generation als Lehrmeisterin erhalten bleibt. Schnell knarrt ein Weinstock ausgedienten Alters unter der Last voller Rebzweige, wenn er nicht irgendwann zurückgeschnitten wird.

---

[458] Zwar wird nicht gesagt, um welche vorgeschriebenen Fastentage es sich handelt, doch dürfte auf jeden Fall auch die vorösterliche *Quadragesima* gemeint sein; vgl. *hel.* 10,34 (CSEL 32/1, 430).
[459] Zum Fasten und zur Qualität der Nahrung: *virg.* 2,2,8, oben 216–219.
[460] Vgl. zur Schriftlesung der Jungfrauen auch während der Schlafenszeit *virg.* 2,2,8, oben 218f.
[461] Vgl. VERGIL, *Aen.* 5,73 (201 MYNORS).

adolescit, exuberet: inveterata putetur, ne silvescat sarmentis aut fetu nimio exanimata moriatur. Bonus agricola optimam vitem et fotu terrae cohibet et defendit a frigore et ne meridiano sole uratur explorat. Agrum quoque vicibus exercet vel, si non patitur otiosum, diversa alternat semina, 5 mutatis ut fetibus arva requiescant. Tu quoque, virgo veterana, pectoris tui colles diversis saltim seminibus sere, nunc alimoniis mediocribus, nunc ieiuniis parcioribus, lectione, opere, prece, ut mutatio laboris induciae sint quietis.

17. Non totus messem generat ager. Hinc de collibus 10 vineta consurgunt, illic purpurascentes cernas olivas, hic olentes rosas. Saepe etiam relictis aratris ipse validus agricola digito solum scalpit, ut florum deponat radices, et asperis manibus, quibus luctantes inter vineta flectit iuvencos, molliter ovium pressat ubera. Eo quippe melior ager quo nume- 15 rosior fructus. Ergo et tu boni agricolae exemplum secuta non perennibus ieiuniis tamquam depressis vomeribus humum tuam findas. Floreat in hortis tuis rosa pudoris, lilium

---

1–8 *def. FRET;* 9–18 *def. FRE*
1 adolescet *M* | exuberet *add.* et *MJSPC, Maur.* | putetur *edd.,* plantetur *codd.* ‖ 2 examinata *Md,* exinanita *C,* vel exinanita *mg. O* ‖ 3 foetu *A a.c.,* forti *CU* | defendet *A* | ne *om. C, i.r. O* ‖ 4–5 exercet] exterret *A a.c.* ‖ 6 ut fetibus] *denuo incipit T* ‖ 6–7 veteranas *M* ‖ 7 coles *P,* colens *P2* ‖ 9 mutatione *HdP, O p.c. m2, Y* | sint *s.l. M* ‖ 11 surgunt *Z* | illinc *MP2* | purpurescentes *Y2, Maur.* ‖ 13 florem *MCTx* | radicis *MCTX* ‖ 15 eo] ego *A a.c.* | ager *add.* est *MCTx, Maur.* ‖ 5–16 nemorosior *CTU,* nemoriosior *O* ‖ 17 depressit *M* ‖ 18 fundas *CT* | ortis *C, T a.c.*

---

[462] Vgl. CICERO, *Cato* 15,52 (77 POWELL).
[463] Vgl. zum Bild des Weinstocks bei Ambrosius NAZZARO, *Natura* 334–344, besonders 338 Anm. 31.
[464] Vgl. VERGIL, *georg.* 1,72f.79.82.99 (31f MYNORS). Von der Erde, die sich von Zeit zu Zeit ausruht, spricht auch VARRO, *rust.* 1,44,2f (1,141 FLACH).
[465] Vgl. VERGIL, *georg.* 2,109 (49 MYNORS).

Solange er doch heranwächst, mag er reichlich sprießen; ist er alt geworden, soll er beschnitten werden, damit er nicht durch dürre Reise verwildert[462] oder, durch übermäßigen Ertrag entkräftet, abstirbt[463]. Ein guter Bauer umhegt seinen besten Weinstock durch Erwärmen des Bodens, schützt ihn vor Kälte und prüft, daß er nicht von der Mittagssonne versengt wird. Auch sein Ackerland bebaut er im Wechsel oder wechselt, wenn er (ihn) nicht brach liegen läßt, zwischen verschiedenen Samen, damit sich die Felder aufgrund der geänderten Bodenfrüchte erholen können[464]. Auch du, altgediente Jungfrau, bestelle die Anhöhen deines Herzens wenigstens mit verschiedenen Samen, mal mit mäßigen Speisen, mal mit seltenerem Fasten, mit Lesung, Arbeit, Gebet, damit das Wechseln der Anstrengung Ruhepausen bedeutet.

17. Nicht das ganze Land bringt Getreideernte hervor[465]. Hier erheben sich Weinberge von den Anhöhen her, dort kannst du dunkelrot werdende Oliven, dort duftende Rosen sehen[466]. Oft läßt auch der kräftige Bauer den Pflug liegen und kratzt mit dem Finger selbst den Ackerboden auf, um Blumenzwiebeln hineinzulegen, und mit seinen rauhen Händen, mit denen er die widerstrebenden jungen Stiere inmitten der Weinberge lenkt[467], melkt er sanft die Euter der Schafe[468]. Desto besser allerdings der Acker, je reicher der Ertrag. Auch du sollst also dem Beispiel des guten Bauern folgen und nicht mit dauerndem Fasten wie mit tief hineingegrabenen Pflugscharen deinen Erdboden zerfurchen[469]. In deinen Gärten blühe die Rose der Schamhaftig-

---

[466] Vgl. VERGIL, *georg.* 1, 54–56 (30f MYNORS).
[467] Vgl. VERGIL, *georg.* 2, 357 (57 MYNORS).
[468] Vgl. VERGIL, *Aen.* 3, 642 (173 MYNORS).
[469] Vgl. VERGIL, *georg.* 2, 356 (57 MYNORS). Mit dem guten Bauern, der schon im vorhergehenden Abschnitt Erwähnung fand (vgl. auch *virg.* 1, 8, 50, oben 184f), ist Christus gemeint; Ambrosius gibt seiner Schwester also zu verstehen, daß die Mäßigung ihrer Askese dem Willen Christi entspricht; vgl. WANDL, *Studien* 127f.

mentis, et irriguum sacri sanguinis violaria bibant fontem. Vulgo hoc ferunt: quod velis prolixe facere aliquando ne feceris. Debet esse aliquid, quod quadragesimae diebus addatur, sed ita ut nihil ostentationis causa fiat, sed religionis.

18. Oratio quoque nos deo crebra commendet. Si enim propheta dicit: „septies in die laudem dixi tibi", qui regni erat necessitatibus occupatus, quid nos facere oportet, qui legimus: vigilate et orate, ne intretis in temptationem? Certe sollemnes orationes cum gratiarum actione sunt deferendae, cum e somno surgimus, cum prodimus, cum cibum pa-

---

def. FRE
2 referunt *P* | velis *i.r. A* ‖ 4 sed] et *CTU* | ut *s.l. HO*, om. *CTx* | fiet *CT* ‖ 5 nos quoque *MV* | commendat *CTOU1*, comendet *P* | sic *MH* ‖ 6 die *i.r. M* ‖ 7 necessitas *A a.c.* ‖ 10 cum prodimus om. *C* | cum *tert.*] ut *C*

---

[470] Vgl. VERGIL, *georg.* 4, 32 (84 MYNORS); nach BEATRICE, *Ambrosius, De virginibus* 114 Anm. 43, „reinterpretato in senso eucaristico-sacramentale"; vgl. auch RAMSEY, *Ambrosius, De virginibus* 223 Anm. 40. DUVAL, *Originalité* 15, charakterisiert diesen und den vorhergehenden Abschnitt als „belle page d'agriculture spirituelle … toute imprégnée de Virgile", WANDL, *Studien* 126, spricht von „Georgica spiritalia".
[471] Vgl. BENEDIKT VON NURSIA, *reg.* 49, 5–9 (CSEL 75, 120).
[472] Der Terminus *sollemnes orationes* ist, wie die nachfolgenden Beispiele (insbesondere die Gebete *cum prodimus, cum cibum paramus sumere, cum sumpserimus*) nahelegen, nicht auf die Liturgie beschränkt. Es ist fraglich, ob Ambrosius hier überhaupt auf das liturgisch geprägte und zeitlich festgelegte Stundengebet anspielt, obgleich die Erwähnung der *hora incensi* einen offiziellen Charakter nahelegt. Vermutlich handelt es sich eher um private Gebete — vergleichbar der im folgenden empfohlenen Praxis, vor dem Einschlafen und nach dem Aufwachen Psalmen im Wechsel mit dem Gebet des Herrn und vor Tagesanbruch das Glaubensbekenntnis zu sprechen (*virg.* 3, 4, 19f, unten 302f) — als um unter Um-

keit, die Lilie des Geistes, und deine Veilchenbeete mögen den erfrischenden Quell des heiligen Blutes trinken[470]. Gemeinhin sagt man folgendes: Was du lange tun willst, solltest du von Zeit zu Zeit nicht tun. Es muß etwas geben, das den Tagen der vierzigtägigen Fastenzeit hinzugefügt wird, doch so, daß nichts aus Prahlerei geschieht[471], sondern aus Frömmigkeit.

18. Auch häufiges Gebet soll uns Gott anempfehlen. Wenn nämlich der Prophet sagt: „Siebenmal am Tag habe ich dir Lob gesungen" (Ps 119, 164; Ps 118, 164 LXX), obwohl er durch die Notwendigkeiten seiner Herrschaft in Anspruch genommen worden war, was müssen wir (dann) tun, die wir lesen: Wacht und betet, damit ihr nicht in Versuchung geratet (Mt 26, 41; Mk 14, 38)? Gewiß müssen feierliche Gebete[472] mit Danksagung dargebracht werden (vgl. Phil 4, 6; Kol 4, 2; 1 Tim 2, 1), wenn wir uns vom Schlaf erheben, wenn wir ausgehen, wenn wir uns anschicken, Nah-

---

ständen gemeinschaftlich verrichtete Gebete zu festgelegten Tageszeiten. Vgl. FRANZ, *Tageslauf* 368 f; anders GORI, *Ambrosius, De virginibus* 223–225 Anm. 62; zum Abschnitt ferner CATTANEO, *Breviario ambrosiano* 22 f (mit einem Referat verschiedener Deutungen); VOGÜÉ, *Histoire 1* 147; TAFT, *Liturgy* 142 f; ELBERTI, *Liturgia* 143; Belege für die Feier und Gestaltung der kathedralen Stundenliturgie außerhalb Mailands und in der Gemeinde des Ambrosius bei FRANZ, *Tageslauf* 122–146 (Vesper), 357–387 (Morgenhore), 448–469 (Mittagshore), der in einem liturgievergleichenden Verfahren das als solche nicht überlieferte Mailänder Stundengebetsordnung des 4. Jahrhunderts rekonstruiert hat — und zwar für die drei durch die sicher echten Tagzeitenhymnen (*Deus creator omnium* zur Abend-, *Aeterne rerum conditor* und *Splendor paternae gloriae* zur Morgen-, und *Iam surgit hora tertia* zur Mittagshore) belegten Stundengebetszeiten; vgl. auch FRANZ, *Tagzeitenliturgie* 27–74.

ramus sumere, cum sumpserimus, et hora incensi, cum denique cubitum pergimus.

19. Sed etiam in ipso cubili volo psalmos cum oratione dominica frequenti contexas vice, vel cum evigilaveris, vel antequam corpus sopor inriget, ut te in ipso quietis exordio 5 rerum saecularium cura liberam, divina meditantem somnus inveniat. Denique etiam ille philosophiae ipsius qui nomen invenit, cotidie, priusquam cubitum iret, tibicinem iubebat molliora canere, ut anxia curis saecularibus corda mulceret. Sed ille, sicut is qui laterem lavat, saecularia saecu- 10

def. FRE
1 ora *CT* ‖ 2 cubuli *A* ‖ 4 frequente *A* | contextas *M* | vicem *A,* voce *Z* | cum *s.l. C* ‖ 5 sophor *Z* | ut te] vitę *A* ‖ 6 saecularium *om. Z* | liberum *A a.c.* | meditantes *Z* ‖ 6–7 somnos *A a.c.* ‖ 7 etiam *om. CTx* | ille *om. M, Maur.* | ipsius *om. O* | qui *add.* prius *CT, add.* primus *x, Maur.* ‖ 8 tibicennẽ *V,* tubicen *M,* tibicen *A a.c., JSU,* tibice *A p.c.,* tibicem *bCT,* tibicinen *O* ‖ 9 canore *C* | axia *A a.c.* ‖ 9–10 corda mulceret (corda mul *i.r.*) *M* ‖ 10 – p. 304 l. 1 saecularibus (ri *s.l.* graphio) *A*

[473] Gemeint ist der abendliche Gottesdienst, der mit dem Hereinbringen des Lichtes und wohl auch mit dem Entzünden des Weihrauchs (so WINKLER, *Kathedralvesper* 92; GAMBER, *Sacrificium* 67; TAFT, *Liturgy* 143 [referiert bei ELBERTI, *Liturgia* 147]; zurückhaltend FRANZ, *Tageslauf* 130f; PFEIFER, *Weihrauch* 48f; skeptisch BRADSHAW, *Prayer* 112) eröffnet wurde, den Vortrag von Ps 141 (Ps 140 LXX) und von Fürbitten enthielt, und für den Ambrosius den Hymnus *Deus creator omnium* verfaßte (dazu ausführlich FONTAINE, *Ambrosius, Hymni* 229–261; FRANZ, *Tageslauf* 37–146). Zur inhaltlichen Ausrichtung der Vesper meint derselbe, *Tageslauf* 146: „Im Kern thematisiert und vollzieht die Abendhore das aus der Haltung eines immerwährenden Betens erwachsene, an den Schöpfer (Hymnus, Ps 103) und Schützer (Hymnus, *preces*) gerichtete abendliche Gebet (Ps 140, Hymnus)". Vgl. auch *hex.* 5,12,36 (CSEL 32/1,196–170); *in psalm.* 1,9 (CSEL 64,7); *in Luc.* 7,88f (CCL 14,243); *in psalm.* 118 8,48 (CSEL 62,180).
[474] Zum häufigen bzw. unablässigen Gebet, bei Tag und bei Nacht, besonders jedoch am Morgen und am Abend vgl. außer den zur Vesper angeführten Stellen (siehe oben Anm. 473) *epist.* 11 (29),1 (CSEL 82/1,78f);

rung zu uns zu nehmen, wenn wir sie zu uns genommen haben, auch zur Stunde des Lichtanzündens[473] (vgl. Lk 1,10; Ps 141,2; Ps 140,2 LXX; Ex 30,8), schließlich wenn wir schlafen gehen[474].

19. Doch selbst im Bett sollst du, so wünsche ich, häufig Psalmen mit dem Gebet des Herrn im Wechsel verbinden — sei es wenn du aufwachst, sei es bevor der Schlaf deinen Körper erfrischen mag —, damit dich der Schlaf gerade am Beginn der Nachtruhe vorfinde, frei von der Sorge um weltliche Dinge, über göttliche Dinge nachdenkend. Schließlich ließ auch jener, der sich den Namen „Philosophie" ausdachte[475], Tag für Tag, bevor er schlafen ging, einen Flötenspieler sanfte (Stücke) spielen, um die aufgrund weltlicher Sorgen ängstlichen Herzen zu besänftigen[476]. Doch er wünschte sich vergeblich — wie jener, der einen Ziegelstein (weiß) waschen will[477] —, Weltliches mit Weltlichem zu be-

---

epist. 77(22),15 (CSEL 82/3,135); *exhort. virg.* 9,58 (244–246 GORI); 10,70 (254 GORI); *in psalm.* 36,65f (CSEL 64,123–125); *in Luc.* 2,76 (CCL 14,64); 7,87–89 (CCL 14,242–244); *in psalm.* 118 7,30–32 (CSEL 62,144–146); 8,45–52 (CSEL 62,178–183); 19,22 (CSEL 62,433); 19,32 (CSEL 62,438f); 20,52 (CSEL 62,470); *hel.* 15,55 (CSEL 32/2,444f); *hymnus* 1,17–20.31f (151 FONTAINE); *inst. virg.* 2,8–10 (116–118 GORI); *vid.* 9,56 (292 GORI); *virginit.* 12,69.72 (32–34 CAZZANIGA); 19,126 (59f CAZZANIGA).

[475] Gemeint ist PYTHAGORAS; vgl. *Abr.* 2,7,37 (CSEL 32/1,593). Schon nach dem PLATO-Schüler HERACLEIDES PONTICUS soll sich PYTHAGORAS als erster „Philosoph" genannt und damit das Wort „Philosophie" geprägt haben; vgl. CICERO, *Tusc.* 5,3,8 – 5,4,10 (407f POHLENZ); JAMBLICH, *VP* 12,58f (31f DEUBNER/KLEIN); DIOGENES LAERTIUS, *Vitae philosophorum 1* 12 (5 LONG). Doch muß diese Etymologie wohl als eine Rückprojizierung aus späterer Zeit angesehen werden; vgl. BURKERT, *Platon;* KRANZ, *Philosophie* 573.

[476] Vgl. CICERO, *Tusc.* 4,2,3 (362 POHLENZ).

[477] Sprichwörtliche, dem griechischen πλίνθον πλύνεις entsprechende Redensart, um ein vergebliches Bemühen deutlich zu machen; entnommen TERENZ, *Phorm.* 186 (129 MAROUZEAU). Sie findet sich auch bei SENECA RHETOR, *contr.* 10, praef. 11 (287 HÅKANSON); HIERONYMUS, *adv. Pelag.* 1,25 (CCL 80,32); GAUDENTIUS VON BRESCIA, *Tractatus* 9,26 (CSEL 68,82). Vgl. OTTO, *Sprichwörter* 187.

laribus frustra cupiebat abolere; magis enim se oblinebat luto qui remedium a voluptate quaerebat. Nos autem terrenorum vitiorum conluvione detersa ab omni inquinamento carnis mentium interna mundemus.

20. Symbolum quoque specialiter debemus tamquam nostri signaculum cordis antelucanis horis cotidie recensere, quo etiam, cum horremus aliquid, animo recurrendum est. Quando enim sine militiae sacramento miles in tentorio, bellator in proelio?

5.21 Iam illud quis non ad nostram institutionem dictum intellegat quod ait sanctus propheta: „lavabo per singulas noctes lectum meum, lacrimis meis stratum meum rigabo?" Nam sive lectum iuxta litteram intellegas, tantam ubertatem ostendit profundi oportere lacrimarum, ut lavetur lectus, stratum rigetur fletibus obsecrantis — fletus enim praesentium merces est futurorum, quoniam: „beati qui fletis, ipsi enim ridebitis" —, sive pro corpore accipiamus propheticum dictum, delicta corporis paenitentiae lacrimis abluamus. „Fecit" enim „sibi lectum Salomon ex lignis Li-

---

def. FRE
1 adolere *A* | obliniabat *C, O a.c.*, oblinibat *TU, Maur.* ‖ 3 congluvione *mg. A1 a.c.* ‖ 4 mentium] initium *M* ‖ 6 nostrum *M* ‖ 7 quo *HT,* quod *cet.* | enim] etiam *CTx* ‖ 12 in lacrimis *CT, O a.c.* (in *exp.*), *U* | meis *om. HMVJb* ‖ 13–14 tantum ubertate *M* ‖ 15 stratus *Mx* | obsecrantes *P* ‖ 17 qui] quid *A a.c.* ‖ 18 delictum *P* ‖ 19 ablavamus *M* | Salamon *A a.c., Z*

---

[478] Zur *mens* bei Ambrosius siehe *virg.* 1,6,31, oben 154 Anm. 142; 1,7,37, oben 163 Anm. 163.
[479] Ambrosius stellt mit der Bezeichnung *signaculum cordis nostri* heraus, daß die christliche Existenz durch das Symbol geprägt ist. Das Glaubensbekenntnis stellt eine wirkungskräftige Schutzformel für den

seitigen; denn er besudelte sich (noch) mehr mit Dreck, indem er ein Heilmittel im Genuß suchte. Wir aber wollen den Unrat irdischer Laster abwischen und das Innere unseres Geistes[478] von allem Schmutz des Fleisches reinigen.

20. Insbesondere müssen wir auch das Glaubensbekenntnis, gleichsam das Siegel unseres Herzens, Tag für Tag in den Stunden vor Sonnenaufgang durchgehen; zu ihm müssen wir auch, wenn uns vor etwas schaudert, im Geiste Zuflucht nehmen[479]. Wann nämlich wäre ein Soldat im Zelt, ein Krieger im Kampf ohne seinen Fahneneid?

5.21 Wer sollte nun nicht begreifen, daß es zu unserer Belehrung gesprochen (worden ist), was der heilige Prophet sagt: „Jede Nacht werde ich mein Bett benetzen, mit meinen Tränen mein Lager überschwemmen" (Ps 6,7)? Entweder kannst du nämlich „Bett" dem Buchstaben nach verstehen, dann macht er deutlich, daß eine solche Tränenfülle vergoßen werden muß, damit durch das Weinen des Bittstellers das Bett benetzt, das Lager überschwemmt wird — gegenwärtiges Weinen bedeutet ja zukünftigen Lohn, denn: „Selig, die ihr weint, denn ihr werdet lachen" (Lk 6,21). Oder aber wir können den Prophetenspruch auf den Körper hin auslegen, dann mögen wir die Vergehen des Körpers mit den Tränen der Reue abwaschen. „Salomo machte sich" ja „ein Bett aus Holz vom Libanon; seine Pfo-

---

Christen dar, es bringt, dem Fahneneid des Soldaten vergleichbar, eine innere Bindung an Gott und den Glauben zum Ausdruck. Vgl. DÖLGER, *Sol salutis* 109. Zur Wiederholung bzw. zum Aufsagen des Symbolums vgl. Ambrosius, *symb.* 9 (CSEL 73, 11 f); ferner AUGUSTINUS, *serm.* 58, 13 (131 VERBRAKEN); *symb.* 1, 1 (CCL 46, 185); NICETAS VON REMESIANA, *symb.* 14 (52 BURN); *compet.* frg. 2 (8 BURN).

bani; columnae eius erant argenteae, acclinatorium eius aureum, dorsum eius gemmatum stratum." Qui est iste lectus nisi nostri corporis species? Namque in gemmis aer specie fulgoris ostenditur, in auro ignis, aqua in argento, terra per lignum: ex quibus corpus humanum quattuor constat elementis, in quo nostra recubat anima, si non aspero montium, non humi arido expers quietis existat, sed sublimis a vitiis ligno fulta requiescat. Unde etiam David dicit: „dominus opem ferat illi super lectum doloris eius." Nam lectus doloris esse qui potest, cum dolere non possit qui non habet sensum? Corpus autem doloris sicut corpus est mortis: „infelix ego homo, quis me liberabit de corpore mortis huius?"

---

def. FRE

1 columnae] collum *AHMVJZ* | erat *HVJM* | argentum *AHVJMZ* | argenteae erant *PY* ‖ 2 *ante* dorsum *lac. stat. Cazz.* | dorsum] ascensus *H* | gemmatus (*ex* gemmatū, *om.* stratum) *H* | stratum gemmatum *M* | qui *AJb, O a.c., U, Fall., Cazz.,* quid *O p.c. m2,* quis *cet., Maur.* ‖ 3 nostri] mei *Y* | corporis nostri *M* | aes species *M,* aerei species *C,* aerii species *HTx, Maur.* ‖ 6 asperum *CTx,* aspera *M* ‖ 7 aridum *CTx,* arida *M,* arrido *PY* | sullimis *CT* ‖ 8 etiam] et *PY* | dicit] inquid *H* ‖ 9 lectus] lectum *C* ‖ 10 qui *pr.*] quis *HM* | dolere] dolore *AVM, C a.c.* | qui *alt.*] quia *Z* | habeat *CTx, Maur.* ‖ 11 mortis *add.* eius *AHM, O a.c., U, Maur.* ‖ 12 liberavit *AMZCT*

---

[480] Hld 3, 9f ist von Ambrosius (oder von seiner Bibelausgabe, vgl. *VetLat* [2, 380 SABATIER]) unvollständig zitiert; in den Schriften des Ambrosius begegnet Hld 3, 9–10a sonst nicht; vgl. WEIHRAUCH, *Hohelied* 27; 113 Anm. 109–112). Man muß nicht, wie CAZZANIGA 67, eine Überlieferungslücke vermuten, denn das Zitat liefert die Grundlage für die im folgenden referierte Deutung, der Körper bestehe aus den klassischen vier Elementen Luft, Feuer, Wasser und Erde, indem Ambrosius diesen Elementen die in Hld 3, 9f genannten Materialien Edelsteine, Gold, Silber und Holz zuordnet. Der in Hld 3, 10 genannte Purpur war in dieser Auslegung fehl am Platze. Vgl. GORI, *Ambrosius, De virginibus* 227 Anm. 68f; derselbe, *Emendazioni* 88; RAMOS-LISSÓN, *Ambrosius, De virginibus* 181–183 Anm. 93.
[481] Vgl. zum Beispiel ORIGENES, *Cant* 1,3,6 (SCh 375,210); *hom. in Ezech.* 1,4 (GCS 329); *fragm. in Lam.* 3 (GCS 236). WANDL, *Studien* 128–131, vermutet bei der Auslegung von Ps 6, 7 bzw. Hld. 3, 9f, daß Am-

sten waren aus Silber, seine Lehne aus Gold, seine Rückseite ein mit Edelsteinen besetztes Polster" (Hld 3, 9f)[480]. Was ist dieses Bett anderes als ein Bild für unseren Körper? Denn in den Edelsteinen wird die Luft unter dem Bild des Glanzes vor Augen gestellt, im Gold das Feuer, das Wasser im Silber, die Erde durch das Holz. Aus diesen vier Elementen besteht der menschliche Körper[481], in dem unsere Seele ruht, wenn sie nicht ruhelos auf rauhen Bergen, auf trockenem Boden[482] umherirrt, sondern hoch über den Lastern schwebend, vom Holz gestützt, zur Ruhe kommt? Daher auch spricht David: „Der Herr gebe ihm Kraft auf dem Bett seines Schmerzes" (Ps 41,4; Ps 40,4 LXX). Denn was kann das Bett (sonst) bedeuten, da dasjenige, das kein Empfindungsvermögen hat, (auch) keinen Schmerz empfinden kann? Der Körper des Schmerzes aber ist der Körper des Todes[483]: „Ich unglücklicher Mensch! Wer wird mich aus dem Körper dieses Todes befreien?" (Röm 7,24)[484].

---

brosius weniger ORIGENES als vielmehr „eine uns verlorene Stelle aus Athanasius im Auge hatte, worin dieser bereits origenisches Gedankengut für seine Zwecke nutzbar machte"; auch für die folgende Deutung von Ps 41,4 bzw. Joh 11,33–35 dürfte damit gerechnet werden, daß ihm der Alexandriner als Vorlage diente.

[482] Der Ausdruck *humi arido* findet sich bei SALLUST, *Iug.* 48,3 (94 REYNOLDS); vgl. auch Ambrosius, *exc. Sat.* 2,57 (CSEL 73,279f).

[483] Während der biblisch belegte Audruck *corpus mortis* in der patristischen Literatur häufig aufgegriffen wird, ist die Formulierung *corpus doloris* selten. Vgl. HILARIUS VON POITIERS, *trin.* 10,23 (CCL 62,478); 10,47 (CCL 62,501); Anklänge daran lassen PETRUS CHRYSOLOGUS, *Sermones,* 14,7 (CCL 24,91), und FULGENTIUS VON RUSPE, *rem. pecc.* 13,3 (CCL 91A,696), erkennen.

[484] In der allegorischen Schriftauslegung, die Ambrosius im Anschluß an die Deutung im Literalsinn (*iuxta litteram*) durchführt, steht das in Ps 6,7; Hld 3,9f und Ps 41,4 genannte Bett für den menschlichen Körper; vgl. auch *in Luc.* 5,14 (CCL 14,139). Der *lectus doloris,* in dem die Seele ruht, ist der Körper des Menschen, der als *corpus doloris* und, im Anschluß an Röm 7,24, als *corpus mortis* bezeichnet wird.

22. Et quoniam versiculum induximus, in quo dominici corporis fecimus mentionem, ne quem forte perturbet legentem quod dominus corpus suscepit doloris, recordetur quia Lazari mortem et doluit et flevit et in passione est vulneratus atque ex vulnere aqua et sanguis exivit spiritumque exhalavit. Aqua ad lavacrum, sanguis ad potum, spiritus ad resurrectionem. Unus enim Christus est nobis spes fides caritas: spes in resurrectione, fides in lavacro, caritas in sacramento.

23. Tamen ut corpus suscepit doloris, ita etiam stratum in infirmitate versavit, quia convertit in commodum car-

---

def. FRE
1 induximus] ut diximus *MP* | dominici] domini *P*, dominico *P2* ‖ 2 mentionem facimus *Y* ‖ 2–3 fecimus ... corpus *om*. *P* ‖ 3 corpore *P2* ‖ 4 et *pr.* (t *post del.*) *A* | atque] adque *Z a.c. m1* ‖ 5 sanguis et aqua *Maur.* | spiritum (*om.* que) *C* ‖ 6 exalavit *ACO* ‖ 7 fides spes *CT* | fides *add.* et *M* | spe *Cazz.* (*error typ.?*) ‖ 8 resurrectione *C* | in *tert. om.* *HMCT* ‖ 8–9 sacramentum *CT* ‖ 11 infirmitatem *CT* | quia] quam *Z* | in commoda *T*, incommoda *x*

---

[485] Das Schriftzitat, mit dem für Ambrosius auf den Leib Christi angespielt worden ist, dürfte Ps 41,4a; Ps 40,4a LXX (*dominus opem ferat illi super lectum doloris eius*) sein. Diese typologische Auslegung von Ps 41,4; Ps 40,4 LXX begegnet jedoch ausdrücklich erst im nächsten Abschnitt mit dem Zitat von Vers 4b: *corpus suscepit doloris, ita etiam stratum in infirmitate versavit, quia convertit in commodum carnis humanae. Nam passione infirmitas est soluta, mors resurrectione*. Hier wird also das *stratum* als das *corpus doloris* des Herrn gedeutet. Folglich wird man auch das *lectum* aus Vers 4a auf den Leib Christi beziehen können; auch hier ist der *dominus* Christus. Ps 41,4; Ps 40,4 LXX wird in *in psalm.* 40,12 (CSEL 64,235f) allegorisch ausgelegt, indem *lectum doloris* auf das Fleisch der Schwachheit gedeutet wird. Im Zusammenhang mit der Heilung des Gelähmten Lk 5,24 wird gesagt, daß Christus das Lager wendet, das heißt ändert. Wer also krank ist, soll sich der wahren Arznei zuwenden. Typologisch wird der Vers *in psalm.* 13 (CSEL 64,236f) auf Christus ange-

22. Und da wir nun einen kleinen Vers herangezogen haben und dabei auf den Körper des Herrn zu sprechen gekommen sind[485], mag man sich, damit sich nicht etwa jemand beunruhigt, wenn er liest, daß der Herr einen Körper des Schmerzes angenommen hat, daran erinnern, daß er über den Tod des Lazarus Schmerz litt und weinte (vgl. Joh 11,33–35), daß er in seinem Leiden verwundet wurde, daß aus seiner Wunde Wasser und Blut floß (vgl. Joh 19,34) und daß er den Geist aushauchte (vgl. Mt 27,50; Mk 15,37; Lk 23,46; Joh 19,30). Das Wasser zur Taufe, das Blut zum Trank, der Geist zur Auferstehung (vgl. 1 Joh 5,8)[486]. Der eine Christus ist für uns Hoffnung, Glaube (und) Liebe (vgl. 1 Kor 13,13): Hoffnung in der Auferstehung, Glaube in der Taufe, Liebe im Sakrament[487].

23. Dennoch, wie er einen Körper des Schmerzes angenommen hat, so hat er auch das Lager in Schwachheit gewendet (vgl. Ps 41,4; Ps 40,4 LXX), weil er es gewandelt hat

---

wendet, der sich in Leiden und Tod zum Heil aller hingegeben und darin seine und aller Menschen Wunden und Schwachheit zum Besseren hin gewendet hat. Die Schwachheit ist durch die Passion, der Tod durch die Auferstehung aufgehoben worden. Vers 4b wird in *in psalm*. 36,51 (CSEL 64,109) im Literalsinn ausgelegt, in *in Luc*. 8,47 (CCL 14,314) allegorisch gedeutet auf die Vergeltung der Verdienste: vom Lager der menschlichen Schwachheit wird der eine zurückgelassen und verworfen, der andere aufgenommen und Christus entgegengeführt. In *Iob* 3,3,7 [CSEL 32/2,253], wird der Vers angewendet auf den Gläubigen, der mit Christus stirbt und begraben wird, vor allem auf den Märtyrer, dessen Schwachheit durch die Passion, dessen Tod durch die Auferstehung gelöst wird. Vgl. AUF DER MAUR, *Psalmenverständnis* 111f.
[486] Vgl. *in Luc*. 10,48 (CCL 14,359).
[487] Mit *sacramentum* ist die Eucharistie gemeint, wie auch die Parallelisierung mit dem Ausdruck *sanguis ad potum* verdeutlicht.

nis humanae. Nam passione infirmitas est soluta, mors resurrectione. Et tamen maerere pro saeculo, gaudere debetis in domino, tristes ad paenitentiam, alacres ad gratiam, licet et „flere cum flentibus et gaudere cum gaudentibus" oportere „gentium doctor" salutari praeceptione praescripserit. 5
24. Verum qui penitus enodare cicatricem omnem desiderat quaestionis ad eundem confugiat apostolum: „omne" enim inquit „quodcumque facietis in verbo aut in facto in nomine domini nostri Iesu Christi gratias agentes deo patri per ipsum." Omnia ergo dicta nostra factaque refe- 10
ramus ad Christum, qui vitam fecit ex morte, lucem creavit

---

def. FRE
1 nam *add.* in *M* ‖ 1–2 resurrectionem *A a.r.* ‖ 2 pro saeculo] post saeculum *P2* ‖ 4 et *om. M* ‖ 5 praescripserit] r *tert. i.r. A* ‖ 6 penitus *s.l. T* | circatricem *A a.r.* ‖ 7 confugat *A a.c.* ‖ 7–8 omnem *P a.r.* ‖ 8 enim*om. CTx* | facitis *dCTxY, Maur.* | facto *s.* opere *T,* opere *A,* opere omnia *H* ‖ 9 deo *add.* et *M* ‖ 11 morte (r *s.l.*) *A, add.* et *Maur.*

---

[488] Die christologische Interpretation von Ps 41,4b begegnet ähnlich in *in psalm.* 40,13 (CSEL 64,236f); siehe *virg.* 3,5,22, oben 308f Anm. 485. Der Wortlaut des Halbverses ist nicht ganz einheitlich: Während in *in psalm.* 40,12 (CSEL 64,235) und *in Luc.* 8,47 (CCL 14,314) *universum stratum eius versasti in infirmitate eius* (so auch Vg. nach der LXX; vgl. ferner VetLat [2,83 SABATIER]) zitiert wird, heißt es in *Iob* 3,3,7 (CSEL 32/2,253) und *in psalm.* 36,51 (CSEL 64,109): *universum stratum versasti in infirmitate eius*.
[489] Diese Formulierung begegnet wörtlich in *in psalm.* 40,13 (CSEL 64,236).
[490] Es fällt auf, daß Ambrosius im Zitat die übliche Reihenfolge ändert (vgl. VetLat [3,641 SABATIER] und Vg.: *gaudere cum gaudentibus, flere cum flentibus*). Der Hinweis von RAMOS-LISSÓN, *Ambrosius, De virginibus* 185 Anm. 106, damit sei eine Angleichung an die vorhergehende Formulierung *tristes ad paenitentiam, alacres ad gratiam* (und man könnte hinzufügen: *an maerere pro saeculo, gaudere ... in domino*) gegeben, besagt nicht allzuviel, da Ambrosius doch auch umgekehrt diese Aussagen dem biblischen Zitat anpassen können. Angesichts der zentralen Bedeutung des PAULUS-Zitates in der Darstellung des Ambrosius

zum Wohl des menschlichen Fleisches[488]. Denn durch das Leiden ist die Schwachheit aufgehoben worden, der Tod durch die Auferstehung[489]. Und dennoch müßt ihr trauern vor der Welt, euch freuen im Herrn (vgl. Phil 3, 1; 4, 4), traurig bei der Reue (vgl. 2 Kor 7, 9 Vg.), eifrig beim Dank, mag auch „der Lehrer der Völker" (1 Tim 2, 7) durch seine heilsame Unterweisung vorgeschrieben haben, man solle „mit den Weinenden weinen und sich mit den Fröhlichen freuen" (Röm 12, 15)[490].

24. Wer aber die ganze Schwierigkeit der Frage[491] völlig zu entwirren wünscht, nehme Zuflucht zu ebendem Apostel. Er sagt nämlich: „Alles, was immer ihr tun werdet in Wort oder Tat, (geschehe) im Namen unseres Herrn Jesus Christus; durch ihn sagt Gott, dem Vater, Dank" (Kol 3, 17). All unsere Worte und Taten wollen wir also auf Christus beziehen[492], der Leben hervorbrachte aus dem Tode, der Licht

---

hält RAMOS-LISSÓN es für möglich, daß „con la transposición se produce un mayor efecto suasorio en el lector".

[491] Ambrosius spricht von einer *cicatrix quaestionis,* einer Narbe, die diese Problematik — gemeint ist die Erfahrung von Schmerz und Freude im Leben des Christen — hinterläßt.

[492] RAMOS-LISSÓN, *Paradigme* 66f, betont den paränetischen Charakter der Exegese von Kol 3, 17. Schon die Präposition *ad* weise auf ein zielgerichtetes Handeln der Jungfrau hin und diese teleologische Beziehung zu Christus werde durch den Plural *referamus* verstärkt. Der folgende Relativsatz: *qui fecit vitam ex morte, lucem creavit ex tenebris* betone dann die heilsame Wirkung des Handelns Christi. „En somme, nous pourrions conclure que notre auteur fait une exégèse assez littérale du texte paulinien dans un sens clairement perénétique. Mais, quant à la dernière partie du texte examiné, il y a une manifeste exégèse tropologique qui insiste avec ténacité sur l'action guérissante ou sotériologique du Christ" (*Paradigme* 67). Allerdings: „Il nous parait que cette idée est en accord avec la mentalité juridique d'Ambroise, et, surtout avec le contexte du salut dans lequel on trouve le texte"(*Paradigme* 66 Anm. 12).

ex tenebris. Namque ut corpus aegrotum nunc calidioribus
fovetur, nunc frigidioribus temperatur remediorumque mutatio, si iuxta praeceptum fiat medici, salutaris est, si contra man-
datum usurpetur, languoris augmentum est, ita medico nostro
quidquid penditur Christo remedium est, quidquid usurpatur 5
incommodum.

25. Debet igitur bene consciae mentis esse laetitia, non
inconditis comessationibus, non nuptialibus excitata sym-
phoniis; ibi enim intuta verecundia, illecebra suspecta est,
ubi comes deliciarum est extrema saltatio. Ab hac virgines 10
dei procul esse desidero. „Nemo enim", ut dixit quidam

1–6 *def. FRE;* 7–11 *def. FRTE*
1 ex] in *H a.r.* ‖ tenebris (*ne s.l.*) *A* ‖ 3 medici faciat *M* ‖ 5 impenditur
ST, panditur *HM* ‖ 7 bene *om. A* ∣ consciencie *A* ‖ 8 comessationibus
(*om.* sationibus) *deficit tribus fere foliis perditis T,* commissationibus *Z* ‖
9 intota *A* ∣ suscepta *M* ∣ est *om. A* ‖ 10 virgine *M*

---

[493] Die im Anschluß an Gen 1,3 erwähnte Schaffung von Leben aus dem
Tod, von Licht aus der Finsternis ist strenggenommen dem Vater zugeordnet — vielleicht wird bei VetLat (7 FISCHER) deshalb *virg.* 3,5,24,
nicht erwähnt. Ähnlich wie in 2 Kor 4,6 und 2 Tim 1,10 — ein Bezug
wird von GORI, *Ambrosius, De virginibus* 228, anders als von FALLER,
Ambrosius, De virginibus 73 Anm. 13, und ZIMMERMANN, *Untersuchungen* 337 (für 2 Kor 4,6), in Frage gestellt und von SABATIER, *Vetus Latina*
3,735 (zu 2 Kor 4,6), bzw. FREDE, *Vetus Latina 1* 674 (zu 2 Tim 1,10),
nicht erwähnt — dürfte das Offenbarwerden des neuen Lebens in Christus gemeint sein.
[494] Das Bild vom *Christus medicus* ist in der patristischen Literatur weit
verbreitet (vgl. DÖRNEMANN, *Krankheit;* zur Verwendung bei ORIGE-
NES vgl. die ausführliche Studie FERNÁNDEZ, *Cristo médico*) und wird
auch von Ambrosius mehrfach aufgegriffen, Vgl. dazu MÜLLER, *Medizin* 39–44; derselbe, *Arzt* 201f; GRYSON, *Prêtre* 287 Anm. 157; TOSCA-
NINI, *Teologia* 287 Anm. 157; GORI, *Ambrosius, De viduis* 289 Anm. 113.
[495] GORI, *Ambrosius, De virginibus* 229 Anm. 76, macht darauf aufmerksam, daß der Begriff *bene consciae* nur unter Beachtung des bei Ambrosius begegnenden Verständnisses der *mens,* welcher der Ausdruck
hier ja auch grammatikalisch als Attribut zugehörig ist, richtig verstan-

schuf aus der Finsternis⁴⁹³. Denn wie der kranke Körper durch heiße (Anwendungen) erwärmt, durch kalte abgekühlt wird und das Wechseln der Heilmittel heilsam ist, wenn es auf Anweisung des Arztes erfolgt, wenn es aber entgegen seinen Anweisungen angewendet wird, eine Zunahme der Entkräftung bedeutet, so ist alles, was von unserem Arzt Christus⁴⁹⁴ verordnet wird, ein Heilmittel, was man sich anmaßt, ein Nachteil.

25. Die Freude soll also von einem wohlbewußten Geist herrühren⁴⁹⁵, nicht durch ungeordnete Trinkgelage (vgl. Röm 13,13), nicht durch Hochzeitsmusik entfacht worden sein. Denn dort ist das Schamgefühl ungeschützt, die Verlockung verdächtig, wo übermäßiges Tanzen die Freudenklänge begleitet⁴⁹⁶. Ich wünsche, daß sich die Jungfrauen Gottes davon fernhalten⁴⁹⁷. „Denn niemand", so hat ein Leh-

---

den werden kann. Das geforderte große Bewußtsein könne nur in dieser *mens,* das heißt im vernunftbegabten, von Sinneseindrücken freien Teil der Seele, seinen Sitz haben. Dieses „geistige Bewußtsein" sei frei von den im folgenden abgelehnten sinnlichen Reizen. Vgl. auch *Abr.* 2,5,22 (CSEL 32/1, 580). Mit *male conscii* wird entsprechend die geistlose Unterwerfung unter die Sinne und die Sünde charakterisiert — ein Nebel, in dem sich die *mens* verirrt (vgl. *Abr.* 2,4,16 [CSEL 32/1, 575]).
⁴⁹⁶ Vgl. zur Kritik am Tanzen *virg.* 3,2,8, oben 288f; 3,5,25 – 3,6,28, unten 312–319; 3,6,31, unten 322f, vgl. dazu Anm. 510.
⁴⁹⁷ Vgl. CYPRIAN VON KARTHAGO, *hab. virg.* 18 (CSEL 3/1, 200), wo jedoch eher allgemein auf die Unschicklichkeiten bei Hochzeitsfeiern, die dort üblichen unanständigen Reden (*verba turpia*) und trunkenen Gelage (*temulenta convivia*) abgehoben wird. Mag die Jungfrau bei einer Hochzeitsfeier auch *corpore ... ac mente permaneat, oculis, auribus, lingua minuit illa quod habebat* (CSEL 3/1, 200). Das folgende CICERO-Zitat und der Rekurs auf den Tod JOHANNES DES TÄUFERS finden sich bei CYPRIAN nicht. Überhaupt sind im dritten Buch von *virg.* kaum Anklänge an CYPRIAN festzustellen; vgl. DUVAL, *Originalité* 23f; siehe auch *virg.* 3,3,13, oben 295 Anm. 455.

saecularium doctor, „saltat sobrius, nisi insanit." Quodsi
iuxta sapientiam saecularem saltationis aut temulentia auctor est aut dementia, quid divinarum scripturarum cautum
putamus exemplis, cum Iohannes, praenuntius Christi, saltatricis optione iugulatus exemplo sit plus nocuisse saltationis illecebram quam sacrilegi furoris amentiam?
   6.26. Et quoniam talis viri non strictim praetereunda est
recordatio, interest ut quis et a quibus et quam ob causam,
quomodo et quo tempore sit occisus advertere debeamus.
Ab adulteris iustus occiditur et a reis in iudicem capitalis

---

def. FRET
1 insani *C*, insanus *H* | quodsi (si *s.l.*) *A* ‖ 2 temulantia *P* ‖ 3 dementia] amentia *CTx, Maur.* ‖ 5 optatione *M* ‖ 7 strictis *C*, strictum *A a.c.* ‖
10 et *om. M* | capitis *P*

---

[498] Der *saecularium doctor* ist CICERO; das Zitat findet sich bei CICERO, *Mur.* 6,13 (7 KASTEN).
[499] Die Bezeichnung *praenuntius* für JOHANNES DEN TÄUFER findet sich auch *fid.* 4,1,4 (CSEL 78,159); *in Luc.* 2,73.75 (CCL 14,62).
[500] Mit *saltationis illecebram* dürfte auf den Tanz der SALOME angespielt sein, der den HERODES so in seinen Bann zog, daß er sich dazu hinreißen ließ, der Tänzerin in all ihren Wünschen willfährig zu sein; mit *sacrilegi furoris amentiam* ist entweder auf das Verhalten der HERODIAS angespielt, auf ihren Willen, Rache am Täufer zu nehmen, und auf die Art und Weise, wie sie ihn sich erfüllte (so GORI, *Ambrosius, De virginibus* 231 Anm. 80); oder es ist HERODES selbst gemeint, der den Mord an JOHANNES ausführen ließ.
[501] Neben *virg.* 3,6,26–31, unten 314–323, wird der Tod JOHANNES DES TÄUFERS von Ambrosius behandelt oder zumindest erwähnt *apol. Dav. II* 9,48 (CSEL 32/2,392); *epist.* 76(20),18 (CSEL 82/3,118); *in psalm.* 35,13 (CSEL 64,58f); *off.* 1,50,255 (CCL 15,94); 3,5,35 (CCL 15,166); 3,12,77 (CCL 15,182); *Nab.* 5,20 (CSEL 32/2,478); *virginit.* 3,11 (6f CAZZANIGA). Einen ausführlichen Kommentar zur Darstellung der Ermordung JOHANNES DES TÄUFERS und des HERODES-Mahles in *virg.* 3,5,26–31, unten 314–323, gibt CAZZANIGA, *Colore retorico*.
[502] Zu diesen Stichworten meint CAZZANIGA, *Colore retorico* 574: „Ambrogio conosce apertamente l'impostazione retorico (anzi, direi, quasi scolastica) della sua trattazione … cioè la classica distinzione in categorie (= τίς, ὑπὸ τίνων, διὰ τί, πῶς, πότε)", vgl. GORI, *Ambrosius, De virgini-*

rer weltlicher (Dinge) gesagt, „tanzt nüchtern, wenn er nicht verrückt ist"[498]. Wenn nun (schon) nach weltlicher Weisheit Trunkenheit oder Wahnsinn der Urheber des Tanzens ist, was für eine Mahnung (eröffnet sich) unseres Erachtens (erst) in den Beispielen der göttlichen Schriften, da Johannes, der Vorbote Christi[499], der auf Wunsch einer Tänzerin enthauptet wurde (vgl. Mt 14, 3–12; Mk 6, 17–29), ein Beispiel dafür gibt, daß die Verlockung des Tanzens mehr geschadet hat als die Geistlosigkeit gottloser Raserei[500]?

6.26 Und da man am Gedenken eines solchen Mannes nicht flüchtig vorbeigehen darf[501], ist es von Bedeutung, daß wir unsere Aufmerksamkeit darauf lenken müssen, wer, von wem, weshalb, wie und wann getötet worden ist[502]. Von den Ehebrechern wird der Gerechte getötet und von den Angeklagten wird die Strafe auf den Richter über ihr ab-

---

bus 231 Anm. 82: „sono elencati i punti che la retorica antica riteneva fondamentali per una buona analisi di un avvenimento". Die klassischen *elementa narrationis* — vgl. QUINTILIAN, *inst.* 3, 6, 90 (1, 158 WINTERBOTTOM); 4, 2, 55 (1, 211 WINTERBOTTOM); 6, 1, 15 (2, 32 WINTERBOTTOM); *decl.* 294, 9 (150 SHACKLETON BAILEY); CICERO, *inv.* 1, 11, 16 (14 STROEBEL); 2, 20, 60 (103 STROEBEL); 2, 27, 80 (112 STROEBEL); 2, 58, 176 (155 STROEBEL); *S. Rosc.* 23, 62 (24 KASTEN) — hat MARIUS VICTORINUS, *rhet.* 1, 21.24.26 (207.213.220 HALM); 1, 28 [226 HALM]) in einem Schaubild zusammengestellt: *quis – persona / quid – factum / cur – causa / ubi – locus / quando – tempus / quemadmodum – modus / quibus adminiculis – facultas*. Verbreitet war die Merkformel: *Quis, quid, ubi, quibus auxilis, cur, quomodo, quando?* Die Behandlung der Hinrichtung nach dreien der genannten Punkte begegnet SENECA RHETOR, *contr.* 9, 2, 20 (248 HÅKANSON), wo TRIARIUS zur Verteidigung des FLAMINIUS anführt: *occisus est; quis? damnatus. ubi? in praetorio. quo tempore? est enim ullum, quo nocens perire non debeat?* CAZZANIGA, *Colore retorico* 574, meint, die Antwort des TRIARIUS lege nahe, daß auch die Anklage gegen FLAMINIUS nach entsprechenden Kategorien aufgebaut war — wie bei Ambrosius die Anklage gegen HERODES.

sceleris poena convertitur. Deinde praemium saltatricis est mors prophetae. Postremo, quod omnes etiam barbari horrere consuerunt, inter epulas atque convivia consummandae crudelitatis profertur edictum et a convivio ad carcerem, de carcere ad convivium feralis flagitii circumfertur 5 obsequium. Quanta in uno facinore sunt crimina!

27. Extruitur regifico luxu ferale convivium et explorato quando maior solito turba convenerit reginae filia intimis commendanda secretis in conspectum virorum saltatura producitur. Quid enim potuit de adultera discere nisi dam- 10 num pudoris? An quicquam est tam pronum ad libidines quam inconditis motibus ea quae vel natura abscondit vel disciplina velavit membrorum operta nudare, ludere oculis, rotare cervicem, comam spargere? Merito inde in iniuriam divinitatis proceditur. Quid enim ibi verecundiae potest 15 esse, ubi saltatur, strepitur, concrepatur?

28. Tunc rex, inquit, delectatus dixit puellae ut peteret de rege quod vellet. Deinde iuravit quod vel dimidium regni, si petisset, concederet. Vide quemadmodum saeculares ipsi de saecularibus suis iudicent potestatibus, ut pro saltatione et- 20

---

def. FRTE
2 mors *om. M* | omnes *om. C* | etiam *om. P* ‖ 2–3 horrescere *M* ‖ 3 consueverunt *PCTx, Maur.* ‖ 4 credulitatis *AMJ* | edictum (e *s.l.*) *A* | ad convium *M* ‖ 7 regificio *A a.r.* | luxu] iussu *AH* | furiale *Z, Cazz.*, tale *dPY*, terale *Maur. (error typ.?)*, ferale *Fall.* ‖ 8 quanto *Z* ‖ 9 emendanda *A a.c., H*, amendanda *Z, Cazz.*, mandanda *PY*, mandata *Maur.*, commendanda *A p.c.* (co *ex* e *corr.*), *Fall.* | conspectu *HMV Cx* ‖ 10 potuit *add.* filia *P* | adultera] altera *H a.c.* ‖ 11 est *om. M* ‖ 13 velabit *Z* ‖ 14 comam *bis Z* | in *om. HP* ‖ 15 qui *Maur.* ‖ 17 de] a *Cx, Maur.* ‖ 18 quod *pr.*] quicquid *M* | vollet *P* | regni si *om. M* ‖ 19 petisset] peteret *M* ‖ 20 iudicant *CU, Maur.*

---

[503] Vgl. *Nab.* 5,20 (CSEL 32/2,478); ferner CAESARIUS VON ARLES, *serm.* 218,3 (CCL 104,865).
[504] Vgl. VERGIL, *Aen.* 6,604f (246 MYNORS).

scheuliches Kapitalverbrechen abgewälzt. Sodann ist der Lohn der Tänzerin der Tod des Propheten[503]. Schließlich etwas, vor dem sogar alle Barbaren zurückzuschaudern pflegen: Während der Festmähler und Gelage wird der Befehl zur Vollstreckung der Grausamkeit ausgesprochen; und vom Gelage zum Kerker, vom Kerker zum Gelage geht der Gehorsam gegenüber der todbringenden Schandtat um. Wieviele Verbrechen stecken in der einen Untat!

27. Mit königlichem Luxus wird das todbringende Gelage hergerichtet[504]. Und als feststand, daß eine ungewöhnlich große Menschenmenge zusammengekommen war, wurde die Tochter der Königin, die (eigentlich) den innersten Privatkammern anempfohlen werden sollte[505], vor die Augen der Männer geführt, um zu tanzen. Was konnte sie auch von einer Ehebrecherin (anderes) lernen als den Verlust der Schamhaftigkeit? Oder was ist so sehr den Begierden zugeneigt, wie mit ungeordneten Bewegungen jene verborgenen Körperteile, die teils die Natur versteckt, teils die Sitte verhüllt hat, zu entblößen, mit Blicken zu spielen, den Nacken herumzudrehen, das Haar zu lösen[506]? Von da aus kommt man aus gutem Grund zur Beleidigung der Gottheit. Denn was kann es dort an Schamhaftigkeit geben, wo getanzt, gelärmt, gerasselt wird?

28. Da wurde der König, so heißt es, erfreut und er sagte zu dem Mädchen, es könne vom König verlangen, was es wolle. Dann schwor er, er wolle ihm sogar die Hälfte seines Reiches geben, wenn es das verlangen würde (vgl. Mt 14,6f; Mk 6,22f). Sieh, wie die (Menschen) dieser Welt selbst über ihre weltliche Macht urteilen, da für einen Tanz sogar

---

[505] Die an die Jungfrauen gerichtete Empfehlung der Zurückgezogenheit findet sich auch *virg.* 2,2,9–11, oben 220–225, ferner *virginit.* 8,46 (21f CAZZANIGA). Vgl. auch *in Luc.* 2,21 (CCL 14,40); *exhort. virg.* 10,71–73 (256 GORI). Ähnliches wird in *vid.* 9,57 zu einer Witwe gesagt (292 GORI).
[506] Vgl. *hel.* 18,66 (CSEL 32/2, 450f); QUINTILIAN, *inst.* 11,3,71 (1,667 WINTERBOTTOM).

iam regna donentur. Puella autem admonita a matre sua poposcit afferri sibi in disco caput Iohannis. Quod dicit: „rex contristatus est", non paenitentia regis, sed confessio iniquitatis est, quam divinae habet consuetudo sententiae, ut qui gesserunt impia ipsi propria confessione se damnent. "Sed propter discumbentes" inquit. Quid indignius quam ut homicidium fieri iuberet, ne discumbentibus displiceret? „Et propter ius" inquit „iurandum": o religionem novam! Tolerabilius periurasset. Unde non immerito dominus in evangelio iubet non esse iurandum, ne sit causa periurii, ne sit necessitas delinquendi. Itaque ne iusiurandum violaretur, percutitur innocens. Quid prius horrescam nescio. Tolerabiliora periuria quam sacramenta sunt tyrannorum.

29. Quis non cum e convivio ad carcerem cursari videret, putaret prophetam iussum esse dimitti? Quis, inquam, cum audisset natalem esse Herodis, sollemne convivium, puellae optionem eligendi quod vellet datam, missum ad Iohannis

---

def. FRTE
2 sibi afferri *M* | quo dicit *J*, quo dicto *HMZ*, quo dictu *C*, (vel o *s.* u) *O*, *U* ‖ 4 divinae] divitiae *A* | habet *om. M* | sententiae] sentiae *A a.c.* ‖ 5 qui] quae *M* | ge*sserunt (n *eras.*) *A* | ipsi] sibi *A* | a confessione propria *H* ‖ 6 indignus *A a.c.* ‖ 8 et] ut *M* | iurando *Z* | iusiurandum inquit *H* | ius *s.l. M* ‖ 9 peierasset *MCx, Maur.*, perierasset *Z, Cazz.*, periurasset *Fall.* ‖ 10 causa *om. P* ‖ 10–12 ne sit] nescit *A* ‖ 11 itaque ne *add.* quis *A a.c. m1* ‖ 12 quod *C, Maur.* ‖ 12–13 tolerabiliorem *C* ‖ 13–14 periuria ... carcerem *om. C* ‖ 14 cursare *C, O a.c., U, Maur.* ‖ 15 cum *s.l. H* ‖ 17 optationem *M* | elegendi *A a.c.* | velit *M* | missam *M* | Iohannem *AMdPx*

---

[507] Hier findet sich, wie auch in *exhort. virg.* 11,74 (258 GORI), wo unter Hinweis auf die Gefahr des Meineides angeraten wird, nicht leichtfertig zu schwören, eine Abschwächung des uneingeschränkten Schwörverbotes von Mt 5,34 (vgl. auch Jak 5,12). Ähnlich äußert sich AUGUSTINUS, *mend.* 28 — unter Hinweis auf die Schwüre des PAULUS in Röm 9,1; Gal 1,20 und Phil 1,8 (CSEL 41,448); vgl. auch AUGUSTINUS, *epist.* 157,40 (CSEL 44,487f); AUGUSTINUS, *serm.* 180 (PL 38,972–979, besonders 974); *serm.* 307,4 (PL 38,1407) — das Verbot betrifft demnach nicht das

Königreiche verschenkt werden. Das Mädchen aber forderte, von seiner Mutter angestachelt, daß ihm auf einer Schale der Kopf des Johannes gebracht werde (vgl. Mt 14, 8; Mk 6, 24 f). Wenn es heißt: „Der König wurde traurig", so bringt das nicht die Reue des Königs zum Ausdruck, sondern das Eingeständnis seiner Ungerechtigkeit. Dies zeigt sich (ja) gewöhnlich bei einem göttlichen Urteil, daß (nämlich) jene, die gottlose (Taten) begangen haben, sich durch ihr eigenes Geständnis selbst schuldig sprechen. „Aber wegen der Tischgenossen", heißt es. Was gibt es Schändlicheres, als daß er befahl, einen Mord zu begehen, um den Tischgenossen nicht zu mißfallen? „Und wegen des Schwures", heißt es (Mt 14, 9; Mk 6, 26). Oh, was für eine neue Religion! Es wäre erträglicher, er hätte einen Meineid begangen. Nicht zu Unrecht befiehlt deshalb der Herr im Evangelium, nicht zu schwören (vgl. Mt 5, 34; Jak 5, 12), damit es keinen Anlaß gibt, einen Meineid zu schwören, damit es keinen Zwang gibt, Schuld auf sich zu laden[507]. Um also den Schwur nicht zu brechen, wird ein Unschuldiger hingerichtet. Ich weiß nicht, wovor mir eher schaudern soll. Meineide sind erträglicher als Eide von Tyrannen.

29. Wer hätte nicht, als er die Eile vom Gelage zum Kerker sah, vermutet, es sei befohlen worden, den Propheten freizulassen? Wer hätte nicht, sage ich, nachdem er gehört hatte, es sei der Geburtstag des Herodes, ein festliches Gelage (sei im Gange), einem Mädchen sei die Wahl zugestanden worden, sich auszusuchen, was es wolle, (wer hätte da nicht) geglaubt, jemand sei zur Freilassung des Johannes ge-

---

Schwören generell, sondern den Meineid. Vgl. auch *reg. mag.* 3, 32 (SCh 105, 366); 11, 67 (SCh 106, 22). VOGÜÉ, *Regula magistri* 367 Anm. 32, hat vermutet, der Autor der *reg. mag.*, Ambrosius und AUGUSTINUS hätten nur einen Teil der entsprechenden Perikope vorliegen gehabt, diese Ansicht jedoch später revidiert (vgl. VOGÜÉ, *Benedikt von Nursia* 150 Anm. 87). Zur vorneutestamentlichen Kritik am Eid und zur Wirkungsgeschichte des Eidverbots in Mt 5, 34 vgl. LUZ, *Evangelium* 1, 282–128; ferner LANDAU, *Eid* 382 f.

absolutionem non arbitraretur? Quid crudelitati cum deliciis, quid cum funeribus voluptati? Rapitur ad poenam propheta convivali tempore, convivali praecepto, quo non cuperet vel absolvi. Perimitur gladio, caput eius adfertur in disco. Hoc crudelitati ferculum debebatur, quo insatiata 5
epulis feritas vesceretur.

30. Intuere, rex acerbissime, tuo spectacula digna convivio. Porrige dexteram, ne quid saevitiae tuae desit, ut inter digitos tuos rivi defluant sancti cruoris. Et quoniam non exsaturari epulis fames, non restingui poculis potuit inauditae 10
saevitiae sitis, bibe sanguinem scaturrientibus adhuc venis exsecti capitis profluentem. Cerne oculos in ipsa morte sceleris tui testes, aversantes conspectum deliciarum. Clauduntur lumina non tam mortis necessitate quam hor-

---

def. FRTE
1 absolutionem] absolvendum *S* | quid] quod *A a.c.* (i *s.* o *graphio*) ||
2 voluptate *M* || 3 conviviali *pr. b* | convivali tempore *om. AdCx* |
conviviali *alt.b* || 3–4 non cuperet] concupierit *CU* | cuperet *add.* convivali *H* || 4 peribitur *A a.c. m2*, permittitur *CU* || 5 quo] qui *C* | insatiato *C* || 7 rex acerbissime] rex aceruissime *M*, exacerbissime *Z*, rex accerbissime *P* | spectaculo *M* || 7–8 convivia *M* || 8 ut] aut *M* ||
9–10 exsaturari (sat *i.r.*) *A* || 10 restringui *A, C a.c.*, extingui *C p.c.* ||
11 scaturrientibus *AHJZU, Cazz., Fall.*, scaturientibus *cet., Maur.* ||
12 secti *CU* | profluentem] pro salute *A, add. mg.* profluentem *m1* ||
13 aversantes *Hdbx, Cazz.*, adversantes *Maur., Fall.* || 14 cluduntur *A a.c.* || 14 – p. 322 l. 1 horrere *C*

---

[508] Die Worte *hoc crudelitati suae* [sc. *Herodis*] *ferculum debebatur* werden von CAESARIUS VON ARLES, *serm.* 218, 4 (CCL 104, 865), zitiert.
[509] Die Schilderung des Johannesmartyriums, die in der Gegenüberstellung von Festmahl und blutiger Hinrichtung kulminiert, hat, wie CAZZANIGA, *Colore retorico,* gezeigt hat, einige Parallelen in der paganen Literatur, besonders bei SENECA RHETOR, *contr.* 9, 2 (242–251 HÅKANSON), wo der Prokonsul FLAMINIUS angeklagt wird, auf den Wunsch einer *meretrix* hin während eines Mahles eine Hinrichtung zu vollstrecken befohlen und sich so der Majestätsbeleidigung schuldig gemacht zu haben. Vgl. ferner CICERO, *Cato* 12, 42 (72 POWELL); VALERIUS ANTIAS,

sandt worden? Was hat Grausamkeit mit Freudenklängen, Genuß mit Mord zu schaffen? Zur Zeit des Gelages wird der Prophet zur Bestrafung gezerrt, aufgrund einer beim Gastmahl gegebenen Anweisung, wobei er sich nicht einmal wünschte, freigelassen zu werden. Er wird durch das Schwert getötet, sein Kopf auf einer Schale herbeigebracht (vgl. Mt 14,10f; Mk 6,27f). Dieses Gericht war der Grausamkeit geweiht[508]; von ihm konnte sich die durch Speisen ungesättigte tierische Wildheit ernähren.

30. Sieh dir, grausamster König, das deinem Gelage angemessene Schauspiel an. Streck deine Rechte aus, damit deiner Grausamkeit nichts fehlt, damit dir die Ströme des heiligen Blutes zwischen den Fingern rinnen. Und da dein Hunger durchs Essen nicht gestillt, der Durst deiner unerhörten Grausamkeit durchs Trinken nicht gelöscht werden konnte, trinke das aus den noch sprudelnden Adern des abgehauenen Kopfes hervorfließende Blut[509]. Sieh die Augen, die sich, noch im Tod Zeugen deines Frevels, vom Anblick deiner Vergnügungen abwenden. Ihr Licht wird verschlossen, nicht so sehr aufgrund des Todesschicksals, sondern

---

Annales 48 (269 PETER); LIVIUS, *Ab urbe condita* 39,42,5–39,43,5, besonders 43,2–4 (671–673 BRISCOE); VALERIUS MAXIMUS, *Facta et dicta memorabilia* 2,9,3 (1,139f BRISCOE); PLUTARCH, *Cat. Ma.* 17,1–5 (309f ZIEGLER/GÄRTNER); *Flam.* 18,4–10 (51f ZIEGLER); PS.-AURELIUS VICTOR, *De viris illustribus* 47,4 (51 PICHLMAYR). GORI, *Ambrosius, De virginibus* 235 Anm. 90, macht jedoch darauf aufmerksam, daß Ambrosius nicht einfach eine biblische Erzählung in eine pagane literarische Tradition einfügt, sondern damit ein typisches Beispiel für todbringende Genußsucht beim Essen vor Augen stellt; vgl. *Nab.* 5,20 (CSEL 32/2, 477f). Auch WANDL, *Studien* 132f, betont bei allen inhaltlichen und sprachlichen Parallelen zu paganen Quellen die Eigenständigkeit des Ambrosius: Der wesentliche Gedanke, um den es ihm bei seiner Darstellung der Ereignisse gehe, sei die von der Sünde ausgelöste Kettenreaktion: „Sünde, sobald sie einmal den Menschen in Beschlag genommen hat, zeugt sich fort, wird von Generation zu Generation weitergegeben und wächst ins Unermeßliche".

rore luxuriae. Os aureum illud exsangue, cuius sententiam
ferre non poteras, conticescit et adhuc timetur. Lingua tamen, quae solet etiam post mortem officium servare viventis, palpitante licet motu damnabat incestum. Portatur hoc
caput ad Herodiadem: laetatur, exultat, quasi crimen evase- 5
rit, quia iudicem trucidavit.

31. Quid dicitis vos, sanctae feminae? Videtis quid docere, quid etiam dedocere filias debeatis? Saltet, sed adulterae
filia. Quae vero pudica, quae casta est filias suas religionem
doceat, non saltationem. Vos autem, graves et prudentes 10
viri, discite detestabilium hominum et epulas evitare: talia
sunt convivia qualia iudicia perfidorum.

---

def. FRTE
1 exsanguine *A, S a.r.* || 2 conticiscit *A,* conticesscit *P,* conticessit *C* | times *CU, Maur.* | lingua *add.* mea *C* || 3 quae *s.l. A* || 4 palpet *ante A,*
palpitatante *H* | motum *M* || 5 capud *P* | Erodiaden *A,* Erodiadem *P,*
Herodiaden *JCU* || 7–8 doceri *M* || 8 etiam *om. M* | dedocere] docere
AHM | saltat *C, Maur.* | adulteret *A a.r.,* adultera *P* || 9 religionem (reli
s. le *graphio*) *A p.c.* || 11 et *AJSb, Fall., Cazz., om. cet., Maur.* | vitare *Cx,
Maur.* | *ante* talia *add.* si *Cx, Maur.* || 12 sunt *add.* enim *M*

---

[510] Ausführlich polemisiert Ambrosius gegen den Tanz in *hel.* 18,66
(CSEL 32/2,450f), wo er BASILIUS VON CAESAREA, *hom.* 14,1 [PG
31,445f]) zitiert. Überhaupt ist die Kritik am Tanzen in der patristischen
Literatur verbreitet und wird oft mit dem Tanz der SALOME um das
Haupt des TÄUFERS JOHANNES als Ausdruck sittlicher Verworfenheit argumentativ untermauert; Belege bei ANDRESEN, *Kritik*. Nach ANDRESEN, *Kritik* 234f, äußert sich darin das Bestreben, sich von heidnischen
Lebensformen abzusetzen bzw. die Furcht vor einer Paganisierung des
Christentums und einer Bedrohung der Kirche durch dämonische
Mächte. Allerdings seien die „Motive solcher kritischen Einstellung wie
auch die Methoden der Abwehr ... sehr unterschiedlich gewesen, je
nachdem ob es sich um den heidnischen Kulttanz, den Volkstanz oder
den Kunsttanz handelt". Es ist bezeichnend, daß sich JOHANNES CHRYSOSTOMUS, nach ANDRESEN, *Kritik* 251, „der schärfste Kritiker des Tanzes", nicht scheute, die öffentlichen Tänze anläßlich der Aufstellung ei-

aufgrund des Abscheus vor deiner Genußsucht. Jener goldene, blutleere Mund, dessen Urteil du nicht ertragen konntest, verstummt — und wird doch noch gefürchtet. Die Zunge aber, die ihrer Gewohnheit entsprechend sogar nach dem Tod ihre Pflicht wie im Leben erfüllt, verurteilte, wenn auch mit zuckenden Bewegungen, deine Unzucht. Dieser Kopf wird vor Herodias gebracht; sie freut sich, sie jubelt, als ob sie ihrem Verbrechen entkommen wäre, weil sie den Richter abgeschlachtet hat.

31. Was sagt ihr, heilige Frauen? Seht ihr, was ihr eure Töchter lehren, was ihr sie außerdem verlernen lassen sollt? Mag sie auch tanzen, sie ist dennoch die Tochter einer Ehebrecherin. Eine (Frau), die wirklich schamhaftig, die keusch ist, soll ihre Töchter Gottesfurcht lehren, nicht das Tanzen[510]. Ihr aber, besonnene und kluge Männer, lernt auch die Festmähler abscheulicher Menschen meiden! Wie die Urteile der Gottlosen[511], so sind auch ihre Gelage.

---

nes Standbildes der Kaiserin EUDOXIA im Jahr 403 zu geißeln: „Wieder einmal rast Herodias, wiederum tanzt Salome, wiederum bemüht sie sich, das Haupt des Johannes auf der Schüssel davonzutragen" (nach SOZOMENUS, *h. e.* 8, 20 [GCS 376]). Vgl. JOHANNES CHRYSOSTOMUS, *de coll. Joh.* 1 [PG 59, 485]). Vgl. dazu ANDRESEN, *Kritik* 230 (dort auch die Übersetzung des CHRYSOSTOMUS-Zitates): „Mit Herodias war eindeutig die Kaiserin gemeint, der Tanz der Salome bezog sich auf die Ballettaufführungen, mit dem Täufer aber dachte er an sich selber, der den gleichen Namen trug. Die geschichtliche Metaphorie sollte Wirklichkeit werden, tatsächlich fiel der kühne Prediger dem Widerstand am kaiserlichen Hof gegen seine asketische Auffassung des Christentums zum Opfer".
[511] Es ist nicht eindeutig zu entscheiden, ob, was wahrscheinlicher ist, mit den *iudicia* die von gottlosen Menschen gefällten Gerichtsentscheidungen bezeichnet sind (dann wäre die durch HERODES angeordnete Hinrichtung des JOHANNES gemeint) oder die über sie gesprochenen Urteile (dann wäre entweder auf das göttliche Gericht über diese Untat angespielt und HERODES als warnendes Beispiel vor Augen gestellt, oder es wäre das Urteil des JOHANNES über HERODES als zutreffend herausgestellt).

7.32 Iam ad finem orationis vela pandenti bene suggeris, soror sancta, quid super eorum meritis aestimandum sit qui se praecipitavere ex alto vel in fluvium demerserunt, ne persecutorum inciderent manus, cum scriptura divina vim sibi Christianum prohibeat inferre. Et quidem de virginibus in 5 necessitate custodiae constitutis enodem habemus adsertionem, cum martyrii extet exemplum.

---

def. FRTE
1 vel apendenti *C* | pandentibus *M*, pendenti *P* || 2 quod *A a.c.* | super] de *Cx, Maur.* | earum *C, Maur.* | aestimanda *M*, existimandum *Maur.* | qui] quae *Cx, Maur.* || 3 praecipitaverunt *M* || 4 incederent *M* || 5 Christianam *Maur.* | et quidem] equidem *J* || 6 custodiae *mg. M* | constituti *Z* | senodem *Z*, sinodem *M*, enodere *C, O a.c.*

---

[512] Vgl. CICERO, *Tusc.* 4, 5, 9 (365 POHLENZ).
[513] Nach COPPA, *Ambrosius, De virginibus* (1969) 616 Anm. 82, ist hier auf das 5. Gebot (also Ex 20, 13; Dtn 5, 17) angespielt; nach FALLER, *Ambrosius, De virginibus* 76 Anm. 3, und GORI, *Ambrosius, De virginibus* 236 Anm. 7, ist vielleicht Dtn 32, 39 gemeint; RAMOS-LISSÓN, *Ambrosius, De virginibus* 192, verweist zudem auf Mt 19, 18; Mk 10, 17 (gemeint ist wohl eher Mk 10, 19) und Lk 18, 20; RAMSEY, *Ambrosius, De virginibus* 224 Anm. 50, schließlich meint: „The scriptural passage that Ambrose has in mind is unknown". Läßt die biblische Ethik noch keine eindeutige Ablehnung der Selbsttötung erkennen — sie scheint als tragisches Schicksal oder altruistisches Selbstopfer toleriert zu werden —, so hat die christliche Tradition sie nach anfänglicher Unentschiedenheit zunehmend eindeutig verurteilt. In frühchristlicher Zeit wurde der Selbstmord in direktem Sinne abgelehnt, soweit es überhaupt Äußerungen dazu gab. Eine Ausnahme gab es doch bei drohender Vergewaltigung. Autoren wie Ambrosius, JOHANNES CHRYSOSTOMUS (siehe *virg.* 3, 7, 33, unten 326f Anm. 515) und EUSEBIUS VON CAESAREA (vgl. *h. e.* 6, 41, 7 [GCS 9/2, 602]; 8, 12, 2–5 [GCS 9/2, 766f] — siehe *virg.* 3, 7, 33, unten 326f Anm. 515; 8, 14, 17 [GCS 9/2, 786] siehe *virg.* 3, 7, 34, unten 329f Anm. 523) äußerten sich positiv zu Frauen, die sich in Verfolgungszeiten in den Tod stürzten; TERTULLIAN wertete den Selbstmord der Heidin LUCRETIA als gerechtfertigte Sühnehandlung, vgl. *castit.* 13, 3 (SCh 319, 114–116); *monog.* 17, 3 (SCh 343, 204–206). AUGUSTINUS hingegen, dessen Urteil prägend werden sollte, verwarf solche Handlungen mit dem Hinweis auf das biblische Tötungsverbot, vgl. *civ.* 1, 17–27 (CCL 47, 18–28); *lib. arb.* 3, 76–84 (CCL 29, 288f), anerkannte jedoch die Mög-

7.32 Gerade wollte ich die Segel meiner Rede aufs Ende hin ordentlich ausspannen[512], da bringst du mich, heilige Schwester, darauf, was von den Verdiensten derer zu halten ist, die sich von der Höhe herabgestürzt haben oder in die Strömung eingetaucht sind, um nicht in die Hände der Verfolger zu fallen, da doch die göttliche Schrift einen Christen daran hindert, sich selbst Gewalt anzutun[513]. Nun haben wir ja über die Jungfrauen, die in die Zwangslage der Inhaftierung gestoßen worden sind, eine deutliche Äußerung, da hier ein Beispiel fürs Martyrium sichtbar hervortritt[514].

---

lichkeit des Selbstmordes auf göttlichen Befehl hin, vgl. *civ.* 1,21 (CCL 47,23). Vgl. zum Gesamten SCHÖPF, *Tötungsrecht* 59–63; MENAUT, *Suicide*; WENDEBOURG, *Martyrium* 300–305; DROGE/TABOR, *Death* 53–85. 113–183.
[514] Eine exakte Grenzziehung zwischen verbotenem Selbstmord und glorifizierter Martyriumssehnsucht ist nicht immer möglich — weder im realen Vollzug des Blutzeugnisses noch in seiner literarischen Überlieferung. Von daher gilt auch für Ambrosius, was WENDEBOURG, *Martyrium* 304f (mit zahlreichen Belegen), hinsichtlich des Urteils über die Märtyrer für andere frühchristliche Schriftsteller herausstellt: „Die Haltung gegenüber dem eigenen Leben wird dadurch bestimmt, daß man es aufgeben möchte. Der Märtyrertod gilt als Verwirklichung eines Ideales oder Wunsches, nicht als Verlust, den man nun einmal erleiden muß, weil man von dritter Seite unter Druck gesetzt wird. Diese dritte Seite tritt ganz in den Hintergrund, sie verliert ihren Charakter als das Leid verursachender Täter und wird zum Mittel für Christen, sein Ideal, seinen Wunsch zu verwirklichen. Solch ein Mittel ist allerdings notwendig, der Christ führt nicht mit eigener Hand sein Ende herbei, er kann nur darum beten." Bei Ambrosius wird die Problematik noch verschärft durch die Parallelisierung von (passiv ertragenem) Martyrium und (aktiv erstrebter) Jungfräulichkeit (siehe Einleitung, oben 43–47). Er selbst scheint sich der Schwierigkeit auch bewußt gewesen zu sein, wenn er, seine Darstellung des Martyriums der PELAGIA und ihrer Gefährtinnen einleitend, das Selbstmordverbot eigens erwähnt und, etwas gewunden, betont, die Märtyrerinnen hätten schließlich nicht freiwillig ihre Inhaftierung gesucht. FAUTH, *Freiheitsberiff* 140, charakterisiert die Einstellung des Ambrosius mit den Worten: „Selbstmord aus heidnischem Ehrgefühl lehnte er ab. Im Konflikt zwischen Unversehrtheit durch Freitod und Schändung riet mit dem Hinweis auf die jungfräuliche Märtyrerin Pelagia in vorsichtiger Form [sic!] zum ersteren"; vgl. auch PAŁUCKI, *Motivo* 706.

33. Sancta Pelagia apud Antiochiam quondam fuit annorum fere quindecim, soror virginum et ipsa virgo. Haec primo domi classico persecutionis inclusa cum se a praedonibus fidei vel pudoris circumsederi videret, absente matre et sororibus vacua praesidio, sed deo plenior „Quid agimus", 5
inquit, „nisi prospicias, captiva virginitas? Et votum est et metus est mori, quia mors non excipitur, sed adsciscitur. Moriamur, si licet, vel si nolunt licere, moriamur. Deus remedio non offenditur et facinus fides ablevat. Certe si vim

def. FRTE
1 *ante* sancta *add.* inscriptionem De sancta Pelagia *AHJSP* ‖ 2 sororum *A a.r.* | haec *add.* a *M* ‖ 2–3 prima *A* ‖ 3 domi ... se *om. M* | inclausa *A a.c.* ‖ 6 captiva] capta *C a.c.* | virginitatis *PC, O a.r., U, Maur.* ‖ 7 nons.*l. A* | excipitur] accipitur *C* | adsciscitur] adsciscitur *AZP,* asciscitur *MP2C,* assciscitur *H* | adsciscitur *add.* et *CO* ‖ 8 si licet] scilicet *AHMVJPC* ‖ 9 offenditur *add.* sed *HM* | allevat *P* | si vim] suum *A a.c.* (*mg.* si vim), *VJP* ‖ 9 – p. 328 l. 1 ipsam vim *C*

[515] Vgl. zum Martyrium der PELAGIA *epist.* 7(37), 38 (CSEL 82/1, 62). Von PELAGIA (BHG 1477; vgl. *Martyrol. Hier.* 8. Oct. [545 f DELEHAYE/ QUENTIN]; *Martyrologium Romanum* 9. Iun. [230 DELEHAYE]; *De Sancta Pelagia virgine* [153–162 HENSCHENIUS]) handeln ferner zwei JOHANNES CHRYSOSTOMUS zugeschriebene Homilien, von denen nur eine sicher echt ist, vgl. *pan. Pelag. Ant.* (PG 50, 579–584); *Homilia in sanctam Pelagiam* (301–303 FRANCHI DE'CAVALIERI) — zur Echtheit FRANCHI DE'CAVALIERI, *Johannes Chrysostomus* 279–300. Vielleicht spielt auch EUSEBIUS VON CAESAREA, *h. e.* 8, 12, 2 (GCS 766), auf PELAGIA an, wenn er von einigen Märtyrern in Antiochien spricht, die sich, bevor sie ihren Verfolgern in die Hände fielen, von den Dächern hoher Häuser herabstürzten und dabei den Tod als Gewinn gegenüber der Bosheit der Gottlosen ansahen. Die Darstellung des Ambrosius unterscheidet sich jedoch von den genannten Quellen, da hier die *passiones* der 15jährigen PELAGIA aus Antiochien (BGH 1477), die sich aus Furcht um ihre Keuschheit vor ihren Verfolgern vom Dach gestürzt haben soll, und antiochenischer Jungfrauen, unter ihnen BERENICE und PROSDOCE, die zusammen mit ihrer Mutter DOMNINA das Martyrium erlitten haben sollen (siehe *virg.* 3, 7, 34, unten 329 Anm. 523), verbunden sein dürften. Zu den verschiedenen Versionen der PELAGIA-Vita, in die unter anderem auch

33. Einst lebte in der Gegend von Antiochien die heilige Pelagia[515], ungefähr 15 Jahre alt, die Schwester von Jungfrauen und selbst eine Jungfrau. Beim ersten Signal zur Verfolgung wurde sie zu Hause eingeschlossen; als sie sich von den Räubern ihres Glaubens oder ihrer Schamhaftigkeit umzingelt sah[516], getrennt von Mutter und Schwestern, ohne Schutz, doch (umso) mehr erfüllt von Gott, sagte sie: „Was sollen wir tun, gefangene Jungfräulichkeit, als daß du auf der Hut bist? Es besteht sowohl der Wunsch als auch die Furcht zu sterben; denn (hier) wird der Tod nicht angenommen, sondern herbeigeführt[517]. Wir wollen sterben, wenn es erlaubt ist, und auch wenn man es nicht erlaubt, wollen wir sterben. Gott wird durch das Heilmittel nicht beleidigt und der Glaube erleichtert die Tat. Gewiß, wenn wir die Bedeu-

---

Berichte über eine Büßerin aus Jerusalem, die zunächst in Antiochien ein zügelloses Leben geführt, sich jedoch auf die Predigt eines Bischofs NONNUS hin bekehrt und und als Mann verkleidet unter dem Namen PELAGIUS auf dem Ölberg in strenger Askese gelebt haben soll (BHG 1478; vgl. *Martyrologium Romanum* 8. Oct. [441/230 DELEHAYE]; *De sancta Pelagia Poenitente* [248–261 SUYSKEN]; JACOBUS DIACONUS, *Vita Sanctae Pelagiae Poenitentis* [261–268 SUYSKEN]; ferner den Bericht über eine anonyme phönizische Büßerin bei JOHANNES CHRYSOSTOMUS, *hom.* 67(68) in Mt. 3 [PG 58,636f]) eingeflossen sind, vgl. DELEHAYE, *Origines* 186.198f.405; DELEHAYE, *Légendes hagiographiques* 186–195; SÉMINAIRE D'HISTOIRE DES TEXTES, *Vies latines de sainte Pélagie;* hinsichtlich der Versionen der Legende von der Büßerin PELAGIA vgl. die dortigen Ausführungen zu den entsprechenden Editionen: *Pélagie la Pénitente* 1f.

[516] Die Verbindung von *fides / religio* und *pudor / castitas* ist in der Darstellung des Ambrosius typisch für die Märtyrerinnen. Vgl. *virg.* 1,2,9, oben, 112f; 2,3,20, oben 234f; 3,7,35, oben 332f; ferner *vid.* 14,85 (314–316 GORI); *in Luc.* 7,128 (CCL 14,258); *exhort. virg.* 5,30 (222 GORI).

[517] Die Jungfrau wünscht sich das Martyrium, fürchtet sich jedoch, den verbotenen Selbstmord zu begehen. Die Schwierigkeit, den Selbstmord in der Verfolgung zu rechtfertigen und dieses Märtyrertum gar zu feiern, läßt AUGUSTINUS, *civ.* 1,26 (CCL 47,26f), erkennen. Zur Abgrenzung von Martyriumssehnsucht und Selbstmord siehe *virg.* 3,7,32, oben 325 Anm. 514.

ipsam nominis cogitemus, quae vis ‚voluntaria'? Illa magis est vis mori velle nec posse. Nec difficultatem veremur. Quis enim est qui vult mori et non possit, cum sint ad mortem tam proclives viae? Iam enim sacrilegas aras praecipitata subvertam et accensos focos cruore restinguam. Non timeo, ne dextera deficiens non peragat ictum, ne pectus se dolore subducat: nullum peccatum carni relinquam. Non verebor, ne desit gladius: possumus mori nostris armis, possumus mori sine carnificis beneficio matris in gremio".

34. Fertur ornasse caput, nuptialem induisse vestem, ut non ad mortem ire diceres, sed ad sponsum. Ast ubi detestandi persecutores ereptam sibi viderunt praedam pudoris, matrem et sorores coeperunt quaerere. Verum illae spiritali volatu iam campum castitatis tenebant, cum subito hinc persecutoribus imminentibus, inde torrente fluvio exclusae a fuga, inclusae ad coronam. „Quid veremur?", inquiunt,

---

def. FRTE
1 cogitamus *H* | voluntaria] cogitemus *P* ‖ 2 vis *om. C* | veneremur *A* ‖ 4 aras *om. C, add. s.l. m2* ‖ 5 accenso *M* | restringuam *C* | non *om.* Z ‖ 6 ne *pr. om. M* | deficiens dextera *C* | ictum *s.l. A* | ne *alt.*] nec *M* ‖ 7 peccati (*om.* carni) *M* | carnis *x* | reliquam *A a.c.* (n *s.l. graphio*) ‖ 9 beneficio *dist. P* ‖ 13 verbum *A a.c.* (b *del. graphio*) | spirituale *A a.c. mg. m1* ‖ 14 violatu *A a.c.,* evolatu *Cx* | volatu iam] volant tua *M* ‖ 15 exclusa ea *A* ‖ 16 incluitae *A a.c.* | inquit *M*

---

[518] Mit dem Partizip *praecipitata* spricht Ambrosius vom Tod der PELAGIA; vgl. FALLER, *Ambrosius, De virginibus* 76 Anm. 16.
[519] Mit *peccatum* dürfte hier konkret das zuvor erwähnte instinktive Zurückweichen vor dem Sterben, ausgedrückt im Erlahmen der Rechten und der Vermeidung von Schmerz, gemeint sein: Nicht einmal diese „Sünde" läßt die Jungfrau ihrem Fleisch übrig.
[520] Nach FALLER, *Ambrosiu, De virginibus* 77 Anm. 1, ist mit *mater* die Erde gemeint, auf welche sich die Jungfrau hinabstürzt. Die bei CAZZANIGA, *Ambrosius, De virginibus* 74, vorgeschlagene (wenn auch mit einem Fragezeichen versehene) Ansicht, hier sei auf die Jungfrau MARIA hingewiesen, ist abwegig.
[521] Ein ähnlicher Vergleich von Martyrium und Hochzeit findet sich bei der Schilderung des AGNES-Martyriums in *virg.* 1,2,8, oben 110f.
[522] Bei *pudoris* handelt es sich um einen genitivus explicativus oder ep-

tung des Begriffs an und für sich bedenken, welche Bedeutung (hat dann) ‚freiwillig'? Es hat eher die Bedeutung: sterben wollen — und nicht: (sterben) können. Wir befürchten keine Schwierigkeit. Gibt es denn jemanden, der sterben will und es nicht könnte, da es doch so leichte Wege zum Tod gibt? Schon will ich mich also hinabstürzen[518] und dabei gottlose Altäre umwerfen, entzündete Opferfeuer mit meinem Blut auslöschen. Ich fürchte nicht, daß meine Rechte die Kraft verliert und den Schlag nicht ausführen kann, (oder) daß mein Herz sich vor Schmerz verweigert; ich will dem Fleisch keine Sünde übrig lassen[519]. Ich muß (auch) nicht befürchten, daß ein Schwert fehlt; wir können sterben durch unsere (eigenen) Waffen, wir können sterben ohne die Gefälligkeit des Henkers, im Schoß unserer Mutter."[520]

34. Es heißt, sie habe ihr Haupt geschmückt (und) ein Brautkleid angezogen, so daß man hätte sagen können, sie ginge nicht in den Tod, sondern zu ihrem Bräutigam[521]. Als dann die verabscheuungswürdigen Verfolger sich ihrer Beute der Schamhaftigkeit[522] beraubt sahen, begannen sie, nach der Mutter und den Schwestern zu suchen[523]. Indessen erreichten jene schon in geistlichem Flug das freie Feld der Keuschheit. Als sie unvermutet auf der einen Seite von den drohenden Verfolgern, auf der anderen von einem reißenden Fluß an der Flucht gehindert wurden, da wurden sie eingeschlossen, um die Krone zu erlangen[524]. „Was sollen wir

---

exegeticus: Die Verfolger wollen die Keuschheit der Jungfrau als Beute rauben; vgl. GORI, *Ambrosius, De virginibus* 239 Anm. 100.
[523] Vom freiwilligen Martyrium der DOMNINA und ihrer Töchter BERENICE und PROSDOCE (BHG 274f) handelt wohl auch EUSEBIUS VON CAESAREA, *h. e.* 8,12,3f (GCS 766–768). Die Passio der Frauen findet sich stark erweitert, bei EUSEBIUS VON EMESA, *Sermones* 6 (1,151–174 BUYTAERT), sowie bei JOHANNES CHRYSOSTOMUS, *pan. Beren.* (PG 50,629–640.644). Vgl. auch *Martyrol. Hier.* 19. Oct. (562f DELEHAYE/QUENTIN); *Martyrologium Romanum* 19. Oct. (462f DELEHAYE); *De Sanctis Beronico, Pelagia et aliis* (421–423 VAN HECK).
[524] Zur Vorstellung vom Martyrium als Krönung siehe *virg.* 2,4,23, oben 238f Anm. 334.

„Ecce aqua: quis nos baptizari prohibet? Et hoc baptisma est, quo peccata donantur, regna quaeruntur. Et hoc baptisma est, post quod nemo delinquit. Excipiat nos aqua, quae regenerare consuevit, excipiat nos aqua, quae virgines facit, excipiat nos aqua, quae caelum aperit, infirmos tegit, mortem abscondit, martyres reddit. Te, rerum conditor, precamur, deus, ne exanimata spiritu corpora vel unda dispergat, ne mors separet funera, quarum vita non separavit affectus. Sit una constantia, una mors, una etiam sepultura".

35. Haec effatae et suspenso paululum incinctae sinu, quo pudorem tegerent, nec gressum impedirent, consertis manibus, tamquam choros ducerent, in medium progrediuntur alveum, ubi unda torrentior, ubi profundum abruptius, illo vestigium dirigentes. Nulla pedem retulit, nulla suspendit incessum, nulla temptavit ubi gressum figeret, an-

def. FRTE
1 baptizare C, (vel i s. e) O, U || 3 est *om.* MZCX | deliquid P | *post* delinquit *ras. in* A, *spat. vac. 1 pag. rel.* Z || 3–4 quae – aqua *om.* AMS || 7 examinata AVJP || 8 vitam HMSx, *Maur.* | affectus *add.* sed Cx, *Maur.* || 10 affatae AM, aeffatae J | suspensae MVJO | incinctum C, O *a.c., Maur.,* in cinctum U, incincto O *p.c.,* in cincto P || 11 nec] ne M || 12 tam (*om.* quam) A | chorus A *a.c.* || 13 torrentior (i *s.l.*) A || 14 illum vestigio Z || 15 incentum A *a.c.*

[525] Die mit der Taufe geschenkte Sündenvergebung hatte sich nach gängiger Auffassung zu bewähren, indem die Abgewaschenen und Wiedergeborenen das in der Taufe gegebene Versprechen erfüllten und ein sündenloses Leben führten. Vgl. DASSMANN, *Sündenvergebung,* besonders 1.87–99.
[526] GORI, *Ambrosius, De virginibus* 239 Anm. 104, betont eigens, daß die genannten Wirkungen des Wassers in einem geistlichem Sinn der Taufe zugeschrieben werden.
[527] Es ist nicht zweifelsfrei zu entscheiden, welche der göttlichen Personen als *rerum conditor* angesprochen wird. FRANZ, *Tageslauf* 189 Anm. 714, geht davon aus, daß „eindeutig Christus" gemeint sei und beruft sich auf den Tauf-Kontext und die Anrufung Christi im folgenden Abschnitt 3,7,35, die er als Fortführung des hier formulierten Gebetes auffaßt, doch sind diese Argumente nicht unbedingt zwingend. Der Ausdruck *rerum conditor* begegnet auch am Anfang von *Hymnus* 1 (149

fürchten?", sagten sie. „Sieh, (hier ist) Wasser; wer hindert uns, getauft zu werden (vgl. Apg 8,36)? Auch das ist eine Taufe, durch die Sünden vergeben, Reiche errungen werden. Auch das ist eine Taufe, nach der niemand (mehr) Schuld auf sich lädt[525]. Aufnehmen soll uns das Wasser, das neu zu gebären pflegt; aufnehmen soll uns das Wasser, das Jungfrauen hervorbringt; aufnehmen soll uns das Wasser, das den Himmel öffnet, die Schwachen schützt, den Tod verbirgt, Märtyrer hervorbringt[526]. Dich, o Gott, Schöpfer der Dinge[527], bitten wir, daß selbst die Flut unsere vom Geist entseelten Körper nicht auseinanderreißt, der Tod unsere Leichen nicht trennt, da das Leben unsere Zuneigung nicht getrennt hat. Es soll eine einzige Standhaftigkeit geben, einen einzigen Tod, ja, ein einziges Begräbnis."

35. Als sie das gesagt und ihr Gewand ein klein wenig hochgeschürzt hatten, um damit ihre Scham zu bedecken ohne ihren Schritt zu behindern, stiegen sie mit ineinandergelegten Händen, als ob sie einen Reigen bildeten, mitten ins Flußbett, wo die Flut reißender, wo die Tiefe steiler (war) — dahin lenkten sie ihren Schritt. Keine zog den Fuß zurück, keine unterbrach ihren Gang, keine prüfte, wo sie ihren Schritt festmachen konnte, ängstlich, wenn

---

FONTAINE). Dort ist, wie FRANZ, *Tageslauf* 189f, mit WALPOLE, *Hymns* 30, und LÖHR, *Abend* 348–350, gegen KAYSER, *Beiträge* 150f, und FAUTH, *Morgenhymus* 101–103, herausstellt, Christus gemeint, „durch den alles geworden ist und ohne den nichts wurde, was geworden ist" (Joh 1,3). Zurückhaltender meint FONTAINE, *Ambrosius, Hymni* 152f: „L'invocation, encore globale, au Dieu créateur inclut aussi le Fils dans l'opération de la Création et dans l'attribut divin d'éternité. ... A deux reprises dans son De fide, Ambroise a insisté sur ce point en l'appliquant au Fils .... Or, le Fils sera explicitement nommé dans l'invocation finale de cet hymne" — dagegen FRANZ, *Dichter* 149 Anm. 35: „Es ist fraglich, ob zu einer Zeit, in der Arianer die Gottheit und Anbetungswürdigkeit Christi leugneten, ein erklärtermaßen katholischer Bischof so undifferenziert hätte formulieren können. Ist es nicht so, daß Ambrosius, wenn er mehr als eine göttliche Person anreden will, er dieses deutlich markiert?" Vgl. zur Adressatenfrage auch STEIER, *Untersuchungen* 560f.

xiae, cum terra occurreret, offensae vado, laetae profundo. Videres piam matrem stringentem nodo manus gaudere de pignore, timere de casu, ne sibi filias vel fluctus auferret. „Has tibi", inquit, „hostias, Christe, immolo praesules castitatis, duces itineris, comites passionis". 5

36. Sed quis iure miretur tantam viventibus fuisse constantiam, cum etiam defunctae inmobilem stationem corporum vindicaverint? Non cadaver unda nudavit, non rapidi cursus fluminis volutarunt. Quin etiam sancta mater licet sensu carens pietatis tamen adhuc servabat amplexum et re- 10 ligiosum quem strinxerat nodum nec in morte laxabat, ut quae religioni debitum solverat pietate herede moreretur. Nam quas ad martyrium iunxerat usque ad tumulum vindicabat.

37. Sed quid alienigenis apud te, soror, utor exemplis, 15 quam hereditariae castitatis inspirata successio parentis infusione martyris erudivit? Unde enim didicisti quae non

---

def. FRTE
2 stringendo *P* || 3 pignere *H* | sibi *om. P* | fructus *A* || 4 hos *P* | Christe *om. P* | praesule *AP* || 5 itineris] iteneris *A a.c.*, castitas *P*, virginitatis *P2* || 6 sed *om. Z* || 8 vindicavere *CU*, vendicavere *O*, vendicaverint *P2* | cadavera *Z, P a.r.* | nudabit *Z* || 9 voluntarunt *A a.r., P*, volutatur *M* || 10 pietatem *HV*, pietatis *x* || 12 heredem *H, V a.c., O* | moreretur] meretur *A*, mereretur *dP, O p.c.* || 13–14 vendicabat *P2* || 15 alienigenis] alienis *P p.r.* | utor *om. M* || 17 unde] inde *Z*

---

[528] Zwar heißt es im Singular *de pignore*, doch dürfte damit nicht nur eine Tochter (PELAGIA) gemeint sein, ist doch anschließend jeweils im Plural von den Töchter (*filias*) als Meisterinnen (*praesules*), Anführerinnen (*duces*) und Gefährtinnen (*comites*) die Rede. Zur Verwendung von *pignus* für das Kind vgl. *virg.* 1,7,32, oben 155 Anm. 145.
[529] Es handelt sich um SOTERIS, eine Verwandte von Ambrosius und MARCELLINA väterlicherseits, die wahrscheinlich unter DIOCLETIAN

sich (fester) Boden zeigte, unwillig über eine seichte Stelle, froh über die Tiefe. Du hättest die fromme Mutter sehen können, wie sie mit festem Griff die Hände zusammenzog und sich über ihre Kinder[528] freute, sich (nur) vor dem Unglücksfall fürchtete, daß die Strömung ihr auch noch die Töchter raubte. „Diese Opfergaben", rief sie, „bringe ich dir, Christus, dar: Meisterinnen der Keuschheit, Anführerinnen auf dem Weg, Gefährtinnen im Leiden."

36. Doch wer könnte sich mit Recht über so viel Standhaftigkeit im Leben wundern, da sie selbst im Tod eine unerschütterliche Körperhaltung bewahrten. Die Flut hat den Leichnam nicht entblößt, der reißende Lauf des Flusses ihn nicht herumgewälzt. Ja, die heilige Mutter verharrte sogar, obgleich ihrer Sinne verlustig, bei alledem noch in liebevoller Umarmung, und das fromme Band, das sie zusammengezogen hatte, lockerte sie (auch) im Tod nicht, damit sie, die der Gottesfurcht das Schuldige erwiesen hatte, mit dem Erbe liebevoller Gesinnung stürbe. Denn jene, die sie zum Martyrium verbunden hatte, bewahrte sie bis ins Grab.

37. Doch was verwende ich bei dir, meine Schwester, fremde Beispiele, da dich der eingepflanzte Besitz ererbter Keuschheit durch den Einfluß einer verwandten Märtyrerin unterrichtet hat[529]? Denn wovon hast du gelernt, da du

---

(um 305) das Martyrium erlitten hat. In *exhort. virg.* 12, 82 (262–264 GORI) findet sich ein der folgenden Schilderung vergleichbares Zeugnis für ihr Martyrium. Trotz Schmähungen und Schlägen verweigerte sie das heidnische Opfer und wurde daraufhin enthauptet. Über ihrem Grab in einem später nach ihr benannten *coemeterium* an der Via Appia wurde eine heute zerstörte und hinsichtlich ihrer Lage umstrittene Kirche errichtet. Zum Leben und zur Verehrung vgl. WITTIG, *Soteris* 50–63, zu ihrer Grabstätte *Soteris* 105–133. Zu den beiden Stellen bei Ambrosius vgl. den Kommentar bei CONSOLINO, *Exempla* 476 f.

habuisti unde disceres, constituta in agro, nulla socia virgine, nullo informata doctore? Non ergo discipulam, quod sine magisterio fieri non potest, sed heredem virtutis egisti.

38. Qui enim fieri posset, ut sancta Soteris tibi non esset mentis auctor, cui auctor est generis? Quae persecutionis 5 aetate servilibus quoque contumeliis ad fastigium passionis evecta etiam vultum ipsum, qui inter cruciatus totius corporis liber esse consuevit iniuriae et spectare potius tormenta quam perpeti, carnifici dedit tam fortis et patiens, ut cum teneras poenae offerret genas, prius carnifex caedendo defice- 10 ret quam martyr iniuriae cederet. Non vultum inflexit, non ora convertit, non gemitu victa lacrimam dedit. Denique cum cetera poenarum genera vicisset, gladium quem quaerebat invenit.

---

def. FRTE
1 unde] inde Z | disceris A ‖ 1–2 nullam sociam virginem CU ‖ 2 nullo] nulla C ‖ 3 fi eri sine magisterio *Maur.* ‖ 3–4 sed … posset *om.* A, *add. mg. inf. m1* ‖ 4 qui] quid M, O *a.c.* | Sotheres CU, Sotheris (th *i.r.*) H ‖ 6 fastidium A ‖ 7 excruciatus (*om.* inter) H, cruciatos Z ‖ 7–8 corporis *add.* partibus HM ‖ 8 expectare MCx ‖ 9 tam *om.* Cx ‖ 9–10 teneras] terrenas P ‖ 10–11 defecerit CX, *Maur.* ‖ 11 incuriae H *a.r.* | implexit M ‖ 12 gemitum HJS, *Maur.* | victa MZx, *Fall., Cazz.*, utet a A, victu C, vel dP, non H, *Maur.* ‖ 13–14 quaerebat] gerebat A

Subscriptio: Explicit de virginibus liber III. Incipit liber IIII A; De virginibus liber tertius explicit. Incipit liber quartus J; Explicit liber III. Incipit liber IIII S; Scriptori vita Lecehli pax amHn Z; Incipit liber quartus de virginibus P; Explicit liber tertius. Incipit liber quartus de viduis C; Explicit liber tercius de virginitate. Incipit de viduis liber I O; Explicit liber tertius de virginitate U; *deest subscriptio in HMV*

---

[530] Es stellt sich die Frage, zu welchem Zeitpunkt MARCELLINA die ländliche Abgeschiedenheit suchte, heißt es doch bei PAULINUS VON MAILAND, *vita Ambr.* 9, 4 (64 BASTIAENSEN), daß sie auch nach dem Tod ihrer Mutter gemeinsam mit ihrer jungfräulichen Gefährtin im Haus der Familie wohnen blieb und Ambrosius sie dort bei einem Romaufenthalt einige Jahre nach seiner Weihe traf. Auch bleibt unerwähnt, wo sich das Landgut befand, etwa bei Rom oder bei Mailand. Da jedoch im Kontext mehrfach von Erziehung und Lehre die Rede ist, dürfte der Aufenthalt auf dem Lande eher in MARCELLINAS frühen Jahren als beispielsweise

niemanden hattest, von dem du hättest lernen können, auf dem Land angesiedelt, ohne eine jungfräuliche Gefährtin[530], von keinem Lehrer unterrichtet? Du hast also nicht als Schülerin, was ohne Unterricht (auch gar) nicht möglich ist, sondern als Erbin der Tugend gehandelt.

38. Denn wie wäre es möglich gewesen, daß die heilige Soteris nicht deine geistige Lehrmeisterin war, da sie deine Lehrmeisterin der Abstammung nach ist[531]? In der Zeit der Verfolgung wurde sie auch unter Schmähungen wie bei Sklaven zum Gipfel des Leidens hinaufgeführt und selbst das Gesicht, das gewöhnlich bei Martern am ganzen Körper von Entehrung frei bleibt und die Foltern eher betrachtet als erduldet, bot sie dem Henker dar, so mutig und geduldig, daß, als sie ihre zarten Wangen der Qual auslieferte, eher der Henker vom Schlagen die Kraft verlor als die Märtyrerin vor dem Unrecht zurückwich. Sie verzog keine Miene, wandte ihr Gesicht nicht ab, vergoß, vom Schmerz besiegt, keine Träne[532]. Schließlich, als sie die übrigen Arten von Qualen überwunden hatte, erlangte sie das Schwert, das sie suchte.

---

vor ihrem Umzug nach Mailand stattgefunden haben. Möglicherweise lebte MARCELLINA alleine, bevor sie das gemeinschaftliche Leben im römischen Haus der Familie aufnahm oder sie hat sich nur zeitweise aufs Land zurückgezogen. Denkbar, wenn auch weniger wahrscheinlich, ist ferner, daß die Einsamkeit spirituell verstanden wird und den realen Lebensverhältnissen nur bedingt entsprach. Vgl. zu den angeschnittenen Fragen PASINI, *Ambrogio* 68.

[531] Der Ausdruck *auctor generis* wird auf SOTERIS natürlich im übertragenen Sinn angewandt, da sie, wie im vorhergehenden Abschnitt angedeutet und in *exhort. virg.* 12,82 (262 GORI) ausdrücklich gesagt wird, eine Jungfrau war; vgl. GORI, *Ambrosius, De virginibus* 241 Anm. 107; RAMSEY, *Ambrosius, De virginibus* 224 Anm. 52; anders WITTIG, *Soteris* 51–58, der von einem doppelten Martyrium der SOTERIS ausgeht, einem als *virgo* in ihrer Jugendzeit — eine Mißhandlung um des Glaubens willen, die jedoch nicht zum Tode führte —, und einem als *parens* und *auctor generis* — ihre Ermordung durch das ersehnte Schwert, nachdem sie geheiratet hatte und Mutter geworden war.

[532] Vgl. VERGIL, *Aen.* 4,369f (187 MYNORS).

ABKÜRZUNGEN

Werkabkürzungen

Acta
    Act. Paul. et Thecl. Acta Pauli et Theclae

Aelian
    NA   de Natura Animalium
    VH   Varia Historia

Ambrosius von Mailand
    Abr.   de Abraham
    apol. Dav.   de apologia prophetae David ad Theodosium Augustum
    apol. Dav. II   apologia David altera
    bon. mort.   de bono mortis
    Cain et Ab.   de Cain et Abel
    conc. Aquil.   epistulae duae concilii Aquileiensis
    epist.   epistulae
    epist. extra coll. epistulae extra collectionem servata
    exc. Sat.   de excessu fratris (*sc.* Satyris)
    exhort. virg.   Exhortatio virginitatis
    fid.   de fide (ad Gratianum Augustum)
    fug. saec.   de fuga saeculi
    hel.   de Helia et ieiunio
    hex.   (h)exa(e)meron
    Iac.   de Iacob et vita beata
    incarn.   de incarnationis dominicae sacramento
    in Luc.   expositio evangelii sec. Lucam
    in psalm.   explanatio XII psalmorum
    in psalm. 118 expositio in psalmum 118
    inst. virg.   de institutione virginis ad Eusebium
    Iob   libri de interpellatione Iob et David
    Ioseph   de Ioseph
    Isaac   de Isaac *vel* anima
    myst.   de mysteriis
    Nab.   de Nabuthae
    Noe   de Noe
    obit. Theod.   de obitu Theodosii (*sc.* imperatoris)
    obit. Valent.   de obitu Valentiniano (*sc.* iunioris imperatoris)
    off.   de officiis ministrorum
    paen.   de paenitentia

ABKÜRZUNGEN

parad.	de paradiso
patr.	de patriarchis
sacr.	de sacramentis
spir.	de spiritu sancto
symb.	explanatio symboli
Tob.	de Tobia
vid.	de viduis
virg.	de virginibus
virginit.	de virginitate

APULEIUS
flor. florida

ARISTOPHANES
Ra. Ranae

ARISTOTELES
GA De generatione animalium
HA Historia Animalium
Oec. Oeconomica

ARNOBIUS DER ÄLTERE
nat. adversus nationes

ATHANASIUS VON ALEXANDRIEN
apol. Const. apologia ad Constantium
Ar. Orationes adversus Arianos
decr. de decretis Nicaenae synodi
ep. Afr. epistula ad Afros episcopos
syn. epistulae de synodis Arimini et Seleuciae

PS.-ATHANASIUS
virgt. de virginitate

AUGUSTINUS
civ. de civitate dei
conf. confessiones
de mend. de mendacio
doctr. christ. de doctrina christiana
epist. epistulae
exp. Gal. expositio epistulae ad Galatas
gen. ad litt. de Genesi ad litteram
hept. locutiones in heptateuchum

lib. arb.	de libero arbitrio
mor.	de moribus ecclesiae catholicae et de moribus Manichaeorum libri duo
retract.	retractationes
serm.	sermones genuini
symb.	de symbolo sermo ad catechumenos
trin.	de trinitate
vera relig.	de vera religione

PS.-AUGUSTINUS
 serm.   sermones

BASILIUS VON CAESAREA
 ep.   epistulae
 hom.   homiliae variae

BEDA VENERABILIS
 in Gen.   in principium Genesis

BENEDIKT VON NURSIA
 reg.   Regula monachorum

CAESAR
 Gall.   commentarii belli Gallici

CAESARIUS VON ARLES
 serm.   sermones

JOHANNES CASSIAN
 c. Nest.   de incarnatione domini contra Nestorium

CHROMATIUS VON AQUILEIA
 serm.   sermones

CHRONGRAPH VON 354
 Chronogr. a. 354 Chronographus anni CCCLIIII

CICERO
Brut.	Brutus
Catil.	in L. Sergium Catilinam orationes
Cato	Cato maior de senectute
de orat.	de oratore
fam.	epistulae ad familiares

fin.	de finibus bonorum et malorum
Font.	Pro. M. Fonteio
har. resp.	de haruspicum responso oratio
inv.	rhetorici libri qui vocantur de inventione
leg.	librorum de legibus quae exstant
Mur.	pro L. Murena oratio
nat. deor.	de natura deorum
off.	de officiis
Pis.	in L. Calpurnium Pisonem oratio
rep.	librorum de re publica quae exstant
S. Rosc.	pro Sex. Roscio Amerino oratio
Tusc.	Tusculanae disputationes

CLAUDIAN
    carm.   carmina

CLEMENS VON ALEXANDRIEN
    paed.   paedagogus
    protr.   protrepticus *sive* cohortatio ad gentes
    str.   stromata

CLEMENS VON ROM
    2 Clem.   epistula secunda Clementis ad Corinthios

CONCILIA ET SYNODI
    C Chalc.   Concilium Chalcedonense anno 451, oecumenicum quartum

CYPRIAN VON KARTHAGO
    epist.   epistulae collectae
    Fort.   ad Fortunatum (de exhortatione martyrii)
    hab. virg.   de habitu virginum (ad virgines)

DAMASUS
    epigr.   carmina, *sc.* epigrammata a Ferrua inter genuina recepta

DIOGNETBRIEF
    Diogn.   epistula ad Diognetum

ENNODIUS VON PAVIA
    dict.   dictiones (continentur nonnulla carmina)

EPIPHANIUS VON SALAMIS
anc. ancoratus
exp. fid. expositio fidei
haer. panarion *seu* adversus LXXX haereses

EURIPIDES
Hipp. Hippolytus

EUSEBIUS VON CAESAREA
h. e. historia ecclesiastica
Marcell. contra Marcellum

EVANGELIA APOCRYPHA
Protev. Protevangelium Iacobi

FULGENTIUS VON RUSPE
epist. epistulae
rem. pecc. de remissione peccatorum

GREGOR VON NAZIANZ
or. orationes

GREGOR VON NYSSA
virg. de virginitate

HIERONYMUS
adv. Pelag. dialogus adversus Pelagianos libri III
chron. chronicon omnimodae historiae
epist. epistulae
in Ez. commentarii in Ezechielem prophetam
in Gal. commentarii in epistulam Pauli ad Galatas
in Is. commentarii in Isaiam prophetam
in Mt. commentarii in evangelium Matthaei
virg. Mar. adversus Helvidium de Maria virginitate perpetua

HILARIUS VON POITIERS
in Matth. commentarii in Matthaeum
syn. de synodis
trin. de trinitate

HIPPOCRATES
VM de vetere medicina

HISTORIA APOLLONII
  hist. Apoll.   historia Apollonii regis Tyri

HORAZ
  carm.   carmina
  sat.   saturae (sermones)

HYGIN
  fab.   fabula

IGNATIUS VON ANTIOCHIEN
  Rom.   epistula ad Romanos

INSCRRIPTIONES
  CIL   Corpus Inscriptionum Latinorum

ISIDOR VON SEVILLA
  eccl. off. officia (de ecclesiaticis officiis)
  orig.   origenes (*vel* etymologiae)

JAMBLICH
  VP   de vita Pythagorica

JOHANNES CHRYSOSTOMUS
  decoll.   in decollationem Joannis Baptistae
  hom. in Mt.   homiliae in Matthaeum
  pan. Beren.   panegyricum in Berenicen et Prosdocen martyras et de quatriduano Lazaro
  pan. Pelag. Ant. panegyricum in Pelagiam Antiochenam martyrum

LAKTANZ
  inst.   divinae institutiones

LEGES
  Cod. Theod. Codex Theodosianus
  Dig.   Digesta
  Inst. Iust. Institutiones *seu* panedectae Iustiniani Augusti

LIBANIUS
  Ep.   epistulae

LIBER PONTIFICALIS
  Lib. pontif. Liber pontificalis

ABKÜRZUNGEN

LUCIAN VON SAMOSATA
    Vit. Auct.   Vitarum Auctio

MACROBIUS
    sat.   saturnaliorum quae exstant

MARCUS EREMITA
    Nest.   adversus Nestorianos

MARIUS VICTORINUS
    in Gal.   commentarius in epitulam Pauli ad Galatas
    rhet.   explanationes in rhetoricam Ciceronis

MARTYROLOGIA
    Martyrol. Hier. Martyrologium Hieronymianum

MYTHOGRAPHI VATICANA
    Mythogr.   Mythographi Vaticana

NICETAS VON REMESIANA
    compet. frg.   librorum VI ad competetentes fragmenta
    symb.   explanatio symboli
    virg. laps.   ad virginem lapsam

ORIGENES
    Cant.   commentarius in Canticum canticorum
    comm. ser. in Mt. commentariorum series in Matthaeum
    fragm. in Lam. fragmenta in Lamentationes in catenis
    hom. in Cant. homiliae in Canticum canticorum
    hom. in Ezech. homiliae in Ezechielem
    hom. in Jer. homiliae in Ieremiam
    hom. in Jos. homiliae in Josuam
    hom. in Lev. homiliae in Leviticum
    in Mt.   commentarii in Matthaeum
    princ.   de principiis

OVID
    ars   ars amatoria
    epist.   epistulae (heroides)
    fast.   fasti (opus imperfectum)
    met.   metamorphoses
    rem.   remedia amoris

PALLADIUS VON HELENOPOLIS
    h. Laus.   historia Lausiaca

PAULINUS VON MAILAND
    vita Ambr.   vita Ambrosii episcopii Mediolanensis

PETRONIUS
    frg.   fragmenta

PHILOSTORGIUS
    h. e.   historia ecclesiastica

PLAUTUS
    Cist.   Cistellaria

PLINIUS
    nat.   naturalis historia

PLUTARCH
    Cat. Ma.   Cato maior
    Flam.   Flamininus
    Num.   Numa
    Thes.   Theseus

POMPONIUS PORPHYRIO
    Hor.   commentum in Horatium Flaccum

PRUDENTIUS
    cath.   liber cathemerinon
    perist.   liber peristephanon

QUINTILIAN
    decl.   declamationes minores
    inst.   institutio oratoria

PS.-QUINTILIAN
    decl.   declamationes maiores

REGULA MAGISTRI
    reg. mag.   regula magistri

RUFIN VON AQUILEIA
    symb.   expositio symboli

Sacramentaria
: *Sacr. Gelas.* liber sacramentorum Romane ecclesiae *sive* sacramentarium Gelasianum vetus

Sallust
: *Iug.* de bello Iugurthino

Salvian von Marseille
: *gub.* de gubernatione dei

Seneca
: *epist.* epistulae morales ad Lucilium
: *Phaedr.* Phaedra *sive* Hippolytus

Seneca Rhetor
: *contr.* controversiae

Servius Grammaticus
: *Aen.* commentarius in Vergilii Aeneidos
: *Georg.* commentarius in Vergilii Georgicon

Socrates
: *h. e.* historia ecclesiastica

Sozomenus
: *h. e.* historia ecclesiastica

Statius
: *silv.* silvae

Sueton
: *Aug.* de vita Caesarum lib. II: divus Augustus

Symbola
: *Symb. Nic. (325)* Symbolum Synodi Nicaenae anno 325 (Dossetti)
: *Symb. Sirm. 1 anath.* Symboli Sirmiensis anno 351 anathemata (DH)

Symmachus
: *epist.* epistulae
: *rel.* relationes

Tacitus
: *ann.* annalium (ab excessu divi Augusti) quae exstant

Terenz

Ad.	Adelphoe
Haut.	H(e)autontimorumenos
Phorm.	Phormio

Tertullian

adv. Marc.	adversus Marcionem
anim.	de anima
apol.	apologeticum
castit.	de exhortatione castitatis
cult. fem.	de cultu feminarum
mart.	ad martyras
monog.	de monogamia
nat.	ad nationes
virg. vel.	de virginibus velandis

Ulpian

Dig.	fragmenta in digestis aliisve collectionibus servata

Varro

rust.	res rustica

Vergil

Aen.	Aeneis
ecl.	eclogae *sive* bucolica
georg.	georgica

Allgemeine Abkürzungen

Anm.	Anmerkung
Aufl.	Auflage
Bd./Bde.	Band/Bände
bzw.	beziehungsweise
can.	canon/canones
ders./dies.	derselbe/dieselbe
eingel.	eingeleitet
frg.	fragmentum
FS	Festschrift
hrsg.	herausgegeben
Hrsg.	Herausgeber
Hs/Hss	Handschrift/Handschriften
LXX	Septuaginta

N.F.	Neue Folge
N.S.	Neue Serie / new series
o.J.	ohne Jahr
sc.	scilicet
übers.	übersetzt
VetLat	Vetus Latina
Vg.	Vulgata
vgl.	vergleiche

BIBLIOGRAPHISCHE ABKÜRZUNGEN

AAST	Atti dell' (a R.) Academia delle scienze di Torino / Acta R. Academiae scientarium Taurinensis, Turin
Acme	Annali della Facultà di Filosofia e Lettere dell'Università Statale di Milano, Mailand
ACO	Acta conciliorum oecumenicorum (hrsg. von E. SCHWARTZ u.a.), Berlin
AKG	Arbeiten zur Kirchengeschichte, Berlin u.a.
ALW	Archiv für Liturgiewissenschaft, Regensburg
Ambrosius	Ambrosius. Bolletino liturgico ambrosiano, Mailand
AnAl	Antichità altoadriatiche, Triest u.a.
AnBib	Analecta biblica, Rom
AnnBoll	Analecta Bollandiana, Brüssel
ANRW	Aufstieg und Niedergang der römischen Welt (hrsg. von H. TEMPORINI u.a.), Berlin / New York 1972ff.
Anton.	Antonianum. Periodicum philosophico-theologicum trimestre, Rom
ArAmb	Archivio ambrosiano, Mailand
ARW	Archiv für Religionswissenschaft, Leipzig u.a.
ASes	Annali di storia dell'esegesi, Bologna
Aug.	Augustinianum. Periodicum quadrimestre Instituti Patristici ‚Augustinianum', Rom
BAC	Biblioteca de autores cristianos, Madrid
BAGB	Bulletin de l' Association Guillaume Budé, Paris
BBB	Bonner biblische Beiträge, Bonn
BBKL	Biographisch-bibliographisches Kirchenlexikon (hrsg. von F.W. BAUTZ), Hamm 1,1970ff
BEFAR	Bibliothèque des Écoles Françaises d'Athènes et de Rome, Paris
BEL	Bibliotheca ‚Ephemeridis liturgica', Rom
BGAM	Beiträge zur Geschichte des alten Mönchtums und des Benediktinerordens, Münster

BHC	Bibliothèque d'histoire du christianisme, Paris
BHF	Bonner historische Forschungen, Bonn
BHG	Bibliotheca hagiographica Graeca, Brüssel
BHL	Bibliotheca hagiographica Latina antiqua et mediae aetatis, 2. Bde. Brüssel 1898.1901
BHTh	Beiträge zur historischen Theologie, Tübingen
Bib.	Biblica. Commentarii periodici ad rem biblicam scientifice investigandam, Rom
BIDC	Bibliothèque de l'Institut de Droit Canonique de l'Université de Strasbourg, Paris
BIHBR	Bulletin de l'Institut Historique Belge de Rome, Rom u.a.
BiTeu	Bibliotheca Teubneriana, Leipzig
BKV	Bibliothek der Kirchenväter, Kempten u.a. 1, 1869 – 80, 1888; ^{2}1, 1911 – 62/63, 1931; 2. Reihe: 1, 1932 – 20, 1938
BLE	Bulletin de littérature ecclésiastique, Toulouse
BN	Biblische Notizen. Beiträge zur exegetischen Diskussion, Bamberg
BoBKG	Bonner Beiträge zur Kirchengeschichte, Köln u.a.
BSRel	Biblioteca di scienze religiose, Rom u.a.
BSS	Bibliotheca sanctorum. Istituto Giovanni XXIII nella Pontificia Università Lateranense, Rom
BZNW	Beihefte zur Zeitschrift für die neutestamentliche Wissenschaft und die Kunde der älteren Kirche, Berlin u.a.
Cass.	Cassiciacum. Eine Sammlung wissenschaftlicher Forschungen über den heiligen Augustinus und den Augustinerorden, sowie wissenschaftlicher Arbeiten von Augustinern aus anderen Wissensgebieten, Würzburg
CCG	Corpus Christianorum, Turnhout. Series Graeca
CCL	Corpus Christianorum, Turnhout. Series Latina
CCM	Corpus Christianorum, Turnhout. Continuatio Mediaevalis
CdR	Classici delle religioni, Turin
CJos	Cahiers de joséphologie, Montreal
ClF	Classical folia. Studies in the Christian perpetuation of classics, New York
CorLat	Corona Lateranensis, Rom
CPS.L	Corona patrum Salesiana, Turin. Series Latina
CrSt	Cristianesimo nella storia, Bologna
CSEL	Corpus scriptorum ecclesiasticorum Latinorum, Wien
CSCO	Corpus scriptorum Christianorum orientalium, Rom u.a.

—.C	—. Scriptores Coptici
CSLP	Corpus scriptorum Latinorum Paravianum, Rom
CStCh	Complementi alla storia della chiesa, Mailand
CUFr	Collection des universités de France, Paris
Did.	Didascaleion. Studi filosofici di letteratura cristiana antica, Turin
DPAC	Dizionario patristico e di antichità cristiane (hrsg. von A. DI BERADINO), Casale Monferrato 1,1983 – 3,1988
D.S.	Dictionnaire de spiritualité, Paris
DUS	Dissertationen der Universität Salzburg, Wien
EC	Enciclopedia cattolica, Vatikanstadt u.a.
ED	Euntes docete, Rom
EHS	Europäische Hochschulschriften, Frankfurt a.M. u.a.
—.R	—. Reihe 2, Rechtswissenschaft
—.T	—. Reihe 23, Theologie
EL	Ephemerides liturgicae, Vatikanstadt
EO	Ecclesia orans, Rom
EphMar	Ephemerides Mariologicae, Madrid
EPRO	Études préliminaires aux religions orientales dans l'empire romain, Leiden
EstMar	Estudios marianos, Madrid
ETH	Études de théologie historique, Paris
Ethnol.	Ethnologica, Köln
EtMar	Études mariales, Paris
EX	Ecclesiastica Xaveriana, Bogotá
FC	Fontes Christiani, Freiburg u.a.: 1. und 2. Reihe 1991–2003, Turnhout: 3. Reihe 2002ff
FKDG	Forschungen zur Kirchen- und Dogmengeschichte, Göttingen
FKTh	Forum katholische Theologie, Aschaffenburg
FlorPatr	Florilegium patristicum, Bonn u.a.
FRLANT	Forschungen zur Religion und Literatur des Alten und Neuen Testaments, Göttingen
FThSt	Freiburger theologische Studien, Freiburg
GCS	Die griechischen christlichen Schriftsteller der ersten Jahrhunderte, Berlin
Gr.	Gregorianum. Commentarii de re theologica et philosophica, Rom
HAW	Handbuch der Altertumswissenschaften, München
Hist.	Historia. Zeitschrift für alte Geschichte, Wiesbaden u.a.
HJ	Historisches Jahrbuch der Görresgesellschaft, München
JAC	Jahrbuch für Antike und Christentum, Münster

—.E	—. Ergänzungsband
JCPh.S	Jahrbücher für classische Philologie, Leipzig. Supplementband
JLW	Jahrbuch für Liturgiewissenschaft, Münster
JSHRZ	Jüdische Schriften aus hellenistisch-römischer Zeit, Gütersloh
JThS	Journal of theological studies, Oxford
Kath.	Der Katholik. Eine religiöse Zeitschrift zur Belehrung und Warnung, Straßburg u. a.
LACL	Lexikon der antiken christlichen Literatur (hrsg. von S. DÖPP / W. GEERLINGS), Freiburg u. a. 3. Aufl. 2002
LCL	Loeb classical library, London u. a.
LIMC	Lexicon iconographicum mythologiae classicae, Zürich
LMA	Lexikon des Mittelalters (hrsg. von R. AUTY u. a.), München u. a. 1, 1980ff
LThK	Lexikon für Theologie und Kirche (hrsg. von W. KASPAR u. a.), Freiburg u. a. 3. Aufl. 1993ff
LuM	Liturgie und Mönchtum. Laacher Hefte, Maria Laach
Mar.	Marianum. Ephemerides Mariologiae, Rom
MBTh	Münsterische Beiträge zur Theologie, Münster
MGH	Monumenta Germaniae historica inde ab a.C. 500 usque ad a. 1500, Hannover u. a.
—.AA	—. Auctores antiquissimi
MGMA	Monographien zur Geschichte des Mittelalters, Stuttgart
MThS	Münchener theologische Studien, München
—.S	—. Systematische Abteilung
MThZ	Münchner theologische Zeitschrift, München u. a.
Muséon	Muséon. Revue d'études orientales, Löwen u. a.
NCE	New catholic encyclopedia, New York u. a.
NDid	Nuovo didaskaleion, Catania
NPNF	A select library of the Nicene and post-Nicene fathers of the Christian church, Oxford: 1, 1887 – 14, 1892; 2. Reihe: 1, 1890 – 14, 1900
OBO	Orbis biblicus et orientalis, Freiburg, Schweiz u. a.
Orph.	Orpheus. Rivista di umanità classica e cristiana, Catania
OTS	Oudtestamentliche Studiën, Leiden
Par.	Paradosis. Études de littérature et de théologie ancienne, Freiburg, Schweiz
PG	Patrologiae cursus completus (hrsg. von J.-P. MIGNE), Paris, Series Graeca
PHChr	Problèmes d'histoire du christianisme, Brüssel

Philologus	Zeitschrift für das klassische Altertum, Wiesbaden u.a.
PiLi	Pietas liturgica. Studia, St. Ottilien
PL	Patrologiae cursus completus (hrsg. von J.-P. MIGNE), Paris. Series Latina
PRE	Paulys Real-Encyclopädie der classischen Alterthumswissenschaft (begonnen von G. WISSOWA, hrsg. von W. KROLL / K. MITTELHAUS), Stuttgart 1. Reihe: 1, 1894 – 24, 1963; 2. Reihe: 1(= 25), 1914 – 10(= 34), 1972
PRSA	Problemi e ricerche di storia antica, Rom
PUCSC	Pubblicazioni (Edizioni) dell' Università Cattolica del Sacro Cuore, Mailand
QVetChr	Quaderni di Vetera Christianorum, Bari
RAC	Reallexikon für Antike und Christentum (begründet von F.J. DÖLGER, hrsg. von T. KLAUSER), Stuttgart 1950ff
RB	Revue biblique, Paris
RBen	Revue bénédictine de critique, d'histoire et de littérature religieuses, Maredsous
RBS	Regulae Benedicti studia. Annuarium internationale, Hildesheim
—.S	—. Supplementa
REAug	Revue des études augustiniennes, Paris
REByz	Revue des études byzantines, Paris
RechAug	Recherches augustiniennes, Paris
RevSR	Revue des sciences religieuses. Faculté Catholique de Théologie, Straßburg
RFIC	Rivista di filologia e d'istruzione classica, Turin
RFTP	Recherches. Facultés de Théologie et de Philosophie de la Compagnie de Jésus Montréal, Paris u.a.
RGG	Die Religion in Geschichte und Gegenwart, Handwörterbuch für Theologie und Religionswissenschaft (hrsg. von H.D. BETZ), Tübingen 4. Aufl. 1, 1998 – 8, 2005
RKAM	Religion und Kultur der alten Mittelmeerwelt in Parallelforschungen, München u.a.
RQ	Römische Quartalsschrift für christliche Altertumskunde und Kirchengeschichte, Freiburg
—.S	—. Supplementheft
RSIt	Rivista storica italiana, Neapel
RSSR	Recherches et synthèses de sciences religieusees, Gembloux
—.H	—. Section d'histoire
RVS	Rivista di vita spirituale, Rom

SAC	Studi di antichità cristiana, Rom
SAEMO	Sancti Ambrosii Episcopi Mediolanensis Opera, Mailand/Rom
SAGM	Sudhoffs Archiv für Geschichte der Medizin und der Naturwissenschaften, Wiesbaden u. a.
Sal.	Salesianum. Pontificio Atheneo Salesiano, Turin
SCBO	Scriptorum classicorum bibliotheca Oxoniensis, Oxford
ScC	Scuola cattolica. Rivista di scienze religiose, Mailand
SCh	Sources chrétiennes, Paris
ScrinTheol	Scrinium theologicum, Turin u. a.
SEAug	Studia ephemeridis ‚Augustinianum', Rom
SGKA	Studien zur Geschichte und Kultur des Altertums, Paderborn
SGKMT	Studien zur Geschichte der katholischen Moraltheologie, Regensburg
SGLG	Studia Graeca et Latina Gothoburgensia, Stockholm
SGV	Sammlung gemeinverständlicher Vorträge und Schriften aus dem Gebiet der Theologie und Religionsgeschichte, Tübingen
SHCT	Studies in the history of Christian thought, Leiden
SPAW	Sitzungsberichte der Preußischen Akademie der Wissenschaften, Berlin
—.PH	—. Philosophisch-Historische Klasse
SPLi	Studia patristica et liturgica, Regensburg
SPMed	Studia patristica Mediolanensis, Mailand
SpOr	Spiritualité orientale, Bégrolles-en-Mauges
SPS	Salzburger patristische Studien des Internationalen Forschungszentrums für Grundfragen der Wissenschaften Salzburg, Salzburg u. a.
SST	Studies in sacred theology, Washington, DC
SQS	Sammlung ausgewählter kirchen- und dogmengeschichtlicher Quellenschriften, Tübingen
SSAC	Sussidi allo studio delle antichità cristiane, Rom
STAC	Studien und Texte zu Antike und Christentum, Tübingen
StAns	Studia Anselmiana. Philosophica et theologica, Rom
StFr	Studi francescani, Florenz
StML	Stimmen aus Maria Laach, Freiburg
—.E	—. Ergänzungshefte

StPatr	Studia patristica. Papers presented to (Papers of) the International Conference on Patristic Studies, Berlin u.a.
StT	Studi e testi. Biblioteca Apostolica Vaticana, Vatikanstadt
SVigChr	Supplements to Vigiliae Christianae, Leiden
SWGF	Schriften der Wissenschaftlichen Gesellschaft an der Johann Wolfgang Goethe-Universität in Frankfurt am Main, Wiesbaden
—.G	—. Geisteswissenschaftliche Reihe
TaS	Texts and studies. Contributions to biblical and patristic literature, Cambridge u.a.
TC	Traditio christiana. Texte und Kommentare zur patristischen Theologie, Zürich
Theoph.	Theophaneia. Beiträge zur Religions- und Kirchengeschichte des Altertums, Bonn
ThGl	Theologie und Glaube. Zeitschrift für den katholischen Klerus, Paderborn
ThH	Théologie historique, Paris
ThLL	Thesaurus linguae Latinae, Basel/Leipzig
TRE	Theologische Realenzyklopädie (hrsg. von G. KRAUSE / G. MÜLLER), Berlin 1, 1976 ff
TRSR	Testi e ricerche di scienze religiose, Florenz
TS	Theological studies. Theological Faculties of the Society of Jesus in the United States, Woodstock, Md. u.a.
TU	Texte und Untersuchungen zur Geschichte der altchristlichen Literatur, Berlin
VigChr	Vigiliae Christianae. Review of early Christian life and language, Amsterdam
VL	Vetus Latina. Die Reste der altlateinischen Bibel, Freiburg
VS	Vie spirituelle, Paris
—.S	—. Supplément
VSen	Verba seniorum. Collana di testi patristici e medievali, Alba
WdF	Wege der Forschung, Darmstadt
Worship	Worship. A review concerned with the problems of liturgical renewall, Collegeville, Minn.
WSt	Wiener Studien. Zeitschrift für klassische Philologie und Patristik, Wien
ZKG	Zeitschrift für Kirchengeschichte, Stuttgart u.a.
ZKTh	Zeitschrift für katholische Theologie, Wien u.a.

BIBLIOGRAPHIE

Quellen

ACTA
Acta Aureae:
— Ex Ms. sancti Maximi apud Treviros: *Acta Sanctorum Augusti 4* (hrsg. von J. PINIUS u.a.), Paris/Rom 3. Aufl. 1867, 757–761.
Acta Didymo et Theodora:
— De SS. Didymo et Theodora, martyribus Alexandriae in Aegypto: *Acta Sacnctorum Aprilis 3* (hrsg. von G. HENSCHENIUS u.a.), Paris/Rom 3. Aufl. 1866, 578–581.
Acta Marcellinae:
— Acta S. Marcellinae virginis: *Acta Sanctorum Julii 4* (hrsg. von J.B. SOLLERIUS u.a.), Paris/Rom 3. Aufl. 1868, 234–238.
Acta Pauli et Theclae:
— Acta Pauli et Theclae: *Acta apostolorum apocrypha 1* (hrsg. von R.A. LIPSIUS / M. BONNET), Darmstadt 1959 (Leipzig 1891), 235–269.
De Sancta Pelagia Poenitente Hierosolymis commentarius praevius:
— De S. Pelagia Poenitente Hierosolymis commentarius praevius: *Acta Sanctorum Octobris 4* (hrsg. von G. SUYSKEN u.a.), Paris/Rom 3. Aufl. 1866, 248–261.
De Sancta Pelagia virgine martyre Antiochiae in Syria. Commentarius historicus:
— De S. Pelagia virg. mart. Antiochiae in Syria. Commentarius historicus: *Acta Sanctorum Iunii 2* (hrsg. von G. HENSCHENIUS u.a.), Paris/Rom 3. Aufl. 1867, 153–162.
De Sanctis Beronico, Pelagia virgine et aliis quadraginta novem martyribus Antiochenis. Sylloge:
— De Sanctis Beronico, Pelagia virgine et aliis quadraginta novem martyribus Antiochenis. Sylloge: *Acta Sanctorum Octobris 8* (hrsg. von J. VAN HECK u.a), Paris/Rom 1866, 421–423

AELIAN
De Natura Animalium:
— *De natura animalium libri XVI[I]* (hrsg. von R. HERCHER = BiTeu, Claudii Aeliani De natura animalium libri XVI[I], varia historia, epistolae, fragmenta 1), Leipzig 1864.
Varia Historia:
— *Varia historia* (hrsg. von M.R. DILTS = BiTeu), Leipzig 1974.

AMBROSIUS VON MAILAND
Apologia David altera:
— Apologia di David (comunemente detta „seconda"): *SAEMO 5* (hrsg. und übers. von F. LUCIDI), Mailand/Rom 1981, 143–221.
— Apologia David quae volgo vocatur altera: *Opera 2* (hrsg. von C. SCHENKL = CSEL 32/2), Prag/Wien/Leipzig 1897, 357–408.
De Abraham:
— *Abramo* (hrsg. und übers. von F. GORI = SAEMO 2/2, Opere esegetiche 2), Mailand/Rom 1984.
— De Abraham: *Opera 1* (hrsg. von C. SCHENKL = CSEL 32/1), New York / London 1962 (Prag/Wien/Leipzig 1897), 499–638.
De apologia prophetae David ad Theodosianum Augustum:
— Apologia del profeta David a Teodosio Augusto: *SAEMO 5* (hrsg. und übers. von F. LUCIDI), Mailand/Rom 1981, 53–141.
— De apologia Prophetae David ad Theodosium Augustum: *Opera 2* (hrsg. von C. SCHENKL = CSEL 32/2), Prag/Wien/Leipzig 1897, 270–355.
De bono mortis:
— De bono mortis: *Opera 1* (hrsg. von C. SCHENKL = CSEL 32/1), New York / London 1962 (Prag/Wien/Leipzig 1897), 701–753.
— Il bene della morte: *SAEMO 3* (hrsg. und übers. von C. MORESCHINI), Mailand/Rom 1982, 127–211.
De Cain et Abel:
— Caino e Abele: *SAEMO 2/1* (hrsg. und übers. von P. SINISCALCO), Mailand/Rom 1984, 167–305.
— De Cain et Abel: *Opera 1* (hrsg. von C. SCHENKL = CSEL 32/1), New York / London 1962 (Prag/Wien/Leipzig 1897), 337–409.
De excessu fratris (*sc.* Satyris):
— De excessu fratris: *Opera 7* (hrsg. von O. FALLER = CSEL 73), Wien 1955, 207–325.
— Per la dipartita del fratello: *SAEMO 18* (hrsg. und übers. von G. BANTERLE), Mailand/Rom 1985, 23–159.
De fide (ad Gratianum Augustum):
— *De fide* (*ad Gratianum*) / *Über den Glauben* (*an Gratian*), 3 Bde. (hrsg. und übers. von C. MARKSCHIES = FC 47/1–3), Turnhout 2005.
— *De fide* (*ad Gratianum Augustum*) (hrsg. von O. FALLER = CSEL 78, S. Ambrosii Opera 8), Wien 1962.
— *La fede* (hrsg. und übers. von C. MORESCHINI = SAEMO 15), Mailand 1984.
De fuga saeculi:
— De fuga saeculi: *Opera 2* (hrsg. von C. SCHENKL = CSEL 32/2), London / New York 1962 (Prag/Wien/Leipzig 1897), 161–207.
— La fuga dal mondo: *SAEMO 4* (hrsg. und übers. von G. BANTERLE), Mailand/Rom 1980, 71–133.

De Helia et ieiunio:
— De Helia et ieiunio: *Opera 2* (hrsg. von C. SCHENKL = CSEL 32/2), Prag/Wien/Leipzig 1897, 411–465.
— Elia e il digiuno: *SAEMO 6* (hrsg. und übers. von F. GORI), Mailand/Rom 1985, 43–127.
De Iacob et vita beata:
— De Iacob et vita beata: *Opera 2* (hrsg. von C. SCHENKL = CSEL 32/2), Prag/Wien/Leipzig 1897, 1–70.
— Giacobbe e la vita beata: *SAEMO 3* (hrsg. und übers. von R. PALLA), Mailand/Rom 1982, 227–333.
De incarnationis dominicae sacramento:
— De incarnationis dominicae sacramento: *Opera 9* (hrsg. von O. FALLER = CSEL 79), Wien 1964, 223–281.
— Il mistero dell'incarnazione del signore: *SAEMO 16* (hrsg. und übers. von E. BELLINI), Mailand/Rom 1979, 371–461.
De institutione virginis ad Eusebium:
— De institutione virginis / L' educazione della vergine: *SAEMO 14/2* (hrsg. und übers. von F. GORI), Mailand/Rom 1989, 110–195.
— De l'instruction d'une vierge: *Écrits sur la virginité* (übers. von M.-G. TISSOT), Solesmes 1980, 223–274.
— De la formacion de la vírgen y de virginidad perpetua di María: *Las vírgenes cristianas de la iglesia primitiva. Estudio histórico-ideológico seguido da una antología de tratados patrísticos sobre la virginidad* (hrsg. von F. DE BORJA VIZMANOS = BAC 45), Madrid 1949, 721–754.
De Ioseph:
— De Ioseph: *Opera 2* (hrsg. von C. SCHENKL = CSEL 32/2), Prag/Wien/Leipzig 1897, 71–122.
— Giuseppe: *SAEMO 3* (hrsg. und übers. von R. PALLA), Mailand/Rom 1982, 335–409.
De Isaac vel anima:
— De Isaac et anima liber unus: *Opera Omnia 1* (PL 14), 501–534.
— *De Isaac vel anima / Über Isaak oder die Seele* (hrsg. und übers. von E. DASSMANN = FC 48), Turnhout 2003.
— Isaaco o l'anima: *SAEMO 3* (hrsg. und übers. von C. MORESCHINI / C. SCHENKL), Mailand/Rom 1982, 31–125.
— De Isaac vel anima: *Opera 1* (hrsg. von C. SCHENKL = CSEL 32/1), London / New York 1962 (Prag/Wien/Leipzig 1897), 639–700.
De mysteriis:
— De mysteriis: *De sacramentis. De mysteriis / Über die Sakramente. Über die Mysterien* (hrsg. und übers. von J. SCHMITZ = FC 3), Freiburg u. a. 1990, 205–255.
— De mysteriis: *Opera 7* (hrsg. von O. FALLER = CSEL 73) Wien 1955, 87–116.

- I misteri: *SAEMO 17* (hrsg. und übers. von G. BANTERLE), Mailand/Rom 1982, 135–169.

De Nabuthae:
- De Nabuthae: *Opera 2* (hrsg. von C. SCHENKL = CSEL 32/2), Prag/Wien/Leipzig 1897, 467–516.
- Naboth: *SAEMO 6* (hrsg. und übers. von F. GORI), Mailand/Rom 1985, 129–195.

De Noe:
- De Noe: *Opera 1* (hrsg. von C. SCHENKL = CSEL 32/1), New York / London 1962 (Prag/Wien/Leipzig 1897), 411–497.
- Noè: *SAEMO 2/1* (hrsg. und übers. von A. PASTORINO), Mailand/Rom 1984, 345–519.

De obitu Theodosii (*sc.* imperatoris):
- De Obitu Theodosii: *Opera 7* (hrsg. von O. FALLER = CSEL 73), Wien 1955, 369–401.
- In morte di Teodosio: *SAEMO 18* (hrsg. und übers. von G. BANTERLE), Mailand/Rom 1985, 211–251.

De obitu Valentiniani (*sc.* iunioris imperatoris):
- De obitu Valentiniani: *Opera 7* (hrsg. von O. FALLER = CSEL 73), Wien 1955, 327–367.
- In morte di Valentiniano: *SAEMO 18* (hrsg. und übers. von G. BANTERLE), Mailand/Rom 1985, 161–209.

De officiis ministrorum:
- *De officiis ministrorum* (hrsg. von M. TESTARD = CCL 15), Turnhout 2000.
- De officiis ministrorum: *Opera omnia 3* (PL 16), 23–184.
- *I doveri* (hrsg. und übers. von G. BANTERLE = SAEMO 13), Mailand/Rom 2. Aufl. 1991.
- Les devoirs / *De officiis*, 2 Bde. (hrsg. und übers. von M. TESTARD = CUFr), Paris 1984.1992.

De paenitentia:
- De paenitentia: *Opera 7* (hrsg. von O. FALLER = CSEL 73), Wien 1955, 117–206.
- La penitenza: *SAEMO 17* (hrsg. und übers. von G. BANTERLE), Mailand/Rom 1982, 171–283.

De paradiso:
- De paradiso: *Opera 1* (hrsg. von C. SCHENKL = CSEL 32/1), New York / London 1962 (Prag/Wien/Leipzig 1897), 263–336.
- Il paradiso terrestre: *SAEMO 2/1* (hrsg. und übers. von P. SINISCALCO), Mailand/Rom 1984, 27–165.

De patriarchis:
- De patriarchis: *Opera 2* (hrsg. von C. SCHENKL = CSEL 32/2), Prag/Wien/Leipzig 1897, 123–160.
- I patriarchi: *SAEMO 4* (hrsg. und übers. von G. BANTERLE), Mailand/Rom 1980, 19–69.

BIBLIOGRAPHIE 357

De sacramentis:
— De sacramentis: *De sacramentis. De mysteriis / Über die Sakramente. Über die Mysterien* (hrsg. und übers. von J. SCHMITZ = FC 3), Freiburg u. a. 1990, 75–203.
— De sacramentis: *Opera 7* (hrsg. von O. FALLER = CSEL 73), Wien 1955, 13–85.
— I sacramenti: *SAEMO 17* (hrsg. von G. BANTERLE), Mailand/Rom 1982, 41–133.

De spiritu sancto:
— De Spiritu Sancto libri tres: *Opera 9* (hrsg. von O. FALLER = CSEL 79), Wien 1964, 1–222.
— Lo Spirito Santo: *SAEMO 16* (hrsg. und übers. von C. MORESCHINI), Mailand/Rom 1979, 48–355.

De Tobia:
— De Tobia: *Opera 2* (hrsg. von C. SCHENKL = CSEL 32/2), Prag/Wien/Leipzig 1897, 519–537.
— Tobia: *SAEMO 6* (hrsg. und übers. von F. GORI), Mailand/Rom 1985, 197–285.

De viduis:
— Le vedove: *SAEMO 14/1* (hrsg. und übers. von F. GORI), Mailand/Rom 1989, 243–319.

De virginibus:
— *A virgindade* (übers. von den BENEDIKTINERN DES KLOSTERS SANTA MARIA, überarbeitet und kommentiert von H.D. BAGGIO = Coleção os Padres de igreja 2), Petrópolis 1980.
— De virginibus: *The Nun's Ideal. Sermons Preached at Milan and Written out in Three Books (de virginibus) for his Sister Marcellina on the Feast of Saint Agnes, 377 A. D. with a Fourth Book of other Sermon Notes (de virginibus)* (übers. von J. SHIEL), Chicago/London/Dublin 1963, 17–76.
— De virginibus ad Marcellinam sororem suam libri tres: *Opera Omnia 3* (PL 16), 187–232.
— *De virginibus ad praecipuorum codicum fidem* (hrsg. von O. FALLER = FlorPatr 31), Bonn 1933.
— De virginibus / Le vergini: *SAEMO 14/1* (hrsg. und übers. von F. GORI), Mailand/Rom 1989, 99–241.
— *De virginibus libri tres* (hrsg. von I. CAZZANIGA = CSLP), Turin 1948.
— Des vierges: *Écrits sur la virginité* (übers. von M.-G. TISSOT), Solesmes 1980, 13–100.
— La virginidad sagrada: *San Ambrosio / San Agustín / San Gregorio de Nisa, Virginidad sagrada* (hrsg. von T. H. MARTIN = Ichthys 19), Salamanca 1997, 37–71.
— Le vergini: *Della verginità* (hrsg. von A. PUCCETTI = I classici cristiani), Siena 1939, 11–71.

- Le vergini: *Della verginità e dei vergini* (hrsg. von A. CRISTOFOLI = Biblioteca dei santi 9), Mailand 1926, 43–107.
- Le vergini / De virginibus: *Scritti sulla verginità* (hrsg. von M. SALVATI = CPS. L 6), Turin 1939, 1–163.
- Le vergini / De virginibus: *Scritti sulla verginità* (hrsg. von M. SALVATI, eingel. von P. BARALE = CPS. L 6), Turin 1955, 1–163.
- Le vergini: *Opere di Sant'Ambrogio* (hrsg. von G. COPPA = CdR. Sezione quarta. La religione cattolica), Turin 1969, 541–619.
- Le vergini: *Scritti sulla verginità* (hrsg. von M. BIANCO = Il fiore dei santi padri, dottori e scrittori ecclesiastici), Rom 2. Aufl. 1954, 15–100 (Alba/Rom/Catania 1941, 15–95).
- Le virgini: *La verginità. Le vergini. Le vedove. Pagine screlte sulla verginità* (eingel. und übers. von M.L. DANIELI), Rom 1974, 31–113.
- *O esplendor de lírio. Três livros de sto. Ambrósio, bispo de Milão, sobre a virgindade* (übers. von den BENEDIKTINERN DES KLOSTERS SANTA MARIA, eingel. von J. MELO = Coleção popular de formação espiritual 25), Petrópolis / Rio de Janeiro / São Paulo 1945.
- On Virgins: *Ambrose* (hrsg. und übers. von B. RAMSEY = The early church fathers), London / New York 1997, 71–106.
- *Over de maagden* (übers. und eingel. von D. FRANSES = Getuigen. Reeks geschriften uit het christelijk verleden en heden 2/1), Amsterdam 1942.
- Schrift an seine Schwester Marcellina „Ueber die Jungfrauen": *Ausgewählte Schriften 1* (übers. von F.X. SCHULTE = BKV1), Kempten 1871, 17–95.
- Sobre las vírgenes: *Sobre las vírgenes y la virginidad* (übers. von F. MEDINA PEREZ = Neblí clásicos de espiritualidad 3), Madrid 1956, 17–161.
- Sobre las vírgenes: *Sobre las vírgenes y Sobre las viudas* (hrsg. und übers. von D. RAMOS-LISSÓN = Fuentes patrísticas 12), Madrid 1999, 52–197.
- *Sulle vergini* (eingel. und kommentiert von P. BEATRICE, übers. von G. COPPA = Classici dello spirito 3), Padua 1982.
- Three Books of St. Ambrose, Bishop of Milan, Concerning Vergins, to Marcellina, his Sister: *Select Works and Letters* (übers. von H. DE ROMESTIN, unter Mitarbeit von E. DE ROMESTIN / H.T.F. DUCKWORTH = NPNF² 10), Oxford 1896, 363–387.
- Tratado acerca de las vírgenes: *Las vírgenes cristianas de la iglesia primitiva. Estudio histórico-ideológico seguido da una antología de tratados patrísticos sobre la virginidad* (übers. von F. DE BORJA VIZMANOS = BAC 45), Madrid 1949, 667–720.
- *Tratado de las vírgenes, escrito en latín por el gran P. S. Ambrosio, obispo de Milán, en tres libros dedicados a su hermana Marcelina* (übers.

von F. MEDINA PEREZ = Biblioteca Renacimiento. Obras maestras de la literatura universal), Madrid / Buenos Aires / Paris 1914.
— Über die Jungfrauen drei Bücher: *Pflichtenlehre und ausgewählte Schriften 3* (übers. und eingel. von J.E. NIEDERHUBER = BKV ²32), Kempten/München 1917, 305–386.

De virginitate:
— De virginitate / La verginità: *SAEMO 14/2* (hrsg. und übers. von F. GORI), Mailand/Rom 1989, 12–107.
— *De virginitate liber unus* (hrsg. von I. CAZZANIGA = CSLP 47), Turin 1952.

Epistulae:
— *Epistulae,* 4 Bde. (hrsg. von O. FALLER / M. ZELZER = CSEL 82/1–4), Wien 1968.1990.1992.1996.
— *Lettere,* 3 Bde. (hrsg. und übers. von G. BANTERLE = SAEMO 19–21, Discorsi e lettere 2/1–3), Mailand/Rom 1988.

Epistulae duae concilii Aquileiensis:
— Gesta concilii Aquileiensis: *Epistulae 3* (hrsg. von O. FALLER / M. ZELZER = CSEL 82/3), Wien 1992, 313–368.

Epistulae extra collectionem servata:
— Epistulae extra collectionem: *Opera 10/3* (hrsg. von M. ZELZER = CSEL 82/3), Wien 1982, 141–311.

Exhortatio virginitatis:
— Exhortatio virginitatis / Esortatione alla verginità: *SAEMO 14/2* (hrsg. und übers. von F. GORI), Mailand/Rom 1989, 197–271.
— Exhortation a la virginité: *Écrits sur la virginité* (übers. von M.-G. TISSOT), Solesmes 1980, 275–326.

Explanatio XII psalmorum:
— *Commento a dodeci salmi,* 2 Bde. (hrsg. und übers. von L.F. PIZZOLATO = SAEMO 8), Mailand/Rom 1980.
— *Explanatio Psalmorum XII* (hrsg. von M. PETSCHENIG = CSEL 64, Sancti Ambrosii Opera 6), New York / London 1962 (Wien/Leipzig 1919).

Explanatio symboli:
— Explanatio symboli: *Opera 7* (hrsg. von O. FALLER = CSEL 73), Wien 1955, 1–12.
— La spiegazione del Credo: *SAEMO 17* (hrsg. und übers. von G. BANTERLE), Mailand/Rom 1982, 25–39.

Expositio evangelii sec. Lucam:
— *Esposizione del evangelo secondo Luca,* 2 Bde. (hrsg. und übers. von G. COPPA = SAEMO 11.12), Mailand/Rom 1978.
— Expositio Evangelii secundum Lucam: *Opera 4* (hrsg. von M. ADRIAEN = CCL 14), Turnhout 1957, 1–400.

Expositio in psalmum 118:
— *Commento al Salmo CXVIII*, 2 Bde. (hrsg. und übers. von L. F. PIZZO-
  LATO = SAEMO 9.10), Mailand/Rom 1987.
— *Expositio psalmi CXVIII* (hrsg. von M. PETSCHENIG / M. ZELZER =
  CSEL 62, Sancti Ambrosii Opera 5), New York / London 1999
  (Wien/Leipzig 1913).
Fragmenta in Esaiam:
— Commento al propfeta Isaia: *Opere perdute e dubbie* (übers. von
  G. BANTERLE = SAEMO 22), Mailand/Rom 1994, 132–137.
— Fragmenta in Esaiam: *Opera 4* (hrsg. von P. A. BALLERINI = CCL 14),
  Turnhout 1957, 405–408.
(H)exa(e)meron:
— Exameron: *Opera 1* (hrsg. von C. SCHENKL = CSEL 32/1), New York /
  London 1962 (Prag/Wien/Leipzig 1897), 1–261.
— *I sei giorni della creazione* (hrsg. und übers. von G. BANTERLE = SAE-
  MO 1), Mailand/Rom 1979.
Hymni:
— *Hymnes* (hrsg. von J. FONTAINE / G. NAUROY u. a.), Paris 1992.
— Inni: *SAEMO 22* (übers. und kommentiert von G. BIFFI / I. BIFFI),
  Mailand/Rom 1994, 27–91.
Libri de interpellatione Iob et David:
— De interpellatione Iob et David: *Opera 2* (hrsg. von C. SCHENKL =
  CSEL 32/2), Prag/Wien/Leipzig 1897, 209–296.
— Le rimostranze di Giobbe e di Davide: *SAEMO 4* (hrsg. und übers. von
  G. BANTERLE), Mailand/Rom 1980, 135–263.

AMMIANUS MARCELLINUS
Rerum gestarum libri:
— *Histoires. Livres XIV–XVI* (hrsg. und übers. von É. GALLETIER / J.
  FONTAINE = CUFr), Paris 1968.
— *Histoires. Livres XXIX–XXXI* (hrsg. und übers. von G. SABBAH /
  kommentiert von L. ANGLIVIEL DE LA BEAUMELLE = CUFr), Paris
  1999.

AMPHILOCHIUS VON ICONIUM
Orationes:
— Orationes: *Opera. Orationes, pluraque alia quae supersunt, nonnulla
  etiam spuria* (hrsg. von C. DATEMA = CCG 3), Turnhout/Löwen 1978,
  1–179.

ANONYMUS
Commentarius in Epistulam Pauli ad Galatas:
— Ad Galatas: *Ein neuer Paulustext und Kommentar: 2. Die Texte* (hrsg.
  von H. J. FREDE = VL 8), Freiburg 1974, 217–233.

BIBLIOGRAPHIE

ANTIGONUS VON CARYTUS
Mirabilia:
— Historiarum mirabilium collectio: *Paradoxographorum Graecorum reliquiae* (hrsg. von A. GIANNINI = Classici Greci e Latini. Sezione testi e commenti 3), Mailand 1965, 31–109.

APHRAAT
Demonstrationes:
— *Demonstrationes / Unterweisungen*, 2 Bde. (übers. von P. BRUNS = FC 5/1–2), Freiburg u. a. 1991.

PS.-APPOLODORUS
Bibliotheca:
— *I miti Greci (Biblioteca)* (hrsg. von P. SCARPI, übers. von M.G. CIANI = Scrittori greci e latini), Mailand 6. Aufl. 2001.

APULEIUS
Florida:
— *Florida* (hrsg. von R. HELM = BiTeu, Apulei Platonici Madaurensis opera quae supersunt 2/2), Stuttgart/Leipzig 1993.

ARISTOPHANES
Ranae:
— *Frogs* (hrsg. von K.J. DOVER), Oxford 1993.

ARISTOTELES
De Generatione animalium:
— *De generatione animalium* (hrsg. von H.J. DROSSAART LULOFS = SCBO), Oxford 1965.
— De generatione animalium: *Opera 1* (hrsg. von I. BEKKER / O. GIGON), Berlin 1960, 715a–789b.
Historia Animalium:
— *Histoire des animaux*, 3 Bde. (hrsg. von P. LOUIS = CUFr), Paris 1964. 1968. 1969.
— Historia animalium: *Opera 1* (hrsg. von I. BEKKER / O. GIGON), Berlin 1960, 486a5–638b.
Oeconomica:
— *Économique* (hrsg. von B.A. VAN GRONINGEN / A. WARTELLE, übers. von A. WARTELLE = CUFr), Paris 1968.
— Oeconomica: *Opera 2* (hrsg. von I. BEKKER / O. GIGON), Berlin 1960, 1343a–1353b.

Ps.-ARISTOTELES
Mirabilia:
— Aristotelis quae furuntur mirabiles auscultationes: *Paradoxographorum Graecorum reliquiae* (hrsg. von A. GIANNINI = Classici Greci e Latini. Sezione testi e commenti 3), Mailand 1965, 221–313.
— Mirabilia: *Aristotelis opera 2* (hrsg. von I. BEKKER / O. GIGON), Berlin 1960, 830 a 5–846 b 10.

ARNOBIUS DER ÄLTERE
Adversus nationes:
— *Adversus nationes* (hrsg. von C. MARCHESI), Mailand u. a. 2. Aufl. 1953.

ATHANASIUS VON ALEXANDRIEN
Apologia ad Constantium:
— À l'empereur Constance: *Deux Apologies: À l'empereur Constance. Pour sa fuite* (hrsg. und übers. von J. M. SZYMUSIAK = SCh 56bis), Paris 1987, 86–175.
De decretis Nicaenae synodi:
— De decretis Nicaenae synodi: *Athanasius Werke 2/1: Die Apologien. De decretis Nicaenae synodi. De sententia Dionysii. Apologia de fuga sua. Apologia secunda. Historia Arianorum. De synodis. Apologia ad Constantium imperatorem* (hrsg. von H.-G. OPITZ), Berlin 1935, 1–45.
Epistula ad Afros episcopos:
— Epistola ad Afros: *Opera omnia quae exstant* (PG 26), 1029–1048.
Epistula ad virgines:
— First Letter to virgins: *Athanasius and the Politics of Asceticism* (übers. von D. BRAKKE = Oxford early christian studies), Oxford 1995, 274–291.
— Sur la virginité: *Lettres festales et pastorales en copte* (hrsg. von L.-T. LEFORT = CSCO 150 / CSCO.C 19), Turnhout 1955, 73–99.
— Sur la virginité: *Lettres festales et pastorales en copte* (übers. von L.-T. LEFORT = CSCO 151/ CSCO.C 20), Turnhout 1955, 55–80.
Epistula de synodis Arimini et Seleuciae:
— De synodis: *Athanasius Werke 2/1: Die Apologien. De decretis Nicaenae synodi. De sententia Dionysii. Apologia de fuga sua. Apologia secunda. Historia Arianorum. De synodis. Apologia ad Constantium imperatorem* (hrsg. von H.-G. OPITZ), Berlin 1935, 231–278.
Fragmenta:
— Lettre IV: *Lettres festales et pastorales en copté* (hrsg. von L.-T. LEFORT = CSCO 150 / CSCO.C 19), Löwen 1955, 121–138.
— Lettre IV: *Lettres festales et pastorales en copté* (übers. von L.-T. LEFORT = CSCO 151 / CSCO.C 20), Löwen 1955, 99–109.

BIBLIOGRAPHIE 363

Fragmenta apud Sinuthium:
— Citations: *Lettres festales et pastorales en copté* (hrsg. von L.-T. LEFORT = CSCO 150 / CSCO.C 19), Löwen 1955, 106–109.
— Citations: *Lettres festales et pastorales en copté* (übers. von L.-T. LEFORT = CSCO 151 / CSCO.C 20), Löwen 1955, 85–87.

Orationes adversus Arianos:
— *Orationes I et II contra Arianos* (hrsg. von K. METZLER / K. SAVVIDIS = Athanasius Werke 1/1, 2), Berlin / New York 1998.

Scholia in Lucam:
— Ex commentariis S. Athanasii in Lucam: *Opera omnia quae exstant 3* (PG 27), 1391–1404.

PS.-ATHANASIUS
De virginitate:
— Der dem Athanasius zugeschriebene Traktat Περὶ παρθενίας (hrsg. von R. P. CASEY): SPAW.PH 33 (1935) 1022–1045.
— Λόγος σωτηρίας πρὸς τὴν παρθένον (*De virginitate*). *Eine echte Schrift des Athanasius* (hrsg. von E. VON DER GOLTZ = TU 29/2a. N.F. 14/2a), Leipzig 1905.
— Un Λόγος περὶ παρθενίας, attribué a saint Athanase d'Alexandrie: Muséon 40 (1927) 205–248.

Quicumque:
— Canon III Concilium Constantinopolitanum: *Ecclesiae occidentalis monumenta iuris antiquissima 2* (hrsg. von C. H. TURNER), Oxford 1907, 407–413.
— Pseudo-Athanasisches Bekenntnis Quicumque: *Enchiridion symbolorum definitionum et declarationum de rebus fidei et morum* (hrsg. von H. DENZINGER / H. HOPING / P. HÜNERMANN), Freiburg u.a. 37. Aufl. 1991, 50–52.

ATHENAEUS
Dipnosophistarum:
— *Dipnosophistarum libri XV*, 3 Bde. (hrsg. von G. KAIBEL = BiTeu), Stuttgart/Leipzig 1985.1992 (1887.1886.1890).

ÄTHIOPISCHES HENOCHBUCH
— *Das äthiopische Henochbuch* (hrsg. von S. UHLIG = JSHRZ 5/6), Gütersloh 1984.

AUGUSTINUS
Confessiones:
— *Confessionum libri XIII* (hrsg. von L. VERHEIJEN = CCL 27, S. Augustini Opera 1/1), Turnhout 1981.
De civitate dei:
— *De civitate dei libri XXII*, 2 Bde. (hrsg. von B. DOMBART / A. KALB = CCL 47.48, S. Augustini Opera 14/1–2), Turnhout 1955.

De diversis quaestionibus LXXXIII:
— De diversis quaestionibus octoginta tribus: *Opera 12/2* (hrsg. von A. MUTZENBECHER = CCL 44A), Turnhout 1975, 1–249.

De doctrina christiana:
— *De doctrina christiana libri IV* (hrsg. von G.M. GREEN = CSEL 80, Sancti Aureli Augustini opera 6/6), Wien 1963.
— De doctrina christiana libri IV: *Opera 4/1* (hrsg. von J. MARTIN = CCL 32), Turnhout 1962, 1–167.

De Genesi ad litteram:
— De Genesi ad litteram libri duodecim: *Opera 3/2* (hrsg. von J. ZYCHA = CSEL 28/1), Prag/Wien/Leipzig 1894, 1–435.

De libero arbitrio:
— De libero arbitrio libri tres: *Opera 2/2* (hrsg. von W.M. GREEN = CCL 29), Turnhout 1970, 211–321.

De mendacio:
— De mendacio: *Opera 5/3* (hrsg. von J. ZYCHA = CSEL 41), Prag/Wien/Leipzig 1900, 411–466.

De moribus ecclesiae catholicae et de moribus Manichaeorum libri duo:
— *De moribus ecclesiae catholicae et de moribus Manichaeorum libri duo* (hrsg. von J.B. BAUER = CSEL 90, Sancti Aureli Augustini opera 6/7), Wien 1992.

De trinitate:
— *De trinitate libri XV*, 2 Bde. (hrsg. von W.J. MOUNTAIN / F. GLORIE = CCL 50.50A, Aurelii Augustini opera 16/1–2), Turnholt 1968.

De vera religione:
— De vera religione: *Opera 4/1* (hrsg. von K.-D. DAUR = CCL 32), Turnhout 1962, 171–260.

Epistulae:
— *Epistulae*, 5 Bde. (hrsg. von A. GOLDBACHER = CSEL 34/1–2.44.57.58, S. Aureli Augustini Opera 2/1–5), Prag/Wien/Leipzig 1895.1889, Wien/Leipzig 1904, New York / London 1961 (Wien/Leipzig 1911.1923).

Expositio epistulae ad Galatas:
— Expositio epistulae ad Galatas: *Opera 4/1* (hrsg. von J. DIVJAK = CSEL 84), Wien 1971, 53–141.

Locutiones in heptateuchum:
— Locutionum in Heptateuchum libri VII: *Opera 5* (hrsg. von J. FRAIPONT= CCL 33), Turnhout 1958, 379–465.

Retractationes:
— *Retractationum libri II* (hrsg. von A. MUTZENBECHER = CCL 57), Turnhout 1984.

Sermo de symbolo ad catechumenos:
— Sermo de symbolo ad catechumenos: *Opera omnia 13/2* (hrsg. von R. VANDER PLAETSE = CCL 46), Turnhout 1969, 179–199.

Sermones genuini:
— Le sermon LI de saint Augustin sur les généalogies du Christ selon Matthieu et selon Luc (hrsg. von P.-P. VERBRAKEN): RB 91 (1981) 20–45.
— Le sermon LVIII de saint Augustin pour la tradition du „Pater" (hrsg. von P.-P. VERBRAKEN): EO 1 (1984) 113–132.
— *Sermones*, 2 Bde. (PL 38.39).

Ps.-AUGUSTINUS
Sermones:
— Le sermon pseudo-augustinien App. 121 (hrsg. von H. BARRÉ): REAug 9 (1963) 111–137.

Ps.-AURELIUS VICTOR
De viris illustribus:
— Incerti auctoris liber De viris illustribus urbis Romae: *Sexti Aurelii Victoris liber De caesaribus. Praecedunt Origo gentis romanae et liber De viris illustribus urbis Romae subsequitur Epitome de caesaribus* (hrsg. von F. PICHLMAYR = BiTeu), Stuttgart/Leipzig 1993 (1911), 23–74.

BASILIUS VON CAESAREA
Epistulae:
— *Lettres*, 3 Bde. (hrsg. und übers. von Y. COURTONNE = CUFr), Paris 1957.1961.1966.
Homiliae variae:
— Homiliae et Sermones: *Opera omnia quae exstant* (PG 31), 163–618.

Ps.-BASILIUS
Sermo de virginitate:
— Une curieuse homélie grecque inédite sur la virginité adressée aux pères de famille (hrsg. und übers. von D. AMAND / M.-C. MOONS): RBen 63 (1953) 18–69.211–238.

BEDA VENERABILIS
In principium Genesis:
— *Libri quatuor in principium genesis usque ad nativitatem Isaac et eiectionem Ismahelis adnotationum* (hrsg. von C. W. JONES = CCL 118a, Beda Venerabilis opera 2/1), Turnhout 1967.

BENEDIKT VON NURSIA
Regula monachorum:
— *La règle de saint Benoît 4* (hrsg. von A. VOGÜÉ = SCh 184), Paris 1971.
— *Regula* (hrsg. von R. HANSLIK = CSEL 75), Wien 1960.

CAESAR
Commentarii belli Gallici:
— *Bellum gallicum* (hrsg. von W. HERING = BiTeu, C. Iulii Caesaris Commentarii rerum gestarum 1), Leipzig 1987.

CAESARIUS VON ARLES
Sermones:
— *Sermones*, 2 Bde. (hrsg. von D.G. MORIN = CCL 103.104, Caesarii Arelatensi opera 1.2), Turnhout 1953.

JOHANNES CASSIAN
De incarnatione domini contra Nestorium:
— De incarnatione Domini contra Nestorium libri VII: *Opera 1* (hrsg. von M. PETSCHENIG = CSEL 17/1), Prag/Wien/Leipzig 1888, 233–391.

CATULL
Carmina:
— *Veronensis Liber* (hrsg. von W. EISENHUT = BiTeu), Leipzig 1983.

CHROMATIUS VON AQUILEIA
Sermones:
— Sermones: *Opera* (hrsg. von J. LEMARIÉ = CCL 9A), Turnhout 1974, 1–182.

CHRONOGRAPHUS ANNI CCCLIIII
— Chronographus anni CCCLIIII: *Chronica minora saec. IV.V.VI.VII 1* (hrsg. von T. MOMMSEN = MGH. AA 9), Berlin 1961 (1892), 13–148.

CICERO
Brutus:
— *Brutus* (hrsg. von H. MALCOVATI = BiTeu, M. Tulli Ciceronis scripta quae manserunt omnia 4), Leipzig 2. Aufl. 1970.
Cato maior de senectute:
— *Cato maior de senectute* (hrsg. von J.G.F. POWELL = Cambridge classical texts and commentaries 28), Cambridg u. a. 1988.
De finibus bonorum et malorum:
— *De finibus bonorum et malorum* (hrsg. von T. SCHICHE = BiTeu, M. Tulli Ciceronis scripta quae manserunt omnia 43), Stuttgart 1993 (Leipzig 1915).
De gloria:
— De gloria: *Scripta quae manserunt omnia 47* (hrsg. von O. PLASBERG = BiTeu), Stuttgart 1980 (1917), 87–90.

De haruspicum responso oratio:
— Oratio de haruspicum responso: *Scripta quae manserunt omnia 21* (hrsg. von T. MASLOWSKI = BiTeu), Leipzig 1981, 90–117.

De natura deorum:
— *De natura deorum libri III,* 2 Bde. (hrsg. von A. S. PEASE), Cambridge, Mass. 1968 (1955.1958).

De officiis:
— *De officiis* (hrsg. von M. WINTERBOTTOM = SCBO), Oxford 1994.

De oratore:
— *De oratore* (hrsg. von K. F. KUMANIECKI = BiTeu, M. Tulli Ciceronis scripta quae manserunt omnia 3), Stuttgart 1995 (Leipzig 1969).

Epistulae ad familiares:
— *Epistulae ad familiares* (hrsg. von D. R. SHACKLETON BAILEY = BiTeu), Stuttgart 1988.

In L. Calpurnium Pisonem oratio:
— *In L. Calpurnium Pisonem oratio* (hrsg. von R.G.M. NISBET), Oxford 1961.

In L. Sergium Catilinam orationes:
— Orationes in L. Catilinam quattuor: *Scripta quae manserunt omnia 18* (hrsg. von P. REIS = BiTeu), Leipzig 1933, 1–68.

Librorum de legibus quae exstant:
— *De legibus* (hrsg. von K. ZIEGLER, 3. Aufl. von W. GÖRLER = Heidelberger Texte. Lateinische Reihe 20), Freiburg/Würzburg 1979.

Librorum de re publica quae exstant:
— *La république,* 2 Bde. (hrsg. und übers. von E. BRÉGUET = CUFr), Paris 1980.

Pro L. Murena oratio:
— *Oratio pro L. Murena* (hrsg. von H. KASTEN = BiTeu, M. Tulli Ciceronis scripta quae manserunt omnia 18), Leipzig 3. Aufl. 1972 (1932).

Pro M. Fonteio:
— Pour Fonteius: *Discours 7* (hrsg. und übers. von A. BOULANGER = CuFr), Paris 4. Aufl. 1973, 1–54.

Pro Sex. Roscio Amerino oratio:
— *Oratio pro Sex. Roscio Amerino* (hrsg. von A. KLOTZ / H. KASTEN = BiTeu, M. Tulli Ciceronis scripta quae manserunt omnia 8), Leipzig 1968.

Rhetori libri qui vocantur de inventione:
— *Rhetorici libri duo qui vocantur de inventione* (hrsg. von E. STROEBEL = BiTeu, M. Tulli Ciceronis scripta quae manserunt omnia 2), Stuttgart 1970 (1915).

Tusculanae disputationes:
— *Tusculanae disputationes* (hrsg. von M. POHLENZ = BiTeu, M. Tulli Ciceronis scripta quae manserunt 44), Stuttgart 1982 (Leipzig 1918).

CLAUDIAN
Carmina:
— La guerre contre Gildon (carm. 15): *Œuvres 2/2* (hrsg. von J.-L. CHARLET = CUFr), Paris 2000, 117–156.

CLEMENS VON ALEXANDRIEN
Paedagogus:
— Παιδαγωγός: *Protrepticus und Paedagogus* (hrsg. von O. STÄHLIN / 3. Aufl. von U. TREU = GCS 12, Clemens Alexandrinus 1), Berlin 1972, 87–292.359–365.
Protrepticus *sive* cohortatio ad gentes:
— Protrepticus: *Protrepticus und Paedagogus* (hrsg. von O. STÄHLIN / 3. Aufl. von U. TREU = GCS 12, Clemens Alexandrinus 1), Berlin 1972, 1–86.353–359.
Stromateis:
— *Stromata 1–6* (hrsg. von O. STÄHLIN / L. FRÜCHTEL, mit Nachträgen von U. TREU = GCS 52, Clemens Alexandrinus 2), Berlin 4. Aufl. 1985.

CLEMENS VON ROM
Epistula secunda Clementis ad Corinthios:
— Πρὸς Κορινθίους Β̄: *Die Apostolischen Väter* (hrsg. und übers. von A. LINDEMANN / H. PAULSEN), Tübingen 1992, 154–175.

PS.-CLEMENS
Epistulae ad virgines:
— Clementis epistulae de virginitate: *Patres apostolici 2* (hrsg. von F. X. FUNK / F. DIEKAMP), Tübingen 2. Aufl. 1913, 1–49.

COLUMELLA
Res rustica:
— *Rei rusticae 1.3.5.6* (hrsg. von V. LUNDSTRÖM = L. Iuni Moderati Columellae opera quae exstant 2.4.6.7), Upsala/Göteburg 1917.1940.1902. 1906.
— *Rei rusticae 2.7* (hrsg. von S. HEDBERG = L. Iuni Moderati Columellae opera quae exstant 3.8), Upsala 1968.
— *Rei rusticae 4* (hrsg. von Å. JOSEPHSON = L. Iuni Moderati Columellae opera quae exstant 5), Upsala 1955.

CONCILIA ET SYNODI
— *A Critical Text of the Quicumque vult* (hrsg. von C.H. TURNER): JThS 11 (1910) 401–411.
— *Bibliothek der Symbole und Glaubensregeln der Alten Kirche* (hrsg. von A. HAHN, 3. Aufl. von G.L. HAHN, mit einem Anhang von A. HARNACK), Hildesheim 1962 (Breslau 1897).

- *Ecclesiae occidentalis monumenta iuris antiquissima*, 2 Bde. (hrsg. von C. H. TURNER), Oxford 1899.1907.
- *Enchiridion symbolorum definitionum et declarationum de rebus fidei et morum* (hrsg. von H. DENZINGER / H. HOPING / P. HÜNERMANN), Freiburg u. a. 37. Aufl. 1991.
- *Il simbolo di Nicea e di Costantinopoli* (hrsg. von G. L. DOSSETTI = TRSR 2), Rom u. a. 1967.
- *The Text of the Jerusalem Creed* (hrsg. von A. A. STEPHENSON): StPatr 3 (= TU 78), Berlin 1978, 303–313.

Concilium Chalcedonense anno 451, oecumenicum quartum:

- *Concilium universale Chalcedonense 1/2: Actio secunda. Epistularum Collectio B. Actiones III–VII* (hrsg. von E. SCHWARTZ = ACO 2/1, 2), Berlin/Leipzig 1933.
- *Concilium universale Chalcedonense 3/2: Actiones 2–6* (hrsg. von E. SCHWARTZ = ACO 2/3, 2), Berlin/Leipzig 1936.

Sententiae Nicaeni synodi:

- Gnomes du saint concile de Nicée (Papyrus du musée de Turin) (hrsg. von E. REVILLOUT): JA 7e série 1 (1873) 234–287.
- Lehrsprüche der hl. Synode: *Die koptischen Quellen zum Konzil von Nicäa* (übers. von F. HAASE = SGKA 10/4), New York / London 1967 (Paderborn 1920), 47–63.

CYPRIAN VON KARTHAGO

Ad Fortunatum (de exhortatione martyrii):

- Ad Fortunatum: *Opera 1* (hrsg. von R. WEBER = CCL 3), Turnhout 1972, 181–216.

De habitu virginum (ad virgines):

- De habitu virginum: *Opera omnia 1* (hrsg. von W. HARTEL = CSEL 3/1), Wien 1868, 185–205.

Epistulae collectae:

- *Epistularium*, 3 Bde. (hrsg. von G. F. DIERCKS = CCL 3 B–D, Sancti Cypriani episcopi opera 3/1–3), Turnhout 1994.1996.1999.

DAMASUS

Carmina, *sc.* epigrammata a Ferrua inter genuina recepta:

- *Damaso e i martiri di Roma* (übers. von A. FERRUA, eingel. und kommentiert von C. CARLETTI), Vatikanstadt 1985.
- *Damasus und die römischen Martyrer: anno Damasi saeculari XVI* (hrsg. von A. FERRUA, eingel. und kommentiert von C. CARLETTI, übers. von G. DECKERS), Vatikanstadt 1986.
- *Epigrammata Damasiana* (hrsg. von A. FERRUA = SSAC 2), Vatikanstadt 1942.

DIODORUS SICULUS
Bibliotheca historica:
— *Bibliotheca historica 1–5* (hrsg. von I. BEKKER / L. DINDORF / F. VOGEL = BiTeu), Stuttgart 1985 (Leipzig 1888.1890.1893.1906).
— *Bibliotheca historica 6* (hrsg. von I. BEKKER / L. DINDORF / C. T. FISCHER = BiTeu), Stuttgart 1991 (Leipzig 1867.1868).

DIOGENES LAËRTIUS
Vitae philosophorum:
— *Vitae philosophorum*, 2 Bde. (hrsg. von H. S. LONG = SCBO), Oxford 1964.

DIOGNETBRIEF
Epistula ad Diognetum:
— Ἐπιστολὴ πρὸς Διόγνητον: *Die Apostolischen Väter* (hrsg. und übers. von A. LINDEMANN / H. PAULSEN), Tübingen 1992, 306–323.

DIONYSIUS VON HALICARNASS
Antiquitates Romanorum:
— *Antiquitates Romanorum quae supersunt*, 5 Bde. (hrsg. von C. JACOBY = BiTeu), Stuttgart 1967 (1875.1888.1891.1905.1925).

ENNODIUS VON PAVIA
Dictiones (continentur nonnulla carmina):
— Dictio 1: In Natale Laurenti Mediolanensis: *Opera* (hrsg. von F. VOGEL = MGH. AA 7), Berlin 1885, 1–4.

EPIPHANIUS VON SALAMIS
Ancoratus:
— Ancoratus: *Epiphanius 1. Ancoratus und Panarion 1–33* (hrsg. von K. HOLL, bearb. von J. DUMMER = GCS 25), Berlin 2. Aufl. 1980, 1–149.
Expositio fidei:
— Σύντομος ἀληθὴς λόγος περὶ πίστεως καθολικῆς καὶ ἀποστολικῆς ἐκκλησίας: *Epiphanius 3. Panarion. De fide 3* (hrsg. von K. HOLL / J. DUMMER = GCS 37, Epiphanius 3), Berlin 2. Aufl. 1985, 496–526.
Panarion seu adversus LXXX haereses:
— Panarion 1–33: *Epiphanius 1. Ancoratus und Panarion 1–33* (hrsg. von K. HOLL = GCS 25, Epiphanius 1), Leipzig 1915, 151–460.
— *Panarion 34–64* (hrsg. von K. HOLL / J. DUMMER = GCS 31, Epiphanius 2), Berlin 2. Aufl. 1980.
— Panarion 65–80: *Epiphanius 3. Panarion. De fide* (hrsg. von K. HOLL / J. DUMMER = GCS 37, Epiphanius 3), Berlin 2. Aufl. 1985, 1–496.

EURIPIDES
Hippolytus:
— *Hippolytus* (hrsg. von W. STOCKERT = BiTeu), Stuttgart/Leipzig 1994.

EUSEBIUS VON CAESAREA
Contra Marcellum:
— Εὐσεβίου τοῦ Παμφίλου τῶν κατὰ Μαρκέλλου τοῦ ἀγκύρας ἐπισκόπου: *Gegen Marcell. Über die kirchliche Theologie. Die Fragmente Marcells* (hrsg. von E. KLOSTERMANN, durchgesehen von G.C. HANSEN = GCS 14, Eusebius 4), Berlin 2. Aufl. 1972,1–58.
Historia ecclesiastica:
— *Die Kirchengeschichte 1–3* (hrsg. von E. SCHWARTZ / T. MOMMSEN, 2. Aufl. von F. WINKELMANN = GCS 9/2 N.F. 6/1–3), Berlin 1999.

EUSEBIUS VON EMESA
Sermo de martyribus:
— *Le souvenir d'Eusèbe d'Émèse. Un discours en l'honneur des saintes d'Antiochie Bernice, Prosdoce et Domnine* (hrsg. von A. WILMART): AnBoll 38 (1920) 241–284.
Sermones:
— *Discours conservés en latin. Textes en partie inédits,* 2 Bde. (hrsg. von E.M. BUYTAERT = SSL 26.27), Löwen 1953.1957.

EVANGELIA APOCRYPHA
Protevangelium Iacobi:
— Protevangelium Iacobi / Protevangelium des Jakobus: *Evangelia infantiae apocrypha / Apokryphe Kindheitsevangelien* (hrsg. und übers. von G. SCHNEIDER = FC 18), Freiburg 1995, 95–145.
— Protévangile de Jacques: *La forme la plus ancienne du Prótevangile de Jacques. Recherches sur le Papyrus Bodmer 5 avec une édition critique du texte grec et une traduction annotée* (hrsg. und übers. von É. DE STRYCKER = SHG 33), Brüssel 1961,63–191.

FESTUS
Epitomae operis de verborum significatu Verrii Flacci:
— *De verborum significatu quae supersunt cum Pauli epitome* (hrsg. von W.M. LINDSAY = BiTeu), Leipzig 1913.

FULGENTIUS VON RUSPE
De remissione peccatorum:
— Ad Euthymium de remissione peccatorum libri II: *Opera* (hrsg. von J. FRAIPONT = CCL 91 A), Turnhout 1968, 647–707.
Epistulae:
— Epistulae asceticae et morales septem: *Opera* (hrsg. von J. FRAIPONT = CCL 91), Turnhout 1968, 189–444.

GAUDENTIUS VON BRESCIA
Tractatus:
— *Tractatus* (hrsg. von A. GLUECK = CSEL 68), Wien/Leipzig 1936.

GELASIUS I.
Epistulae:
— S. Gelasius papa: *Epistolae Romanorum Pontificum genuinae 1* (hrsg. von A. THIEL), Hildesheim / New York 1974 (Braunsberg 1868), 285–510.

GELLIUS
Noctes Atticae (opus non integrum traditus):
— *Noctes Atticae,* 2 Bde. (hrsg. von P. K. MARSHALL = SCBO), Oxford 1968.

GRATTIUS
Cynegetica:
— *Il Cynegeticon* (hrsg. und übers. von C. FORMICOLA = Edizioni e saggi universitari di filologia classica 38/1), Bologna 1988.

GREGOR VON NAZIANZ
Orationes:
— *Discours 32–37* (hrsg. von C. MORESCHINI, übers. von P. GALLAY = SCh 318), Paris 1985.

GREGOR VON NYSSA
De virginitate:
— *Traité de la Virginité* (hrsg. und übers. von M. AUBINEAU = SCh 119), Paris 1966.

HIERONYMUS
Adversus Helvidium de Mariae virginitate perpetua:
— De perpetua virginitate B. Mariae adversus Helvidium: *Opera omnia 2* (PL 23), 183–206.
Chronicon omnimodae historiae:
— *Die Chronik des Hieronymus / Hieronymi Chronicon* (hrsg. von R. HELM, mit einer Vorbemerkung von U. TREU = GCS, Eusebius Werke 7), Berlin 3. Aufl. 1984.
Commentarii in epistulam Pauli ad Galatas:
— Commentariorum in epistolam ad Galatas libri tres: *Opera omnia* (PL 26), 307–438.
Commentarii in Ezechielem prophetam:
— *Commentariorum in Hiezechielem libri XIV* (hrsg. von F. GLORIE = CCL 75, S. Hieronymi presbyteri opera 1/4), Turnhout 1964.
Commentarii in Matthaei:
— *Commentariorum in Matheum libri IV* (hrsg. von D. HURST / M. ADRIAEN = CCL 77, S. Hieronymi presbyteri opera 1/7), Turnhout 1969.

Commentarii in Isaiam prophetam:
— *Commentaires de Jérôme sur le prophète Isaïe,* 5 Bde. (hrsg. von R. GRYSON u. a.), Freiburg u. a. 1993.1994.1996.1998.1999.
Dialogus adversus Pelagianos libri III:
— *Dialogus adversus Pelagianos* (hrsg. von C. MORESCHINI = CCL 80, S. Hieronymus presbyteri opera 3/2), Turnhout 1990.
Epistulae:
— *Epistulae,* 4 Bde. (hrsg. von I. HILBERG, Index und Addenda von M. KAMPTNER = CSEL 54–56/2, Eusebii Hieronymi Opera 1/1–4), Wien 2. Aufl. 1996.
— *Pour l'authenticité de la lettre de S. Jérôme a Présidius* (hrsg. von G. MORIN): BALAC 3 (1913) 52–60.

HILARIUS VON POITIERS
Commentarii in Matthaeum:
— *Sur Matthieu,* 2 Bde. (hrsg. und übers. von J. DOIGNON = SCh 254. 258), Paris 1978.1979.
De synodis:
— Liber de synodis seu de fide Orientalium: *Opera omnia 2* (PL 10), 479–546.
De trinitate:
— *De Trinitate,* 2 Bde. (hrsg. von P. SMULDERS = CCL 62.62A, S. Hilarii Pictaviensis episcopi opera 2/1), Turnhout 1979.1980.

HIPPOCRATES
De vetere medicina:
— *L'ancienne médicine* (hrsg. von J. JOUANNA = CUFr, Hippocrate 2/1), Paris 1990.

HISTORIA APOLLONII REGIS TYRIS
— *Historia Apollonii regis Tyri* (hrsg. von G. SCHMELING = BiTeu), Leipzig 1988.

HORAZ
Carmina:
— Carmina: *Opera* (hrsg. von D. R. SHACKLETON BAILEY = BiTeu), Stuttgart 1985, 1–134.
Saturae (sermones):
— Sermones: *Opera* (hrsg. von D. R. SHACKLETON BAILEY = BiTeu), Leipzig/Stuttgart 4. Aufl. 2001, 165–250.

HYGIN
Fabulae:
— *Fabulae* (hrsg. von P. K. MARSHALL = BiTeu), Stuttgart/Leipzig 1993.

IGNATIUS VON ANTIOCHIEN
Epistula ad Romanos:
— Πρὸς Ῥωμαίος Ἰγνάτιος / Ignatius an die Römer: *Die Apostolischen Väter* (hrsg. und übers. von A. LINDEMANN / H. PAULSEN), Tübingen 1992, 206–217.

INSCRIPTIONES
Corpus Inscriptionum Latinorum:
— *Corpus Inscriptionum Latinorum 1/2, 1. Inscriptiones Latinae antiquissimae ad C. Caesaris mortem* (hrsg. von T. MOMMSEN / E. LOMMATZSCH), Berlin 1918.

ISIDOR VON SEVILLA
Officia (de ecclesiasticis officiis):
— *De ecclesiasticis officiis* (hrsg. von C.M. LAWSON = CCL 113, Isidori episcopi Hispalensis opera), Turnhout 1989.
Origines (*vel* etymologiae):
— *Etymologiarum sive originum libri XX*, 2 Bde. (hrsg. von W.M. LINDSAY = SCBO), Oxford 1987 (1911).

JACOBUS DIACONUS
Vita Sanctae Pelagiae Poenitentis:
— Vita Sanctae Pelagiae Poenitentis: *Acta Sanctorum Octobris 4* (hrsg. von G. SUYSKEN u.a.), Paris/Rom 3. Aufl. 1866, 261–268.

JAMBLICH
De vita Pythagorica:
— *De vita Pythagorica liber* (hrsg. von L. DEUBNER / U. KLEIN = BiTeu), Stuttgart 1975 (1937).

JOHANNES CHRYSOSTOMUS
Homiliae in Matthaeum:
— *Homiliae in Matthaeum* (PG 57).
— Homiliae in Matthaeum: *Opera omnia quae exstant 7* (PG 58), 471–792.
Homilia in sanctam Pelagiam:
— La „Homilia II in S. Pelagiam" è veramente di s. Giovanni Crisostomo?: *Note agiografiche 8* (hrsg. von P. FRANCHI DE'CAVALIERI = Studi e testi 65), Vatikanstadt 1935, 279–303.
In decollationem Joannis Baptistae:
— In decollationem praecursoris et baptistae Ioannis et in Herodiadem: *Opera omnia quae exstant 8* (PG 59), 485–490.
Panegyricum in Berenicen et Prosdocen martyras et de quatriduano Lazaro:
— De sanctis martyribus Berenice et Prosdoce virginibus, et Domnina mater earum, homilia panegyrica: *Opera omnia exstant 2* (PG 50), 629–640.

- In quatriduanum Lazarum et de ss. martyribus Domnina, Berenice et Prosdoce: *Opera omnia quae exstant 2* (PG 50), 641–644.

Panegyricum in Pelagiam Antiochenam martyrum:

- Homilia encomiastica in s. martyrem Pelagiam: *Opera omnia quae exstant 2* (PG 50), 579–584.

JUVENAL
Saturae:
- S*aturae sedecim* (hrsg. von J. WILLIS = BiTeu), Stuttgart/Leipzig 1997.

LAKTANZ
Divinae institutiones:
- Divinae institutiones: *Opera omnia. Accedunt carmina eius quae feruntur et L. Caecilii qui inscriptus est de mortibus persecutorum liber* (hrsg. von S. BRANDT = CSEL 19), Wien 1890, 1–672.

LEGES
Codex Theodosianus:
- *Theodosiani libri XVI cum constitutionibus Sirmondianis et leges novellae ad Theodosianum pertinentes,* 2 Bde. (hrsg. von P.M. MEYER / T. MOMMSEN), Hildesheim 1990 (Berlin 3. Aufl. 1962).

Digesta:
- Digesta: *Institutiones. Digesta* (hrsg. von T. MOMMSEN / P. KRÜGER = CIC[B] 1), Hildesheim 1993 (Berlin 1872), 29–926.

Fontes iuris Romani antiqui:
- *Fontes iuris Romani antiqui,* 2 Bde. (hrsg. von C.G. BRUNS / T. MOMMSEN / O. GRADENWITZ), Tübingen 1909.

Institutiones *seu* panedectae Iustiniani Augusti:
- Institutiones: *Institutiones. Digesta* (hrsg. von T. MOMMSEN / P. KRÜGER = CIC[B] 1), Berlin 17. Aufl. 1963 (Berlin 1872), 1–56.

LIBANIUS
Epistulae:
- *Epistulae 10.11* (hrsg. von R. FOERSTER = BiTeu, Libanii opera), Hildesheim 1963 (Leipzig 1921).

LIBER PONTIFICALIS
- *Libri pontificalis pars prior* (hrsg. von T. MOMMSEN = MGH. GPR 1), Berlin 1982 (1898).

LIVIUS
Ab urbe condita:
- *Ab urbe condita 1* (hrsg. von R.M. OGILVIE = SCBO), Oxford 1974.

— *Ab urbe condita 5–6*, 2 Bde. (hrsg. von J. BRISCOE = BiTeu), Stuttgart 1991.1986.
— *Histoire romaine 1–5* (hrsg. von J. BAYET, übers. von G. BAILLET = CUFr), Paris 15. Aufl. 1997.
— *Livre 39* (hrsg. von A.-M. ADAM), Paris 1994.

LUCIAN VON SAMOSATA
Vitarum Auctio:
— Βίων πρᾶσις: *Vitarum auctio. Piscator* (hrsg. von J.B. ITZKOWITZ = BiTeu), Stuttgart/Leipzig 1992, 1–27.

LUCREZ
De rerum natura:
— *De rerum natura 5* (hrsg. von J. MARTIN = BiTeu), Leipzig 5. Aufl. 1963.

PS.-MACARIUS
Epistula magna:
— Epistola Sancti Macarii Aegypti: *Macarii Aegyptii, Macarii Alexandrini, opera quae supersunt omnia* (PG 34), 409–442.
— *Macarios-Symeon, Epistola magna. Eine messalianische Mönchsregel und ihre Umschrift in Gregor von Nyssa „De instituto christiano"* (hrsg. von R. STAATS = AAWG.PH 134), Göttingen 1984.

MACROBIUS
Saturnaliorum quae exstant:
— *Saturnalia* (hrsg. von J. WILLIS = BiTeu, Macrobius 1), Stuttgart/Leipzig 1994 (Leipzig 1970).

MARCUS EREMITA
Adversus Nestorianos:
— Adversus Nestorianos: *Ein neuer Zeuge für das altkirchliche Taufbekenntnis. Eine Monographie zur Geschichte des Apostolikums. Mit einer kürzlich entdeckten Schrift des Marcus* (hrsg. von J. KUNZE), Leipzig 1895, 6–30.

MARIUS VICTORINUS
Commentarius in epistulam Pauli ad Galatas:
— Commentarius in epistolam Pauli ad Galatas: *Opera 2* (hrsg. von F. GORI = CSEL 83/2), Wien 1986, 95–173.
Explanationes in rhetoricam Ciceronis:
— Explanationum in Rhetoricam M. Tullii Ciceronis libri duo: *Rhetores Latini minores* (hrsg. von C. HALM), Frankfurt a. M. 1964 (Leipzig 1863), 153–304.

MARTYROLGIA
Martyrologium Hieronymianum:
— *Commentarius perpetuus in Martyrologium Hieronymianum* (hrsg. von H. DELEHAYE / H. QUENTIN = Acta Sanctorum Novembris 2/2), Brüssel 1931.
— Martyrologium Hieronymianum: *Acta Sanctorum Novembris 2/1* (hrsg. von J.B. DE ROSSI / L. DUCHESNE), Brüssel 1894, 1–195.
Martyrologium Romanum:
— *Martyrologium Romanum ad formam editionis typicae scholiis historicis instructum* (hrsg. von H. DELEHAYE u.a. = Acta Sanctorum Propylaeum ad Acta Sanctorum Decembris), Brüssel 1940.

MYTHOGRAPHI VATICANI
— *Mythographi Vaticani I et II* (hrsg. von P. KULCSÁR = CCL 91 C), Turnhout 1987.

NICETAS VON REMESIANA
Ad virginem lapsam:
— *Incerti auctoris, De lapsu Susannae* (*De lapsu virginis consecratae*) (hrsg. von E. CAZZANIGA = CSLP), Turin 1948.
Explanatio symboli:
— De symbolo: *His life and works* (hrsg. von A.E. BURN), Cambridge 1905, 38–52.
Librorum VI ad competetentes fragmenta:
— Fragmenta: *His life and works* (hrsg. von A.E. BURN), Cambridge 1905, 6–8.53–4.

ODILO VON CLUNY
Sermones:
— Sermo XIV. De nativitate beatae Mariae: *S. Brunonis Herbipolensis episcopi, S. Odilonis abbatis Cluniacensis, Bernonis Augiensis abbatis, opera omnia accedent Gregorii VI, Clementis II epistolae et diplomata; Rodulfi Glabri, Wipponis Prebyteri opuscula historica* (PL 142), 1029–1031.

ORACULA DEORUM GRAECORUM
— Χρησμοὶ τῶν Ἑλληνικῶν: *Klaros. Untersuchungen zum Orakelwesen des späten Altertums. Nebest einem Anhange, das Anectodon* Χρησμοὶ τῶν Ἑλληνικῶν *enthaltend* (hrsg. von K. BURESCH), Leipzig 1889, 87–126.

ORIGENES
Commentarii in Matthaeum:
— *Matthäuserklärung 1: Die griechisch erhaltenen Tomoi* (hrsg. von E. BENZ / E. KLOSTERMANN = GCS 40, Origenes Werke 10), Leipzig 1935.

— *Matthäuserklärung 3: Fragmente und Indices* (hrsg. von E. BENZ / E. KLOSTERMANN, 2. Aufl. von U. TREU = GCS 41/3, Origenes Werke 12/2), Berlin 2. Aufl. 1968 (Leipzig 1941).

— *Matthäuserklärung 4: Fragmente und Indices 2* (hrsg. von E. KLOSTERMANN / L. FRÜCHTEL = GCS 41/2, Origenes Werke 12/2), Berlin 1955.

Commentariorum series in Matthaeum:

— *Matthäuserklärung 2: Die lateinische Übersetzung der Commentariorum series* (hrsg. von E. BENZ / E. KLOSTERMANN = GCS 38, Origenes Werke 11), Leipzig 1933.

Commentarius in Canticum Canticorum:

— *Commentaire sur le Cantique des cantiques*, 2 Bde. (hrsg. und übers. von L. BRESARD / H. CROUZEL, unter Mitarbeit von M. BORRET = SCh 375.376), Paris 1991.1992.

— Commentarius in Cant. Canticorum: *Werke 8: Homilien zu Samuel 1, zum Hohelied und zu den Propheten. Kommentar zum Hohelied in Rufins und Hieronymus Übersetzungen* (hrsg. von W. A. BAEHRENS = GCS 33), Leipzig 1925, 61–241.

De principiis:

— *De principiis* [ΠΕΡΙ ΑΡΧΩΝ] (hrsg. von P. KOETSCHAU = GCS 22, Origenes Werke 5), Leipzig 1913.

Fragmenta in Lamentationes in catenis:

— Klageliederkommentar 1. Die Fragmente aus der Prophetenkatene: *Werke 3: Jeremiahomilien. Klageliederkommentar. Erklärung der Samuel- und Königsbücher* (hrsg. von E. KLOSTERMANN = GCS), Leipzig 1901, 235–278.

Homiliae in Canticum canticorum:

— Homiliae in Canticum Canticorum: *Werke 8: Homilien zu Samuel 1, zum Hohelied und zu den Propheten. Kommentar zum Hohelied in Rufins und Hieronymus Übersetzungen* (hrsg. von W. A. BAEHRENS = GCS 33), Leipzig 1925, 26–60.

Homiliae in Ezechielem:

— Die 14 Ezechielhomilien: *Werke 8: Homilien zu Samuel 1, zum Hohelied und zu den Propheten. Kommentar zum Hohelied in Rufins und Hieronymus Übersetzungen* (hrsg. von W. A. BAEHRENS = GCS 33), Leipzig 1925, 318–454.

Homiliae in Ieremiam:

— Die Jeremiahomilien: *Werke 3: Jeremiahomilien. Klageliederkommentar. Erklärung der Samuel- und Königsbücher* (hrsg. von E. KLOSTERMANN, 2. Aufl. von P. NAUTIN = GCS), Berlin 1983, 1–198.

Homiliae in Josuam:

— Die 26 Josuahomilien: *Werke 7: Homilien zum Hexateuch in Rufins Übersetzung 2* (hrsg. von W. A. BAEHRENS = GCS 30), Leipzig 1921, 286–465.

Homiliae in Leviticum:
— In Leviticum: *Werke 6: Homilien zum Hexateuch in Rufins Übersetzung* (hrsg. von W. A. BAEHRENS = GCS 29), Leipzig 1920, 280–507.

PS.-ORIGENES
Fragmenta in Canticum canticorum:
— Origenis Scholia in Cantica canticorum: *Opera omnia 7* (PG 17), 253–288.
— Series Procopianorum excerptorum ex Origene in Canticum canticorum: *Opera omnia 3* (PG 13), 197–216.

OVID
Ars amatoria:
— Ars amatoria: *Amores, Medicamina faciei femineae, Ars amatoria, Remedia amoris* (hrsg. von E. J. KENNEY = SCBO), Oxford 2. Aufl. 1994, 113–200.
Epistulae (heroides):
— Heroides: *Heroides. With the greek translation of Planudes* (hrsg. von A. PALMER) Hildesheim 1967 (Oxford 1898), 1–158.
Fasti (opus imperfectum):
— *Fastorum libri sex* (hrsg. von E. H. ALTON / D. E. W. WORMELL / E. COURTNEY = BiTeu), Leipzig 1978.
Metamorphoses:
— *Metamorphoses* (hrsg. von W. S. ANDERSON = BiTeu), Leipzig 5. Aufl. 1991.
Remedia amoris:
— Remedia amoris: *Amores. Medicamina faciei femineae. Ars amatoria. Remedia amores* (hrsg. von E. J. KENNEY = SCBO), Oxford 2. Aufl. 1994, 221–261.

PACATUS
Panegyricus Theodosio:
— Panegyricus Latini Pacati Drepani dictus Theodosio: *XII Panegyrici latini* (hrsg. von R. A. B. MYNORS = SCBO), Oxford 1964, 82–120.

PALLADIUS VON HELENOPOLIS
Historia Lausiaca:
— *The Lausiac History,* 2 Bde. (hrsg. von C. BUTLER), Hildesheim 1967 (Cambridge 1898.1904).
Historiae monachorum sive Lausiacae latine versae:
— Heraclidis eremitae Paradisus, incerto sed veteri interpretae: *Vitae Patrum sive Historia eremiticae libri decem addenda Sacramentarium Gelasianum* (PL 74), 243–342.
— Paladii Lausiacae, incerto sed veteri interpretae: *Vitae Patrum sive Historia eremiticae libri decem addenda Sacramentarium Gelasianum* (PL 74), 343–382.

PASSIONES
Passio Agnetis:
— La passion latine de Sainte Agnès (Gesta sanctae Agnes): *Sainte Agnès. Vierge et martyre de la Voie Nomentane* (hrsg. von F. JUBARU), Paris 1907, 358–363.
— Passio sanctarum virginum Agnetis et Emerentianae: *Pasionario hispánico 2* (hrsg. von Á. FABREGA GRAU= MHS. L 6/2), Madrid/Barcelona 1955, 176–182.

PAULINUS VON MAILAND
Vita Ambrosii episcopi Mediolanensis:
— Das Leben des hl. Ambrosius (übers. von I. OPELT): *Das Leben des heiligen Ambrosius. Die Vita des Paulinus und ausgewählte Texte des Heiligen und anderer Zeitdokumente* (hrsg. und eingel. von E. DASSMANN), Düsseldorf 1967, 35–69.
— Vita Ambrosii: *Vita di Cipriano, Vita di Ambrogio, Vita di Agostino* (hrsg. von A. A. R. BASTIAENSEN, übers. von L. CANALI, eingel. von C. MOHRMANN = ViSa 3), Mailand 1989, 51–125.281–338.
— *Vita di S. Ambrogio* (hrsg. von M. PELLEGRINO = VSen N.S. 1), Rom 1961.

PAUSANIAS
Graeciae descriptio:
— *Graeciae descriptio,* 3 Bde. (hrsg. von M. H. DA ROCHA PEREIRA = BiTeu), Leipzig 2. Aufl. 1989.1990.

PERSIUS
Saturae:
— Saturarum liber: *A. Persi Flacci et D. Iuni Iuvenalis Saturae* (hrsg. von W. V. CLAUSEN = SCBO), Oxford 1992 (1959), 1–28.

PETRONIUS
Fragmenta:
— Fragmenta sparsim tradita: *Satyricon reliquae* (hrsg. von K. MUELLER = BiTeu), Stuttgart/Leipzig 1995, 176–195.

PETRUS CHRYSOLOGUS
Sermones:
— *Collectio sermonum a Felice episcopo parata sermonibus extravagantibus adiectis,* 3 Bde. (hrsg. von A. OLIVAR = CCL 24 A–B), Turnhout 1975.1981.1982.

PHILEMO
Fragmenta:
— Philemo (saec. IV/III): *Poetae comici graeci 7* (hrsg. von R. KASSEL / C. AUSTIN), Berlin / New York 1989, 221–317.

PHILO VON ALEXANDRIEN
De gigantibus:
— Περὶ γιγάντων: *Opera quae supersunt 2* (hrsg. von P. WENDLAND), Berlin 1962 (1897), 43–55.
De providentia:
— *De providentia I et II* (eingel. und übers. von M. HADAS-LEBEL = Les œuvres de Philon d'Alexandrie 35), Paris 1973.
Quaestiones in Genesim et solutiones:
— *Quaestiones et solutiones in genesim*, 2 Bde. (hrsg. von C. MERCIER / F. PETIT = Les oeuvres de Philon d'Alexandrie 34 a.b), Paris 1979.1984.

PHILOSTORGIUS
Historia ecclesiastica:
— *Kirchengeschichte* (hrsg. von J. BIDEZ, bearb. von F. WINKELMANN = GCS), Berlin 3. Aufl. 1981.

PLAUTUS
Cistellaria:
— Cistellaria: *Comoediae 1* (hrsg. von F. LEO), Berlin 1958 (1895), 271–304.

PLINIUS
Naturalis historia:
— *Naturalis historiae libri XXXVII*, 6 Bde. (hrsg. von L. VON JAN / C. MAYHOFF = BiTeu), Stuttgart 1967.1985–1987 (1854–1857).

PLUTARCH
Cato maior:
— Μάρκος Κάτων: *Vitae parallelae 1/1* (hrsg. von K. ZIEGLER / H. GÄRTNER = BiTeu), München/Leipzig 5. Aufl. 2000, 287–331.
De curiositate:
— Περὶ πολυπραγμοσύνης: *Moralia 3* (hrsg. von W.R. PATON / M. POHLENZ / W. SIEVEKING = BiTeu), Leipzig 1972 (1929), 311–332.
De garrulitate:
— Περὶ ἀδολεσχίας: *Moralia 3* (hrsg. von W.R. PATON / M. POHLENZ / W. SIEVEKING = BiTeu), Leipzig 1972 (1929), 279–311.
De Iside et Osiride:
— Περὶ Ἴσιδος καὶ Ὀσίριδος: *Moralia 2/3* (W. NACHSTÄDT / W. SIEVEKING / J.B. TITCHENER = BiTeu), Stuttgart/Leipzig 2. Aufl. 1971 (1935), 1–80.
Flamininus:
— Τίτος: *Vitae parallelae 2/2* (hrsg. von K. ZIEGLER = BiTeu), Stuttgart/Leipzig 1994, 28–59.

Numa:
— Νομᾶς: *Vitae parallelae 3/2* (hrsg. von C. LINDSKOG / K. ZIEGLER = BiTeu), Leipzig 2. Aufl. 1973, 49–93.
Theseus:
— Θησεύς: *Vitae parallelae 1/1* (hrsg. von K. ZIEGLER / H. GÄRTNER = BiTeu), München/Leipzig 5. Aufl. 2000, 1–35.

POLYAENUS
Strategematon:
— Στρατηγήματα: *Strategematon libri VIII. Adiunctus es incerti scriptoris Byzantini saeculi X liber de re militari* (hrsg. von E. VON WÖLFFLIN u.a. = BiTeu), Stuttgart 1970 (1887.1901), 1–425.

POMPONIUS PORPHYRIO
Commentum in Horatium Flaccum:
— *Scholia antiqua in Q. Horatium Flaccum 1* (hrsg. von A. HOLDER / O. KELLER), Innsbruck 1894.

PORPHYRIUS
Vita Pythagorica:
— Vie de Pythagore: *Vie de Pythagore. Lettre a Marcella* (hrsg. von É. DES PLACES = CUFr), Paris 1982, 36–66.

PRUDENTIUS
Liber cathemerinon:
— Liber Cathemerinon: *Carmina* (hrsg. von M. P. CUNNINGHAM = CCL 126), Turnhout 1966, 3–72.
Liber peristephanon:
— Liber Peristefanon: *Carmina* (hrsg. von M. P. CUNNINGHAM = CCL 126), Turnhout 1966, 251–489.

QUINTILIAN
Declamationes minores:
— *Declamationes minores* (hrsg. von D.R. SHACKLETON BAILEY = BiTeu), Stuttgart 1989.
Institutio oratoria:
— *Institutio oratoria*, 2 Bde. (hrsg. von M. WINTERBOTTOM = SCBO), Oxford 1970.

PS.-QUINTILIAN
Declamationes maiores:
— *Declamationes XIX maiores Quintiliano falso ascriptae* (hrsg. von L. HÅKANSSON = BiTeu), Stuttgart 1982.

BIBLIOGRAPHIE 383

REGULA MAGISTRI
— *La Règle du Maître 1.2* (hrsg. und übers. von A. DE VOGÜÉ = SCh 105. 106), Paris 1964.

RUFIN VON AQUILEIA
Expositio symboli:
— Expositio symboli: *Opera* (hrsg. von M. SIMONETTI = CCL 20), Turnhout 1961, 125–182.

SACRAMENTARIA
Liber sacramentorum Romane ecclesiae *sive* sacramentarium Gelasianum vetus:
— *Liber sacramentorum Romanae aeclesiae ordinis anni circuli* (*Cod. Vat. Reg. lat. 316 / Paris Bibl. Nat. 7193, 41/56*) (*Sacramentarium Gelasianum*) (hrsg. von L.C. MOHLBERG / L. EIZENHÖFER / P. SIFFRIN = RED.F 4), Rom 1981.

SALLUST
De bello Iugurthino:
— De bello Iugurthino: *Catilina. Iugurtha. Historiarum fragmenta selecta. Appendix Sallustiana* (hrsg. von L.D. REYNOLDS = SCBO), Oxford 1991, 54–149.

SALVIAN VON MARSEILLE
De gubernatione dei:
— De gubernatione dei libri VIII: *Opera omnia* (hrsg. von F. PAULY = CSEL 8), Wien 1883, 1–200.

SCRIPTURA SACRA
Itala:
— *Itala. Das Neue Testament in altlateinischer Übersetzung 1–4* (hrsg. von A. JÜLICHER / W. MATZKOW / K. ALAND), Berlin / New York 1963. 2. Aufl. 1970.1972.
Septuaginta:
— *Septuaginta, id est Vetus Testamentum graece iuxta LXX interpretes* (hrsg. von A. RAHLFS = BiTeu), Stuttgart 1979 (1935).
Vetus Latina:
— *Bibliorum sacrorum latinae versiones antiquae, seu Vetus Italica, et caeterae quaecunque in codicibus mss. et antiquorum libris reperiri potuerunt*, 3 Bde. (hrsg. von P. SABATIER), Turnhout 1991 (Reims 1743).
— *Epistula ad Philippenses et ad Colossenses* (hrsg. von P. SABBATIER = VL 24/2), Freiburg 1966–1971.
— *Epistulae ad Thessalonicenses, Timotheum, Titum, Philemonem, Hebraeos*, 2 Bde. (hrsg. von H.J. FREDE = VL 25/1–2), Freiburg 1975–1991.
— *Esaias* (hrsg. von R. GRYSON = VL 12), Freiburg 1987–1997.

— *Genesis* (hrsg. von B. FISCHER = VL 2), Freiburg 1951–1954.
— *Sapientia Salomonis* (hrsg. von W. THIELE = VL 11/1), Freiburg 1977–1985.
Vulgata:
— *Biblia Sacra iuxta Vulgatam versionem* (hrsg. von R. WEBER / R. GRYSON, bearb. von B. FISCHER u. a.), Stuttgart 4. Aufl. 1994.

SENECA
Epistulae morales ad Lucilium:
— *Ad Lucilium epistulae morales,* 2 Bde. (hrsg. von L.D. REYNOLDS = SCBO), Oxford 1985.1986 (1965).
Phaedra *sive* Hippolytus:
— Phaedra: *Tragoediae. Incertorum auctorum Hercules* (*Oetaeus*), *Octavia* (hrsg. von O. ZWIERLEIN = SCBO), Oxford 1988 (1986), 163–210.

SENECA RHETOR
Controversiae:
— Controversiae: *Oratorum et rhetorum sententiae, divisiones, colores* (hrsg. von L. HÅKANSON = BiTeu), Leipzig 1989, 1–330.

SERVIUS GRAMMATICUS
Commentarius in Vergilii Aeneidos:
— *Aeneidos librorum commentarii,* 2 Bde. (hrsg. von G. THILO / H. HAGEN = Servii Grammatici qui feruntur Vergilii carmina commentarii 1–2), Hildesheim 1961 (1881.1884).
Commentarius in Vergilii Georgicon:
— In Vergilii Georgicon commentarius: *Commentarii in Vergilii carmina 3* (hrsg. von G. THILO), Hildesheim 1986 (Leipzig 1887), 128–360.

SOCRATES
Historia ecclesiastica:
— *Kirchengeschichte* (hrsg. von G.C. HANSEN = GCS N.F. 1), Berlin 1995.

SOZOMENUS
Historia ecclesiastica:
— *Historia ecclesiastica / Kirchengeschichte,* 4 Bde. (hrsg. und übers. von G.C. HANSEN = FC 73/1–4), Turnhout 2004.
— *Kirchengeschichte* (hrsg. von J. BIDEZ / G.C. HANSEN = GCS 50 N.F. 4), Berlin 2. Aufl. 1995.

STATIUS
Silvae:
— Silvae: *Silvae adiecto fragmento carminis De bello Germanico* (hrsg. von A. MARASTONI = BiTeu), Leipzig 2. Aufl. 1970, 1–129.

SUETON
De vita caesarum lib. II: divus Augustus:
— De vita Caesarum liber II. Divus Augustus: *De vita Caesarum libri VIII* (hrsg. von M. IHM = BiTeu, Opera 1), Stuttgart 1973 (1908), 46–109.
— Livre II. Auguste: *Vies des douze Césars 1* (hrsg. und übers. von H. AILLOUD), Paris 7. Aufl. 1996 (1931), 63–149.

SYMBOLA
— siehe CONCILIA ET SYNODI.

SYMMACHUS
Epistulae:
— Q. Aurelli Symmachi v. c. consulis ordinarii Epistulae editae post eius obitum a Q. Fabio Memmio Symmacho v. c. filio: *Quae supersunt* (hrsg. von O. SEECK = MGH. AA 6/1), Berlin 1961 (1883), 1–278.
— *Lettres,* 4 Bde. (hrsg. und übers. von J.-P. CALLU = CUFr), Paris 1972. 1982.1995.2002.
Relationes:
— Orationum quae supersunt: *Quae supersunt* (hrsg. von O. SEECK = MGH. AA 6/1), Berlin 1961 (1883), 318–339.

SYNAXARIUM ECCLESIAE CONSTANTINOPOLITANAE
— *Synaxarium ecclesiae Constantinopolitanae. E. codice Sirmondiano nunc Berolinensi* (hrsg. von H. DELEHAYE = Acta Sanctorum 68. Propylaeum ad Acta Sanctorum Novembris), Brüssel 1902.

TACITUS
Annalium (ab excessu divi Augusti) quae exstant:
— *Annales,* 2 Bde. (hrsg. von S. BORZSÁK / K. WELLESLEY = BiTeu), Stuttgart/Leipzig 1986.1992.

TERENZ
Adelphoe:
— Adelphes: *Térence 3: Hécyre — Adelphes* (hrsg. und übers. von J. MAROUZEAU / J. GERARD = CUFr), Paris 6. Aufl. 1990, 93–182.
H(e)autontimorumenos:
— Heautontimoroumenos: *Térence 2. Heautontimoroumenos — Phormion* (hrsg. und übers. von J. MAROUZEAU = CUFr), Paris 3. Aufl. 1964, 7–96.
Phormio:
— Phormion: *Térence 2. Heautontimoroumenos — Phormion* (hrsg. und übers. von J. MAROUZEAU = CUFr), Paris 3. Aufl. 1964, 103–196.

TERTULLIAN
Ad martyras:
— *Ad martyras* (hrsg. und übers. von A. QUACQUARELLI = OP 2), Rom u.a. 1963.
Ad nationes:
— Ad nationes: *Opera 1* (hrsg. von J. G. P. BORLEFFS = CCL 1), Turnhout 1954, 9–76.
Adversus Marcionem:
— *Contre Marcion 4* (hrsg. und übers. von. C. MORESCHINI / R. BRAUN = SCh 456), Paris 2001.
Apologeticum:
— Apologeticum: *Opera 1* (hrsg. von E. DEKKERS = CCL 1), Turnhout 1954, 77–171.
De anima:
— De anima: *Opera 2* (hrsg. von J. H. WASZINK = CCL 2), Turnhout 1954, 779–869.
De cultu feminarum:
— De Cultu Feminarum: *Opera 1* (hrsg. von E. KROYMANN = CCL 1), Turnhout 1954, 341–370.
De exhortatione castitatis:
— *Exhortation à la Chasteté* (hrsg. von C. MORESCHINI, übers. von J.-C. FREDOUILLE = SCh 319), Paris 1985.
De monogamia:
— *Le Mariage unique* (hrsg. und übers. von P. MATTEI = SCh 343), Paris 1988.
De virginibus velandis:
— *De Virginibus Velandis* (hrsg. und übers. von E. SCHULZ-FLÜGEL), Göttingen 1977.
— *Le voile des vierges* (hrsg. und eingel. von E. SCHULZ-FLÜGEL, übers. von P. MATTEI = SCh 424), Paris 1997.

THEOPHRAST
De causis plantarum:
— *De causis plantarum*, 3 Bde. (hrsg. und übers. von B. EINARSON / G. K. K. LINK = LCL 471.474.475), London / Cambridge, Mass. 1976. 1990.

THESAURUS GLOSSARUM LATINARUM
— *Glossae latinograecae et graecolatinae 2* (hrsg. von G. GOETZ / G. GUNDERMANN / G. LOEWE), Amsterdam 1965 (Leipzig 1888).

ULPIAN
Fragmenta in digestis aliisve collectionibus servata:
— siehe LEGES, Digesta.

VALERIUS ANTIAS
Annales:
— Annales: *Historicorum Romanorum reliquiae 1* (hrsg. von H. PETER), Stuttgart 1967 (Leipzig 1914), 238–275.

VALERIUS MAXIMUS
Facta et dicta memorabilia:
— *Facta et dicta memorabilia 1* (hrsg. von J. BRISCOE = BiTeu), Stuttgart/Leipzig 1998.

VARRO
Res rustica:
— *Gespräche über die Landwirtschaft 1* (hrsg. und übers. von D. FLACH = TzF 65), Darmstadt 1996.

VERGIL
Aeneis:
— Aeneidos libri XII: *Opera* (hrsg. von R. A. B. MYNORS = SCBO), Oxford 1980 (1969), 103–422.
Eclogae *sive* bucolica:
— Eclogae sive Bucolica: *Opera* (hrsg. von R.A.B. MYNORS = SCBO), Oxford 1980 (1969), 1–28.
Georgica:
— Georgicon: *Opera* (hrsg. von R. A. B. MYNORS = SCBO), Oxford 1980 (1969), 29–101.
— *Georgics,* 2 Bde. (hrsg. von R.F. THOMAS = Cambridge Greek and Latin Classics), Cambridge 1988.

VITAE
Vita Satyris:
— Vita S. Satyris confessoris: *Acta Sanctorum Septembris 5* (hrsg. von J. STILTING u. a.), Paris/Rom 3. Aufl. 1866, 505–507.

ZENO VON VERONA
Tractatus:
— *Tractatus* (hrsg. von B. LÖFSTEDT = CCL 22), Turnhout 1971.

LITERATUR

ACHELIS, H., The γνῶμαι of the Synod of Nicaea: JThS 2 (1901) 121–129.
—, *Virgines subintroductae. Ein Beitrag zum VII. Kapitel des I. Korintherbriefs,* Leipzig 1902.
ADAM, A., *Das Kirchenjahr mitfeiern. Seine Geschichte und seine Bedeutung nach der Liturgieerneuerung,* Freiburg/Basel/Wien 1995 (1979).
ADKIN, N., Ambrose, De virginibus 2,2,10f. and the Gnomes of the Council of Nicaea: REAug 38 (1992) 261–270.

AGIUS, A., The Blessed Virgin in Origin and St Ambrose: DR 50 N.S. 31 (1932) 126–137.
ALDAMA, J. A. DE, La carta ambrosiana „De Bonoso": Mar. 25 (1963) 1–22.
—, La condenación de Joviniano en el sinodo de Roma: EphMar 13 (1963) 107–119.
—, La virginidad in partu en la exégesis patrística: Salm. 9 (1962) 113–153.
ALTANER, B. / STUIBER, A., *Patrologie. Leben, Schriften und Lehre der Kirchenväter,* Freiburg/Basel/Wien 9. Aufl. 1980.
ALVAREZ CAMPOS, S., *Corpus marianum patristicum 3. Scriptores occidentales qui a concilio Nicaeno usque ad concilium Ephesenum fuerunt* (Publicaciones de la Facultad de Teología del Norte de España 23/3), Burgos 1974.
AMBROSIONI, A., Contributo alla storia della festa di san Satiro a Milano. A proposito di due documenti dell'Archivio di S. Ambrogio: RSCA 3 = ArAmb 23 (1972) 71–96.
ANDRESEN, C., Altchristliche Kritik am Tanz — ein Ausschnitt aus dem Kampf der alten Kirche gegen heidnische Sitte: ZKG 72 (1961) 217–262.
ARJAVA, A., *Women and Law in Late Antiquity,* Oxford 1998.
ASIEDU, F.B.A., The Song of Songs and the Ascent of the Soul. Ambrose, Augustine, and the Language of Mysticism: VigChr 55 (2001) 299–317.
ASTORI, A., *La Madonna negli scritti di S. Ambrogio,* Varese 1958.
AUBINEAU, M., Les écrits de saint Athanase sur la virginité: RAM 31 (1955) 140–173.
—, siehe Quellen: Gregor von Nyssa.
AUF DER MAUR, H., *Das Psalmenverständnis des Ambrosius von Mailand. Ein Beitrag zum Deutungshintergrund der Psalmenverwendung der Alten Kirche,* Leiden 1977.
—, *Feiern im Rhythmus der Zeit 1. Herrenfeste in Woche und Jahr* (GDK 5), Regensburg 1983.
AUGAR, F., *Die Frau im römischen Christenprocess. Ein Beitrag zur Verfogungsgeschichte der christlichen Kirche im römischen Staat* (TU 28/4 N.F. 13/4), Leipzig 1905.
BACHT, H., *Vermächtnis des Ursprungs. Studien zum frühen Mönchtum,* 2 Bde. (STGL 5.8), Würzburg 1972.1982.
BANTERLE, G., siehe Quellen: Ambrosius, De excessu fratris.
BARDENHEWER, O., *Geschichte der altkirchlichen Literatur 3. Das vierte Jahrhundert. Mit Ausschluss der Schriftsteller syrischer Zunge,* Darmstadt 1962 (Freiburg 2. Aufl. 1923).
—, *Mariä Verkündigung. Ein Kommentar zu Lukas 1, 26–38* (BSt[F] 10/5), Freiburg 1905.
BASTERO DE ELEIZALDE, J.L., La virginidad de María en San Ambrosio y en San Gregorio de Nisa: *Studien zu Gregor von Nyssa und der christlichen Spätantike* (hrsg. von H.R. DROBNER / C. KLOCK = SVigChr 12), Leiden u.a. 1990, 255–271.

—, Parallelismo Eva-María en S. Ambrosio de Milán: EstMaria 50 (1985) 71–81.

BÄUMER, S., *Geschichte des Breviers. Versuch einer quellenmäßigen Darstellung der Entwicklung des altkirchlichen und des römischen Officiums bis auf unsere Tage,* Freiburg 1895.

BEARD, M., Re-reading (Vestal) Virginity: *Women in Antiquity. New Assessments* (hrsg. von R. HAWLEY / B. LEVICK), London / New York 1995, 166–177.

BEARD, M. / NORTH, J. / PRICE, S., *Religions of Rome 1. A History,* Cambridge 1998.

BEATRICE, P.F., Continenza e matrimonio nel cristianesimo primitivo (secc. I–II): *Etica sessuale e matrimonio nel cristianesimo delle origini* (hrsg. von R. CANTALAMESSA = SPMed 5), Mailand 1976, 3–68.

—, siehe Quellen: Ambrosius, De virginibus.

BELLONI, A. / FERRARI, M., *La biblioteca capitolare di Monza* (Medioevo e umanesimo 21), Padua 1974

BERGMANN, A., *Die „Grundbedeutung" des lateinischen Wortes Religion,* Marburg 1998.

BERNET, A., *Saint Ambroise,* Étampes 1999.

BEUKERS, C., Sakrale termen bij Ambrosius: Bijdr. 29 (1968) 410–419.

BIANCHI, U., *La tradizione dell'enkrateia. Motivazioni ontologiche e protologiche. Atti del colloquio internazionale Milano, 20–23 aprile 1982,* Rom 1985.

BIERMANN, M., *Die Leichenreden des Ambrosius von Mailand. Rhetorik, Predigt, Politik* (Hermes. E. 70), Stuttgart 1995.

BIFFI, G., *Ambrogio vescovo. Attualità di un maestro,* Cinisello Balsamo / Mailand 1997.

—, Il programma di vita spirituale proposto da S. Ambrogio alle vergini consacrate: *La verginità, profezia del mondo futuro. Meditazioni* (hrsg. von D. TETTAMANZI), Mailand 2. Aufl. 1990, 97–124.

BIRAGHI, L., *Leben der heiligen römisch-mailändischen Jungfrau Marcellina, Schwester des heiligen Ambrosius. Nach dem alten Dokumenten bearbeitet* (übers. von P. MACHERL), Kempten 1880.

—, *Vita della vergine romano-milanese santa Marcellina, sorella di sant'Ambrogio. Compilata sui documenti antichi,* Mailand 5. Aufl. 1936.

BLAISE, A. (Hrsg.), *Dictionnaire Latin-Français des auteurs du Moyen-Age / Lexicon Latintatis Medii Aevi praesertim ad res investigandas pertinens* (CCM), Turnhout 1975.

BLÜMNER, H., *Die römischen Privataltertümer* (HAW 4/2, 2), München 1911.

BOON, R., Ontstaan, verbreiding en théologie der virginiteit in de vroegchristelijke kerk: NedThT 16 (1961/1962) 417–449.

BORELLA, P., Appunti sul Natale e l'Epiphania a Milano al tempo di S. Ambrogio: *Mélanges liturgiques offerts au B.* BOTTE *de l'Abbaye du Mont*

César a l'occasion du cinquantième anniversaire de son ordination sacerdotale (4 Juin 1972), Löwen 1972, 49–69.
—, Il breviario ambrosiano: *Manuale di storia liturgia 2. L'anno liturgico. Il breviario* (hrsg. von M. RIGHETTI), Mailand 1955, 675–715.
BORGEAUD, P., *La Mère des dieux. De Cybèle à la Vierge Marie: La librairie du XXe siècle*, Paris 1996.
BORRIES-SCHULTEN, S. VON (Hrsg.), *Die romanischen Handschriften der Württembergischen Landesbibliothek Stuttgart. Katalog der illuminierten Handschriften der Württembergischen Landesbibliothek Stuttgart 2/1. Provenienz Zwiefalten*, Stuttgart 1987.
BOSIO, G. / COVOLO, E. DAL / MARITANO, M., *Introduzione ai Padri della chiesa. Secoli III e IV* (Strumenti della Corona patrum 3), Ristampa 1995 (Turin 1993).
BOTTE, B., *Les origines de la Noël et de l'Épiphanie. Étude historique* (TEL 1), Löwen 1932.
BOURASSA, F., Excellence de la virginité. Arguments patristiques: ScEc 5 (1953) 29–41.
BOUYER, L., *La spiritualité du Nouveau Testament et des Pères* (Histoire de spiritualité chrétienne 1), Paris 2. Aufl. 1966.
BOVER, J. M., La mediación universal de Maria según San Ambrosio: Gr. 5 (1924) 25–45.
BRADSHAW, P. F., *Daily prayer in the early church. A study of the origin and early development of the divine office* (ACC 63), London 1981.
BRAKKE, D., *Athanasius and Asceticism*, Baltimore/London 1998.
BROWN, P., Die Bedeutung der Jungfräulichkeit in der frühen Kirche: *Geschichte der christlichen Spiritualität 1. Von den Anfängen bis zum 12. Jahrhundert* (hrsg. von B. MCGINN / J. MEYENDORFF/ J. LECLERCQ), Würzburg 1983, 423–435.
—, *Die Keuschheit der Engel. Sexuelle Entsagung, Askese und Körperlichkeit am Anfang des Christentums*, München/Wien 1991.
—, *The Body and Society. Men, Women and Sexual Renunciation in Early Christianity*, New York 1988.
—, The Notion of Virginity in the Early Church: *Christian Spirituality. Origins to the Twelfth Century* (hrsg. von P. MCGINN / J. MEYENDORFF / J. LECLERCQ = WoSp 16), New York 1985, 427–443.
BRUHL, A., *Liber pater. Origine et expansion du culte Dionysiaque à Rome et dans le monde romain* (BEFAR 175), Paris 1953.
BRUNERT, M.-E., *Das Ideal der Wüstenaskese und seine Rezeption in Gallien bis zum Ende des 6. Jahrhunderts* (BGAM 42), Münster 1994.
BURKERT, W., Platon oder Pythagoras? Zum Ursprung des Wortes „Philosophie": Hermes 88 (1960) 159–177.
BURRUS, V., „Equipped for victory". Ambrose and the Gendering of Orthodoxy: Journal of early christian studies 4 (1996) 461–475.
—, Reading Agnes. The Rhetoric of Gender in Ambrose and Prudentius: Journal of early christian studies 3 (1995) 25–46.

CAGIADA, T., *Nella trasfigurazione cristiana della vita. Concetto di verginità nelle opere di sant'Ambrogio,* Brescia 1929.
CAHIER, C. (Hrsg.), *Caractéristiques des saints dans l'art populaire 1,* Paris 1867.
CALLU, J.-P., siehe Quellen: Symmachus.
CAMELOT, P.-T., Les traités „De virginitate" au IVe siècle: *Mystique et continence. Travaux scientifiques du VIIe congrès international d' Avon* (EtCarm 31), Brügge/Paris 1952, 273–292.
—, *Virgines Christi. La virginité aux premiers siècles de l'église* (Le cœur et la croix 5), Paris 1944.
CAMERON, A., Virginity as Metephor. Women and the Rhetoric in Early Christianity: *History as Text. The Writing of Ancient History* (hrsg. von A. CAMERON), London 1989, 184–205.
CAMPENHAUSEN, H. VON, *Ambrosius von Mailand als Kirchenpolitiker* (AKG 12), Berlin/Leipzig 1929.
—, *Die Askese im Urchristentum* (SGV 149), Tübingen 1930.
—, *Lateinische Kirchenväter,* Stuttgart/Berlin/Köln 7. Aufl. 1995.
CANCIK-LINDEMAIER, H., Der Diskurs Religion im Senatsbeschluß über die Bacchanalia von 186 v. Chr. und bei Livius (B. XXXIX): *Geschichte — Tradition — Reflexion. FS* M. HENGEL 2 (hrsg. von H. CANCIK / H. LICHTENBERGER / P. SCHÄFER), Tübingen 1996, 77–96.
—, Die vestalischen Jungfrauen: *Frauenwelten in der Antike. Geschlechterordnung und weibliche Lebenspraxis. Mit 162 Quellentexten und Bildquellen* (hrsg. von T. SPÄTH / B. WAGNER-HASEL), Darmstadt 2000, 111–123.
—, Kultische Privilegierung und gesellschaftliche Realität. Ein Beitrag zur Sozialgeschichte der virgines Vestae: Saec. 41/1 (1990) 1–16.
—, Priestly and Female Roles in Roman Religion. The virgines Vestae: Hyperboreus 2 (1996) 138–150.
CAPRIOLI, A., Battesimo e confermazione in S. Ambrogio: ScC 102 (1974) 403–428.
—, Battesimo e confermazione in S. Ambrogio. Studio storico sul „signaculum": *Miscellanea* C. FIGINI (Hildephonsiana 6), Venegono Inferiore 1964, 49–57.
—, *Battesimo e confermazione. Studio storico sulla liturgia e catechesi di S. Ambrogio,* Varese 1977.
—, Il vescovo Ambrogio (374–397): *Diocesi di Milano 1* (hrsg. von A. CAPRIOLI / A. RIMOLDI / L. VACCARO = SRL 9), Brescia 1990, 7–28. 37–40.
CARAGLIANO, T., Restitutio critica textus latini evangelii secundum Iohannem ex scriptis s. Ambrosii: Bib. 27 (1946) 30–64.210–240.
CASPAR, E., Die Marcellina-Predigt des Liberius und das römische Weihnachtsfest: ZKG 46 N. F. 9 (1928) 346–355.
CASTANO, L., Sant'Ambrogio apostolo della verginità: Sal. 2 (1940) 273–288.

CASTELLI, E. A., Virginity and its Meaning for Women's Sexuality in Early Christianity: JFSR 2 (1986) 61–88.

CASTIGLIONI, A., La donna nel pensiero dei Padri della chiesa greca del IV secolo: ScC 46 (1918) 29–51.131–146.212–233.353–365.438–466.

—, *La donna nel pensiero dei Padri della chiesa greca del IV secolo,* Monza 1919.

Catalogue général des manuscrits des bibliothèques publiques de France. Départements 2, Paris 1855.

Catalogue général des manuscrits des bibliothèques publiques de France. Départements 11. Chartres, Paris 1890.

Catalogue général des manuscrits des bibliothèques publiques de France. Départements 37. Tours, Paris 1900.

Catalogue général des manuscrits des bibliothèques publiques de France. Départements 38. Reims, Paris 1904.

Catalogus codicum latinorum Bibliothecae Regiae Monacensis. Editio altera emendatior. 1/2 Codices num. 2501–5250 complectens, München 1894.

CATTANEO, E., *Il breviario ambrosiano. Note storiche ed illustrative,* Mailand 1943.

—, Maria santissima nella storia della spiritualità milanese (ArAmb 8), Mailand 1955.

—, Maria SS. nella storia della spiritualità milanese: Ambrosius 29 (1953) 263–277; 30 (1954) 3–34.105–149.334–385.

CAZZANIGA, I., Colore retorico nell' episodio Ambrosiano della Cena di Erode: Latomus 13 (1954) 569–576.

—, *Note ambrosiane. Appunti intorno allo stile delle omelie virginali,* Mailand/Varese 1948.

—, siehe Quellen: Ambrosius, De virginibus.

—, siehe quellen: Ambrosius, De virginitate.

CERIANI, G., La spiritualità di sant'Ambrogio: *Sant'Ambrogio nel XVI centenario della nascita* (PUCSC. Scienze storiche 18), Mailand 1940, 159–207.

CERUTI, A., *Inventario Ceruti dei manoscritti della Biblioteca Ambrosiana 3. B sup. – I sup.* (Fontes Ambrosiana 57), Mailand 1977.

CHADWICK, H., Enkrateia: RAC 5, 343–365.

CITTERIO, B., Lineamenti sulla concezione teologica della chiesa in sant' Ambrogio: *Sant'Ambrogio nel XVI centenario della nascita* (Pubblicazioni dell'Università Cattolica del Sacro Cuore. Scienze storiche 18), Mailand 1940, 31–68.

CLARK, E. A., *Ascetic Piety and Women's Faith: Essays on Late Ancient Christianity* (SWR 20), New York / Ontario 1986.

—, *Reading Renunciation. Asceticism and Scripture in Early Christianity,* Princeton, N.J. 1999.

—, *Women in the Early Church* (MFC 13), Wilmington, Del. 1983.

CLARK, G., Bodies and Blood. Late Antique Debate on Martyrdom, Virginity and Resurrection: *Changing Bodies, Changing Meanings. Studies on the Human Body in Antiquity* (hrsg. von D. MONTSERRAT), London / New York 1998, 99–115.

CLOKE, G., „*This Female Man of God". Women and Spiritual Power in the Patristic Age, AD 350–450,* London / New York 1995.

COLOMBÁS, G. M., *El monacato primitivo,* 2 Bde. (BAC 351.376), Madrid 1974.1975.

CONNELL, M. F., Did Ambrose's Sister Become a Virgin on December 25 or January 6? The Earliest Western Evidence for Christmas and Epiphany outside Rome: StLi 29 (1999) 145–158.

CONSOLINO, F. E., Dagli exempla ad un esempio di comportamento cristiano. Il De exhortatione virginitatis di Ambrogio: RSIt 94 (1982) 455–477.

—, Il monachesimo femminile nella tarda antichità: Codex Aquilarensis. Cuadernos de investigaciòn del Monasterio de Santa Maria la Real 2 (1989) 33–45.

—, Modelli di comportamento e modi di santificazione per l'aristocrazia femminile d'occidente: *Società romana e impero tardoantico 1. Istituzioni, ceti, economie* (hrsg. von A. GIARDINI), Rom/Bari 1986, 273–306.684–699.

—, Veni huc a Libano. La sponsa del Cantico dei Cantici come modello per le vergini negli scritti esortatori di Ambrogio: At. 72 N.S. 62 (1984) 399–415.

COOPER, K., *The Virgin and the Bride. Idealized Womenhood in Late Antiquity,* Cambridge, Mass. / London 1996.

COPPA, G., siehe Quellen: Ambrosius, De virginibus (1969).

CORALUPPI TONZIG, L.T., *The Teaching of St. Ambrose on Real Presence, its Misunderstanding in Later Tradition, and the Significance of its Recovery for Contemporary Eucharistic Theology,* Ann Arbor, Mich. 1988.

CORRADINI, C. / GOLINELLI, P. / ZANICHELLI, G.Z. (Hrsg.), *Catalogo dei manoscritti Polironiani 1. Biblioteca comunale di Mantova (mss. 1–100)* (Storia di San Benedetto Polirone 3/1), Bologna 1998.

CORSATO, C., *La Expositio euangelii secundum Lucam di sant'Ambrogio. Ermeneutica, simbologia, fonti* (SEAug 43), Rom 1993.

COURCELLE, P., Ambroise de Milan face aux comiques latins: REL 50 (1972) 223–231.

—, *Connais-toi toi-même. De Socrate a saint Bernard 1–3,* Paris 1974.1975.

—, Flügel (Flug) der Seele I: RAC 8, 29–65.

—, Le hennissement de concupiscence: CDios 181 (1968) 529–534.

—, *Les Confessions de saint Augustin dans la tradition littéraire. Antécédents et postérité,* Paris 1963.

—, Les sources de Saint Ambroise sur Denys le tyran: RPh 43 (1969) 204–210.

—, Littérature latine: ACFr 64 (1964) 391–405.
—, Recherches sur les Confessions de saint Augustin, Paris 2. Aufl. 1968.
—, Tradition néo-platonicienne et tradition chrétienne des ailes de l'âme: *Atti del convegno internazionale sul tema: Plotino e il Neoplatonismo in Oriente e in Occidente* (Roma, 5–9 ottobre 1970) (Problemi attuali di scienza e di cultura 198), Rom 1974, 265–325.
CRACCO RUGGINI, L., Prêtre et fonctionnaire. L'essor d'un modèle épiscopal aux IVe–Ve siècles: Figures du pouvoir. Gouverneurs et évêques: Antiquité tardive 7 (1999) 175–186.
CRISTOFOLI, A., siehe Quellen: Ambrosius, De virginibus.
CRIVELLI, L., *Aurelio Ambrogio. Un magistrato vescovo a Milano*, Mailand 1997.
CROUTER, R., Ambrose: EncRel(E) 1 (1987) 231f.
CROUZEL, H., Die Jungfräulichkeitslehre des Origenes: Schol. 38 (1963) 18–31.
—, Immagine: DPAC 2, 1758–1766.
—, Le célibat et la continence ecclésiastique dans l'église primitive. Leurs motivations: *Sacerdoce et célibat. Études historiques et théologiques* (hrsg. von J. COPPENS = BEThL 18), Gembloux / Löwen 1971, 333–367.
—, *Théologie de l'image de Dieu chez Origène* (Théologie 34), Paris 1955.
DANIELI, M. L., siehe Quellen: Ambrosius, De virginibus.
DASSMANN, E., Ambrosius: AugL 1 (1986–1994) 270–285.
—, Ambrosius in Rom: RQ 98 (2003) 72–86.
—, Ambrosius und die Märtyrer: JAC 18 (1975) 49–68.
—, Ambrosius von Mailand: TRE 2, 362–386.
—, *Ambrosius von Mailand. Leben und Werk*, Stuttgart 2004.
—, Christusnachfolge durch Weltflucht. Asketische Motive im frühchristlichen Mönchtum Ägyptens: *Die koptische Kirche. Einführung in das ägyptische Christentum* (hrsg. von A. GERHARDS / H. BRAKMANN), Stuttgart/Berlin/Köln 1994, 28–45.
—, *Die Frömmigkeit des Kirchenvaters Ambrosius von Mailand. Quellen und Entfaltung* (MBTh 29), Münster 1965.
—, Ecclesia vel anima. Die Kirche und ihre Glieder in der Hoheliederklärung bei Hippolyt, Origenes und Ambrosius von Mailand: RQ 61 (1966) 121–144.
—, Identifikation mit der Kirche. Ekklesiale Bilder in frühchristlicher Zeit: MThZ 40 (1989) 323–335.
—, *Kirchengeschiche 1. Ausbreitung, Leben und Lehre der Kirche in den ersten drei Jahrhunderten* (Studienbücher Theologie 10), Stuttgart/Berlin/Köln 2. Aufl. 2000.
—, *Kirchengeschiche 2/2. Theologie und innerkirchliches Leben bis zum Ausgang der Spätantike* (Studienbücher Theologie 11/2), Stuttgart/Berlin/Köln 1999.

—, Pastorale Anliegen bei Ambrosius von Mailand: *Nec timeo mori. Atti del Congresso internazionale di studi ambrosiani nel XVI centenario della morte di sant'Ambrogio. Milano, 4–11 aprile 1997* (hrsg. von L.F. PIZZOLATO / M. RIZZI = SPMed 21), Mailand 1998, 181–206.

—, *Sündenvergebung durch Taufe, Buße und Märtyrerfürbitte in den Zeugnissen frühchristlicher Frömmigkeit und Kunst* (MBTh 36), Münster 1973.

DEGÓRSKI, B., Duchowość monastyczna św. Ambrożego: Św. Ambroży w 1600 rocznicę śmierci: Vox Patrum 18/34–35 (1998) 69–83.

DELEHAYE, H., *Les légendes hagiographiques* (SHG 18a), Brüssel 4. Aufl. 1955.

—, *Les origines du culte des martyrs* (SHG 20), Brüssel 1933.

DEMANDT, A., *Die Spätantike. Römische Geschichte von Diocletian bis Justinian 284–565 n. Chr.* (HAW 3/6), München 1989.

DEN BOEFT, J., Ambrosius: DNP 1 (1996) 582–584.

D'ERRICO, A., L'epitalamio nella letteratura latina, dal fescennino nuziale al c. 62 di Catullo: Annali della Facoltà di Lettere e Filosofia (Neapel) 5 (1955) 73–93.

DESANTI, L., Sul matrimonio di donne consacrate a dio nel diritto romano cristiano: SDHI 53 (1987) 270–296.

DIEDERICH, M.D., *Vergil in the works of St. Ambrose* (PatSt 29), Washington, DC 1931.

DOIGNON, J., La première exposition ambrosienne de l'exemplum de Judith (De virginibus, 2,4,24): *Ambroise de Milan, XVIe Centenaire de son élection épiscopale* (hrsg. von Y.-M. DUVAL), Paris 1974, 219–228.

—, Miryam et son tambourin dans la prédication et l'archeologie occidentales au IVe siècle (StPatr 4 = TU 79), Berlin 1961, 71–77.

DÖLGER, F.J., *Das Sakrament der Firmung historisch-dogmatisch dargestellt* (ThSLG 15), Wien 1906.

—, Der erste Schreib-Unterricht in Trier nach einer Jugend-Erinnerung des Bischofs Ambrosius: AuC 3 (1975) 62–72.

—, Die Eucharistie als Reiseschutz. Die Eucharistie in den Händen der Laien. Volkskundliches aus der Rede des hl. Ambrosius auf den Tod seines Bruders Satyrus: AuC 5 (1976) 232–247.

—, Natalis Solis Invicti und das christliche Weihnachtsfest. Der Sonnengeburtstag und der Geburtstag Christi am 25. Dezember nach Weihnachtspredigten des vierten und fünften Jahrhunderts: AuC 6 (1976) 23–30.

—, *Sol salutis. Gebet und Gesang im christlichen Altertum. Mit besonderer Rücksicht auf die Ostung in Gebet und Liturgie* (LWQF 16/7), Münster 3. Aufl. 1972.

DOOLEY, W.J., *Marriage According to St. Ambrose* (SCA 11), Washington, DC 1948.

DÖRNEMANN, M., *Krankheit und Heilung in der Theologie der frühen Kirchenväter* (STAC 20), Tübingen 2003.

DOSSETTI, G., Il concetto giuridico dello „status religiosus" in sant'Ambrogio: *Sant'Ambrogio nel XVI centenario della nascita* (PUCSC. Scienze storiche 18), Mailand 1940, 431–483.

DOSSI, L., S. Ambrogio e S. Atanasio nel De virginibus: Acme 4/2 (1951) 241–262.

DREVES, G.-M., *Aurelius Ambrosius, „der Vater des Kirchengesangs". Eine hymnologische Studie* (StML. E 58), Freiburg 1893.

—, Der Hymnus des hl. Ambrosius „Agnes beatae virginis": ZKTh 25 (1901) 356–365.

DRIJVERS, J.W., Virginity and Asceticism in Late Roman Western Elites: *Sexual Assymetry. Studies in Ancient Society* (hrsg. von J. BLOK / P. MASON), Amsterdam 1987, 241–273.

DROBNER, H., *Lehrbuch der Patrologie*, Freiburg/Basel/Wien 1994.

DROGE, A.J. / TABOR, J.D., *A Noble Death. Suicide and Martyrdom Among Christians and Jews in Antiquity*, San Francisco 1992.

DUBARLE, A.-M., *Judith. Formes et sens des diverses traditions*, 2 Bde. (AnBib 24), Rom 1966.

DUCCI, M.S., Senso della tipologia mariana in S. Ambrogio e suo rapporto con lo sviluppo storico e dottrinale: EX 21 (1971) 137–192.

—, Sviluppo storico e dottrinale del tema Maria-chiesa e suo rapporto col pensiero teologico mariano di sant'Ambrogio: EphMar 23 (1973) 363–404.

DUCHESNE, L., Rez. H. Usener, Das Weihnachtsfest: Bulletin critique 11 (1890) 41–47.

DÜCKERS, P., Kirchlicher Gedenktag von Ambrosius von Mailand (339–397). 7. Dezember: *Woran sie glaubten — wofür sie lebten. 365 Wegbegleiter für die Tage des Jahres. Ein Kalenderbuch* (hrsg. von R. ENGLERT), München 1993, 349.

DUDDEN, F.H., *The Life and Times of St. Ambrose 1–2*, Oxford 1935.

DUNN, M., *The Emergence of Monasticism. From the Desert Fathers to the Early Middle Ages*, Oxford / Malden, Mass. 2000.

DUVAL, Y.-M., La problématique de la Lettre aux vierges d'Athanase: Muséon 88 (1975) 405–433.

—, L'influence des écrivains africains du III*e* siècle sur les écrivains chrétiens de l'Italie du nord dans la seconde moitié du IV*e* siècle: *Aquileia e l'Africa. Atti della quarta settimana di studi Aquileiesi 28 aprile – 4 maggio 1973* (hrsg. vom Centro di Antichità Altroadriatiche „Aquileia" = AnAl 5), Udine 1974, 191–225.

—, L'originalité du De virginibus dans le mouvement ascétique occidental Ambroise, Cyprien, Athanase: *Ambroise de Milan, XVI*e* Centenaire de son élection épiscopale* (hrsg. von Y.-M. DUVAL), Paris 1974, 9–66.

ELBERTI, A., *La liturgia delle ore in occidente. Storia e teologia: Collana Teologia liturgica*, Rom 1998.

ELM, S., „Schon auf Erden Engel". Einige Bemerkungen zu den Anfängen asketischer Gemeinschaften in Kleinasien: Hist. 45 (1996) 483–500.

—, „Virgins of God". The Making of Asceticism in Late Antiquity (Oxford classical monographs), Oxford 2000 (1994).
EYBEN, E., Geschlechtsreife und Ehe im griechisch-römischen Altertum und im frühen Christentum: *Geschlechtsreife und Legitimation zur Zeugung* (E.W. MÜLLER = Veröffentlichungen des Instituts für Historische Anthropologie 3), Freiburg/München 1985, 403–478.
FALLER, O., Ambrogio: EC 1 (1948) 984–1000.
—, La data della consecrazione vescovile di sant'Ambrogio: *Ambrosiana. Scritti di storia, archeologia ed arte. Pubblicati nel XVI centenario della nascita di sant'Ambrogio CCCXL–MCMXL,* Mailand 1942, 97–112.
—, siehe Quellen: Ambrosius, De excessu fratris.
—, siehe Quellen: Ambrosius, De virginibus.
—, siehe Quellen: Ambrosius, Explanatio symboli.
—, Situation und Abfassungszeit der Reden des hl. Ambrosius auf den Tod seines Bruders Satyrus: WSt 44 (1924/1925) 86–102.
FAUTH, U., *Christo servire libertas est. Zum Freiheitsbegriff des Ambrosius von Mailand* (SPS 3, Veröffentlichungen des Internationalen Forschungszentrums für Grundfragen der Wissenschaften Salzburg N.F. 10), Salzburg/München 1983.
FAUTH, W., Der Morgenhymnus Aeterne rerum conditor des Ambrosius und Prudentius cath. 1 (Ad galli cantum). Eine synkritische Betrachtung mit dem Blick auf vergleichbare Passagen der frühchristlichen Hymnodie: JAC 26/28 (1984/1985) 97–115.
FEICHTINGER, B., *Apostolae apostolorum. Frauenaskese als Befreiung und Zwang bei Hieronymus* (Studien zur Klassischen Philologie 94), Frankfurt a.M. 1995.
FEIL, E., *Religio. Die Geschichte eines neuzeitlichen Grundbegriffs vom Frühchristentum bis zur Reformation* (FKDG 36), Göttingen 1986.
FELLERMAYR, J., *Tradition und Sukzession im Lichte des römisch-antiken Erbdenkens. Untersuchungen zu den lateinischen Vätern bis zu Leo dem Großen,* München 1979.
FENGER, A.-L., *Aspekte der Soteriologie und Ekklesiologie bei Ambrosius von Mailand* (EHS.T 149), Frankfurt a.M. / Bern 1981.
FERNÁNDEZ, S., *Cristo médico, según Orígenes. La actividad médica como metáfora de la acción divina* (SEAug 64), Rom 1999.
FERRARI, M., *„Recensiones" milanesi tardo-antiche, carolinge, basso-medievali di opere di sant'Ambrogio: Ambrosius episcopus. Atti del Congresso internazionale di studi ambrosiani nel XVI centenario della elevazione di sant'Ambrogio alla cattedra episcopale. Milano 2–7 dicembre 1974 1* (hrsg. von G. LAZZATI = SPMed 6), Mailand 1976, 35–100.
FEUSI, I., *Das Institut der gottgeweihten Jungfrauen. Sein Fortleben im Mittelalter,* Freiburg, Schweiz 1917.

FISCHER, B., Hat Ambrosius von Mailand in der Woche zwischen seiner Taufe und seiner Bischofskonsekration andere Weihen empfangen?: *Kyriakon 2. FS* J. QUASTEN (hrsg. von P. GRANFIELD / J.A. JUNGMANN), Münster 1970, 527–531.

—, Ist Ambrosius wirklich in Trier geboren?: *Vivarium. FS* T. KLAUSER (hrsg. von E. DASSMANN / K. THRAEDE = JAC.E 11), Münster 1984, 132–135.

FOLGADO, S., Maria, modelo de la iglesia en San Ambrosio: La Virgen Maria en el misterio de la iglesia: EstMar 39 (1974) 57–77.

FOLGADO FLÓREZ, S., Contorno teológico de la virginidad de María en s. Ambrosio: Mar. 44 (1982) 286–315.

FONTAINE, J., siehe Quellen: Ambrosius, Hymni.

FÖRSTER, H., *Die Anfänge von Weihnachten und Epiphanias. Eine Anfrage an die Entstehungshypothesen* (STAC 46), Tübingen 2007.

—, Die beiden angeblich „ältesten Zeugen" des Weihnachtsfestes: ALW 42 (2000) 29–40.

—, *Die Feier der Geburt Christi in der Alten Kirche. Beiträge zur Erforschung der Anfänge des Epiphanie- und des Weihnachtsfestes* (STAC 4), Tübingen 2000.

FRANCESCHINI, E., Verginità e problema demografica in Sant'Ambrogio: *Sant'Ambrogio nel XVI centenario della nascita* (PUCSC. Scienze storiche 18), Mailand 1940, 209–233.

FRANCHI DE'CAVALIERI, P., *S. Agnese nella tradizione e nella leggenda* (RQ.S 10), Rom 1899.

—, siehe Quellen: Johannes Chrystomus.

FRANK, H., Frühgeschichte und Ursprung des römischen Weihnachtsfestes im Lichte neuerer Forschung: ALW 2 (1952) 1–24.

—, Gründe für die Entstehung des römischen Weihnachtsfestes: *Weihnachten heute. Das Weihnachtsfest in der pluralistischen Gesellschaft. Gesammelte Aufsätze* (hrsg. von T. BOGLER = LuM 39), Maria Laach 1966, 36–49.

—, Zur Geschichte von Weihnachten und Epiphanie: JLW 12 (1932) 145–155; 13 (1933) 1–38.

FRANK, K.S., Ἀγγελικὸς βίος. *Begriffsanalytische und begriffsgeschichtliche Untersuchung zum „engelgleichen Leben" im frühen Mönchtum* (BGAM 26), Münster 1964.

—, (Hrsg.), *Askese und Mönchtum in der alten Kirche* (WdF 409), Darmstadt 1975.

—, *Geschichte des christlichen Mönchtums* (Grundzüge 25), Darmstadt 1988.

—, *Grundzüge der Geschichte des christlichen Mönchtums,* Darmstadt 4. Aufl. 1983.

FRANSES, D., siehe Quellen: Ambrosius, De virginibus.

FRANZ, A., Ambrosius der Dichter. Zu dem von J. Fontaine herausgegebenen Kommentarwerk über die Hymnen des Ambrosius von Mailand: ALW 35/36 (1993/1994) 140–149.
—, Die Tagzeitenliturgie der Mailänder Kirche im 4. Jahrhundert. Ein Beitrag zur Geschichte des Kathedraloffiziums im Westen: ALW 34 (1992) 23–83.
—, Marcellina: LThK³ 6 (1997) 1299f.
—, Satyrus: LThK³ 9 (2000) 86f.
—, *Tageslauf und Heilsgeschichte. Untersuchungen zum literarischen Text und liturgischen Kontext der Tagzeitenhymnen des Ambrosius von Mailand* (PiLi 9), St. Ottilien 1994.
FRASCHETTI, A., La sepoltura delle Vestali e la città: *Du châtiment dans la cité. Supplices corporels et peins de mort dans le monde antique. Table ronde organisée par l'École Francaise de Rome avec le concours du Centre National de la Recherche Scientifique (Rome 9–11 novembre 1981)*, Rom 1984, 97–128.
FREDE, H.J., *Kirchenschriftsteller. Verzeichnis und Sigel* (Vetus Latina 1/1), Freiburg u. a. 4. Aufl. 1995.
—, Probleme des ambrosianischen Bibeltextes: *Ambrosius episcopus. Atti del Congresso internazionale di studi ambrosiani nel XVI centenario della elevazione di sant'Ambrogio alla cattedra episcopale. Milano 2–7 dicembre 1974* (hrsg. von G. LAZZATI = SPMed 6), Mailand 1976, 365–392.
—, siehe Quellen: Vetus Latina.
FREND, W.H.C., Donatismus: RAC 4, 128–147.
—, *The Donatist Church. A Movement of Protest in Roman North Africa*, Oxford 3. Aufl. 1985.
FRÉVIN, H., *Le mariage de la Saint Joseph et de la Sainte Vierge* (CJos 15/2), Montréal 1967.
FRIEDRICH, P., St. Ambrosius von Mailand über das genealogische Problem Marias: Kath. 94/2 (1914) 1–25.
—, St. Ambrosius von Mailand über die Jungfräulichkeit Marias vor der Geburt: Kath. 97 (1917) 145–169.232–258.319–333.
GACIA, T., Reminiscencje z literatury klasycznej w opisach męczeństwa u św. Ambrożego: Św. Ambroży w 1600 rocznicę śmierci = Vox Patrum 18/34–35 (1998) 199–207.
GAMBER, K., *Sacrificium vespertinum. Lucernarium und eucharistisches Opfer am Abend und ihre Abhängigkeit von den Riten der Juden* (SPLi 12), Regenburg 1983.
GATTMANN, G. (Hrsg.), *Handschriftencensus Rheinland. Erfassung mittelalterlicher Handschriften im rheinischen Landesteil von Nordrhein-Westfalen mit einem Inventar* (Schriften der Universitäts- und Landesbibliothek Düsseldorf), Wiesbaden 1993.
GEORGE, M., Vergöttlichung des Menschen. Von der platonischen Philosophie zur Soteriologie der griechischen Kirchenväter: *Die Weltlich-*

keit des Glaubens in der Alten Kirche. FS U. WICKERT (hrsg. von D. WYRWA / B. ALAND / C. SCHÄUBLIN = BZNW 85), Berlin 1997, 115–155.

GEORGES, K. E. (Hrsg.), *Ausführliches lateinisch-deutsches Handwörterbuch. Aus den Quellen zusammengetragen und mit besonderer Bezugnahme auf Synonymik und Antiquitäten unter Berücksichtigung der besten Hilfsmittel 1–2,* Darmstadt 1992 (1912.1918).

GIACCHI, O., La dottrina matrimoniale di S. Ambrogio nel Decreto di Graziano: *Sant'Ambrogio nel XVI centenario della nascita* (PUCSC. Scienze storiche 18), Mailand 1940, 513–531.

GIANELLI, G., *Il scaerdozio delle vestali romane* (Pubblicazioni del R. Istituto di studi superiori pratici e di perfezionamento in Firenze. Sezione di filosofia e filologia 1/37), Florenz 1913.

GLÜCK, G., „Die Bürgschaft" von Schiller und ihre literarischen Vorlagen: Anregung. Zeitschrift für Gymnasialpädagogik 28 (1972) 165–171.

GOEHRING, J. E., *Ascetics, Society and the Desert. Studies in Early Egyptian Monasticism: Studies in Antiquity and Christianity,* Harrisburg, Pa. 1999.

GORDINI, G. D. u. a., Ambrogio: BSS 1 (1961) 945–990.

GÖRG, M., Der Spiegeldienst der Frauen (Ex 38, 8): BN 23 (1984) 9–13.

GORI, F., Dio, sommo bene, nell'esegesi patristica di Mc 10, 18 (e paralleli): ASEs 4 (1987) 21–66.

—, Emendazioni ambrosiane 3. Gli scritti sulla verginità: Orph. 10 (1989) 80–100.

—, siehe Quellen: Ambrosius, De Abraham.

—, siehe Quellen: Ambrosius, De Helia et ieiunio.

—, siehe Quellen: Ambrosius, De instititutione virginis.

—, siehe Quellen: Ambrosius, De viduis.

—, siehe Quellen: Ambrosius, De virginibus.

GOULD, G., *The Desert Fathers on Monastic Community* (Oxford early christian studies), Oxford 1993.

GRAEF, H., *Maria. Eine Geschichte der Lehre und Verehrung,* Freiburg/Basel/Wien 1964.

GRAILLOT, H., *Le culte de Cybèle, mère des dieux, à Rome et dans l'empire romain* (BEFAR 107), Paris 1912.

GRASMÜCK, E. L., *Coercitio. Staat und Kirche im Donatistenstreit* (BHF 22), Bonn 1964.

GRIBOMONT, J., Askese 4. Neues Testament: TRE 4, 204–225.

—, L'influence de l'orient sur les débuts du monachisme latin: *Atti del Convegno Internazionale sul Tema L'Oriente Cristiano nella Storia della Civiltà. Roma 31 marzo – 3 aprile 1963. Firenze 4 aprile 1963* (hrsg. vom Convengo Internazionale sul tema L'Oriente Cristiano nella Storia della Civiltà = Probleme attuali di scienza e di cultura 62 / Accademia Nazionale dei Lincei 361), Rom 1964, 119–128.

GROSS, J., *La divinisation du chretién d'après les Pères grecs. Contribution historique à la doctrine de la grâce,* Paris 1938.
GROSSI, V., La verginità negli scritti dei Padri. La sintesi di S. Ambrogio. Gli aspetti cristologici, antropologici, ecclesiali: *Il celibato per il regno* (hrsg. von B. PROIETTI u.a., Mailand 1977, 131–164.
GRUEN, E.S., *Studies in Greek Culture and Roman Policy* (Cincinnati classical studies N.S. 7), Leiden u.a. 1990.
GRYSON, R., *La ministère des femmes dans l'église anciennes* (RSSR.H 4), Gembloux 1972.
—, *Le prêtre selon Saint Ambroise* (Universitas Catholica Lovaniensis. Dissertationes ad gradum magistri in Facultate Theologica vel in Facultate Iuris Canonici consequendum conscriptae 3/2), Löwen 1968.
—, Les degrés du clergé et leurs dénominations chez saint Ambroise de Milan: RBen 76 (1966) 119–127.
—, *Les origines du célibat ecclésiastique du premier au septième siècle* (RSSR.H 2), Gembloux 1970.
GUILLAUMONT, A., À propos du célibat des Esséniens: *Hommages à* A. DUPONT-SOMMER (hrsg. von A. CACQUOT), Paris 1971, 395–404.
—, *Aux origines du monachisme chrétien. Pour une phénoménologie du monachisme* (Spiritualité orientale 30), Bégrolles-en-Mauges 1979.
GUIZZI, F., *Aspetti giuridici del sacerdozio Romano. Il sacerdozio di vesta* (Pubblicazioni della Facoltà Giuridica dell'Università di Napoli 62), Neapel 1968.
HAASE, F., *Die koptischen Quellen zum Konzil von Nicäa* (SGKA 10/4), New York / London 1967 (Paderborn 1920).
HAHN, V., *Das wahre Gesetz. Eine Untersuchung der Auffassung des Ambrosius von Mailand vom Verhältnis der beiden Testamente* (MBTh 33), Münster 1968.
HALLER, W., *Iovinianus. Die Fragmente seiner Schriften, die Quellen zu seiner Geschichte, sein Leben und seine Lehre. Zusammengestellt, erläutert und im Zusammenhange dargestellt* (TU 17/2 N.F. 2/2), Leipzig 1897.
HAMMAN, A.-G., *Die Kirchenväter. Kleine Einführung in Leben und Werk* (übers. von M. OTTO), Freiburg 1967.
—, Les origines du monachisme chrétien au cours des deux premiers siècles: *Homo spiritalis. Festgabe* L. VERHEIJEN (hrsg. von C. MAYER / K.H. CHELIUS = Cass. 38), Würzburg 1987, 311–326.
HARMUTH, K., *Die verschlossene Pforte. Eine Untersuchung zu Ez 44, 1–3* (Teildruck), Kirchhain, N.-L. 1933.
HARNACK, A. VON, *Das Mönchtum. Seine Ideale und seine Geschichte,* Gießen 8/10. Aufl. 1921.
HAYNE, L., Thecla and the Church Fathers: VigChr 48 (1994) 209–218.
HERRMANN, L., *Ambrosius von Mailand als Trinitätstheologe. Dargestellt in Konfrontation mit der illyrischen Theologie und im Blick auf das neu auftauchende christologische Problem,* Heidelberg 1954.

HERTLING, L., Die professio der Kleriker und die Entstehung der drei Gelübde: ZKTh 56 (1932) 148–174.
HEUSSI, K., *Der Ursprung des Mönchtums*, Aalen 1981 (Tübingen 1936).
HOLL, K., Der Ursprung des Epiphaniefestes: SPAW (1917) 401–438.
HOLTZMANN, B. / GOČEVA, Z., Asklepios: LIMC 2/1, 863–901; 2/2, 632–669.
HOLZE, H., *Erfahrung und Theologie im frühen Mönchtum. Untersuchungen zu einer Theologie des monastischen Lebens bei den ägyptischen Mönchsvätern, Johannes Cassian und Benedikt von Nursia* (FKDG 48), Göttingen 1992.
HOUTMAN, C., *Exodus: Historical Commentary on the Old Testament*, 3 Bde. Kampen 1993.1996.2000.
HUHN, J., Ambrosius v. Mailand: Marienlexikon 1, 126–129.
—, Bewertung und Gebrauch der Heiligen Schrift durch den Kirchenvater Ambrosius: HJ 77 (1958) 387–396.
—, *Das Geheimnis der Jungfrau-Mutter Maria nach dem Kirchenvater Ambrosius*, Würzburg 1954.
—, Das Mariengeheimnis beim Kirchenvater Ambrosius: MThZ 2 (1951) 130–146.
—, *Die Bedeutung des Wortes sacramentum bei dem Kirchenvater Ambrosius*, Fulda 1928.
—, Ein Vergleich der Mariologie des Hl. Augustinus mit der des Hl. Ambrosius in ihrer Abhängigkeit, Ähnlichkeit, in ihrem Unterschied: *Augustinus magister. Congrès international augustinien. Paris, 21–24 septembre 1954. Communications 1* (hrsg. vom Institut des Études Augustiniennes), Paris 1954, 221–239.
—, Maria est typus ecclesiae secundum patres, imprimis secundum S. Ambrosium et S. Augustinum: *Maria et ecclesia. Acta Congressus Mariologici-Mariani in civitate Lourdes anno 1958 celebrati 3. De parallelismo Mariam inter et ecclesiam* (hrsg. von C. BALIC = Acta Mariana Internationalis. Editiones 3/3), Rom 1959, 163–199.
—, Maria in der Heilsgeschichte nach dem Kirchenvater Ambrosius: *Maria in Liturgie und Lehrwort. Gesammelte Aufsätze* (hrsg. von T. BOGLER = LuM 15), Maria Laach 1954, 40–56.
—, Sieht der Kirchenvater Ambrosius in Maria eine Stellvertreterin des Menschengeschlechts?: *Die heilsgeschichtliche Stellvertretung der Menscheit durch Maria. Ehrengabe an die Unbefleckt Empfangene von der Mariologischen Arbeitsgemeinschaft Deutscher Theologen dargereicht* (hrsg. von C. FECKES), Paderborn 1954, 119–130.
HUNTER, D.G., Helvidius, Jovinian and the Virginity of Mary in Late Fourth-Century Rome: Journal of early christian studies 1 (1993) 47–71.
—, Resistance to the Virginal Ideals in Late-Fourth-Century Rome. The Case of Jovinian: TS 48 (1987) 45–64.

HUTCHINSON, V.J., The Cult of Dionysos/Bacchus in the Graeco-Roman World. New Light from Archaeological Studies: Journal of Roman archaeology 4 (1991) 222–230.

IHM, M., *Studia ambrosiana. Commentatio ex supplementis annalium philologicorum seorsum expressa*, Leipzig 1889.

IVRAY, J. D', *Saint Jérôme et les dames de l'Aventin*, Paris 1938.

IZARNY, R. D', *La virginité selon Saint Ambroise*, Lyon 1952.

—, Mariage et consécration virginale au IVe siècle: VS. S 6 (1953) 92–118.

JACOB, C., Ambrosius: LThK^3 1, 495–497.

JAMES, M.R., *The Western Manuscripts in the Library of Trinity College, Cambridge 1*, Cambridge 1900.

JEANMARIE, H., *Dionysos. Histoire du culte de Bacchus*, Paris 1951.

JENAL, G., *Italia ascetica atque monastica. Das Asketen- und Mönchtum in Italien von den Anfängen bis zur Zeit der Langobarden (ca. 150/250 – 604) 1–2* (MGMA 39/1–2), Stuttgart 1995.

JENSEN, A., *Gottes selbstbewußte Töchter. Frauenemanzipation im frühen Christentum?*, Freiburg/Basel/Wien 1992.

JEŽIĆ, A., *L'idéal chrétien de la virginité d'apres Saint Ambroise*, Paris 1939.

JOHANNY, R., *L'eucharistie centre de l'histoire du salut chez Saint Ambroise de Milan* (ThH 9), Paris 1968.

JONES, A.H.M. / MARTINDALE, J.R. / MORRIS, J., *The prosopography of the later Roman empire 1. A.D. 260–395*, Cambridge 1987 (1971).

JOUASSARD, G., Deux chefs de file en théologie mariale dans la seconde moitié du IVème siècle. Saint Epiphane et saint Ambroise: Gr. 42 (1961) 4–36.

—, Marie à travers la patristique. Maternité divine, virginité, sainteté: *Maria. Études sur la sainte Vierge 1* (hrsg. von H. DU MANOIRE), Paris 1949, 69–157.

—, Un évêque de l'Illyricum condamné pour erreur sur la sainte Vierge. Bonose: Mélanges R. JANIN: RÉByz 19 (1961) 124–129.

—, Un portrait de la sainte Vierge par saint Ambroise: VS 90 (1954) 477–489.

JUBARU, F., *Sainte Agnès. Vierge et martyre de la Voie Nomentane. D'après nouvelles recherche*, Paris 1907.

JUGIE, M., La mort et l'assomption de la sainte Vierge. Étude historico-doctrinale (StT 114), Vatikanstadt 1944.

KANIA, W., Doktor dziewictwa — św. Ambroży: Vox Patrum 17 (1997) 133–137.

KASER, M., *Das römische Privatrecht*, 2 Bde. (HAW 10/3, 3,1–2), München 2. Aufl. 1971.1975.

KAYSER, J., *Beiträge zur Geschichte und Erklärung der ältesten Kirchenhymnen 1. Mit besonderer Rücksicht auf das römische Brevier*, Paderborn 2. Aufl. 1881.

KELLNER, J. B., *Der heilige Ambrosius, Bischof von Mailand, als Erklärer des Alten Testamentes. Ein Beitrag zur Geschichte der biblischen Exegese*, Regensburg 1893.
KENNEDY, V. L., *The Saints of the Canon of the Mass* (SAC 14), Vatikanstadt 2. Aufl. 1963.
KEYDELL, R., Epithalamium: RAC 5, 927–943.
KLAUSER, T. Gottgebärerin: RAC 11, 1071–1103.
KLEIN, M., *Meletemata ambrosiana. Mythologoica de Hippolyto. Doxographica de Exameri fontibus*, Königsberg 1927.
KNELLER, C. A., Joh 19, 26–27 bei den Kirchenvätern: ZKTh 40 (1916) 597–614.
KNOTHE, H.-G., *Die Geschäftsfähigkeit der Minderjährigen in geschichtlicher Entwicklung* (EHS.R 325), Frankfurt a. M. / Bern 1983.
KOCH, C., Vesta: PRE 8A/2 (1958) 1717–1776.
KOCH, H. (Hrsg.), *Adhuc virgo. Mariens Jungfrauschaft und Ehe in der altkirchlichen Überlieferung bis zum Ende des 4. Jahrhunderts*, Tübingen 1929.
—, Cyprianische Untersuchungen (AKG 4), Bonn 1926.
—, *Quellen zur Geschichte der Askese und des Mönchtums in der Alten Kirche* (SQS N.F. 6), Tübingen 1931.
KOEHLER, T., Les principales interprétations traditionelles de Jn. 19, 25–27, pendant les douze premiers siècles: *La maternité spirituelle de Marie 1* (EtMar 16), Paris 1959, 119–155.
KOEP, L., Consecratio I: RAC 3, 269–283.
KÖNIG, D., *Amt und Askese. Priesteramt und Mönchtum bei den lateinischen Kirchenvätern in vorbenediktinischer Zeit* (RBS.S 12), St. Ottilien 1985.
KÖTTING, B., Wohlgeruch der Heiligkeit: *Jenseitsvorstellungen in Antike und Christentum. Gedenkschrift für* A. STUIBER (hrsg. von T. KLAUSER = JAC.E 9), Münster 1982, 168–175.
KRAFT, H., Ambrosius: LMA 1, 524f.
—, *Einführung in die Patrologie*, Darmstadt 1991.
KRANZ, M., Philosophie IA/B: Handwörterbuch der Philosophie 7, 573–583.
KRÖN, M., *Das Mönchtum und die kulturelle Tradition des lateinischen Westens. Formen der Askese, Autorität und Oragnisation im frühen westlichen Zönobitentum* (Quellen und Forschungen zur antiken Welt 29), München 1997.
KRUSE, H., Eheverzicht im Neuen Testament und in der Frühkirche: FKTh 1 (1985) 94–116.
KÜHNER, R. / HOLZWEISSIG, F., *Ausführliche Grammatik der lateinischen Sprache 1*, Darmstadt 1994 (1914).
KÜHNER, R. / STEGMANN, C., *Ausführliche Grammatik der lateinischen Sprache 2*, 2 Bde., Darmstadt 1992 (1914).

LABANDE, L.-H., *Catalogue sommaire des manuscrits de la Bibliothèque d'Avignon (Musée-Calvet)*, Avignon 1892.

LABRIOLLE, P. DE, *Saint Ambroise: La pensée chrétienne. Textes et etudes*, Paris 1908.

LAMBRECHTS, P., Les fêtes „phrygiennes" de Cybèle et d'Attis: BIHBR 27 (1952) 141–170.

LAMBRINUDAKIS, W. u.a., Apollon: LIMC 2/1, 183–464; 2/2, 182–353.

LAMIRANDE, E., *Paulin de Milan et la „vita Ambrosii". Aspects de la religion sous le Bas-Empire* (RFTP 30), Paris/Tournai/Montreal 1983.

LAMPE, G.W.H. (Hrsg.), *A patristic Greek lexicon*, Oxford 1961.

LANDAU, P., Eid 5. Historisch: TRE 9, 82–91.

LANE, E.N. (Hrsg.), *Cybele, Attis and Related Cults. Essays in Memory of* M.J. VERMASEREN (Religions in the Graeco-Roman World 131), Leiden / New York / Köln 1996.

LANGKAMMER, H., Christ's „Last Will and Testament" (Jn 19, 26.27) in the Interpretation of the Fathers of the Church and the Scholastics: Anton. 43 (1968) 99–109.

LAUER, P., *Bibliothèque nationale. Catalogue général des manuscrits latins 2 (Nos 1439–2692)*, Paris 1940.

LEFORT, L.T., Athanase, Ambroise et Chenoute: Muséon 48 (1935) 55–73.

LENOX-CONYNGHAM, A., Ambrose and Philosophy: *Christian Faith and Greek Philosophy in Late Antiquity. Essays in Tribute to* G.C. STEAD (hrsg. von L.R. WICKHAM / C.P. BAMMEL / E.C.D. HUNTER = SVigChr 19), Leiden 1993, 112–128.

LETSCH-BRUNNER, S., *Marcella — discipula et magistra. Auf den Spuren einer römischen Christin des 4. Jahrhunderts* (BZNW 91), Berlin / New York 1998.

LEUMANN, M. / HOFMANN, J.B. / SZANTYR, A., *Lateinische Grammatik*, 3 Bde. (HAW 2/2, 1–2), München 1963.1965.

LIEBERG, G., Considerazioni sull'etimologia e sul significato di religio: RFIC 102 (1974) 34–57.

LIZZI, R., Ascetismo e monachesimo nell'Italia tardoantica: Codex Aquilarensis. Cuadernos de investigaciòn del Monasterio de Santa Maria la Real 5 (1991) 55–76.

LÖHR, Ä., *Abend und Morgen ein Tag. Die Hymnen der Herrentage und Wochentage im Stundengebet*, Regensburg 1955.

LOHSE, B., *Askese und Mönchtum in der Antike und in der alten Kirche* (RKAM 1), München/Wien 1969.

LOISELLE, A., *„Nature" de l'homme et histoire du salut. Étude sur l'anthropologie d'Ambroise de Milan*, Lyon 1970.

LORENZ, R., Die Anfänge des abendländischen Mönchtums im 4. Jahrhundert: ZKG 77 (1966) 1–61.

LUMPE, A., Satyrus: BBKL 8 (1994) 1412f.

LUZ, U., *Das Evangelium nach Matthäus*, 3 Bde. (EKK 1/1–3), Zürich u.a. 1997.1999.

MADEC, G., Saint Ambroise et la philosophie, Paris 1974.
MAGISTRETTI, M., *La liturgia della chiesa Milanese nel secolo IV. Note illustrative alla conferenza Il rito ambrosianio 1*, Mailand 1899.
MAINARDI, L., Uno sguardo generale al vespro ambrosiono: Ambrosius 9 (1933) 299–305.
MANN, F., Epiphaniasfest I. Kirchengeschichtlich: TRE 9,762–769.
MANS, M.J., St. Ambrose („Intende, qui regis Israel', 17–20) and the Giants of Genesis 6.4: StPatr 28 (1993) 54–60.
MARA, M.G., Ambrogio di Milano: DPAC 1 (1983) 147–152.
—, Ambrogio di Milano, Ambrosiaster e Niceta: *Institutum Patristicum Augustinianum Roma, Patrologia 3. Dal concilio di Nicea (325) al concilio di Calcedonia (451)* (hrsg. von A. DI BERARDINO / J. QUASTEN), Casale 1978, 133–183.
—, Marcellina: DPAC 2,2087f.
—, Satiro: DPAC 2,3104.
MARCELIĆ, J.J., *Ecclesia sponsa apud S. Ambrosium* (CorLat 10), Rom 1967.
MARKSCHIES, C., Ambrosius: RGG[4] 4,394f.
—, Ambrosius. Ein wahrer Bischof: *Theologen der christlichen Antike* (hrsg. von W. GEERLINGS), Darmstadt 2002, 129–147.
—, Ambrosius von Mailand: LACL[3] 19–28.
—, *Ambrosius von Mailand und die Trinitätstheologie. Kirchen- und theologiegeschichtliche Studien zu Antiarianismus und Neunizänismus bei Ambrosius und im lateinischen Westen (364–381 n. Chr.)* (BHTh 90), Tübingen 1995.
MARQUARDT, J., *Das Privatleben der Römer*, Darmstadt 2. Aufl. 1990 (Leipzig 1886).
MARTIN, J., *Antike Rhetorik. Technik und Methode* (HAW 2/3), München 1974.
MARTIN, T.H., siehe Quellen: Ambrosius, De virginibus.
MARTINEZ, F., *L'ascétisme chrétien pendant les trois premiers siècles de l'église* (ETH 6), Paris 1913.
MARTINI, M.C., Carattere e struttura del sacerdozio delle Vergini. Un approccio storico-religioso: Latomus 56 (1997) 245–263.477–503.
MARX, H.J., *Händels Oratorien, Oden und Serenaden. Ein Kompendium*, Göttingen 1998.
MARZOLA, M., *Bibbia ambrosiana neotestamentaria. Ricostruzione teologico-critica 1–2*, Turin 1965.1971.
—, *Ricostruzione teologico-critica degli Atti degli apostoli, epistole paoline della cattività, I e II ai Tessalonicesi e Apocalisse nel testo latino usato da S. Ambrogio*, Alba 1952.
—, Ricostruzione teologico-critica degli Atti degli apostoli, epistole paoline della cattività, I e II ai Tessalonicesi e Apocalisse nel testo latino usato da sant'Ambrogio: Analecta Ferrariensia 1 (1958) 143–272.

—, Ricostruzione teologico-critica degli Atti degli apostoli, epistole paoline della cattività, I e II ai Tessalonicesi e Apocalisse nel testo latino usato da Sant'Ambrogio: ScrinTheol 1 (1953) 95–123.
MATTIOLI, U. (Hrsg.), *La donna nel pensiero cristiano antico*, Genf 1992.
MAY, G., Marcione nel suo tempo: CrSt 14 (1993) 205–220.
MAZZARINO, S., Il padre di Ambrogio: Helikon 13/14 (1973/1974) 111–117.
—, *Storia sociale del vescovo Ambrogio* (PRSA 4), Rom 1989.
MCGUIRE, M.R.P., Ambrose, St.: NCE 1 (1967) 372–375.
MCHUGH, M.P., The Demonology of Saint Ambrose in Light of the Tradition: WSt 91 N.F. 12 (1978) 205–232.
—, Satan and Saint Ambrose: ClF 26 (1972) 94–106.
MCLYNN, N.B., *Ambrose of Milan. Church and Court in a Christian Capital* (Transformation of the classical heritage 22), Berkeley / Los Angeles / London 1994.
MCNAMARA, J.A., *A New Song. Celibate Women in the First Three Centuries* (Women and history 6/7), New York 1985 (1983).
—, Sexual Equality and the Cult of Virginity in Early Christian Thought: Feminist studies 3 (1976) 145–158.
MELCHIORRE DI S. MARIA, La „umile" Vergine Maria nel pensiero di S. Ambrogio, S. Agostino, S. Bernardo: RVS 18 (1964) 427–465.
MELONI, P., *Il profumo dell'immortalità. L'interpretazione patristica di Cantico 1,3* (VSen N.S. 7), Rom 1975.
—, Risurrezione di Cristo e vita del cristiano nell'esegesi di Ambrogio al Cantico dei Cantici: *Nec timeo mori. Atti del congresso internazionale nel XVI centenario della morte di sant'Ambrogio. Milano, 4–11 Aprile 1997* (hrsg. von L.F. PIZZOLATO / M. RIZZI = SPMed 21), Mailand 1998, 639–648.
MENAUT, L., Saint Augustin et le suicide des vierges consacrées: BLE 88 (1987) 323–328.
MEO, S.M., La verginità perpetua di Maria nella lettera di papa Siricio al vescovo Anisio di Tessalonica: Mar. 25 (1963) 447–469.
METZ, R., *La consécration des vierges dans l'église romaine. Étude d'histoire de la liturgie* (BIDC 4), Paris 1954.
MEYER, G., Zu Prudentius: Philologus 93 N.F. 47 (1938) 377–403.
MICHELS, T., Noch einmal die Ansprache des Papstes Liberius bei Ambrosius, de virg. III 1,1 ff.: JLW 3 (1923) 105–108.
MICHL, J., Engel I–IX: RAC 5, 53–258.
MIRRI, L., Donna e verginità nei Padri Girolamo e Ambrogio: StFr 88 (1991) 339–362.
—, Il monachesimo femminile secondo sant'Ambrogio di Milano (Esperienze e analisi 8), Vicenza 1991.
MONACHINO, V., *S. Ambrogio e la cura pastorale a Milano nel secolo IV. Centenario di S. Ambrogio 374–1974*, Mailand 1973.

MOORHEAD, J., *Ambrose. Church and Society in the Late Roman World*, London / New York 1999.
MORICCA, U., *Storia della letteratura latina cristiana 2. Il IV secolo. L'età d'oro della letteratura ecclesiastica occidentale 1*, Turin 1928.
MULLER, A., *Ecclesia — Maria. Die Einheit Marias und der Kirche*, Freiburg, Schweiz 2. Aufl. 1955.
—, L'unité de l'église et de la sainte Vierge chez les Pères des IVe et Ve siècles: *Marie et l'église 1* (EtMar 9), Paris 1951, 27–38.
MÜLLER, G., Arzt, Kranker und Krankheit bei Ambrosius von Mailand (334–397): SAGM 51 (1967) 193–216.
—, *Medizin. Arzt, Kranker bei Ambrosius von Mailand*, Freiburg 1964.
MÜLLER, K., *Die Forderung der Ehelosigket für alle Getauften in der alten Kirche* (SGV 126), Tübingen 1927.
MUNCEY, R. W., *The New Testament Text of Saint Ambrose* (TaS N.S. 4), Cambridge 1959.
MUNIER, C., *Ehe und Ehelosigkeit in der Alten Kirche (1.–3. Jahrundert)* (TC 6), Bern u. a. 1987.
—, *Mariage et virginité dans l'église ancienne (I^e–IIIe siècles)* (TC 6), Bern u. a. 1987.
MÜNZER, F., Die römischen Vestalinnen bis zur Kaiserzeit: Philologus 92 (1937) 47–67.199–222.
MUTH, R., „Hymenaios" und „Epithalamion": WSt 67 (1954) 5–45.
MYNORS, R. A. B., siehe Quellen: Vergil, Georgica.
NAGEL, P., *Die Motivierung der Askese in der alten Kirche und der Ursprung des Mönchtums* (TU 95), Berlin 1966.
NAUMOWICZ, J., Stosunek św. Ambrożego do małżeństwa i życia rodzinnego (St. Ambrose's Attitude to Matrimony and Family Life): Vox Patrum 5 (1985) 135–140.
NAUROY, G., Ambroise de Milan: *Histoire de saints et de la sainté chrétienne 3. Des évêques et des moines reconnus par le peuple 314–604* (hrsg. von A. MANDOUZE / F. CHIOVARO), Paris 1987, 52–63.
—, siehe Quellen: Ambrosius, Hymni.
NAVONI, M., *Ambrogio. Maestro di vita consacrata*, Mailand 1997.
NAZZARO, A. V., Il De viduis di Ambrogio: Vichiana 13/1,2 (1984) 274–298.
—, Incidenza biblico-cristiana e classica nella coerenza delle immagini ambrosiane: *Nec timeo mori. Atti del Congresso internazionale di studi ambrosiani nel XVI centenario della morte di sant'Ambrogio. Milano, 4–11 aprile 1997* (hrsg. von L.F. PIZZOLATO / M. RIZZI = SPMed 21), Mailand 1998, 313–339.
—, La natura in Ambrogio di Milano: *Atti del convegno nazionale di studi. L'uomo antico e la natura. Torino 28–29–30 aprile 1997* (hrsg. von R. UGLIONE), Turin 1998, 323–355.
—, *Simbologia e poesia dell'acqua e del mare in Ambrogio di Milano*, Neapel 1977.